课例研究

教学名师的成长路径

于波 主编

西南大学—重庆市渝中区人民政府共建教师教育创新实验区
中小学教学名师研修项目研究成果

KELI YANJIU

JIAOXUE MINGSHI DE CHENGZHANG LUJING

西南大學出版社
SWUP
国家一级出版社 全国百佳图书出版单位

图书在版编目（CIP）数据

课例研究：教学名师的成长路径 / 于波主编．—
重庆：西南师范大学出版社，2019.3
ISBN 978-7-5621-9357-9

Ⅰ．①课… Ⅱ．①于… Ⅲ．①课程—教学研究—中小
学 Ⅳ．①G633

中国版本图书馆CIP数据核字(2018)第109785号

课例研究：教学名师的成长路径

主编 于 波

责任编辑：王 宁
责任校对：周万华
书籍设计：尚品视觉 CASTALY 周 娟 刘 玲
排 版：夏 洁
出版发行：西南大学出版社（原西南师范大学出版社）
印 刷：重庆市正前方彩色印刷有限公司
幅面尺寸：185mm×260mm
印 张：34
字 数：705千字
版 次：2019年4月 第1版
印 次：2024年6月 第2次印刷
书 号：ISBN 978-7-5621-9357-9

定 价：98.00元

编委会

主　编：于　波

副主编：郑　涛　龙　凤　王继楠

编　委（以姓氏笔画为序）：

丁　艳　于　波　王继楠　王渝梅　王慧玲　龙　凤

卢　全　代豫军　吕静涛　宋文平　刘　杨　刘　娟

李云忠　李明芳　何卉令　张　莉　陈　果　陈　艳

陈一梅　周光临　周容真　郑　涛　郑殷青立　赵　娅

钟　铁　骆玉凤　莫定勇　唐令春　黄永虹　黄清碧

龚　敏　曾　娟　蒲小芸　谭景凤　熊　伟　熊　静

前言

促进教师专业发展是教师教育改革的主要任务，也是提升学校育人质量的至关重要的举措。出于对教师专业成长的路径与方法的探索，课例研究走进了人们的研究视野。课例研究根据不同的研究目的有不同的关注点。以促进教师专业发展为直接目的的课例研究，将其作为辅助教师专业成长的手段。秉持这种信念的研究者更加关注课例研究对教师专业发展的作用，关注教师在课例研究中所获得的专业成长和研究能力的提升，从教师合作性探讨的过程中关注教师的研究行为。以学生为中心的课例研究，将其主要视为提高教育质量，促进学生发展的日常教学过程。秉持这种观念的研究者主张将研究融入日常的教学活动中，以学生为教学设计和观察对象的视角来界定课例研究。

从教师专业成长的角度，我们认为课例研究是一种行动研究，它是在教学现场以动态的过程和视角生成的教学研究。从这种意义上来讲，课例研究是以“课”为载体来研究教学问题，促进教师专业成长的教学研究行动。该行动研究是基于教师教学实施的现场展开的，研究蕴含在教师的教学设计、教学实施等教学行动当中。教师本人作为教学以及教学研究的主体，通过课例研究来提高教学质量，实现专业发展。

在西南大学—重庆市渝中区人民政府共建教师教育创新实验区中小学教学名师研修项目中，我们将课例研究作为提升教师专业能力的载体，引导教学名师用课例研究的方法审视自己的教学，由此提升他们的教学能力和研究能力。

本书分为两部分。第一部分是对项目组学员从学习课例研究到开展课例研究进行过程性描述，客观呈现在各个研究阶段这些教学名师在课例研究中遇到的问题和专家团队对他们的引导；第二部分是教学名师进行的课例研究案例。我们在本书中所展现的教学名师开展的课例研究以及他们在研究中获得成长的过程，既是项目成果的表达，更希望能够为探索教师专业成长的路径提供理论和实践的借鉴。

目 录

上篇 教学名师成长记录

下篇　教学名师课例研究案例

上篇

教学名师成长记录

JIAOXUE MINGSHI
CHENGZHANG JILU

第一章
课例研究:教学名师成长的阶梯

课例研究是教师改进教学,提高教学质量的重要方法,是促进教师专业发展,加快教师自我成长的重要手段。在基础教育改革中,教师是学校教育的执行者,也是教育改革的推动者。为了帮助教师实现专业成长,立足教师自身的课堂教学,以此引导教师研究教学,从而改进教学,课例研究不失为一种有效的途径。这一章节主要是关于课例研究及其发展的基本认识。对课例研究内涵、意义、基本流程的认识是开展课例研究的前提,是为教师开启专业发展进阶之路的第一级台阶。在这一章节中,我们的项目研究团队和教学名师研修团队的教师共同对已有的课例研究范式进行了反思和总结,选择符合教师成长需要的课例研究取向,形成了基于当前情境课例研究的基本环节。

第一节 课例研究的内涵

课例研究的内涵要结合课例的概念来认识,对课例研究内涵的界定具有诸多视角,其中一种是基于教学现场的课例研究,表现为课例及其研究过程的动态生成,是符合教师发展需要的研究行动。

一、课例及其特征

我国诸多学者对课例的内涵进行了阐述,总体看来学者们对于课例的认识是比较一致的。

肖建民认为"课例是一个实际的教学例子,是对一个教学问题和教学决策的再现和描述,它以教师的实践知识为主,是教师叙述个人在专业生涯过程中经历的改变,包括知识、行为、态度、工作技巧、期望、关注、重要事件经验等。"[①]说明课例要体现问题和教师行为、观念等方面的改进,是实际教学的体现。李子建认为课例是被观察的课,"由一位教师负责教学,其他人在教学过程中详细记录,并在课后讨论所收集的材料,是据以拟定修订计划并发现今后的教学方法的基础。"[②]即课例是作为

①肖建民.课例研究是开展校本培训 促进教师专业发展的重要策略[J].中小学教师培训,2004(8):18-21.
②李子建,丁道勇.课例研究及其对我国校本教研的启发[J].全球教育展望,2009(4):29-34.

研究的载体而出现的，它是一种详细的教学记录，是需要教师收集并进行讨论和拟定计划的基础。杨玉东认为"课例是以学科教学的内容为载体、具有某个研究主题的教学实例。"①课例不仅是教学实录，它要体现教学背后的故事，要能表现所研究的问题。从学者们关于课例的界定可以看出，课例是教学过程的真实呈现，是课例研究的载体。由此我们认为课例是对教学真实的详细记录，是体现教学过程全景的教学实例，包含着研究问题和教师的行为改进。

总的来说，"课例是一门具体科目、具体学习内容的课；它可以是完整的一堂课，或课中相对完整的片段，或课中牵涉整体的某些细节。"②从课例的具体表现形式来看，它可以是教师自己上的课，也可以是其他教师上的课；可以是文字记录的课，也可以是录像课。从以上关于课例内涵的界定可以总结出，课例实际上具有真实性、完整性和问题性三个重要特征。

真实性即课例是真实的课堂教学，是实际的教学课例。也就是说课例必须是教师真正的上课记录，教师不能对课例进行加工，要体现教学过程中教师和学生所有真实的语言行为表现。举例来说，真实的课例情形如下：

师：大家把书上的定义勾画一下，边画边思考，浮力的施力物体和受力物体是什么，浮力的方向是什么。

（10秒钟后）

生1：施力物体是液体，受力物体是浸在液体中的物体，浮力的方向是竖直向上的。

师：好，他说浮力的方向是竖直向上的，大家知道为什么吗？

生2：因为浮在死海水面上的人受到平衡力，所以浮力和重力平衡，浮力的方向和重力的方向相反，所以是竖直向上的。

师：很好，那么浮力的方向会不会变呢？我再做一个实验，大家注意看一下水中细线的方向有没有改变。

（教师取出一个烧杯，烧杯中有一根细线，细线的一端固定在烧杯的底部，另一端固定一个球，往烧杯中倒水，直至细线拉紧，水面没过球，然后慢慢转动烧杯。）

生（齐声）：没有。

师：所以浮力的方向就是竖直向上的，不会改变。③

---

① 杨玉东.教师如何做课例研究[J].教育发展研究，2008(8)：72-76.

② 王荣生，高晶."课例研究"：本土经验及多种形态（上）[J].教育发展研究，2012(8)：31-36.

③窦林.初中物理浮力的课例研究实践[D].南京：南京师范大学，2013：32.

以上是初中物理《浮力》一课的教学实录片段，可以看到这是对教学过程中教师和学生语言、行为的真实表现，是没有经过加工的真实记录。

完整性指的是课例应该是完整的一堂课或课中相对完整的片段。课例要体现完整的教学过程，从教学导入到教学总结的整个过程都要体现，或者可以从完整的一节课中节选一段相对完整的教学过程作为课例。如上面所节选的课例片段，没有将整个教学过程都体现出来，但是比较完整的一部分。从定义的呈现到对浮力现象的观察是一个比较完整的关于浮力概念的讲解过程。在这里完整不仅指一个知识点或者概念的完整讲授，重要的是要能够完整地体现出问题解决部分的教学记录。

问题性指课例是研究问题呈现的方式和载体，课例是根据一定的研究问题进行选择的，要能体现研究问题及其解决的过程。如下面的课例，研究问题是如何通过活动化的教学来帮助学生理解概念性知识，研究如何把教材中以符号为主要载体的现成知识按其被人们发现和认识的过程进行还原，使结果形态的知识通过还原加工转化为过程形态的知识。其具体的教学实录①如下：

师：我们初步认识了圆。现在请你们在纸上画两个圆。看看能不能画得比刚才好。（学生画圆）

师：先停一下，老师发现，有的同学定了圆心后，手抓住的是圆规的两脚，这样旋转起来就有些麻烦（边说边演示）。要抓住圆规的旋转轴，适当倾斜，重心在尖的旋转轴上，这样画起来可以轻松一些。你们可以再试试这个旋转的动作。（学生继续进行画圆练习）

师：刚才大家用圆规画了两个圆，接下来继续画两个圆，但是这次画的两个圆的情况要和第一次画的不一样。

师：（在学生画的过程中进一步提出要求）有的同学画出了不同的情况，又想出了第三种，请在每一组的前面标上序号。每一组的第一个圆的圆心和半径分别用O_1和r_1表示，为了与第一个圆有所区别，第二个圆用O_2和r_2表示。

教师呈现资源。

师：老师发现出现了这样四种情况，思考一下，从中你对半径和圆心有什么发现。（学生带着核心问题在小组中讨论和交流）

生：第三组的两个圆，圆心在同一个地方，但是两个圆的半径不一样长，所以一个圆大，一个圆小。

①吴亚萍，周志华．还原知识的“生命形态”——“圆的初步认识”教学课例[J].人民教育，2009（19）：47-50.

师：如果这个圆的半径越长，圆怎样？半径越短，圆又怎样？

生：半径越长，圆越大；半径越短，圆越小。

师：说明半径和圆的大小有关，圆的半径决定圆的大小。（板书）

师：（指黑板上的四组圆）圆心的位置在动的时候，圆也在动，这说明圆心决定什么？

生：圆的位置。

师：圆心决定了圆的位置（板书）。今天我们研究了圆，知道了画圆的基本原理，理解了圆心和半径的概念，发现了圆的基本性质。以后我们也会像研究长方形、三角形、平行四边形和梯形一样，进一步研究圆的周长和面积计算问题。

这一段教学实录体现的是让学生通过画圆的过程，体会圆心和半径的作用，认识圆的基本性质。这一段教学实录就体现了教师的研究问题，具有问题性。即教师的问题是如何通过数学化的活动过程来帮助学生理解圆的概念，在这一段教学实录中就体现了活动和概念理解之间的关系，体现出了教师的教学处理和学生的行为表现。

从课例的三个特征来看，真实性和完整性是问题性的前提，保证课例能够真实、完整地呈现教学研究问题，说明研究问题的真实来源及其在教学中的具体表现，为教师的行动研究及其行为改进提供基础。

二、课例研究及相关概念辨析

课例研究的内涵及取向是展开课例研究基本立场、基本观念的体现。通过对课例研究基本取向的阐述，我们明确了自身课例研究的基本方向，即基于教学现场展开的课例研究过程。为了形成对课例研究清晰的认识，帮助教师更好地理解课例研究，这里还对课例研究与相关教学及教学研究的概念进行了辨析。

（一）课例研究内涵及取向

1.课例研究内涵

随着课程改革的深入，教师在课程中的作用日益突出，作为一线教师，他们是课程改革理念和措施的具体实施者。只有不断促进教师的发展，提高教师的专业水平才能持续地提高教学质量，将课程改革纵深推进。由此关于课例的研究也日益增加和深入。早期课例研究来源于日本的“授业研究”，它被日本教师称为“研究课”，意思就是研究的课或课的研究，它包括教师设计教学计划、观察和讨论等内容。因此“课例研究”（Lesson Study），又称“教学研究”或“授业研究”，它是“教师对真实的课堂教学过程所开展的合作性研究”①，是一个“包含大学教授与教师共同计划研究课、实施研究课、讨论和反思研究课、修改研究课并再实施的行动循环。”②

当前，研究者们基于我国课例研究的实践提出的关于课例研究的概念界定较多，也有许多不同的视角。

从课例研究的目的看，可以分为两类：一类是以教师专业发展为直接目的，将课例研究作为一种教师教育的手段。如“课例研究是一种教师联合起来计划、观察、分析和提炼真实课堂教学的过程，是一种以教师为导向的教学循环，是发展教师教学专业水平的重要方式”。③秉持这类概念的研究者更加关注课例研究对教师专业发展的作用，关注教师在课例研究中所获得的专业成长和研究能力提升，从教师合作性探讨的过程中关注教师的研究行为。另一类是以学生为中心的课例研究，将课例研究主要视为提高教育质量，促进学生发展的日常教学过程。这类课例研究主张将研究融入日常的教学活动中，以学生为教学设计和观察对象的视角来界定课例研究。如“以学生为中心的课例研究是教师从学生学习的角度，以课为载体，对教学实践中的问题展开的合作性研究”④。

从课例研究的过程看，对课例研究概念的界定主要基于对课例研究活动过程的剖析。如“课例研究是一种以典型教学内容为载体、以教学实践情境为场域、以实践共同体为单位、以专业引领为支撑、以同伴互助为主要形式、以优化课堂教学质量和提高教师专业能力为核心目的的螺旋上升式的教学研究活动。”⑤

从教师专业成长的角度，我们认为课例研究是一种行动研究，它是在教学现场以动态的过程和视角生成的教学研究。从这种意义上来讲，课例研究是以课为载体来研究教学问题，促进教师专业成长的教学研究行动。

2.课例研究取向

我国学者王荣生将课例研究分为两种研究取向，即行动研究取向和理论研究取向。这是基于我国当前课例研究的实际情况提出的。

行动研究取向指的是“在动态形成过程中来研究课，研究者（包括教师和专业研究者）直接介入课的形成或改善过程。行动研究注重实践的改善效果，也强调研究过程的价值和意义。”⑥行动研究主要是基于教师教学实施现场展开的，教师本人

① 安桂清．以学为中心的课例研究[J]．教师教育研究，2013(3)：72-77.
② 牟杰．课例研究的教师专业发展作用之意蕴[D]．南京：南京师范大学，2008：7.
③谌启标．基于教师专业成长的课例研究[J]．福建师范大学学报（哲学社会科学版），2006(1)：6-159，167.
④安桂清．以学为中心的课例研究[J]．教师教育研究．2013(2)：72-77.
⑤杨彦军，童慧，郭绍青．中国式“课例研究”中教师学习资源需求调查研究[J]．现代中小学教育，2015(5)：89~94.
⑥王荣生，高晶．“课例研究”：本土经验及多种形态[J]．教育发展研究，2012(8)：31-36.

作为教学以及教学研究的主体，通过课例研究来提高教学质量，实现专业发展，研究就蕴含在教师的教学设计、教学实施等教学行动中。

理论研究取向指的是“对已完成的课进行研究，包括教学现场、教学录像和教学前后所整理的书面文本，如教学设计、课件、教学实录、学生作业等。”①理论研究取向的课例研究，主要是来自以高校教师和研究生等研究者为主体进行的一种教育理论研究过程，主要是为了证明、分析和改进理论进行的，教师是教学案例的提供者，是观察的对象，在这个过程中也会获得一定的教学理论指导。

从以上行动研究取向以及理论研究取向的论述中可以看出二者存在以下几个方面的区别：首先是课例的区别。行动研究取向的课例研究中，课例是在研究的过程中产生的，教师一边研究一边上课，在课的生成和改进过程中实现教学质量的提升。可以说这样的课例研究过程是在教学现场动态生成的。理论研究取向的课例研究中，研究的课例主要是以已有素材为基础进行的研究，是上课或教学的人和研究的人不是同一个主体，多是对其他人上的课进行的研究。第二，参与研究的主体不同。在行动研究取向的课例研究中，研究者包括大学的课例研究专家、教师，也包括一线教师。课例研究是由二者共同进行的研究过程，体现出二者相互合作的过程。理论研究取向的主体主要是教育理论的研究者，即大学教师或专业研究者。第三，研究的目的不同。行动取向的课例研究倾向于在教学实践中开展研究行动，实现教学实践的改进，提高教学质量，强调教师自身参与课例研究的过程。理论研究取向的课例研究，其研究更多地倾向于以教学实践为例对教学理论的验证、改进、完善。

基于以上对两种课例研究取向的分析，项目研究团队确定对重庆市渝中区的教学名师培养对象所进行的课例研究采取行动研究的取向，即基于教学现场的行动取向。首先，我们重视课例研究对改进教学实践以及教师教学能力、研究意识的作用，关注教师在整个课例研究过程中的主体参与。其次，关注项目研究团队与一线教师之间的合作，以研究共同体的形式进行研究，由专业研究者为教师提供课例研究理论及实践的相关指导。第三，关注课例研究的行动过程，旨在通过教师自身的课堂教学、改进课堂教学的过程进行课例研究。这是基于促进教师专业发展，促进教师将教育教学理论与实践相结合的目的考虑的。

①王荣生，高晶.“课例研究”：本土经验及多种形态[J].教育发展研究，2012(8)：31-36.

(二)相关概念的辨析

1.课例研究与案例研究

课例研究与案例研究存在一定的区别,课例研究中的课例与案例研究中的案例是有区别的。课例是教学实录,而案例则体现出对课例的加工,要在案例的叙述中体现相关的理论分析。课例研究倾向于对课的改进和提升,案例研究倾向于对问题的叙述和体现。课例研究是在课的形成和改进中解决研究问题,案例研究是以一个或几个案例为对象进行的观察和分析,倾向于理论的研究过程。

2.课例研究与教学设计

课例研究与教学设计不同,课例研究包括教学设计,但课例研究中的教学设计是研究性的,要围绕研究问题解决进行设计。课例研究是以教学设计来体现运用相关理论设计问题解决措施预设的一个关键步骤。这里的教学设计体现了研究者的研究假设和理论。但课例研究不等于教学设计,课例研究关注教学实践的效果,只有从教学实践中才能看到问题是否得到解决、解决到什么程度、教学效果是否得到改善。而一般意义上的教学设计是围绕教学内容进行设计的,关注从教学导入到课堂小结的整个过程,而不只是围绕研究问题。"课例更注重研究问题的典型性和研究策略的适切性。课例研究是发展性和生成性的研究,而不是教师预设的教案"。[①]

3.课例研究与听评课、磨课

听评课和磨课存在于日常的教学实践中,是我国传统教研活动的重要形式。听评课和磨课更多地倾向于对课本身的关注。听评课活动主要考察教师在课堂教学中各个方面的表现,对其进行评价并提出相应的改进建议。磨课主要是针对教学内容而言的,针对具体的教学内容,通过一次次的上课,不断完善教学方法、教学活动等方面,形成一节示范性的课程。这些教学研究活动与我们所进行的课例研究是不同的,它们之间最大的区别是研究。"课例研究要点不在课例,而在研究。之所以是研究,关键是所研究的问题和研究方法"[②]。课例研究关注通过解决所研究的问题来改进教学,课例是根据所要研究的问题而选择的具有典型性的课。而听评课和磨课都没有具体的较为集中的所要研究的问题,也不能体现对教学的研究过程。

①安桂清.国际比较视野下的课例研究:背景、现状与启示[J].教师教育研究,2014(2):83-89.

②王荣生,高晶."课例研究":本土经验及多种形态[J].教育发展研究,2012(8):31-36.

三、课例研究的国际视野

课例研究起源于20世纪60年代。日本以课例研究作为教师研究教学、改进教学的方式，课例研究是作为一种教师培训手段出现的。20世纪90年代，课例研究逐渐推广，引起世界各国的关注。各国纷纷开始了课例研究的热潮，课例研究成为国际趋势。2005年世界课例研究协会成立，课例研究在世界范围内获得推广。课例研究在日本取得显著的成就，如今已逐步融入各个国家和地区教育情境当中，包括美国、新加坡、英国等。

（一）课例研究在日本

在日本，校本培训是一种全校教师集体参与的活动，而课例研究是日本中小学校本培训的主要形式，并且这一培训方式取得了显著的成就，引起了各个国家和地区课例研究者的广泛关注。

日本的课例研究是由大学与中小学联合开展的，主要按照以下的步骤进行："合作设计研究课、关注实施中的研究课、讨论研究课、重新设计课、教授经过重新设计的课、交流对重新设计的课进行教学的反思"[①]。在这一基本课例研究步骤下，还有着符合日本国情及教师需要的课例研究特征，这也是日本课例研究取得良好成效的保证之一。具体的特征有以下几个方面[②]：以合作的方式设计研究课，日本研究课的教学目标始于教师研究小组共同明确的问题，讲求设计性；注重课堂现场观察，日本教师的研究课在"观课"这一环节有自己的特色。教师需置身于教学现场，收集真实的教学信息；全景记录课堂面貌，研究课力图能全景式地记录课堂的面貌，从而为下一步的课例研讨奠定良好的基础；研究课需要讨论，课后要举行讨论会。通常，授课教师有优先发言权，以便解释他们期望达到的课堂目标，以及课上得好和不好的地方；研究课要完成的教育目标或教育愿景，超越了具体的学科。学校研究主题包括："做一个主动的学习者""成为活跃的问题解决者""发展个性"。

除了这些具有特色的课例研究过程外，日本的课例研究还有特殊的支持系统，这些支持系统可以分为校内和校外两个部分。

校内部分主要是学校建立的校本培训促进委员会。"为了保证课例研究顺利地在全校范围内进行，日本许多学校建立了校本培训促进委员会。这个委员会的作用是帮助策划和组织校本培训，并使之正常开展。委员会一般由几位教师组成，旨在促使其他教师对这类活动保持兴趣和热情。"[③]

---

①胡庆芳．论日本中小学的校本培训：从课例研究的视角[J]. 外国中小学教育，2007(2)：18-20，25.

②杨帆，夏惠贤．日本课例研究的特征及对教师专业发展的影响[J]. 外国中小学教育，2008(12)：31-34.

③胡庆芳．论日本中小学的校本培训：从课例研究的视角[J]. 外国中小学教育，2007(2)：18-20，25.

校外部分主要是政府部门的支持。研究者们对日本课例研究的外部支持情况进行了阐述。如“从20世纪70年代中期开始，日本政府就划拨了一小部分专项支持资金，每学年每所学校平均有1000美元的经费用于校本培训，并出台了一系列激励措施来推动学校的校本培训工作。因此，今天绝大部分日本的小学和中等学校都在进行着校本培训”①。

（二）课例研究在美国

20世纪90年代，课例研究也受到美国的关注，走进美国的教师培训。詹姆斯·斯蒂格勒和詹姆斯·赫伯特二人于1999年出版的著作《教学鸿沟》引起人们对课例研究的普遍兴趣②。

然而，简单的引入会导致本土文化的不适应性。在日本，课例研究已成为广大中小学教师的主要研修形式，取得了较好的效果。但在最初引入美国时，课例研究受到了来自美国本土文化的挑战。我国学者霍海洪对“课例研究在美国遇到的挑战”③进行了研究，这些挑战主要来自文化领域的观念性问题，包括文化霸权主义，即以自我的文化为中心。认为日本的课例研究是基于日本文化，政府支持的合作性研究，是日本集权制下的产物，日本的课程管理体制和美国也有区别；个体主义文化的阻碍来自美国强调的教师自主性，而合作和公开以及统一教材、标准的教学则不符合美国教师的文化心理；实用主义对课例研究的质疑，课例研究是一个长期的系统研究，在部分教师看来会耗时、费力。

但课例研究本身所具有的促进教师专业发展的作用是毋庸置疑的。因此美国本土的研究者也进行了本土化的研究，使课例研究符合美国自身的文化基础。我国学者李子建对于美国的课例研究进行了考察，他结合美国教育中教师合作的特点进行观察，认为“美国教师通常将教学视为个人事务，所以很少有机会分享其他教师的教学，对于美国人来说，课例研究中的相互协作、教师集体投入一节课，就会被视为课例研究的突出特点。美国新墨西哥州在应用课例研究时，认为课例研究的主要特点是：教学中心、教师驱动、学校为本、专家辅助、基础支持”④。

（三）课例研究在新加坡

在新加坡，课例研究也在不断深入教师群体。新加坡的课例研究者认为课例

①赵红霞，孔企平．日本课例研究及启示[J]. 教育理论与实践，2009，29（11）：43-44.

②Sonal Chokshi，Clea Femandez. Reaping the Systemic Benefits of Lesson Study：Insights from the U.S.[J]. Phi Delta Kappan，2005（86）：674— 681.

③霍海洪．课例研究在美国：挑战、对策与启示[J]. 全球教育展望，2009（3）：39-34.

④李子建，丁道勇．课例研究及其对我国校本教研的启发[J]. 全球教育展望，2009（4）：39-34.

研究是促进教师专业知识提升与职业生涯发展的潜在方法。2005年，新加坡开始推动实施课例研究。课例研究引入新加坡后，许多新加坡的学校都在开展课例研究，力求使课例研究能够适应新加坡本土文化需要。2005–2010年，新加坡354所学校中有170所学校(48%的学校)通过专题研讨会来了解和接触课例研究①。相关研究者对课例研究在新加坡本土开展的条件及影响课例研究的持续性发展的因素进行了调查探究，调查结果显示②，学校领导是课例研究的主要发起者，他们为教师的课例研究提供支持性的条件。课例研究受到来自学校领导的重视，他们关注课例研究对教师学习、教师知识的影响以及对教师适应改革能力的提升，认为课例研究能影响教师的教学实践，从而使学生能更好地学习。

新加坡教育部课程发展与规划司的教师林季华③等提出，课例研究是教师检视、反思课堂教学的工具，将课例研究作为培养教师学生中心意识的工具。他们提出课例研究所应具备的条件：让教师参与、分享公共的教学手段与平台和让教师成为主导者的专业学习模式。课例研究中主要经历的改进教学过程是：由教师共同设计、教学、观课、分析、调整、记录来达成。一次教学称为“研究课”，两次研究课便形成一次课堂研究。

同时，为推动课例研究等教师学习方式，促进教师的教学改进，新加坡教育部在全国中小学建立“专业学习社群”，以借助课例研究培养教师观察学生的能力和为教师提供进行深度反思、讨论交流的平台。

(四)课例研究在英国

英国课例研究也源于日本。基于本国的文化背景和教育环境，英国的教育研究者也对本国课例研究加以推进。在英国，课例研究也被认为是一种合作的实践方式，英国课例研究主要分成确定研究问题、备课、上课、反思、汇报和其他教师谈论等过程。这一过程实际上反映出英国对课例研究所做的本土化努力。他们在日本课例研究流程的基础上做出了符合本国教学实际的改变。我国相关研究者还总结了英国课例研究的实践模式及其特点。总的来说，英国的课例研究可以分为四个阶段④：“预备阶段，以合作为原则进行调查，明确研究目标；合作计划方案阶段，

① Lim, Christina; Lee, Christine; Saito, Eisuke; Syed Haron, Sharifa. Taking stock of lesson study as a platform for teacher development in Singapore[J]. Asia-Pacific Journal of Teacher Education, 2011(11): 353-365.

② Lim, Christina; Lee, Christine; Saito, Eisuke; Syed Haron, Sharifa. Taking stock of lesson study as a platform for teacher development in Singapore[J]. Asia-Pacific Journal of Teacher Education, 2011(11): 353-365.

③林季华，胡月宝，黄黛菁. 教师专业能力发展的起点：“学生中心”意识的培养———以新加坡“课例研究”为例[J]. 海外华文教育，2011(4)：3-11.

④曾家延，李凯. 英国促进教师专业成长的课例研究：经验与启示[J]. 中小学教师培训，2016(10)：76.

根据教学条件等进行分工；执行阶段，主要是上课以及进行课堂观察和记录；分享阶段，教师分享自己的研究收获。”

同时，英国有研究者还对课例研究在沟通教师职前教育与在职教育方面的作用进行了探究，认为课例研究能够为教师职前教育提供支持。课例研究通过“促进在校学生与在职教师之间的合作，为职前教师提供了向在职教师学习的工具，也促进了在职教师的专业发展。通过提供合作学习的机会，课例研究具有沟通教育理论与实践的功能，使在校学生和在职教师能够彼此学习，加深他们对教育理论的理解”[①]。

英国课例研究的本土化和改进行动一直在继续。英国课例研究广泛地关注整合性的专业学习与学校发展，课例研究具有促进教师专业发展以及满足各个阶段教师专业学习的作用。课例研究在英国“吸引了政府层面的关注和资金支持，对课例研究的理解也被重构。课例研究更多地受到广泛的系统性和语境性因素的影响，而不仅仅是来自研究者和早期课例研究实践者的重新解释”[②]。

四、课例研究在我国的发展

在我国，课例研究起步较晚，如何结合我国传统教学研究的本土经验，吸收国外课例研究的有益成果，发展符合我国实际需要的课例研究理论与实践是一项重要的任务。

一些学者认为，我国的课例研究存在着本土教研经验被遗弃和边缘化，僵化地运用日本课例研究模式的问题。如“一些具有鲜明本土特色的课例研究形态被刻意撇除而遭遗弃；彰显教研活动的负面表象，屏蔽了许多正面的本土经验；要点放在课例研究报告，未能切中本土条件下的问题要害”[③]等。这些问题的提出提醒我们去反思当前课例研究的理论和实践。即课例研究是在传统的教学研究和校本培训基础上发展的，我国传统的教学研究活动中是具有一些课例研究的因素的，有些部分甚至做得更久也更有经验，这些经验是使课例研究本土化过程所不可或缺的。同时，课例研究是基于教学现场的行动过程，在这个教学改进和问题解决的过程中教师获得的成长、教学质量的提升是重要的，研究报告的撰写是为了更好地做课例研究，不能本末倒置。在我国，课例研究也日益成为校本培训和促进教师专业

① Wasyl Cajkler, Phil Wood, Julie Norton and David Pedder. Lesson Study: towards a collaborative approach to learning in Initial Teacher Education?[J]. Cambridge Journal of Education, 2013(3): 537-554.

② Hadfield, Mark. Problematizing lesson study and its impacts: Studying a highly contextualized approach to professional learning. Teaching and teacher education, 2016(8): 203-214.

③王荣生．课例研究：本土经验及多种形态(上)[J].教育发展研究，2012(8)：31-36.

发展的重要方式。一些研究者为课例研究的本土化做出了不懈的努力，其中比较典型的是上海、香港和台湾的课例研究。

（一）上海的行动教育

行动教育是上海市教育科学研究院顾泠沅教授带领其团队开发的教师在职教育模式。这一模式主要是针对我国当前教师在职教育效果不理想提出的。他们认识到，当前的教师培训项目中所采用的诸如教学观摩、研讨会等培训方式不能很好地将理论与实践相结合，对教师教学的指导性和针对性不强。这就导致了教师很难将培训中学习到的理论应用到日常教学实践中去。

在思考和研究的过程中，他们发现优秀教师们是“在课堂拼搏中学会教学的”。因此他们提出了行动教育，即“一种以课例研究为载体、在教学行动中开展包括专业理论学习在内的教师教育”①，其核心理念是实践反思、专业引领、行为跟进。

（二）香港的课堂学习研究

在香港，课堂学习研究就是借鉴了日本授业研究和内地教研活动的基于其自身特色的课例研究形式。课堂学习研究是指“针对一堂课的教学内容来集体备课、教学观摩、协同工作，进行系统反思的旨在改善教与学的教师研修方式”②。

香港的课堂学习研究始于高等院校的研究项目所带出的在香港中小学进行的课堂分析，然后演变为系统的、以理论为支撑的、在学校实地开展的教师与教研人员密切合作的课堂学习行动研究。香港的课堂学习研究具有一个显著特征：“学习研究从一开始就包含一个理论，并且总有一位或几位研究员与教师合作参与学习研究。尽管课堂学习研究在香港出现至今只有短短不到十年的时间，却已经形成了独特的风格，得到了越来越多教育界研究者们的好评。香港已有100多所学校参与开展130多项课堂学习研究。研究发现课堂学习研究不仅能帮助学生学好，更是发展教师技能、开发校本课程的有效工具”③。

（三）台湾的课例研究

在台湾，课例研究也进入了教师专业发展的视野，相关学者探究了课例研究在小学实施的可能性。林国冻将课例研究称为学课研究，是为改进教学而进行的课程与教学研究，认为课例研究的最终目的是改善学生的学习结果。他从两个层面

---

①顾泠沅，王洁．教师在教育行动中成长——以课例为载体的教师教育模式研究[J]. 全球教育展望.2003(1)：44-50.

②李树英，高宝玉．课堂学习研究的国际展望[J]. 全球教育展望，2007(1)：52-57.

③李亚琴．基于“课例研究”的师范生教学能力发展研究[D]. 南京：南京师范大学，2015：7.

探究课例研究实施的可能性："制度层面和教师个人层面。制度层面包括政府部门的经费支持、引发学校教学研究文化的风气、学校应转化教师周三进修活动内涵以及学校应寻求外部资源的支持以增进教学技能等；而教师个人层面则包含教师应敏于察觉教学问题并寻求解决、教师应抛弃封闭的心灵让其他教师进行教室观察、教师之间应有协同合作的精神以及教师应将自己视为研究者角色等"①。

为更好地开展课例研究，我国台湾的研究者还对美国与日本的课例研究情况进行探讨并寻求可供借鉴的经验。廖淑戎提到教师的教学活动本身就是一种文化活动，不同的文化环境中教师在知识、教学信念等方面也存在一定的差异性，日本与美国的课例研究也有诸多的差异性。在课例研究意义方面他引用了Lewis的相关研究，发现课例研究具有"有益于教师的专业发展，让教师学习观察学生，能延伸新的教学内容和方法，也将教师的教学实践与学校的教学目标及更大的目标相联结，同时还能够比较教师彼此之间不同的教学观点、迸发教学创意、形塑国家政策、尊重教师核心角色等作用"②。基于美国和日本课例研究，他提出了师资培训可供参考的启示，即应当"重视社会与文化脉络相关背景、重视教师的批判反思能力、教师专业发展的周详实施：针对小而专的主体进行长时间的教学研究、强化运用校内或校际间教学研究会的功能、将教学研究重点由教师表现转为学生学习"③。

第二节　课例研究的意义

当前课例研究被视为我国教师专业发展的主要途径和方法之一，它也是我国教师在职教育、校本培训的重要形式。教师作为课例研究主体，具有其自身的关键作用，他们在课例研究的过程中实现了教育理论与实践整合，增长了教学理性实践能力，形成了研究的共同体，这个共同体是教师可持续专业发展的基础保障。随着课例研究在我国的推进和发展，我国以课例为基础的教学研究也逐渐具有了本土化的特性。

一、教师是课例研究的主体

教师是教学实施的主体，同时也是课程改革的具体执行者和实施者。教师的

① 林国冻. 学课研究(lesson study)之初探及其在我国小学实施的可能性探究[J]. 师资培育与教师专业发展期刊，2009(6)：43-60.

② Lewis，C. Lesson Study：The Core of Japanese Professional Development.Paper presented at the Annual Meeting of the American Educational Research Association (New Orleans，LA，April24-28，2000).

③ 廖淑戎. 美日中小学教学研究实施经验之启示[J]. 师资培育与教师专业发展期刊，2008(2)：21-36.

质量和水平对学生的学习和发展有着直接的影响。基于对教师重要性的认识，我国政府十分重视和大力提倡教师的在职培训，各种教师培训在全国各地开展了起来。课例研究作为一种以教师教学现场为基础，以教师为主体，促使教师将教育理论与实践相结合，从而改进教学，学会研究的行动研究过程，已成为教师在职培训，帮助教师专业发展的重要手段。

（一）教师是课例的开发者和改进者

教师是具体的教学设计者和教学实施者，也是教学反思的主体。课例研究是以课例为载体进行的行动研究。教师是这个行动研究的主体，这里的行动主体指两个方面：一方面教师是课例产生的主要来源，另一方面教师是研究的主要参与者。从课例的产生来看，教师是课例的开发者和改进者。

1.教师是课例的开发者

课例是教师基于研究问题进行的有针对性的教学，是基于设计的教学实录。课例研究的取向是基于教学现场的行动研究，因此课例不是教师曾经上过的某节课或者其他教师和专家曾经上过的某节课，是教师在围绕研究问题进行教学设计的前提下，在研究中上的课。这一课的教学实践是研究行动的一部分。

之所以说教师是课例的开发者，是因为教师要研究的是自己的教学，这个研究是基于对自己教学和学生学习的情况而进行的。教师研究的课例是他基于研究的需要进行设计和实施的教学，是根据具体的学情分析和教学内容分析展开的。教师是教学设计和教学资源、教学活动开发的主体。这一开发过程蕴含着教师对教学内容知识的理解、教育理论知识的应用、教学技能的展现和教师教学理念的渗透。

2.教师是课例的改进者

教师的发展是以教师自身的主动性和积极性为前提的，只有教师自己积极思考才能实现教学效果的改善。教师自身作为课例的开发者还要通过研究对课例进行不断改进。

追求进步的教师不会只停留在一次教学实践，只有在改进的过程中才能更深入地理解教学问题及其相关因素，才能通过不断地思考寻求相关理论来恰当地解决教学问题。教师是改进教学的主体，教学问题是否得到解决、解决的程度如何，教师自己在教学实施中是有真实感受的。教师根据自己在教学实践中对教学设计的反思，寻求相关理论重新设计教学，这才是教师改进教学的过程。

“教师的研修不能凭空进行，教师职业的特点也不适合做纯思辨性探讨。教师的研修需要支架。这种支架和实践相联系，符合教师的工作特点与思维方式。课例就是其中一个恰当的认知支架"[①]。课例是教师自己开发和改进的,是教师最了解的,最贴近其教学实际的认知支架。

(二)教师是课例研究的实践者和反思者

在行动研究取向的课例研究中,教师是课例研究的实践者和反思者。专业研究者与一线教师是合作的关系,他们为教师提供课例研究的相关理论指导,由教师具体地去进行课例研究行动,在行动参与中反思课例研究。

1.教师是课例研究的实践者

教师是课例研究的实施者,教师根据自己在日常教学中的思考和对教学困惑的反思选择并确定研究问题。这一研究问题是符合教师需要的,影响教师教学的典型性问题,因此必须是教师遇到的真实问题,由教师来选择和确定。之后教师要针对研究问题去设计教学,教学设计就体现出教师对研究问题的思考。教学设计和教学实施后,教师要对自己的教学进行分析,再进行下一次的教学设计、实施和分析。整个课例研究过程都是由教师实施的,所以教师是课例研究的实践者。

在课例研究的实践中,教师能够以研究的视角去审视教学,观察学生的课堂表现,反思自己的教学处理,以问题为核心,设计、实施、分析、改进教学。

2.教师是课例研究的反思者

课例研究是一个过程,教师在课例研究的实践中体验和了解课例研究、改进教学,还需要以一个反思者的角色去认识自己的课例研究行动。

作为反思者的教师通过反思课例研究是否改进了教学、教学设计中的理论和措施是如何解决问题的、解决到什么程度、还有哪些问题没有得到解决等问题来确定课例研究的效果。对这些问题的思考让教师更深入地了解自己在课例研究行动中的表现。

除了反思课例研究的效果外,教师还要对自身的课例研究过程进行反思,包括对研究问题的确定是否合理、教学设计是否依据了一定的理论、课堂观察是否客观等。这些反思能够帮助教师更深入地认识课例研究的理论、步骤及其具体实施要注意的问题,对这些问题的思考能够帮助教师提高自身的教学研究能力。

二、促进教师理性实践能力的提升

课例研究是促进教师专业发展的重要方式,而教师的专业发展离不开实践性知识的增长,课例研究是教师将教学理论与教学实践相结合的结果。在课例研究

① 王洁.教师的课例研究旨趣与过程[J].中国教育学刊,2009(10):83-85.

中，教师的理性实践能力将得到较大的提升。

（一）促进教师教学理论水平的增长

课例研究增进教师对教育理论的理解。课例研究建立在教师对教学理解的基础上。教师只有通过认真的观察和思考教学中的现象，了解了一定的教学理论才能将教学困惑、教学困难转化为要研究的教学问题。通过课例研究，教师能够在教学实践的挑战下初步反思教学理论。教师在学校教师教育中学习过一定的理论，但这些理论往往被搁置于教学实践经验的背后。提出一个典型性的研究问题对教师而言是对实践的反思，也是建立在理解一定的教学理论基础上的。只有这样的教师才能找到教学中的关系，形成一定的研究假设，而不至于使研究问题过于空泛。

课例研究促进教师学习和应用新的教育理论。这里新的教育理论是针对教师已学习和认识的教育理论而言。教师在教学中遇到问题，并将其作为研究问题，说明这一问题对教师来说是有挑战性的，当前的教学经验和已知理论不能很好地解决研究问题。因此课例研究使教师致力于寻求一定的理论来解决问题，而这能够促进教师去学习相关的教育教学理论知识。这些知识不是凭空地去学习，而是结合教师的教学实践需要，使教师能够在理论应用的过程中结合实际经验增进对教学理论的学习和理解程度。

课例研究促进教师对教育研究的理论认识。课例研究是教师自己参与的研究过程，研究行动中教师能够学会一种基于行动的研究理论，即课例研究的理论。教师也学习和使用较为科学的课堂观察方法，学习如何基于研究问题进行教学观察和教学分析，也学会了一种行动研究的方法。

（二）促进教师实践性知识不断丰富

实践性知识在教师专业发展中的作用受到重视，教师的实践性知识是在教学情境中形成的，也为教学实践服务。课例研究是促进教师实践性知识增长的方法之一。实践性知识“是教师真正信奉的，并在其教育教学实践中实际使用和（或）表现出来的对教育教学的认识”①。也就是说实践性知识是教师将教育理论与教育实践相结合的结果。既有基于教学经验的积累，也有基于理论对教学实践的反思。

在课例研究的过程中，教师的教学实践性知识得到了丰富。课例研究立足于学校课堂教学现场，将教育理论转化为教师个体的教育经验。首先，在课例的开发中，教师的实践性知识得到了充分的展现。在原有经验的基础上，教师为解决研究

① 陈向明.实践性知识：教师专业发展的知识基础[J].北京大学教育评论，2003(1)：104-112.

问题而进行教学设计，这使教师充分地利用了已有实践性知识。但另一方面，当已有的实践性知识不足以解决当前所面临的研究问题时，教师的经验受到了挑战。其次，课例研究提倡教师寻求和应用一定的教育理论指导教学设计，解决教学问题。这进一步促进教师基于当前的教学情境去寻求适合的理论，并将其具体化到教学情境的问题解决中去，使教师能够充分地将教育理论与教学实践相结合，形成基于情境的实践性知识。第三，课例研究中，教师要经历几次教学设计—教学实践—教学反思的循环过程，每一次循环都是对实践性知识的丰富和发展，使教师能够更加灵活地将教学理论应用到教学实践中，也通过教学实践反思教学理论。

“教师的专业发展是需要实践性知识保障的，教师成长和发展的关键在于实践性知识的不断丰富和实践智慧的不断提升。”[①]教师的实践性知识具有个体性和情境性，只有在教学中才能得到发展和完善，而课例研究为教师发展提供了途径。

（三）促进教师自我反思水平的提升

反思是教师开展课例研究的前提，也是教师在课例研究中获得成长和进步的方式。

首先，课例研究源于教师日常教学中的困惑和反思。在教学中，教师如果不能对自己的教学进行反思，也就不会产生探究教学的需要和改进教学的渴望。只有教师在教学中总结教学经验，注意观察课堂教学中学生的表现，反思自己的教学设计和教学实施才能从中发现问题，从而提炼研究问题。反思是研究问题的来源。教师在课例研究中首先要找到研究问题，而反思是使教师由经验走向理性探究的途径。只有对自己的教学进行真实的反思才能找到教学中的真正问题。目前课程改革提出的核心素养、关注学习过程、学生学习活动等问题受到教师的关注，许多教师也在思考如何将课程改革的理念落实到教学中去。这就要求教师思考教学实践，提出具体的、可操作的研究问题。从反思到研究问题，“关键点是要找到能与理念相对接的所要研究的具体问题。”[②]要求教师将问题具体落实到教学实践中去。

其次，课例研究能够提高教师的反思水平。教师的自我反思是提高教师教学能力及教学研究能力的重要因素。课例研究为教师的自我反思提供了空间。课例研究这一行动过程，“不止于观念转变，也不止于某节课的教学行为转变，它是教师对日常教学过程中某个问题比较持久的追踪。当教师比较持久地追踪某个问题时，这个问题就已经转化为课题，原来的问题解决就转化为课题研究”[③]。在这个过

① 顾泠沅，王洁.教师在教育行动中成长——以课例为载体的教师教育模式研究[J].2003（1）：44-50.
② 王荣生.课例研究：本土经验及多种形态（上）[J].教育发展研究.2012（8）：31-36.
③ 刘良华.“问题”还是“方法”？——走出校本教研的“方法中心”[J].教育发展研究.2004（9）：64-66.

程中，教师要经历设计—行动—反思—改进—行动—反思的循环上升过程，每一次循环都是对自身教学行动和教学设计的改进，而这种改进是建立在对教学一次次的反思基础上的。课例研究使教师能够集中焦点，重点围绕研究问题的解决过程进行反思，使教师能够从一定的视角去反思教学，也使教师能够基于一定的理论基础进行理性的教学反思。

对教师来说，反思促进教师对教学及自我的认知转变，使教师能够真正从行动上去改进教学实践，提高自己的研究能力，实现自身的专业发展。

三、促进教师研究共同体的建立

课例研究是教师联合起来共同进行研究的行动，研究问题的解决以及教师教学行为的改进，研究的客观性、深入性都需要教师彼此之间的通力合作。课例研究提出了建立研究共同体的需要，也增进了教师合作研究的意识。

（一）搭建共同体的合作研究平台

课例研究为教师提供了建立研究共同体的平台，这一平台的主要支持力量是比较坚实的。

首先，课例研究包括大学教师与中小学教师在教学研究方面的联合行动。从这个层面来看，高校及研究机构中的研究者和中小学教师形成了一个研究的共同体。来自课例研究方面的专业引领是符合教师需要的。我国上海地区顾泠沅教授的团队在构建校本研修新模式时进行了一项问卷调查，调查对象是上海青浦区部分中小学教师。调查显示“教师需要有课例的专业引领，选择课改专家与经验丰富的教师共同指导教学的比较多；教师需要行为跟进的全过程反思，教师认为专家、优秀教师跟进的听课、评课指导改进方式对自己的帮助最大”[①]。可以看出，一方面一线教师需要来自专家和优秀教师的指导；另一方面一线教师的课例研究也是专家、大学教师进行课例研究等相关理论研究的实践来源。二者形成了相互促进、相互作用的合作研究共同体。

其次，课例研究使中小学的教研组功能更加丰富，教师之间不仅是一种合作备课、听课、评课的关系，更是一个行动研究者之间组成的合作研究共同体。课例研究的过程需要教师之间的分工合作，传统的集体备课在课例研究中成为针对研究问题进行的教学设计的合作，听评课则更加具有研究的性质，在课例研究中成为有一定视角和维度的客观课堂观察和有针对性的教学分析过程。课例研究使教研组

① 顾泠沅，王洁．促进教师专业发展的校本教学研修[J]．上海教育科研．2004(2)：4-13.

成为教师同伴互相指导的共同体，这一共同体“以教师为主体，以研究为基础，实质在于教师之间的合作，指向教师个体的专业发展”①。

（二）增进教师合作研究意识

课例研究是教师共同合作研究的过程。“课例研究为教师提供了一个不断汲取他人智慧和力量，整理和提升个人经验，建构关于教与学的新知识的机会。”②从课例研究的行动过程来看，教师们的合作是十分必要的。“旁观者清”这个词语用在研究中也是很合适的。教师在长期教学过程中形成了一定的思维、行为习惯和一定的心理定式，当对自己的教学进行观察和反思时容易产生主观、经验的倾向。合作研究使教师能够客观地从他人的视角结合自身的感受来对自己的教学进行分析。课例研究对教师提出了合作研究的要求，也使教师产生了合作研究的需要和意识。

在课例研究过程中，教师也会遇到各种各样的问题和困难，这时就需要教师去寻求帮助，不论是来自专家的理论指导，还是来自同事的教学建议，都有助于教师的课例研究。课例研究使教师之间的合作更紧密，也使教师能够更深入地研究教学问题。研究问题是教师在教学情境中遇到的真实的教学问题，而这一问题又不能在相关教育理论和教育实践中得到解决，就需要教师开展研究。在这个过程中与教研组同事及专家的研讨，能够帮助教师厘清思路，理解相关教育理论，也能从同事的教学经验中得到启发。课例研究总体来看增进了教师的合作研究意识。

第三节　课例研究的实践

课例研究逐步深入中小学的教学实践，一些课例研究的研究者或从本国的课例研究行动中总结出课例研究模式，或构建课例研究的基本模式，为课例研究的实践提供相关的指导和总结性的反思成果。基于各国课例研究的基本模式基础，结合重庆市渝中区教学名师研修团队的教师专业成长需要，本项目研究团队提出了课例研究的基本环节。从课例研究的基本模式到基本环节可以看出，课例研究实质上是一个循环上升的教学改进过程，它不断推动着教师专业能力的持续性提升。

① 崔允漷．指向专业发展的教师同伴互导[J]．当代教育科学．2005(20)：5-7，19．

② 王洁．教师的课例研究旨趣与过程[J]．中国教育学刊．2009(10)：83-85．

一、课例研究的基本模式

对课例研究基本模式的介绍主要包括国外的课例研究模式和国内的课例研究模式，这些研究模式背后反映出各国课例研究的倾向和视角，是对日本“授业研究”进行本土化的呈现，从中可以汲取课例研究的有益经验。

（一）国外课例研究的基本模式

1.日本课例研究的模式

在日本，课例研究的形式多种多样，但通常都会涉及的研究步骤构成了日本课例研究的基本模式。在日本课例研究中，主要包括这几个步骤：“中小学教师一起制订和撰写教案；实施教案；通过课后的研讨会议讨论课堂中反映的情况；最后将获得的结论应用到日常的课程中。即计划（Plan）－实施（Do）－检查（Check）－行动（Action）的基本环节。在计划阶段，相关老师根据课程的结构制订和撰写一个教案。在实施阶段，通过课堂的具体情景来更真实地研究儿童在课堂上学习知识的情况。在检查阶段即课后研讨会议阶段，通过文本、视频所收集到的数据来检查孩子的学习过程并验证课例的目的、方法以及结构是否合理。”①

从日本的课例研究过程可以看出，整个课例研究是一个程序比较规范的具有研究范式的研究模式。教师们有组织地进行课例研究课的讨论。实际上在课例研究的过程中，计划阶段就包括了研究问题的确定，可以看出日本已形成了成熟的课例研究模式。具体的研究过程②如下。

小组会谈：研究与准备。教师共同为研究课做出详细的计划。

研究课一：实施。由一名教师在真实的课堂上讲授研究课，其他教师进行观课活动。

小组会谈：反思与改进。教师聚集在一起讨论听课情形。

研究课二：第二次实施（可选择）。另一名教师（或同一名教师）在另外的课堂教授研究课，其他教师进行观课活动。

小组会谈：反馈与存档。学校要聘请一些相关的教育专业人员，被称为“校外专家”和“特邀顾问”。校外顾问的角色是参与指导。校外专家服务于三个目的：对于课例研究小组提出不同的见解；提供教学内容信息、新的观点和改进意见；与课例研究小组分享成果。

---

①杨晓，刘德华．日本中小学课例研究的特点及启示[J].2015(2)：39-41.

②董绍才．英美日三国中小学教师校本培训模式及启示[J].当代教育科学.2008(6)：44-46.

2. 新加坡课例研究的模式

新加坡课例研究的模式主要是基于对认知学习过程的理解，作为一种培养教师观察和反思能力的方法，建立在培养教师“学生中心”意识理念的基础上。提倡以学生为中心，实现“少教多学”的教学理念。

新加坡的教师林季华等人对新加坡这一课例研究模式进行了阐述①。他们认为，课例研究是教师检视、反思课堂教学的有效工具，更是促进教师培养“学生中心”教学意识的有效手段。以新加坡华文教学为例，他们指出了课例研究的重要位置，如图1所示：

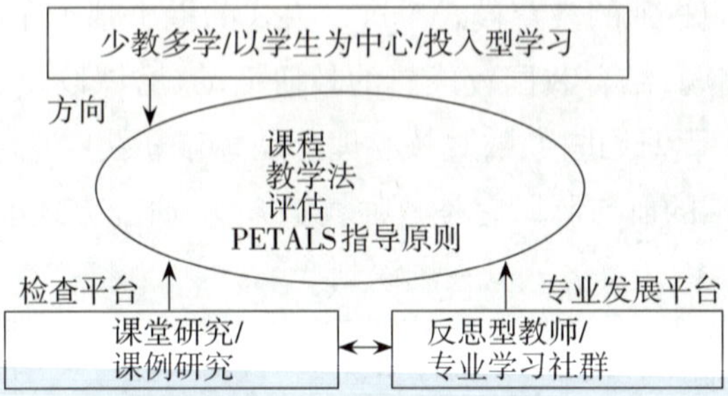

图1 “学生中心”教学、反思型教师与课例研究的关系

在明确了以学生为中心，课例研究、反思型教师间的关系的基础上，他们提出了课例研究开展的具体框架和步骤。具体如下：

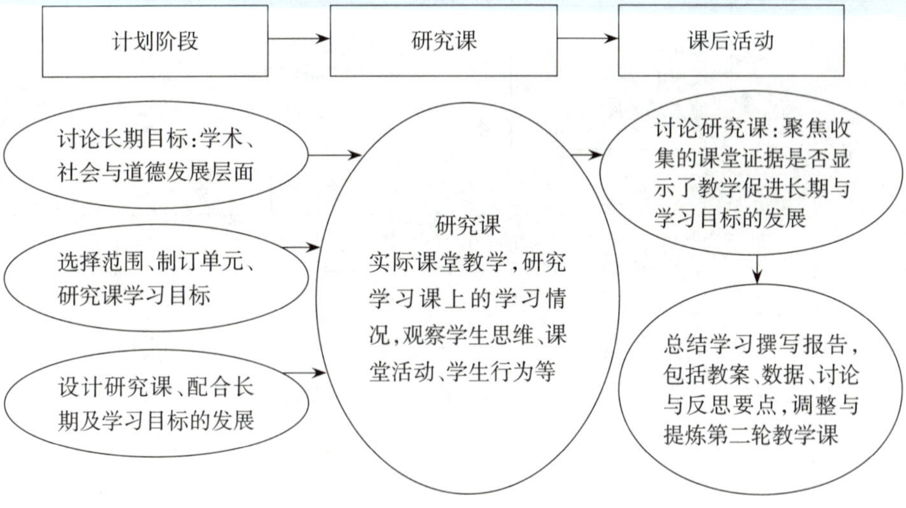

图2 课例研究框架

从上面的课例研究开展框架可以看出，研究主要包括三个大的步骤，即计划、

①林季华，胡月宝，黄黛菁. 教师专业能力发展的起点：“学生中心”意识的培养——以新加坡“课例研究”为例[J]. 海外华文教育，2011(4)：3-11.

教学和课后反思总结，在计划阶段，要成立研究小组，规划研究过程；要聚焦研究重点，制订研究主题和短时目标；还要设计研究课，制订课堂观察的原则。在研究课中，主要是教学与观察课。在课后讨论部分，讨论、分析研究课，对学生投入情况、教学流程等进行反思和讨论；反思与重新教学，改进教学设计并进行第二次授课。

（二）我国课例研究的基本模式

1.上海行动教育模式

2002年，上海市教育科学研究院的顾泠沅教授提出以“行动教育”实施课例研究，即一种针对在职教师的教育模式。这一模式的提出基于在职教师教学活动中普遍存在的基本问题，结合我国较成熟的教研活动、磨课以及课例分析等创建的“三阶段两反思”的课堂改进模式，其核心理念是“实践反思、专业引领、行为跟进”，被誉为“中国认识论的血与脉”，它是教师教学方式、研究方式的一场深刻变革，同时也是教师学习方式、历练方式的一场深刻变革。[①]

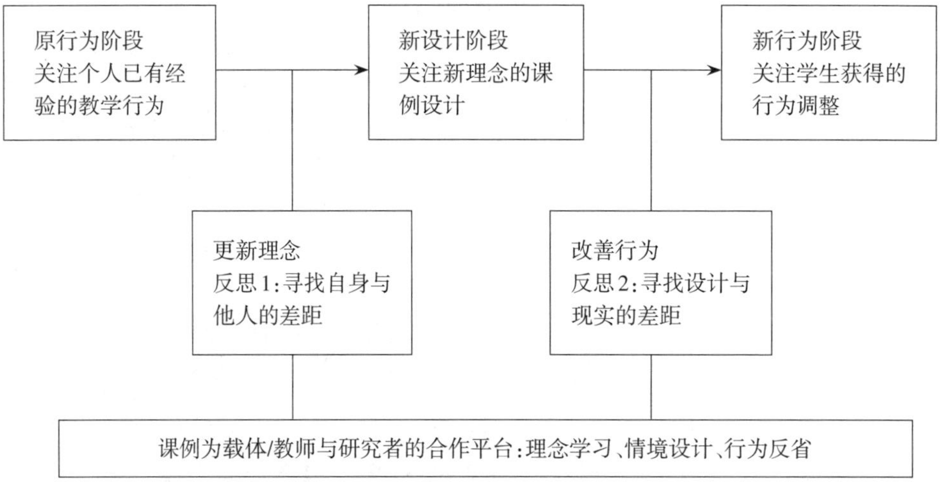

图3 “三阶段两反思”课堂改进模式

教师培训中借助具有典型性的案例进行剖析与研讨，在职教师在他人的课堂中，反思自我教学、吸收有效经验、分享心得体会，该模式在我国大部分地区具有广泛影响，不论是作为课例研究的主体或实施课例的客体，行动教育的本质是教师的行动研究，作为行动研究本土化实施的一种模式，重视教师的参与，利用课例研究搭建理论与实践的桥梁，从而促进教师专业的发展。

2.北京教师进修培训模式

近年来，以教师专业发展为目的的在职教师培训在我国各地区深入发展，传统

① 顾泠沅，王洁.以课例为载体引领教师发展[J].人民教育，2003(6)：24-26.

教师培训的形式，如教师进修、听取专家报告与讲座，公开课观摩与学习等，教师接受式的短期培训已经难以适应当下对教师专业发展的需求。北京市西城区教育研修学院项目组以课例研究为载体探索教师研修的新途径，基于如何培养研究性教师、探索有效的区域研修活动和促进学习型教研组成长的思考，借鉴课例研究模式，形成了新的教师研修的方式。在学习和实践上海"行动教育"模式的基础上，形成了西城区课例研究的基本步骤"学习—实践—交流"。实践阶段包括：前期调研—确定主题—查阅文献—制订方案—行为跟进—反思归纳[①]；在区级常态研修活动中，结合学科或年级的特点，构建课例研究变式，构建了多种有助于教师行为跟进、教师能力建设的方式，形成了学科研修课程资源包，成为西城区教师教育的特色。

3. 香港的课堂学习研究

从2000年开始，香港开展了一项以改进课堂教与学的教研活动，名为"课堂学习研究"，学习研究的特征从开始就包含一个理论，并且总有一位或几位研究员与教师参与学习研究，其前提是"改进教师的最有效的地方是真实的课堂教学情境"。近年来香港借鉴了日本课例研究和内地的教研活动的经验，把课例研究与变异理论结合起来，针对一堂课的教学内容来集体备课、教学观摩、协同工作，进行系统反思，旨在改善教与学的教师研修方式。[②]香港课堂学习研究的突出特征是有独特的理论框架作为支撑，在理论框架下分析教学具有很强的技术性；非常强调教师对学习内容的选择和关键特征的厘清，这在提高课堂教与学的过程中注重了学科实质。[③]为了继续实施课例研究并确保它的持续性，香港采取了一些行动，例如：把课例研究作为教师培训的重要组成部分，相关组织部门对课例重新命名，系统出版课例研究的材料以及网络支持等措施。[④]香港课例研究历来重视量化研究方式，梁贯成等研究者以香港中小学为例，录像研究的运用是课例研究发展的新方向。香港课堂学习研究主要包含以下步骤[⑤]。

选取课题并初步拟定学习内容。除学科知识外，学习内容也可能是通过学习要达到的一种能力或态度。

确认学习内容。基于对学生的前测与访谈，确定学习内容和阻碍学生学习的

① 齐渝华，刘悦等. 以课例研究为载体探索教师研修的新途径：以北京市西城区"课例研究"研修项目为例[J]. 课程·教材·教法，2010(10)：92-97.

② 李树英，高宝玉. 课堂学习研究的国际展望[J]. 全球教育展望，2007(1)：52-57.

③ 卢敏玲，高宝玉. 提高中国语文教学的素质一课堂学习研究的理论与实践[J]. 亚太语文教育学报，2003，6：21-43.

④ Lo Mun Ling.Leaning study—the HONGKONG version of lesson study：development，impact and challenges.Lesson Study international perspective on policy and practice，133-140.

⑤安桂清. 国际比较视野下的课例研究：背景、现状与启示[J]. 教师教育研究.2014(2)：83-89.

难点(关键属性)。

教学设计及课堂实践。运用变异理论设计教学,并分数次进行教学实践,每次教学都进行同行观课及课后会议反思,以便在下一次的教学中改善研究课。

教学评价。根据对学生的后测及访谈,对每一次教学做出分析,并提出改善教学的建议。

撰写报告及分享成果。撰写研究报告,并与其他教师及公众分享,所得反馈将成为下一循环研究的重要参考材料。

二、课例研究是循环上升的过程

从以上呈现出的课例研究模式中可以看出,尽管在具体实施的环节有些差异,但总体可以看出,课例研究是一个循环上升的过程。具体图式如下:

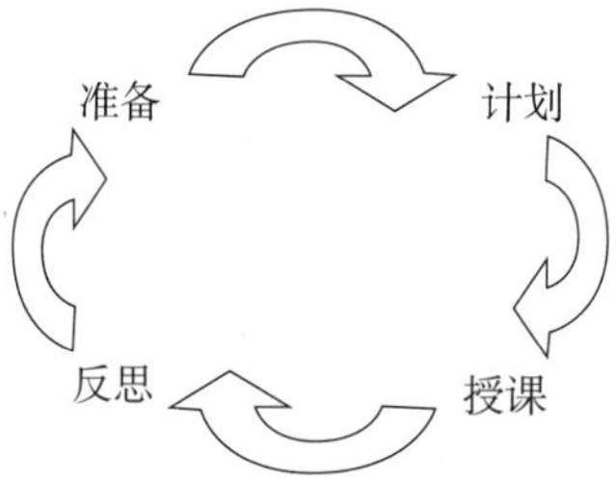

图4　课例研究过程图①

总体来看,课例研究可以概括为准备、计划、授课、反思四个环节的不断循环过程,但每一次循环不是对前一次操作过程的重复,而是体现为教师教学行为的持续性改进。“课例研究是通过教师集体对研究课进行设计、观察和反思的循环来促进教师专业发展的活动”。②

准备阶段,主要是要建立课例研究的共同体,以合作的方式开展课例研究,教师们以教研组为单位形成研究合作的小群体,讨论形成研究主题。计划阶段,主要是教师根据研究主题,以问题解决为核心进行教学设计。授课阶段,教师们分工合作,一位教师执教,其他教师进行教学观察和记录,可进行录音、录像。反思阶段主要是教师对授课进行分析。

循环上升过程主要是指教师在课例研究过程中,针对同一研究主题,总要经历教学设计—教学实施—教学反思的环节。这是因为教学设计是否能够较好地解决研究问题要通过教学实施效果来进行评价,教学过程实施之后往往会发现问题,还

① 陈向明. 教育改革中“课例研究”的方法论探讨[J]. 基础教育,2011 (2): 71-77.
② 胡定荣,黄晓青,徐昌.“课例研究”如何既得实效:对七位初中教师“课例研究”经历的反思[J]. 中国教育学刊,2010(10):66-69.

有需要进一步完善的地方,因此要进行修改。修改的教学设计是否能解决问题还要以教学实施效果来体现。总体来说教师要经历第一次、第二次甚至更多的循环过程。这些过程看起来都是设计—实施—反思,但每一次设计、实施和反思的内容都是在前一次基础上更加深入,问题解决的程度更深,体现出教学质量、教师行为的不断上升和改进。

这一过程从教师开始接触课例研究就成为教师专业发展的重要手段和途径。而教学及教学研究者发展的过程也体现出循环上升的趋势。教师初次接触课例研究,由于不熟悉、对课例研究的相关理论理解得不深入,往往导致研究过程中出现各种各样的问题,而教师关注的点也分散到课例研究的方法层面了。但随着教师在教学行动中不断开展循环上升的课例研究,教师对课例研究的理解就逐步深入教学实践,形成教师自身关于教学研究的实践性知识,课例研究由此成为教师日常教学中促进自身专业发展、不断改进教学行为的过程。而经历了一个个不同主题的课例研究循环过程,教师的理论水平、反思水平、教学能力都会得到不断提升。

三、课例研究的基本环节

遵循课例研究循环上升的基本过程,项目研究团队参考其他研究者关于课例研究一般环节的研究,形成了具有针对性和指导性的课例研究的操作环节。

(一)课例研究的一般环节

课例研究的模式因各国各地的实际情况不同而多种多样,但这些不同的课例研究模式中包含着许多基本的环节。学者李子建对其进行了总结,概括为以下几个步骤:“选取主题。主题可以指向一般性的目标,可以比较具体,也可以聚焦于课程材料的更新;设计教案初稿;教学、观课。小组的一位教师执教,其他教师全程参与准备、教学以及随后的反思过程;集体反思。通常由授课的那位教师开始,表达自己对这节课的效果以及存在的主要问题的看法,所有小组成员的发言都是批判性的;总结、分享。多数课例研究小组都会通过撰写报告来讲述自己的工作”①。他进一步将这些步骤总结为三个环节,即计划、执行与总结。具体图示如下:

①李子建,丁道勇.课例研究及其对我国校本教研的启发[J].全球教育展望.2009(4):29-34.

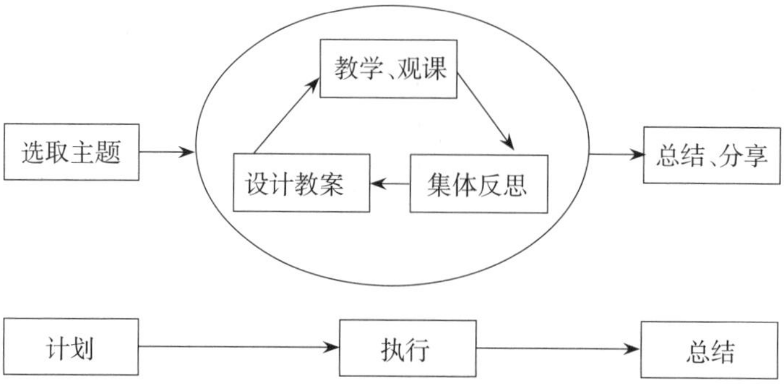

图5 课例研究的基本步骤

总体来看，课例研究被比较一致地划分为计划、执行、总结这三个大的环节，但具体到研究实践层面又根据具体情况有所不同。

（二）具体的研究环节

根据重庆市渝中区教师的实际情况，项目研究团队与教学名师研修团队的教师确定了以下基本的研究环节。

1.确定研究问题

研究问题要根据教师日常教学中所遇到的真实的教学问题来选择和确定。一般来说应是具有典型性、具体性的问题。教师们初次接触课例研究，为了避免研究浮于表面，不能深入教学行为改进的具体层面，要求教师尽量避免一般性的、比较宽泛的问题。在确定研究问题过程中，要明确研究的背景和意义，在此基础上明确提出具体的研究问题。

2.第一次研究课

这一步的具体环节包括教学设计、教学实施、教学反思。这是针对研究问题所做的第一次问题解决与分析。

在教学设计部分，要明确教学设计的目标、过程、环节以及设计意图。在设计意图方面要具体阐述采取了哪些设计措施以解决问题，为什么要采取这些措施，其理论依据是什么。

在教学实施部分，主要是教师根据教学设计进行授课，对教学进行记录，如录像或文字记录等，其他教师进行教学观察。

教学反思部分，主要是教师集体对教学进行分析和反思，反思研究问题是否得到解决，解决的程度如何，没有得到解决的部分如何进一步改进，反思教学设计以及教学过程中的教学处理等。

3.第二次研究课

主要包括教学设计(改进)、教学实施。这里的教学设计主要是针对前一次教学中需要改进的部分进行重新设计,以求解决问题。

在教学设计部分同样要明确教学设计的目标、过程、环节以及设计意图。在设计意图方面要具体阐述采取了哪些改进措施以解决问题,为什么要采取这些措施,其依据是什么。

在教学实施部分主要是教师根据教学设计进行授课,对教学进行记录、录像或文字记录等,其他教师进行教学观察。

如果问题在第二次的研究课中仍没有得到较好或充分的解决,教师还可根据需要进行第三次或更多的研究课。

4.研究总结:对两次课进行对比分析

教师反思两次教学设计和教学实施过程,对研究问题解决过程进行回顾和总结。通过对比分析,教师要明确的问题是运用了什么教育教学理论解决研究问题,为什么第一次设计的时候没有解决问题,而第二次又具体做了哪些改进,从而实现了问题的解决。从两次教学中总结经验、吸取教训。

5.课例研究反思:撰写课例研究报告

通过撰写课例研究报告使教师回顾整个课例研究过程,反思自己的课例研究效果,是否实现了自身教学行为改进,是否恰当地选择了研究问题,依据一定的理论开展研究等,通过回顾来促进教师研究能力的提升。

第四节　本章小结

课例研究具有沟通教育理论与实践,促进教师理论水平和实践水平不断提升的作用。课例研究促进教师专业发展、提高教育质量的重要作用受到各国的广泛关注。从政府层面到教师个人的参与都使课例研究逐渐成为教学研究的主要方式之一。

课例研究是一种基于教学现场的教师教学行为改进的行动研究过程,是动态生成的课例改进过程。基于教学现场的课例研究需要明确课例作为教学实录所具有的特征,即真实性、问题性和完整性。课例是教师的教学实录,是真实地发生在课堂内的,是对教师和学生双方语言行为的真实完整记录,也是课例研究中问题的载体,要体现研究的问题和研究问题的解决。因此教学名师研修团队教师所进行的课例研究是研究者和一线教师联合开展的行动取向研究过程。

课例研究从日本传播到世界各地。在日本，课例研究已经成为中小学教师教学研究和校本培训的主要方式，也受到来自政府和学校领导层面的关注和支持。随着课例研究深入教师发展的实践，日本的课例研究已经具备了比较规范的研究模式和研究组织，取得了显著的成就。在美国、英国，由于文化背景、政治制度等方面的差异，课例研究的推广受到了一定的挑战，但课例研究的作用受到了普遍的重视，各国开始探究基于本国文化系统和文化语境的课例研究探索。在新加坡，课例研究也受到来自政府层面的推广，建立专业学习社群以促进教师之间基于课例研究的反思和交流。

在我国，课例研究在不同地区也有不同的模式和特色，尤其是上海和香港的课例研究。上海的行动教育模式课例研究主要是在顾泠沅团队研究下形成的，其核心理念是实践反思、专业引领、行为跟进。在香港，课例研究被称为“课堂学习研究”，也具有独特的风格，其中总是包含着教育理论的指导和教研员等研究者与一线教师的合作学习。研究者们也积极借鉴来自美国、日本的有益经验，注重实现课例研究基于本地社会文化背景的转变。

课例研究在不同的国家具有不同的模式，但不论是哪个国家和地区的课例研究都体现出一个共同的特征，即循环上升的改进过程。课例研究总要经历教学设计—教学改进—教学反思的循环过程，每一次循环都是教师行为和教学技能的进一步提升，每一次课例研究的大循环都是教师对课例研究的进一步深入理解，是帮助提升教师教学研究能力的重要途径。这些不同的模式虽然在具体的实施细节上有所不同，但要经历的几个环节是比较一致的。这些基本的环节是：计划、执行、总结。在此基础上，项目研究团队提出了课例研究具体环节。这一环节主要包括：确定研究问题、第一次教学实践、第二次教学实践……研究总结、撰写研究报告。其中第一次、第二次的教学实践包括教学设计、教学实施、教学反思，第二次是对第一次的改进，体现了循环上升的课例研究过程。

第二章
认识课例:教学名师成长的起点

从认识论的角度来看,人的认识是对客观存在的反映,人的认识和实践具有统一性。实践是认识的起点,人的理论认识要经历“实践、认识、再实践、再认识”[①]的过程。课例研究是在教师的教学实践中进行的,是基于行动取向的研究过程。课例研究的过程也是一个经历实践、认识、再实践、再认识的循环上升过程。教师在教学实践中寻求需要研究的问题,在课例研究中通过课堂观察、教学分析进行认识,再通过下一次的教学设计和教学实践进行改进,并在教学反思中加深认识。在认识的过程中,教师存在一些误区,但经过一定的实践,教师们能逐步走出误区并深化自己的认识,获得自身的成长和发展。这是项目研究团队意图通过课例研究过程中促进教师自我成长,以教师自身的行动来反思教学实践,在认识中获得成长,以改进实践。

第一节　走出误区

在课例研究的整个过程中,教师的研究行动是由认识指导的。在与一线教师共同的研究过程中我们发现多数教师认识课例研究是基于感性的经验认识,而缺乏科学的理解,导致他们对课例研究的认识存在片面性、局限性,甚至是错误的。认识上的误区会导致实践中的偏差。只有明晰的、科学的认识才会正确地指导教师的研究行动。在研究中,教师对课例研究的认识存在一些误区,而明确教师在认识中存在的误区能够帮助教师正确地进行反思。这些误区主要表现为课例和课例研究两个方面。

一、课例的认识误区

课例是课例研究的重要载体,它是研究问题的载体,是教师进行对比分析、教学改进的基础。作为载体,课例有其特殊的特征,是由课例研究的需要和性质决定的。由于多数教师是初次接触课例研究,对于课例的理解还不全面,也不够明晰,

① 毛泽东.毛泽东选集(第1卷)[M],北京:人民出版社,1966.

出现了一些片面的甚至不正确的认识，这些会直接影响到教师的课例研究实践。主要的认识误区表现为三个方面。

（一）课例就是教案

从教师的课例研究报告中可以看出，部分教师出现将课例等同于教案的认识偏差。下面是一位教师在课例研究报告中的课例。

【课例】

昨天，我们初步预习了《卖火柴的小女孩》，文中的小女孩给你留下了怎样的印象？（悲惨 可怜）请同学们翻开课本，用文中的语句来述说小女孩的悲惨命运，小女孩太可怜了。

1.从哪些地方读出了寒冷、贫穷？

A.出示："天冷极了，下着雪，又快黑了。"体会到了什么？（寒冷：自然环境恶劣。）

B.出示："那是一双很大的拖鞋——那么大，一向是她妈妈穿的。"（家庭贫穷。）

2.从哪些地方读出了恐惧与社会无情？

A.出示："这是一年的最后一天——大年夜。"体会到了什么？

（大年夜——使我们自然想到了什么？这是鲜明的对比，强烈的反差，对比手法。）

B.出示："她穿过马路的时候，两辆马车飞快地冲过来，吓得她把鞋都跑掉了。"体会到了什么？（小女孩内心的恐惧及马车夫的无情。）

C.出示："另一只叫一个男孩儿捡起来拿着跑了。他说，将来他有了孩子，可以拿它当摇篮。"体会到了什么？（小孩无情。）

D.出示："这一整天，谁也没买过她一根火柴，谁也没给过她一个钱。"体会到了什么？（社会冷漠，大人无情。）

E.出示："她没卖掉一根火柴，没挣到一个钱，爸爸一定会打她的。"体会到了什么？（家庭的冷淡，亲人的无情。）

总结：好一个冷漠无情的社会！回过头来再联系第一自然段的寒冷，这仅仅是自然环境的寒冷吗？（不仅是自然环境的寒冷，还有社会环境的冷漠。可以说小女孩从头冷到脚，从外冷到内，从身体冷到内心！）

此刻，自然环境的寒冷，加上社会环境的冷漠恐惧，用一个成语来概括，这对小女孩来说那可真是雪上——加霜！

教师所呈现的是教案，是教师教学设计的内容而非课例。"课例是一堂课或围绕一节课所开展的一系列教学活动的总称，它是对教学的全景实录，呈现着完整、真实的课堂教学过程。"[1]课例强调的是真实课堂教学过程的完整呈现，有不同的表现形式，可以是教学现场、教学录像，也可以是文字性的教学实录。但教案呈现的是教学设计，是教师对教学活动的预设。这种预设和教师教学实施的实际状况存在一定的差距。在教学设计中看不到师生双方互动的真实现场。

课例反映教师的教学实践，在进行课例研究时，应当对课堂教学的真实状态进行完整的、真实的记录。课例的特征之一就是真实性，它强调对完整的课堂互动情况的展现。要实现课例研究的目的需要研究者参与真实的课堂，课堂实录有助于教师进行后续的教学分析、教学反思和改进等。尤其是作为研究主体的教师，通过课堂实录能够从旁观者的角度观察自身的教学，将实际教学与教学设计进行比较以分析问题，能够更清晰地对教学进行分析。缺少教学实录，教师在进行教学分析、撰写课例研究报告时，大多是凭着自己上课时的感觉进行，比较表面，缺乏针对性。比如上面那位教师在分析他的教学时写道："我的教学设计存在的致命缺陷是：教学目标的确定太多、太泛，教学环节处理不当。"这样的分析并未涉及影响教学的深层因素，课例研究没有达到其真正的效果。

（二）课例是教学案例

与课例（教学实录）不同，教学案例是"以故事或事件的方式呈现，按照一定的结构展开，其中蕴含着对问题的解决方法和研究者所信守的理论"[2]。因此，教学案例是教师对教学实录进行加工的结果，其中包括教师对自身教学的分析和认识。如下面这个课例：

教学实录

在讲授朱自清的《春》的春草图这一段时，我提了一个问题："第3节写小草，写得很细。从哪些方面写的？哪些词用得特别好？"可是学生大多数能够谈出来的都是修辞手法，如小草"偷偷地"从土里钻出来，"偷偷地"用了拟人的手法，生动地写出了小草的调皮。而这一段中的很多可以分析体会的语言，学生无从谈起，后来经过点拨和合作讨论，学生回答：

生1：钻，写生命力。嫩，写质地。

生2：绿，写颜色。……满是的，写范围。

生3：软绵绵，写姿态。

生4："钻"，用得非常好，写出春草旺盛的生命力，草从泥土里钻出来，盼望春天。

①安桂清．以学为中心的课例研究[J]．教师教育研究，2013（2）：72–77.

②安桂清．以学为中心的课例研究[J]．教师教育研究，2013（2）：72–77.

上面这个教师对课例的认识主要有两个方面的偏差：

第一，缺少对课堂教学情况的完整记录。进行加工的教学案例也能体现教师对自身教学的分析，但无法同时还原真实的课堂教学。经过加工的教学案例使教学的真实性有所缺失，而在教学研究中的课堂观察尤其要关注教学现场的真实的、动态的课堂。教师的这种课例写作，没有展示出教师自身的语言行为。同时也是教师根据自己的视角从课堂中截取的一段内容，包含了教师自身对这一段教学的认识和看法。缺少真实性和完整性导致教师不能将着眼点放置于所研究的问题上，而更多地关注到了具体的教学措施和教学引导层面上。

第二，不能充分体现教学改进的过程。只有真实地记录课堂，才能比较客观地对第一次教学和第二次教学进行对比，以进行教学改进。上述教师写的课例是从教师自己的角度，对学生的表现进行了阐述，而缺少教师对自身教学表现的认识。由此导致教师将问题归结到学生身上，不能从比较客观、全面的角度认识问题，教师对这段教学的分析如下。

分析

学生经过自己的理解能够说到很少的一部分，但是答题时往往会漏掉一些很关键的因素，思路很窄，经过老师分析之后能够找到答题方向，但是自己拿到习题一般就只会从修辞角度入手，易出现失误的地方是回答问题不全面，体会不到作者的真正情感指向，或不能深入挖掘语言的内涵。学生答问题只能根据已有的思维模式分析句子，而修辞手法是小学品析语言运用得最多的方法，所以修正了教学设计，把答题的模式及早抛给学生，让学生懂得常见的几种分析脉络，更能让学生在答题时有的放矢。

不能充分体现研究问题和问题解决的整体情况。对教学的分析要围绕研究问题进行，看研究问题是否得到了解决，是如何解决的。加工了的教学案例使教师无法客观看待自己的课堂教学，而导致在回想课堂教学时不能客观地进行反思。完整的课堂实录能够呈现教师的教学设计是否使教学问题得到了解决，是如何进行教学处理的，而实际教学能够反映教师是否解决了问题，是否还遇到了其他阻碍。以研究问题为核心，通过对完整的课堂实录的观察能使教师将观察视角重点置于问题的解决过程。

（三）课例是教师的语言实录

在课例研究中，存在教师将课例看作是教师的语言实录的情况，比如下面这位教师的教学实录就存在这种现象。

教师:针对这种行为,你认为以上哪种规则约束最有效?为什么?

A.单位纪律 B.社会道德 C.相关法律

教师:出示法律的特征:由国家制定或认可。靠国家强制力保障实施,具有强制性。对全体社会成员具有普遍约束力。

PPT出示网民李某散播谣言行为被处理。

教师:从对网民李某该行为的处理中,请同学们对法律的特征做进一步思考:1.国家制定或认可,具体指哪些国家机构?2.国家强制力由谁来保证实施?解读法律的特征。

教师:李某得到了应有的惩罚,这不仅使同学们,也使其他社会成员感受到了法律的力量,我们对于法律的严惩感到欣慰,也警示了那些有不良企图的潜在违法者。我们要尊重法律、敬畏法律。

PPT出示明星、高官违法案例。

教师:网民李某是无固定职业的一名普通社会成员,违反了法律,就要受到国家强制力的约束。那么,这些社会公众人物违反法律,又当如何处理?

教师:任何人不论职位高低、功劳大小,都必须严格遵守国家法律,一旦触犯了国家法律,都要受到法律的制裁,决不允许任何人超越于法律之上。法律面前人人平等。

只有教师的语言不能体现教学的真实情况。课例研究要实现改进教学的目的,最终是为了提高学生学习的质量。因此,在进行课例研究时,学生的表现是非常重要的一部分,教师从自己的角度看自己的课堂表现很难真正实现教学的改进,教学要为学生的学习服务,才是真正的改进教学。因此课例研究的整个过程要从学生的角度进行设计、观察、分析。

只有教师语言不能充分体现研究问题。在进行教学设计时,教师要思考如何为学生更好地学习进行教学设计,在教学分析时通过教师和学生双方的互动和表现衡量是否解决了研究问题,在进行教学改进时,根据教学分析的结果针对学生学习情况进行改进。总之,教师的课例研究过程离不开对学生的关注。因此,课例也要对学生的学习表现进行记录。单纯从教师的语言实录来看不能反映出教学中影响学生学习和影响研究问题解决的其他因素。教学是复杂的,受到多种因素的影响。

从以上认识误区可以看出,教师对课例的认识偏差主要是由于教师对于课例的特征认识不清，没有充分意识到课例具有问题性、真实性、完整性，主要表现为以下几个方面：

有的课例没有反映研究问题。课例研究中的课例是基于设计的教学，而设计的目的是解决研究问题，因此课例中应当呈现研究问题，并且呈现出研究问题的解决过程，问题是否得到解决，解决的程度如何。课例是教师问题意识的反映。在课例的选择过程中就需要教师明确自己要研究的问题，根据所要研究的问题和研究需要选择课例，要以所要研究的问题为基础。教师的教案、教学案例、教师单方面的语言实录都不能完整地反映所要研究的问题，而研究的问题应是教师教学实践中遇到的真实的、具有典型性的问题。

有的课例没有反映教和学双方的课堂表现，缺乏对现场的、真实的教学的反映。课例研究应当是以教师为研究主体，从学生角度去研究问题，进行教学设计和教学改进等。教师要通过课例实施教学设计，检测研究问题是否得到解决，要考察师生双方的表现。尤其是教学是一体的，教师的教和学生的学共同构成了教学活动。教学设计和教学实施反映了教师作为教学研究主体的努力，而教学实施中学生的表现则反映出教师的教学设计是否应用了合适的教学理论解决了研究问题。

明确认识课例中存在的误区可以让教师反省自己对课例的认识偏差，形成对课例的正确认识，帮助教师找到研究的起点，走出研究的误区。

二、课例研究的认识误区

对于课例研究，教师也存在一些经验性的认识偏差。课例研究是一个系统的行动过程，它是具有理论支撑的科学研究范式，和我国传统的磨课、听评课有一定的区别，是具有研究性质的促进教师专业发展和提升教学质量的过程。在对课例研究的认识中教师存在的误区表现如下。

（一）课例研究内涵的认识偏差

在课例研究的初期阶段，由于教师对课例研究没有系统的理论层面的认识，导致教师从经验的层面出发，将课例研究理解为我国传统的教研活动——磨课、听评课。对这一偏差的认识可以从研究内涵的角度来审视。课例研究和磨课、听评课既有联系也有区别，理解了它们之间的关系将帮助教师正确认识课例研究。

1.课例研究就是磨课

课例研究以课例为载体，以问题的研究为核心。因此在课例研究中，教师要经历多次从教学设计—教学实践—教学分析—教学改进的过程，在这个过程中教师的课堂教学会得到不断的改善。但得到一节可以当作示范的精品课不是课例研究的目的。以下是一位教师对自己课例研究想要解决的问题所做的表述：

研究问题："鸟的主要特征"是人教版初中《生物》第三册第一章第六节"鸟"的内容。教材以探究活动引导学生认识鸟适于飞行的形态结构特点。在探究活动之后，介绍了鸟适于飞行的其他特征，如消化系统、呼吸系统、循环系统等方面的特征，使学生能够对鸟善于飞行的深层次原因有比较全面的认识，进而引导学生归纳鸟的主要特征。

在学习了鱼、两栖动物和爬行动物的基础上，对"鸟"进行学习，可让学生更好地理解恒温动物与变温动物，同时为哺乳动物的学习打下基础。鸟是比较高等的脊椎动物类群，通过与前面学习过的动物类群相比较，引导学生发现动物的身体结构与功能越复杂和精巧，对环境的适应能力越强，从而认同并初步形成动物是逐渐进化而来的观点，为以后概述生物进化的主要历程做好铺垫。

从这段文字可以看出，教师缺乏问题意识，将课例研究理解成如何上好这一节课，如何引导学生理解鸟的特征了。实际上没有找到自己的研究问题，将课例研究当成了磨课。

从课例研究和磨课行动之间的区别来看，课例研究是一个持续性的行动过程，而磨课则相对缺乏持续性。磨课中，教师常常会针对一节课教学内容的教学设计和实践进行反复的改进和加工，直到教师认为教学可以作为一门精品课程，就会更换内容进行新的磨课。教学内容很多，教师不可能针对各种教学内容都去做这样一个精品课程。同时具体问题具体分析，对于不同的学生、不同的教学情境教师的教学始终要跟着进行改变。而课例研究中，教师以研究问题的解决为核心，而这一研究问题使教师的研究具有持续性。研究问题是教师们遇到的具有典型性的问题，这类问题的解决是一个持续的过程，可以表现在不同的具体教学知识的教学中。

从二者的目的和出发点来看，磨课中教师更加关注磨课的结果，即打造一节精品课，是对一节课整体的改进，而不是为了解决要研究的问题。而课例研究的目的和出发点是教师通过整个研究过程在解决研究问题的同时获得研究能力的成长，实现教学行为的改进。以课的改进为过程，教师应更加关注研究的过程，关注研究问题，关注研究中如何运用教育学理论进行教学设计、教学分析、教学改进。课例研究要求教师反思研究过程背后所体现的理念和行为。由此教师才能实现研究能力的增长，在日常教学中自我发展，提高教学质量。

2. 课例研究就是听评课活动

听评课活动是我国教学研究的传统，是学校教师成长的途径之一。教师之间通过互相听评课促进教学改进。可以说听评课活动和课例研究有一些相似的过程。它们都是教师集体性的活动，但在听评课活动中教师之间的合作性质和课例研究中的合作研究不同。在听评课当中，课可以是教师日常教学中的任一节课，常态的课程更能对教师进行客观的评价。但在课例研究中的课是经过选择和设计的课，是为解决某个研究问题而设计的课程。在听评课中，评课教师更加关注教师的教学表现，对教师的提问情况、组织教学情况、教学程序、教学目标是否实现等方面进行综合的分析和评价。在课例研究中，教师研讨主要关注与研究问题相关的维度，课堂观察和教学分析是有一定的视角和理论支撑的。在本次项目中，也出现了教师将课例研讨理解成评课过程的情况：

【教研组点评】

整堂课教师的提问设计得不错，但似乎没有一个能贯穿整堂课、起到“牵一发而动全身”的主问题。教师的预设稍多，学生的生成显得较少。整堂课教师的“教”是一个亮点，而学生的“学”则相对逊色。

在上面的这个教研组点评中可以看到，教研组所关注的是对整个课堂教学情况进行评价，从教师预设到教师教学以及学生表现都有涉及，而更加关注教师的教，同时也没有对具体的教学问题及其原因进行讨论。实际上属于一种评价性质的教学分析而非朝向过程改进的教学分析。

在听评课活动中，缺乏系统的行为跟踪，没有像课例研究中那样的循环改进过程，相对来说时间比较短。听评课活动更加倾向于对教师教学的评价，而课例研究则更加关注教师的教学改进。

同时，听评课活动与课例研究中对教学的分析视角不同，看问题的角度也不同，听评课更多的是旁观者对执教的教师教学进行观察、评价，所看到的问题不一定是教师想要研究的问题。课例研究中，教师的合作研讨是建立在共同的研究问题基础上的，是围绕研究问题设置观察维度并进行教学分析的。

（二）课例研究过程的认识偏差

对课例研究过程的认识主要是教师在课例研究过程中所表现出的一些意识层面的偏差，这也是教师在认识课例研究中片面性的表现。其中，课例研究过程始终贯穿着问题、反思和理论意识。缺乏这些意识教师的课例研究也难以有效地解决研究问题。

1.问题意识较为薄弱

确定研究问题是研究的开始，教学名师研修团队的教师在认识研究问题时也存在一些误区。由于教师们是初次接触课例研究，在认识层面还缺乏一定的问题意识。在实践中，教师往往不知从何入手去选择和确定研究问题，因此带有随意性，有些教师甚至没有研究问题，这样也就使课例研究失去了研究的性质。由于教师们是初次接触课例研究，在认识层面还缺乏一定的问题意识。问题是研究的核心和起点，只有找到研究问题并始终带着问题意识去观察课堂，进行教学改进，将问题意识贯穿于整个研究过程才能始终以研究问题为核心行动起来。

部分教师在研究问题上存在问题不聚焦或把困惑认为是问题的情况。从教师对研究问题表达的过程中可以看出实际上教师对研究问题的理解还不太明确。在课例研究的理论学习和培训之前，教师往往以为既然是研究问题，那是不是在教学实践中遇到的困惑和难题都能作为课例研究的问题，而是不是把自己的困惑讲出来就是选择了研究问题呢？如下面这位教师对研究问题的陈述：

高中文言文，我们到底要教学生什么？

听到有些同行的课一味围绕着文言字词与句式，不厌其烦地逐字逐句讲解，我便想：讲解这些古代典籍就能抛开人文精神培养的目标，不引领学生在精神世界中遨游吗？字词教学固然重要，但在对传统经典的教学中到底应该怎样处理它们才恰当呢？我又想，逐字逐段处理文章确实有助于夯实学生文言基础；但是，如果连续数篇文章，总用这样的方法操作，又如何才能避免单调乏味呢？

这位教师所表达的实际上是他在文言文教学中遇到的困惑，而从困惑到研究问题还有一段距离。可以看出，教师对文言文是要教学生知识性的字词还是带领学生感悟情感性的人文精神感到困惑。但是这不是教学实施，即上课能够解决的问题，而是教学理念上的问题。从教师的教学设计和教学实施中可以看出他对这一困惑还是有所思考的，但是没有进行很好的表达，具体的问题如：如何平衡字词教学和情感熏陶的关系，或者怎样在字词教学时培养学生的人文精神，则更能使教师有针对性地进行课例研究。在这个例子中，教师的疑惑是文言文应该教什么，怎样恰当处理字词教学，怎样避免单调乏味，以致教师在教学观察和反思时缺乏重点，一方面关注字词教学，另一方面又提出要进行情感熏陶。问题不聚焦、不具体会使课例研究难以深入下去，导致研究结果浮于表面，解决不了教师在实践中的困惑。

尽管对课例的观察和研究角度有很多，但是在确立所要研究的问题时，需要教师对所要研究的问题做出选择，这就要求教师要聚焦于关键问题，问题聚焦了才能有针对性地进行课堂观察和课堂改进。在确定研究问题的过程中，教师从发现问题到确定问题还需要经历以下过程[①]：搜集和分析相关的文献资料、对问题的核心概念进行界定、提出明确的基于问题的假设。确定研究问题是教师进行课例研究的起点，因此教师在教学中应当具有一定的问题意识，也应当理解和认识到如何去选择和确定研究问题。

2.以主观经验为主

对课例研究过程的认识偏差还表现为教师以经验性的思维去认识整个课例研究过程，实际上表现出的是教师缺乏一定的反思意识，没有对日常教学中的典型问题和教学实际、教学实践进行比较深入的思考。这导致教师在教学设计、教学分析、教学改进过程中出现经验性的重复以往教学过程，或缺乏有针对性的分析、改进，不能体现课例研究循环上升的过程。

课例研究是对教学的反思和改进，尤其需要教师克服以往经验性的思维和行为习惯。只有以一种客观的视角去解决问题才能有所改进。这一经验性的重复尤其表现为教师在课例研究中对教学设计和教学反思的认识上。课例研究需要教师针对研究问题进行教学设计，在教学设计、教学反思和教学改进环节都要带有研究的性质，即教师要思考如何基于一定的教学理论来有针对性地研究如何去解决研究问题。在课例研究中，教学设计是基于问题设计的，其核心是为了解决研究问题。教学设计是教师以解决研究问题为核心进行的方案设计。在教学设计环节教师需要说明试图怎样解决问题，教学设计是进行教学分析时与教学实录进行对比的重要内容。教师需要通过思考，在分析的基础上进行设计。

在教学设计中，多数教师在教学设计之前没有进行系统的、有针对性的学情分析，如："小学阶段的孩子认知结构还处于发展的过程中，他们对于数的认知还很简单，以直观形象为主。"这样的学情分析是对小学阶段学生思维发展认识通用的话语，对于学生的数概念处于什么水平或状态没有说清，是基于教师日常教学经验的理解。同时，对于教学设计中是如何解决研究问题的，教师不是没有提及就是空泛讲讲，如"预先设计的目的是抛出一个问题，经过同学们的思考、回答能够概括出句子表达效果的题型的多种方法。培养学生独立阅读、独立思考能力的同时形成了多向思维分析问题的能力，有利于学生创造思维的培养。"这是教师对教学设计及意图的描述，对于他是如何解决研究问题的只是说要抛出一个问题让学生思考，但是对于是什么样的问题，如何引导学生思考没有涉及。因此在教学实施和教学分

① 安桂清.课例研究主题的确立[J].人民教育，2010(21)：40-43.

析时都比较难以深入，难以达到改进教学的目的。

教学设计是教师为了解决研究问题而进行的，主要针对的是如何改进教学。在教学设计过程中，教师要解决问题就需要一定的教育教学理论的支撑，需要了解学生已有的知识经验和思维水平，在此基础上有针对性地进行教学设计。因此教学设计不是随意的，也不是教师根据以往的教学经验进行的。由于教学设计实际上就是教师尝试解决研究问题的开始，因此要围绕研究问题的解决进行设计。研究问题则主要通过学生学习反映，教师要为学生的学习改进而设计解决研究问题。只有认识到这一点，教师才能有针对性地进行教学设计。因此在课例研究中的教学设计和教师日常教学中进行的写教案活动是有区别的，二者最大的区别就是课例研究中的教学设计是围绕着研究问题进行的，也是教师基于一定的教学理论以解决研究问题的反映。

3.理论知识相对缺乏

课例研究要实现促进教师发展，提高教学质量的目的，需要教师基于一定的理论基础去解决研究问题。在研究中，教师是否认识到整个研究过程需要具备一定的理论基础，是否具备一定的理论意识是教师研究行动顺利开展的前提。理论意识也表现在课例研究过程的多个方面，包括对教学设计、教学分析、教学改进等过程都需要教师具备一定的理论意识。以教学分析为例可以看出教师对教学分析的认识是比较浅层的，缺乏一定的理论知识。课例研究中的教学分析包括两个部分：一部分是对于第一次教学设计实施后进行的理论分析，主要分析问题是否得到解决；另一部分是教学改进要用理论分析为什么问题得到了解决。多数教师缺乏一定理论意识的表现是用自我反思代替了客观的理论分析。如：

对于这样一篇篇幅较长、内容较复杂的散文，学生对课文主要内容的概括难度增加，文中对学生概括提炼的干扰阅读信息较多，大多数学生就不知如何下手。在教学过程中，我们不难看到学生对简单明了的文字知道如何将长句变短提炼、抓重点词语提炼，但在三、四自然段的概括中确实出现了许多问题：还在简单地运用勾画他们所认为是重点的句子，引用了文章中一些抒情评价的句子，甚至还引用了歇后语这些不必要的内容。所以，这样的教学对于学生已具有的概括能力并没有实质性的提升，没有看见学生在课堂上的增长点，本课的难点也没有得到很好的突破。

教师的自我反思主要反映教师对整节课堂教学的较为细节的感受，而缺少对研究问题的客观、理性的分析。从上面的教师自我反思中可以看出，教师反思的内容更倾向于是对学生概括情况的一种认识，对于学生为何会是这样的表现，教学难点为何没有得到突破则没有分析。从这样一种教学反思中可以看出，教师表现的是自己对这节课的感受，主观性比较强，缺乏基于研究问题进行的有针对性的分析。教师的自我反思是比较浅层的。

教学分析缺乏一定的理论视角，就会导致分析不够客观和深刻，而且由于在课堂观察过程中没有设置客观的观察点，导致教学分析具有随意性，没有针对研究问题在教学中是否得到解决、是怎样解决的或者为什么没有得到解决进行分析。教学分析时缺乏相关的理论基础。教师的教学分析局限于某些教学中的细节，而不能从理论的视角寻找原因，深入地分析教学中的问题。

从教师对课例研究的认识误区可以看出，实际上还是源于教师对于课例研究是什么，课例研究的目的是什么，课例研究是一个怎样的过程缺乏清晰明确的理解。由于教师没有经过理论的学习和实践的操作，所以对课例研究的理解还是基于经验性的认识，对课例研究没有比较深入的了解。由此项目研究团队基于教师对课例研究的认识误区，通过采取一定的行动来帮助教师走出误区。

第二节　转变行动

教师们面对研究有各种困惑和疑问，对于课例研究的认识也存在着这样或那样的误区。为了帮助教师们走出误区，实现自我成长，项目研究团队为教师提供了跟踪指导，在教师的合作研讨和行动参与中使教师理解课例研究的基本理论及其操作过程，使教师们能以更加积极和自信的态度去面对研究中的困难。

一、课例研究的跟踪指导

课例研究是促进教师专业发展的有效方式，也是当前教师培训关注的焦点。课例研究的理论研究者与一线教师在理论和教学实践方面各有所长，但研究者的理论成果往往对教师而言缺乏有针对性的指导，而理论与教师的教学实践往往也存在一定的差异。“课例研究在促进教师专业发展过程中，能打破教育理论与实践的二元论，是连接教师理论学习与实践操作的枢纽”[①]。通过培训能够更好地将理论研究与教师的教学实际结合，为教师搭建理论与实践的桥梁，提高教师的教学研究能力。

（一）课例研究的理论指导

对课例研究理论的认识是进行课例研究的前提。项目研究团队主要从三个方

① 祝成林，张宝臣.教师专业发展：基于课例研究的视角[J].教育导刊，2010(1)：77-79.

面对教师进行了理论指导。这三个方面包括:什么是课例、什么是课例研究以及如何做课例研究。培训是基于教师的需要展开的。由于教师对课例研究以及如何做课例研究存在很多疑问,同时也有一些经验性的认识误区,因此培训有针对性地讲解课例研究的基本理论。比如针对教师在课例理解中出现的误区,培训讲解课例和教学案例的区别,课例的特征等。其中关于课例的特征谈到,课例应当具有真实性、完整性和问题性,教师在进行课例研究的过程中存在的这几方面的理解误区。教师对课例研究的经验式理解也阻碍着教师的专业发展,不利于改进课堂教学。同时指导还包括如何写作课例研究报告,这是提高教师研究能力的重要环节。研究报告包括研究问题、教学设计及意图、教学实录或课堂观察、教学分析、教学改进、研究结论等几个方面。研究报告写作的指导主要目的是帮助教师较好地反思自身研究过程。"课例研究本身反映的是教学改进过程,培训内容易于迁移到日常教研活动中。"① 反思帮助教师从当下的研究中思考研究过程,包括如何通过课例研究解决教学中的问题,如何进行教学改进,如何进行课堂观察等。经过反思后教师才能客观地分析整个研究过程,从而达到理论和研究能力都得到提升的目的。

(二)课例研究的实践指导

理论的认识是实践的前提,但对理论的理解和掌握还应落实到实践当中。因此在培训中,让教师通过自己的实际行动和写作研究报告来体会课例研究过程。教师从确立研究问题开始,自己独立思考或寻求帮助,集体设计教案、进行教学分析等。以下是一位教师制订的研究计划:

1. 熟悉教学内容,依据课标、教材和教师教学用书师徒二人分头独立备课。

2. 第一次集体备课,编制教案,制作课件。

3. 课堂实施,由刘×执教、曾×进行课堂观察,编制课堂教学观察量表并对课堂观察情况进行记录。

4. 根据课堂观察记录,师徒二人进行第二次集体备课,在反思的基础上对第一稿教案和课件进行修改。

5. 第二次课堂实施,继续由刘×执教、曾×进行课堂观察,并对课堂观察进行记录。

6. 根据第二次课堂观察记录,师徒二人进行第三次集体备课,在反思的基础上对第二稿教案和课件进行修改,对课堂教学中如何培养学生证据意识进行总结。

培训过程中,由专家为教师制订研究计划、进行教学分析、改进教学设计等提

① 杨玉东.基于课例研究的实作式教师教育模式[J].中国教育学刊,2010,(5):76-78,82.

供跟踪指导。指导过程中，充分发挥教师自身的能动性，在活动中成长。在课例研究报告撰写完成后，由专家对研究过程、研究报告的撰写情况进行反馈，以便教师进行改进。这样的研究指导对教师而言是具有实践意义的，它将研究活动融入教师的日常教学活动中，真正以提高教师的研究能力为目标。

通过培训促进教师转变，使教师在理论和实践层面上都能够逐渐走出误区、实现自我提升。培训目的是使教师今后能够进行自我教育、自我反思，以自身的实际行动实现专业发展。

二、课例研究的合作研讨

课例研讨主要是学校层面的努力。课例研讨的主体是学科教师的共同体，内容包括教学设计、教学分析、教学改进以及对课例研究过程的思考等方面。

“课例研究是一种教师联合起来计划、观察、分析和提炼真实课堂教学的过程。”①即课例研究是由教师合作完成的。这是由课例研究的特征决定的。课例研究包含着客观的课堂观察和教学分析，教师作为教学研究的主体，一方面具有对自身教学的认识，但另一方面囿于自我观察的视角带有一定的主观性，因此教师之间在研究中的合作是保证研究质量的一个比较好的途径。但应当注意的是合作的目的是以教师自身的发展为目标，教研组等研讨不能代替教师的思考，教师是研究的主体。以下是一位教师在课例研究报告中反映的教师们合作研究情况：

学校正在进行以“打造教师研修共同体，提高教学质量”为主题的研修活动，在此活动中，语文组以年级为单位，要求老师们在“选课—备课—上课—磨课—上课—研讨”这一过程中，人人参与，合作学习，平等对话，共同研究，共创教学智慧，力争在“删繁就简，一课一得”这一问题上有所收获。

我们六年级组的老师回到办公室，打开这本不知翻了多少次的课本，视线定格在第四单元上。第四组“外国名著名篇”中跨越了时空仍然璀璨的作品，犹如巨人的肩膀，可以托起孩子，让他们站得更高，看得更远。在这些经典作品里，最动人的要数《卖火柴的小女孩》。安徒生的童话可以说是伴随着孩子们长大的，那漫天的飞雪，微弱的火光，美丽的卷发女孩和她悲惨的命运已经住进了孩子们的心里，稍微一拨动定会荡起涟漪。虽然这是一篇学生早已耳熟能详的童话，但经典之所以经得起重复是因为它的内涵，人们每重复它一次都能从中发现有用的东西，能经得起人反复咀嚼而滋味隽永。对，我们一致同意就选这课！

---

① 谌启标.基于教师专业成长的课例研究[J].福建师范大学学报(哲学社会科学版)，2006(1)：156-159，167.

要上好课首先得深入地解读文本。充分解读了文本，确立了目标，厘清了教学的思路，备好了课，信心满满地走上讲台开始我的第一次试讲，期待着收获，可是事与愿违。课堂上，我调动了自己所有的情绪，声情并茂，可不知怎么了，孩子们的脸上波澜不惊，有的甚至是漠然。课堂中规中矩，死气沉沉，机械问答，"我本将心向明月，奈何明月照沟渠"！

以上是项目组中教师们集体合作的表现，通过访谈这位教师我们了解到，他们学校开展的建立教师研修共同体的活动为教师提供了很好的合作研讨的条件。她提到学校有六个年级，每个年级分别是一个研修共同体，一个学校一学期确定一个研究主题，教师们合作的流程主要是共同选择课例，共同解读文本，进行教学设计，分头进行教学实践，所有教师都要参与整个研究过程，合作研讨，教师们在研究中遇到的阻碍和问题主要是对教学中的研究问题不知该如何解决。经过小组研讨后，教师说对于研究问题经历了从茫然到比较清晰的过程。

从教学实录我们能够发现这位教师及其所在教研组的这一转变过程。

第一次课例：

【学生一片茫然】

师：出示"那是一双很大的拖鞋——那么大，一向是她妈妈穿的。"问又体会到什么。

生：家庭贫穷。

师：再读第1~4自然段，从哪些地方读出恐惧与社会无情？

理解以下五个重点句子的含义："这是一年的最后一天——大年夜。"体会到了什么？

"她穿过马路的时候，两辆马车飞快地冲过来，吓得她把鞋都跑掉了。"体会到了什么？

"另一只叫一个男孩儿捡起来拿着跑了。他说，将来他有了孩子，可以拿它当摇篮。"体会到了什么？

"这一整天，谁也没买过她一根火柴，谁也没给过她一个钱。"体会到了什么？

"她没卖掉一根火柴，没挣到一个钱，爸爸一定会打她的。"为什么？

师总结：好一个冷漠无情的社会！回过头来再联系第一自然段的寒冷，这仅仅是自然环境的寒冷吗？

对于这一部分教师认为教学设计还不能很好地解决研究问题，她说"我希望学生在我的讲解和分析中体会出这不仅是自然环境的寒冷，还有社会环境的冷漠。

可以说小女孩从头冷到脚，从外冷到内，从身体冷到内心！但是，回答我的依然是茫然和沉默。怎么回事？这不是很简单，很好体会的吗？”对于这样一个问题，教师们又经过了研讨，共同找出原因所在：

在研讨会上，老师们各抒己见，给课例进行诊断。发现我的课堂内容太多、太杂、太满。老师讲得太多，问题太碎，教学重点不鲜明，难点不能突出，细节无法落实，力求面面俱到，实则学生一无所获。老师对于课文的情节内容分析太多，导致学生机械回答，没有真正走进文本。本堂课例设计存在的致命缺陷是：教学目标确定得太多、太泛；环境描写与人物描写混为一谈，不清晰；教学环节处理不当。恍然大悟的我似乎看到了眼前的路：通过创设情境，再造想象，让孩子们走进小女孩的生活，尊重学生，张扬个性，把更多的空间和时间让给学生，让学生自己去揣摩、感悟。

课例诊断会后，我们年级组的老师再次聚在一起，为课例“做手术”。

在经历了两次教学改进过程之后，教师们对于这一研究清晰了起来，她们找到了自己的答案。

教学片段

谈话导入，引出课题。

“锣鼓喧天辞旧岁，爆竹声中迎新春”，孩子们，还记得你们的大年夜是怎么过的吗？（回老家，与小伙伴一起放鞭炮；除夕夜，一家人高高兴兴包饺子、看春晚；忙着收压岁钱红包……）

今天这节课，老师要带领大家走进安徒生的童话故事——卖火柴的小女孩（学生齐读课题。）

教师提到，改进后的教学“能够从学生的生活来引出话题，用自己的愉快春节和其乐融融与小女孩除夕夜的凄冷孤独形成强烈对比，这样谈话导入，引出课题，很快进入课文情境。”

研究问题往往是教学中的典型性问题，观察参与其他教师的课例研究过程，也是自我研究能力的提升过程，对教师的教学改进具有启发意义。课例研究是一个循环上升的过程，教师的教学改进往往不是一次就能解决问题，教师集体的课例研讨，能够形成一种积极的研究氛围。比如下面这位教师所说：

本节课由我们年级才入职的年轻教师王老师执教，我作为我们年级的教研组组长，同时担任王老师的指导老师，全程参与本节课的教学设计、教学探讨。本节课我们从最初的设计到上课，修改教学设计，全程一共进行了9次修改研讨。

教师的日常教学工作比较忙，一次次的教学研讨、教学设计、教学改进，对教师来说也是一种挑战。集体的课例研讨是建立在教师们有共同的目标，有自己在实践中遇到的想要解决的问题，这也是教师课例研究的动力。

三、课例研究的行动参与

教学名师研修团队教师所进行的课例研究有三方参与，分别是大学教师组成的项目研究团队、中小学教研组和参与教师个体。他们形成了一个共同体，发挥各自的独特作用，也彼此之间相互影响、相互作用。

项目研究团队是以理论和实践跟踪指导的方式帮助教师认识和理解课例研究的相关理论，包括课例研究的概念、步骤等，同时在教师的研究行动中帮助教师应用理论、提升理论。在这里研究团队的作用主要是帮助教师形成一定的理论意识，解决在课例研究中遇到的困难。研究团队的参与对其自身而言也是具有很大益处的。首先它使研究者对于课例研究的理论认识得到检验和应用，其次也使研究者的理论与教学实践相结合，能够起到推广和改进理论的作用。对研究者来说也提高了他们的研究能力，促进研究者自身对课例研究相关理论的反思，对课例研究实践的了解和思考。

中小学教研组是由一线教师组成的教学共同体，也是研究共同体，教师们以共同参与、共享目标、分工合作的方式共同参与课例研究。教研组为教师在课例研究过程中相互讨论和交流学习提供了平台。在课例设计、观察、反思的过程中教研组以合作的形式促进教学改进和问题解决，促进反思的深入和对课例研究本身的深刻认识。

教师个体是课例研究的主体，不论是培训还是集体研讨都不能代替教师自己的研究行动和反思。教师作为课例研究的主体在自身的行动中学会研究、改进教学。在课例研究中，教师应当是全程参与的。“教师的专业发展是需要实践性知识保障的，教师成长和发展的关键在于实践性知识的不断丰富和实践智慧的不断提升。”[①]教师的实践性知识在课例研究中就是与教学实践相结合的课例研究知识，它融于教师的研究行动当中。这是一位教师自述的对课例研究的感受：

① 顾泠沅，王洁.以课例为载体引领教师发展[J].人民教育，2003(6)：24-26.

从教育研究的方法论角度看，课例研究是一种实践和理论的结合，是以教师的教学实践为基础，围绕特定教学问题对一节课的全程或片段进行预设、实践、剖析、对话、反思等种种活动，为教师改进教学提供平台，为深化教学研究提供有效途径。"这是我刚刚接受了课例研究任务时，查找到的对课例研究的理性描述。事实上，看了这段描述，对于课例研究怎么做，做了有什么好处，仍然一头雾水。

于是，我尝试以《卡罗尔和她的小猫》为课例，按照于波教授的要求开展了"低段学生默读技能起步的策略研究"。首先感觉是——麻烦！一次设计，二次设计；一次上课，二次上课；一次反思，二次反思；一次实录，二次实录……费时间、花精力，好麻烦！第二个感觉则是——困难！若只是设计上课、反思、记录，纵然麻烦，也还算教师的本分，老老实实地上着、记着就行，总是能搞清楚的。可是还要从理论上分析自己的研究过程，将教学实践经验做理论上的凝练提升，这对于常年身处一线，实践经验有余而理论积淀严重贫乏的我，实在是赶鸭子上架了。

没办法，任务摆在面前，再困难我也得咬着牙克服。我一边按部就班做好设计、实践、分析、改进的筹谋，一边找时间泡书店恶补相关理论知识，走一步、算一步，写一点儿、算一点儿，边摸索，边前进。渐渐的，在硬着头皮学习和实践的过程中，我尝到了课例研究的甜头。我发现，课例研究是教师日常专业学习的一种好方法，因为教师的成长不仅需要学到具体的专业知识，还需要在教学实践中历练，解决实践中的问题；反之亦然，教师的成长不仅需要解决教学实践中的具体问题，还需要能从问题中发现潜藏的教学原理。在课例研究中遇到难题时，既有的知识经验不足以解决，促使我主动学习新知，并站在不同角度、不同高度去展开思考，完整经历发现问题、分析问题、解决问题的过程。在研究过程中，我的教学观念一次次刷新，并随之调适自己的教学行为；我的教学思想从模糊逐渐走向清晰，从感性逐渐走向理性，教学技能也得到提升，这对于一个教师的成长来说是弥足珍贵的。可以这么说："课例研究的过程也正是教师个体成长的过程。"

我明白了，课例研究的成功，并不是指教师执教的"课例"本身成功与否，而是指教师透过"课例"，在解决教学中的具体问题的过程中获得新的经验，产生新的思考，提升了自身知识的高度与厚度。总之，课例研究是教师成长的驱动力，它带给我的除了麻烦、困难，更多的是新的知识和经验，最终则是走向成功的愉悦和得到成长的快乐！

课例研究为教师提供了自我反思、自我提升的途径。整个课例研究过程，教师需要不断地自我反思、改进教学，这是对教师自身的一种挑战，是需要教师付出时间和努力的过程。在研究过程中,教师可能面临各种各样的问题,比如在教学分析时找不到研究问题的恰当的理论支撑,课堂观察时怎么才能客观、深入等都是需要教师去解决的问题。同时教师还要对自己的课例研究过程进行反思,通过反思回顾如何准备、计划、行动和反思。在课例研究中最重要的是教师要反思自己的研究过程,而不是局限于一个研究问题答案的获得。在访谈中一位政治老师提到,她所提的这个研究问题每个老师都会遇到,但是并不是每个老师都有会意识地去寻求一定的理论来解决问题。在日常教学中遇到了困惑和问题,是课例研究让她反思教学中遇到的问题,给教师提供进一步深入研究来解决问题的途径。

课例研究是教师理论与实践结合的桥梁。教师自身的行动研究反映出作为一个研究的主体——教师必须亲身参与才能获得研究能力的增长。只有在实际研究的过程中,教师才能理解和掌握如何去做课例研究。比如只有自己去选择研究问题,才会知道面对教学实践中遇到的种种教学问题,哪些是具有典型性的问题,如何聚焦研究问题,如何表述研究问题。只有在"教学设计—教学实施—教学分析—教学改进"的过程中,教师才能体会到教学理论在教学改进、课例研究中的意义。在本次项目中,教师学会了如何去寻求理论,来解决研究问题。访谈中一位教师表示,日常教学中的读书积累和不断思考在课例研究中得到了很好的体现。课例研究使她将陶行知的生活化教学应用到解决政治课堂枯燥乏味,不能充分培养学生素养的问题上。课例研究不仅使教师理解课例研究的理论,而且也使教师运用课例研究理论以及教育教学理论去解决自己的研究问题。课例研究经过教师自身的行动研究过程,将理论知识转化为教师自身的实践性知识,从而提高教师自身的教学研究能力。

第三节　认识深化

课例研究是中小学教师进行教育科学研究的一种有效方式。教师对课例研究的过程、目的、意义等的认识不是一蹴而就的,而是在理论学习与教学实践中不断调适形成的。经过项目研究团队的引导、学校教研组的研习以及教师自身的行动,教师对课例研究的认识在不断深化。认识与实践是相辅相成的,实践是认识的来源、动力,认识可以增强实践的有效性。教师刚开始不认识、不了解课例研究,有些教师甚至从未听说过课例研究,也不了解课例研究对自身成长、日常教学的意义。在专家跟踪指导和教师共同体合作研讨的过程中,教师以实际行动参与课例研究,在研究过程中对课例研究的认识渐渐明晰起来。

一、问题是课例研究的核心

研究是利用有计划与系统的资料收集、分析和解释的方法解决问题的过程。问题既是研究的起点，也是研究的终点。研究围绕着问题展开，主要体现在研究目的的指向性。一般刚接触研究的教师虽然知道问题在研究中的地位，但对于研究什么问题会感到纠结，既不知道自己选择的问题是不是真问题，也不知道这个问题值不值得研究。一些教师为了研究而随意选择问题，导致选择的问题不聚焦、不具体、不真实。随着课例研究的落实和专家的跟踪指导，教师逐渐认识到问题是课例研究的核心，问题意识应当贯穿于整个课例研究过程。对研究问题的认识教师们也大多经历了从不熟悉到熟悉的过程。下面这位老师在选择研究问题时遇到的困难具有一定的普遍性：

既然要开展“研究”，肯定就得有“问题”，这个“问题”应该秉着什么样的原则去选？选什么样的“问题”？一个课例研究的“问题”是源自于这节课要实现的教学目标吗？答案如果是肯定的，那一节课一个教学目标的实现就要去提炼出“研究结论”，这是不是有点小题大做？答案如果是否定的，研究的问题是不是又给人一种本末倒置的嫌疑？

这些问题表达了教师对研究问题的困惑和不解，很多做课例研究的教师都知道问题对于研究的重要性，但是当真正要发现问题、提出问题时，就不知道从哪里去找，哪些问题是值得研究的，自己选的问题恰不恰当。教师虽然置身问题之中，却不知道问题之所在。随着项目研究的深入，教师在项目研究团队的帮助、学校教研组的讨论以及自身研究的行动中，学会了在日常的教学中寻找真问题，例如这位历史老师提出的问题：“在初中历史课堂教学中培养学生的证据意识——七年级‘高超的青铜冶铸技术’的课例研究”。此外，他们对研究问题的作用、发现问题、研究问题的确定有了更加明晰的认识。

（一）认识问题的作用

通过一段时间的项目培训和教师积极主动的学习，教师已经认识到作为课例研究核心的研究问题具有其特殊的地位和作用。

研究从问题开始，课例研究有一定的目标指向，旨在解决教学中存在的真实问题，课例研究需要聚焦一个主题。一个明确的主题能够帮助所有参与的教师明确研究的目的、明确研究活动对他们的价值。明确的主题也能够使所有参与者的注意力集中到解决教学中的主要问题上来，让参与教师的时间得到有效的使用，也使得有关资源得到合理的分配。[1]在对其中一些教师访谈时他们说道:“研究问题就是我们研究的基本前提,是课例研究的核心、关键,研究问题是从实际的教学中提炼、概括出来的,确实与一般直接感知的教学问题存在着差异性,但是研究问题是在教学实践中未解决的具有普遍性的实际问题。”从教师的表述中可以看出,研究问题实际上是教师研究的核心,教师将解决研究问题作为研究的起点和目的,体现了对研究问题的指向作用的认识。确定研究问题是进行课例研究的开始。在课例研究中,教师对于选择研究问题给予了充分的重视,并且试图将教学中遇到的现实问题提炼、概括出来,用一定的教育理论来分析问题出现的原因。

(二)在教学实践中发现问题

发现问题很重要,它是研究的起点。问题可以指向一般性的目标,例如“参与式教学对学生的数学兴趣的唤醒”“小组教学对学生体育课堂参与度的有效性”等问题;问题也可以聚焦于课程材料的更新,例如“用秋千研究钟摆现象”等。课例研究是指教师系统地合作研究课堂中的教与学行为,从而改善教师的教学经验和学生的学习经验的综合过程。[2]所以,发现问题的最好方式,就是从课堂教学、从教师自己的教学困惑中去寻找、去提炼。

1.以理论重新认识实践

问题是课例研究的核心,从问题出发让问题引导课例研究,是课例研究有效进行的根本要求。教师一般能够意识到课堂教学实践是课例研究的土壤和研究成果的实验场。在有一定的问题意识后,有的教师认识到可以通过教育教学理论去观察和认识教学实践,从中发现具有典型性的研究问题。比如下面这位教师在进行小学数学概念教学时,就发现这样一个问题:“教学中常常是把一个新的概念和盘托出让学生死记硬背,这样的结果是学生常常出现对概念的理解抽象、模糊、混淆不清、运用困难。这样学生学得吃力、教师教得困难。如何使数学概念的教学不再让师生感到枯燥乏味,真正落实概念教学的有效性?”教师就在此问题的基础上思考“探究性教学”是否能够促使“静的概念动起来”。因此,教师围绕“体验式教学理论下的概念教学”这个研究问题,选择了《克和千克》作为课例进行研究。可见研究问题就在我们的课堂教学中,关键在于教师是否能够运用教育理论发现并且提炼出研究问题。

①王洁.教师的课例研究旨趣与过程[J].中国教育学刊.2009(10):83-85.

②霍海洪.课例研究在美国:挑战、对策与启示[J].全球教育展望.2009(3):29-34.

2. 从困惑中发现问题

教学困惑是教师在教学中遇到的困难和阻碍，也可是教学的难点、重点；可能是课堂教学效果不佳，学生没有学习的积极性；也有可能是目标未较好地达成等，这些困惑都是对教学进行比较初步的反思。教学困惑在一定程度上反映出教师的思考，但是这还不是问题。对教学困惑进行梳理是发现问题的开始，从困惑到发现问题还需要进一步的思考。有位教师在访谈中，介绍了她是如何对自己的教学困惑进行思考和梳理的。她说："教学中经常会出现这类教学现象，学生已经站在'二楼'了，可以直上'三楼'，但教师为了让学生从最初的经验出发，非得让学生先回到'一楼'再上'三楼'。数学教学难道一定要每次都从头开始吗，尤其是数学思想方法的教学？是否应该考虑学生已有的知识水平？学生对数学思想的认识需要经历从模糊到清晰，从理解到应用的过程，教师需要在不同的数学内容教学中引导学生从具体的学习内容中去分析、提炼、理解、应用。因此，我将困惑转化为了具体的问题，即在数学教学中，如何从学生的认知基础出发，充分利用学生的直观经验让学生逐渐认识抽象的数学思想"。这位教师经过思考从教学的困惑中发现了教学课例中需要研究的问题，她选择小学五年级的《质数和合数》教学课例，研究在教学中如何引导学生进行数学思考。

（三）确定研究主题

课例研究是在教师日常教学工作的基础上根据一定的问题进行的教学行动研究。一般来说，一个课例研究至少包含一个想要解决的问题和解决问题的具体方法。这就是说进行课例研究时需要有一个研究的主题，教师所选的课题要着眼于这一研究主题，这样才有助于实现教师自省和行为的改进。为提高研究的有效性，教师要明确结合教学实践中困扰自己的问题或者在课堂中观察到的问题，从中提炼研究主题。教师基于这个主题选择课例；围绕如何解决这一问题对整个教学进行有意图的设计，并实施教学；再对教学实施情况进行分析，分析想要解决的问题是否得以解决。

首先，在教学过程中寻找问题。这个问题是来自教师对自己的课堂教学或是对他人的教学的观察、思考所得。有位教师通过观察和反思高中文言文课堂的教学，对高中文言文教学有了新的认识。这位教师说："高中文言文教学一味围绕着文言字词与句式，不厌其烦地逐字逐句讲解。在课例研究时，我开始思考应当怎样有效地进行传统经典的文言文教学。同时高中文言文的教学中还存在着过于形式化的现象，缺乏引导学生感悟文学经典的内涵和魅力。我想如果教学时教师注意为学生创设认识感悟文言文内容的情境，这样可以将枯燥的文言文教学丰富起来。这样我选择了'在文言文教学中如何创设有利于学生感悟意义内涵的情境'作为我课例研究的主题。"

寻找教学过程中的问题可以从四个方面入手:观察学生课堂的学习状态;了解学生的兴趣、需求和困难;教师自我教学方法、教学理念、教学效果和教学困难点的自省;观察其他教师的课堂。寻找矛盾点对教师而言是一个学习的过程,是一个对自己的教学方式、教学内容和学生学习重新认识的过程。

其次,分析问题现象。教师在对自己的课堂或他人的课堂进行观察时,有时候会感觉满堂都是问题,知道这个教学还有待改进,但是不能说出症结所在。这是因为教学中的问题产生的原因往往错综复杂,需要我们透过现象看本质。因此,要通过课堂观察分析问题产生背后的原因。比如教师通过对教学困惑进行了思考和梳理,认为一个数学思想的形成需要经历从模糊到清晰,从理解到应用的长期发展过程,需要在不同的数学内容教学中通过提炼、总结、理解、应用等循环往复的过程中逐步形成。

第三,聚焦问题。在教师厘清教学中的矛盾点和其产生的问题脉络之后,还需要聚焦问题。问题太泛、虚化将导致问题的不具体,不利于教师很好地选择主题和课例,进行有针对性的研究。我们首先要思考的是我们厘清的这个问题,它是不是真问题,是否只是表象问题。之后要提炼出问题,使问题具体化,寻找这个问题的关键点,最后还要从多方面的角度去思考、检验这个问题是否能够得到解决。

二、课例是研究问题的载体

对于几乎未接触过课例研究的教师们来说,"课例"以及"课例研究"的概念是比较模糊的。经过相关理论知识的培训,教师对"课例"的认识发生了转变,不再将其看作是详细的教学设计、详细的课堂实录、教案加上课又或者是精心设计的课等。他们认识到了课例是研究问题的表现场,是问题分析的素材,是研究需要依托的对象,研究不仅要围绕问题,而且是通过课例这个载体进行。

(一)课例是研究问题的表现场

课例是一种能将理论与实践相联系的载体,是符合教师工作的特点与思维方式的,它不仅能发展教师的行动智慧,而且还为教师研究问题提供了一个表现场。作为促进教师专业水平提升的一种有效研修方式,"课例"是"以课为例讲道理",即以实际发生的课堂教学内容为载体,以某个研究问题为主题,通过对教学问题的再现和描述来揭示教与学的改进过程,讲述教学改进背后的观念和认识。[1]课例作为

①杨玉东.课例研究的关键是聚焦课堂[J].人民教育.2013(7):47-50.

问题表现场，承载着教学问题，我们通过研究课例，分析和解决问题。

一位教师是这样分析中职学生的学习状况的："中职学生的学习现状与旅游业对从业人员的要求还有较大差距。目前面临的一个不容乐观的形势是中职学校学生学习状况不佳，主要表现在以下几个方面：一是普遍存在学习目标不明确，对于所学的专业及未来的工作岗位认识不足；二是学生的文化基础薄弱，中职学习内容虽然不'深'，但具有广度和实践性，特别是要求学生能运用专业知识解决实际问题，对中职学生而言具有挑战性；三是学生缺乏良好的学习习惯，不能充分利用课堂和课余时间进行学习，不愿'记'，不愿'算'，不愿'操作'；四是《旅游地理》是中职旅游服务与管理专业的必修专业基础课，是一门综合性强、多学科交叉的学科，知识点多，而学生往往认为理论课枯燥，缺乏学习的自觉性。"这位教师针对中职学生学习现状，根据当前"能力本位、学生中心、就业导向"的职业教育理念，运用任务驱动教学法激发学生的学习积极性，选择以《青藏高原旅游区概述》为课例，研究运用项目教学法提高中职《旅游地理》教学有效性。

教师的课例是基于研究问题实施的教学。在选择作为研究的课例时，课例承载着教师的教学理念，是教师教学行为的集中表现，同时也是教学问题的表现场。课例研究中，教师尝试将某种教学理论或者方法转化为具体的教学行为，或者尝试针对自己教学行为中的某种缺失加以改进。这个过程的重点不在于发展出具体可见的产品，也就是说，课例研究不在于"打磨"一节优质课或者写一篇论文报告，重要的是教师具体行动方法的改进与自身实际教学能力的提升。课例为教师的研究提供了一个不断汲取他人智慧和力量，整理和提升个人经验，建构关于教与学的新知识，优化教师教育教学能力的平台。

（二）课例是问题分析的素材

课例的意义在于打破长期教育专家统领的"理论研究"和教师的"实践操作"之间的藩篱，为教师提供了一个真实的理论与实践契合的思考空间，教师通过课例从理论与实践的角度分析问题，让教师跨越教育理论与实践之间的沟壑。在课例中教师们主动地进行着各种尝试，不仅意识到了问题，有了问题意识，而且意识到了要慎重地选择课例，课例作为问题分析和解决的素材，在分析的过程中实现理论与实践的结合。

课例研究基于问题，课例作为研究问题的载体，同时也是问题分析的素材，课例的素材作用主要体现在以下两个方面。

首先，课例所表现的各个要素，为教师分析问题提供了视角，比如教师在分析时可以从教学设计、教学实施、教学反思等方面对问题进行有针对性的分析。一位老师在"运用任务驱动教学法提高中职《旅游地理》教学有效性"的课例研究中，对教学实施进行分析时，就根据两次课堂教学的学习任务、教学方法和评价方式差异进行分析，其中对教学方法的比较分析：第一次课堂教学运用了直观教学法、问答法、讨论法等教学方法，第二次课堂教学运用任务驱动教学法、竞赛法等，第二次教学体现了“学生中心”，对学生积极性的调动、有意注意的保持、团队合作意识的培养、口语表达能力的训练均有较好的效果，体现了“教学过程与工作过程相对接”的理念。有针对性地发现了其研究的问题，任务驱动教学法对于教学效果的影响，避免了教师在对问题进行分析时泛泛而谈。

其次，课例反映出教师基于理论对某一问题的分析，课例为问题的分析和解决提供了路径，教师透过课例可以有理论基础地分析问题。例如为解决“如何根据学生的‘学’来帮助学生形成数学概念？怎样引导学生从具体到抽象、复杂到简单地归纳总结出概念？”这个问题，教师选择“三角形的定义”作为其课例，将研究问题“通过反例引导学生理解数学概念”融入课例。这位教师通过对教学过程的对比分析“第一次实践按照教材的呈现，情境引入—对三角形下定义—三角形各部分的名称—用字母表示三角形……第二次实践从学生已有的认知出发，对于三角形各部分的名称进行先行教学—然后是对三角形下定义—用字母表示三角形……”最终发现运用反例对学生进行语言的引导，让学生更加有的放矢地对自己总结的概念进行分析、归纳、修正、概括，并进一步通过对比练习让学生感觉数学的简洁美。我们可以发现课例不仅是研究问题的支撑，也是理性分析问题的一个有效途径，课例的各要素为有针对性地分析问题，提供了清晰的视角，避免了盲目或没有条理的分析。

三、理论是课例研究的支撑

对理论的认识与利用是一线教师普遍存在的困惑点。理论是指人们关于事物的理解和论述，在教育研究中一般指系统化的教育科学知识，是关于教育本质及其规律的相对正确的认识，是一个组织起来的概念体系，比如具有代表性的著述、表述等，它们可以用来解释一种或者一系列现象。理论作为课例研究的基石是必不可少的，对于常年在一线工作的教师，理论的学习是进行课例研究的必经之路。没有相应的理论素养，做基础的课例研究只能是肤浅的、空泛的，称不上研究。[①]教师们也发现课例研究虽然立足课堂实践，但是需要教师有意识地将理论思想置于鲜活的教学之中，在真实的情境中研究教与学，将理论转化运用于个体的教育经验或事件。因此，教师需要对理论指导实践的作用以及理论的运用有深刻的认识。

①齐晶莹. 课例研究：教师专业发展的有效途径 [J]. 教育探索. 2009(4)：86-87.

(一)理论指导实践

在教育理论指导下进行课例研究，有益于教师对教学中的活动经验进行有条理的归纳分析和理性的思考与反思，促使教师经常将实践行为与教育理论联系起来思考，加深对课程改革理念和理论的认识。可见课例研究不仅通过表达实践经验，诠释宏大理论，促进人们对教育及其意义的理解，更重要的是它打破了专家的理论研究和教师实践操作之间的藩篱。①而且，课例研究比科研课题研究容易些，教师从课例研究做起，容易跨入教育科研的大门。通过与专家、同事的交流和讨论，分享亲自参与、亲身得来的体验、研究及其成效，教师正在逐步成长为真正的实践型研究者。

教师在提出一个问题后，不再像从前一样根据经验泛泛而谈，他们认识到，要解决研究问题需要具有一定的理论基础。而要丰富自身的理论基础需要搜集相关的文献、查阅相关的书籍、了解相关的政策等。教师们认识到这种理论对课例研究的作用，它可以帮助教师渐渐了解到相关问题已经研究到了什么程度，可以用什么理论来支持自己的研究。在解决一个问题的同时又在实现其背后的更大问题的展开，最后再聚焦在课例的选择与展开中。从这一改变的过程中，我们发现教师的理论意识正在慢慢形成，教师在课例研究中能够有意识地应用理论，使课例研究更加丰富，研究的成果更加具有说服力。

一位教师在研究"如何培养小学生的数学思维能力"问题时，根据《义务教育数学课程标准(2011年版)》中"教师教学应该以学生的认知发展水平和已有的经验为基础，面向全体学生，注重启发式和因材施教，为学生提供充分的数学活动的机会。要处理好教师讲授和学生自主学习的关系，通过有效的措施，启发学生思考，引导学生自主探索，鼓励学生合作交流，使学生真正理解和掌握基本的数学知识与技能、数学思想和方法，得到必要的数学思维训练，获得广泛的数学活动经验。"寻找到培养小学数学思维能力的理论基础，启发式教学、因材施教等思想为其研究提供了支持。

有一位体育教师的课例研究过程体现了理论对研究的指导，她说："首先，根据当前核心素养对学生素质提出了新的要求，结合体育核心素养——指通过体育学科学习，学生所能掌握与形成的终身体育锻炼所需要的、全面发展必备的体育情感与品质、运动能力与习惯、健康知识与行为。选择课例《武术手型和步型》，提出核心素养视角下的小学武术游戏化教学研究。其次，教师根据美国著名教育家约翰·杜威提出'做中学'的教育方法和哲学家、美学家席勒提出的：'只有当人充分是人

①吴支奎.课例研究与教师实践智慧的生长[J].教育与职业.2009,8:47.

的时候，他才游戏；只有当人游戏的时候，他才是完全的人'。提出小学体育游戏化教学是非常重要的教学方法和手段。首先，它能较好地激发学生学习兴趣，吸引学生积极参与练习，提高注意力；其次，可以满足学生身体发展的需要，提高和巩固学生的体育技能，进而有效提高学生的身体素质；第三，培养学生的团队意识和竞争意识，以及同伴之间相互交往的意识和能力。因此，小学体育学科实施游戏化教学，是符合小学生身心发展规律，也是学生乐于接受的教学方式，对培养学生的核心素养有着极其重要的作用。"这位体育老师用体育核心素养、杜威的"做中学"等教育理论指导自己的研究，教师运用相关理论知识分析课例，使课例研究更加具有说服力。

（二）在实践中运用理论

课例研究是在真实的教学中展开的，教师的行为改进是对课例研究的落实。"行为改进"是教师团队有意识地反思教学行动的基本假设以及镶嵌在教学行动背后的深层意义之后采取的行动。这个过程能够帮助教师透过实践来检视自己"相信的理论"与"实践使用的理论"是否一致，并在其中洞察、生成与个人理论有关的深层情境因素，将之带入认知层次，进行个人理论的检视与重新梳理。[①]教师在一个问题得以解决的同时又在实现其背后的更大问题的展开，旨在谋求理论与实践的结合。

比如，有教师针对现实概念教学中存在的死板、生硬等现象，根据《义务教育数学课程标准（2011年版）》的要求："数学教学中应加强对基本概念和基本思想的理解和掌握，对一些核心概念和基本思想要贯穿数学教学的始终，帮助学生逐步加深理解。通过良好的数学概念学习促进学生从具体形象思维发展到抽象逻辑思维，进一步培养数学学习能力。"运用有效教学理论指导数学概念教学，使学生顺利地获取有关概念。如以人教版小学数学二年级下册《克与千克》这一课为例开展概念教学的有效性探究。努力探寻让静止的、感觉比较抽象的数学概念能活起来，让枯燥的概念教学变得不再呆板、乏味，让学生在活动中感悟、体验、运用知识，感知数学与生活的密切联系。真正体现以学为主，合作共生的教学理念。根据多次教学设计、实施与反思，教师进行的数学概念教学让学生在实践活动中体验数学与生活的紧密联系；在合作学习中体验数学探索的乐趣；在数学活动中发展学生的数学思维；教师在课堂的及时评价中激发学生学习的热情。

我们通过课例研究可以发现，从问题的提出到主题的确定，课例的选择，教学设计、实施与改进，乃至最后的教学反思，都或多或少地做到对相关理论的梳理与

①王洁.教师的课例研究旨趣与过程[J].中国教育学刊.2009（10）：83-85.

运用，教师们有意识地将现代教育理论运用到自己的实践中，如运用课程标准理论、启发式教学、体验式教学等，在教学实践中认识教育理论，提升理论指导实践的能力。

四、反思是观念改进的桥梁

对于刚开始做课例研究的教师来说，他们的反思基本上就是基于自身的感悟或经验之谈。我们不能否定一线教师教学经验的价值，然而通过对这些教师的培训以及教师实践，发现反思作为研究的一部分，应基于理论，对所思、所想、所感、所得进行较为系统而清晰的梳理与概括。

以下是一位教师的教学反思：

两次教学实践都旨在让学生参与概念的形成，而不是简单地去记住这一概念，再从语言的角度去分析每一个词的意思，从而达到对概念的建立。

第一次实践按照教材的呈现，情境引入—对三角形下定义—三角形各部分的名称—用字母表示三角形……教学过程中发现这么几个问题：1.学生对三角形下定义之前，已对角、边有所认识，却没有讲，下定义后通过自学再讲时显得有点重复累赘，接着用字母表示三角形时学生的兴趣也不大了；2.对三角形下定义，多数学生都是用三角形的角和边进行描述的，一直没能找到三角形概念的本质，最后是在直观演示下逐步找出三角形的本质并下定义。

第二次实践是从学生已有的认知出发，对于三角形各部分的名称进行先行教学—对三角形下定义—用字母表示三角形……学生对于这个十分熟悉的几何图形很有热情，纷纷介绍他们所知道的，并能在图中准确找到相应的部分。在教学中努力为学生提供新概念的最简单的表达形式，一个概念的形成包括若干步，我们就应该鼓励学生把它细分理解。因此在下定义部分学生经历了自己理解描述—反例—修正再描述—操作—规范语言。而用字母表示三角形后，让学生再指出我所说的边、角、顶点时，学生都能更加明确我的指向，也能体会到数字表示符号化的优势。这次教学体验，我引导学生回忆和提取与概念学习相关的知识，激发新概念与已有认知结构的矛盾，引起学生的积极思维，使学生积极主动地投入学习。再运用反例对学生进行语言的引导，让学生更加有的放矢地对自己总结的概念进行分析、归纳和概括。对比练习让学生感觉到数学的简洁美。

从教师对两次实践的反思中，可以发现教师的反思并没有泛泛而谈，而是基于一定的理论，对两次的教学实施进行梳理，得出了初步的反思。在教师的反思摆脱基于经验的泛泛而谈后，教师形成了理性的反思意识，能够摆脱经验性的重复，反思自己的教学，比较完整、系统地回顾教学设计、实施，他们的教育观念在实践和理论的推动下，得到了改进与完善。

（一）反思是教师专业发展的推动力

反思使教师先前的教学经验得以重新建构，教师在与研究者或者同伴的交流互动中反思，寻找自身与别人的差距，使教师对各种教学活动的背景、对自身作为教师和教学活动的文化环境以及对教学的一些想当然的假设有新的理解。[①]教师在课例研究中的教学反思产生了一些变化和发展，采用内容分析法对教师研究前期、中期和后期的反思水平变化和反思内容特征两方面进行综合分析与探究。教师在课例研究的前期，对研究的反思往往是泛泛而谈。随着课例研究的深入展开，课例研究后期，教师的反思水平与前期相比得到了显著提升，教师的反思内容主要聚焦于教学、学生和教学内容三个方面。教师的反思能够集中焦点，重点围绕研究问题的解决过程来进行反思，并能运用一定的教育理论对问题进行反思，反思更加深刻。

前面提到的体育教师的反思，她不仅就课例进行了教学反思，而且针对所进行的课例研究做了反思：

对《手型和步型》的教学反思："在本次《手型和步型》武术课例的研究中，我从经验中进行反思和提炼，不断地改进教学设计、教学方法、组织形式等来激发学生的学习兴趣，使教学效果显著。总之，在小学低年级武术教学中采用游戏化教学，让学生在游戏中培养体育情感和品格；在玩中学会动作技能；通过教师的精心设计和实施教学让学生明白了良好健康行为的重要性，为掌握和形成终身体育锻炼所必需的品格和关键能力奠定基础。这正是核心素养指导下的小学武术游戏化教学，让学生掌握适合自身的运动方法和技能，养成健康文明的行为习惯和生活方式是研究所要达到的目的。"

对课例研究的反思："明白了课例研究的概念、目标、改进教学的方向；激发了自己的研究意识，通过于教授的讲解和指导，引导我们走出困境，明白了课例研究就是在平时的教学课中，围绕发现问题、提出问题、解决问题进行深入、全面的分析和探讨，真正达到解决问题的目的；提升了课堂教学质量，一次又一次的备课、一次又一次的课堂教学跟进，改进了课中存在的问题，有效地提升了课堂教学质量。"

这位教师只是众多教师中的一员，透过这份反思，我们看到了她的专业成长。

①童慧，杨彦军.基于"课例研究"的教师教学反思能力成长之研究[J].中国电化教育.2013(3)：62-67.

(二)反思是教学行为改变的催化剂

教师需要依据学生学习的事实对自身的教学进行反思,提出相应的改进建议。"经验+反思"是教师专业成长的最有效途径,从经验中学习,在反思中成长,以研究的方式解决日常的教育教学问题。通过不断反思找出存在的差距,帮助教师了解自己教学过程中存在的不足,进一步加强理论学习。在反思中,教师要关注教学形式化、目标不明确、反思不深刻等问题。以评课为例,听课前参与教师没有明确的目标和任务:"听什么?学什么?研究什么?"心里没数;评课时各自根据发现的问题,仁者见仁,智者见智,你提重难点把握问题,他提课堂设计问题,其他人则提板书问题、知识的科学性及准确性问题,还有教学环节、教具使用、作业设计……总之你有你的看法,我有我的观点。经过一段时期的培训和学习,教师们意识到,反思也需要一定的基础理论指导,不是随意的,它需要依据学生学习的事实对自身的教学进行反思,提出相应的改进建议。

为了能够对教师的反思水平进行评估,我们采用了Sparks-Langer的反思水平分析框架,这个框架是Sparks-Langer在分析师范生所写的反思日记时,根据教师对教学事件的描述方式以及对事件做解释的方法和准则。他将教师的教学反思水平划分为七个层次。Sparks-Langer对反思水平的分析框架更加细致,可操作性强,能够更加灵敏地评价教师反思水平的发展。

表1 Sparks-Langer 教学反思日记分析框架

水平	描述
1	没有描述性的语言,对教学实践不会解释
2	用简单的、门外汉的语言对教学事件进行描述
3	用教育学的术语给实践贴标签
4	用传统的、具有个人偏好的语言对教学实践做出解释
5	用似乎合理的教育规律或理论进行解释
6	做出解释时,考虑到各种背景因素,如学生特征、所学科目的特征及社会因素
7	在进行解释时考虑到了道德、伦理、政治等方面的因素

根据Sparks-Langer教学反思日记分析框架,通过对教师撰写以及访谈的课例研究的反思,我们发现教师的反思一般都是在水平5和6。在对一些教师做访谈时,问到"您是如何进行教学反思的?"他们的反思过程一般是这样的:观察、分析学生的课堂表现;通过反馈从自身找原因,寻找解决方法;个人反思与集体反思相结合,进行多次反思等。并且通过现实的教学情境来反思研究主题是否切实可行,通过反思教学实践过程来重新设计他们的整个研究框架。(以问题为导向,系统观察

课堂，获得分析问题的方法。）

在课例研究中，反思是更新教师观念和改进教学行为的桥梁。教师也认识到了反思的作用，当在教学实践中遇到新情况时，教师能够根据课例研究的依据或标准对教学课例的效果和质量重新做出判断，评价课例研究活动过程中的得与失，评价经过课例研究后得到的教育结果是否达到预期的目标与要求。

第四节　教师成长

教师通过项目团队的培训、一系列的实践及学科教研组、课题组的研讨等，对课例研究是教师成长的驱动力有了深刻的认识。从课例研究的文本报告和对教师的访谈反馈中能看出教师在获得成长，而他们的成长主要体现在教学研究意识的生成和教育教学理论与实践性知识的生长。

一、教学研究意识的生成

意识是觉醒状态下的知觉，它包括对外界事物的觉知，也包括对自身内部状态的觉知；既涉及知觉的各种经验，也包括我们对这些内容和自身行为的评价。研究意识是研究者对研究的感知和认识，主要体现在问题意识、参与意识、反思意识。

（一）问题意识

问题意识就是对客观存在的矛盾的敏锐感知和认识，具体来说，就是“主动发现问题、找准问题、分析问题”的自觉意识。强化“问题意识”是促进矛盾解决的思想前提。在以往的大多数教研活动中，教师虽然也通过听课、评课发现一些问题，但这些问题往往比较肤浅，加上研讨时也多为形式上的交流，很容易导致“你好我好大家好”的局面，缺少深层次的质疑和声音，致使教研活动缺少真正的思维碰撞，直接影响了教研活动的效果。

现在教学名师研修团队的教师不仅知道了问题对研究的重要意义，而且学会了在理论的指导下发现问题、提出问题，对教学中的困惑、发现进行有意识的梳理，提炼问题。下面这位教师和她的教研团队关注到教学中“满堂灌”的现象，她说：“课堂上教师讲得太多、太满，学生缺乏自己独立思考的空间。要充分放手让学生学，让学生思考，让学生质疑，从而发现差异，聚焦疑点，最后达成共识。这一教学过程是在充分留白的基础上做到人人参与，让学习真正发生。我们想通过这次神话故事的课例研究，运用‘留白策略’，思考并实践如何留白能充分体现让学思想，让学习真正发生。所以，我们选取了在小学语文人教版教材三年级的《盘古开天地》，这是人教版教材第一篇神话，属于具有坐标意义的一篇文章。"这位教师选择了"在小学语文教学中留白的策略研究"作为课例研究主题。

（二）参与意识

当教师对课例研究的作用与意义有了深刻的认识以后，教师会带着特定的问题、目的进行课例研究的整个规划。课例研究离不开教师在课堂实际的教学中为解决问题而进行的实践、反思、改进、反思……教师是课例研究的主体，开展课例研究源于教师自我发展的愿望和对教学质量提高的追求。如果教师的内在参与愿望没有被唤醒，那么他们的课例研究就是敷衍了事，为完成任务而做，这不是真正的参与，仅仅是一个"参与"的旁观者。参与课例研究是需要有积极主动的态度、明确的目的、充足的时间，而积极主动的态度体现在教师的参与意识上。让教师在课例研究中真正有所收获，是提高参与意识和推动积极主动开展课例研究的不竭动力。

教师对课例研究经历了一个从模糊到清晰的过程，这离不开教师们不畏阻碍和困难，主动参与其中的积极态度。在项目研究团队的系统培训后，大多数教师刚开始自己摸索着做课例研究，个人的力量往往是微小的，特别是自己既要进行设计教学、教学实施、教学反思，还要关注问题是否得到解决，全面地反思找准问题点，改进教学等，这一过程是复杂的。教师开始寻求身边的资源，在项目团队和学校的教研组的共同努力下，这些经过培训的教师回到学校后，作为教学实施者、教学设计者、观察者、反思者等多角色、多方位的参与，极大地提高了自己在课例研究中的参与意识。

（三）反思意识

反思是推动教师专业发展不断深入的根本动力，没有反思的经验是僵化与守旧的。一次深刻的反思就可能将这种僵化打破，课例研究为这种反思提供了机会。在对教师访谈时，一位教师说道："我一般是观察、分析学生的课堂表现，评价教学效果。像这次课例研究我就是把自己的反思与我们教研组的反思集中起来，我们通过现实的教学情境来反思研究主题是否切实可行，通过反思教学实践过程来重新设计整个研究框架。"通过上述的教师访谈我们可以发现课例研究带给教师的理性思考。已有的研究表明，真正支配教师教学实践的是教师自己头脑中固有的那种"教学理论"，是教师自己经过学习和内在的体验，以及对自己教育行为反思的基础上自发产生的，从而成为一种自觉的、不假思索的教育行为，而不是强制性的教育行为，外来的教学理论只有转化为教师自己的品格，成为教师生命的一部分,并指导教师自己日常的言论与行动时,才会产生指导实践的作用。[①]

反思意识体现在教师的反思已经从简单地对课堂教学效果的经验性的描述到能够有理论、有重点的反思;反思不仅仅停留在个人的反思,而且是集体共同反思;反思的次数也从一次到多次;反思的内容不仅是研究问题的反思,还涉及对这次课例研究整个研究过程的反思。

二、教育教学理论与实践知识的生长

如何促进教师成为教学研究者,这需要一个过程,更需要一个平台。课例研究,作为一种新型的教师专业发展形势,为教师成为教学研究者提供了一个良好的平台。[②]课例研究不仅是教师专业发展的一种有效方式,而且也促进了教师教育教学理论与实践知识的生长,它能够引领传统的教研组活动超越事务性的活动层次,发展为一种专业研究行为。

(一)深入理解学科知识

课例研究促进教师发展表现在丰富其教学知识上。知识与课程是教师专业化的关键与核心问题,也是教师学科化与专业化的分水岭。专业化的教师应该具备广博的科学文化知识、系统的学科专业知识和坚实的教育专业知识,而当前特别关注教师的学科教学知识和教学实践知识。

课例研究能促进教师深入地了解教材的相关知识,使教师发现自己知识的匮乏,开阔其眼界,促使他们保持不断学习新知识的态度,以应对教学过程中所遇到的来自教学内容和教学策略等方面的挑战。通过课例研究,教学名师研修团队的教师围绕着一个问题和课例,组织在一起讨论教学细节,思考如何教学,思考采用哪种教学策略来引导学生学习,会发现自己对这部分的内容,甚至是该学科的知识有更深入的理解,从而学到更多的实实在在的东西。

以下是一位老师对《桥》这篇课文的教学反思:“文学作品主旨的诠释,是阅读教学的一个重要环节,甚至可以说是作品鉴赏和阅读教学的必然归宿。因此,不断研读教材,准确把握文章主旨,才能把文本所要表达的情感准确传达给学生。回顾教学的初建,到二度重建,这反反复复的过程,也是我反复解读文本的过程。”我们发现这位教师不仅仅是对研究问题的关注,而且在做课例研究的过程中,他做到了不断地研读教材,深刻地理解相关的学科知识。

①贾贵洲.中小学教师课例研究简论[J].中小学教师培训.2005(1):29-32.

②伍津仪.中学英语课例研究的个案分析[D].湖南:湖南师范大学.2015,10:1.

（二）持续优化实践性知识

课例研究能优化教师实践性知识，奠定教师实践智慧生长的知识基础。教师的实践性知识是教师在教学实践中所获得的认识和经验的总和，是教师通过日常的教学实践的创造与反思生成的。①课例研究以教学课例为载体，对教育实践和理论问题进行探讨，让教师在真实的课堂教学实践中探究具体的课例，丰富教师的实践性知识。同时，课例研究促进了教师之间的经验交流和知识共享，打破了传统的信息隔离状态。

课例研究作为一种基于课堂改进的教师在职学习方式，它是通过一群教师聚焦现实的教育教学问题，透过课堂观察，在不断的行为自省和调整过程中完成的。教师在课堂教学、教学设计、教学反思、教学改进等课例研究的环节中，持续地优化着自己的实践性知识。这样的课例研究可以使教师在群体教育教学行动中学习理论，相互借鉴，获得经验，进而提升实践智慧。在对学生关注方面，教师更加关注常规研究中所强调的学生课堂参与及课堂表现，在教学设计中关注学生的知识水平，在课堂中则关注学生的表现。对学生的理解由外在表现向内外兼顾过渡，是对学生内在知识水平与外在行为表现的双重关注。

（三）教学研究方法的获得

教师对课例研究的认识经历了培训、多次尝试，最终迁移到教学中的过程。就教师个体的成长而言，也要经历类似的几个阶段，教师在由不成熟到逐渐成熟的发展过程中，其教学理念、教学策略、研究态度、研究能力等都在不断地发生着变化。一线教师在研究中也学会了使用科学的研究方法，这是他们自身所获得的重要成长。

从研究方法的获得来看，教师们在课例研究中形成的理论意识和反思意识促进教师使用比较客观的课堂观察法来对教学实践进行分析，也学会了用理论来解释和指导研究问题的解决。能够促进教师突破以往经验性的比较零散的课堂观察，用科学的研究方法有针对性和有效地解决研究问题。“授人以鱼不如授人以渔”，研究方法为教师今后的专业发展和自我学习、研究提供了基础。

教师专业发展最终要落实到教学中，落实到学生的全面发展上，课例研究的最终目标是改善、提升教学质量的同时实现教师专业发展。教师在课例研究的实践中接触课例研究；在课例研究活动中学会课例研究的程序、方法；以课例为载体促进教学水平，解决教学问题，提高研究能力；教学活动中与课例整合。尽管目前阶段教师所做的课例研究可能还存在许多问题，但重要的是，这些问题都是长期在基

---

①吴支奎.课例研究与教师实践智慧的生长[J].教育与职业.2009(23):46-47.

层从事繁重教学工作的教师在研究者的指导下亲身参与的研究行动中发现的，其可贵之处正在于形成这些课例的行动以及行动中教师们的成长。

第五节　本章小结

课例研究作为教师专业成长的途径，对提升教师的科学研究能力、教育教学实践能力具有重要作用，教师对课例乃至课例研究的认识不是一蹴而就的，而是一个在理论与实践中不断深化的过程。本章“认识课例：教学名师成长的起点”主要展现了教师认识课例研究从认识误区、行动转变、深化认识到教师成长的过程。

教师刚接触到课例研究时，由于受过往经验的影响，在课例研究中存在着一些误区，容易将课例理解成教案、教学案例、教师的语言实录，对课例研究的内涵以及过程的认识也出现了一定程度的偏差，体现在问题意识薄弱、以主观经验为主、理论知识相对缺乏。在研究共同体的努力下，教师们经历了比较系统，有针对性的培训和自我成长、自我反思过程，对课例研究认识得到深化。

经过项目研究团队的跟踪指导、学校教研组的合作讨论以及教师自身的行动参与，教师对课例研究的认识在不断深化。教师开始走出误区，认识的深化主要体现在以下四个方面：一是问题是课例研究的核心，认识到了课例研究问题的作用，知道了可以从教学理论与教学困惑中选择问题，最终确定主题；二是课例是课例研究的载体，明确了课例是问题的表现场和分析素材；三是理论是课例研究的支撑，形成了理论指导实践与在实践中提升理论的意识；四是反思是观念改进的桥梁，反思不仅推动教师专业发展，还是教学行为改进的催化剂。

此外，从课例研究的文本报告和对教师的访谈反馈中能看出教师在获得成长，而他们的成长主要体现在教学研究意识的生成和教育教学理论与实践性知识的生长方面。研究意识主要是问题意识、参与意识与反思意识，研究意识的生成促进了教师研究行为的优化。而教育教学理论与实践性知识的生长体现在深刻理解学科知识、持续优化实践性知识以及研究方法的获得。

苏霍姆林斯基曾经说：“如果你想让教师的劳动能够给教师带来一些乐趣，使天天上课不至于变成一种单调乏味的义务，那就应该引导每一位教师走上从事研究这条幸福的道路上来。凡是感到自己是一个研究者的教师，则最有可能变成教育工作的能手。”[1]从他的话中我们可以看出，苏霍姆林斯基旨在强调教师应积极主动地参与教学研究，做一名能够自我成长的研究型教师。这不仅能有效地促进教师自身专业的发展，同时也是提高教学质量的必要条件。

①[苏]苏霍姆林斯基.给教师的建议[M].北京：教育科学出版社，1984.

第三章 初探课例研究:教学名师对自己教学的审视

对课例研究的理性认识是实践的基本前提,而撰写的课例研究文本是体现教师开展课例研究内容与结果的载体。撰写课例研究文本需要教师做好充分的准备,包括对教学实践知识的提炼与教育理论知识的习得,通过对文本要素的解读明确撰写课例研究的内容要求,从而进行第一次尝试。认识课例研究是教学名师成长的起点,课例研究的实践则是教学名师成长的关键。

第一节 准备:教学实践与教育理论的结合

教学名师研修团队所进行的课例研究是一种行动研究,教师是课例研究的主体。教师通过小组研讨与自主学习等多种方式,不断更新与深化自己对课例研究的认识,这是开展课例研究的重要储备。课例研究是教师教学实践与教育理论相结合的重要载体,教师只有具备一定的教育理论与实践知识,将二者进行整合,才能实现教育理论对教学实践的指导意义。教师从认识课例研究到开展课例研究的实践,包括对教学实践知识的提炼、对教育理论知识的更新以及二者之间的有效结合,这是教师开展课例研究的准备活动。这些准备活动具体包括增强理论指导实践的意识、提炼教学实践知识、沟通理论知识获得渠道以及构建课例研究共同体等活动。

一、增强理论指导实践的意识

课例研究尽管是一项实践性很强的活动,但这项活动需要教师运用专业的理论知识来引导每一个教学实践环节。实践证明,教师只有增强理论指导实践的意识,构建科学合理的知识结构并将其付诸实践,才能在专业成长上取得进步和发展。教学名师研修团队的教师在课例研究中需要经常反思自己将教学理论知识运用到实践层面的优点和不足,并不断提升自己的理论修养和实践水平,这样才能在开展课例研究的过程中增长自己的专业知识,并提高自己的专业技能。

一位教师和我们交流了如何通过课例研究来获得理论知识并将其运用到实践的一段心路历程。他说:“我们要把想研究的问题实实在在地找出来,并要把问题实实在在分析出来，这在最开始进行课例研究是很有难度的。我只能一步一步来做，我通过查各种资料，和其他教师进行交流，看教学名师研修团队群共享的各类文献资料等，才逐渐对课例研究的理论和实践有了进一步的了解。这个过程，就是我对相关教育理论从不了解到相对了解，再到比较了解，并应用于自己实践的过程。就这样，通过一步一步地学习和实践，我才逐步对课例研究应该怎么做、应该怎样产生成果有了认识和思考。”

增强理论指导实践的意识需要一个过程，这也是教师成长的过程。这需要教师在学习理论知识的同时及时总结教学实践，积累经验，吸取教训，进而在此基础上改进自己的教学行为。还需要课例研究共同体各个成员之间的交流和合作。教学名师研修团队的教师通过多种方式来增强理论指导实践的意识。如大家共同分享教学经验和教学技巧，共同学习各类教育理论知识和教学法知识，并增强对学科知识等的学习。各团队成员在学习理论知识的同时，也会共同观摩各类教学实践活动并畅谈他们对这些理论的新认识和体会……这样，在各类实践活动中教学名师研修团队的教师就进一步增强了自己理论指导实践的意识。

同时，用教育理论指导教学实践也离不开专家的帮助和指导，他们对教师进行教学理论知识学习和在实践中认识理论发挥着重要的引导作用。一位教师谈道："在最开始进行课例研究时，我主要关注怎样在实践层面去提升自己的教学水平。毕竟我的主要工作是很具体的教学工作，所以最开始我比较关注实践的东西。后来在专家的指导下，我慢慢关注一些理论的东西，开始发现我可以用一些理论性的东西来指导实践，我才真的发现理论也并非纯理论，它是可以在实践中找到依据的。后来我又学会了用一些教学理论来针对具体的问题去研究自己的教学，并在后来逐渐聚焦到一定的主题来专门研究某一问题。在这个过程中，我找到了理论与实践的结合点，觉得自己的教学相对来说就更科学了。"

和上述这位教师一样，教学名师研修团队的许多教师也是在这样的实践探索和经验总结的过程中，发现教育理论对教学实践的指导意义的。这充分说明增强理论指导实践的意识是教师开展课例研究的必备工作之一。

二、提炼教学实践知识

知识按其性质可分为理论知识和实践知识两种类型。教学实践知识是教师在教育教学实践情境中，通过对自己已有教育教学经验的反思和提炼，或者通过对教育教学实践的感知、体验与反思而逐渐构建与修正而生成的且能有效解决教育教学实际问题的知识。它包括：教师对学科内容知识的理解和转化，对教学法知识的掌握和灵活运用，对技术知识的熟练操作和应用，对教学过程的积极反思，对学生的全面了解与沟通，对教师自我的了解与调节，以及应对多变的教育情境的教育机智等。①

教学实践知识是教师实践性知识的重要组成部分。教学实践知识是指教师凭借个人的生活经验、人生哲学以及人生信念，高度综合并内化学科知识、教育心理知识以运用到具体的教学实践情形中的知识形态。可以说，教师的教学实践知识是教师在具体情境下"应当做什么"的行动背后的知识结构，它横跨了知识、态度与技能等几个方面的学习领域，有语言信息、智慧技能、认知策略、动作技能和态度五种学习结果综合而成的习得的性能。②

教学名师研修团队教师在教育教学活动中积累的丰富教学实践知识是他们开展课例研究的良好基础，也是他们成长为教学名师的有利条件。我们发现，教师在长期的教学实践中已具备了一些教学实践知识。如他们能根据学科课程改革理念重新认识教学过程，注意发挥学生学习的主动性，引导学生学习；能够自己对教学进行一定的分析和反思，寻求更有效的教学方式等。很多教师反映，他们虽然认识到了教学实践知识的重要性，但是在进行课例研究和撰写研究报告的过程中不能很好地将这类知识进行合理的提炼和运用，他们遇到的困难具体表现在如下几方面。

（一）对学科课程改革理念认识欠深入

教师对学科课程改革理念的认识和把握有助于他们将新的教育观念、理论和方法运用到教学实践中。教学作为一种动态的活动，会随着社会的进步和时代的发展，面临着新的要求而进行改革。然而，面对教育改革的要求，一些教师会出现对学科课程改革理念认识不足，这导致他们在自己的教学实践中，一方面，虽然能将已有的知识传授给学生，但不能及时顺应时代发展的潮流，不能体现学科课程改革的新动向和新理念；另一方面，即使他们能在新理念、新方法的指引下结合实际情况来开展教学活动，但他们缺乏相应的技巧和策略来灵活地引进、借鉴、消化、吸收和运用这些新的教学理念和教学方法，因而教学效果并不太理想。同时，部分教师由于缺乏对学科课程改革新动向的洞察力，因而难以将其结合自己的教学情况进行实践和研究。

造成这种情况的原因是多方面的。在应试教育的影响下，有的教师对课例研究不重视，他们仍从应试的角度来看待学科课程改革理念。这导致他们对学科课程改革不够重视，当然就难以将这些理念落实到实践。我们对几位教学名师研修

① 肖林，于波．教师实践性知识：新入职教师入职的关键[J]．教育导刊，2015(7)：76-79．
② 陈向明．在行动中作质的研究[M]．北京：教育科学出版社，2003．

团队的教师做了关于教师对学科课程改革问题的访谈，得到了这样的回答：A教师："说实话，我对课改的关注不多，因为毕竟我们现在还是侧重考试，无论是中考还是高考，改来改去都还是要看学生的分数。所以我主要是看我的教学能否帮助学生取得高分，考试考什么、怎么考，我就怎么教，对课改的关注点其实侧重在考试方面。"B教师："我很少关注课改动向，因为能找到的与我的教学实际相关的动向少之又少。当然，这与我的教学科目有关。我是一名中职院校的老师，中职课不像普通高中那样在很早之前就有专门的课程标准来指导教学。我们的课一直到2009年才出现课程标准，但是一直延续到现在，都快十年了，中职的课并没有出现新的学科课程改革动向，也没有新的课程标准供我们参考，所以我们很难把握课程改革的新动向。"C老师："我认为在课程改革中应该改革评价机制，因为目前的小学、初中和高中都是以分数和排名为主，在我们的教学中应试的成分太多，我们的教学只能围绕考试来进行。"

以上访谈结果说明，在教学实践中，教师缺乏对学科课程改革理念的关注和把握，很大程度上是由他们对学科课程改革的认识和理解偏差造成的。有的教师由于过分关注考试，不学习新课程的理念，导致他们的教学观念相对陈旧，不能更新已有的教学经验和教学实践知识，不可能将学科课程改革的理念落实到教学实践中。同时，有的教师还缺少学习和理解新课程标准的能力，他们对一些新的教学理念、新的教学方法的吸收和运用存在困难，这就造成了他们不能将学科课改理念运用到课例研究中，例如他们发现课例研究的背景和主题相当困难，不能采用合适的方法为进一步开展课例研究做好准备等问题。教师不能正确认识学科课程改革理念，不利于他们提升自己的教学能力和提高教学质量。因此，如何引导教师深入认识课程改革理念，从而帮助他们顺利地进行课例研究，是一个需要我们关注的重要问题。

（二）缺乏对教学知识的整体认识

教师对于教学内容知识的理解和把握是他们有效开展教学工作的重要前提。一般来说，教师在自己的长期教学工作中，对教学内容的理解程度越高，他们的教学实践知识就越丰富，他们就越能轻松地应对各个教学环节的问题。然而，有的教师在实践中缺少对教学知识的整体认识，这阻碍了他们有效提炼教学实践知识。一位教师这样描述了自己在这方面遇到的问题：

汉语拼音对于刚入学的学生来说就是一些抽象的符号，枯燥乏味，既难认又难记。本节课我把前鼻韵母an、en、in、un、ün的教学作为例子，进行了拼音教学的有效性的探索和实践。本节课的教学重点是让学生学会前鼻韵母an、en、in、un、ün和整体认读音节yuan、yin、yun，读准音，认清形，以能正确书写；教学难点是掌握j、q、x与ü-an组成的三拼音节的拼读以及书写规则。因此，我主要从音和形的角度设定目标，以读准音，认清形，能正确书写为最终目标。但是，我按照自己第一次的教学设计来教授这次的教学内容后，并没有收到预期的教学目标。后来，我经过反思，认为其原因在于：我在选择本次的汉语拼音的教学策略时，只是关注在学生一年级刚入学时集中教学拼音的教学，却没有意识到应在整个小学阶段不断地引导学生在语文学习的过程中巩固拼音。我没有认识到学生在不同阶段学习这一内容时的要求，因此本堂课只是人为地拔高了对一年级学生的要求，从而增加了这一阶段的学生负担。同时，我并没有树立不断引导学生在整个小学阶段的语文学习过程中巩固拼音的全局观念，只希望凭借小学一年级的汉语拼音的教学从而提高学生的汉语拼音的运用水平，这其实是很难实现的，也很难真正从教学知识的整体出发来提高学生汉语拼音的运用水平。

上述实例反映了教师对教学知识缺乏整体认识，教师只关注了学生在某一学段应学习的知识，但是没有将这些知识放在一个完整的知识系统里来分析应该怎样更好地教学。这说明他们还需要拓展和提升自己从教学知识的整体认识教学的能力，从而更好地开展教学和课例研究工作。然而，在实践中，教师由于受自身因素和外界因素的影响，他们对学科内容知识的整体把握存在一定的困难。主要原因有：首先，他们不具备教育的整体观念，对学生的发展没有整体观，因此难以将各个阶段的学科内容知识进行融会贯通；其次，部分教师存在职业倦怠，没有对这些学科内容知识进行深入挖掘和探索；再次，部分教师能力不够，缺乏构建学科结构的能力。

然而，教师只有具备精深的教学知识并从整体来认识教学，才能引导自己顺利开展课例研究。教师需要经常地、科学地、合理地对教学知识进行总结和反思，同时不断根据外界因素和自身条件的变化对学科知识内容进行新的理解和建构，才能更好地胜任教学工作和课例研究工作。因此，教师如何从整体理解和把握学科内容知识并使之与自己的教学计划和教学实施相结合，这是他们要做的教学准备工作，也是他们开展课例研究的准备工作。

（三）缺乏对教学过程的研究视角

教师作为教学活动的组织者和引导者，是教学智慧的产生者和体现者，也是教学活动的重要成员。他们需要及时对教学过程的各个环节进行分析、把握和掌控，从而为进一步的教学实践做准备。教师应围绕教学过程的三个核心要素——教师的教学、学生的学习和教学内容的特点这三个方面进行分析和研究。教学活动作为一种艺术，需要教师对其进行精心设计和顺利实施，更需要教师对自己的实践活动进行分析和研究，从而进一步深刻反思和总结自己的教学。教师在授课前对即将进行的教学内容进行研究和思考，并能预想到在教学中可能出现的一系列问题，从而精心进行教学设计，这是教师在教学课前需要做好的准备活动。同时，教师还应及时对自己的教学实践情况和学生的课堂表现进行反思和总结，并且尽早发现自己教学中的不足之处并予以改进。这种对教学过程进行分析和研究，进而对教学过程进行新的设想、实施、回顾和反思，是教师开展课例研究的重要准备工作。

俗话说，发现一个问题比解决一个问题更重要。教师只有具备对教学过程的分析和研究能力，并结合自己对教学过程的预见和反思进行观念提升和行为改进，才能将课例研究从观念落实到行动，才能让自己在长期的教学生涯中保持充足的好奇心和探索欲来发现新问题、解决新问题，进而积累教学实践经验。教师对教学实践的预见力，以及他们对教学行为敏锐的观察力、执行力、反思力和创造力，是教师教学实践知识的重要组成部分，也是他们进行课例研究的重要基础。

然而在实践中，并不是每个教师都能找到自己在教学中存在的问题并进行分析，也并不是每位教师都能在分析问题的基础上找到有效措施来解决这些问题。其原因在于，很多教师虽然长期从事教学实践活动，但是缺乏对教学过程的分析视角，他们并不能及时根据自己的教学情况和学生的学习情况进行预见和反思，也欠缺对教学过程的设想和回顾。同时，他们还缺乏有效解决问题的方法，不能在分析教学过程的基础上适时调整自己的教学策略，从而致使教学效果难以获得实质性的提升。

当我们向教师们访谈他们是否会采用一定的研究视角对自己的教学过程进行分析时，多数教师给出了否定回答。如一位教师反映："我觉得课例和教学案例有很多相似的地方，我不知道怎么分析课例，也不清楚怎样在教学过程中来进行课例研究，所以通常只是把它当作教学案例来看自己的教学有没有效果。其实我到现在对于课例研究和对教学的研究二者的关系还有些不清楚。"另一位教师说："我们学校也做了一些类似于课例研究的活动，但是我们仅仅是把一节具体的课拿出来商议它好与不好的地方，只是评课，一起来讨论和评议这节课的教学过程进展的好与坏，与具体的研究还是有差距的。"还有一位教师反映："我对课例进行研究也只是把自己的教学与学校的教学研究结合起来，然后总结自己的教学风格和教学优缺点，但是由于没有专门的课例研究共同体一起评议这个课例真正的问题在哪里，也经常说不清楚这节课可以借鉴的地方在哪里，所以我觉得自己没有确切的视角来对教学过程进行分析和研究，这样的分析和研究也没有实现预期的效果。”

以上访谈结果说明教师在分析和研究自己的教学过程方面还存在困难。再如一位教师谈到“我第一次授课后的自我反思是：抓住了小说的环境描写和人物描写来感悟人物（党支部书记）形象，但没有抓住本课中最关键的人物描写来进行多角度的感悟，感悟党支部书记的形象还停留在表面、平面。”从这里我们看出，教师仅仅对教学内容进行了分析，但缺乏对本节课中的教师的教学、学生的学习和教学内容特点进行分析。教师难以对教学过程进行分析和研究，使得他们在进行教学反思时出现一系列问题，这也影响了他们教学水平和课例研究水平的提升。

教师只有具备对教学过程的分析和研究能力，并基于自己的教学行为进行长期的观察、思考、总结，进而找出改进和提升自己教学的方法和手段，才能取得教学上的新突破和研究上的新进展。而这一切，也是开展课例研究所必须的条件。但很多教师在教学实际中缺少对教学过程的预见、分析和反思能力，并缺少相应的分析和解决问题的视角，这势必会影响他们取得较好的教学效果和课例研究成果。这是我们准备开展课例研究时需要注意的重要问题。

（四）对问题分析不够深入

教育和教学都是一种有目的地培养人的社会性的活动。教师作为教学活动的组织者、设计者、引导者和实施者，需要及时对自己的教学行为、教学方法、教学手段等方面进行反思和总结，并不断提升自己的教学技能，达成教学效果。在实践活动中，教师对自我问题的了解和评价以及他们对自我的分析和调节，是他们的教学实践知识的重要组成部分。

石中英教授指出，教师的批判反思知识，主要表现在教师日常“有心”的行动中。教师的反思是一种实践取向的反思，有不同的类型，教师可以用语言描述自己的行为和思考，也可以对自己的经验进行系统梳理，甚至对自己反思的方式进行反思。同时，教师们应经常做的是“在行动中反思，以行促思”。[①]但是，如一位教师描述的那样，他在对自我问题进行分析时，就遇到了这样的难题：

目前，概括文章大意的训练在课堂教学中呈现淡化、弱化的趋势，直接造成中高段学生阅读能力的下降。有些教师自身的概括能力有待加强，教学上也缺少培养学生概括能力专门性的训练，造成了大部分学生在概括主要内容时无从下手。在我们日常的课堂教学，甚至是许多公开课中，很难看到训练学生概括文章大意或段落大意的环节，因为它费事且效率低。少数课就算有，执教的老师也是让几个学

①石中英.知识转型与教育改革[M].北京：教育科学出版社，2001.

生一“说”了事,没有踏踏实实的训练环节。对于学生概括的质量也没有进一步的引导,学生零碎性的认识也得到了教师的认可。久而久之,学生的认识就停留在了表面、片面的认识上,对课文内容难以有全面而深刻的把握。因此,“夹叙夹议”式散文主要内容的概括方法,成为我此次课例研究的一个小问题。

在此基础上,该教师又认真思考,在总结和吸取第一次授课经验的基础上,结合自己的教学反思和教学风格,进行了第二次教学设计和实施。正是在这种自我分析、自我反思、自我改善、自我提升的过程中,该教师丰富了自己的教学实践知识,也改善和提升了自己的教学技能。这充分说明教师的自我了解和调节对于他们丰富教学实践知识、提升教学技能、开展课例研究的重要价值。

但是,部分教师在教学实践中缺乏对自我的了解和调节。还有的教师把自己教学中存在的问题虚化了,对这些问题的分析不到位,甚至对问题的分析也是虚化的、不具体的。如:他们没有在实践活动中总结出自己的教学习惯以及教学行为中存在的优点和不足,因而不能在充分了解自己的教学思想的基础上扬长避短。有些教师即使能发现自己的优势和不足,但是由于缺乏理论支撑和实践指导,同时也缺乏专业的团队协作引导,他们在努力调节和提升自己的过程中也会遭遇重重困难。

总结起来,教学名师研修团队的教师在对自我问题进行分析时存在的问题主要有两方面:一方面,他们在分析问题时找不到问题本质;另一方面,他们在调节自己的教学时找不到改变行为的依据。造成这些问题的原因是:第一,他们对问题本身不了解;第二,缺少解决问题的理论依据;第三,缺少分析教学效果的评价维度。这阻碍了他们顺利开展课例研究,因此需要引起我们的重视。

三、沟通理论知识获得渠道

教师在实践活动中积累到的丰富的教学实践知识的意义在于:有利于他们关注和把握课程改革理念;有利于他们从教学知识的整体认识教学;有利于他们获得对教学过程的分析视角;有利于他们深入分析自我问题从而改进教学。课例研究提倡教师不仅要做好教学工作,还要对教学进行研究和反思,从而培养教师的实践意识、科研意识和创新意识。因此,教师理论知识的更新是进行课例研究的必要条件。我们对教学名师研修团队教师具备理论知识的现状进行了分析,发现他们在教学法、教育原理、教育心理学三个方面的理论知识的掌握和运用情况还有待提升。

(一)现状分析

我们经过调查发现,教学名师培养对象在教学法、教育原理、教育心理学三个方面的理论知识的掌握和运用情况具有以下特点。

1.具备教学法知识,但不深入

舒尔曼把教学法知识描述为“教师所特有的教学内容和教学法的特殊混合体,是他们自己对专业理解的特殊形式”。他将教师的教学法知识分为两类,一类是一般教学法知识(General Pedagogical Knowledge),包括课堂管理和组织的一般性策略、课程的知识;另一类是学科教学法知识(Pedagogical Content Knowledge),包括学科知识和学生关于特定学科的前知识或已有知识。①后人在研究舒尔曼的观点后认为他提出的一般教学法知识是课堂管理与组织的原则和策略,其凌驾于学科内容之上;学科教学法知识是内容知识与教学法知识的混合。

有人在总结诸多学者对教学法知识的研究的基础后提出,教学法知识(Pedagogical Knowledge)是指适用于各学科的关于教与学过程以及实践方法的一般性原则和策略等方面的知识。它包括教师对教学过程以及教学实践认识的策略和方法方面的知识,关于课堂管理、课程计划开发和实施以及课程评价方面的知识,以及关于教学目标、教学设计、教学中所用的技巧和方法、教学评价方面的知识。教学法知识能够帮助教师理解学生如何构造知识和获得技能,以及学生如何养成思维习惯和对学习的积极反应,从而帮助教师选择合适的教学方法和策略进行教学。②我们较认可这种观点。

在分析教学法知识的内容、适用范围、价值和意义的研究基础上,我们发现教师在实践活动中,虽然已具备了一定的教学法知识,但是对如何将教学法知识真正运用到教学实践中,还存在需要改进的地方。下面是一位教师对自己将教学法知识运用到实践活动中的感受:

我刚刚接受课例研究任务时,查找了对课例研究的理性描述。事实上,看了这段描述,对于课例研究怎么做,做了有什么好处,仍然一头雾水。

于是,我尝试以《卡罗尔和她的小猫》为课例,开展了“低段学生默读技能起步的策略研究”的课例研究。首先感觉是——麻烦!一次设计,二次设计;一次上课,二次上课;一次反思,二次反思;一次实录,二次实录……费时间、花精力,好麻烦!

---

①L.S. Shulman.Knowledge and Teaching: Foundations of the New Reform[J]. Harvard Educational Review.1987, 57,1:1-23.

②肖林,于波.TPACK:信息时代职前教师专业发展的知识基础[J].教师教育学报.2014(1):46-52.

第二个感觉则是——困难！若只是设计上课、反思、记录，纵然麻烦，也还算教师的本分，老老实实地上着、记着就行，总能搞清楚的。可是还要从理论上分析自己的研究过程，将教学实践经验作为理论上的凝练提升，这对于常年身处一线，实践经验有余而理论积淀严重贫乏的我，实在是赶鸭子上架。

没办法，任务摆在面前，再困难也得咬着牙克服。我一边按部就班做好设计、实践、分析、改进的筹谋，一边找时间泡书店恶补相关理论知识，走一步、算一步，写一点儿、算一点儿，边摸索，边前进。

这真实地反映了教学名师研修团队教师在掌握和运用教学法知识这种教学理论知识方面存在的问题。他们在多年的教学工作中，虽然已具备了丰富的实践经验，并能熟练地将其运用到自己的教学中。然而，由于缺乏一定的理论基础和专业知识的积累，他们较难对自己的教学法知识进行系统化、层次化、科学化的分析和界定，也较难在课例研究中用精确的语言进行描述。

同时，部分教学名师研修团队的教师缺乏教学法知识，如他们不知道如何有效地进行课程开发和实施、课程管理以及课程评价；不知道如何更新传统的教学目标、教学设计、教学实施和教学评价方面的知识；不知道如何引导学生建构知识系统并养成良好的思维习惯。因此他们在将教学方法与自己的教学活动相整合时还存在困难。这不仅不利于他们更新自己的教育理论知识，也不利于他们顺利开展课例研究并总结积累成功的经验。

我们发现，教学名师研修团队的教师虽具备教学法知识，但不能深入理解并有效使用这类教育理论知识。针对这一现状，我们认为应增强教师对教学法知识的学习、储备、运用和反思，从而充实他们的理论知识基础，进而为他们开展课例研究做准备。

2.知道教育原理知识，但与实际脱离

教师的主要职责是教书育人，他们要向学生传递知识，更要向学生传递正确的世界观、人生观、价值观、思维方式、行为习惯和道德品行。因此，教师首先需要具备充足的教育原理方面的知识，并能将其运用到自己的教学中。诚然，绝大多数教师在走向工作岗位前，已对教育原理、教学理论等方面的知识进行了系统化的学习，他们也具备了一定的教育原理基础。但是，不少教师也感慨，自己具备的教育原理方面的理论知识大多是空泛且与实践严重脱节的纯理论知识。同时，不少教师也反映，他们难以在实际的教学工作中找到运用教育原理的条件和机会。而造成这种情况的原因是：他们由于已长年未进行教学理论知识的学习和巩固，导致自己本身就储备不多的教育原理方面的知识难以应对新的教学情境。很多教师反映，他们虽然知道一些教育原理的理论知识的含义，但对这些理论知识的用法并不了解，更不用说将其运用到教学实践中并开展课例研究了。

如一位教师对自己的教育原理知识储备情况进行了这样的阐述。他的说法也反映了大多数长期在教学一线岗位工作的教师的情况：

本节课的重点要求是让学生理解质数和合数的意义。并能根据它们的意义判断哪些数是质数，哪些数是合数。我让学生先写出1～12各数的因数，然后再根据因数的个数进行分类，最后在分类的基础上概括出质数和合数的意义。这样教，从表面上看，学生学得主动，质数和合数的意义是学生自己归纳、概括的。实际上，教学的主动权还是掌握在教师的手里，学生的主体作用并没有得到真正的发挥，他们只不过把教师设计好的东西说了出来，只要具备一定观察力的学生都能得出结论，这一过程不利于学生的发展，也不利于培养学生的创新能力。

可见大多数教师只知道教育原理方面的理论知识，但不理解其中的含义，并缺乏将这些原理性的知识运用到实践中的条件。造成这种情况的原因是：一方面，他们没有真正理解这些理论知识的意义，因而操作起来就有困难；另一方面，他们没有找到运用这些原理的条件和使用范围。面对这种现状，要想顺利开展课例研究，就要尽快提升教师掌握和运用教育原理知识的水平，这也是生成课例研究的必要条件。

3.具备教育心理学知识，但不能整合运用

课堂教学是一种教师与学生之间进行情感交流、思维碰撞、信息共享的人际交流活动。这就要求师生之间应做到通其情、达其意的交流效果。然而，我们在观摩一些教师的课堂教学时发现这种现象：尽管教师试图使用各种方式去晓之以理、动之以情地向学生陈述某种观点或理论，他们在教学中可谓殚精竭虑。然而，有些教师的教学效果并不理想，学生往往难以接收和理解教师传达的信息，更难以将这些信息进行加工和处理。这就说明，这些教师还没有具备精深的、专业的教育心理学的知识，他们在将这类理论知识整合运用到教学实践中还存在一定的困难。下面的一位教师就详细地记述了自己在理解和把握学生的学习心理和思维方式时遇到的困难，并提出了自己的感想。该教师的授课内容是人教版五年级下册《质数和合数》，他进行了“如何培养小学生的数学思维能力”的课例研究。

本节课让学生进行动手操作后，汇报交流，本来学生应该顺着这个思路，顺理成章地得出结论，但是我偏偏在学生思维的大道上设置了障碍，制造出矛盾，“是不

是给出的正方形的个数越多，拼出的不同长方形的个数就越多呢？"学生的认知让我再次震惊，我曾预设这个环节会出现瓶颈，结果学生反应灵敏，发言积极，思维活跃，在观察、分析、推理、想象中，各抒己见，相互启发，主动探究，让课堂中的学习得以顺利进行。我们不要忽视孩子的想法，他们可以用自己的智慧创造精彩，也教会我在备课时，多问问学生，多了解学生已有的认知起点。小学数学教学的目的，不仅在于传授知识，让学生学习、理解、掌握数学知识，更要注重教给学生学习的方法，培养学生的思维能力和良好的思维品质，这是全面提高学生素质的需要。

有的教师虽然对教育心理学的知识有了一定的了解，但是他们发现在将这些理论运用到实践中时存在实践和理论的断层、错位、缺失现象，这使得他们在将这些理论运用到课堂实践和课例研究时困难重重。如一位教师进行了这样的一番描述：

根据建构主义的学习理论，学习过程是学生根据自己的经验背景，对学习信息进行主动地选择、加工和处理，是新旧知识经验之间的相互作用过程。在课例研究时我采用项目教学法进行教学实践研究，设计了这样的教学过程"课前向学生发放学材，引导学生进行新知的自主学习；在课堂教学中，以项目为载体，让学生通过自主学习、小组合作学习和团队学习等方式完成知识的自我建构"。整个教学过程中，教师起组织者、指导者、帮助者和促进者的作用。其实这样的教学对教师提出了更高的要求。教师既要有较高的教学水平，又要有丰富的实践经验，能够模拟企业经济业务活动，模拟真实的原始单据和流程，让学生真正"在行动中学习"。然而，这对于目前大多数教师而言，无疑又是一个挑战。

再如，一位教师也描述了自己在将教育心理学知识运用到教学实践中遇到的困惑：

布鲁纳认为："在任何特定的条件下，最理想的序列则随着各种因素而定，这些因素包括过去的学习、发展的阶段、材料的性质的个别差异等。"我在设计小学二年级语文《卡罗尔和她的小猫》的默读教学时，从二年级学生好奇、好动、好模仿等特点，在教学的每一个环节都关注学生的兴趣增长点，设置激趣环节：第一个环节的直观图片引入、第二个环节的动画式微课、第三个环节的星级题挑战、第四个环节的秘密约定。整个教学过程中始终以激发学生的学习兴趣为首要任务，使兴趣成为推动学生课堂活动的内在动机。但是在课堂教学时效果并不理想，如让学生四人小组根据课文内容给图片排序，检验默读效果时，我发现多数小组比较嘈杂，学生排序较混乱，很难完全符合课文内容，反馈回来的信息说明学生默读的效果并不理想。这使我十分困惑：既激发了学生的学习兴趣，又传授了相关的默读技能，为什么还达不到理想的默读效果呢？

我们通过访谈和调查了解到，不少教师在教学中也出现上述教师描述的情况。他们不能根据学生的学习心理和教师的教学心理进行合理的情境创设、问题提出、课堂调控等环节，使得他们的教学实际与预期的教学效果存在差异。造成这种情况的原因是：他们在自己的教学工作中难以把握学生的认知结构和学习心理，也难以结合学生的兴趣点来开展教学。因此，如何提高教师根据教育现场整合知识的能力，是他们更新教育理论知识并生成课例研究的重要条件。

（二）理论知识的获得渠道

教学名师不仅要有专业的教育教学技能，还应具备系统化、科学化、专业化的理论知识体系以应对教学工作岗位的不同挑战。因此，教师在进行教学实践的同时，还需要认真学习和掌握各种理论知识，同时还应努力把握各种机会来提升自己的理论知识素养。上文提到，教师由于缺乏一定的教学法知识、教育原理知识和教育心理学知识，使得他们在进行课堂教学和课例研究时遇到诸多困难。要解决这个难题，项目研究团队就要采取必要的措施来帮助他们构建理论知识的学习平台，从而帮助他们更有效、更科学地攫取理论知识以便应用到教学工作中。教学名师研修团队的教师主要通过以下几种方式获取理论知识。

1.集中研习

组织教师参与集中研习是引导他们获取理论知识的有效途径。项目研究团队会定期为教学名师研修团队的教师开展一系列的讲座、调研等活动来加强学员的理论修养。他们通过学习专家讲授的关于课例研究的理论知识来增进自己对该概念的理解和把握，从而引导自己开展实践活动。各个成员会围绕一些案例进行讨论和探究，并以作业反馈的形式对这些理论知识进行操作和运用。

每次研习的主讲人员都是对教育教学工作有独到见解的专家学者和教学名师。项目研究团队以“三个坚持”为主线开展培训工作，集中研习具备以下特点：第一，坚持问题导向。集中研习以解决教师教学实践中存在的问题、提升教学能力为目标，研究他们的教学实践，矫正教学行为；根据他们的学习需求，确定集中研习的理论学习和教学实践内容；依托他们改进教学、提升能力的研修愿望，引导他们对教育教学进行深入研究。第二，坚持学思结合。注重多角度、多方位为教师提供研习支持，既有理论学习又有实践探索，既有案例借鉴又有理论剖析，既有集中研习又有自主研修、在线辅导等。第三，坚持能力提升。从完善教师教育能力结构的角度，引导他们将理论应用于实践，使实践基于理性，着力提升他们的学习能力、教学研究能力、成果表达能力等。

教师们在集中研习中不仅能获得教育理论知识，也能在各类分组讨论、撰写报告、交流心得体会等过程中获得成长。集中研习包括：教学问题专题研讨、课堂教学观察与问题诊断、教育科研等。

当谈到自己在集中研习的收获和感想时，一位教师指出："这样的集中研习是很有意义的。一年多前，我完全不懂课例是什么，也不清楚课例和教学案例、课堂实录的区别是什么。通过这种理论知识的集体培训，我不仅明确了课例研究要解决的问题，也促进了自己教学能力的提升。"另一位教师也指出："我认为在进行课例研究的过程中，我逐渐培养了自己的问题意识。在没进行课例研究的培训之前，我觉得上好课就行了。而现在呢，我不仅想着怎么把课上好，还会思考怎么去聚焦一个问题，围绕一定的问题开展我的教学和研究，这种问题意识我以前是没有的。"

实践证明，这种理论知识的集体研习是很有必要的。教师通过这种有计划、有组织的方式进行理论知识学习，可以让他们在理论学习、实践操作、经验共享的氛围中提升教学技能和科研水平。因此，通过这种理论知识集体研习的方式，不仅能减少教师的教学困惑，也能增强他们的专业性、自主性和能动性，还能有力地促成他们的成长和进步。

2.教师自主研习

教学工作是一门用心经营、用心实践的艺术，这需要教师在其中投入大量的精力和心血，从而取得教学和研究的效益。因此，教师在参加了理论知识的集体研习之后，还应自觉地花一定的时间对这些理论知识进行巩固、消化和吸收。这需要教师根据自己的实际情况制订计划来自主研习，并在自我感悟、自我反思、自我总结的过程中来增强自己的理论知识修养，从而为成为一名教学名师做准备。

教学名师理论知识的学习主要依靠教师的自主研习。教师的教育理论素养的提高是一个循序渐进的过程，在这个过程中，需要教师做一个有心人，及时发现教学工作中的灵感和闪光点，用独到的眼光捕获一些有意义、有价值的现象，并结合所学的教育理论开展进一步的研究。在课例研究中，教学名师研修团队的教师在他们的实践中用一定的教育理论来提炼他们的实践成果。这些成果包括：主编或参编的论著、教材、教学用书及公开发表的学术论文等；成功申报的教育科研课题；参加各类教学评比活动获得的奖项。这些成果都显示了教学名师研修团队教师在集中研习及自主研习过程中的成长和进步。

一位教师向我们谈道：在课例研究的过程中，一开始我是不知道什么是课例的，也不知道要怎么去做研究。但是在参与课例研究的整个过程中，我知道了课例研究分各个环节，包括课例的准备、教学设计、教学实施，到后面的总结和撰写我们的反思报告，并形成结果，在这个过程中我感觉自己不仅仅是个老师，还重新做回学生，学着按照要求一步一步开展这种研究。当然，在这个过程中我会遇到一些困难，毕竟我们之前对课例研究接触得并不多。然而，正是在一次次的实践和反思中，我学会了撰写课例并进行反思，也在这个过程中获得了提升。我希望借助课例研究这个平台，能在以后的教学中有新的突破。

教学名师培养对象们正是在这样的自主研习的过程中学会进行课例研究的。在这个过程中，他们不仅丰富了自己的教学实践生涯，也获得了教学能力的提升和科研水平的提高。这为他们在教学名师成长之旅中走得更稳、更持久、更踏实打下了基础。

3.团队合作学习

课例研究是一种群体活动，是参与课例研究的不同群体针对具体的、真实的课堂教学进行研究，从而体现其价值的活动。为此，开展课例研究离不开名师培养团队的经验交流和合作学习。教学和研究作为一种实践活动，需要各个成员在交流和互动中取长补短，同时在专家的指导和帮助下巩固和习得新的教学理论知识和实践知识并付诸实践，从而实现进步和提高。

教学名师研修团队的教师已具备了丰富的实践经验，但他们在提炼教学实践知识和更新教学理论知识方面还存在问题，这将阻碍他们顺利地开展课例研究。这时，团队成员在专家的指导和帮助下，将这些问题找出来并进行分析和讨论，将这些讨论结果应用到实践中以丰富理论研究，从而促进团队各成员在合作学习中得到进步。例如，这些小组成员会经常针对某一教学现象或教学问题进行专题讨论，小组中的每一位成员都能在小组交流和讨论中发表自己的见解。如教学名师研修团队的教师会围绕“提升教师教学研究能力的策略”这一主题，就如何整合课堂教学与教育研究、如何发现有研究价值的教育问题、怎样转换教育问题与教研问题、如何检验提出问题的真伪等一系列问题，从理论与实践的关系、教育研究方法等角度进行讨论和交流。

在这种互相交流、思维碰撞的过程中，参与讨论的每位教师都能切身体会到自己教学思想上的日益丰盈、教学知识的日渐充实和教学技能的进一步提升。这充分说明名师培养团队的交流和合作是教学名师培养对象获取理论知识的另一个重要途径。此外，团队成员在互相交流自己的经验和看法的同时，也会聆听专家的分析和讲解，这有力地加深了他们对课例研究的理论与实践的认识。

四、构建课例研究共同体

一般认为，课例研究是通过教师集体对研究课进行设计、观察和反思的循环来促进教师专业发展的活动。[①]因此，课例研究是一种群体活动，是参与课例研究的不同群体针对具体的、真实的课堂教学进行研究，从而体现其价值的活动。课例研究的文本要素不仅包括构成课例各部分的这些理论的、抽象的材料，也包括进行课例研究的各类群体，他们是课例研究的另一重要文本要素。因此，记录和研究课例研究的文本要素时，需要对参与课例研究的各类人群及其活动进行描述。

学习型学校建设的关键是学习共同体的创建。以学校教研组或年级备课组为单位进行课例研究的愿景就是建设课例研究共同体，这是一种由校长、教研组或年级备课组教师、学生等共同构建的课例研究共同体。这种共同体具备"公共性""民主性"与"卓越性"的特点。"公共性"是指学校必须是一个能够满足每一个学生的学习权得以实现的"公共空间"，它是一个个性交响的场所；"民主性"是指在学校里的每个人，包括校长、教师、学生、学校工作人员、家长等，每一个人的学习权、尊严、思考方式和生活方式都受到尊重；"卓越性"是指在学校里无论是教师的"教"还是学生的"学"都必须是卓越的。因此，课例研究共同体是每一个共同体成员共同成长的天地，是每一个人的差异得以彰显和实现价值的共同体。

教学活动和课例研究活动是不同群体之间的一种社会性、互动性的活动，因此，这就需要构建合作共同体来引导不同主体进行课例研究。课例研究不仅需要教师参与，还需要与学校教学质量利益相关的各类人员共同参与其中。我们把专门进行课例研究的团体称作课例研究共同体。要创设课例研究共同体，就要创建合作共同体成员之间通过共享已有的知识、技能、策略，从而实现合作共赢的载体和场域。因此，要建构教师之间的"同僚性"，要建构家长与教师之间的信赖与协作关系，要建构家长之间的联谊关系，要建构学校与教育委员会之间的伙伴关系，要建构研究者与教师之间的相互学习关系。[②]具体说来，课例研究共同体的各成员在其中发挥着不同的作用。

1.教师——开展课例研究的主体

教师所在的学校都有教师共同体来支持他们进行课例研究。具体说来，各学科、各学段的教师和管理者会通过创设合作共同体来开展课例研究。这种教师共同体的建设和运行对于开展课例研究是有帮助的。由于课例研究的践行不是一蹴而就的，因此，除了依靠个人的努力外，教师之间应通过合作共同体来获得课例研

② 沈毅，崔允漷.课堂观察：走向专业的听评课 [M].上海：华东师范大学出版社，2008.

究方面的知识和经验。备课组就是一个合作共同体。学校同一年级组中同一科目的教师通过长期的集体备课，不仅能够增进教师之间的了解，也能养成相互交流的习惯。备课组的人员在合作中共同解读教材，共同开发和利用教学资源，共同选择教学方法、策略以及评价方式，这不仅能够较快地增长教师的教学实践知识和教学法知识，也能让他们在课例研究中快速成长。①

2. 专家——开展课例研究的指导力量

同时，学科专家、课堂研究专家和一线教师这三类人员也是参与课例研究的重要共同体。②一线教师在学科专家、课堂教学指导专家的引领下能够更有效地开展教学，同时学科专家和课堂研究专家通过研究一线教师在实践层面的教学实况，适时提出新的理论来解决实际问题。这样，这个共同体在进行课例研究时将理论与实践相结合，就能有力地推动课例研究的发展。

一位教师说，他所在的学校会不定期邀请相关专家针对课例研究进展情况进行现场指导。这些专家的指导不仅对于教师个体进行课例研究有重要的推动作用，而且促进了年级备课组教师的有效合作研究与交流。

该教师反馈的情况反映了专家在指导教师开展课例研究活动中的重要价值，他们对构建课例研究共同体有重要意义。

3. 学生——开展课例研究的要素

学生也是课例研究共同体的重要组成部分。“课例研究”是围绕一堂课在课前、课中、课后所进行的包括研究专家、执教者与听课教师、学生之间的沟通和讨论的各种教研活动。③学生的参与和活动也是课例研究需要考虑的重要方面。教师的教应围绕学生的学展开，教师是教学活动的组织者、引导者和合作者，学生是教学活动的参加者，是从事学习活动的重要主体，学生的学习表现和学习效果的好坏能直接反映教师教学设计和教学效果的好坏。课例研究的最终指向不仅是教师的教，也包括学生的学。我们在进行课例研究时，应认真观察学习者的表现，从学习者身上找到课例研究的优点与不足，并及时调整教学策略以保证收到良好的教学效果。因此，在课例研究活动中，可以有针对性地让一些学生代表参与进来，同时，也可以邀请一些学生家长参与其中。让学生和家长从自己的角度评价教师的教学行为和学生的学习行为，这样不仅能提高课例研究的效果，也能增强课例研究的目

---

①胡定荣，黄晓青，徐昌.“课例研究”如何取得实效：对七位初中教师“课例研究”经历的反思[J]. 中国教育学刊，2010(10)：66-69.

②钟启泉. 从课堂失范走向课堂规范———兼评《学校的挑战：创建学习共同体》[J].2011(1)：17-21.

③徐洁. 中学英语初任教师教学能力发展的自主路径[J]. 教师教育学报，2015，2(5)：38-45.

的性和针对性。

4.网络平台——课例研究的重要媒介

课例研究共同体应努力突破原有时间、地域和经费的限制，不断通过自己与外界的沟通和联系彼此学习、取长补短并共同进步。为此，网络学习共同体也将成为课例研究共同体的重要组成部分。这是由学习者(职前教师)和助学者(技术顾问、教学设计专家以及富有经验的教师)“在共同的网络环境中围绕共同的主题，通过参与、活动、会话、协作、反思、问题解决等形式彼此沟通、交流、分享各种学习资源，为共同完成一定的学习任务而建立的突破时空限制的在线学习共同体”①。

教师充分利用网络平台开展课例研究，一方面，上网收集自己所需的学习和教学材料，加深自己进行课例研究的知识基础，并寻找和借鉴相应的研究素材；另一方面，借助网络来开展相应的课例研究工作，如通过网络学习课例研究的技能，通过网络和学生家长交流以便深入了解学生的学习状况，通过网络与其他教师交流课例研究的收获和感想等。网络为课例研究共同体进行交流和学习提供了重要的媒介和支撑。

课例研究共同体成员们通过网络交流来实现交流、讨论、互动和协作，不仅锻炼了他们使用网络工具进行学习、沟通和交流的能力，也弥补了他们在进行课例研究时受制于时间和空间而阻碍研究工作顺利展开的缺陷。值得注意的是，家长对学校和教师提出的一些教学意见和建议也有利于启发课例研究者找到自己的研究主题并深入思考，因此，家长也在一定程度上担任了课例研究共同体的重要角色。

此外，校长、教导主任、教研组长、备课组长等学科带头人是组织课例研究的重要人员。这些人员围绕一个主题或课堂教学的一个环节，共同进行设计、实施、管理、监控和评价，同时针对存在的问题提出改进建议。这样不仅有利于课例研究共同体的成员在个人反思、同伴互助和专业引领等活动中进行有效结合，也有利于教师改进教学技术和提高水平，同时也有利于他们形成团队精神并形成学习型组织。②

总之，课例研究的共同体是教学名师研修团队教师获取理论知识和进行行为改进的重要途径。这种由不同人士共同组成的平台，能让诸多人员在一个平等对话、相互学习、相互交流的学习环境中，通过彼此的对话与交流来分享教学经验和学习心得，并习得同伴的知识、经验、理念、方法。名师培养团队成员在这种协同研究、经验分享、意见交换、优势互补、资源共享、观念碰撞、共同发展的过程中，不仅

①刘登珲，吕长生. 香港课例研究的实践模式与启示——以小学四年级常识科“电”为例[J]. 当代教育科学，2014(6)：41-43.

②蔡炳成. 中学英语教师专业化能力的课例反思行动研究[J]. 现代中小学教育，2015，31(8)：98-103.

能够有效地生成与完善教师的教学实践知识和教学法知识，而且能提高他们的教学实践水平和理论水平，这将为他们获取理论知识并顺利开展课例研究打下基础。

第二节　要求：课例研究的文本要素与特征

课例研究是教师通过合作交流、经验共享、思维互动的过程，是促进自身专业发展的教学研究活动。开展课例研究的具体环节在各个国家或地区存在一定差异，但其基本内容都涵盖了“教学准备、教学实践（含教学观察）、互动评课和总结反思等四个主要阶段和若干个具体环节。”①教师作为课例研究者，他们通过认识、生成与反思课例研究来寻求专业发展是他们开展课例研究的初衷。

教学名师研修团队的教师开展课例研究，以真实的教学现场呈现教师解决问题的过程。为了反映教师通过课例解决教学问题，提升教学能力的过程，需要教师掌握课例研究的文本要素和特征。

一、课例研究的文本要素

课例研究以真实的教学现场呈现教师解决问题的过程，课例研究的文本要素主要包括以下几方面：

一、选题背景
（一）选题缘由
（二）研究内容
二、第一次教学实践
（一）教学设计
1.教学目标
2.教学重难点
3.教学过程
4.设计意图
（二）教学实录
1.教学情境
2.教学环节（聚焦问题）
（三）分析与反思

①蔡炳成．中学英语教师专业化能力的课例反思行动研究[J]．现代中小学教育，2015，31（8）：98-103.

三、第二次教学实践

(一)教学设计

……

(二)教学实录

……

(三)分析与反思

……

四、研究结论

(一)两次课的异同

(二)研究结论与建议

(一)选题背景

选择课例研究要解决的问题或主题,对于教师进行后续研究有着重要意义。因此,教学名师研修团队的每位教师应基于一定的选题背景选定要研究的问题。选题背景由选题缘由和研究内容两部分组成。下面我们分别对它们的撰写进行论述。

1.选题缘由

由于课堂教学的复杂性,课例研究并不追求通过一节课去解决很多问题,而是追求通过一个课例去认识和解决一个小的研究问题。课例研究的问题从哪里来,为何选择这个问题来进行研究?这就需要在撰写课例研究报告时交代该课例的选题背景。教师从开始着手进行课例研究时,应考虑三个方面的选题背景,即教育现状的相关阐释、选取课例的代表性与价值和学生学习现状分析。

研究背景对于教师选取课例研究的问题并进行深入研究至关重要。一般来说,不同的课例有不同的研究背景。从大的方面来看,社会发展的要求、教育教学改革的方向、教育热点问题的探讨、课程标准的要求等,都可以成为教师开展课例研究的大背景。从小的方面来看,学校文化建设、班级的学习氛围的营造、教师的教学习惯和风格、教师的教学行为、学生的认知特点和学习习惯、学生的学习行为、师生对某一话题的探讨等,也能成为教师开展课例研究的背景。例如,许多教师在进行课例研究时,会将课程标准的要求和自身的教学实际等作为研究背景开展自己的课例研究。课例的主题和背景的交代能够更好地帮助读者理解教师进行课堂教学研究和行为改进的背景和条件,并能让他们更真切地感受到课例研究的价值和意义。因此,研究者需要用简明、扼要的语句来阐述课例的主题,最好能让人从课例的题目中直接知道这个课例想探讨和解决的问题是什么。

然而，我们也发现一些教师在撰写课例研究报告时，没有对研究背景和选题进行一定的解释说明，也没有向读者展示清楚自己的研究主题，而是开篇就直接进入研究主题。这导致读者在阅读其研究报告时感到一头雾水，并不知道他开展课例研究的原因和获得的成效到底是什么，这需要我们引以为戒。

2.研究内容

课例研究的研究内容主要围绕问题展开。问题是课例研究的重要组成部分，也是进行课例研究的重要指引，基于问题探讨的课例研究能让人们明确研究的方向，并有利于他们高效、快捷地收集和分析与研究相关的事实材料。课例研究问题的选择应依照一定的标准和原则进行。第一，课例研究的问题应当是真实的，应当是扎根教师的日常教学需求且具体可行的问题，应具有实实在在的研究背景。第二，课例研究的问题应是具体的，应围绕具体问题进行研究。第三，课例研究的问题应有一定的创新性和可行性。

传统的课堂教学听课、评课活动多是"就课论课"，通常只是针对一节课或特定内容的几节课展开研究，缺乏明确的问题和目标。因此，具有明确的研究问题就成了课例研究的起点。实践证明，课例研究共同体围绕明确的问题开展课例研究，不仅能方便他们收集和整理研究资料，也能提高研究的质量和效率，同时更有利于不同主题的课例研究成果的推广。此外，明确的研究问题还能方便课例研究共同体解决教学困惑、改进教学行为，从而提高教学质量。一句话，确定课例研究的问题，不仅要说清楚要研究的具体问题是什么，还应说明为什么对这个问题进行研究。

（二）第一次实践

确立研究背景中的选题缘由和研究内容只是进行课例研究的第一步，我们需要进行相应的实践活动，才能顺利开展研究。第一次实践包括教学设计、教学实录以及分析与反思三部分内容。

1.教学设计

只有对选取的问题进行深入而细致的探讨，才能进一步从问题中找到自己要研究的一个或几个具体问题，这样才能保证课例研究后续活动的展开。因此，课例研究共同体还需要基于问题进行教学设计，从而为第一次授课做准备。本次教学设计可包括：教学目标、教学重难点、教学过程和设计意图。课例研究的教学设计的文本呈现方式与教师平时开展的教学设计略有不同，后者通常可以被理解为一份完整的教案，是教师对某一内容进行的整体设计。而课例研究的教学设计是一个很具体、很细致的教学策划和要求，它没有一般意义的教学设计那样宏大，更重要的是，这里的教学设计紧紧围绕教师事先准备进行研究和解决的主题展开，可能仅仅是一个片段的设计，但一定要是解决教学问题的设计。

尽管教师只是针对一个小的主题或问题进行设计，这部分的教学设计也应包括这些内容，即教学目标、教学重难点、教学过程以及设计意图这部分的内容。课例研究共同体在设计教学时，应精心制订出能够将研究问题和长期目标共同融入实际教学的教学计划和方案。教师只有在每一阶段精心进行教学设计，才能促进后期的教学实施和教学反思的顺利开展。因此，教师在开展课例研究的教学设计环节时，要仔细对计划研究的各种问题进行筛选和梳理，最好能将这些问题的线索环环相扣，这样才能让自己进一步的深入思考和讨论，从而有助于自己后期教学工作的展开。这些教学设计可以包括本次活动的具体目标、对学生学习情况的预测、数据收集方案以及所选途径的理论基础等内容。如一位教师描述的自己进行教学设计的思考和行动过程：

素养就是知识、能力和情感态度价值观的统一，学生能运用知识解决问题，就是能力形成、素养提升。哲学课抽象、理论性强，因此要抓住重要知识点，进行具体化的例证，让学生真正弄懂理论。只有弄懂了理论，才能理论联系实际，运用理论来分析实际问题、解决问题。

《实践是认识的基础》一书中，实践的观点是马克思主义认识论首要的基本观点。实践和认识的辩证关系原理是马克思主义认识论最基本的原理。本部分内容地位重要，理论性强。其中“实践是认识的基础”包括四个知识点：实践是认识的来源；实践是认识发展的根本动力；实践是认识的最终目的；实践是检验认识正确与否的唯一标准。教学需要引导学生分别对这四个知识点加以深刻的理解和运用。教学的策略主要是化抽象为具体，进行例证；突出哲学思辨，对易混易错点进行辨析；练习高考典型试题，教会学生运用。

课例研究共同体在进行教学设计时，可以是个人基于自己的长期实践经验来进行设计，也可以是课例研究小组成员共同进行设计。后一种情形要求课例研究小组成员在设计教学时各抒己见，充分表达自己的意见。设计小组在听取了每个人的意见之后，进行民主评议和商讨，总结和归纳一些好的设计理念和思路，最后再进行细致的商议后，共同设计出一份公共的教学设计以备第一次教学使用。

2.教学实录

课堂教学是课例的重要载体，我们需要对课堂教学情境进行必要的描述和实录，这是撰写课例研究的重要文本要素。教师将设计和修订好的教学环节付诸实践来检验每次教学设计的好坏，这是开展课例研究的重要部分。课例研究共同体进行第一次教学实录时，应着重围绕要研究的问题，详细记录教学情境和教学环节这两部分内容。

教师通常会通过翔实的课堂实录来描述课例的实施情况。但是，需要说明的是，课例研究是教师对已确定了主题的问题进行的研究。因此，这些教学实录应聚焦问题，应详细记录教师是如何解决设计好的问题的全过程。即教师应该围绕最能说明问题的课堂情境进行详细记录，而不是漫无目的地只描述所有课堂情境中出现的问题但不对其进行分析和研究。

设计出一份教学设计后，需要教师将这份教学设计付诸实践，进行第一次授课。在首次的教学实践中，由教研小组的一人执教，同伴群体共同观课。大家可按照这样的流程进行：一名教师按照制订好的教学计划和方案进行课堂讲授，团队其他成员合作开展课堂观察，同时专家也参与到这次观摩课堂活动中，这些人共同对该教师实施本次教学设计的情况进行观摩。在这个过程中，课例研究小组的各成员应对该授课教师的授课情形进行集体观摩，以利于第一次集体反思的资料的收集和整理。

由于课例研究是对某一具体内容或问题的多次思考和探究，因此，课例研究者阐述的教学实录可以是并不太完美的教学片段或全录，但一定要是最能说明自己如何研究和解决这一问题的详细记录。教师在描述课例研究中的情境时会围绕课例研究的主题，用准确、精简的话语对其进行说明，从而引起读者的共鸣。

授课教师在进行第一次授课时，需要围绕课例研究共同体之前商议的要解决的问题在授课中呈现出来，并按照事先商议的问题解决的途径和策略来授课，从而检验第一次教学设计和实践的效果如何。授课内容可以是一个片段，也可以是一堂完整的课，但是一定要围绕解决该问题的需要进行取舍。同时，研究者对课例情境的描述不能杜撰，它需要来源于真实的课堂教学和教学改进过程。教师在进行情境描述时，需要紧紧围绕研究的问题并凸显讨论的焦点来展开，同时必要时还应适当地调整和改编情境。例如，教师在描述情境时，可以省略一些与主题无关的话语（如删去一些无效的教师口语、省略一些与主题无关的师生对话等），同时适当地加入自己当时的现场想法和感觉等，从而使得课例的描述更充盈、更可信。

收集和整理教学名师培养对象们上交的课例研究报告时发现，部分教师虽然将教学实录进行了详细且完整的表述，但是其记录并没有围绕自己要解决的问题展开，有的甚至找不到整堂课要解决或改善的问题是什么。此外，有些教师的课堂实录虽然详尽，但是没有呈现出对自己要研究的问题的发现、分析和解决的过程，也没有指出自己在开展课例研究前后的行为变化的过程和结果。这样的课堂实录仅仅是一份教学流程记录单，而不能称为一份课例研究文本成果。因为，漫无目的地进行课堂实录，由于其工作量之大、任务之繁杂，一方面会给教师的教学和研究造成不必要的负担，另一方面也会干扰教师的研究思绪和研究重点。

教师在详细记录自己的教学情境时，由于他们是基于自己的设计并对自己想研究的问题进行记录，因此他们往往会在此过程中产生更多新的教学设计和思考，这对他们在后期对该课例进行深入研究时大有裨益。教师只有从辛苦收集和整理的课堂实录的材料中获取重要信息，才能为自己课例研究各环节的顺利展开提供有力的支撑条件。因此，翔实且围绕问题进行描述的课堂实录是课例的重要文本要素，是教师顺利进行课例研究的有力保证。

3.分析与反思

分析与反思是教师对研究问题的理论分析，是透视与检验研究问题、策略与理论的重要环节，是在教学设计、教学实施之后开展的研究活动，教师转换角色，研究教学活动中的教师教学行为、学生学习行为、教学活动、教学内容等与研究问题相联系的内容。这种反思可以是基于个人的反思，也可以是集体反思。在该环节中，教师提出对课堂实录中与研究问题相关内容的看法。课例研究共同体的成员不仅要对第一次授课情形进行客观、公正的评价，更重要的是，大家要主动提出自己认为本次课在设计和教学实施方面还可以继续完善和改进的地方。

教师对课例研究的分析和反思是课例的另一个重要文本要素，这部分内容体现了教师在进行课例研究各环节的收获和体会。教师撰写的课例研究报告中的教学分析和反思部分能反映他们在实践中的心路历程，也能体现他们的成长和收获。因此，教师应在每一步教学设计和实施后及时进行反思，并及时形成文本要素，如呈现出自己感受到的课堂预设与生成之间的差距，呈现出自己在每一次实践中的收获和感想等内容，从而引导自己在反思的基础上重新设计和实施教学，并进入新一轮的课例研究。这样，在撰写课例研究反思文本要素的过程中，教师在多次从教学设计到教学反思的环节中，才能逐渐感受到课例研究在提升自己的专业素养和知识储备中的重要作用。如一位教师在课例研究的第一次实践活动中，他对自己本次授课的教学设计进行了这样的分析和反思：

政治学科的时效性对教师提出了严格的要求，我们必须紧跟时代的发展，密切关注社会现状。教师在课堂上运用的教学素材其实是非常多的，用好素材的关键是怎样启发学生去思考问题，那么问题的提出就显得尤为重要了。

本节课从爱国篇、公益篇、感恩篇三个角度入手，材料的选择精美、精练，它可以使学生了解事件背景，从而强化学生分析解决问题的能力，让学生把学习方法内化，让学生的思维进一步发散对知识进行扩展。但材料内容比较多，话题比较大，在联系学生实际生活上材料不足，离学生生活较远，情感上难有共鸣，从而难以化为自己自觉的行动。

在教学反思方面，需要研究者实事求是地找出哪些问题已经在课例研究中得到了解决，哪些问题还没有得到解决或者得到了何种程度的解决。这样，经过多次教学反思，教师才能挑选出有价值的课例进行研究。因此，课例中呈现的应是那种经过反思后寻找到的需要继续改进和完善的真实的教学情境和教学实录。那种没有通过细致的反思和总结而产生的课例，实际上并不能为课例研究的进一步推行产生实质性的价值。

一位教师这样谈自己对反思的看法："我就是通过不断的反思来对课例有了新的认识的。每次授课结束后，我会反思自己的教学过程中的表现和学生的表现，也会根据学生的作业和考试情况思考自己的教学策略是否得当。通过多次这样的反思，我对教学改进有了更进一步的认识了，所以再做课例研究时就知道自己应该怎么做了。"

另一位教师也谈道："我们通过个人反思和团体反思两种方式来思考我的教学，我们有专门的教师研究小组，我们会集体对一位教师的教学全过程，包括教学设计、实施和效果等进行评议，找到优点和不足，再针对存在的问题进行不断的改进。在这种交流和反思的过程中，我们就清楚自己应该如何改进教学了。教师对教学进行个人反思和集体反思，在我们学校已经是一个很普遍的现象了。"

但是，我们也发现了教师们在课例中呈现的教学反思的文本材料中也存在一些问题。一些老师的反思仅仅是围绕自己一节课的某一教学片段或教学环节进行反思，或对自己的教学效果、课堂管理、学生的课堂参与情况、学生的作业情况等进行反思，但较少会对自己在课堂中如何运用教学设计、教育原理知识和教育心理学知识的情况等进行深层次的反思。同时，教师的反思多集中在自我反思和剖析，较少有老师会主动将自己遇到的真实的教学问题与教研组的成员进行集体讨论和交流。也有教师在反思的文本材料中显示，他们对教学进行反思的直接目的是怎样提高学生的考试成绩，自己仅仅在教学过程中通过反思学生的学习表现来思考如何改进教学，但很少关注教师自身的实际情况。此外，教师在自我反思或与课例研究共同体成员进行反思时，通常缺少一个固定的讨论主题，同时他们与教研组的交流不够深入，从而造成了反思材料缺少目的性和针对性。这还需要我们在呈现教学反思这部分的文本材料时加以注意。这种经由设计、实践和反思构成的活动是进行课例研究的第一次实践，它为接下来课例研究的深入开展打下基础。

（三）第二次实践

课例研究是一个长期的、不断改进的过程。课例研究共同体在结束了第一次实践的基础上，还需继续进行实践和研究，即开展第二次实践。这次实践的内容仍需包括：教学设计、教学实录、分析与反思这三部分。

1.教学设计

教学实践者需要对同一内容进行至少两次的教学设计和实践活动。课例研究共同体在第一次实践结束后，需要在搜集和整理集体反思意见的基础上，再次征集大家的修改建议，并对第一次的教学设计进行修改和完善，进而形成新的教学设计。

如上述列举的那位教师和其他教师进行讨论，发现本次的第一次实践从备课设计、课堂实施到反思总结方面存在的一些问题后，该教师进行了第二次实践。在集体备课环节，基于大家共同对同一授课内容进行的新的设计，他对本次教学设计进行了这样的描述：

本节课从对家庭负责、对自己和他人负责、对社会负责三个角度入手，通过学生对自己身边小事的收集整理、分析判断、合作互助、讨论交流，教师的启发点拨，将学生的学习真正与实际生活联系起来，培养学生的自学能力。教师对学生学习过程中的情绪状态、思维状态和生成状态进行全程关注和调整，师生共同追求全面和谐发展。在教学中我不断思考，如何有效利用丰富的资源；如何把握好敏感话题的“度”，避免假大空和定性式语言；如何避免纯理论化，联系学生身边生活实际，寻找典型事例和社会热点，少说理，多引导，让学生自己去领悟。

通过这节课的“以小求真”导学尝试，使我感受到了改变教学方式的重要性以及得到良好效果的快乐。我会用不断实践、不断学习、不断反思来提高自己的教育教学水平，成为一名受学生欢迎的老师和朋友，达到一种“亦师亦友”的境界。

在设计和实践完第一次授课后，课例研究共同体有必要及时对该授课教师的本次授课进行反思。这种反思可以是基于个人的反思，也可以是集体反思。第一次授课结束后，大家及时针对本次授课进行评课，每个人针对自己对该教师第一次上课的情形提出自己的看法。课例研究共同体的成员不仅要对第一次授课情形进行客观、公正的评价，更重要的是，大家要主动提出自己认为本次课在设计和教学实施方面还可以继续完善和改进的地方。教师在此实践活动的基础上对教学设计进行修改和完善，可以为后续课例研究的进一步开展提供便捷。

2.**教学实录**

课例研究共同体成员基于大家共同对同一授课内容进行的新的设计，由第一次授课的教师将这份新的教学设计在其他班级实施。为了更直接、更明显地显示出第二次教学设计的效果好坏，该教师进行授课的第二个班级的学情不能与第一个班级存在太大差异。同时，课例研究的其他成员，包括设计和聆听了该教师第一次授课的人，需要再次深入这堂课来观摩这个新的教学设计的实施效果。教师的第二次教学实践是在执行和改进第一次教学实录的基础上进行的。在本环节中，授课教师仍需按照第二次设计的教学环节进行授课，并呈现出教学设计中要解决的研究问题的全过程。同时课例研究共同体的成员仍要对该教师的第二次授课进行详细的观察和记录，以便后续实践活动的开展。

3.**分析与反思**

教师在两次授课结束后，课例研究共同体成员再次聚集在一起，评论本次课的特点和还需进一步完善和提升的地方。他们需要对第二次教学实践进行比较、分析和反思，通过前后两次实践找到两次课的异同点，进而获得研究结论。教师从自己第一次教学实践的设计、实践和反思中改进和修正了自己的教学，并进行第二次教学的设计、实践和反思，从而获得了两次教学的启示。值得我们关注的是，教师不仅应比较两次实践的异同，还应站在研究者的角度，从最开始确立的研究问题出发，找出行为改进的原因，这样才能真正有助于自己的教学经验的积累和研究能力的提升。

教师通过比较两次课的异同从而获得执行和改进教学的启示，是开展课例研究的重要内容。因此，教师应在前后两次实践的每一环节及时做好记录，并结合每一次授课场景和效果进行总结和反思，从而适时创设出新的、更有益于教学效果实施的教学环节进行实践，并在进一步的实践和操作中深化自己对课例研究的认识和思考。同时，教师应分析各个环节所取得的行为改进的原因和结果，并积累自己实践成功的经验，从而为自己进行进一步课例研究的实践反思、经验总结得出研究结论做好准备。

（四）研究结论

由于课例研究的文本要素反映的是教学研究“背后”的故事和教学改进的过程，因此需要对课例的文本要素进行总结并得出研究结论。课例研究的文本要素的结论部分，实际上也是教师交代自己在课例研究的不同阶段和不同情境中自己是如何理解、处理和改进教学的思路和方法。结论部分是课例文本要素的重要内容，它包括对课例研究的主题选择；多次实践的过程以及实践中的反思和总结；进一步实践和研究设想等内容。因此，研究结论部分可包括已提出的问题、问题的解决过程和由问题引发的后续讨论这几部分，这是一个持续跟进的过程。总之，研究结论部分应包括两方面内容：一是两次课的异同；二是研究结论与建议。

对课例的研究结论部分的文本要素是对所选取的课例的一个集中的阐述和说明。这部分可以包括教学实施者在不同研究环节做出的举措的原因和自己的感悟，也包括研究者自己认为课堂教学"好"与"不好"的地方。需要注意的是，课例研究者在呈现课例的研究结论这部分的文本要素时应紧扣主题，要围绕课例中描述的课堂教学的实际情况展开，切忌虚假、空泛、脱离主题的陈词。如一位教师在对"人物传记复习"这一教学内容进行课例研究时这样陈述自己的研究结论：

用学生自主命题并提供答案的方式进行人物传记类文本的复习，这种方法才刚刚使用，学生还不习惯自己命题，出题的角度、提问的方式都还很稚嫩，有许多不够全面、不够严谨的地方，提供的答案也不太准确，客观题的设置太过简单，缺乏思辨性。但这种方法是比较好的尝试，尤其是为学生解读文本提供了全新的思维模式，变被动学习为主动学习，学生的兴趣很浓，阅读的兴趣很高，如果持之以恒，相信会有更好的效果。

通过这样的总结，该教师在以后的教学中注意扬长避短，不断改进和提升自己的教学，这就彰显了课例研究的价值和意义。课例的研究结论部分应将教学理论和实际情况相结合，并在实践层面增加一些研究的成分，使其更具有思考的价值。因此，该部分不宜过分夸大或贬低具体的课堂教学实例，否则容易使得课例与理论沦为空谈。同时，还应使用多种视角对课例进行分析和解读，尽可能回归教学的基本层面来抒发研究者的见解，从而概括和提炼出自己的真实想法。课例研究是一种以典型教学内容为载体、以教学实践情境为场域、以实践共同体为单位、以专业引领为支撑、以同伴互助为主要形式、以优化课堂教学质量和提高教师专业能力为核心目的的螺旋上升式的教学研究活动。[①]教学名师培养团队的成员在结束了课例研究的各环节之后，需要基于本次的实践活动撰写出翔实、科学的课例研究文本报告，以便为后续的课例研究奠定基础。需要注意的是，这些文本资料是一种反馈性资料，是下一次课例研究的重要参考资料，因此最好形成一份统一的撰写模板、分析框架及成果展现模式等，以便后期的经验积累和成果宣传。

我们认为课例研究的文本要素可包括上述四个部分的内容，即阐述课例研究

① 杨彦军.信息时代重新思考在职教师专业学习——ICT赋能的教师行动学习模式研究[J].电化教育研究，2015，36(8)：100-107.

背景和选题缘由；第一次实践，包括教学设计、教学实录和教学反思这三部分；第二次实践，本部分仍需阐明教师的教学设计、教学实录及教学反思；研究结论。最后，教师可根据情况呈现一个附录。附录部分是对课例研究文本的前四个部分的内容进行的补充说明，具体内容可以是详细的教案、课堂实录、课堂观察记录表等，至于这些内容最终是否呈现出来，可视具体情况而定。[①]

总之，课例研究的文本要素由多方面组成，应全面和具体。因为，只有对每一步骤的问题、设计、实录和教学反思等内容进行科学的诠释和严谨的研究，这些文本要素才能为课例研究共同体的进一步研究提供翔实的材料。同时，只有对课例各部分内容进行撰写并组成研究的文本要素，才能为后续的课例研究奠定基础。因此记录这些要素既是研究者在行动中需要关注的问题，也是他们顺利开展课例研究的下一环节并最终获得研究成果的重要保证。

二、课例研究过程的特征

课例研究是一种行动研究，是在动态形成过程中来研究"课"，研究者(包括教师和专业研究者)直接介入"课"的形成或改善过程。行动研究注重实践的改善效果，也强调研究过程的价值和意义。课例研究既是一个教学研究的过程，又是一个实践改进的过程。在教师们进行的课例研究的实践过程中，我们发现教师进行课例研究的过程，具有主动性、过程性、生成性和反思性的特点。

(一)主动性

建构主义学习理论认为，学习是学习者在一定的情境即社会文化背景下，借助其他人的帮助即通过人际间的协作活动而实现的意义建构过程。[②]课例研究是不同成员在不同情境下，通过理论引领、名师指导、同伴互助、问题探讨、实践改进、总结提升等研修方式，在一个由专家、名师、参研教师、教研员、学生、家长等组成的课例研究共同体中，通过彼此交流和互动而互相学习、共同进步的过程。因此，需要激发每一个课例研究共同体成员的积极性和主动性。

在课例研究各环节中，课例研究共同体通过互相交流、重建教学理念、建构教学实践知识等活动，可以对课堂教学进行深入的实践与研究，从而更新教师的教学理念、改变他们的教学行为并发展教师的实践性知识 。因此，在课例研究中，教师会主动建构自己的实践知识，他们不仅会从自己的认识过程和不同的学习方法、发展规律等多方面着手建构知识，还会从自己与学生、教学环境、教学材料、教学内容

① 安桂清．课例研究主题的确立[J]．人民教育，2012(21)：40-43.

② 杨彦军，童慧，郭绍青．中国式"课例研究"中教师学习资源需求调查研究[J]．现代中小学教育，2015(5)：89-94.

等多种要素相互作用的过程中积极主动地建构自己的实践性知识。因此，主动性是课例研究的重要特征，它不仅反映了课例研究共同体各成员参与课例研究的活动情况，也反映了课例研究是在一个动态的、灵动的、操作的过程中不断进步的情形。

（二）过程性

课例研究是个长期的、持续不断的改进过程。由于课例研究要经过“选取研究问题—第一次设计、实践和反思教学—第二次设计、实践和反思教学—比较两次课的异同并得出结论—进行反思”的多次“设计、实施、评价、反思”的过程才能逐渐取得成效，所以一次次的行为改进就存在曲折反复的情形。在课例研究的每一个环节中，教师只有循序渐进地进行设计、实践、观摩、回顾、评价、反思、总结，并在此基础上再次遵循这样的环节来开展下一次的教学。只有在这种迂回曲折的过程中不断实践，教师才能从课堂教学中总结经验，并将所获得的经验上升到理性认识，从而指导下一次实践。

一位教师是这样描述自己在课例研究进行分析时的困难的：

在课例研究时困难有很多。在教学实践中由于对教学过程缺乏理论的分析和预设，致使教学过程不能很好地体现教学目标要求，教学显得不那么顺利或者有序；对于学生的发言不能及时很好地归纳、分析和加以引导，有些学生的正确看法没有被及时发现并且予以肯定等，这么多的问题真不知道如何进行分析，要找到解决的路径也是很不容易的。

教学名师研修团队教师开展课例研究不是一蹴而就的，而是在研究的过程中不断地寻求合适的方法和途径来解决这些困惑，在一次次克服困难的过程中取得教学上的突破和研究上的进展。

（三）生成性

课例研究重视对真实的课堂教学情境的观察、思考和研究。教师的教学实践知识是教师与情境相互作用的结果，同时，教师的教学行为也与情境密切相关。所谓情境，简单理解，就是指个体觉察到的、有目的的、与事物发展密切相关的环境，是事情发展的大的背景。教师是在不同的情境中不断反思和总结自己的教学行为，并在这些不同情境中来开展课例研究的。

教师工作的环境因素包括特定的教室、特定的教材以及特定的学生个体等方方面面。因此，他们所教学的科目、教学学段、校园文化建设、自己的教学风格、学情等方面的影响，也构成了教师开展教学情境的内容。由于教师们遇到的教学情境各有不同，同时他们的实践性知识也在这些课堂教学情境中受到影响和塑造，所以他们在开展课堂教学和进行课例研究时就具有情境性。

教师在开展课例研究时，面对千变万化的教学情境，需要及时做出机智、灵活的处理，才能在不同情境下保证课例研究的顺利进行。同时，在教学情境中产生的新问题往往是教师难以预测的，这将为他们开展课例研究提供很好的契机。教师在不同的情境中进行课例研究能很好地激发他们的教学热情和探索精神，有利于教师进一步反思、调整、改善、提高自己的教学，从而提升自己的教学技能并真正实现课例研究的价值。

（四）反思性

课例研究是一种基于教师的“设计—实践—反思—再设计—再实践—再反思”的循环过程，因此，有效的、科学的、持久的教学反思对教师开展课例研究有着重大意义。在课例研究中，不同研究主体都会进行及时的反思。对于教师来说，教学反思是一种有益的思维活动和再学习活动，也是他们“回顾教学—分析成败—查找原因—寻求对策—获取经验—改进行为”的重要环节。对于其他课例研究共同体成员来说，反思可以引导大家检查教学过程的科学性；分析教学中的不足和需要继续改进的地方；记录教学和研究中的困惑以备后续研究；发现教育过程中存在的闪光点或缺陷。这都能引导课例研究共同体一起发现课例中的教育教学方法是否适合、课例中的教学效果是否有待提升等问题。在反思活动中，不仅能提高教师自我的教学监控能力，也能提高课例研究共同体的专业素质和综合水平，促进大家的共同进步。[①]一位教师在进行“人物传记复习”课例研究时，进行了这样的反思：

用学生自主命题并提供答案的方式进行人物传记类文本的复习，这种方法才刚刚使用，学生还不习惯自己命题，出题的角度、提问的方式都还很稚嫩，有许多不够全面、不够严谨的地方，提供的答案也不太准确，客观题的设置太过简单，缺乏思辨性，但这种方法是比较好的尝试，尤其是为学生解读文本提供了全新的思维模式，变被动学习为主动学习，学生的兴趣很浓，阅读的兴趣很高，如果持之以恒，相信会有更好的效果。

一位教师以《桥》为课例载体，进行了两次构建和实践，并将前后两次教学进行了对比，找出了两次教学的相同点在于：抓住文体特征、关注表达特点和紧扣教学

---

① 杨彦军，童慧，郭绍青. 中国式“课例研究”中教师学习资源需求调查研究[J]. 现代中小学教育，2015(5)：89-94.

重点这三点。同时他反思出前后两次教学的不同点在于:时间分配的不同、教学策略的不同和教学效果的不同。该教师在以小说教学中“人物形象感悟策略”的研究为出发点和归宿的两次教学实践中有了更多的感悟,具体包括:第一,钻研教材为本,文体归属有法;第二,年段目标为纲,文本取舍有度;第三,人文体验为主,形象感悟有度。该教师在本次的课例研究中,体会到了语文课程人文性的渗透不是简单的知识的传授,也不是除教学内容之外的附加任务,它是一种感受,是一种领悟,是情感共鸣的弦乐,是心灵净化的乐土。相信随着他的教学的进一步开展和研究的逐步深入,该教师一定会在课例研究过程中收获更多教学的经验和研究的兴趣。

总之,教师开展课例研究的旅程是不断遭遇挑战、不断战胜困难的过程。然而,这些曲折的探索和实践使他们不断地重新构建自己的实践知识和理论知识,同时也使他们不断提升自己的实践水平和反思水平。相信经历了这样的迂回曲折但却循序渐进的过程,教师一定会对课例研究有更深层次的认识,他们也一定会更有效地获取课例研究的成果,从而指导自己的教学实践活动。

第三节　尝试:第一次课例研究

课例研究是教学名师成长的载体,以研究者身份开展教学是教师对教学活动中自我角色的新认知,教学名师的内涵不再受“上好课”或“上好公开课”所局限,真正的教学名师追求的不仅是能将课上好,而且还需要知道什么样的课是好课,怎样上好课并辐射其他教师。不能仅凭教材、教辅提供的素材生搬硬套地将知识兜售给学生,也不能一味地模仿与再现老教师、骨干教师、名师等的教学设计。因为学的学生千差万别,所以教的教师也应是千姿百态,做到“教学有法,教无定法”。

课例研究与教学名师的成长息息相关,根据教师进行课例研究的几次主要变化,将教学名师研修团队教师开展课例研究、修改与调整自己的研究内容与思路等分为三个阶段,通过对教学名师研修团队教师的跟踪观察与指导、课例研究的文本分析,从认识课例到生成课例,教学名师经历了尝试、调整和完善三个主要阶段并在不断循环更新,由内而外,课例研究的过程渗透了教学名师团队的专业成长。

一、研究实践面临的困惑

课例研究本身是教师、教师团队针对教学问题开展的行动研究,课例研究生成的是以此为对象的教师对教学问题展开的行动研究,课例研究的生成不是一蹴而就的,与教师专业知识的成长一样经历着尝试、困惑、求解、再尝试的循环往复的过程,一线教师做出优秀的、有教育价值的课例研究有时需要经历几次反复的修改与调整，也有一些老师在这个过程中选择放弃，课例研究不是教学反思，不是教学设计，也不是教学日志。项目研究团队通过教师的课例研究文本和对教师的访谈（个人访谈与集体访谈的形式）发现，在教师初次进行课例研究时遇到的困惑主要是以下几方面。

（一）如何选择所要研究的问题

这是所有研究中都存在的核心问题，只有解决研究对象的问题才可能进行研究。教学名师研修团队的教师，在进行课例研究时不知道要研究什么问题。下面是教师谈到的确立问题时的疑惑：

教师1：我先前以为一堂课中解决的关键问题就是教学重点问题和难点问题，后来认为是对课堂教学的过程进行分析来寻找所要研究的问题。如果是这样，我不知道我的课例研究要研究什么了。

教师2：我选择的问题是"怎样帮助学生在阅读过程中实现真正的情感体验？"这是我整节课的教学目标，也是我要解决的问题，我认为这就是我的研究问题，那么，我的研究问题是描述、选择还是问题呢？

教师3：我认为课例研究不是非要研究问题不可，一次完整的课堂教学记录就是我的课例研究。

教师4：有两个疑惑，第一，既然要开展"研究"，肯定就得有"问题"，这个"问题"应该秉着什么样的原则去选？选什么样的"问题"？第二，一个课例研究的"问题"是源自于这节课要实现的"教学目标"吗？答案如果是肯定的，那一节课一个教学目标的实现就要去提炼出"研究结论"，这是不是有点儿"小题大做"？答案如果是否定的，研究的问题是不是又给人一种"本末倒置"的嫌疑？

（二）将课例研究与一般教研活动混淆

随着新课改的不断深入，各种形式的公开课研讨活动在各地区、各学校日益兴盛。教学名师研修团队的教师都是学校的骨干教师，参加过公开课研讨或赛课活动，对如何上好一堂课有丰富的研讨经验。这些经验对于开展课例研究有一定的抑制作用。如教师有丰富的磨课经验，在经验先导下，许多教师不自觉地将课例研究完全等同于"磨课"。磨课是针对一个教师就某课的教学行为不断改进的过程，它更为关注课堂教学的各环节，成果是精品课或者是教师教学、教研能力的提升，以提升教师教学能力为直接目的的反复打磨过程。课例研究可以是磨课过程中所解决的某个教学问题，但是强调过程的研究性与创造性，不只是以提升教师教学能力的对学生的反复操作与试验。所以，二者之间有联系也有区别，教师在进行课例研究的过程中应该进行区分。除此之外，对于课例研究的定义也有人认为是“教学案例”“教学反思”等。如有教师谈道：“我曾经参加过几次教学案例比赛，知道‘教学案例’总会带给人启示、收获、反思，从而达到改进教育教学工作的目的。我想，‘课例研究’的目的应该也不外乎如此。”

（三）课例中如何呈现课堂实录

第一次提交的课例中课堂实录存在三种情况，第一是“全式”，整个课例研究即三次完整的教学设计与课堂实录，例如《等比数列前n项和》第一课时教学设计、《鸟》课例研究、《烛之武退秦师》课例研究，都属于这一情况。第二，很大一部分教师是“片段式”，这里的片段一方面是指教学实录的片段，也指教学实录在课例研究中的呈现是片段式的，这是比较可取的一种形式。第三种情况就是可想而知的“全不式”，教师在课例研究中完全没有体现自己的课堂实录，只有教学设计、总结与反思，在文本中是脱离课堂实录的纸上谈兵。

有教师谈道：“我实在不知道是取片段还是课堂实录，如果是课堂实录，那么像作文课、写作课就无法体现我所需要呈现的问题，所以我一直在找一种最好的呈现方式。”“我第一次提交的课例研究中将课堂实录的整个过程真实呈现了，在第二次修改的过程中我犹豫了，却又不知道如何最好。”

二、课例研究报告分析

教学名师研修团队的教师中不乏优秀教师、骨干教师，尽管如此，也无法避免他们在课例研究中出现一些问题。通过集中研习和项目研究团队的指导，尽管教师们还存有诸多困惑，但他们对课例研究的内涵与价值已经有了一定的认识。项目研究团队让他们带着困惑进行研究，希望他们能在具体的研究实践活动中，逐渐明晰这些问题并寻求方法解决，即在研究实践中学习研究。教师们在初次撰写课例研究报告时，要求按照课例研究报告的文本要素撰写，在撰写过程中体悟课例研究。教师们第一次提交的课例研究报告有以下特点。

（一）有教学“实践”活动，欠教育“理论”分析

教育理论与教育实践之间的关系历来是教育界讨论的重要问题，教育实践工作者——教师对自己教学实践中的相关理论知识感觉望尘莫及，而教育理论研究工作者“学院”气息浓厚，与课堂教学实践相脱离的理论研究比比皆是，这样的教育现实将成为历史。信息社会的到来，要求教师具备基本的学科教学知识与教学技能，同时也要求教师能够用理论知识检验与提升自己的教学技能。“教育理论对于教育实践最重要的功能在于对教育实践工作者的启迪与唤醒，以及增加教育实践

工作者的实践智慧。教育理论与教育实践构成的是一种内在的、间接的、反思性的、批判性的关系，而不是同一的、对应的、直接的线性关系。”[①]要实现教育理论对教育实践工作的启迪与唤醒，只有教育实践工作者由内而外的接受与建构适应自身教学的教育理论知识。严格意义上对教师们所进行的课例研究的理论性与实践性要求来说，还存在重实践、轻理论，有的甚至是只有设计完整的教育实践而没有理论支撑。《陶行知生活教育理论在高中政治哲学教学中的运用》第一次课例研究报告中几次提到陶行知生活教育理论，却没有用该理论对其进行教学分析。该教师对教学的分析是这样的：“第一次的教学明显很沉闷，虽然知识理论似乎是传授给学生了，但感觉是填鸭式的，学生是被动接受的，所选的例子脱离学生实际生活，又老又旧，学生不感兴趣，学生很少有思考和表达自己思想的机会。第一次授课重视基础知识的传授，忽视了学生自主能动的学习，轻视了学生学习过程中内心的体验、感悟和学生知识的自我建构以及人生观的培养，难以调动学生学习的兴趣和热情，不能很好地帮助学生解疑释惑，难以和学生形成情感上的共鸣。”

在课例研究中过于强调自己的主观体验与经验性认识，缺乏运用相关理论进行理性分析，这是在第一次课例研究时普遍存在的现象。教师们对于教育实践——课堂实录，对教学环节、活动安排等已经趋于成熟，即在课例研究中，教师教学实践知识与技能得以充分体现，通过授课或观课等形式，教师能够发现教学活动中存在的问题与不足，并且希望通过自己的教学行为改进来解决这些问题。但在课例研究中呈现出的是教师教学行为与课堂教学效果之间没有实现正相关关系，其中一个重要的原因是，教师在教学活动中发现的是问题现象，这不能直接等同于要研究的问题。课堂教学中观察到的问题现象，如“学生学习积极性不高”，这是问题现象，不是能在课例研究中直接进行研究的问题。应该追问其根本的问题所在，教师教学方法、课程内容、校园文化环境等都有可能是导致这一问题的原因。教师们在对自己的课例进行总结、分析的过程中，其优势在于能够紧扣自己的教学内容，但是分析过程中缺乏理论，也是教师在第一次进行课例研究时无法规避的重要问题。

（二）有“课例”无“研究”

造成教师第一次开展课例研究只有“课例”而无“研究”的原因，首先是与学员对课例研究内涵的认识息息相关；其次，也与当前一线教师教育理论研究能力的局限性相关，于是现在很多学员在课例研究中只是呈现出自己课例的客观形态，而缺少理论研究的现象。事实上，课例研究是一种以典型教学内容为载体、以教学实践

①赵富学，张学忠．体育课程“课例研修”模式的建构[J]．体育学刊，2011(4)：93-99.

情境为场域、以实践共同体为单位、以专业引领为支撑、以同伴互助为主要形式、以优化课堂教学质量和提高教师专业能力为核心目的的螺旋上升式的教学研究活动。很多教师能够将自己的公开课、示范课、优质课的重点和亮点呈现出来，却无法对自己出现的问题、取得的成效进行梳理研究，处在茫然无知的阶段，这一类问题在学员第一次提交的课例研究报告中也有突出表现。下面是一位教师第一次提交的课例研究报告：

《等比数列前 n 项和公式》

等比数列前 n 项和第一课时　教学设计(第一次)

一、教材分析

1. 教学内容：《等比数列的前 n 项和》是高中数学人教A版《必修5》第二章《数列》第5节的内容……

2. 教材分析：

……

等比数列前 n 项和第一课时　教学实录(第一次)

(1)旧知再现，复习深化

教师：前面我们学习了等比数列的定义和通项公式，请同学们思考并回答以下问题：

①等比数列的定义是什么？

学生1：如果一个数列从第二项起，每一项与它前一项的比都等于同一个常数，那么这个数列叫等比数列，这个常数叫等差数列的公比，用符号表示为 $a_n \div a_{n-1}=q$（$n \geqslant 2$）。

②等比数列的通项公式是什么？

学生2：$a_n=a_1q^{n-1}$。

③等差数列的前 n 项和公式是怎样的？ 它是哪些量的关系？

学生3：$S_n=\frac{(a_1+a_n)n}{2}$ 或 $S_n=na_1+\frac{n(n-1)}{2}d$，是 a_1, a_n, n, d, S_n 五个量之间的关系。

④等差数列的前 n 项和公式是用什么方法推导出来的？

学生4：用倒序相加法得到的。

……

这个报告让该教师的教学设计与实施的详细内容一目了然，可以说是一份完整的、优秀的教学设计与教学实录，也可以说是教师磨课行为的详述。但是不难发现，从标题到整个内容都与课例研究不统一，我们能够看出该教师的“课例”没有体现出他对课例的研究，这是很多一线教师在进行课例研究时都会出现的问题。“课”只是我们的研究对象，不能取代课例研究的整个内容，课例研究是对于“课”的行动研究，课程实施者与课例研究的主体之间可以是相互独立的关系。再如，

《删繁就简 一课一得——〈卖火柴的小女孩〉课例研究》

【课例】

教学目标：

……

教学重点：

……

教学过程：

一、谈话导入，引出课题。

……

二、初读课文，厘清文章脉络。

……

三、读议结合，领悟“人情冷”。

……

这位教师的课例研究是两次完整的“课例”呈现，与上一位老师一样缺乏对课例的研究，这是在课例研究中教师们普遍存在的问题，也是由教师成长为教学名师所必须要解决的问题，厘清课例与研究的关系。

（三）有“教学”无“问题”

教师的课例研究中对于教学实践活动与研究问题存在两种现象，第一种是直接没有“研究问题”，即前面列举的几篇课例研究那样，只有“课例”，没有问题，看不出课例研究的焦点在哪儿；还有一类是有研究问题，但比较“空泛”与“宏大”，是这一课例研究所不能解决的，无法包含的问题。找到研究的问题是整个课例研究存在与发展的逻辑起点，没有研究问题的研究是无病呻吟。而问题过空则是当前一线教师课例研究中存在的主要问题，他们似乎想要通过一堂课解决“学生学习兴趣不高”“学生注意力不集中”这一类问题，在教学活动中观察到的问题是不能直接转化成研究问题的，对于这一点，一线教师的思维方式的变化需要经过漫长的历程，对于没有研究问题的说明不再赘述，以下将列举几篇研究问题比较“假”“大”“空”的课例研究以说明与警示欲进行课例研究的教师们。

例1:《初中思想品德课“数字故事”的课例研究——以“走进法律”一课为例》

研究问题:

初中思想品德课是一门以初中学生生活为基础,涉及道德、心理健康、法律、国情等多方面内容的综合性课程,肩负着对初中学生进行思想品德教育,解决他们成长过程中遇到的问题,满足他们发展需要的任务。作为一线教师,每天都为孩子们上课老是讲话、打瞌睡、开小差等一系列无法快速从根本上解决的问题而烦恼时,何不跳出来转变我们的教学方式呢?让我们不断地去学习、去尝试新的教学手段,从一个数字故事开始。

……

可见,数字故事非常适合初中思想品德课课堂教学,是一种行之有效的教学手段。

该教师对自己研究问题的阐述是对课堂教学中存在现象的经验性描述,研究问题不聚焦,为了解决“孩子们上课老是讲话、打瞌睡、开小差”不能成为课例研究的目标,转变传统教学方式是其方法,但缺乏以理为基础构建的教学方式。教师在修正中应该强调现象背后的真问题,学生是每一节思想品德课表现都相同还是在某些具体的教学内容或环节中有这样的表现,这部分学生是其他科目的课堂也表现如此还是只是在思想品德课有这样的表现,是学生兴趣、课程安排、课程内容的选用与组织、教师教学方法、教育环境等因素中哪些具体的因素导致这一现象,为此寻求具体用以解决问题的策略。课例研究是教师教学现场的行为改进,其根本目的是实现教学目标,研究问题的真伪决定课例研究开展的意义,对研究问题的聚焦是教师开展课例研究中的重点环节。

例2:《追问生活 启迪智慧——基于素养培育的哲学课教学》

一、研究问题的提出

现代教育回归以人为本,教育部《关于全面深化课程改革落实立德树人根本任务的意见》中首次明确指出培育学生的核心素养是实现立德树人这一教育根本任务的重要路径和有力抓手,而课堂教学是培养学生核心素养的主渠道。素养教学与传统教学有何不同?基于素养培育为导向的教学应该是怎样的?

哲学本义是爱智慧或追求智慧之意,是一门给人智慧的学问,它在培育学生运用马克思主义世界观和方法论做出理性价值判断和行为选择的素养上有着独特的作用。高中哲学课实现对学生素养培育的主要教学策略是什么?

带着这个问题,我以高中哲学课《实践是认识的基础》为教学内容,进行了两次不同的教学设计和教学体验。

该课例研究教师具备一定的理论意识，试图以培养学生核心素养为目标提出课堂教学的策略，课例研究的薄弱之处在于对理论认识的宏观把握与具体研究相结合，导致研究目标与课例之间无法有效结合。“核心素养”作为当前教育研究的热点，很多教师倾心于将自己的研究与此关联；但是，内涵丰富的“核心素养”在以课例为载体开展研究时不能被直接培养。

对于核心素养的内涵梳理是明晰研究问题的关键，OECD（经济合作与发展组织）提出的核心素养主要包括以下几个方面：(1)交互使用工具的能力，具体包括：交互使用语言、符号和文本的能力；交互使用知识和信息的能力；交互使用技术的能力。(2) 在异质群体中有效互动的能力，具体包括：与他人建立良好关系的能力；合作能力；管理并化解冲突的能力。(3)自主行动能力，具体包括：适应宏大情境的行动能力；形成并执行人生规划和个人项目的能力；维护权利、兴趣、范围和需要的能力。

荷兰学者沃格特(Joke Voogt)等人在对世界上著名的八个核心素养框架进行比较分析以后，得出如下结论：(1)所有框架共同倡导的核心素养是四个，即协作，交往，信息通信技术素养，社会和(或)文化技能、公民素养；(2)大多数框架倡导的核心素养是另外四个，即创造性，批判性思维，问题解决，开发高质量产品的能力或生产性。①世界各国、各地区对核心素养的研究都有所不同，中国学生发展的核心素养，以科学性、时代性和民族性为基本原则，以培养“全面发展的人”为核心，分为文化基础、自主发展、社会参与三个方面，综合表现为人文底蕴、科学精神、学会学习、健康生活、责任担当、实践创新六大素养，涵盖十八项具体内容，包括人文积淀、人文情怀、审美情趣、理性思维、批判质疑、勇于探究、乐学善学、勤于反思、信息意识、珍爱生命、健全人格、自我管理、社会责任、国家认同、国际理解、劳动意识、问题解决、技术运用。教师的课例研究以培养学生核心素养为目标，对选择问题还缺乏深入认识，对“核心素养”内涵的梳理是聚焦研究问题的途径。

例3:《扫清意义障碍 铺设从形象到抽象的阶梯——课例研究“移多补少”》

【选题】

一个数学思想的形成需要经历从模糊到清晰，从理解到应用的长期发展过程，需要在不同的数学内容教学中通过提炼、总结、理解、应用等循环往复的过程逐步形成。“移多补少”的思想，就是小学数学中常用的一种解决问题的方法，如果学生

① Voogt, J. & Roblin N. A comparative analysis of international frameworks for 21st century competences: Implications for national curriculum policies[J]. Journal of Curriculum Studies, 2012, 44: 3, 299 – 321, 309.

能正确灵活运用这个思维方法，就能更有效地解决生活中的实际问题，所以本文就对“移多补少”的课堂设计进行课例研究。

以上三个例子中第一篇课例研究想要解决的问题属于“假”的问题，对于孩子上课总是讲话、打瞌睡、开小差是不能成为教育研究的真问题的。第二篇课例研究中的高中哲学课对学生素养培育的主要教学策略的研究则过大，不能具体到一次课例研究来解决。而最后一篇课例研究则不能清楚明了地解读出其要解决的问题，虽然有“选题”说明，内容却极其“空乏”，无法在教育实践中落到实处。

（四）有“反思”无“改进”

课例研究包含一样必不可少的内容及“反思”之后的行为改进。在30位教师第一次提交的课例研究中，教学反思内容与课例研究中需要解决的问题存在不符，主要有三种现象：第一，没有教学反思也没有行为改进；第二，有教学反思但是没有行为改进；第三，教学反思与教学改进行为之间存在间隙。课例研究的重要特征之一是其行动研究的属性。教学反思是课例研究的主要推手，只有真正发挥课例研究的推手功能，个人与团队才能实现课例研究的价值。在第一次提交的课例研究中，很多教师对课例研究中“教学反思”的认识存在误区，一部分教师将教学反思理解为授课教师的教学反思，一些教师只是狭隘的将对课程效果的反思理解为课例研究中的教学反思，缺乏理论性与科学性，课例研究中的教学反思应该是囊括整个课程设计、教学活动、教学改进、具体的教学问题解决的认识。对于存在的三类现象，主要在以下案例中体现。

例4：《小说教学中“人物形象感悟策略”的研究——以人教版课标实验教材五年级下册〈桥〉为例》

【教学反思】

本堂课环节紧凑，教学重点突出，文体意识强，抓住本文在表达上的特点，在40分钟的教学里紧紧围绕小说教学“感悟人物形象”这一核心任务进行。教师充分发挥“主导”作用，引导学生从对老汉语言和动作的描写中，抽丝剥茧，分层推进，在情节的不断推动中，逐层深入地感悟“老汉”“山”一样既闪烁着党性光辉，又满含着父爱深情的高大形象。同时，辅之以环境描写烘托出的沉着果断，设置悬念制造出的意外和震撼都让“老汉”的形象在学生的心中立体起来，丰满起来。

三、第一次开展课例研究的反思

目前教师提供的课例研究反思、教学反思等大多停留于第一、二层次。在第一次课例研究生成的过程中，对部分教师以多种方式进行访谈，整理这些第一手的访谈资料，对教师课例研究生成的第一次行动的反思进行总结，可以概括为以下几点。

（一）在研究中学习研究

不论是基本的体例和结构，还是课例研究中的各环节与结构，教师们提交的第一次课例研究报告是“千姿百态”的，这主要有以下几方面的原因。首先，教师教学能力与教研能力之间存在差异，能将课或公开课上好的一线教师不一定能做好课例研究，教师们具备深厚的教学实践知识，却缺乏一定的理论知识；其次，教师们身兼数职，任务繁重，在众多的培训与项目工作中都有力不从心之感，所以不能避免教师们第一次提交的课例研究报告可能是出于应付；最后，教师们缺乏相关研究经验，课例研究引入中国的时间不长，很多地区的一线中小学教师对此还很陌生，第一次接触课例研究的教师们难免出现事物发展初期必然存在的曲折。多数教师课例研究经历了几次循环反复，除了课例研究本身是对教学活动的循环反思与改进，课例研究的生成也是如此，需要多次调整与修改。教师们提交的文本已经是修改过多次的，但仍存在这样那样的问题，需要经过专家的解读与研讨，进而反复修改。在提出问题—检验问题—深入研究—课例的过程中循环往复。

（二）疑惑是其寻求发展的基点

在开展课例研究中，教师产生的困惑是其不断改进与发展的前提，如果没有这些困惑，将无法实现课例研究对提升教师教学专业技能的载体的意义。在第一次课例研究报告提交之后，项目研究团队对教师进行集体访谈与个别访谈时发现，许多教师能够在自己的课例研究中发现教学的问题，只是缺乏理论研究分析的能力，无法对教学改进做出说理。在对一位生物教师访谈时他说道：“近20年的教学生涯让我在开展课例研究时反而显得局促，不敢尝试创新，对于教学中的问题如果是普遍存在的就习以为常，认为这不是我能够解决的。在开展课例研究之后我发现，教师如果能够集中精力专注于对解决一个小问题的研究，对教育理论研究与实践都是有意义的，因此我选取了初中生物《鸟》的教学为例，尝试对探究式教学在初中生物课堂中进行研究。研究问题的选择主要来源于课堂教学中学生积极性与学习效果的考察，第一次提交课例研究时，我的研究问题与思路并不明显，我知道这些都是需要我不断学习与强化的主要内容”。该教师正是因为在研究中存有如何运用探究式教学的困惑，所以才强化这方面理论的学习和实践的借鉴。作为课例研究的主体，教师在研究过程中具有自主导向性，对自我认知的不断完善是他们开展课例研究的有利起点。

第四节　本章小结

本章主要是指导教师的课例研究从理论认识走向实践，教学名师在多年的教学实践中积累了丰富的教学实践知识，对于开展课例研究具有积极的意义。同时，通过对教师长期观察与访谈，对教师教育理论知识的现状做了分析，通过集体培训、教师自主研修、团队合作等系列活动，教学名师团队教育理论知识得到了丰富，为开展课例研究做好准备。

文本要素是基于本书对课例研究界定教师教学现场的行为改进，撰写课例研究是体现教师研究问题、背景、过程、结论与意义的文本，主要有：(1)选题背景，从理论出发探索课堂教学活动中问题提出的缘由与内容；(2)第一次实践，是教师教学设计、课堂实录、教学分析与反思的集中体现，是教师以问题为导向、以理论为基础对动态的教学现场的呈现与分析；(3)第二次实践，是在第一次课堂教学分析的基础上改进教学设计，包括对教学目标、重难点以及教学环节的调整，重新实施课程，呈现第二次教学实录，以及对第二次课堂教学的分析与反思；(4)研究结论，教学分析与反思是教师从开展教学活动转向研究教学活动的内容，是体现研究问题与解决问题的主要环节，一些教师呈现的是两次教学实践，也有三次或以上实践活动的，研究结论是对解决研究问题的条件、策略、建议等集中体现教师研究问题成果的部分。开展课例研究具有主动性、生成性、过程性与反思性，是教师开展课例研究应遵守的基本原则。

第一次课例研究体现了教学名师研修团队的教师从执教走向教研的最初状态，客观呈现了他们在课例研究之初的优势与不足。他们对课例研究从陌生到认识，再到认识的深化经历了一个认识理性的过程，他们从认识课例研究到走向课例研究实践，再到在课例研究实践中认识课例研究，这是从理论到实践再到理论的过程，这个过程同样需要他们在研究的实践中探索着前行。

第四章 改进课例研究:教学名师的理性教学实践

课例研究的过程是教师明晰教学问题与解决问题的过程。课例研究的行为改进体现了教学名师成长的历程。通过对教学名师研修团队教师进行课例研究的跟踪观察与课例研究报告的文本分析,结合第一次课例研究实践中教师的困惑,在第二次课例研究的实践中,项目研究团队根据课例研究的需要为教师提供相关的教育理论知识,为课例研究提供理论支撑;用课例开展研究取代以课例代替研究的状态;教师的问题意识也在研究中不断得以巩固提升。经过一系列的行为改进之后,对教师第二次课例研究的现状进行解析,发现依然存在困惑与问题,再一次证明课例研究是教师作为研究者对教学活动开展的行动研究,需要不断摸索,是教师从教学走向教研结合的主要渠道。

第一节　课例研究行为改进的路径

一、"理论"指导"实践"

课例研究强调教师教育理论知识与实践知识的整合。项目研究团队就第一次教师提交的课例研究中普遍存在的问题,与教学名师研修团队的教师进行了多次研讨后,用理论指导实践的原则逐步被教师们认可,课例研究的内涵与外延都蕴含了教育理论知识对教师教学实践行为的指导。

(一)教师对教育理论知识价值的认同

教师通过与同伴协商、专家指导之后对课例研究进行修改,在再次进行课例研究时教师们尽可能运用相关的教育理论进行教学设计与反思,分析改进和总结实践。接受某一理论的前提首先是认可,课例研究搭建了教学实践与教育理论的桥梁,同时是教师专业知识与技能提升的重要载体。课例研究是基于问题对教学现场的理性分析,这与一般的观课、评课活动不同,首先是要聚焦问题,其次,是分析教学活动的本质而非现象,不是对某个教学内容与教学环节的点评,而是从教育学原理、教学心理学、教学哲学、教学社会学等基础知识出发,对教学现象背后的教学原理进行探索。对教育理论知识价值的认可是教师实现理论指导实践的基本前提,也是课例研究中教师所集中体现的重要变化。一些教师表示:"多年只从事教学工作的我们是缺乏教育理论知识学习的,在开展课例研究的过程中才切实体会到教育理论的重要性,于是我针对要研究的问题尽可能地查阅和学习相关的教育理论来弥补课例分析时理论的不足。"教师对教育理论知识价值的认可首先有利于主动习得这些知识,不断深化的过程能够让教师在实践中检验这些知识,用实践证明"教育"的科学性。

(二)教学实践中寻找理论支撑

教学实践是教师开展课例研究的起点,在实践中发现研究问题、分析问题与解决问题,理论与实践的关系在课例研究文本撰写的过程中集中体现,主要有两种情况:一是"从无到有",一些教师对选取课例的分析与教学反思类似,缺乏理论视角;二是"从旧到新",一些教师教育理论知识陈旧,对于分析与指导当前课堂教学相对滞后,教师在改进课例研究的过程中是探索最具有典型指导性并且与研究问题相统一的教育理论知识。

以《让静的概念动起来——小学数学概念教学探究之〈克与千克〉课例研究》为例,该教师课例研究中教育理论视角属于"从无到有"型的,但是其研究内容与文本分析中所呈现的"静的概念动起来",即基于学生的体验,让学生在教师设置的教学情境中实现知识的建构或迁移。经过研讨小组与教师不断反思修正,将研究理论基础定位于体验式教学理论,课例研究问题也明晰为"基于体验式教学模式下的有效教学课例研究——以《克与千克》为例",课例研究理论视角的明晰是实现教师教育理论知识与实践知识相结合的重要保障。

(三)理论分析中探索实践条件

课例研究是教师作为研究者对自己教学行为进行的行动研究,索尔蒂斯曾经区分了教育理论研究的四种不同类型:第一,实证研究,即运用自然科学的方法去发现教育实践活动的因果联系;第二,解释研究,即运用日常语言用哲学、现象学、解释学等,去解释各种主体特性和主体意义,揭示构成教育冲突的各种事件以及教育现象对人类的意义;第三,规范研究;第四,意识形态批判[①]。课例研究属于运用行动研究的方法去探索教学实践之间联系的实证研究,习得教育理论知识是理论指导实践的第一步,为教学实践寻找其内在本质的教育理论是提升,而只有实现教育理论分析中探索实践条件才是目标的达成,例如在《让学理念下"留白策略"在<

① 瞿葆奎.教育学文集·教育与教育学[M].北京:人民教育出版社,1993.

盘古开天地>一课的课例研究》中，教师对研究的理论基础“让学理念”与“留白策略”之间的关系进行梳理，为实现这一理论的课堂教学实践条件不断摸索，只有在学生具备一定的知识基础、学习兴趣及教师创设的情境这些条件得以实现的基础上这一策略才能有效实施，这是很多教师在开展课例研究中容易忽视的问题，在第二次教师行为改进中不断被强调。

二、用“课例”开展“研究”

在课例研究的前期，“课例”与“研究”的概念和关系被不断地界定与明晰，教师反复对“课例”的内涵与意义进行梳理，他们认为其课例即对问题研究的活动过程，课例中体现了对问题的研究，课例研究是经过幕后反复修正与打磨之后较为完善的课例，而在教师初次提交的课例研究中，具有代表性的问题是将“课例”取代“课例研究”。这一阶段教师主要是厘清作为研究者的教师开展课例研究中“课例”的本质含义是研究问题的载体，选择与组织课例是开展研究的重要内容。同时梳理了教师研究“课例”的具体路径。

（一）课例是研究的载体

课例的选择是基于研究问题的需要来展开的，即教师作为研究者，其选择的课例可以是自己执教的课，也可以是其他教师或课例库的课例。所以，课例是研究问题的载体，本体是研究的问题。教师首先应该明确的问题是不能基于课例来研究课例，而是基于问题来选择与组织课例。从组织层面来说，课例来源于教师课堂教学活动，但并不是简单教育活动或事件的事实性描述，它渗透研究者对特定问题的理性分析与深刻反思，组织课例研究的基本原则是揭示研究问题、剖析问题、解决问题并反思问题，包含解决问题的方法和技巧在具体教育情境中的介绍与描述。所以课例研究可以是一堂完整的课，也可能是解决问题的核心环节，在教师提交的课例研究中都有体现，教师在接受培训与多次研讨交流中对课例的认识只有在具体的文本中才能得以检验，研究问题对选择课例具有导向性价值。

（二）研究“课例”的方法

我国各地课例研究的实践模式有一人同课多轮、多人同课循环、同课异构、互助式观课、邀请式观课、反思式观课等。教学名师研修团队的教师所进行的课例研究主要采用一人同课多轮的方式，即一个老师连续多次上同一课，内容重复，但行为随着教学反思在不断改进，这种方式可以提升教师教学技能和水平以及帮助提升教师解决教学问题等能力。

教师开展课例研究需要做好充足的准备，包括：第一，敏锐的课堂观察能力，对教学活动中发现的问题进行解析，不仅要观察其他教师的课堂，同时还应该反观自己的课堂教学，对造成一些教学现象的问题进行归类汇总；第二，文献检索的能力，在第一次课例研究文本中，教师教育理论知识的主要来源是经典读本即教育专著，对当前相关问题研究的期刊、杂志等关注还不够，理论视野存在相对狭窄的现象，通过与项目研究团队有针对性的讨论交流之后，很多教师意识到文献的多样性及检索文献的方法；第三，分析教学，教学活动是融合“教师的教”与“学生的学”的双主体的互动，分析教学时应该关注教师教学行为与学生学习行为之间的变化关系，教育理论知识渗透在教学分析的活动中；第四，评估教学、分析教学的根本目的是实现“学生的学”，途径是提高教师教的能力，因此，评估教学是教师检验学生学习效果与教师教学行为之间关系的手段。尽管教师们学习课例研究历时较长，但是他们在研究的实践中学会了运用一定的理论对教学现场问题进行分析，从而使课例研究有了研究的味道。

三、以“问题”为导向

经过反复研讨与交流，教师一致认为选择问题时更多的是结合自己的教育实践经验，在具体的课堂教学活动中发现的“现象”与“困惑”的描述，普遍存在的难题是对于研究问题的提炼，针对教师发现问题存在“假”“大”“空”的现象，“假”即缺乏对现象背后的真问题的探索，有教师将高中数学课上学生学习积极性不高、上课交头接耳等现象作为其发现的研究问题；“大”是指研究试图解决的问题与课例研究所能呈现的内容之间存在矛盾，例如有研究者指出“传统教学方式禁锢了学生思维与个性，所以……”，研究问题的表述让读者理解为试图解决传统教学方式的不足，没有聚焦到具体的问题之上。课例研讨小组与课程专家组织教师以学科相同或相关为基础进行分组说课、分享自己的课例研究以及集体讨论的方式，将每一位教师存在的问题直接提出来，并指导其进行调整。很多老师的研究问题有了明显变化：“只有少部分教师思考适合学生的教学方法，某些教师还存在把多媒体当作小黑板使用或当电影机使用的现象，这必然导致现代信息技术的使用不能很好地用于学科教学，而且效率低下。”“哲学课如何实现对学生核心素养的培育？或者说哲学课培育学生核心素养的主要教学策略是什么？”“怎样才能使寓言故事教学走出非语文的尴尬境地？如何透过它，使学生与古人的精神相遇，从而闪现‘碰撞出语文的火花’呢？”“探索小学武术游戏化教学，为学生掌握武术基本功的运动方法和技能，养成健康文明的行为习惯和生活方式的核心素养奠定基础。”

研究问题的选择、提炼与检验是教师作为课例研究者必须攻克的难题，为此课程专家、教学名师、授课教师通过多次研讨交流，在第二次教师课例研究改进时应该关注选择问题的真实性、针对性与可行性，基于这三点基本原则来检验教师提出的问题，是第一次行为改进的主要内容。

（一）真实性

课例研究的目的在于解决教师在教育教学中的问题。教师应关注自身的教学实践活动，从自己身边存在的、现实的教学问题出发来选取课例研究的问题，只有这样，他们在后续的研究和思考中才能更得心应手。面对现实的教学活动，有太多问题供大家去研究和进一步思考。如教师日常教学中的言行举止、教师在具体教学场景中的切身体会、教师与同伴对教学疑难问题的研讨、教师与其他教育共同体的沟通交流等，都能成为课例研究的重要问题来源。同时，教师处理偶发事件时的教学机智、教师的课堂提问、教师组织学生开展合作学习或探究学习的策略和技巧等，也是课例研究问题的来源。

教师在实践的基础上，结合自己发现的教育教学中存在的问题进行课例研究，不仅有利于他们在实践中方便、快捷地获取所需的信息和资料，也有利于他们在后期将自己的研究成果运用到实践中来解决实践中的问题。如果选取的课例研究问题过于空洞或宽泛且与实际不符，不仅不利于他们的后续研究，难以获得有价值的研究成果，也不利于他们在课例研究中真正获得成长。

（二）针对性

“世事洞明皆学问”，只有做一个善于观察、勤于思考的教育工作者，我们才能更快地积累教育教学经验，并更迅速、更平稳地获得成长。因此，对于身边的课例，我们在观察和记录的同时，还应站在教师、教学、教育的高度来审视这些课例，找到一个恰当的问题来指引自己开展进一步的研究，从而寻找到科学的理论来解释和处理这些现象。教师对某一问题深思熟虑后，再去开展相应的研究工作，才能取得更深入、更有价值的研究成果。教师基于自己对教学的思考和总结来确立课例研究的问题，这些问题不仅具体可行，且与他们的教学密切相关，同时又具有较强的操作性。教师基于自己的研究兴趣和教学实况找到的课例研究问题，不仅能激发他们继续探讨该问题的兴趣，也能更有力地促进他们进一步去寻找解决这些问题的方法，从而提升自己的教学技能。在这个过程中，不仅能提升教师的教学技能，也能进一步培养他们的科研意识。只有这样，教师才能在反思中开展课例研究，并在反思中取得进步。

（三）可行性

课例研究的问题一定要是研究者在实践中可以进行深入研究的问题，是他们能通过一定的努力后获得研究成果的一个真实的问题。因此，一个具体的、可行的课例研究问题往往是研究者们需要经过一番冥思苦想后才能获得的。研究者们在选取课例研究的问题时，应该结合自己的实际情况和可能获得的外界支援情况综合考虑，否则将会为自己的后期研究设置很多困难，从而泯灭自己的研究热情。

课例研究的问题可以从多个方面选取具体的、可行的问题，如：与学科内容有关的研究问题、与学习者及其特点有关的研究问题、与课程知识有关的研究问题、与教学法知识有关的研究问题。总之，课例研究者们可以根据自己对教育、教学问题的理解和思考来确定自己的研究问题，同时在搜集和整理相关的文献研究的基础上形成自己的研究思路，并按照一定的理论进行进一步的思考和研讨。[①]如：有位体育教师根据当前培养中小学生核心素养的要求，结合自己体育课的教学实践，将培养学生的核心素养作为体育教学研究的问题。

教师选取的研究问题是具体、明确的，这为他们开展后续的课例研究工作提供了很大的便捷，并在课例研究的过程中收获了成长，如：总结教师们的课例研究问题，我们发现这些问题主要有三种类型：第一，以学科内容为中心，按照教材的逻辑体系选取某个章节作为研究问题；第二，基于课例研究深入衍生出的新问题；第三，按照课程标准教师和专家自主构建问题。需要说明的是，这些课例研究的问题类型可以是独立的，也可以是相互交融的。

在教师的教育教学工作中存在着大量可以进行课例研究的问题。这需要教师及时对自己的教学活动进行反思和总结，并用正确的、有效的、科学的方式对这些问题进行记录和收集，进而将这些问题与教学法知识、教育原理知识、教育心理学知识等产生联系，从而为进一步开展课例研究打下基础。总之，课例研究问题的选择应是教师在实践的基础上，基于自己的反思和总结得出的具体可行的问题，切忌虚假、空泛或与实际脱节。确立一个源于实践、始于反思、具体可行的课例研究问题，会为教师的进一步实践和研究提供便捷。

经过这一阶段研究的改进，我们发现有的教师们开始有自己心中想要阐释或解决的问题，能用一定的理论对这些问题进行原因分析，并寻找教学改进的方法。改变了以前只是将一些问题现象罗列出来的状况。如有教师以前就是这样罗列问题的："问题一：如何激发学生对默读的兴趣？问题二：如何帮助学生建构新的默读技能？问题三：如何把控课堂上学生默读的时间？问题四：如何提高学生默读时的专注力和实效性？"这样罗列出来的问题在其课例研究中是无法被真正解决的。

① 安桂清．课例研究主题的确立[J]. 人民教育，2012(21)：40-43.

四、有“反思”重“设计”

项目研究团队指导教师对他们提交的第一次课例研究文本进行分析，从而使他们对课例研究反思的内涵和意义有了深入的理解。这里的反思包括对教学行为的反思、对理论支撑的反思、对学生学习行为的反思以及对教学分析的洞察，即贯穿课堂教学活动也是对研究问题的发现与探究，“反思”是对研究问题的回顾与解析，是解决问题的关键。教师再次提交的课例研究报告中教学反思的学理性得到了提高，其内涵包括以下几个方面。

（一）反思教学行为

这是一位教师第一次教学活动之后的反思：“纵观整堂课的四个教学环节，除‘听写’学生略感轻松以外，其余三个部分的学习学生们都是一脸凝重，语言干瘪，课堂比较沉闷。”这位教师的反思是基于教学时对学生的观察，尽管是停留在对教学的主观印象上，但从教师真切的语言中可以读出教师对自己教学存在问题的焦虑。有责任心的教师会主动地反思自己的教学，这是促进教师专业成长的起点。但是只有反思是不够的，教学反思需要基于教学设计，需要和教学改进联系起来。有教师指出“教学设计和改进实现了方法指导、互动交流、多元评价、反思提升等目标。教学过程以学生的探究为主，把务实文本、从文本中提取信息，把握文本内容和主旨的方法潜移默化地渗透给学生，在互动交流、对比评价中学会反思，领悟、掌握人物传记阅读、答题的技巧。”在课例研究中教师对教学设计、反思与改进越来越重视。

（二）反思理论支撑

寻找理论的支撑，这是大部分教师在第二次课例研究改进中的主要部分，除了为教学实践寻找理论支撑以及在理论分析下寻求实现条件，在反思教学中对理论基础的追问也是开展课例研究所必需的，课例研究是随着课堂教学行为的改变而发展的，教师选择研究问题并探索理论支撑是研究之初的工作，但是随着课例研究的不断深化，对问题分析的深入会出现理论基础与教学实践之间关系的微妙变化，《“以小求真”导学法的课例研究——以思想品德课“承担责任 服务社会”为例》，教师经过多次修正与调整，其教学策略从“发现学习”“探究学习”具体到“导学法”经历了一个不断明晰理论与实践之间关系的过程，很多教师在第一次课例研究中都关注了学生的核心素养，并以此为教学目标开展教学及进行课例研究，在对“核心素养”这一核心概念进行界定与解析之后，都不断地探索更加能够支撑研究问题的本质理论，在课例研究中的体现就是反思教学部分对“现象”“问题”与“策略”等的解释更加具体，有理有据地开展教学反思。

（三）反思学习行为

课堂实录是对教学活动现场的再现，教学反思是教师从实践者到研究者的转变，对学生学习行为的反思是教学反思的核心环节。教学设计中教师能够更多地预设自己的教学行为，学生学习具有一定的生成性，这是提出研究问题的起点，也是教师解决问题的关键，如何有效地观察与反思学生的学习行为是教师开展课例研究应该不断发展的能力。大多数教师研究问题的确立首先是学生学习行为生成与预设之间出现矛盾，在解决这一核心矛盾的前提之下提出的，因此教学反思的内容除了对活动环节的反思，还应该具体到围绕解决问题的核心环节展开的教学活动中学生学习行为的变化，教师应该借助一定的工具进行记录、统计并组织分析。例如在教师课例研究中有这样的论述："本次课采用了行动导向教学法的情境教学法和案例教学法，通过多媒体辅助教学，进一步揭示凭证与账簿之间的关系，并由此创设问题情境，让学生动脑、动眼，培养学生观察问题、发现问题的能力。然后，让学生带着问题自学，通过小组讨论的形式自主探究新知，在具体讲授三种错账更正方法时，贯彻行动导向教学法，通过案例的展示，引导学生掌握各种方法的操作要领，结合口头、动笔的练习，使学生积极主动地参与到知识形成的全过程中，深入理解各种方法，增强了学生的判别能力和实际操作能力。再通过对各种方法的比较分析，加以总结，教会了学生分析问题、解决问题的方法，提高了学生的自主学习能力。通过理论与实践的教与练，突出强调学生动手能力的训练，让学生踏上社会后能尽快适应工作单位的需要。与传统的讲授法相比，这一次授课教学效果明显提高，也对学生核心就业技能的培养起到了一定的作用，但是也存在一些问题，一是教师指导痕迹过重，教师讲得过多，学生动手不够；二是部分学生在分组训练中任务不明确，不动脑也不动手，看着别的同学做，没能将他们的积极性调动起来；三是忽略了对学生的评价；四是学生获得的技能、知识从职业整体工作的角度看，仍然存在相互割裂，如更正了记账凭证却不知道及时登记入账，登记了日记账又没有登记总账等。因而要使学生对整个工作过程有一个完整的把握，并能把通过任务教学获得的技能、知识整合成一个整体，还需要一个相对大型的、完整的工作任务来展开教学。"（在会计教学中采用行动导向教学法培养学生的职业核心能力——《错账更正方法》课例研究），教师在分析与反思中始终围绕学生的知识、心理、经验基础的考察、学习的特点与兴趣爱好等来进行反思改进，只有充分结合对学生学习行为的反思，才能检验与评估问题解决的成效，是课例研究价值的重要体现。

第二节　第二次课例研究的现状

课例研究是以问题为导向对教学现场的研究，课例研究的改进是教师作为研究者修正与完善课例研究的渠道。教学名师的锤炼是在课例研究的反复修正之中实现的，通过文本分析和与教师访谈，对教师进行课例研究中的问题归纳与总结课例研究修改的内容与现状概括为第二次课例研究，课例研究的发展性与曲折性体现在文本中的完善与不足，教师课例研究还有长足的发展空间。

一、课例研究文本的改进

教师的成长与课例研究的完善是相辅相成的，通过对其第一次课例研究文本的解析，教师在课例研究中不断认识自己的不足，通过项目研究团队与教师之间的研讨等活动，对其存在的问题进行总结，并展开讨论与有针对性的指导，教师提交的第二次文本在以下几方面得以改进。

（一）文本要素趋于完整

项目研究团队将指导教师重新认识课例研究，培养问题意识，学习研究方法作为改进教师课例研究的主要内容。此次课例研究的对象是教师自己的课例，因此教师在课例研究中既要作为研究者，又要作为研究对象。教师对文本的撰写十分困惑，项目研究团队对教师开展课例研究时存在的文本规范问题进行了专门指导，提出了文本要素和撰写规范的要求，一方面是教师开展课例研究有了基本的框架；另一方面又能保证课例研究报告的规范性。

与初次课例研究的文本比较分析，教师们再次提交课例研究文本的规范性、研究性有了较大的提升。例如上文中提到的《以核心素养为导向的数学发现教学的课例研究——“等比数列的前 n 项和”公式探究为例》，最初的题目《等比数列前 n 项和》，其特点是以“课例”取代“研究”。《数学文化视角下培养学生学习的主动意识的研究——以〈勾股定理〉为例》就是教师在不断探索与实践的过程中对课例研究认识深化的体现。

在文本分析中发现，对研究背景、教学设计中的设计意图、教学反思等环节是课例研究中集中体现解决研究问题的关键，对教师研究能力的要求较高。教师反映，随着课例研究的深入，对开展课例研究的内容、研究方法和文本的撰写不断趋于完整。他们所谈到的研究体会充分说明了他们在研究中学习研究的过程。

教师1：在第一次课例研究时我对研究背景的内涵与价值的认识存在误区，所以一开始只是在课例中呈现了初中生物中《鸟》在教材中的价值，未对所要研究的问题进行原因分析，对课例缺乏理性分析，在第二次研究时我对所要研究的问题进行了文献检索，学习了相关的教育理论，强化了研究背景及问题的表述。

教师2：在第一次研究时，我将完整的课堂实录进行呈现，没有问题，当然谈不上解决问题的策略。通过第二次课例研究的研讨交流，我对“研究背景”“教学设计”“教学实录”“教学反思”“研究结论”等有了新的认识，对我的课例重新进行审视，这样我对课例的研究思路明确了，也突出了研究问题。

教师3：在第一次研究时，我在课堂实录中详细呈现了教学设计、设计意图、教学环节与结果等，以为这就是研究课例了。第二次研究我特别注意了我所缺乏的教育理论基础和研究方法，加强了对课例的问题分析。

教师对课例研究的认识及其文本撰写能力随着教师们研究的不断深入而提高和发展。

（二）教学设计与反思关注问题性

课例研究中的设计与反思是基于问题进行的预设与对生成的总结，是基于研究问题对教学活动前后之间的关照，与教师日常教学活动中的设计与反思不同，课例研究中的教学设计强调基于“问题”的理论假设，问题是基础，教育理论是保障。在第一次课例研究的过程中，一些教师关注了教学设计这一环节，但是没有凸显研究的问题性，更多的是将日常教学设计等同于课例研究中的教学设计，研究问题的解决过程、设计的依据与意图等没有得以体现，通过对大部分教师存在问题的研讨与交流，在教师课例研究修改的过程中，重新定义教学设计的内涵与意义。

例如：《体育素养视角下的小学游戏化教学研究——以〈武术手型和步型〉为例》

教学设计（摘要）

以“体育核心素养”的理念为指导，全面发展学生自主健身所必备的运动认知能力、健身实践能力、社会适应能力。充分发挥教师的主导作用和学生的主体作用，通过小器材沙包的多种游戏化学练结合，给学生提供一个有趣的、真实的、直观的、可操作的武术教学课，为学生学好武术基本功奠定基础。同时用简便易行的评价方法激发学生对武术的兴趣，培养学生积极向上、努力进取的精神。

1.教学目标

（1）80%的学生能通过游戏化教学来掌握武术的三种基本手型和两种基本步型。培养学生学会学习。

（2）全面发展学生身体的灵敏、协调和力量等素质。

（3）激发学生对武术的兴趣，培养学生的规范意识和良好的运动习惯。

(4)培养学生良好的社会适应能力。

2.教学重难点

重点：正确掌握基本步型。

难点：马步两脚平行开立，大腿蹲平，上体保持挺胸塌腰；弓步后腿蹬直，前腿膝盖要在前脚正脚背上，上体保持挺胸塌腰。

3.教学环节

(1)准备部分：课堂常规——呈体操队形，师生随音乐同做武术徒手操。

(2)基本部分：复习手型(配口诀)——弓步、马步——游戏：快速翻转。

(3)结束部分：随音乐放松、小结、点评，收还器材。

4.设计意图

根据主教材的特点，充分利用沙包，设置各类小游戏，让学生在游戏情境中体验活动的快乐，重视学生的身心需求和情感体验，发展学生的灵敏、柔韧、速度等素质，增强团队意识和合作能力。

该教师在教学设计的意图与环节中都着重体现了其研究问题“学生‘体育素养’获得的条件、方法和内容等基本要素”，将研究问题与研究设计整合是教师在课例研究的成果提炼中实现教育理论与实践相结合的渠道。

教师们对教学的反思、对课例研究的反思多是在经验层面，缺乏理性分析，反思具有盲目性，缺乏对改进教学行为、更好地解决研究问题的目的性。教学设计与反思都应关注问题性，教师的教学行为改进是基于教师运用一定的教育理论对课例进行分析研究后确定的。这种教学改进是相对的，因为教师在改进的过程中还会不断明晰问题的原因，重新进行设计教学和实施教学。如《体育素养视角下的小学游戏化教学研究——以〈武术手型和步型〉为例》的课例研究反思中，教师将分析的视角集中在小学游戏化教学与课例的关系与意义的解析上。

通过第二堂课的行为规范和一系列的改进，使上一节课存在的问题得到解决，使核心素养的培养取得更佳的效果。美国教育学家夏恩说：“为人师者，若不能首先控制学生的注意力与学习兴趣而以教之，等于锤击冷铁。”特别是低年级的学生，有效注意力能激发学生学习武术的内在动机，体会到体育成功的乐趣，因此激发学生的学习兴趣是必不可少的教学方法。而武术游戏化教学研究者更认为：“小学低年级的游戏化教学方法是发展学生个性，培养能力的一个好方法。”因此，在武术《手型和步型》游戏化教学中对培养学生体育核心素养所必备的三个方面的素养能达到很好的教学效果，具体体现如下：

(1)运动认知能力

……

(2)健身实践能力

……

(3)社会适应能力

……

第二次开展课例研究的活动中,教师问题意识方面得到明显的强化,虽然还有部分教师问题提炼的能力有待提高,但是,教师对教学分析的理论性已经十分重视了。

(三)运用理论分析解决问题的途径

课例研究是围绕研究问题开展的教师对教学活动的理性探索,教师选择的问题大多属于结构不良领域,既是学生学习的薄弱方面,同时也是教师教学中常见的困难。这些问题的处理方法常常没有既定的规则与答案,需要依据具体情境以及学生原有的知识为基础,重新分析,建构用于指导解决问题的新图式,并且这类问题的解决往往是需要通过多个概念原理以及大量经验背景的共同作用而实现,是一个问题引发学习的过程。[①]课例研究中选取的问题即教师课堂教学实践中发现的结构不良领域,开展课例研究的过程应该完整体现问题解决的过程,途径即教育理论基础。这也是教师教学分析从经验走向理性的重要依据。如《陶行知生活教育理论—教学生活化在高中政治哲学教学中运用的课例研究——以高二哲学〈用联系的观点看问题〉为例》中,教师基于陶行知"生活即教育""社会即学校"和"教学做合一"三个命题,提出解决问题的关键是生活化教育在具体课堂教学中的体现,在教师教学分析中也有所体现:

我注意到教学要和学生生活相联系,所以课堂上列举了大量事例,但是这些事例过于繁杂,缺乏提炼,而且离学生的现实生活很远,教学生活化做的只是表面功夫,仅仅是为了印证课本知识,缺乏对课本内容的深度挖掘和探究,这些都影响了学生对知识的深度思考与理解。这样的哲学教学偏重于对马克思主义哲学相关知识的掌握,在教学中较多地关注了知识本身的逻辑顺序,但导致理论知识与实践的脱节,书本知识与社会生活的隔膜,以致知识与实践之间的张力并不能得以体现。而且我还是按照自己的教育习惯,偏爱传统的讲授法,不能根据具体教学内容和教

① 王洁.教师的课例研究旨趣与过程[J].中国教育学刊,2009(10):83-85.

学目标的需要，引导学生采用多种学习方式。重视了基础知识的传授，忽视了学生自主能动的学习，轻视了学生学习过程中内心的体验、感悟和学生知识的自我建构以及人生观的培养，难以调动学生学习的兴趣和热情，不能很好地帮助学生解疑释惑，难以和学生形成情感上的共鸣。

教师在两次教学分析中都在探索解决问题的策略，探索的起点与依据即研究。

二、课例研究中存在的不足

通过对教学名师研修团队教师的第二次课例研究文本进行分析，基于本书中对课例研究的内涵、文本要素、研究意义的要求，分析第二次课例研究中存在的不足，透视教师开展课例研究的进程。

（一）凝练与聚焦问题的能力有待强化

课例研究中教师凝练和聚焦问题的能力与问题解决中问题表征有一定的联系，表征是贯穿整个问题解决过程的一个动态过程，是从呈现问题到得出问题解决方法的全过程，在整个过程中问题解决者从问题的外部特征开始逐渐深入理解问题的深层结构的过程，也就是一个从对问题的外部表征逐渐转换为对问题内部表征的过程。① 课例研究是教师以问题为导向开展的对课堂现场的行动研究，解决教学活动中教师、学生、教学内容三要素中存在的具体问题是教师课例研究的目标，这样的问题首先具有真实性，即其表述与内涵都经得起检验与推敲，是发生在教学活动中的真问题；其次是具体性，课例研究所能解决的问题是有限的具体性问题，可以细化到对某一知识点教学的研究，是教师在课例研究中发现的具体的问题。

凝练与聚焦问题需要教师具备洞察与分析教学现象的能力、表征问题的能力等，大部分教师在接受访问的过程中，都能阐释自己发现的问题与探索解决问题的策略，在其呈现的课例研究文本中也提取出了这些信息，但是还存在的问题是，这些问题的表述比较随意，经验隐含于现象之中，没有具体表述问题的“变量”及“变量”之间的关系，问题表述给读者的第一印象是云里雾里的，例如：《发现 感悟 运用——前鼻韵母教学例谈》《“夹叙夹议”式散文的主要内容概括——人教版小学语文六年级下册〈跨越百年的美丽〉课例研究》《删繁就简　一课一得——〈卖火柴的小女孩〉课例研究》，课例研究标题的表述是集中体现研究问题的内容，研究问题的

① 邓铸．问题解决的表征态理论与实证研究——高中物理问题解决的认知机制[D]．南京：南京师范大学．2002.

提出中也存在相同的问题。所以,教师的凝练与聚焦问题的能力还有待提高。

(二)课例分析的学理性有待提高

课例研究中的教学分析是教师基于教学设计实施教学之后,对实施课堂教学活动的分析这一内容环节,其视角是研究的理论基础,前提是研究问题,目的是解决问题促进教学改进。一般意义的教学分析是指对教学的各个组成要素以及与教学相关的因素加以考察的认识活动,最早的教学分析是定性、直观的概念分析,比如将教学系统分解为教师、学生、教材,随着教育心理学的发展,教学分析逐渐从定性分析走向定量分析,定量的教学分析是指把教学过程切分为更细的片段,并对片段进行编码,进而从片段的编码数据出发推断教学某种整体特征的过程。[①]课例研究的教学分析是对课堂现场中与研究问题相关的教师、学生或教学内容直观定性的分析。当前教师提交的课例研究主要采用直观定性的教学分析方法,因此存在一定的直观经验性而缺乏相应的学理性,例如下面这位教师在其课例研究中呈现的教学分析:

这个教学设计用于教学实践,在知识点的落实上,无疑有其过人之处:因为它把博喻、通感等知识放在了教学中的突出位置。另外,此设计由于紧扣标题来梳理文章的思路,所以在教学实践中,显得层次清晰,条分缕析,也利于学生接受。

不过,这样来解读文本实在太过繁杂,有面面俱到之憾,为此,我打算运用"版本比较解读法"来重新驾驭本文。所谓版本比较解读法,我的理解是:教师在教学过程中,通过比较同一文本不同版本之间的差异,引导学生关注句子、语段和标点符号等方面的增、删、调、改;揣摩、比较、体悟不同版本课文在言语运用中的变化、情调与意味差异,分析探讨其优劣,从而加深对文本的理解,更形象直观地感知体验课文的情感意蕴与艺术魅力的一种教学方法。

这种方法的特点是:教师要给学生提供同一文本的另一种或几种版本,然后以"比较"作为教学的切入点和重点,通过对照阅读、综合分析来完成文本的解读。

虽然教师对教学活动中存在的问题已经有所察觉,并对解决问题的方法有所呈现,但是教学分析层次还比较浅显,没有具体到教学内容与环节中如何体现。这是大部分教师当前教学分析中普遍存在的问题,即已经具备一定的教育理论知识,但是分析中的学理性还有待提高。

① 丁莹,杨开城.教学分析方法的对比研究[J].现代教育技术,2012,22(9):12-17.

（三）研究结论相对薄弱

对教师课例研究文本分析得出，研究结论的聚焦与提炼同样有难度，一些教师的研究视角、问题与分析都已经条理清晰且有理有据了，教学实践也具有一定的指导意义，但是，研究结论是通过设计—实施—改进—反思—再设计这一系列理论研究与教学实践活动之后的对研究问题的思考，课例研究中研究结论主要包含两部分内容，首先是对课例两次或两次以上课程实施的对比分析，对教师的教学行为、学生的学习行为和效果等做对比，用教学实践来检验教育理论在课例中的运用。其次是对课例研究提出的结论，即课例研究在教育理论或实践中探索发现的经验或创新之处，是集中表现课例研究成果的重要部分。研究结论应该是教师课例研究成果的凝练，是基于自身课例研究所推演、总结出来的，与研究问题相吻合，应该具有具体性、针对性和真实性。但是，通过对教师提交的课例研究文本分析，发现其存在的主要问题是研究结论与研究内容之间的对应关系不明显，教师对课例研究进行总结概括时将研究的意义扩大化，研究内容也存在虚化现象，从而导致研究结论的泛化，这将弱化研究的实践意义与理论意义，研究结论的调整与修改是教师不断完善课例研究所需要关注的重要内容之一。

三、第二次课例研究的总结

第二次课例研究的主要特征是教师开展课例研究的主动性以及规范性得以提升，呈现出两个方面的特点：一是教师重新定位自己在课例研究中的角色，二是研究文本的变化是教师发展的过程呈现。

（一）重新定位教师作为课例研究者的角色

课例研究开展的活动中，教师自我角色认知正在不断更新。在项目研究之初，教师更多地将自己的角色定位为“学员”，与在职教师专业发展培训活动相关，从教师身份转向学生身份，学习活动具有被动性。在研讨活动持续开展的各活动环节中，教师间的交流学习活动增多，以及将课例研究作为教学名师成长阶梯观点的提出，教师从学习的“个体”走向“学习共同体”，在每一位教师参与课例研究活动中时，教师最终角色定位由“学习共同体”转向“研究共同体”，在此过程中教师研究的积极性不断提升，从“学员”到“研究者”角色转变的关键是教师的主体性。在多次课例研究的修改过程中，教师不断反思自我教学行为、课堂教学活动，并在课例研究中都有所体现，而教师作为研究者的课例研究则是通过对课例研究文本与教师行为的直接观察与访问得到。教师对自我角色的认知在课例研究的各环节中不断地更新与重构，对作为研究者的教师应该具备的知识与技能的诠释也不断完善，因此，在后期课例研究的修正与完善工作中，教师的主观能动性充分体现，项目研究团队的指导与参与也不断退出，教师已经具备一定的自我认知、反思与提高的能力。

(二)研究文本是学员发展的动态呈现

教学名师研修团队的教师在第二次提交课例研究报告前，对第一次报告进行了认真的批判性的反思。项目研究团队对第一次至第二次研究报告间的阶段性文本进行分析梳理，可以明显发现他们的课例研究报告不论是形式或内容都有了长足的改善。当然，由于研究工作的不断深入，教师面临的问题也会不断增加，需要他们的理论知识与专业技能不断提高。然而教师的教学任务与教育研究之间存在一定矛盾，这会导致他们在专业发展中会有曲折，教师作为课例的研究者，其课例研究活动并不会随着研究报告撰写的告一段落而结束。课例研究是教学实践与教育理论结合的载体，是提高教师教研能力的重要渠道。教师在课例研究中学习研究自己的教学，从而改进教学，提升研究能力；因此，课例研究报告文本的改进，折射出教师专业成长的过程。教学名师研修团队的教师成长是在课例研究的曲折道路中实现的。

第三节　课例研究的完善——教师获得专业成长

教师作为课例研究的主体，在长期的教学实践活动中积累了丰富的教学经验，课例研究是以课例为载体的教师行为改进，课例研究的行程渗透教师专业发展过程。舒尔曼指出“教师专业知识结构应该由三类知识构成：一是原理规则知识；二是专业的案例知识；三是运用原理规则于特殊案例的策略知识。而教育案例知识(课例)是教师知识和结构系统中不可缺少的重要组成部分。提供课例讨论所解决的问题，旨在谋求理论与实践问题的结合”[①]。课例研究即教师运用规则知识于课例解决问题的过程。

课例研究作为一种教师教学持续不断的改进提高模式，围绕着具体的教学情境运行。教师作为教学的研究者，所进行的课例研究是对自己的教学不断审视与改进的过程。这个过程包括确定问题、设计课、授课与观课、评价与反思、再次设计、再次授课与观课、再次评价与反思、成果共享的循环的过程，这是一个不断循环上升的过程。通过理论研习和实践反思，在项目研究团队指导下，教师的课例研究

① 叶澜.让课堂焕发出生命活力——论中小学教学改革的深化[J].教育研究，1997(9)：3-7.

活动有了新的发展。事实是，每位教师对课例研究报告都进行过多次修改，有的达到6次之多，每一次都是在结构、内容、理论基础、研究结论等方面进行大的调整与完善的。

一、第三次课例研究分析

近年来，教学名师的培养成为各地区、各中小学强化中小学教师队伍建设的重要举措，教学名师的培养与成长渠道多样，其目的都是将教师培养成能够进行有效的课堂教学，实现教学目标与培养学生相关能力与素养的发展型、研究型教师，与其他教师相比具有先进性与指导性。教学名师的培养重在带动学校、地区大部分教师专业的发展。以教师为研究主体的课例研究是重庆市渝中区教学名师培养的主要途径，教师教育理论知识的获得与教学实践活动的多次反思与改进都围绕着课例研究开展。在经过至少三次的课例研究改进之后，教学名师研修团队教师所进行的课例研究取得了长足发展，尽管有的教师还存在一定的发展空间，总的来说，教学名师研修团队教师所进行的课例研究已经具备以下特点。

（一）课例研究围绕研究问题开展

教师进行课例研究时，研究问题的选择与确定是项目研究团队与教师反复进行研讨的重点。研究初期不少教师将“现象”“困惑”误定为研究“问题”。一位体育教师在研讨会上强调“新课程改革强调培养学生的自主、合作、探究精神，这也是我们授课教师所追求的，可是在长期的教学实践中我发现，传统的教学‘示范—模仿—修正—再模仿’的方式，学生参与体育活动的积极性极低，这也是当前中小学生体能下降的重要原因”，该教师开始认为她的研究问题是修正传统体育课教学方式的弊端。像这位体育教师这样将“现象”作为研究问题，是很多教师在课例研究初期普遍存在的研究“假”问题的现象。通过集体培训、小组研讨、项目研修团队专家一对一课例研究的追问与解惑等活动之后，教师逐渐厘清思路，如上面的这位体育教师找到了所要研究的问题，她认为，学生积极性不高的表现是体育活动参与度低，通过多次教学实践活动验证了“分组（同质）教学可以提高学生的课堂参与度”这样的假设。对研究问题的澄清与明晰，教师主要经历了这样几个阶段，阐明研究目的—确定研究对象—探索现象深处的原因—确定真问题。课例研究是以研究问题为出发点与归宿，只有明晰研究问题才能有效开展课例研究，教师们通过追寻“现象”“困惑”背后的原因与问题，明确自己的研究问题，这是教学名师研修团队教师进行课例研究趋于成熟的主要标志。

(二)选题背景兼顾宏观教育背景与微观课堂教学

选题背景是对选择研究问题的原因与背景的具体阐释,是课例研究的重要组成部分,是开展教育研究必不可少的环节。部分教师在第一、二次提交的选题背景中,开始只关注大的教育背景,例如这样的研究背景:

《普通高中数学课程标准》(征求意见稿)在基本理念中明确提出“高中数学教学活动要树立以发展学生核心素养为导向的教学意识,创设有利于学生核心素养发展的教学情境,启发学生思考,引导学生把握数学内容的本质。”由此可见,教师在数学知识、方法的教学过程中要创设让学生经历知识、方法的发现、证明、应用的情境,学生在此情境中能得到思维的启迪,数学本质的把握,从而发展数学核心素养。

在进行课例研究之初,许多教师只关注宏观教育背景,如学科课程标准等的要求,通过多次课例研究的研讨,他们将微观课堂教学的现实与课程标准的要求结合起来了。如在“等比数列前n项和”的课例研究中,不仅关注课程标准对该内容在教材、教学单元以及课堂教学中的地位,而且在学生学习的现象与其他教师教学中的困惑与问题等都有反映。教师课例研究的改进不仅体现在文本的规范性,研究内容的具体性,与教学实践活动的贴近性也是一个重要的方面。

(三)研究方法的多样化

教师进行课例研究的活动主要采用的是行动研究方法。他们在寻找与撰写课例研究中还用到了比较研究法与文献研究法。在课例研究的过程中,随着研究问题的明确与文本内容的确定,教师除了运用文献研究与比较研究之外,还采用了课堂观察法、访谈法等,以对课例进行分析。研究方法的多样化一方面充分体现教师在进行课例研究的过程中自身不断完善与成熟,也是教师教育研究能力提升的重要体现。一位语文老师就发出这样的感叹:“课堂教学与教育研究是相辅相成的,是教学名师所应该具备的基本素养,这些年我始终追求将课上得更好,能培养学生的兴趣爱好,并让他们在应付考试时得心应手,而忽视了教育理论知识的学习,所以教学效果的改善才会如此缓慢。这一次课例研究的过程不仅让我切身体会到做研究的意义与困难,也让我接触了更丰富的研究方法,不是大量研究经典文献就能凭空创造出论文与研究结论的,课堂观察与对比分析也极其重要”,研究方法的多样化是教师进行课例研究的又一主要特点。

（四）以理论为依据，以实践为佐证

教学名师研修团队的教师在课例研究活动中经历了从有“实践”无“理论”到用“实践”验证“理论”，再到以教育理论为依据、以实践为佐证的研究过程。教师在课例研究的实践中逐步走近教育理论知识，这是从认识到实践再到认识的教师专业知识的质的飞跃。理论对实践的指导意义是马克思哲学的重要内容，教师进行教育实践同样需要教育理论的指导。在课例研究初期，教师对于课例研究中的“教学活动应依据一定的教育理论”缺乏认识，这就使教育理论知识与教育实践活动之间的对应关系无法得以确认，以至于在对课例进行研究时出现“对错号”的现象。如有的教师认为指导其教学行为的理论基础是“有效教学”，而对于有效教学的内涵认识却模糊不清，将对课堂教学有促进意义的教学法定义为“有效教学法”，以此为依据论述自己的教学方法与过程。这种现象在教师进行课例研究的过程中时有发生，原因主要是在教师个人成长过程中接受的教育理论知识学习是无连续性、无系统性的。他们对教育理论往往是知其然，不知其所以然，这导致他们对教育理论知识产生认知偏差。项目研究团队以课例研究作为教师教育理论知识学习的任务驱动，重视研究的问题性，将研究中涉及的相关理论知识，对教师进行专题培训、学习研讨等。这样教师进行课例研究的依据是教育理论知识，以“课例”为表现形式的教育实践是对教育理论知识的印证。教师在课例研究中实现了教育理论与教学实践的结合。

（五）教学设计与反思具体可行

课例研究的基本思路是教学设计—实施—反思—改进设计—再实施—再反思的循环过程，教学设计与反思是教育理论知识用以指导与反思实践活动的体现。基于研究问题，以相关理论知识为指导的系统反思才能真正实现教学行为的改进。第一次课例研究中，教学设计主要是以已有的教案为蓝本的设计思路，研究问题意识较为薄弱，教学设计中无法体现对研究问题的思索与解决过程，研究设计与研究问题相脱节。课例研究中的反思也以经验性反思为主，缺乏理性反思。经过多次研讨，教师意识到教学设计与反思的重要意义，重新审视与调整教学设计，对与研究问题无关的长篇赘述进行删减，精心设计。以《克与千克》课例研究为例，为实现“量与计量”概念的有效教学开展的体验式教学活动，重视情境创设，以鼓励学生体验“质量”的概念，教师教学设计中重点围绕“体验式教学”展开，解决问题的思路是体验式教学策略的验证与提炼。教学反思也不再只是混沌不堪的经验描述，增加了教师理性思考的内容。

二、教育理论知识指导教学实践

教学名师研修团队的教师经过多次课例研究的完善与修订，提交的课例研究报告不断趋于结构完整，所研究的问题逐渐明晰，研究方法合理科学，研究结论具有一定的实践指导意义。课例研究对教师专业知识与能力有一定的要求，这促进了教师在课例研究的过程中不断地提升教育科研能力、丰富专业知识。教师的课例研究过程生动地体现了教师将教育理论知识与教学实践相结合的过程。

（一）教育理论知识的获得

舒尔曼认为作为专业人员的教师应该具备学科知识，一般教学知识，课程知识，学科教学知识，学习者及其特点的知识，教育情境知识，关于教育的目标、价值以及它们的哲学和历史背景的知识。通过课例研究促进教师获得教育理论知识主要体现在以下几方面：教育学原理知识的获得，以教师为研究主体的课例研究中，大部分教师选取的课例是自己的课堂教学片段，这就形成了教师研究自我教学行为的现实，教师作为课例研究的重要主体，在课例研究的活动中反思与改进自己的教学行为。教育学原理知识的获得不仅是在教学实践活动中，在课例研究的开展中也时时处处体现着。许多教师谈到，由于研究需要，集中阅读与钻研了相关方面的理论知识，如有关课程论的知识是许多教师所缺失的，课例研究使他们对研究所涉及的课程论知识重新进行了学习。此外，教育心理学知识也是教师进行课例研究获得教育理论知识的重要方面。学生发展作为教师教学行为改进的根本目标，对学生身心发展规律的了解与掌握，对学习、记忆、动机、问题解决等教育心理学知识的深化理解是教师改进教学行为的基础。课例研究是搭建教师教育理论知识与实践的桥梁，其价值的体现渗透于整个研究活动之中，教师只有具备了基本的教育学原理与教育心理学知识，才能在课例研究的教学设计、反思与总结中建立科学合理的分析框架，对自己的教学实践进行分析，从而指导教学实践解答研究问题。

（二）教育理论知识的理解与运用

教师教育理论知识的获得是实现与教学实践动态结合的前提。在课例研究的过程中，教师通过长期的专业培训、小组研讨与自学等渠道，获得了一定的教育理论知识。对于教学名师培养对象而言，只是获得教育理论知识是不足以成为教学名师的，只有将习得的教育理论知识与自己的教学实践相结合，或者对其他教师教学实践活动具有一定的指导意义，才能称之为教学名师。教师教育理论知识与教学实践的动态结合体现在教师日常教学活动中，通过对教师教学行为的跟踪观察与访谈，大部分教师的教学实践活动随着课例研究的展开发生了变化，变化的原因除了课例研究开阔教师教学视野，还有一个重要原因是教师研究共同体之间的相互监督与学习。作为教学名师培养对象,教师对自我专业知识的要求也不断提升,课例研究生成凝练与饱含了教师教育理论知识与教学实践的现实,是高度概括的教师专业知识与技能的体现。教育理论与实践的结合是动态的,随着教育情境、主体与目的的变换而变化,课例研究是以问题为线索的教研活动,实现教育理论知识与实践活动整合的形式与内容都是动态生成的,教师既是课例研究的主体,也是课例研究的重要对象,课例研究的生成体现了教师的专业能力。

三、教师开展课例研究的教育意义

课例研究是实现教师专业发展的重要载体,其根本目的是提升教师课堂教学水平,实现学生的发展。教师作为研究者同时也是被研究对象,教师在教学实践中发现问题、寻求方法、尝试解决问题的行动研究过程承载了教师专业发展的方方面面。两次教学实录中都呈现了教学设计、教学内容解析、教学活动的开展、教学管理与评价等体现了教师专业知识与技能变化的过程。开展课例研究对改善课堂教学的表现更为突出,课例研究通过强化三条途径来改善课堂教学:(1)教师的知识,包括学科知识、教学知识、观察学生的能力、把日常的实践与长期的教育目标相联系的能力;(2)教师投入的程度以及作为实践共同体成员的责任感,包括提高课堂教学的动机与能提供帮助的教师之间的联系;(3)学习资源,包括展现与促进学生思维的不同教学方案、课例研究过程中支持同事之间学习的各种设备。①即说明教师专业知识、技能的发展始终围绕改善课堂教学这一目标展开。课例研究的各环节对于教师改进课堂教学具有现实意义。

(一)课堂教学的改进

课例研究是对课堂教学现场的理论分析,研究对象与出发点都是围绕促进学生发展的课堂教学活动展开的。可以说,课例研究的方方面面都影响着课堂教学,此处就教学设计与反思两部分内容对课堂教学的影响做简要阐述。

1.教学设计——课堂教学理性规划

教学设计是教师开展教学活动的规划图,是教师对于课堂教学的预设与目标的确定,不论是普通一线教师或教学名师,一份完整、合理、经过反复推敲研究的教学设计都可以体现教师的专业水平。课例研究中教学设计的主要特点——问题性,是教师结合选题设计的用以验证或解决研究问题的方案性文本。教学设计体现研究理论与思路,是对课堂教学的理性规划,也是课例研究中必不可少的环节。

① 陈琦,刘儒德.教育心理学[M].北京:高等教育出版社,2005.

教师通过设定教学目标、重难点以及教学环节的预设，可以通过课堂实录来检验与反思教学设计，从而修正设计以改进教学。

课例研究中的教学设计与教案不同，除了对教学目标、重难点、教学环节等的规划之外，还有对此规划的意图与基础的阐述，教师在课例研究中通过教学设计来分析教学内容、预设教学活动，通过对具体的教学环境、学生学习现状等针对性地设计用以解决研究问题的教学活动，解决问题是设计教学的出发点，通过课例研究教师教学设计能力的不断加强，能够扩展教师教学设计的视野，对实现学生的发展具有积极的促进作用。

2. 教学反思——改进课堂教学的保障

课例研究对教学过程的干预是非常复杂的系统工程，它至少可以通过三条路径加以实现：一是在课例研究中发现教师有关学科、教学、学生等的个体知识；二是提升教师改进教学的责任感；三是为教师的学习提供资源支持。由此可见，课例研究是教师通过课堂具体经验实现学习的，而不是简单运用现成的原理与技术实现教学改进的。倘若把早期的课例研究概括为一种"技术性实践"的话，今天的课例研究则是一种基于审察与反思、旨在促进教师专业成长的"反思性实践"。[①]课例研究是真实课堂现场的理性分析，是实现理论指导实践的重要方式，是反思性实践的实现路径。反思性实践体现在两方面，首先是课例研究过程的反思，是对改善课堂教学行为的外部支撑，如有初中数学教师就体会到"进行课例研究之后更加关注自己课堂教育的问题性与合理性，不再盲目相信权威，也学会了用理论的视角去观察与反思自己的课堂"。另一方面，教学反思是改进教学行为的关键性活动，教师反思的积极性、视角以及对改进教学行为的可操作性等因素都与课堂教学息息相关，除了对作为"课例"的课的反复反思与改进，在培养理性反思能力之后的教师会将反思教学行为辐射到其他课堂中，是教师改善课堂教学的有力保障。除此之外，通过课堂观察分析与比较课的异同，也充分体现了课例研究中教师课堂教学行为的转变。

（二）促进教师教研能力的提升

教师教研意识的觉醒是教研能力提升的前提，课例研究首先强调问题意识、研究意识与问题解决的意识，为教师教研能力的提升搭建了平台。同时，通过课例研究创设的研究环境，教师教研能力能得以长足发展。

① 陈欣，郭春芳，林颖韬．促进实践性知识创生的教师研修方式探索[J]. 课程·教材·教法.2014（11）：92-97.

1. 创设提升教师教学研究能力的环境

研究型教师的培养是当前教育界对一线教师专业发展的高标准与高要求。真正实现教师向“研究型”转变，需要创设教师教研能力的研究环境，做好培养教师教研能力的硬件保障等工作。在长达三年的教学名师培养项目的实施中，提升他们的研究能力是一项非常重要的内容和要求。课例研究就是教师作为研究者与教学实践者的教学行为改变的行动研究，研究共同体的建设与成长是研究的重要保障，教师之间相互研讨与交流为教师教研能力的提升提供了良好的环境支持。佐藤学曾指出“研讨教学问题的目的绝不是对授课情况的好坏进行评价，因为对上课好坏的议论只会彼此伤害。研讨的焦点应针对授课中的‘困难’和‘乐趣’所在，大家共同来分享，以达到教研的目的。因此，互相谈论这节课哪里有意思、哪里比较困难、学生有哪些表现，并通过相互交谈让学生学习时的具体样子重新浮现出来，这样的教学研讨才是每位教师所期待的”[①]。课例研究过程即教师教学观摩、研讨、反思与改进的过程。以自己授课实录为课例的教师，在课例研究的过程中既是观察者也是实践者，通过其他教师对自己课堂的观察，改进自己的教学行为并形成自己的教学风格，课例研究为教师教研能力培养创设的环境是教学名师成长的基本保障之一。

2. 教师教研能力提升

课例研究打破了传统教研任务的固有模式，教师不再只是课题的参与者被动地接受上级安排，课例研究是一线教师参与教研活动的基本形式之一，激发了教师对自身课堂教学与教研能力的反思与检验。

一位美术教师就表示：“开展课例研究之后，我才真正意识到教育理性的重要意义，我对我的教学有绝对的自信，课堂氛围良好，学生参与积极性高。长期以来我尝试着不断完善自己的教案，也就是教学环节的设计，希望其他教师可以复制我的课堂而达到这样的教学效果，可是很多教师在他的课堂中按照我设计的环节来实施时效果却不理想，我一直在探索这其中的原因。通过与其他教师讨论交流之后我发现，课例研究中学情分析的重要性是我长期以来忽视的问题，而我的教学环节并不能真正体现我的教学理念，教学理念的深化需要考虑多重因素，这是在课例研究中我最大的收获，教学环节是不能被复制的，只能探索出其根本的教育方法与策略，教师结合学生学情因地制宜地开展教学。”这位老师由教学自信引起的研究自信在现实的检验中受到了质疑，而课例研究促成其对问题的思考与探索，透过现象看本质，扩展分析与观察课堂的视野，作为一名重庆市重点中学的美术老师，应

① 张力之，秦浩正．教师教育实践性知识的思考[J]. 现代大学教育，2009(3)：19-22.

该考虑自己班级学生的学力，在传递自己的教学经验时更充分地考虑学生学情。大部分教师在接受访谈时都表示，开展课例研究活动的最大收获是自己作为研究者的充实感，课例研究是教师教研能力生长的摇篮。

第四节　本章小结

教师作为课例研究者并不是当代社会的产物。早在20世纪50年代，美国就掀起一场声势浩大的教师行动研究运动，许多研究者认为，教育研究不能仅由外在于学校的研究者在学校外实施，教育理论要通过实践加以验证，学校里的教师要以研究者的姿态，对教育问题和自身实践进行反思、研究和改进。本章既是教师教育理论与教学实践相结合的体现，在此过程中实现这一衔接的教师即将进入新一级阶梯，从认识课例研究到生成课例研究也蕴含了教师从理论走向实践的活动。课例研究是对教师教研能力的检验，也生动地呈现了教师通过课例研究的成长历程。

教师作为研究者进行的课例研究其特点具有主动性、过程性、生成性和反思性。主动性，教学名师成长与研究型教师成长要求教师主动选择和参与教研活动，课例研究是教师主动参与的渠道之一；过程性，与教学名师的成长一样，课例研究的生成是需要反复修改与跟进教学设计、调整教学实践、反思教学又重新设计教学的过程，没有一蹴而就的课例研究，教师生成课例研究的过程反复曲折；生成性，主要表现在课堂教学与课例研究的内在结构之间，是统一生成的关系，预设的研究目标与实际结论之间具有一定程度的生成性；反思性，是针对教学行为与课例研究的双重反思，教师对课堂实录的反思用以改进教学设计，对课例研究生成活动的反思是为了保障课例研究的教育价值。

本章主要呈现了教师开展课例研究行为改进的过程，第一次开展课例研究的现状可以概括为：有“实践”欠“理论”，教师在课例研究中着重说自己做了什么而忽略对这样做的理论基础的梳理；有“课例”没“研究”，课例研究从认识到实践的跨越需要教师做选择与判断，一些教师片面地将完整的“课例呈现”替代“课例研究”，缺乏研究意识；有“教学”无“问题”，确定研究问题是教师开展课例研究的重点与难点，多数教师在第一次进行课例研究时将“现象”与“困惑”理解为研究问题，使研究无法持续开展；有“反思”无“改进”主要是针对教师教学反思的局限性，对教学活动与内容的反思缺乏理论性与前瞻性，视角相对狭隘。项目研究团队在教师第一次提交课例研究文本后，采取了如下措施引导教师改进课例研究：一是在对课例研究中普遍存在的问题进行总体解析后，再一对一地对每一篇课例研究文本的内容加以分析；二是引导教师对课例再审视反思，运用教育理论分析课例的教学行为；三是从课例的教学实践中发现问题，从理论和实践上分析问题形成的原因，寻找破解问题的思路；四是重设计教学，并再次实践，再次分析等。这样教师的课例研究有了明显的改进：明晰了要研究的问题，确立了研究思路与框架，研究文本撰写已较为规范。教师所进行的课例研究经过几次改进，课例研究报告逐渐完善，这是他们专业成长的体现。当然这只是一个阶段的成长，他们需要的教学名师素养还需要在今后的教学实践和研究实践中养成。

教师作为研究者所进行的课例研究其价值是丰富的，它体现在教师专业成长、改进课堂教学和促进学生发展的多个方面。课例研究对于教师专业发展最为突出的作用是增强了教师的问题意识和研究意识，而这是当前很多一线教师所匮乏的。课例研究需要教师敏锐地发现教学实践中的问题，并带着问题进行自我反思与改进，这是教师研究能力提升的主要体现。课例研究对于提高教师研究能力是全方位的，从发现问题到分析问题，从研究方法到研究路径，从研究假设到研究结论等。课例研究要求教师不能凭借主观臆造或个人经验提出解决问题的办法，研究结论与研究问题之间应该紧密联系，要选用适宜研究问题的方法去验证假设，有理有据地提出研究结论。同时，课例研究对于教师改进课堂教学的意义也得到实现。教育理论与教学实践的结合是教师专业成长的阶梯，课例研究则是搭建这一阶梯的核心材料。

第五章

反思课例研究：教学名师成长的标志

作为一个日常概念，反思是指思考过去的事情，并从中总结经验教训①。在中国传统的话语体系里，“吾日三省吾身”的“省”，是对自己过去的思想、心理感受的思考以及对自己体验过的东西的理解、描述、体会和感悟。而在西方哲学中，对反思的认识从柏拉图和亚里士多德对自身行为观念的认识和内省开始，经历了洛克、斯宾罗莎及现代和后现代认识论的演绎，到杜威在《我们怎样思维》中指出：反思是对任何信念或假定的知识形式，根据支持它的基础和它趋于达到的进一步结论而进行的积极主动的、坚持不懈的和仔细的考虑，它包含一种在证据和理性的坚实基础上进行这样一种有意识和自愿的努力，即在证据和理性的坚实基础上建立信念。②教育学与哲学的结合中的“反思”则是伯莱克(Berlak)对“反思”的理解：立足于自我之外批判地考察自己行动及情境的能力。使用这种能力的目的是为了促进努力思考以职业知识，而不是以习惯、传统或冲动的简单作用为基础的令人信服的行动。③课例研究就是一种教师反思实践，反思意识和行为贯穿于课例研究的始终。离开了教师的反思，课例研究就无从谈起。课程改革之后，课例研究的实际展开方式本质上是“反思型”的，它的基本思路就是注重教师的反思，通过反思发展教师的实践性理论，改进课堂教学的行为方式。④

舒恩认为，反思是专业工作者在其工作过程中能够建构或重新建构遇到的问题，并在问题背景下进一步探究问题。目前国外有关反思的概念尚无定论，但一般认为，教学反思是教师对于教什么和如何教的问题进行理性和有伦理性的选择，并对其选择负责任⑤。“教师职业不被人们看作专业技术的一个很重要的原因是，教师的培养只集中在狭隘的教学行为上，而不是放在如何缜密地反思他们在做些什么上……如果教师培养更严格，如果教师在他们的学科领域更富专长，如果他们必须获得更高的学位，或者展示对课堂事件进行深思熟虑和反思型决策的能力的话，那么，教师的专业特性就一定会提高⑥”。

① 中国社会科学院语言研究所词典编辑室.现代汉语词典(S).北京：商务印书馆，1996.

② 罗伯特·哈钦斯.西方名著入门9哲学[M].北京：商务印书馆，1995.

③ 熊川武.反思性教学[M].上海：华东师范大学出版社，1999.

④ 刘华.课例研究：走向实践性理论的创生[J].教育发展研究，2008(8)：68-72.

⑤ 刘加霞，申继亮.国外教学反思内涵研究述评[J].比较教育研究，2003(10)：30-34.

⑥ 饶从满，王春光.反思型教师与教师教育运动初探[J].东北师大学报(哲学社会科学版)，2000(5)：86-92.

第一节　成长与改变：反思课例及课例研究的意义

不论何种意义上的反思都将从过去的事情中总结经验教训，以修正思想和行为作为目的。而教育学中的教学反思除了直接目的——作为反思主体的教师通过反思提高教学水平；还有更高级的终极目标——通过提高教师的教学水平教会学生如何学习，促进学生的发展；同时在课例研究的反思中，由于多位教师的参与和学生的参与，反思课例不仅能实现反思的直接目的和终极目标，还能促进教师的“学习共同体”、学生的“学习共同体”以及师生共同构建的“学习共同体”的形成。

一、促进学生发展的良方

教育教学的核心目的在于促进学生的发展，在反思课例研究时，我们发现教师课例研究的终极指向是学生的发展；在教师反思中也将学生的发展作为反思的主要内容。

（一）学生发展是课例研究的终极指向

课例研究是教师在实践中进行的行动研究，以改进教学为第一目标。但是纵观参与课例研究的教师的研究案例，在改进教学这一显而易见的目标背后体验着教育、课例研究以及课例反思的终极指向——促进学生的发展。当然，各个研究是从不同的方面来反映出对于学生发展的关注，将学生发展作为课例研究的终极指向的。

在教学名师研修团队教师所进行的课例研究中，研究主题可以分为三类：第一类，聚焦于教学内容；第二类，聚焦于教学中学生的能力、素养目标；第三类，聚焦于教学指导理念。

第一类课例研究聚焦于教学内容，此类课例研究中，教师们选择此内容进行研究的依据一般包括三个方面：首要依据是学科课程标准对该类内容的要求，学科课程标准对每一类内容的要求在课例研究中会被教学名师们转化为课例中要达到的教学目标；教师们阐述的第二项依据则是学生对该类内容的掌握水平不足，没有达到课程标准的要求，急需提高学生对该方面教学内容的理解和掌握；再次则是教师在进行某类内容的教学时存在问题，需要改进。对此类课例研究的依据进行梳理后可以看出，此类课例研究以学生对某类内容的理解和掌握为目标，对学生的关注主要集中在学生对教学内容的掌握程度，如在课例《“夹叙夹议”式散文的主要内容概括》中，对学生的关注表现为“学生学习存在的问题：首先，小学生抽象思维能力差，他们的思维往往停留在具体感知的事物上，不善于在具体感知后进行抽象概括。概括时抓不住关键信息，只摘引原文语句不加以归纳。其次，概括不能精要，不能抓住主要问题。一整篇课文，由于篇幅较长，他们只见局部，不见整体，抓不住重点，偏离课文主体价值或主要内容。再次，忽视段与段之间的联系，语言组织能力薄弱。”该课例中的表达在第一类课例研究中具有极大的代表性，他们在课例研究时对于学生和学生发展的关注主要集中在学生对于教学内容的掌握和理解，以及该类教学内容指向的学科能力的发展。虽然有指向学生和学生发展的案例，但是大多数是聚焦于教学内容的研究，并没有真正意识到教学内容的最终指向是学生的发展，在阐述选题依据时仅仅谈了课程标准对该教学内容的要求、该部分教学内容的重要性，忽视了内容教学研究时学生的存在，遑论教师对学生的指导和学生的自主发展。

第二类课例研究聚焦于学生的能力、素养目标，与第一类课例研究相联系，在学科教学中，某一能力、素养的培养是学科教学内容共同的指向；同时，我们还是要认识到能力、素养目标的内涵指向学生的发展，此类研究本身就是以学生发展为目标。许多教师的课例研究虽然聚焦于学生的能力和素养的发展，但是在对课例选择的依据进行阐述时还停留在解决学生现有不足的阶段，而没有真正进入学生能力的提高、素养的培育上；他们虽然在选题上以学生能力发展为终极指向了，但是在对学生能力提高和素养培育的认识上仍然存在较大差异，在《如何通过初中历史课堂教学培养学生的证据意识》中阐述到的“‘证据意识’体现了新课改的核心理念，也是学生历史学科的核心素养之一，终极目标是要促进学生发展。新课程改革要求把历史的社会教育功能与人的发展功能相结合，注重养成学生实事求是的科学态度和科学精神”就显得难能可贵，这是将学生的发展视为课例研究的终极指向的极好阐述。但是在此类研究中也有部分教学名师的认识还停留在给予学生指导，而不是发展学生能力的层次上，如《激发学习主动意识 培养学生创新精神》这一课例研究的选题依据就可以看出教师对学生能力的培养的认识还有待提高，“是什么让我们的学生‘厌恶’数学学习，原因有很多，但最重要的一点是学生无法在解决问题的过程中体验成功，让思维在解决问题中得到成长。数学老师如何在数学课上激发学生学习数学的兴趣，激发学生学习数学的主动意识，进而培养学生的创新精神，一直以来都是需要面对的一个重要问题”。总的来说，聚焦于学生能力和素养的课例研究是三类课例研究中对学生发展最为注重的，学生超越了现象上的存在，全部都已经进入了老师的视野，可以和老师互动交流、接受指导，这类研究里直接关注到学生的终极发展的情况也很多。

在第三类聚焦于教学指导理念的课例研究中，涉及的教学指导理念主要有“以小求真”导学法、让学理念、陶行知生活教育理论、发现教学、体验教学、情境教学、任务驱动教学法等。教师们在阐述自己的选题依据时，大都能找到教学指导理念的基本要求，同时也能结合当前的教学实际进行选题依据的阐述。事实上，教师们选择的这些教学指导理念本身包含了对学生存在的关注，注重结合教学内容对学生进行指导，以及指向学生能力发展、水平提高的丰富内涵，但是只有很少的教师能够从学生存在、教师指导和学生发展的角度来阐述自己的选题依据。当然，其中也不乏在教学理念中意识到学生发展，并结合教学实际来阐述教学指导理念及学生发展的教师，如有教师在选题依据的阐述中就谈到："在教育的方式上，我们的哲学教学不是通过指导学生自身的人际交往和现实的生活过程来培养学生的情感，而是把教育置于生活之外，通过纯粹的知识授受或理性训练来进行。事实上，无论是哪一种方式，都是强调通过科学的设计和理性的训练，在科学世界中对学生进行理论的模塑，都不能替代学生本人的直接而现实的生活过程。在对教育效果的评价上，衡量学生情感、态度、价值观水平高低和教育成功与否的一个最终标志不是看学生书本知识的拥有量，而是看学生通过哲学学习是否能够形成一种生活方式，过上一种健康的生活"。

虽然教师们并不是完全意识到将学生发展作为课例研究的终极目标，但是他们对于全体学生的关注也是值得赞扬的。在后期项目，研究团队对这些教师的调查中，当被问及"您所研究的问题学科组其他老师是否也面临着类似问题"时，研究教师的回答皆为"面临该问题""学科组共性问题"等回答，可见教学名师们对全体学生的关注。

（二）学生和学生发展是课例反思的重要内容

教学名师研修团队的教师在确立研究目标、对自己的课例研究进行依据阐述时，并没有完全注意到学生的发展，虽然注意到了学生的状态，但对学生关注存在不完整性、表面性，而这种表面的不完整的关注也持续地影响了他们在对课例中的教学进行分析和反思时对学生和学生发展的关注。值得一提的是，在对课例中的教学进行反思时，他们对学生和学生发展的关注已经有了一定的深化和提高。

首先，在研究反思中教学名师研修团队的教师意识到他们对学生的关注仅处于现象层面，主要是课堂表现、课堂问题等现象；这种从现象层面对学生的关注在教学反思中仍旧存在，而且由于教学案例作为表现场，现象上关注的学生更加具体，更加深入；值得一提的是这种现象上关注的学生是教师对于学生在课堂中的角色的认同，是将学生作为课堂的主要角色的外化。如有教师在第一次授课后的反思中就写到"在我们的语文课堂中，经常能看到这样的教学现象，教师带着学生解读一篇文章，在解题后就开始一个问题接着一个问题的提问学生，很快问出了老师想要的结果：教师提出一个问题，还没等学生充分地思考，就让学生在提示、引导中,很快知道了答案。学生几乎是在猜测老师要什么样的答案,不是在思考文本本身带给我们的思考……诸如此类,学生的思考还处在初始阶段,有时是一开始就被我们牵着鼻子走,有时是因为别的同学思考速度快,而匆匆跟着老师和同学在思考,这样的教学不能使人人参与,更不能把孩子们带入更深入、更广阔的思考中去”。从现象层面对学生的关注是教师们在教学反思中都注意到了的问题,如在《发现　感悟　运用》课例研究中,该教师在第一次梳理课例研究的选题依据时只阐述了课例研究的教学内容——汉语拼音的重要性,完全没有提及教学理念和方法,更没有对学生的任何提及;但是在她的第一次授课反思中却写到“对学习有困难的学生,关注不够。有七八个学生一节课一句话也答不上来,坐在那里陪读,总是等着别人去教,教到下课了他还是不会。家长反馈时,我居然以为他们在听,而事实上他们在开小差,找不到上课的快乐。长期如此,必定会伤害他们学习的积极性,找不到被人承认的感觉,造成恐惧上学、产生自卑的心理阴影”。《发现　感悟　运用》这一课例研究中体现的对学生的关注并不是个例,初中生物《鸟》课例研究也是此类案例。

其次,除了现象层面对学生课堂表现的关注之外,更多的教师在反思中内在地关注学生的能力和素质的发展。如在《让学理念下“留白策略”在〈盘古开天地〉一课的课例研究》中,该教师第一次授课反思时就写道:“语文是一门学习语言的学科,更是培养想象力、逻辑思考力的一门学科,需要每个孩子带着自己个性化的体验去思考,需要人人参与深度的思考和感悟。如果我们把每个问题问得过于严密,过于封闭,留白不够,开放性不够,学生的思考就只能跟着老师,或者跟着其他同学的思考走,而没有自己独立个体的思考,那这样的教学是没有充分让学的”,在第二次授课的反思中进一步阐述:“通过发现差异,分析差异产生的原因,对学习单进行几次改进,让学习单的学习更符合学生的认知规律,更能引导学生展开自主学习,发现式学习”“在教学中,我们希望设计的言语实践活动是帮助孩子主动构建信息和知识,帮助孩子主动选择哪些信息是自己能理解的,逐渐发现每个知识点之间的联系,发现新知识”,这些对学生学习行为和学习活动的重视都是关注学生和学生发展的具体体现。当然,也有一些教学名师研修团队的教师在每一次授课及其反思中既能从现象层面关注学生,也能透过现象关注到学生的发展,如在《“如何培养小学生的数学思维能力”的研究》这一课例研究中,教师在第一次授课后就能意识到“这样教,有的从表面上看,学生学得主动,质数和合数的意义是学生自己归纳、概括的。实际上,教学的主动权还是掌握在教师的手里,学生的主体作用并没有得到真正的发挥,他们只不过把教师设计好的东西说了出来,只要具备一定观察力的学生都能得出结论,这一过程不利于学生的发展,也不利于培养学生的创新能力”,

教学反思以学生的发展作为终极目标，具有重要的指导意义。

总的来说，大部分教学名师研修团队的教师都能在授课的反思阶段自觉将学生和学生的发展作为反思的重要内容；比较他们对前后两次授课反思也可以看出，第二次的反思对学生和学生发展的关注更加具体，更加具有实践性，也能看出在授课中将学生发展落到了实处。

二、推动教师发展的重要手段

教师的反思可以提高教师的理论反思水平、实践理性水平和研究能力，帮助教师聚焦教学问题，明确教学方法和补充教学研究策略，最终提高专业能力，推动教师发展。

（一）提高教师的反思水平

范梅南（Van Manen）将反思水平划分为三个层次：（1）第一层次称为技术合理性水平，是教师依据个人经验对事件进行反思，或进行非系统的、非理论的观察，往往看不到目的的存在，这种反思是最低的反思水平；（2）第二层次称为实用行为水平，教师能够对系统和理论进行整合，经常认为教学事件中存在着问题，但往往表现出个人的偏见，这一水平高于第一层次的反思水平；（3）第三层次称为批判反思水平，教师能够整合道德与伦理标准，以开放的意识，将道德和伦理标准整合到关于实践行为的论述中，这是反思的最高水平。范梅南对反思水平层次的划分是一种经典的划分方式，也成为后来许多研究者考察反思水平的依据[①]；范梅南进行这种划分的依据主要是教师反思的依据与着眼点，处于技术合理性反思水平的教师进行反思的依据是个人经验，着眼于课堂教学的现象，往往是模糊了教学目的而对课堂进行的非系统、非理性观察；处于实用行为反思水平的教师依据系统和理论的整合来发现教学事件中的问题，但是个人偏见明显存在；处于批判反思水平的教师则依据对于道德与伦理标准的整合，以开放的意识关注教学实践行为，这是最高水平的反思。

如在《跨越百年的美丽》课例研究报告的第一稿和第二稿的教学评析，有明显进步。在第一稿的教学评析中，该教师写道：

对于这样一篇篇幅较长、内容较复杂的散文，学生对课文主要内容的概括难度增加，文中对学生概括提炼的干扰阅读信息较多，大多数学生就不知如何下手。在

①童慧，杨彦军．基于“课例研究”的教师教学反思能力成长之研究[J]．中国电化教育，2013(3)：62-67.

教学过程中，我们不难看到学生对简单明了的文字知道如何将长句变短提炼、抓重点词语提炼，但在第三、四自然段的概括中确实出现了许多问题：还在简单地运用勾画他们所认为是重点的句子，引用了文章中一些抒情评价的句子，甚至还引用了歇后语这些不必要的内容，所以这样的教学对于学生已具有的概括能力并没有实质性的提升，没有看见学生在课堂上的增长点，本课的难点也没有得到很好的突破。

在第一稿中，该教师能够基于自身的教学经验直觉地认识到知识难度对学生来说很大，采用的教学方法和手段内容的适切性都存在问题，对学生挑战极大；根据第一次教学出现的问题，该教师进行反思后采取了从一定的视角深入剖析培养学生对主要内容的概括能力。因而，第二次授课时，该教师以拓展小标题的方式来实施教学，她在第二次教学评析中写道：

教师引导学生紧紧抓住"居里夫人"和"镭"这两个关键词，勾画出关于描写镭的句子，并以此为线索，概括出居里夫人与镭之间发生的事情的小标题，并扩展小标题，从而把握整篇课文的主要内容，结构清晰，线索明了，突破了难点。教学过程中，让学于生、有扶有放。指导方法落地生根，有章可循。明显关注了文体，逐步引导学生感知此类文章主要内容概括的特殊性。学生的心理压力减轻，有法可学，生生互动好，对此类特殊文章主要内容的概括方法有初步感知。

此外，在该教师的第一稿中，对于如何概括夹叙夹议的散文的主要内容是相对独立的一个教学内容，有了第一稿中的两次相对独立的成功教学经验以后，该教师开始尝试将概括文章主要内容的教学与其他内容的教学结合起来，以其他内容的教学来促进学生对主要内容的概括能力的提示，因而有了第二稿中的第一次教学设计和教学实施。在实施以后，她对课堂的反思水平，有了很大的提升，她不仅能从经验中直觉地发现教学中的问题，而且能够从教学的整体结构上对各个教学环节进行反思，并且尤其注意各个环节为课例研究的主题——概括夹叙夹议的散文的主要内容的教学服务；因而，在第二稿的第一次授课以后，写出了如下的教学评析与反思：

1. 对于走近居里，引入课题部分

紧紧把握单元训练重点，直奔课文主题较好。重视培养学生收集处理信息的能力，有方法的指导。重视培养学生质疑问难的能力，有效果。此环节不需要大修改，只需要删减教师的话语，使开课更加快速、简洁。

2. 对于自主学习，整体感知部分

这篇文章中的词语很多，教师比较智慧地选择了科学术语、环境描写、人物描写这样三组词语，强调重点字的读音、字形，正确选择多音字的读音，联系上下文理解词语意思。不足之处是，所选词语的分类描述不够准确，选择多音字还需要在具体语境中结合上下文的意思才能做出正确判断，所以这个部分还需要进一步优化。关于读书的环节，除了关注学生的个体学习难点，还要体现面向全体的意识，课堂上还应体现朗朗的读书声。

3.对于把握主要内容，感知美丽部分

课堂中，在生生互动、师生互动的过程中汇报自己对课文内容的概括，教师相机引导学生围绕对居里夫人的描写，删减次要、多余的内容，逐段摘取重要的内容，然后用段意串联法把握文章的主要内容。但是，课文篇幅长，句子长，既有对居里夫人外貌的描写，又有居里夫人提炼镭的过程以及获得的荣誉，还有作家甚至是其他人对居里夫人满怀深情的评价。文中对学生概括提炼的干扰阅读信息较多，内容散，对于小学生来说概括课文主要内容的难度确实增加了。在教学过程中，我们不难看到学生对简单明了的文字知道如何将长句变短提炼、抓重点词语提炼，但在第三、四自然段的概括中确实出现了许多问题：还在简单地运用勾画他们所认为是重点的句子，引用了文章中一些抒情评价的句子，甚至还引用了歇后语这些不必要的内容，所以这样的教学对于学生已具有的概括能力并没有实质性的提升，没有看见学生在课堂上的增长点，本课的难点也没有得到很好的突破。此环节必须在尊重学生的起点上，考虑学生的学法上进行优化。

相对于第一稿中的教学分析，此时的教学分析注重了整个教学过程与重点教学主题之间的联系，不同内容的教学能考虑内在逻辑的相互沟通，让词语教学为主要内容的概括服务；并且进一步考量了学生的立场和知识起点，以更合乎教育科学和教学伦理的思维评析教学实践。

教学名师研修团队中有不少教师的研究反思也同样反映了教师反思水平的提高，如某教师的课例，重在研究等比数列的前n项和公式的推导过程并充分揭示公式的结构特征、内在联系及公式的简单应用；在第一次进行课例研究时，该教师按照以往的方法进行授课以后，在反思中写道：

数学是思维的体操，是培养学生分析问题、解决问题的能力及创造能力的载体。新课程倡导：强调过程，强调学生探索新知识的经历和获得新知识的体验，不能再让教学脱离学生的内心感受，必须让学生追求过程的体验。学生获取的新知识是在学生已有知识和能力的基础上生成、发展、建构的，在生成、发展、建构的过程中应是比较自然，水到渠成的，老师不能把知识和方法强行灌输给学生，在某种程度上，学生应该重走数学家发现知识、方法之路。在这一节课中，如何启发引导学生自然地、合情地发现在 $S_n=a_1+a_1q+a_1q^2+\cdots+a_1q^{n-1}$ 两边同时乘 q，建立 S_n 的方程是本节课的难点，是错位相减法的关键，学生自主探究、自主发现有很大困难，我采取算麦粒总数的故事引入具体特殊问题：怎样求解 $S_{64}=1+2+2^2+2^3+\cdots+2^{63}$，有同学想到的是最原始的思路：逐个相加，但计算复杂，数据较大，几乎不可操作，特别是项数很多，n 项呢！那绝对不能操作，这就促使我们另辟蹊径，学生第一次遇到，无经验、思路可借鉴。教师要搭建好思维、知识适合学生最近发展区的阶梯，让学生经过探究，能找出解决的办法。本课教师设计把 $S_{64}=1+2+2^2+2^3+\cdots+2^{63}$ 的两边同时乘 2 得到 $2S_{64}=2+2^2+2^3+\cdots+2^{63}+2^{64}$，并让学生观察它们的异同，引导学生发现两式相减得解。老师进一步发问"解决该问题的关键？""2 是该数列的什么？""乘 2 有何作用？"用问题串启发性很强，思维铺垫很成功，老师的主导作用和学生的主体作用在边问边答中体现得淋漓尽致，学生由特殊到一般，运用类比联想自然地发现错位相减法，比较轻松地突破难点。可掩卷沉思，不禁要问自己："为什么要构造 $2S_{64}=2+2^2+2^3+\cdots+2^{63}+2^{64}$，是怎样想到两边同时乘 2，而不是其他数呢？""是不是老师对错位相减法的一个特殊应用？"确实老师有灌输的嫌疑。

从此次教学分析中可以看出，该教师对于教学分析的目的十分明确——发展学生的思维，在教案设计中注意到"教师要搭建好思维、知识适合学生最近发展区的阶梯，让学生经过探究，能找出解决的办法"，在教学实施中也能"用问题串启发性很强，思维铺垫很成功"，取得不错的教学效果；这些说明该老师的反思水平已经超过了技术合理性水平，走向了实用行为水平。接下来，他进一步从思维形成的系统过程剖析教学实践中的引导性问题，认为在部分引导性问题上"确实老师有灌输的嫌疑"，可以视为从教学系统的角度来分析教学，这样的分析基本达到了实用行为水平。

第二次的教学，针对第一次的不足做了相应的改进，改进后进行的教学反思中，该教师对数学教学的认识立场不仅仅局限于教学过程或者教育学，而是从人发展的角度认识到"教学过程应是学生经历和感受知识生成、发展的过程，而不是学生去死记硬背知识本身的过程，即公式探索过程中所蕴含的思想方法比公式本身更为重要"，这种认识是教师站在学生终身发展的角度对教师的数学教学过程和学生的数学学习过程的认识。该教师在对学生的发展需要、当前数学教学弊端和自身教学改进进行分析后，根据素质教育要求、《普通高中数学课程标准》(实验)，结合建构主义认知理论和信息加工理论等，从具体的学科视角指出教学改进的依据和进一步要求，最后以课堂教学效果作为反思的总结：

在《普通高中数学课程标准》(实验)中课程的基本理念要求：通过思考2，学生就能独立、自主学习和探究，成功地“再创造”错位相减法，体验到数学发现和创造的历程。《普通高中数学课程标准》(实验)中课程的基本理念还要求：高中数学课程应该返璞归真，努力揭示数学概念、法则、结论的发展过程和本质。通过思考2，学生经历了错位相减法的发现过程，熟悉了它的本质。

从建构主义认知理论所揭示的认知发展规律看……增设的思考2，与思考1共同构建数学情境，能使学生在轻松自然的情景下建构 S_{64} 的方程，自主发现和生成错位相减法。学生自然地同化和顺应错位相减法。

信息加工理论认为……增设的思考2，就是让学生在教师的启发中对错位相减法进行再发现、再创造，再形成学生个人内在的有关概念的表征形式。

从素质教育原理看……增设思考2，把学生的被动接受变成了主动探究，经历了错位相减法成功的发现过程。

总之，通过增设的思考2，为学生搭建了思维的阶梯，它不但在学生的最近发展区，而且设计自然，好似故事本身，学生觉得亲切，学生由被动地接受错位相减法变换为主动探索并成功地发现了错位相减法，还成功地应用解决了等比数列前 n 项和公式，真正地解决了课本和第一次设计存在的问题。并且在推导发现公式的过程中让学生真正体会到：数学知识来源于生活，又服务于生活。公式并不是凭空产生的，得到公式并不都是高不可攀的事情，通过自己的努力，也可以成功完成一些看似数学家才能完成的事。在这个过程中，学生在课堂上的主体地位得到了充分的发挥。让学生亲历了知识发现的过程，“重蹈人类思维发展中那些关键性步子”，再现了数学家对一些重大发现产生的渊源及过程，把培养“有益的思考方式及应有的思维习惯”放在了教学首位。

从该教师的第二次教学分析可以看出，在系统和理论的整合程度上，他将教学的系统与人的发展要求整合得非常好，由此才得出了自己对数学教学过程的认识。该教师将一定理论运用到对实践行为的论述中，解释教学过程，这就表明在第二次反思时，该教师的反思水平已经达到了批判反思水平。

总的来说，课例研究中教学名师们的实践反思水平在不断地提高，他们对教学理论与教学实践的见解越来越深的同时，也越来越接近各个学科课程标准和教育基本理论对教学实践的认识，在这里可以看出，教师实践反思水平的提高也是教师对教学的认识在不断深入，教师在不断栽培自己，开发自己的精神宇宙，发展自身。

(二)增强教师的实践理性

教师反思水平的提高，可以增强教师的实践理性，促进教师的专业化成长。教育教学中最核心的关系是教学内容与学生之间的关系，但是，实践中的学生与教学内容意义联系的建立并不容易，这就有了教师角色——利用心理学、教育学、学科专业认识论等多角度和视野帮助学生和教学内容之间建构意义关系的专业人员。教师作为专业人员，其专业化、职业化是教师顺利完成教学任务、促进学生发展的重要保障。教师专业化的根本也在于教师的教育实践，在于教师在教育实践中理论联系实践的能力与情怀，使教师的教育实践回归理性。而教育实践理性的回归要经历两个历程：第一，要使教育理论迫近教育的实践，进行理论话语向实践话语的转变；第二，要使教师的实践向理性靠近，进行实践话语向理论话语的接近①。

在课例研究前期，项目研究团队在形式多样、次数众多的专家培训中实现了教育实践理性的第一条道路——教育理论迫近教育实践，从理论的话语转向了实践的话语；而教师们通过对同一教学内容的多次反思教学而进行的课例研究也就是教师的实践向理性的靠近，促进实践话语向理论话语的接近，切实提高教学的实践理性水平。其中，教学名师研修团队的教师前后两次授课的教学设计的改进和教学效果的提高是教师在教学实践中理性水平提高的体现；而改进教学设计，提高教学效果的重点在于教师能否从心理学、教育学、学科知识等多个理论角度去寻求教学失误的原因，进而在理论的指导下修改教学设计，提高实践理性水平。也可以认为，课例研究中教师实践理性的提高实际上经历了三个阶段：第一步，根据教育理论反思教育实践，发现教育教学实践中存在的问题；第二步，明确实践改进的现实需求，以及实践改进理论支撑；第三步，根据实践与理论的差距进一步寻找实践改进路径。总的来说，是以问题解决为基础的核心步骤分解，三个核心步骤分解为三个阶段。项目结束时，我们对教学名师研修团队的教师进行了调查，调查以访谈和回答问题的形式进行。从调查中可以看到，他们对于课例研究的认识、确定问题和研究的过程；这是他们在课例研究中教学实践能力和教育理论水平提升的过程。

问卷第一个问题是关于所要研究的教育教学问题是什么。多数教师认为在接受了教学名师研修团队的专家理论指导以后，能自觉运用理论检查实践，发现教学实践中存在的问题。除了极个别教师表述不清楚之外，他们都能完整明确地提出自己关注到的教学问题，如有教师认为“我的问题是教学要与学生的生活相联系，研究怎样利用体验式、生活化的情境让学生对枯燥的政治课感兴趣”；还有教师认

① 吴俊芳. 教师专业化：教育者的实践理性回归[J]. 教育理论与实践(教师版)，2008(3)：35-36.

为“我进行课例研究针对的教学问题是：小说关键要素，多角度感悟人物形象”。虽然教师们在对问题表述中存在范围界定较大、问题不聚焦、问题与现象的表述糅合等各方面的问题，但是总的来说，从这一问题的回答可以看出教师们能自觉地从教育实践中发现问题，并用自己学到的教育理论来分析教育实践，规范教育实践。

教学名师研修团队的教师在确定教育教学要研究的问题后，会在教学实践中尝试解决该问题，并会对该问题的解决程度有一定认识。对于问卷的这些问题“第一次授课在多大程度上解决了您想要解决的问题”和“针对还没解决的这部分问题，您觉得是哪些原因造成的”，教师能从问题解决的角度分析第一次教学实践，对教学效果进行客观性的评价，并对还存在的问题进行一定的分析。教师的这些评价和分析为他们进一步改进教学设计、改善教学实践提供依据。教师们已经意识到要用教育理论来认识教育实践，寻找他们教育实践中存在的与教育理论之间不能连通的关键点，这是分析教学实践问题的关键点。如有教师谈道：“为第一次教学围绕‘数形结合策略’，解决了帮助学生理解算理的问题，但缺乏引导学生主动应用‘数形结合’策略的意识和学生应用体验的过程”，而该问题在第一次教学实践中出现的原因是“主要是教学活动设计的问题，设计中没有给学生动手实践感悟的机会”。还有教师说道：“教学抓住了小说的环境描写、人物描写来感悟任务（党支部书记）的形象，但没有从本课中最关键的‘人物描写’来进行多角度的感悟，感悟党支部书记的形象还停留在表面、平面”，部分问题无法解决的原因在于“教学中没有抓住小说三要素在本课中的关键因素来进行有层次、多角度的感悟”。根据教师们进行的教学反思可以看出，他们已经清楚地意识到在教学实践中落实知识的传授、能力的培养、素养的提升等教育教学目标的关键在于沟通教育教学目标的逻辑与学生的心理逻辑；教育教学理论与实践脱节的关键点就在于二者的逻辑不能顺利沟通，教育教学目标的逻辑是否能被学生的心理逻辑顺利整合——这也是提升教师实践理论水平，迫使教学实践走近教学理论的重要环节。教师在第一次教学实践中不能完全解决课例研究的问题也是由于第一次的实践没有顺利沟通该逻辑，根据教师们的问卷情况来看，主要是教师们在第一次的教学设计中对学生的心理逻辑的认识、对教学目标的逻辑的认识和二者如何沟通等都存在或多或少的问题，他们对“针对还没解决的这部分问题，您觉得是哪些原因造成的”这一问题的回答既涉及学生心理逻辑，也涉及对教学内容的理解不够等。如有教师讲道：“教学设计脱离学生实际，没有真正从学生的实际生活、感知出发”；再如教师说道：“教师的教学法——问题导向的教学法阻碍了学生的思维体验；将小说整片割裂，影响了学生对形象的把握”“对教材的解读不到位，课时的安排、知识的归类不清”“学生对散文类问题的阅读教啥，把握最主要的内容比较难，布置如何删去评价语、抒情语。教师的教学方法还是在用对记叙文的方式来归纳，对问题的特殊点关注不够”。

对于“找到原因后您采用的解决方案是什么”问题，有了前面的铺垫，他们在回答这一问题时，思路比较明确。有教师谈道“找到原因后采用的解决方案是：明确寓言这种文体的特点，明确把握故事大意和明白寓意是主要的教学目的，分析四年级学生所具备的语文能力，整合、优化相关的教学环节，‘搭台阶’，先教方法‘扶一扶’，然后才‘放手’”；有教师讲，“我解决教学问题的方案是教学方式或思维的变化，‘由大到小’用典型的事例变为‘由小到大’‘以小求真’，从学生身边的实际事例出发”。对于如何评价解决方案时，有教师表示“第二次授课结束后，我感受到之前找的原因是问题的主要症结，所采取的解决方案基本能解决其中的主要问题”“第一，教学贴近学生生活，回到实践状态；第二，采用“以小求真”的学法，让知识点从理论回到实践的状态”。教师对教学实践方案的调整意味着教师将已经内化的教育理论再外化到教学实践中，是教师实践理性提升的重要阶段；实践方案的有效性也就代表了教师实践理性发展的成果。至此，教育理论与教师之间已经经历了理论走进教师—教师内化理论—理论外化于实践三个阶段，这一过程的成果是教师实践理性水平提升的标志。

（三）提高教师研究水平

进入21世纪，“教师成为研究者”(Teacher as Researcher)作为一种理念，逐渐被中小学教育工作者、教师教育工作者和管理者广泛接受，成为世界各国教师教育改革的基本方向。目前，我国多数中小学都重视教师专业发展，鼓励教师从事教育科研，尤其要“以新课程为导向，以促进每个学生的发展为宗旨，以课程实施过程中学校所面对的各种具体问题为对象”开展研究，“既注重切实解决实际问题，又注重概括、提升，总结经验、探索规律，从教学自觉转变为理论自觉。”①

课例研究能提高教师的研究能力，这是因为课例研究的过程，不仅注重教师教学实践的提升，还注重提高教师用教育理论分析实践的能力。具体地说就是，课例研究的过程一方面注重教师教学实践能力的提升，另一方面也引导教师认识课例研究、实践课例研究、反思课例研究，提升教师自身进行研究的能力。蒲小芸老师是一位从没进行过相关研究的美术老师，在研究结束后写的对课例研究的认识基本代表了教师研究能力从无到有的过程：

历时几个月的课例研究收获颇多，小小的知识点展现了知识的多元化。这次课例研究让我明白各个学科之间联系的重要性，更加明白提升教师自身素养的必

①赵德成．教师成为研究者：基于课例研究的分析[J]．教师教育研究，2014(1)：75-80.

要性，作为一名一线教师并不是单单研究本学科的专业知识，还要有更广博的知识面，要教会学生认识一种颜色，老师需要懂得五彩缤纷的色彩。

教师的专业知识是在基于对教学现场的领悟、知觉和体验中，不断重塑，成为一种超越技巧的实践智慧。要做好课例研究，我认为会撰写一个课例很有必要。好的课例是教师教学经验的凝练。我对本次撰写课例的认识如下。

（一）选取典型的课例

从来没有写过课例，在前期准备阶段可以选择一个或几个典型的课例，对其内容、结构进行分析。可以重点领会如下几个方面：如何突出研究的主题和产生的主要问题？如何陈述课例的发生发展过程？如何处理课例的各个组成部分之间的关系？提炼的主题如何与选择的课堂教学情境或内容相关联？通过这样的学习过程，体会课例研究的几个要素。

（二）教学实例的产生过程

可以回想自己头脑中认为精彩的教学片段是如何产生的，包括如下方面：当时有哪些老师也有类似的教学过程？哪些学生在哪个阶段的表现给自己留下了深刻印象？该教学实例产生前后上过几轮课？在不同阶段授课时的心理感受、遇到的问题是怎样的？这些问题的回溯性思考是为了回顾当时的经历和感受，目的是抓住精彩教学实例产生的前因后果和重要细节。

（三）拟定课例初稿

如果教师对于该教学实例的整个前后过程非常清晰，而且当时研究的主题和问题也很清楚，包括它的背景、价值、意义都很清楚，那么可以立即从课例的几个要素着手开始写作。很多情况下面临的问题是，教学实例觉得很精彩，但对研究过程和主要观点、主题及主要问题感觉一团乱麻，无从下手。在这种情况下，可以首先回想整个教学实例研究过程中印象最深的、最具个性的课堂片段，而这往往是课例中最重要的关键事件。然后对这个关键课堂片段是如何产生的？背景是怎样的？这个关键点之后又发生了什么？如何处理的？后来得到了什么结论？这个办法其实是从最重要的事件入手，追因索果是个比较有效的技巧，也容易着手撰写。

（四）修改课例

写好初稿后，首先可以用课例的几个要素来衡量，看看是否具备课例的基本条件，缺什么补什么，累赘的可以删去。自己感觉基本满意后，首先自己反复研读，然后可以请相关学科的老师阅读，听听他们看后是否读懂了自己想要表达的知识点。因为写课例时有很多潜在的细节，很多时候自以为都交代清楚了、明白无误，可是没有参与过的人一无所知，就不一定理解。所以听取局外人的意见，进行反思、斟酌，甚至重写，也是一个不错的办法。

(五)课例的价值和意义

在课例基本完成后,整体考虑本课例的价值和意义究竟在哪里。这个阶段可以重新考虑修改标题,用比较贴切的主题词汇突出该课例的价值和意义所在。总之,这次撰写课例研究的学习对于我的专业成长有着极其重要的意义。在今后的教学工作中会给我极大的推动作用。

莫定勇老师对课例研究的反思,反映了课例研究能力从形成到运用的过程:

通过这次课例研究,使我从一个门外汉到逐渐了解、知晓、理解、会实践应用和实际操作。真正经历了课例研究的生成(如何确定选题? 标准是什么? 依据是什么? 有何研究价值)、发展(研究怎样进行? 从哪些角度进行? 有哪些步骤? 如何实践? 如何改进等)、提炼(结论如何概括提炼)的过程。这难道不是新课程理念倡导的"经历过程发展核心素养"吗? 研究结束之时,愚钝的我恍然大悟,大师级的于波教授的良苦用心:用行动践行课程理念。用行动和实践潜移默化地引导我们的教学:创设情景,让学习者经历知识发生、发展过程,获得学习经验,也润物细无声地影响我们如何做一项研究。

当莫定勇老师意识到课例研究的过程与新课程理念倡导的"经历过程发展核心素养"有内在一致性时,是教师围绕问题进行课例研究的能力形成的标志。

像蒲小芸、莫定勇两位老师这类例子并不是少数。李明芳老师也有同样的感受,她在研究后写道:"这个研究过程让自己明白了课例研究的概念、目标、改进教学的方向,也激发了自己的研究意识,明白了课例研究就是在平时的教学中紧紧围绕发现问题、提出问题、解决问题进行深入、全面的分析和探讨。"

可以看出,课例研究对于教师而言,既是一项实践研究成果,也是一种实践研究方法。他们经历了课例研究的整个过程,不仅完成了一项课例研究的报告,展示了自己教学行为改进的过程,更重要的是他们还深刻地认识了如何做课例研究。这样他们能够关注到日常教学实践中的问题,并对此进行研究,也就是习得了课例研究这一行动研究方法,提高了研究能力,拓展了研究视野。

三、带动"研究共同体"发展的力量

教学名师研修团队的教师进行课例研究,不仅仅促进了参与研究的教师们的个人发展,也辐射到他们所在的学科组、学校和地区,促进了他们所在的"研究共同体"的发展。

首先，教学名师研修团队的教师与所在学科组的其他教师的人际交往中天然存在智慧助长的作用，也就是孔子说的“三人行，必有我师焉”。学科组的教师都是教学问题上的知音，存在进行真正专业对话的空间。在学科组教师组成的专业对话空间，教师们可以学到对成长更有价值的东西，“同事们可以作为一面批判的镜子，反射出我们行动的影像……当我们聆听他们讲述相同的经历时，就可以检查、重构和扩展我们自己的实践理论”。[①]在调查中问及“所研究的问题是否是学科组共同面临的问题”时，教师的回答“学科组其他老师多数也会面临这样的问题”，这些问题是教师教学时存在的“共性问题”。教学名师研修团队的教师在自己所在的学科组中多是学科组长，有较强的分享意识、共同进步意识。他们在自己接受培训后会主动与学科组教师分享培训经验，共同分享、研习理论学习资料，加强学科组在课例研究中的理论水平；在课例选择、研究报告撰写等阶段也积极为学科组教师提供意见和建议，进行指导，促进学科组的专业水平的提高。同时，部分课例研究的参与者并不仅仅只有教学名师研修团队的教师一个人，而是整个学科组集体智慧的结晶；教学名师研修团队的教师在确定课例研究的选题以后，学科组教师采用多种备课形式进行第一次教学设计，实施第一次授课，第一次的教学反思是在研修团队教师的主持下进行的学科组集体反思，改进意见也是学科组教师结合选题给出的集体意见，第二次授课也是学科组教师共同观摩，共同点评，给出第二次授课的评价；学科组的全体教师都能参与课例研究，并在研究中促进每一位教师和整个学科组的共同发展。

其次，部分教学名师的课例研究促进了学校教学研究。如蒲小芸老师进行的《团花·折纸》的课例研究中提及“如何巧妙地引用数学知识来解决美术制作课‘团花·剪纸’里面折纸的问题”是用数学知识来上美术课，也是美术课促进学生的数学理解，这是一种学科整合，“引用数学知识来设计更科学、更易懂的教学语言表达，达到更佳的教学效果。学生的反应成为我研究的重要因素，因为学生的理解能力有差异，数学成绩好的学生对于我的讲解一点就通，但是面对数学的学困生又会出现新的问题，对于折纸才弄明白、又加入本来就糊涂的数学知识他们会感到更加迷茫，如何把复杂的问题简单化就又成为我研究的课题，反反复复的教学课堂实践让我摸索出一套让老师讲得明白学生学得轻松的教学方法，就是把上面提到的（轴对称、等腰三角形、平角、中点、中线、180°、60°、36°、72°）十几种数学词语简化为几个关键词（轴对称、三分之一、三分之二）进行反复强调讲解，把数学知识作为一种工具、媒介和方法融入美术‘团花·剪纸’课堂教学中，从而也就培养了学生新的学习

① 王映学，赵兴奎.教学反思：概念、意义及其途径[J].教育理论与实践，2006，26(3)：53-56.

观念和综合实践能力”，这种跨学科的教学研究对于学校开展教学研究提出了新的视角；又如，在习得课例研究的基本理论和方法后，历史教师曾娟与音乐教师合作利用抗日歌曲来教抗日战争，促进音乐学科和历史学科的整合，这也是课例研究推动学校开展教学整合研究的极好案例。

最后，此次课例研究还形成了以全区为范围的“研究共同体”，促进了全区的共同发展。教学名师研修团队的学员来自重庆市渝中区的各个学段、各类学校、各个学科。既有语文、数学、英语教师，也有美术、体育、政治、生物等学科教师；既有来自普通教育系统的教师，也有来自职业教育系统的教师。他们以区级教学研究为依托构建的“兼容并包”的“学习共同体”能够促进全区一线教师教育科研的发展。再则，教学名师研修团队的教师所选的教学课例有些是在全区上过的公开课，这些公开课不仅受到学科组、学校的关注，也受到了其他学校的关注，受到区教研组的重视；他们对课例进行研究的成果也凝结了学科组、学校和区教研组的心血，而在课例研究的推广中，又进一步以全区为“学习共同体”实现全区的发展和进步。

四、促进课例研究的进一步深化

教师反思能力的提高反映了对课例研究的认识的深化。课例研究的过程也是促进教学名师研修团队的教师对课例研究的认识深化、课例研究能力提升的过程。前文中所言的提高教师研究水平反映了教师课例研究能力的提升，这是他们开展课例研究得到深化的一个方面。课例研究深化的另一个方面则是教师对课例研究成果表达的认识在不断深化。

在研究中，教学名师们对课例研究成果表达的认识经历了从研究问题到针对问题撰写教学设计，从课堂教学录像到撰写教学实录（突出问题及分析问题），从反思教学到改进教学等——基于教学现场的课例研究动态生成的过程记录。张莉老师的研究反思集中体现了他们对课例研究成果的认识过程。

在第一次听了于波教授对我们全体学员做的关于课例研究的专题讲座后，我感到心情紧张，不知如何下笔，毕竟这是一个全新的研究要求，它既包括问题提出的背景、教学设计意图、教学实践展示、教学反思、教学效果的全部流程的两次轮回，还要从对比课堂重构后的实践效果，得出研究问题的方法与结论。特别对于我们一线教师来说，以前我们从没有做过这么复杂的课例研究，肯定感觉是心有余而力不足的。这一次，我确实只是按照于教授的要求，选择了教学中的一个较小的问题点，依样画葫芦地把我自己的教学设计、教学实录组合进去，心神疲惫地完成了作业。

于教授第二次对我们执笔的课例研究初稿进行逐一点评后，感觉迷茫了。回到家，坐到电脑前，认真回顾完于教授的讲座后，静下心来再次审视，确实发现自己的课例研究中对问题的提出部分，虽然有从语文课程标准、小学语文教学现状的分析作为背景，但是在语言表达上，观点还需明确，层次还需更加清晰。特别是缺少对教学设计环节的呈现，围绕自己研究的问题选取的片段缺少前后教学过程的联系，对于教学反思及修改建议还太单薄。虽然有两次课的效果对比，但是得到的结论太简略。找到这些不足后，我又重新回看自己的教学录像，认真地进行了补充修改，确实从如何实践我的研究问题，达成我的教学目标上进行了深入思考。特别在教学反思和教学设计修改上，我更深次地考虑到关注文体意识、关注学生起点、关注学生立场问题，直指我的研究问题的核心部分，较为深刻地进行了剖析与修正。我在写的过程中，明显显得得心应手多了。

于教授第三次对我们的研究报告进行指导点评、统一规范后，我对写课例研究有了更加深刻的认识：选择的问题研究点要小；围绕研究的问题选取有价值的教学片段，无关、多余的环节应省去；根据自己的观点，反思自己的教学实践与教学设计的矛盾之处，既要关注教师的教学策略，又要关注学生的学习策略，不断地进行修改，实现教学目标的最优化；最后通过前后两次的教学效果的对比，得出研究结论，指导教师如何有效地运用这个方法，有说服力。通过第三次的思维碰撞，我与于教授的思想终于达成了真正的统一，修改起来目标更加明确，心中怡然了许多。

第四次探讨会上，于教授又对我们每篇研究报告的题目、论证说明等做了逐一点评，引导我们再次聚焦自己的选题，如何将自己的选题说得透彻明白，细到每个环节的标题、格式、字体都做了统一的要求。打开修改文档，看见导师们密密麻麻的批注，既有充分的肯定，又有诚恳的建议，我不得不佩服他们的敬业精神，我们还有什么理由怠慢呢？于是，我又认真地按照老师们的建议删减、修改、补充，不知不觉又待在电脑前整整一天。

从依样画葫芦地组合教学设计和教学实录，到依据理论围绕问题进行清晰化、层次化的梳理，再到目标明确的修改，到最后的精细修改，可以看到在课例研究报告的撰写过程中，张莉老师对自己的课例的认识在深化，能从更高的理论层面来观察自己的课例；也可以看出张莉老师在习得课例研究的基本方法和课例研究成果的呈现方式，这都是教师在深化对课例研究的认识，进一步深化课例研究的具体体现。

第二节　困惑及出路：对教师课例研究及其引导的反思

课例研究对于教师发展、学生发展和教育研究的发展来说都具有重要意义。在课例研究中，一线教师具有其独特的特点，也有其擅长的地方。但在回顾整个课例研究过程时可以发现，教师的课例研究仍旧存在一些需要进一步改进和完善的地方，这是教师们以反思促进自己研究水平提升的关键，也是进一步深入了解和应用课例研究的前提。不仅是教学名师研修团队的教师自己对课例研究还存在一些困惑，我们作为研究者，也对教师们的整个课例研究过程进行了反思，包括研究中的可取经验以及需要进一步改进之处。

一、关于教师课例研究

从教师的整个课例研究过程以及他们自身对课例研究的反思来看，对于课例研究，教师还存在着各种各样的困惑和问题，对这些问题的反思是他们进一步深化课例研究、提高教学研究能力的重要途径。基于整个研究过程的理论基础、研究方法及其研究结论几个方面，可以很清楚地看到在整个研究过程中，尽管教师们经历了来自专家的理论指导、学科组间的合作，但对于研究还有许多需要进一步完善和改进的共性问题。

（一）理论基础仍需丰富

在对整个研究过程进行反思后，可以发现，教师们能够根据自己在教学中积累的经验以及小组合作的方式寻求解决问题的相应措施，但部分教师仍旧不能寻求较为有力的理论来帮助自己解决问题，凭借经验来尝试的情况仍旧存在。虽然一些教师在教学中能够较好地解决问题，但也存在不能用书面的和较为理论性的语言总结自己的教学经验，这就使研究具有一定的狭隘性和局限性。要找到适用于教师教学问题解决的理论，找到能够指导实践的教育教学理论，需要教师对问题进行分析，从某个视角来寻找相应的理论，也就是说要找到问题的关键点。

比如在"探究如何在哲学课中培育学生的核心素养"问题上，一位教师在问题提出中说明，培育学生的核心素养是实现教育立德树人根本任务的重要路径和有力抓手，新一轮的课程改革提倡的是以培育学生核心素养为目标的课堂教学。在《实践是认识的基础》一课中，第一次教学实践，教师认为课堂"哲学味不足，学生兴趣不高，思维的火焰没有点燃，对学生的哲学智慧启迪不足"。分析中，她认为"是因为没有把握好素养的要素及其整体性的特征，没有真正把握素养的形成规律，没有弄清知识与素养的关系究竟是什么。教师心目中仅有'知识'，没有'人'"。之后教师对素养的内涵、特征及其现代教育心理学的研究成果进行了分析，重新进行了教学设计，总结探究了培育学生哲学素养的几个策略："基于素养培育的哲学课教学往往以情境任务为依托、以活动为主线、以追问生活为策略，具有情境性、问题性、活动性三大特征"。最后，教学中"学生不但领悟了实践和认识的辩证关系，抽象概括的思维能力和分析问题、解决问题的能力也得到了提升，投身实践的热情和敢于实践的勇气也倍增，其哲学在动手实验、动脑质疑辨析、动口交流表达中得到充分启迪，课堂意味悠长，让人久久回味'过与不过'的智慧，为'摸着石头过河的勇气'动容"。

这位教师在反思自己的研究中提到，第一次教学由于对知识与素养的关系不明确、缺乏知识转化为素养的培育策略导致教学仍旧存在一些问题，不能体现哲学素养的培育，从最后的研究结论中可以看出，实际上教师已经具有了一定的理论思维，也探究了知识转化为素养的条件，即情境、活动以及生活三个方面。但另一方面要想研究具有可持续性和深入性，教师仍旧需要对三个层面提供具体的、结合当前教学情境的、较为深入的分析，如对现代心理学关于素养的研究提供某方面的具体理论，三个层面具体包括的适用条件等。

教师教学往往是实践性知识起作用，通过课例研究，许多教学名师收获了来自实践经验的一些教学策略、教学方法方面的研究结论，但要从整个教学方面来提升自己，还需要来自理论方面的持续而深入的学习。

（二）缺少基于定量的教学分析

教师们在合作研究的过程中部分课堂观察和教学分析较少使用定量的研究方法。教师们更多地采用的是质性的观察方法，而对于维度的设置还缺少相应的理论支撑。受到学校条件的限制，在进行课堂观察时也有个别教师不能进行录音、录像等，也就是说教师的教学过程是听课教师用纸笔记录或是教师回顾记忆中的教学情境等方式进行的，这也不能保证课例的真实和完整呈现。对于研究方法的使用还比较局限，多数采用课堂观察，比较缺少辅助的访谈、问卷等多样的研究方法来弥补观察法的不足。

对于教学分析方面，可以看到教师们在分析时多是用感知来进行主观的陈述问题表现，比如这位教师的教学反思："40分钟的课，我讲得筋疲力尽，学生学得云里雾里。纵观整堂课的四个教学环节，除'听写'学生略感轻松以外，其余三个部分的学习学生们都是一脸凝重，语言干瘪，课堂比较沉闷。学生能够从对大雨和洪水的描写中感受到情况越来越危急，但是对于这样的环境描写对塑造人物形象所起的烘托作用大多数学生无法感受到。在我不失时机地启发、引导下，学生能够从对

'党支部书记'语言、动作的描写中体会到'党支部书记'的从容镇定和舍己为人,但从学生的发言中不难看出,学生们对'党支部书记'这个人物形象的感悟仅仅是停留在浅层次的,'村支书'这个人物形象的感悟是平面化的,他'像一座山'一样的形象没有在孩子们的心中丰满和立体起来。"

从这样一个教学反思中可以看出,实际上教师的教学分析缺乏较为客观的维度。比较倾向于经验式的分析。具体体现为教学分析主要体现为课堂气氛及学生表现,而缺少对教学设计的意图、问题解决的措施、教学资源的利用、教学实施中教师的表现等做客观的分析。对感悟人物形象这一核心任务具体包含几个方面的条件,教师提供了什么条件让学生感悟人物的语言、动作、神态,学生又是如何参与的,感悟到了怎样的一个人物形象等缺少具体分析。

最后,在对教学效果进行评价的过程中,一些教师的关注点是学生的学习积极性、参与程度等方面,而对学生是否真正理解了教学内容、在教学内容方面是否比以往的教学收获了更多的来自思想、精神、素养等方面的体验则缺少较为客观的评价。

(三)研究结论囿于课例本身

部分教师的研究结论也就是问题解决的策略或措施,比较具有具体性和针对性,这是教师基于自己教学现场研究的一个优势之处。但另一方面,有些研究结论又囿于课例本身的解决措施,而没有体现出课例研究的一般意义。课例研究促进教师教学水平的提高需要教师能够将自己的研究结论推广,使其具有可以迁移和借鉴的特点。课例研究不是针对任何一个问题都要进行的,而每一个研究循环建立在一定的理论基础上才能帮助教师实现较大的提升。

比如一位教师以"等比数列的前 n 项和"为例,探究如何通过搭建阶梯的方式帮助学生经历数学发现过程以提高学生学习素养的问题,在研究结论中,教师写道,第一次设计在探寻求解 S_{64} 的过程中,学生除了逐个相加以外束手无策,看似在"愤、悱"状态,老师此时指点迷津告诉学生 $2S_{64}=2+2^2+2^3+\cdots+2^{63}+2^{64}$,好像指出了求解 S_{64} 的阳光道,实际上学生除了去计算 S_{64} 以外,没其他思考,为什么要这样计算? $2S_{64}=2+2^2+2^3+\cdots+2^{63}+2^{64}$ 是怎样得来的?学生一头雾水,实际是老师帮学生解决了问题,学生成了旁观者。为什么?是因为求解 S_{64} 这一问题坡度较大,不在学生思维、知识、技能的最近发展区,无论是对于思维较灵活,还是较迟缓,对于基础知识较好,还是较差的学生都不能真正求解 S_{64} 。学生会有挫败感。老师告诉学生 $2S_{64}=2+2^2+2^3+\cdots+2^{63}+2^{64}$,是灌输,是填鸭,数学作为思维体操的功用就不能发挥,更谈不上学生"重蹈人类思维发展中那些关键性步子"。学生没有经历知识、方法的生成和发现过程，不利于学生创新思维和能力的培养。

第二次设计在探寻求解 S_{64} 的过程中，学生除了逐个相加以外束手无策，老师没有告诉学生 $2S_{64}=2+2^2+2^3+\cdots+2^{63}+2^{64}$，而是巧改故事，把1粒改成2粒，把2粒改成4粒，把4粒改成8粒，以此类推，共需 $2+2^2+2^3+\cdots+2^{63}+2^{64}$ 粒，请学生计算 $2+2^2+2^3+\cdots+2^{63}+2^{64}$，在思考计算 $2+2^2+2^3+\cdots+2^{63}+2^{64}$ 的过程中，能发现它是 S_{64} 的2倍，这样学生独立、自主地发现了 $2S_{64}=2+2^2+2^3+\cdots+2^{63}+2^{64}$，"整个过程思维自然、流畅。错位相减法最难突破的点就被学生在老师搭建的阶梯上轻松愉快地获得突破，并且是学生自己独立发现的！学生真正经历了知识、方法的生成和发现过程，经历数学方法的'数学化'过程，'重蹈人类思维发展中那些关键性步子'。学生获得机会形成数学学习的活动经验，体会到自主探究获得成功的情感体验。通过对两次设计对比研究可以看出'搭建合理的阶梯'有以下优点：

(1)学生经历了知识、方法的生成和发现过程，经历了数学方法的'数学化'过程；

(2)获得成功的情感体验，获得数学学习的活动经验；

(3)充分体现教师为主导，学生为主体。"

从这一研究结论可以看到，教师实际上只针对等比数列的前 n 项和这一课提出了为学生搭建数学发现的阶梯，而没有对研究结论进行一般的探讨，也就是说不是以此为例进行的一类问题的探究。在数学中，学生的思维发展具有一定的年龄特点，而理解数学知识也往往需要教师为学生搭建阶梯，这是一个比较具有代表性的问题，也是比较有意义的问题，同样适用于其他数学知识的教学，教师可以进行进一步的深入探究。

二、关于对教师课例研究的引导

我们项目研究团队在教师们的整个课例研究过程中收获颇多，但同时研究过程中也还存在着一些需要注意的问题，这些问题一部分是受客观条件的限制，一部分是研究者为使研究顺利开展的主观考虑。

(一)研究问题是由教师自主选择的

从教学名师研修团队的教师的课例研究报告中就可以看出，他们选择的研究问题皆有不同，且包含宏观、微观各个层面的问题。这些问题有的是来自中小学学科教学的有一定代表性的问题，有的是教师在教学中遇到的比较具体的问题。从理论上看，教师们所选择的应当是具有代表性的涉及学科教学核心的问题。但项目研究团队让教师自主选择了相应的研究问题，没有对此加以干涉。要求教师选择具有真实性的教学问题，是教师在教学中实际遇到的问题。对此主要有以下两个方面的原因。

第一，教师们来自各个学科，从语文、数学到美术、体育，从文科到理科，不同学科的教师也来自不同学校、不同年级。由于教师所处环境的差异性，导致研究问题难以统一。同时每个教师所在学校都有相应的教研组，有些学校每学期不同年级都有不同的研究主题，也就是说一些教师在参加研究之前就有了研究的问题。

第二，研究过程与教师教学过程结合。在参加研究的过程中，为了调动教师参与研究的积极性与自主性，让教师自主选择研究问题。这样的研究问题就是教师根据自己当前教学的需要进行选择的，一方面能在教学中同时进行研究，另一方面也能发挥主动性，保证研究过程的顺利进行以及研究的效果。

（二）对问题缺乏系统研究

在整个课例研究过程中，教师所进行的是围绕同一课进行的从教学设计到教学分析、教学改进的循环，没有针对同一研究主题进行系列的研究，也就没有经历从不同角度和不同内容探究研究主题的过程，研究主题是比较分散的。

教学名师研修团队的教师具有丰富的教育教学实践经验，在摸索和思考教学中遇到的研究问题上也具有自己独特的经验，但相对来说他们缺少的是能够进一步持续提升教学以及研究能力的途径。基于单个内容的课例研究使教师能够就一个内容进行持续性的跟踪改进，尤其是在问题解决过程中寻求教育教学理论并深入理解和应用理论于教学实践，将理论与教学实践结合，教师们需要更加深入的思考和实践。

同时，一方面由于时间以及教师之间的差异性不便于教师们展开系列的研究，另一方面多数教师是初次接触课例研究，与进行系列的主题研究相比，教师们更需要的是经历完整的课例研究过程，能够静下心来深入地探究、解决好一个研究问题。这一方面能够帮助教师熟悉课例研究的整个过程，另一方面也能比较深入地探讨某个研究问题。研究通过这一过程帮助教师形成对课例研究的整体认识，以便于教师形成自主研究的能力，掌握课例研究的方法。

（三）教师成长具有差异性

由于项目任务要求，无法对参与教师进行筛选，一些教师在研究开始时就对研究问题进行了比较深入的思考，也寻求了一定的教育教学理论，并在自己的教学实践中做了初步的尝试。但一些教师完全是初次接触课例研究，在选择研究问题、寻找教学理论支撑、进行客观课堂观察和教学分析等方面都有许多疑惑和困难。这就导致教师们的水平和进度是不同的。一些教师在研究过程中对教学问题有了更深入的认识，也能够自主地进行课例研究了。一些教师则形成了对课例研究的基本认识，但要能独立进行课例研究还需要一段时间。鉴于教师在研究水平上的差异性，项目研究团队采取的是尊重教师自主性和差异性的方法，因此研究呈现的结果也具有差异性，无法进行统一要求。在研究中，教师们已经形成了一定的研究意识，不少教师已经能够将教育理论融入自己的教学实践中，并内化为指导教学实践的教学理念，但仍有一些教师对于研究缺乏比较客观的理论分析学习，运用教育理论的能力有待加强。

（四）非强制性干预

项目研究团队引领教师进行课例研究，为他们提供理论和实践的指导，因此干预也就不可避免。但这一干预过程是非强制性的，它是建立在充分尊重教师自主性和差异性基础上的。在整个课例研究过程中，在让教师充分了解课例研究基本过程的基础上，使教师自主选择研究问题，以自己所在学校教研组为研究共同体展开。课例研究的基本环节以及课例研究报告撰写的基本模式是为教师提供基本的方向性指导的，并非强制性的。研究过程主要在于促进教师将课堂教学与教学研究相结合，转换教育教学问题为研究问题，因此专业研究者主要是为教师提供引导，而教师才是主要的行动研究者。

在整个研究过程中，项目研究团队为教师开展了课例研究的相关讲座，与他们就其各自的研究与困惑进行多次讨论与交流，并对其所撰写课例研究报告进行了指导。但由于干预的程度不强，也导致了教师所撰写的课例研究报告的差异性，即一些教师的课例研究报告呈现的是比较成熟的过程，而另一些教师的课例研究报告还需要更进一步的改进和完善。在本书的第二部分呈现的是相对来说比较成熟的课例研究报告。从教师们的课例研究报告中可以看到，教师彼此在课例研究上还存在一定的差异，这些研究报告中也存在着一些需要加强的地方，但对每个教师来说，这就是他们成长的痕迹。报告的撰写就是教师们回顾和反思自身课例研究的过程，它的目的主要是帮助教师从理性的、较为客观的视角去认识自己的研究行动，从而为进一步的改进和提升打好基础。教师们已经形成了对课例研究的基本认识，尽管有些地方还有不足，但在今后的教学和研究过程中，他们会逐渐加深理解，不断提升自己的研究能力。这些研究报告反映了教师们在改进教学行为中的所思、所想、所做，反映了基于教学现场的课例研究动态生成的过程，相信也能对其他教师进行教学研究有所启发。

第三节　本章小结

课例研究注重教师的反思，这种反思是教师在证据和理性的坚实基础上对实践中的思想、心理感受的思考以及对自己体验过的东西的理解、描述、体会和感悟进行的有意识和自愿的努力，是在证据和理性的基础上建立教学实践的信念。

教师在课例研究中的反思带来了多方面的效益，首先是促进了学生的发展。在课例研究中，无论选题角度是基于教学内容、学生发展还是教学指导理念，教师们在反思中都能自觉将学生发展作为课例研究的终极目标指向，也能从课堂教学的现象层面和学生发展的目标层面对课例中的教学实践进行反思。其次，教师在课例研究中进行的反思也是推动教师发展的重要手段；反思中，教师们的反思水平、教学理性实践水平和研究水平都在不断提高。再次，教师的课例研究也带动了“学习共同体”共同参与反思，促进了教研组、学校乃至全区的“学习共同体”的不断进步。最后，教师的反思是教师在不断修正对课例研究的认识，也在促进着课例研究的不断深化。

我们项目研究团队对教师的课例研究和研究团队的引导进行了反思。综观教学名师的课例研究，可以看出这些课例研究在理论基础上相对比较薄弱，需要进一步丰富；在研究方法上也是质性分析，缺少了基于定量的教学分析；研究结论也囿于课例本身，在结论推广上有很大难度。本课例研究也存在不足：首先，研究问题是教师自主选择的，随意性较大；其次，研究主题是分散的，教学名师之间对话较少；再次，教师的成长具有差异性，教师成长状况参差不齐；最后，项目研究团队的非强制性干预在激发教师主动性时，给团队的研究提出了挑战。

下篇

教学名师课例研究案例

JIAOXUE MINGSHI
KELI YANJIU ANLI

1.

从关键词句出发，概括散文主要内容的教学实践

——以散文《跨越百年的美丽》教学为例

张　莉[1]

一、选题背景

（一）选题缘由

由于小学生认知水平较低，抽象思维能力较差，兼之教师在课堂教学中对概括能力训练的淡化、弱化，因而小学生的概括能力较差。本研究选题主要基于以下两点缘由。

1.学生学习存在的问题

小学生抽象思维能力差，他们的思维往往停留在对具体事物的感知上，不善于在具体感知后进行抽象概括。具体体现在如下几个方面：首先，概括时抓不住关键信息，只摘引原文语句而不加以归纳。其次，概括不精要，不能抓住主要问题。一整篇课文，由于篇幅较长，他们在概括时往往只见局部，不见整体，抓不住重点，偏离课文主体价值或主要内容。最后，忽视段与段之间的联系，语言组织能力薄弱。

2.教师教学的现状

目前，概括文章大意的训练在课堂教学中呈现淡化、弱化的趋势，直接造成小学中高段学生阅读能力的下降。有些教师自身的概括能力有待加强，教学上也缺少培养学生概括能力的专门性训练，造成了大部分学生在概括文段主要内容时无从下手。在我们日常的课堂教学，甚至是许多公开课中，很难看到训练学生概括文章大意或段落大意的环节，因为它费事、效率低。少数课就算有，执教的老师也是让几个学生一“说”了事，没有踏踏实实的训练环节；对于学生概括的质量也没有进一步的引导、提升，学生零碎性的认识也得到了教师的认可。久而久之，学生就停留在了表面、片面的认识上，对课文内容难有全面而深刻的把握。

① 张莉，女，四川自贡人，重庆市渝中区中山小学教师，重庆市骨干教师，重庆市小学语文学会会员。

（二）研究意义

小学生语文素养是小学生语文积累、语文知识、语文能力、学习方法、学习态度、学习习惯以及认知能力、人文素养等方面的综合体现。就小学阶段来说，语文教学需要培养的语文核心素养是“语言理解能力”“语言运用能力”“思维能力”“初步的审美能力”等四个维度。其中，语言理解能力和语言运用能力是基础。因此，我们小学的语文课堂应紧紧围绕着这两个维度对学生进行训练。

《义务教育语文课程标准》要求小学生阅读课文能准确全面地整体感知，把握文章的核心内容和主旨。理解课文内容、体会思想感情是阅读教学的重要方面，其中把握课文的主要内容是体会情感的基础，这就要求学生有一定的概括能力。从教学实践上看，学习和运用知识的过程就是概括的过程，概括是思维的基础之一，所以概括能力是语文能力素质中最基本，也是最重要的一种能力。

《义务教育语文课程标准》第三学段（5—6年级）明确提出：阅读说明性文章，能抓住要点；阅读叙事性作品，了解事件梗概；阅读诗歌，大体把握诗意。很明显，我们的语文教学必须有意识地培养小学生的问题意识。小学语文课文涉及不同的文体：写人记事的记叙文、说明文、写景状物类文章、诗歌、散文、文言文、小说、议论文……因此，针对各类文体的课文，我们应把握好概括的度，引导学生采用不同的、行之有效的方法培养他们概括课文主要内容的能力。这是我此次课例研究的主要问题。

（三）研究内容

细观人教版《义务教育教科书语文六年级下册》，其内容涉及文言文阅读、“感悟人生”的散文欣赏、对“民风民俗”的初步感知、对“革命先烈”的追忆、外国名篇名著中的小说赏析、对科学精神的探索追求、对“难忘小学生活”的回忆。为了向初中平稳过渡，降低学生升入中学的不适应性，教材涉及了各种文体的阅读：文言文、说明文、记叙文、小说、散文、议论文，其中第五单元的第18课《跨越百年的美丽》就是节选自著名作家梁衡在1998年的时候为了纪念居里夫人和她的丈夫发现放射性元素镭100周年而写的一篇散文。这篇课文跨度大，内容多，篇幅较长。尤其在材料运用上与同类文章相比有很大的不同。文中多处运用联想、引用、对比的手法，既扩展了文章的取材范围，又使居里夫人的形象更为丰满，更为美丽。“把握主要内容，体会科学精神和含义，并学习用具体事实说明道理的写法”是本单元的训练重点。这样一篇长课文，如何把握主要内容？假如没有一个合适的切入点，只会使师生陷入“苦”与“累”的泥沼。因此，“从关键词句出发，概括散文主要内容的教学实践”，成为我此次课例研究的一个小问题。

二、第一次教学实践

(一)教学设计

【教学目标】

1.学会14个生字,正确理解“盛名”“人声鼎沸”“卓有成效”等词语,重点学会“卓”“誉”的书写。

2.正确、流利、有感情地朗读课文,抄写喜欢的句子和段落。

3.把握文章的主要内容,并理解课题中的“美丽”表现在文章中的哪些方面,初步感知居里夫人的美丽。

【教学重难点】

引导学生理解课题中的“美丽”表现在文章中的哪些方面,即把握文章的主要内容。

【教学准备】

1.学生课前阅读有关居里夫人的资料。

2.课件、图片等相关资料。

【教学过程】

一、走近居里夫人,引出课题

1.从上个单元的古今中外的文学作品,引入本单元关于科学的单元导读,引导学生了解本单元的学习重点是在把握文章主要内容的基础上,感受科学家们的科学精神。

2.师生交流课前搜集到的关于居里夫人的资料。教师根据学生介绍,板书“镭”,总结镭在医学上的重要作用。

3.引导学生抓住题目的关键词“美丽”来质疑,激励学生走进课文。

二、自主学习,整体感知

1.检查词语的认读情况,让学生再读读词语,看看有什么发现。

放射性　钋　镭　提炼　冶炼　量杯

人声鼎沸　肃然无声　全场震惊　烟熏火燎

卓有成效　名誉头衔　视名利如粪土　捐赠　盛名

(1)强调“鼎”“钋”“燎”“卓”“效”“盛”“量”的读音,尤其是“盛”“量”的读音。

出示两个读音,让学生选择正确读音,并说明理由(结合课文最后一句话)。

(2)请学生仔细读读这些词语,看看每一行词语有些什么特点(物理方面的专业术语,表示环境的词语,表示精神层面的词语。这些词语中还有一组反义词和近义词：人声鼎沸—肃然无声，提炼—冶炼），并引导学生正确运用。

（3）强调“誉”“卓”的正确写法。

2.请学生自由练习朗读课文，注意读准字音，读通课文。这篇课文中有些句子有点儿长，有点儿难读，可以多读几遍。教师出示几个重点句，抽读，纠正读。

3.把长句子读准了，课文才会读得更通顺、流利。请6个小组分别读6个自然段。

三、把握文章内容，感知“美丽”

1.我们已经来回地读了几遍课文，那么课文围绕居里夫人究竟写了什么内容呢？请学生再次回到文中，默读课文，边读边思考文章的主要内容，可以适当批注、勾画。

2.学生汇报，其余学生评价、补充。教师特别关注学生对第2—4自然段的概括，相机评价、板书。

3.请学生根据板书提示，再准确地说说文章的主要内容（组内说，指名说）。

4.这节课我们初读了课文，从居里夫人的一些具体事例中初步领悟到她的一些科学精神，下节课我们将针对大家的提问，通过理解一些含义深刻的句子进一步感受居里夫人的伟大人格，体会作者的表达方法。

四、作业设计

请学生拿出笔记本，摘抄自己喜欢的句子与段落。

【设计意图】

1.这样的开课直接引入文章的主要人物，让学生从网上、相关的书籍、课后的阅读链接资料中初步了解居里夫人的一生与镭结下了不解之缘。

2.张祖庆老师说，“每一个词语都是富有温度的”，词语教学应该“开掘词语的深度”。教师若能在具体的语境中让学生理解词语，掌握词语和句子、段落之间的紧密联系，词语的解释就会富有意蕴，富有感情色彩。因此，教学中教师将字词教学与阅读同步进行，有机结合，通过联系上下文、联系生活实际、展开想象等方法，有助于学生对词语的理解更加立体，更加灵动，更加深刻。文章中的词语很多，教师智慧型地选择这样三组词语的组合，不仅要求学生能掌握“量”“盛”的读音，还要学生重点掌握“誉”的字形；不仅使学生了解课文中关于物理、化学方面的术语，感受到科学发展的前进性，更使他们对居里夫人在艰苦的环境中寻根究底的科学精神，以及她将一生献给全人类的崇高形象留下了深刻的印象，为感悟居里夫人的精神之美做了充分的铺垫。

3.把握课文主要内容的训练是一个循序渐进的过程，对学生来说也是一个难点。低年级概括文章主要内容不是学习重点，所以要求低一些；中年级要让学生

“跳一跳”能摘到苹果，方法指导极为重要；高年级学生要有整体把握文章内容的能力，重点要训练“独立概括”的能力。我们在指导学生归纳本课主要内容的时候，引导他们运用概括小标题的方法，有助于学生将长课文读“短”。

（二）教学实录

一、走近居里夫人，引出课题

1.孩子们，上一个单元，我们在古今中外的文学作品中遨游，这一个单元我们将学习有关科学的主题。现在，请翻开课本第98页，快速浏览单元导读，了解本单元的学习重点是什么。（本组课文将着重让我们感受取得成功不可或缺的科学精神。学习本组课文，要把握主要内容，体会科学精神的含义，还要学习用具体事实说明道理的写法）

2.今天，我们将学习著名作家梁衡向我们介绍的这样一位科学家（出示居里夫人的照片）。请学生谈谈通过课前预习对居里夫人有什么了解。

课堂上，有的孩子介绍了居里夫人的全名、出生年月日、出生地、国籍、身份；有的孩子介绍了她在物理和化学方面的伟大成就，特别是镭在医学上的运用；有的孩子介绍用课后的阅读链接来了解其他伟人对她的评价、介绍。教师及时表扬了学生们的预习成果并总结了收集、处理信息的方法。

教师总结：居里夫人通过刻苦钻研发现了镭，为人类做出了巨大的贡献。现代医学上，镭主要用来治疗癌症和皮肤病。多么了不起呀！作家梁衡写下了这样一篇文章来歌颂她。（引导学生齐读课题，板书“镭”）

3.细心的孩子发现，梁衡在写作本篇文章时主要抓住居里夫人的什么？（美丽）让学生再读课题，引导质疑，激发学生走进课文的兴趣。

二、自主学习，整体感知

1.在学习课文之前，我们先来检查词语的认读情况（出示词语）。

放射性　钋　镭　提炼　冶炼　量杯

人声鼎沸　肃然无声　全场震惊　烟熏火燎

卓有成效　名誉头衔　视名利如粪土　捐赠　盛名

（1）请按三个大组分别读一排。注意强调“鼎”“钋”“燎”“卓”“效”“量”的读音，相机强调“量”的读音（多音字）。

（2）盛名的“盛”也是多音字，同学们读得很准。这个词出现在课文最后一句话，齐读，边读边想“盛名”的意思（很大的名声）。

师：对，我们只有结合具体的语言环境才能正确地理解词语的意思。

（3）请大家仔细读读这些词语，看看你有什么发现。

①每一行词语有些什么特点？

生：第一排是物理方面的科学术语，第二排是环境描写的词语，第三排是表示人物精神层面的词语。

②再看看，这些词语中还有一组反义词和近义词。

生："人声鼎沸"和"肃然无声"。

师："人声鼎沸"形容人声嘈杂喧闹，而"肃然无声"则指会场安静没有声音，都是描写环境的词语。

生："提炼"和"冶炼"。

师：这两个词都是指从某种物质中提取需要的东西，其中"冶炼"主要用于钢铁锻造，而"提炼"的运用范围更广一些。

③你会正确选择词语填空吗？（提炼、冶炼）

是钢铁才能经得起烈火的（　　）。

居里夫人发现并成功从工业废渣中（　　）出镭，轰动了科学界。

④老师用黑色标注的这些字正是课后要求会写的字，预习时你发现哪些字容易写错？

生："誉"的上面部分，"卓"字不能多写撇和捺。

教师板书，学生练写。表扬孩子们真仔细。

2.下面请孩子们自由练习朗读课文，注意读准字音，读通课文。这篇课文中有些句子有点儿长，有点儿难读，大家可以多读几遍。

同学们读得很认真，这篇课文里有些长句子，谁能提醒大家来读一读？（学生自主提醒，教师点评，学生齐读）

①一百年前的1898年12月26日，法国科学院人声鼎沸，一位年轻漂亮、神色庄重又略显疲倦的妇人走上讲台，全场立即肃然无声。

师：注意读好顿号前后的词语，不要慌。

②玛丽·居里穿着一袭黑色长裙，白净端庄的脸庞显出坚定又略带淡泊的神情，那双微微内陷的大眼睛，让你觉得能看透一切，看透未来。

师：遇到比较长的句子，想想它的意思再读。

③她的报告使全场震惊，物理学进入了一个新的时代，而她那美丽、庄重的形象也就从此定格在历史上，定格在每个人的心中。

④第三自然段关于外国人名的第二句。

师：老师建议大家在读外国人名时读得稍微短一点儿、快一点儿。

⑤她从一个漂亮的小姑娘，一个端庄坚毅的女学者，变成科学教科书里的新名词"放射线"，变成物理学的一个新的计量单位"居里"，变成一条条科学定律，她变成了科学史上一块永远的里程碑。

师：几个并列的分句之间一定要稍微停顿，掌握好节奏。

3.把长句子读准了，我相信你们会将课文读得更通顺、流利。请六个小组分别读六个自然段。

三、把握文章内容，感知“美丽”

1.课文我们已经来回地读了几遍，那么课文围绕居里夫人究竟写了什么内容呢？请孩子们再次回到文中，默读课文，边读边思考文章的主要内容，可以适当批注、勾画。

2.学生汇报，其余学生评价，补充。（提示：谁来大胆地说一说？其余学生认真听，然后回答问题：他哪些部分归纳得好，哪些部分还需要修改？教师要特别关注学生对第2—4自然段的概括，相机评价、板书）

生：第二自然段主要是说美丽、端庄的居里夫人于1898年12月26日在法国科学院关于天然放射性元素——镭的报告，使全场震惊。

师：抓住了时间、地点、人物和事件来概括，真不错！美丽、端庄这两个词语抓得好。

生：第三自然段写别人摸瓜居里寻藤，别人摘叶她问根。她为了探索“其他物质有没有放射性”而进一步研究，先后发现了钋、镭。她终日在烟熏火燎中反复试验，终于在成吨的废渣中提炼出了0.1克镭。

师：虽然第三自然段还描写了一些其他内容，但重点是描写居里夫人提炼镭，抓得准。

生：第四自然段写她的性格坚定、刚毅、顽强，有远大执着的追求。

师：第四自然段有一些是作者对居里夫人的评价态度的语句，我们就仅仅抓住居里夫人干了什么来概括就可以了。

生：第四自然段写的是居里夫人不顾射线的侵蚀、丈夫的早逝、社会的歧视，仍默默地工作，取得成功。

生：第五自然段写的是居里夫人获得很多荣誉，但视名利如粪土，直到死都一如既往地工作。

生：第六自然段写的是爱因斯坦对她进行了高度评价。

师：能用上文章中的重点词概括，真不错。

3.谁能再准确地说说文章的主要内容？（可以根据板书提示）先让学生在小组内说，然后指名说。

4.学到这儿，居里夫人给你留下了怎样的印象呢？

生：端庄美丽、非常坚强。

生：提炼镭，付出了很大的心血。

生：虽然获得了很大成就，但不骄傲。

生：我觉得她命运比较坎坷。

5.这节课，我们初读了课文，从居里夫人的一些具体事例中初步领悟到她的一些科学精神，下节课我们将针对孩子们的提问，去理解一些含义深刻的句子，从而进一步感受居里夫人的伟大人格，体会作者的表达方法。

四、作业设计

下面，请孩子们拿出笔记本，摘抄自己喜欢的句子与段落。(提醒学生特别要注意把句子中的生字写准确)

（三）分析与反思

本次试讲是区级教研活动的一部分，王老师组织中心组成员来听了我的课。在研讨会上，老师们各抒己见，对课例的每个环节进行诊断。我将老师们的意见整理归纳如下：

1.删减第一部分关于单元导读的内容，直接进入本课的主题，留出更多的时间突破“夹叙夹议类散文”主要内容概括的难点。轻其所轻，重其所重。

2.关于文章中的科学术语要指明是涉及物理、化学研究方面的，分类更明确。关于多音字正确读音的选择，要结合具体的语境，联系上下文的意思来做判断。遵循“字不离词，词不离句”的原则，选择多音字“量”放入具体的句子中，将方法落实。阅读时添加引读的环节，将学生个体读和齐读结合起来，为后面快速地把握文章主要内容做铺垫。

3.课堂中，在生生互动、师生互动的过程中学生汇报自己对课文内容的概括，教师相机引导学生围绕对居里夫人的描写删减次要、多余的内容，逐段提取重要的内容，然后用段意串联法把握文章的主要内容。但是，课文篇幅长、句子长，既有对居里夫人外貌的描写，又有对居里夫人提炼镭的过程以及获得的荣誉的描述，还有作家甚至是其他人对居里夫人满怀深情的评价。文中对学生概括提炼的干扰阅读信息较多，内容散，对于小学生来说，概括课文主要内容的难度确实增加了。在教学过程中，我们不难看到学生对简单明了的文字知道如何将长句变短、抓重点词语，但在概括第三、四自然段，散文味道较浓的部分时，出现了许多问题：不少学生还在简单地勾画他们所认为是重点的句子，引用了文章中一些抒情评价的句子，甚至还引用了歇后语这些不必要的内容。所以，这样的教学对于提升学生的概括能力并没有实质性的作用，没有看见学生在课堂上的增长点，本课的难点也没有得到很好的突破。此环节必须在尊重学生的起点基础上，既要关注文体特点，还要考虑对学生的学法进行优化。

为了真正地提升学生的概括能力，并让他们初步感受“夹叙夹议类散文”主要内容的概括方法，我们应思考如何关注“夹叙夹议类散文”的文体意识，给学生搭梯子，指导他们从而使方法落地生根，于是有了这样的教学设计：抓关键词句，贯穿全文；重提炼导向，概括小标题，罗列重点要素；串联小标题，快速把握全文的主要内容，从而让学生有法可循，能举一反三，为初中更多的文学作品的阅读打基础。

三、第二次教学实践

(一)修正教学设计与意图

【教学目标】

1.学会14个生字，用多种方法帮助学生正确理解“冶炼”“盛名”“人声鼎沸”“卓有成效”等词语，重点指导“卓”“誉”的书写。

2.正确、流利、有感情地朗读课文，抄写喜欢的句子和段落。

3.抓文章中关于“镭”的关键词句，把握文章的主要内容，并引导学生理解课题中的“美丽”表现在文章中的哪些方面，初步感知居里夫人的“美丽”。

【教学重难点】

指导学生抓文章中主人公做了什么和关于“镭”的关键词句，去掉文中抒情、议论的语句，把握文章的主要内容。

【教学准备】

1.学生课前阅读有关居里夫人的资料。

2.课件、图片等相关资料。

【教学过程】

一、走近居里夫人，引出课题，大胆质疑(设计同前，略)

二、检查预习，自主学习，整体感知(设计同前，只是将词语归类进行了调整并重新归类，其余略)

酸碱　提炼　冶炼　量杯　(科学术语)

人声鼎沸　肃然无声　全场震惊　烟熏火燎　(环境描写)

卓有成效　名誉头衔　一如既往　盛名　(人物描写)

三、抓住关键句，把握文章主要内容

1.对于这样一篇“夹叙夹议”的散文，我们该怎样归纳文章的主要内容呢？既然镭伴随了居里夫人的一生，那接下来就请同学们在文中找出带镭的句子，并标上序号。

2.这么长的文章，读好了这九句话，就读懂了文章。再仔细读读这九句话，看看你有什么新的发现。(是提炼镭的过程，是课文的一个提纲)

3.那再请同学们回到文中，紧紧抓住“居里夫人”和“镭”这两个关键词思考文章的主要内容，可以适当批注、勾画。

4.学生汇报，请其余学生评价，补充。(师相机评价，引导概括小标题)

6.那么，谁能根据这几个小标题，再准确地说说文章的主要内容？

7.谁来总结一下归纳这类文章主要内容的方法？

(围绕主人公做的事，抓住关键词句来归纳夹叙夹议式散文的主要内容，抒情、议论的语句应该省去)

8.请孩子们按照这样的方法把主要内容整理在笔记本上吧！

【设计意图】

1.课文篇幅很长，而且体裁是散文，四字词语多，长句子多，学生读通、读熟较困难。在修改指导读书的这个环节中，教师给足时间，让学生把难读的句子多读几遍，激励学生充分朗读，体现了尊重学生立场、务实求真的教学思想，这叫“真训练”。另外，教师的指导评价语中也对散文的写法做了一点儿铺垫，为后面主要内容的教学埋下伏笔。

2.对于这样一篇很长的散文，教师在指导学生归纳主要内容的环节中，引导学生去掉作者抒情、议论的语句，勾画出描写镭的句子，并以此为线索，概括出居里夫人与镭之间发生的事情的小标题，从而把握整篇课文的主要内容，结构清晰，线索明了，突破了难点。

(二)教学实录

一、走近居里夫人，引出课题，大胆质疑(教学过程同前，略)

二、检查预习，自主学习，整体感知

1.在学习课文之前，我们先来检查同学们认读词语、朗读课文的情况。(出示词语，处理方式与第一次教学实践相同，教学实录略)

酸碱　提炼　冶炼　量杯　(科学术语)

人声鼎沸　肃然无声　全场震惊　烟熏火燎　(环境描写)

卓有成效　名誉头衔　一如既往　盛名　(人物描写)

2.生词解决了，下面请孩子们自由练习朗读课文，注意读准字音，读通课文。文中有些句子有点儿长，有点儿难读，你们可以多读几遍。(出示外貌描写的句子，分别请三个学生读，哪个句子读不好，就点评后再读)

①一百年前的1898年12月26日，法国科学院人声鼎沸，一位年轻漂亮、神色

庄重又略显疲倦的妇人走上讲台，全场立即肃然无声。

师：注意读好顿号前后的词语，不要慌。

②玛丽·居里穿着一袭黑色长裙，白净端庄的脸庞显出坚定又略带淡泊的神情，那双微微内陷的大眼睛，让你觉得能看透一切，看透未来。

师：遇到比较长的句子，想想它的意思再读。

③她的报告使全场震惊，物理学进入了一个新的时代，而她那美丽、庄重的形象也就从此定格在历史上，定格在每个人的心中。

师：这几个句子中都描写了居里夫人的什么？

生：外貌、评价、穿着，对她的总体感受。

师总结：从这几个句子中，我们可以感受到作者梁衡的深情啊！

师：谁再来读读这段话？（愿意读的都站起来读）

这点美丽的淡蓝色的荧光，融入了一个女子美丽的生命和不屈的信念。玛丽的性格里天生有一种更可贵的东西，她坚定、刚毅、顽强，有远大、执着的追求。这种可贵的性格与高远的追求，使玛丽·居里几乎在完成这项伟大自然发现的同时，也完成了对人生意义的发现。

师引读：正是因为这样……

生接读：她从一个漂亮的小姑娘，一个端庄坚毅的女学者，变成科学教科书里的新名词“放射线”，变成物理学的一个新的计量单位“居里”，变成一条条科学定律，她变成了科学史上一块永远的里程碑。

师又接读：这是她用全部的青春、信念和生命换来的荣誉。

生：但是，她——视名利如粪土，她将奖金捐赠给科研事业和战争中的法国，而将那些奖章送给6岁的小女儿当玩具。她一如既往，埋头工作到67岁离开人世，离开心爱的实验室。直到她身后40年，她用过的笔记本，还有射线在不停地释放。

师：这是作家在向我们讲述居里夫人的故事时，情不自禁地对她做出的高度评价！

三、抓住关键句，把握文章主要内容

1.像这样一篇夹叙夹议的散文，我们该怎样归纳文章的主要内容呢？既然镭伴随了居里夫人一生，那接下来就请同学们在文中找出带镭的句子，并标上序号。分别请学生读这九个句子，不间断。第一句，第二句，第三句，第四句……

2.这么长的文章，读好了这九句话，就读懂了文章。再仔细读读这九句话，看看你有什么新的发现。（这是提炼镭的过程，是课文的一个提纲）

3.那再请同学们回到文中，紧紧抓住“居里夫人”和“镭”这两个关键词思考文章的主要内容，可以适当批注、勾画。

4. 学生汇报，请其余学生评价，补充。（教师相机评价）

生：第二自然段写的是1898年12月26日，居里夫人在法国科学院关于天然放射性元素镭的报告，使全场震惊。

师：抓住了时间、地点、谁干什么来概括，真不错。

师：我从同学们的发言中提取了这样一个信息……（教师板书：做报告 这是课文第二自然段的内容）

5.教师示范第一个小标题，其余部分学生自己提炼。

师：你提取了哪些信息？也能像老师这样用一个短语概括吗？

生：第三自然段写居里夫人先后发现了钋、镭。她终日在烟熏火燎中反复试验，终于在成吨的废渣中提炼出了0.1克镭。（教师相机板书：发现、提炼）

生：第四自然段写的是居里夫人不顾射线的侵蚀、丈夫的早逝、社会的歧视，仍默默地工作，取得成功。（教师相机板书：忘我工作）

生：第五自然段写的是居里夫人获得很多荣誉，视名利如粪土，直到死都一如既往地工作。（教师相机板书：视名利如粪土）

生：第六自然段写的是爱因斯坦对她进行了高度评价。（教师相机板书：高度评价）

6.那么，谁能根据这几个小标题，再准确地说说文章的主要内容？（指名说，抽两名学生说）

居里夫人于1898年12月26日在法国科学院做了关于天然放射性元素镭的报告，使全场震惊。居里夫人为了探索“其他物质有没有放射性”而进一步研究，先后发现了钋、镭，最后提炼出了镭。居里夫人不顾镭射线的侵蚀、丈夫的早逝、社会的歧视，仍忘我地工作，取得成功。她视名利如粪土，直到死都一如既往地工作。爱因斯坦对她进行了高度评价。

7. 谁来总结一下归纳这类文章主要内容的方法？

生：抓住主要人物做的主要事情来归纳，文中描写人物的外貌、抒情、议论的语句应该省去。

8. 请孩子们按照这样的方法把主要内容整理在笔记本上吧！

四、学生质疑

生：为什么玛丽·居里的美丽能跨越百年？

生：这是一种怎样的美丽？

生：为什么要以“跨越百年的美丽”为题，不以“居里夫人”或“镭”为题？

生：镭和美丽到底有怎样的关系呢？

五、教师总结

这节课，我们初读了课文，把握了文章的主要内容，下节课我们将针对大家的提问，去理解一些含义深刻的句子，从而进一步感受居里夫人的伟大人格，看看作者是怎样抓住这些事实向我们说明道理的。

（三）分析与反思

在区级教研活动中，我执教了这节课。根据听课教师的建议和自己课堂上的表现，我进行了如下反思：

1.这样的开课直奔文章的主要人物，我让学生从网上、相关的书中、课后的阅读链接资料中初步感受居里夫人的一生与镭结下了不解之缘，给学生确定了明确的学习目标——接下来的学习就紧紧抓住这两个关键词来学习。

2.这篇文章中的词语很多，我巧妙地选择三组词语的组合来进行重点教学，不仅要求学生能掌握“量”“盛”的读音，还要学生重点掌握“誉”的字形；不仅使学生了解课文关于物理、化学方面的术语，感受到科学的发展和进步，更使他们对居里夫人在艰苦的环境中寻根究底的科学精神，以及她将一生献给全人类的崇高形象留下了深刻的印象，为快速把握文章主要内容、感悟居里夫人的精神之美做了充分的铺垫。

3.课文是一篇篇幅很长的散文，四字词语多，长句子多，学生读通、读熟较困难。这一部分，教师给足时间，让学生把难读的句子多读几遍，激励他们充分朗读，体现了尊重学生立场、务实求真的教学思想，这叫“真训练”。另外，这些长句子有涉及居里夫人的外貌的，有关于外国人名的，有作者对居里夫人的抒情、议论的，熟读之后可以帮助学生快速地排除干扰信息。教师的指导评价语中也对体裁为散文的文章的写法做了一点儿铺垫，为后面主要内容的教学埋下伏笔。

4.对于这样一篇篇幅长，而且行文中夹叙夹议的散文，引导学生概括主要内容，确实是一个大胆尝试，这真的需要我们教师匠心独运地教方法。课例中，我引导学生紧紧抓住“居里夫人”“镭”这两个关键词，勾画出描写镭的句子，帮助学生搭建一个文章的框架，整体感知强，可谓一石二鸟。并以此为线索，概括出居里夫人与镭之间发生的事情的小标题，并基于各部分的小标题进行拓展，从而把握整篇课文的主要内容，结构清晰，线索明了，突破了难点。教学过程中，让学于生、有扶有放，指导方法落地生根，有章可循；重点关注了文体，逐步引导学生感知此类文章主要内容概括的特殊性。学生的心理压力减轻，有法可学，生生互动好，对此类特殊文章主要内容的概括方法有初步感知。

四、教学改进的效果

1.删减第一部分关于单元导读的内容，直接进入本课的主题，留出更多的时间突破“夹叙夹议类散文”主要内容概括的难点，轻其所轻，重其所重，为训练学生归纳“夹叙夹议类散文”主要内容留足了时间。将质疑问难的环节放到第一课时的结尾，与第二课时联系得更加紧密，激发了学生的求知欲。

2.更重视遵循词不离句，句不离段的原则，将重点词语和重点段结合，扫清字词障碍，能更正确地理解词语的意思。对于文章中几个科学术语的明确分类(涉及物理、化学研究方面的)，体现了这篇课文科学性的特点，关注了文体的特点。

字词集中的段落、抒情句段较多的地方正是学生学习的难点，课堂上多种形式的朗读、抽读、分组读、男女生分读、齐读，不仅关注了学生的个体学习难点，还体现了面向全体的意识。朗朗的读书声使课堂充满了生机，为长课文短教奠定了基础。

3.其实，小学生在较短的时间里口头归纳整篇文章的主要内容是很有难度的。第二次课堂实践中，根据课文居里夫人与镭之间发生的事情提炼出小标题，教学有扶有放，有梯度有层次地推进，将难点化整为零，学生的心理压力减轻，有章可循，有法可学。师生共议的四个小标题，为整篇课文主要内容的归纳做了较好的铺垫。学生在生生互动、师生互动的过程中，真正地感受了一个学习、实践、提升的过程，对此类特殊文章主要内容的概括方法有了初步的感知。教师教得智慧，学生学得轻松。

五、研究的结论

(一)比较两次课堂教学异同

相同点	不同点	第一次实践	第二次实践
主要内容的概括	教学目标的拟订	把握文章内容，感知美丽。(教学目标有两个，而且是有先后层次的。感知主人公的美丽要在把握文章主要内容的基础上完成，因而指向不明确)	抓住重点句，把握文章主要内容。(教学目标指向明确，既有陈述性目标，又有过程性目标)

续表

相同点	不同点	第一次实践	第二次实践
主要内容的概括	教学方法的运用	1.对学生的起点关注不太够,面向全体意识还不到位。 2.无明确学法的引领,只是学生原有概括能力的体现。	1.遵循了词不离句的原则,在具体语境中选择多音字的正确读音,为正确流利地朗读课文做了铺垫。 2.检查学生读通课文的形式,注意了个体和整体的结合,为初步感知课文内容打下了基础。 3.有扶有放、让学于生:引导抓重点句,感知全文;提炼小标题,扩展小标题,把握文章内容。使方法落地生根,有章可循。
	关注文体的意识	几乎没有关注,只是表面上对主人公行为的关注。	明显关注了文体,逐步引导学生感知"夹叙夹议"式散文主要内容概括的特殊方法。
	学生反应	学生已有水平的叠加,提升空间不大。	学生心理压力减轻,有法可学,生生互动,对此类特殊文章主要内容的概括方法有初步感知。

(二)需要说明的问题

1.关键词句具有概括性和引领性,它的类型有总起句、总结句、中心句、过渡句,而在"夹叙夹议式"的散文中这样的句子却并不太明显,这就要求教师要引领学生关注课题、关注一些在文中反复出现的词句,理解它们的意思,找到它们之间的联系,找到段与段之间的联系,就能发现整篇文章的结构秘密,进而快速地把握文章的主要内容。

2.为了真正地提升学生的概括能力,引导学生学会"夹叙夹议"式散文主要内容的概括方法,我们必须有关注"夹叙夹议"式散文的文体意识,尊重学生的起点,给学生搭梯子,使方法落地生根。我们应该怎样从关键词句出发,概括散文的主要内容呢?(1)分类学习词语,读熟文中的抒情、议论长句;(2)通读全文,抓关键词句;(3)重提炼导向,概括小标题,罗列重点要素;(4)串联小标题,快速把握全文的主要内容,从而让学生有法可循,能举一反三,为初中更多的文学作品的阅读打基础。

3.为了实现这个目标,教学的每个环节都应该紧紧围绕它实施。(1)教学中有意识地将生字词语进行归纳整理,让字词教学与阅读同步进行,有机结合,通过联系上下文、联系生活实际、展开想象等方法,学生对词语的理解会更加立体,更加灵动,更加深刻。同时,为快速梳理文章的脉络奠定基础。(2)对于篇幅长、四字词语多、长句子多的散文,教师应给足时间,激励学生充分朗读,将难读的句子多读几遍。熟读这些抒情、议论的句子，可以帮助学生快速地排除干扰信息。甚至连教师的指导评价语中也要对散文类体裁的文章的写法做一些铺垫，为后面的主要内容的教学埋下伏笔。

4.概括文章主要内容的训练是一个循序渐进的过程，对学生来说也是一个难点，因此教师就要舍得花大力气、花时间对段落及文章主要内容的概括进行训练。我们努力遵循一课一得的原则，删减不必要的环节，留足训练的时间和根据不同年龄段的教学要求和不同的文体特点，选择恰当的方法。有些方法可以单独使用，也可以结合起来使用。这些科学有效的练习，能够使学生提高“提纲挈领”的本领，学会举一反三；也只有这样，学生对文章主要内容的概括才能达到事半功倍的效果，学生的阅读能力和语文素养也才能在这个过程中真正得到提升。

课例研究反思

在这次的课例研究过程中，可以说我们真真正正地经历了四次阵痛。回忆自己的撰写历程，确实感受颇多，酸甜苦辣的滋味都有。

在第一次听了课程专家于波教授对我们全体名师骨干班学员做的关于“课例研究”的专题讲座后，我感到心情紧张，不知如何下笔，毕竟这是一次全新的写作要求，它既包括问题提出的背景、教学设计意图、教学实践展示、教学反思、教学效果的全部流程的两次轮回，还要对比课堂重构后的实践效果，并从中得出研究问题的方法与结论。特别是以前我们从没有写过这么复杂的课例研究，肯定感觉是心有余而力不足的。这一次，我只是按照课程专家的要求，选择了教学中的一个较小的问题点，依样画葫芦地把自己的教学设计、教学实录组合进去，心神疲惫地完成了“作业”。

课程专家第二次对我们执笔的课例研究初稿进行逐一点评后，课堂上的我更感觉迷茫。回到家，坐到电脑前，认真回顾完课程专家的讲座后，静下心来再次审视，确实发现自己的课例研究中问题的提出部分，虽然有对语文课程标准、小学语文教学现状的分析作为背景，但是在语言表达上观点还须明确，层次还须更加清晰。特别是缺少对教学设计的环节的呈现，围绕自己研究的问题选取的片段缺少前后教学过程的联系，对于教学的反思及修改建议还太单薄。虽然有两次课的效果对比，但是得到的结论太简略。找到这些不足后，我又重新回看了自己的教学录像，认真地进行了补充修改，切实从如何实践我的研究问题，达成我的教学目标上进行了深入思考。尤其是在教学反思和教学修改设计上，我更深层次地考虑到关注文体意识、关注学生起点、关注学生立场问题，直指我的研究问题的核心部分，较为深刻地进行了剖析与修正。我在写的过程中，明显得心应手多了。

课程专家第三次对我们的作业进行指导点评、统一规范后，我对写课例研究有了更加深刻的认识：选择的问题研究点要小；围绕研究的问题选取有价值的教学片段，无关、多余的环节应省去；根据自己的观点，反思自己的教学实践与教学设计有什么矛盾之处，既要关注教师的教学策略，又要关注学生的学习策略，不断地进行修改，实现教学目标的最优化；最后通过前后两次的教学效果的对比，得出研究结论，指导其他教师如何有效地运用这个方法，这样有说服力。通过第三次的思维碰撞，我与专家的思想终于达成了真正的统一，修改起来目标更加明确，心中怡然了许多。

第四次探讨会上，项目研究团队又对我们每篇文章的题目、围绕选题的论证说明等做了逐一的点评，引导我们再次聚焦自己的选题，思考如何将自己的选题说得透彻明白，甚至对每个环节的标题、格式、字体等细节都做了统一的要求。后来回去打开修改文档，看见专家密密麻麻的批注，既有充分的肯定，又有诚恳的建议，我不得不佩服他们的敬业精神，我还有什么能怠慢的呢？于是，我又认真地按照专家们的建议删减、修改、补充，不知不觉又在电脑前整整待了一天。

不经历风雨，怎能见得了彩虹呢?我希望我的第四稿能较完整地呈现我的研究问题与研究过程，能与更多的语文教师一起分享。再次感谢西南大学于波教授项目团队对我们的倾情指导！

2. 让寓言故事教学中的语文味更浓

黄清碧[1]

一、研究问题

（一）选题缘由

寓言是一种讽喻或寄托的故事，是一种形象与寓意相结合的文学体裁。寓言故事是中国传统文化的一部分，也是小学语文教材的重要组成部分。小学语文教材中所选入的寓言故事短小精悍，浅显易懂。在教学中，执教者常常将寓言故事教学变成思想品德教育课，将揭示寓意变成说理教育，忽视让学生在学习过程中理解语言、品鉴语言、积累语言、运用语言，忽视让学生在扎实的语文实践中习得语感，积淀语感，领悟语言规律，培养语文能力，提升语文素养，而是将教材的人文性放大、工具性淡化，使课堂失去"语文味"。"为师不识语文味，教尽经典也枉然。"我在教学实践中思考：如何让寓言故事教学中的语文味更浓？

（二）研究内容

近段时间，不少语文教研工作者在呼吁"语文课要上出语文味来""让语文更语文"。那么，什么是语文味？在不少教师的意识里，对于这个问题，似乎知道，但又说不清楚。"语文味"这一概念最先的提出者程少堂认为：所谓语文味，是指在语文教学过程中，以共生互学（互享）的师生关系和渗透教师的生命体验为前提，以提高学生的语文素养、丰富学生的生存智慧、提升学生的人生境界和激发学生学习语文的兴趣为宗旨，主要通过情感激发、语言品味、意理阐发和幽默感染等手段，让人体验到的一种富有教学个性与文化气息的，同时又令人陶醉的诗意美感与自由境界。著名语文特级教师王崧舟老师曾经说过："语文味就是守住语文本体的一亩三

---

① 黄清碧，女，重庆人，重庆市渝中区中四路小学教师，中四路小学语文学科基地建设骨干成员，德育工作中心组成员，青年教师培训班指导教师。

分地。”“语文味表现在‘动情诵读、静心默读’的‘读味’、‘圈点批注、摘抄书作’的‘写味’、‘品词品句、咬文嚼字’的‘品味’。”面对小学语文教材中精选的文质兼美、短小精悍、浅显易懂的寓言故事，怎样才能使寓言故事教学走出非语文的尴尬境地？如何透过它，使学生与古人的精神相遇，从而闪现“碰撞出语文的火花”？如何使寓言故事教学中的语文味更浓呢？我进行了如下的课例研究。

二、第一次教学实践

《纪昌学射》是2001年版人教版语文课标教材四年级下册第29课《寓言两则》中的一篇寓言故事，是教材第八单元的第一篇课文。第八单元的语文能力训练点就是让学生在一个个生动的故事阅读中，学习简要概括故事内容的方法，练习复述故事，从而激发学生阅读的兴趣。

（一）教学设计

【教学目标】

1.认识2个生字，会写4个生字；正确读写“纪昌学射”“妻子”“百发百中”等词语。

2.正确、流利、有感情地朗读课文。联系有关词句，体会人物的想法，懂得无论学习什么技艺，都要“练好基本功”，根据老师的指点开动脑筋想办法，刻苦练习，持之以恒，就一定能取得成功的道理。

3.提出问题和大家讨论，发表自己的想法和看法。

【课前准备】

1.查阅有关神射手的资料，阅读一些寓言故事。

2.多媒体课件（出示相应的重点句子）。

【教学过程】

一、谈话激趣引入，读题质疑，认读生字

1.师：同学们，你们知道我国古代都有哪些神射手吗？（惊弓之鸟中的更羸、后羿、飞将军李广、甘蝇、飞卫、纪昌）你们知道他们的故事吗？今天让我们一起阅读《纪昌学射》的故事。

2.板书课题“纪昌学射”，学生齐读正音。

3.读了第一则寓言的题目之后，你有什么问题想提出来？

预设学生可能会提的问题：纪昌为什么学射？纪昌是怎样学射的？纪昌学射的结果如何？《纪昌学射》这则寓言告诉了我们什么道理？

4. 学习生字词。

二、初读课文，厘清文章条理，了解故事梗概

自由轻声读课文，思考：课文主要讲了一件什么事？学生自读后回答。

三、品读第2，3，4自然段，理解纪昌练习眼力的经过

1. 男生读第二自然段，女生读第三自然段，齐读第四自然段，思考：飞卫是让纪昌分哪两步练习眼力的？

2. 纪昌是怎么练习的呢？默读第二自然段，用“____”标出写纪昌练习眼睛一眨不眨地牢牢盯住一个目标的语句。

全班交流：从这些语句的描写中你体会到了什么？是从哪些词语中体会到的？

练读。

3. 师：纪昌练眼力已经练得相当到家了，他对自己的成绩感到很满意，认为学得差不多了，就再次去拜见飞卫，飞卫说他还不够，还要练将小东西看大。

默读第三自然段，用“～～～”勾画出纪昌是怎么练习把极小的东西看成一件很大的东西的句子。

全班交流：从中你体会到什么？又是从哪些词句中体会到的？

用“△”标出写纪昌动作的词。

生：绑、站、盯。

学生做动作练读。

四、再读课文，明白寓意

纪昌学的是射箭，为什么飞卫要让他花那么多时间来练习眼睛牢牢地盯住一个目标不眨眼，把小东西看大这些本领呢？

1. 你认为有必要吗？联系实际说说基本功的重要性。

2. 读了《纪昌学射》这个寓言故事，你明白了什么？你从纪昌身上学到了什么？

3. 全班交流，统一认识。

4. 小结寓意。

五、拓展激发，延伸阅读

寓言故事是中华传统文化中的瑰宝，你还读过哪些寓言故事呢？

六、作业布置

1. 课后练习。

2. 课外阅读。

(二)教学实录

1. 师：同学们，你们知道我国古代都有哪些神射手吗？你们知道他们的故事吗？

生：我知道《惊弓之鸟》中的更羸。

生：我知道《后羿射日》中的后羿。

生：我知道飞将军李广也是神射手。

生：预习课文后我还知道纪昌、飞卫也是神射手。

师：好，今天让我们一起阅读《纪昌学射》的故事。

2.教师板书课题“纪昌学射”，学生齐读。

纠正读音：“纪”作为姓时读jǐ；“昌”读chāng，注意是翘舌、后鼻韵。

提示并发现字形的区别：“昌”与“帽”的右边区别。

3.师：读了第一则寓言的题目之后，你有什么问题想提出来？

生：《纪昌学射》这则寓言告诉我们什么道理？

生：纪昌为什么学射？

生：纪昌是怎样学射的？

生：纪昌学射的结果如何？

4.师：学问学问，会学会问，孩子们能提出这样一些有价值的问题说明是动了脑子的，相信通过我们进一步的阅读理解，这些问题就会迎刃而解。在阅读之前，让我们先来认识几个新的生字朋友“妻”“虱”“刺”“绑”（教师用课件出示生词，点拨难点字“妻”“刺”，学生认、读）。

5.师：请大家自由轻声读课文，思考课文主要讲了一件什么事。（学生自由轻声读文后回答）

生：课文主要讲了纪昌学射箭的故事。

师：纪昌是向谁学习射箭的？都学了些什么？

生：课文主要讲了纪昌向飞卫先学练眼力，后学射箭的故事。

师：纪昌还学了什么？后来结果怎样？

生：课文主要讲了纪昌向飞卫学射箭，飞卫让他先练眼力，后学射箭，纪昌后来成为神箭手的故事。

师：纪昌向飞卫都学了些什么？怎么学的？

生：课文主要讲了纪昌向飞卫学射箭，飞卫让他先练眼力，盯着一个目标不眨眼，把极小的东西看成极大的东西，纪昌都照着做了，后来成为神箭手的故事。

师：飞卫还教了纪昌些什么他才成为神箭手的？

生：课文主要讲了纪昌向飞卫学射箭的故事。飞卫让他先练眼力，盯着一个目标不眨眼，把极小的东西看成极大的东西，纪昌都照着做了之后，飞卫才开始教他开弓、放箭。后来，纪昌成了百发百中的神箭手。

（最后请两位学生，能说到以下要点：纪昌想学习射箭，向飞卫请教。飞卫让他练眼力，先练眼睛盯着一个目标，一眼不眨，后练把极小的东西看成一件很大的东西，纪昌都照做之后，飞卫才开始教他开弓、放箭。后来，纪昌成了百发百中的神箭手）

6.师：请男同学读第二自然段，女同学读第三自然段，大家一起读第四自然段，想想飞卫是让纪昌分哪两步练习眼力的。（学生读后回答）

生：第一步——练习眼睛牢牢地盯住一个目标，不能眨眼；第二步——练习把极小的东西看成一件很大的东西。

7.师：纪昌是怎么练习的呢？请大家默读第二自然段，用“____”标出写纪昌练习不眨眼睛地牢牢盯住一个目标的语句。待会儿全班交流。

生：纪昌回家之后，就开始练习起来。妻子织布的时候，他躺在织布机下面，睁大眼睛，注视着梭子来回穿梭。两年以后，纪昌的本领练得相当到家了——就是有人用针刺他的眼皮，他的眼睛也不会眨一下。

8.师：从这些语句的描写中你体会到什么？是从哪些词语中体会到的？

生：我从“躺”“睁”体会到纪昌练习眼力很认真，会动脑筋想办法，很刻苦。

生：我从“两年”体会到纪昌练习眼力坚持了很久，很刻苦，很有恒心。

让我们一起来练习读一读。

学生练读。

9.师：纪昌练眼力已经练得相当到家了，他对自己的成绩感到很满意，认为学得差不多了，就再次去拜见飞卫，飞卫说他还不够，还要练将小东西看大。请默读第三自然段，用“～～～”勾画出纪昌是怎么练习把极小的东西看成一件很大的东西的句子。

10.全班交流

生：写纪昌练习把极小的东西看成一件很大的东西的句子是：纪昌记住了飞卫的话。回到家里，又开始练习起来。他用一根长头发，绑住一只虱子，把它吊在窗口。然后每天站在虱子旁边，聚精会神地盯着它。那只小虱子，在纪昌的眼里一天天大起来，练到后来，大得竟然像车轮一样。

师：你找得非常正确。我们一起来读一读。

师：用“△”标出写纪昌动作的词，从中你体会到什么？又是从哪些词句中体会到的？

生：我找到写纪昌动作的词有“绑”“站”。我体会到纪昌练习眼力很刻苦、持之以恒、很有毅力。

生：我找到写纪昌动作的词还有“盯”。我体会到纪昌练习眼力不仅刻苦、持之以恒、有毅力，而且认真，很有决心。

师：孩子们真会读书，通过找到这些描写动作的词语，体会到了纪昌练习眼力不仅刻苦、持之以恒，而且认真，有毅力，很有决心。让我们一起做动作，当一回纪昌，读一读，体会体会。

11.学生练读

师：孩子们，纪昌学的是射箭，为什么飞卫要让他花那么多时间来练习眼睛牢牢地盯住一个目标不眨眼，把小东西看大这些本领呢?(基本功)

生：是为练射箭打好基础。

生：打好基础，练好基本功，才能练好射箭。

(三)分析与反思

以上是寓言故事《纪昌学射》第一次的教学实践。课后，执教者经过多次与听课老师们的交流发现：本次教学设计及实践中存在的一个严重问题就是从开课到初读感知环节的设计冗长且缺乏语文味，没有一以贯之地关注寓言故事的文体特点来展开教学，多处需要调整改进。从开课形式可以看出，执教者关注的是将四年级学生自身已有的知识和经验调动起来，激发学生阅读的兴趣，但是没有以寓言故事这种文体本身的特点来展开这节语文课的教学。随后揭示课题，让学生就课题提问，只是为后续的学习埋下了伏笔，没有突出寓言故事教学中的语文味，就是要从指导学生疏通文义、把握故事内容入手，体会蕴含的道理。学习生字词之后，进入初读课文，厘清文章条理，了解故事梗概环节。此环节的教学设计，执教者的意图是在学生自由初读寓言故事后，初步感知并把握寓言故事的大意。但是在教学实施过程中发现：由于问题太大，太笼统，学生在短短的几分钟内只是初读课文，对文章意思的理解不够到位，完全无法讲出寓言故事的大意，也暴露出学生还不具备相应的阅读归纳能力，尽管执教者反复多次引导，显得十分费力，且花费了大量的时间，但效果甚微。以致占用了大量的教学时间，导致后面一些教学环节匆匆而过，到下课铃声响起，才刚刚上到第四环节中的“1.初知寓意”。教学设计上的第四环节中的2，3，4和第五、六环节已经没有时间上了。发现这些问题后，再次研读、分析教材，结合学生的实际，进行的修改和重新设计如下。

三、第二次教学实践

(一)教学设计

【教学目标】

1.认识2个生字，会写4个生字；正确读写“纪昌学射”“妻子”“百发百中”等词语。

2.正确、流利、有感情地朗读课文。联系有关词句，体会人物的想法，懂得无论学习什么技艺，都要“练好基本功”，根据老师的指点认真、刻苦、坚持不懈地练习，就一定能取得成功的道理。

3. 练习提出问题和大家讨论，发表自己的想法和看法。

【课前准备】

1. 查阅有关纪昌、飞卫的资料，搜集、阅读一些寓言故事。

2. 多媒体课件（出示相应的重点句子）。

【教学过程】

一、读课题，谈话激趣，认识生字词，提问引入

1. 师：同学们，你们喜欢读寓言故事吗？你们知道寓言故事都有哪些特点吗？今天让我们一起阅读第29课《寓言两则》中《纪昌学射》的故事。

2. 学习生字词。

3. 读寓言的题目。

师：读了题目你想提出什么问题？（教师随机板书）

预设学生会提出的问题：跟谁学习射箭？纪昌为什么学射？纪昌是怎么学射的？纪昌学射的结果如何？《纪昌学射》这则寓言告诉我们什么道理？

二、初读课文，了解故事梗概

1. 师：打开课本第139页自由读读这则寓言故事，看看刚才提出的哪些问题你能通过自己的阅读找到答案。（学生自由朗读课文，然后说说）

2. 教师择机给出搭桥的顺序词语：首先、接着、然后、最后。

学生说，教师小结：从文章的题目着手思考，抓住文章所写的时间、地点、人物，事件的起因、经过、结果是把握文章的主要内容的好方法。用上“首先、接着、然后、最后”这几个词语能够使我们的表达更有条理。

三、品读纪昌学射的经过

品读第2，3，4自然段，理解纪昌练习眼力的经过。

（一）师：通过刚才的阅读，同学们了解了故事的梗概。你知道飞卫是让纪昌分哪两步练习眼力的？个别学生回答。

1. 纪昌回家之后是怎么做的呢？默读第二自然段，用直线标出相关语句。

2. 全班交流勾画的语句。

3. 课件出示句子：“纪昌回家之后，就开始练习起来。妻子织布的时候，他躺在织布机下面，睁大眼睛，注视着梭子来回穿梭。两年以后，纪昌的本领练得相当到家了——就是有人用针刺他的眼皮，他的眼睛也不会眨一下。”从带点的这些词语中你体会到了什么？

从“就开始练习”体会到：抓紧时间、认真、虚心好学、听从老师的指导。

从“躺在织布机下面”体会到：刻苦、认真、有决心。

从“睁大”体会到：认真、专心。

从“注视”体会到：专心、认真、难度大。

从“两年以后”体会到：有毅力和恒心、坚持不懈。

从句子中带点的词语能体会到：纪昌练习眼力，听从老师的教导，会抓紧时间，很认真、刻苦，会动脑筋想办法，有决心、毅力和恒心，坚持不懈。

4.教师小结：刚才我们通过抓住句子中的重点词语，联系我们的生活实际，联系上下文，来体会句子的含义，这是读懂句子的一种好方法。

5.通过抓住句子中的重点词语，我们体会到了纪昌练眼力时的这种认真刻苦、坚持不懈，让我们带着这种感受再来读一读这几句话。(学生练读)

(二)师：到现在，纪昌认为自己的眼力已经练得相当到家了，他对自己的成绩感到很满意，就再次去拜见飞卫。可是，飞卫说他还不够，还要练习将极小的东西看成很大的东西。

1.按照名师飞卫的要求，纪昌开始了第二步的练习。默读第三自然段，看看：纪昌找了什么“小”的东西来练习？回到家后，又是怎么练习的？从中你体会到了什么？用“______”勾画出句子来体会。

2.全班交流勾画出的句子，谈体会。课件出示句子：“回到家里，又开始练习起来。他用一根长头发，绑住一只虱子，把它吊在窗口。然后每天站在虱子旁边，聚精会神地盯着它。那只小虱子，在纪昌的眼里一天天大起来，练到后来，大得竟然像车轮一样。”

从“又开始练习”体会到：抓紧时间、认真好学、听从老师的指导。

从“一根长头发”体会到：小、难度大、决心大、有毅力。

从“一只虱子”体会到：小、难度大、决心大。

从“每天站”体会到：有恒心、有毅力、刻苦。

从“聚精会神”体会到：认真、专心地盯着“小”东西，可以看出练习的难度很大，足以见他的恒心、毅力与刻苦。

师：带着你的感受读一读这几句话。练习读。

师(资料补充)：据《列子·汤问》上的记载，纪昌练习看虱子足足用了3年的时间。再加上练习盯住目标不眨眼所用的2年，纪昌前后用了5年的时间练习眼力！

(三)教师小结，指导练读：阅读理解纪昌练习将极小的东西看成很大的东西的过程中，同学们能自己通过抓重点词语，联系生活实际，联系上下文来体会，真会举一反三，学以致用；黄老师真高兴，同学们跟纪昌一样的认真好学，会学习！

师：让我们一起再次读读这几句话，去感受纪昌练眼力时的那种认真、刻苦与坚持不懈！

师：纪昌按照名师飞卫的指导，认真刻苦、坚持不懈，练好了眼力，最后结果是怎样的呢？（以读代讲）

四、再读课文，明白寓意

师：纪昌学的是射箭，为什么飞卫要让他花那么多时间来练习眼睛牢牢地盯住一个目标不眨眼，把小东西看大这些本领呢？（基本功）

1.你认为有必要吗？联系实际说说基本功的重要性。（万丈高楼平地起，基本功是基础）

2.读了《纪昌学射》这个寓言故事，你明白了什么？你从纪昌身上学到了什么？

全班交流，统一认识。

小结寓意：学习要从基本功入手，要有恒心和毅力，才会学有所成。能根据老师的指点，认真、刻苦、持之以恒练习，就一定能取得成功。

五、寓言故事是中华传统文化中的瑰宝，你还读过哪些寓言故事呢？一起来交流交流

六、作业布置

回家把这个故事讲给爸爸妈妈听；课外阅读《伊索寓言》。

（二）教学实录

1.师：同学们，你们喜欢读寓言故事吗？你们知道寓言故事都有哪些特点吗？

生：我知道寓言故事就是用故事来说明某种道理，达到劝诫、教育目的的文章。

师：今天让我们一起阅读第29课《寓言两则》中《纪昌学射》的故事。

学生齐读课题，教师相机纠正读音。

2.学习生字新词。

3.学生读寓言的题目，教师问：读了题目你想提出什么问题？学生说，教师有序板书（见后面）。

生：纪昌跟谁学习射箭？

生：纪昌为什么学射？

生：纪昌是怎么学射的？纪昌学射的结果如何？

生：《纪昌学射》这则寓言告诉我们什么道理？

板书：

纪昌学射跟谁学？

为什么学？

怎么学？

结果如何？

寓意是什么？

4.师：请孩子们打开课本第139页，自由地读读这则寓言故事，看看哪些问题你能通过自己的阅读找到答案。学生自由朗读课文，然后说说。

生：课文主要讲了纪昌想成为神箭手，向飞卫学习射箭，飞卫先让他练眼力，然后才教他开弓、放箭，最后纪昌成了神箭手的故事。

师：纪昌学习射箭，练眼力都练了些什么？

生：飞卫让他先练眼力，盯着一个目标不眨眼，然后练习把极小的东西看成极大的东西。

教师择机给出搭桥的顺序词语——首先、接着、然后、最后。

生：课文主要讲了飞卫是射箭能手；纪昌想学习射箭，向飞卫请教；飞卫让他练眼力，首先练眼睛盯着一个目标，一眨不眨，接着练把极小的东西看成一件很大的东西，纪昌都照做之后，飞卫才开始教他开弓、放箭；最后，纪昌成了百发百中的神箭手。

5.教师小结：从文章的题目着手思考，抓住文章所写的时间、地点、人物，事件的起因、经过、结果是把握文章主要内容的好方法。用上“首先”“接着”“然后”“最后”这几个词语能够使我们的表达更有条理。

6.师：通过刚才的阅读，同学们了解了故事的梗概。你知道，飞卫是让纪昌分哪两步练习眼力的？

生：第一步，练习眼睛牢牢地盯住一个目标，不能眨一眨；第二步，练习把极小的东西看成一件很大的东西。

个别学生回答。

7.师：纪昌回家之后是怎么做的呢？请默读第二自然段，用直线标出相关语句。

全班交流后课件出示：

“纪昌回家之后，就开始练习起来。妻子织布的时候，他躺在织布机下面，睁大眼睛，注视着梭子来回穿梭。两年以后，纪昌的本领练得相当到家了——就是有人用针刺他的眼皮，他的眼睛也不会眨一下。”从带点的这些词语中你体会到了什么？

生：我从“就开始练习”体会到纪昌抓紧时间、认真、虚心好学、听从老师的指导。

生：我从“躺在织布机下面”体会到纪昌的刻苦、认真、有决心。

生：“睁大”让我体会到纪昌的认真、专心。我从“注视”体会到纪昌的专心、认真，练习的难度大。

生：从“两年以后”我体会到纪昌的坚持不懈，很有毅力和恒心。

师：是啊，纪昌练习眼力，听从老师的教导，会抓紧时间，很认真、刻苦，会动脑筋想办法，有决心、毅力和恒心，坚持不懈。

教师小结：刚才我们通过抓住句子中的重点词语，联系我们的生活实际，联系上下文，来体会句子的含义，这是读懂句子的一种好方法。

师：通过抓住句子中的重点词语，我们体会到了纪昌练眼力时的这种认真刻苦、坚持不懈，让我们带着这种感受再来读一读这几句话。（学生练读）

8.师：到现在，纪昌认为自己的眼力已经练得相当到家了，他对自己的成绩感到很满意，就再次去拜见飞卫。可是，飞卫说他还不够，还要练习将极小的东西看成很大的东西。

按照名师飞卫的要求，纪昌开始了第二步的练习。默读第三自然段，看看：纪昌找了什么“小”的东西来练习？回到家后，又是怎么练习的？从中你体会到什么？用“____”勾画出句子，抓住重点词语体会体会。

全班交流，出示文字课件：

“回到家里，又开始练习起来。他用一根长头发，绑住一只虱子，把它吊在窗口。然后每天站在虱子旁边，聚精会神地盯着它。那只小虱子，在纪昌的眼里一天天大起来，练到后来，大得竟然像车轮一样。”

生：我从“又开始练习”体会到纪昌抓紧时间、认真好学、听从老师的指导。

生：“一根长头发”让我体会到东西很小，练习难度大，纪昌的决心也大，还很有毅力。

生：“一只虱子”再次让我体会到东西的小，练习难度较大，同时也看出纪昌的决心也大。

生：从“每天站”我体会到纪昌很有恒心，很有毅力，练习很刻苦。

生：“聚精会神”让我体会到纪昌的认真、专心地盯着“小”东西，由此看出练习的难度很大，可见他的恒心、毅力与刻苦。

师：能不能带着你们的感受读一读这几句话？学生练习读。

9.师（资料补充）：据《列子·汤问》上的记载，纪昌练习看虱子足足用了3年的时间。再加上练习盯住目标不眨眼所用的2年，纪昌前后用了5年的时间练习眼力！

10.教师小结，指导练读：阅读理解纪昌练习将极小的东西看成很大的东西的过程中，同学们能自己通过抓重点词语，联系生活实际，联系上下文来体会，真会举一反三，学以致用；黄老师真高兴，同学们跟纪昌一样认真好学，会学习！

师：让我们一起再次读读这几句话，去感受纪昌练眼力时的那种认真刻苦与坚持不懈！

学生练习朗读。

11.师：纪昌按照名师飞卫的指导，认真刻苦与坚持不懈练好了眼力，最后结果是怎样的呢？（以读代讲，学生一读就明白了）

12.师：读到这里黄老师有一个不明白的问题——纪昌学的是射箭，为什么飞卫要让他花那么多时间来练习眼睛牢牢地盯住一个目标不眨眼，练习把小东西看大这些本领呢？

生：为了给练习射箭打好基础。

生：为开弓放箭、正式练习射箭练好基本功。

师：你认为有必要吗？联系实际说说基本功的重要性。

生：我认为有必要，基本功是任何一样技艺的基础，就拿我学习毛笔书法来说吧，首先书法老师让我从握笔、调笔练起，练了好几节课后，才练习双勾，然后写横画、竖画。

生：我也认为很有必要。我学习弹钢琴，老师也是先要求我练习指法，先单手，再双手。这些都是基本功。老师说基本功练好了，以后才能弹曲子。

13.师：读了《纪昌学射》这个寓言故事，你们明白了什么道理？你们从纪昌身上学到了什么？

全班交流，统一认识。

请几个学生说后，教师小结寓意：无论学习什么都要练好基本功，能根据老师的指点，认真刻苦、坚持不懈、有恒心和毅力地练习，才会学有所成。

14.师：寓言故事是中华传统文化中的瑰宝，你们还读过哪些寓言故事呢？一起来交流交流。

生：我读过《曾子杀猪》《南辕北辙》。

生：我读了《郑人买履》，很受启发。

生：我读了《狐假虎威》《画蛇添足》，觉得寓言故事很有意思。

15.作业布置：回家把这个故事讲给爸爸妈妈听，课外阅读《伊索寓言》。

（三）第一次、第二次教学设计及教学实录比较

针对第一次教学实践中的诸多问题，修改后第二次教学设计中改动一：开课形式。表明执教者的语文本位意识得以体现，执教者的提问“同学们，你们喜欢读寓言故事吗？你们知道寓言故事都有哪些特点吗？”引导学生关注文章的体裁，为后续教会学生阅读寓言故事明确了方向，指向寓言故事教学的重点之一——把握故事的主要意思。

改动二：教师板书课题后，从课题入手引出生字词教学，让学生读课题后提问，接着学生围绕刚才提出的有价值的问题开始初读课文，厘清文章条理，了解故事梗概。这样一修改，执教者将“学生读课题提出问题”这一环节与“了解寓言故事的大

意”结合，让学生自主寻找问题的答案，用表示先后顺序的词语“首先”“然后”“接着”“最后”连接各问题答案，连接起来就成了故事大意。这充分体现了学生的主体作用，先让学生通过自读归纳，教师在学生归纳有困难的地方点拨、指导，自然而然地使学生进行了归纳概括寓言故事大意的方法训练，落实了单元乃至年段语文训练点。这样既有机整合了语文教学资源，大大节省了时间，又充分关注了寓言故事教学中的语文知识点，为后续把握故事内容埋下了伏笔，也突出了寓言故事教学中的语文味，就是要从指导疏通文义入手，把握故事内容之后，体会寓言蕴含的道理。突显语文学习就是学习祖国的语言文字，学习正确理解、运用祖国的语言文字这一目的；突出语文教学的根本任务就是组织、指导学生学习语言，培养学生的听说读写能力。

改动三：在“品读纪昌学射的经过”这一环节中，“从带点的这些词语中你体会到什么？”这一问题引入是一个先扶后放的过程。此环节的改动，充分落实了《义务教育语文课程标准（2011年版）》（以下简称《语文课程标准》）对第二学段学生的阅读训练的相关要求——能联系上下文，理解词句的意思，体会课文中关键词句表情达意的作用。让学生抓住关键词句品读、理解，一步一步揭示寓意，体现了语言文字教学的落实，让寓言故事教学的语文课的语文味更浓。

改动四：在“品读纪昌学射的经过”后，增加“资料补充”这一环节。充分体现充满语文味的课堂，就应该有效运用语文资源，利用寓言故事的起源、历史，激发学生去了解中国古代文学的兴趣。扎扎实实体现这是根据寓言故事文体的特点，再展开语文教学的语文课。

四、研究结论

正如《语文课程标准》指出：“语文是最重要的交际工具，是人类文化的重要组成部分。”语文是交际工具，所以我们的语文课堂上要让学生品味学习语文运用的妙处。语文是文化载体，所以我们要让学生浸润于语文所描述的美好情景之中。字、词、句、段、篇，是阅读教学体系中永恒不变的主旋律。在一篇篇课文中，它们互相依存，整体关联，没有谁可以孤悬于文本之外，成为一个超越文本的独立教学体。因此，在充满语文味的课堂上，字词的训练一定要扎实。语文教学改革专家杨再隋教授针对语文教学提出了应奠基固本的“三实”观点：“要求切实、训练扎实、教学落实”。小学语文教材中的寓言故事教学，应该注意指导疏通文义、把握故事内容，结合生活实际、体会蕴含道理、捕捉编者意图、了解寓言特点、注重拓展延伸、增加文化积累，借以培养学生的语文素养以及情感、态度与价值观。

比较前后两次课堂教学我们不难发现，在教学目标一致的情况下，不同的教学设计在实际课堂上实施下来，对学生听说读写思等语文能力的提升、语文素养的培养是不一样的。改进后的教学，从寓言故事的题目引入，引导学生关注文本的体裁特点。充分尊重学生，以学生为主体，让学生自己提问质疑，引导学生自读寓言故事，整体感知故事大意，充分调动学生已有的知识经验和已经具备的语文能力去解决问题，教师只是在学生有困难的地方“扶”上一把，使单元训练点——学习简要概括故事内容，水到渠成地得以落实。

在品读寓言故事的过程中，应“字不离词，词不离句，句不离文”。注重词语的理解，抓住重点词语品读理解、诵读，让学生明白语言文字蕴含的意思，教给学生品词析句的方法，由扶到放。例如，对于“纪昌第二步练习是怎么练的？”这个问题学生知道从句子中找到重点词语，联系生活实际，结合上下文品读揣摩。这样的语言文字训练是扎实的，这样一路品味下来，寓言故事的寓意跃然纸上，将语文的工具性与人文性有机结合到一起，避免将这种蕴含做人做事道理的寓言故事课上成思想品德课。

语文课原本就应该充满语文味，就应该带领学生在语言文字间品味，领悟感受作者是采用什么方法来表情达意的，突出语文教学自身的特点，致力于学生语文素养的形成与发展。

3.

发现　感悟　运用

——前鼻韵母教学例谈

王渝梅[1]

一、现状分析

《义务教育语文课程标准(2011年版)》(以下简称《语文课程标准》)针对汉语拼音的教学,提出以下具体建议:"汉语拼音教学要尽可能有趣味性,宜多采用活动和游戏的形式,应与学说普通话、识字教学相结合,注意汉语拼音在现实语言生活中的运用。"因此我们在教学时,就要着眼于汉语拼音的运用,选择恰当的拼音教学策略,关注学生的生活实际,想办法激活儿童的生活经验,调动儿童的生活实际,使抽象枯燥的拼音符号变得具体生动,使汉语拼音的学习生活化,将学生生活中丰富的语文资源利用起来。

近年来,越来越多的孩子在读小学之前就通过各种途径学习了汉语拼音。但是,初入小学儿童的拼音基础呈现出参差不齐的现象:有的一点儿也不会;有的虽然学过,但是读音不很规范;有的则掌握得相当好。这种情况给我们的小学汉语拼音教学带来了很多困扰:学生程度不一,教师难以开展教学;我校提出的"学导课堂"模式是学生的学在前,教师的导在后,教师的导为学生的学服务,然而有的学生因为学前学过拼音,有了一定的拼音基础,故而在拼音课堂上就表现出极其不耐烦的样子,产生抵触情绪,进而对语文课失去兴趣。然而汉语拼音又是帮助我们识字、学习普通话的有效工具。因此基于此等重要性,又基于"学导课堂"的要求,对于刚入学的一年级学生,我的汉语拼音教学不要求学生提前进行毫无章法、毫无目的的自我学习,而是在课堂上采用活动和游戏的形式,愉快地、有效地学习,以培养学生的语文学科学习习惯为抓手来提高学生的语文素养,现在的教和导,是为了以后能放手让学生自主有效地学习。

---

① 王渝梅,女,重庆人,重庆市渝中区曾家岩小学教师,一级教师,重庆市中小学骨干教师。

汉语拼音对于刚入学的学生来说就是一些抽象的符号，枯燥乏味，既难认又难记，我以前鼻韵母an、en、in、un、ün的教学为例，进行了拼音教学的有效性的探索和实践。

二、第一次教学设计

【教学目标】

1.学会前鼻韵母an、en、in、un、ün和整体认读音节yuan、yin、yun，读准音，记清形，正确书写。

2.学习声母与前鼻韵母组成的音节，准确拼读音节，读准三拼音节，复习“ü”上两点省写规则。

【教学重点】

学会前鼻韵母an、en、in、un、ün和整体认读音节yuan、yin、yun。

【教学难点】

掌握en、in、yun的读音，掌握整体认读音节“yuan”。

【教学过程】

一、复习检查

1.卡片认读复韵母：ai、ei、ui、ao、ou、iu、ie、üe、er。

教师小结：我们已经学了8个复韵母，1个特别韵母。

2.出示整体认读音节ye、yue，让学生找出和它们读音相同的复韵母。

二、提出教学任务

今天我们要学习鼻韵母，板书：an、en、in。这三个复韵母后面都有-n，这个-n，不是声母n，只表示鼻音。发音时做好发“n”的准备，舌尖顶住上颚的前部，让气流从鼻孔出来。(教师用手势演示)因此，这样的韵母叫前鼻韵母。领读“前鼻韵母”两遍。

三、教前鼻韵母an和整体认读音节yuan

1.看插图说话引出an：图上画着什么？(天安门)领读两遍，读准“安”的音。指名读“天安门”。简要介绍天安门，天安门的“安”就是韵母an。

2.教学an的发音。

(1)讲解发音要领：把a和-n合在一起，先发a，口不宜张得太大，马上用舌尖顶住上腭的前部，使气流从鼻孔出来，要念成一个音。

(2)教师范读、领读、指名读、开火车读、齐读。

(3)看看ɑn是怎么写的。先写ɑ，再写n，团结友爱不分开。学生书写。

3.ɑn的四声练习：天安(ān)门、俺(ǎn)家、黑暗(àn)。

4.教学整体认读音节yuɑn，看图，图上画着什么？

5.教学发音，yuɑn是整体认读音节，板书yuɑn。教师范读、领读。

6.提醒yuɑn的声调标在ɑ上，让学生进行四声练习。

冤(yuān)枉、原(yuán)因、遥远(yuǎn)、医院(yuàn)

四、教学前鼻韵母en

1.看插图说话：图上画着谁？他在干什么？(板书：en)

2.教学en的发音：启发学生用学习ɑn的方法练习en的发音，提示先发e，马上用舌尖顶住上腭的前部，使气流从鼻孔中出来。

3.教师领读、指名读、齐读。

4.en的四声练习，声调标在e上。恩(ēn)情、周恩(ēn)来、摁(èn)铃。

五、教学前鼻韵母in和整体认读音节yin

1.看插图说话，引出in和yin：图上画着谁，它在干什么？(小白兔在树荫下乘凉)领读树荫读两遍。“荫”的韵母就是我们今天学习的又一个前鼻韵母，在in的前面加上声母y，就是整体认读音节yin，它的读音和前鼻韵母in相同。(板书：in yin)

2.练习发音。

谁能学着发ɑn和en的样子，发in的音？(学生试读，师生共同纠正)

3.告诉学生in的声调标在i上，去掉i的点。

4.整体认读音节的四声练习。

树荫下面多阴凉。yīn yīn yīn

十五的月亮洒银光。yín yín yín

夏天热，喝饮料。yǐn yǐn yǐn

杯上有个小手印。yìn yìn yìn

5.拼读音节练习。

六、书写指导

【课后反思】

本次课对学习有困难的学生关注不够。有七八个学生一节课一句话也学不上来，坐在那里陪读，总是等着别人去教，教到下课了他们还是不会。家长反馈时，我居然以为他们在听，而事实上他们在开小差，找不到上课的快乐。长期如此，必定会伤害他们学习的积极性，找不到被人承认的感觉，造成恐惧上学、产生自卑的心理阴影。而让学习好的同学去当小老师，下课后去帮助学得困难的同学，让有困难的学生去请教学习好的孩子是不现实的。一是学生课后时间紧，而且那些有困难的学生根本就不懂得如何去请教，拼音学习的难点落不到实处的话就只能是流于形式，没有效果。时间紧，任务重，如何面向全体，兼顾个别，很好地解决两极分化的矛盾，我在继续苦苦思索。集体听课反思之后，根据班级学情，有了第二次教学设计。

三、第二次教学设计

【教学目标】

1.学会前鼻韵母an、en、in、un、ün和整体认读音节yuan、yin、yun，读准音，认清形，能正确书写。

2.学习拼读声母与an、en、in、un、ün组成的音节。

3.学习拼读j、q、x与ü-an组成的音节，并能正确书写。

【教学重点】

学会前鼻韵母an、en、in、un、ün和整体认读音节yuan、yin、yun，读准音，认清形，能正确书写。

【教学难点】

掌握j、q、x与ü-an组成的三拼音节的拼读以及书写规则。

【课时】

1课时。

【设计意图】

《语文课程标准》提出关于声母和韵母的教学，主要从音和形的角度设定目标。因此，我以"读准音，认清形，能正确书写"为最终目标。经过一段时间的汉语拼音学习，学生基本掌握了拼音学习的规律，尤其是书本中的图文对照学习，简洁的图画表音示形图，辅助学生学习字母和音节，这样不仅降低了学习的难度，同时也提高了学习的趣味性。本课的教学内容非常多，学生又是第一次接触复韵母，故而我经过整合，选择教学内容进行教学，设计了如下重难点：1.学会前鼻韵母an、en、in、un、ün和整体认读音节yuan、yin、yun，读准音，认清形，能正确书写；2.掌握j、q、x与ü-an组成的三拼音节的拼读以及书写规则。

【教学过程】

一、复习导入新课

1.情境导入

小朋友们，美丽的秋天到了，森林里可热闹啦！百兽之王老虎给动物们发来了请柬，邀请它们去参加“小小丰收会”，瞧，首先赶来的是几个老朋友，一起跟它们打打招呼吧！（出示复韵母：ai、ei、ui、ao、ou、iu、ie、üe、er）学生齐读。

2. 出示an、en、in、un、ün，咦！来了几个新朋友，仔细观察一下，你们有什么发现？

（1）让学生找出这五个韵母后面一样的字母“n”。

（2）告诉学生这个“n”不是声母“n”，只表示鼻音。

（3）教师示范发这五个韵母，特地稍拉长尾音，突出前鼻韵尾“-n”的音，有意识地让学生听出鼻音。

（4）告诉学生这五个韵母都叫作“前鼻韵母”（学生跟读：“前鼻韵母”），只要能发好鼻韵尾“-n”的音，就很快能与它们交上好朋友。

二、学习前鼻韵母an、en、in、un、ün

（一）学习前鼻韵母an

1.看插图引出an：图上画着什么？（天安门）领读两遍，读准“安”的音。

2.简单介绍天安门：天安门在首都北京，天安门广场是世界上最大的城市广场。

3.读准音：天安门的“安”就是我们要学习的第一个前鼻韵母an。

（1）教师范读、教读。明确：先发a的音，再发鼻音-n，要念成一个音。声音是从鼻腔里出来的（教师用手势引导）。

（2）抽读。

（3）开火车读（两组）。

（4）齐读两遍。an和天安（an可独立成音节）门。

（二）学习前鼻韵母en

1. 看插图引出en：图上画着谁？他在干什么？

生：摁门铃。

师：“摁”是四声，第一声你会发音吗？

教学en的发音：启发学生用学习an的方法练习en的发音。

2. 教师领读。

3. 指名读。

4. 齐读两遍。en和摁（en也可以独立成音节）门铃。

（三）学习前鼻韵母in

1. 看插图引出in：图上画着谁？它在干什么？（小白兔在树荫下乘凉）

2.教师领读树荫两遍。树荫的“荫”就是我们今天学习的又一个前鼻韵母in。

3.学生自读。

4.开火车读。

5. 齐读。

(四)学习前鼻韵母un、ün

1. 插图引出:un、ün。

2. 按照已掌握的前鼻韵母发音方法自学un、ün。

(1)自读。

(2)同桌互读。

(3)检查读:抽生读。

(五)出示an、en、in、un、ün

1. 齐读两遍。

2. 小结:这五个韵母发音时声音都是从鼻腔靠前一点儿出来的,它们被叫作"前鼻韵母"。学生再读。

(六)书写an、en、in、un、ün

1. 这些新朋友我们都认识了,现在我们把它们送回家。(出示四线格前鼻韵母的范写)

2. 学生观察(位置、距离)。

举例:看看an是怎么写的,先写a,再写鼻音n,团结友爱不分开。学生写,一个写两遍。

(1)提醒学生注意写字姿势。

(2)教师巡视贴星。

(3)学生展示2~3个(格式、靠一起、字母规范)。

【设计意图】《语文课程标准》指出:"学生是学习的主人,在教学过程中,要加强学生自主的语文实践活动,引导他们在实践中主动地获取知识,形成能力。"学生的知识缺陷和能力缺陷的改善,只有靠自己的学习与实践才能得到解决。因此,教师在课堂教学中要创造条件,让学生有充分的时间去尝试和实践,进行有效的参与,培养自主学习的能力。在教学本课之前先让学生认识什么是前鼻韵母,再结合学生已有的学习拼音的能力,进行"an、en"的教学,在这个学习的过程中,学生就对前鼻韵母的发音规律有了感悟,初步掌握了发音的方法,因此后面三个韵母的教学,我就根据"学导课堂"模式,充分发挥学生的主体作用,放手让学生运用已掌握的学习方法进行自主学习。在这个过程中,老师巡回指导,加以点拨和指正,不仅达到了准确认读的目标,又促进了学生学习能力的提高。这样的"学导课堂"模式下,学生真正成了学习的主人。

三、学习拼读声母与an、en、in、un、ün组成的音节

过渡:我们的音节朋友也来参加"小小丰收会"了。

（一）学习d、t、n与an的拼读

1. 学生自读。

2. 教师教读。

3. 开火车带四声调读（出示声调的音节）。

4. 选择音节说音节词：在生活中你发现表示哪些事物的词带有这些音？

举例：单位的"单"。

（二）学习g、k、h与u-an的拼读

1.复习三拼音节方法。

2.师：刚刚我们拼读了两拼音节，现在来读三拼音节，谁来挑战挑战？看看你读得准吗。

（1）学生自读。

（2）挑战读（抽生读）。

（3）开火车读四声调。

（4）说音节词。

（三）学习j、q、x与ü-an的拼读

1. 观察：这也是一组三拼音节，声母是什么？（j、q、x），介母是（ü），韵母是（an），咦！关于它们组成的音节，你有什么发现？

2. 自读。

3. 带四声调读。

4. 说音节词。

5. 填空练习。

看看谁是学习之星。

6. 学习整体认读音节yuan。

（1）出示插图yuan、quan。

（2）教师教读：yu和an组成，先回忆yu的读音，再连读。

（3）明确：yuan是整体认读音节，不能拼读。

（4）学生拼读。

（四）学习zh、ch、sh与en的拼读；b、p、m与in的拼读；ch与un的拼读；j、q、x与ün的拼读。

1.瞧，老师相信这些音节你们一定也能拼出来，现在同桌互相拼读，读得准确就为他竖个大拇指。

2.抽查。

（1）音节。

(2)音节词。

认真 地震 深浅 什么 宾馆 人民 春天 裙子 军队 训练

(五)学习整体认读音节yin、yun

1. 前鼻韵母in、ün给我们带来了两个好朋友，对应出示in、ün和yin、yun。

2. 你发现了什么？(都加了y，读音相同)

3. 质疑：为什么yun的ü上的两点没有了呢？(复习儿歌及书写规则)

4. 出示yuan、yin、yun的四声调。

yuān yuán yuǎn yuàn

yīn yín yǐn yìn

yūn yún yǔn yùn

(1)学生自读。

(2)开火车读。

(3)齐读。

(4)抄写。

(5)边写边评。

【设计意图】任何知识都不是孤立存在的，学生在已有的拼读能力基础上，学生自主拼读，发现规律，运用拼读规律，仔细观察，发现不同，解决疑问，如学习g、k、h与u-an的拼读和学习j、q、x与ü-an的拼读时，同样是三拼音节，掌握了如何正确拼读，还能通过学习发现不同，联系了以前学过的知识，明确了j、q、x与ü-an相拼时，ü要去两点，又一次利用j、q、x与ü相拼读时的儿歌复习了拼读方法。汉语拼音源于实际生活，所有的音节都存在于我们的日常语言之中，所以教学时联系生活出示一些音节词让学生拼读，这样学以致用不仅能提高学生的学习兴趣，也有助于增强他们学习的自信，激活他们的生活经验，调动他们的生活积累，有效多样的认读形式和游戏教学，使汉语拼音的学习生活化了，更使抽象枯燥的拼音符号变得具体生动起来了。

四、总结

这节课我们认识了这些韵母朋友和音节朋友，课后与你的小伙伴们去生活中找找哪些事物是含有这些朋友的。

四、结论

传统的拼音教学是教师示范读、教师领读，学生跟着读、记，一节课无休止地认读，单纯地机械识记，这样学生会感到厌烦，老师也感到劳累，课堂沉闷，教学效果不理想。拼音教学如何才能突破传统教法，把学生从烦倦中解脱出来，对语文学科的学习充满兴趣和信心，针对这个问题，我就以前鼻韵母的教学做了探索和实践，事实证明这样的课堂不乏味，课堂效率也高。尤其是那么多的拼音，要在短短一个月的时间内学完，要针对不同拼音基础的学生，更要培养学科习惯和对语文学习的热情，这些现实摆在眼前，传统的拼音教法亟待改变，因为一味地读记只能教出呆板的、只是老师讲什么而自己不思考的学生，泯灭了他们那爱学习、爱探索的天性，成为机械重复的工具，这是教育的失败。

在第二次教学设计中，我努力创设一种“发现—感悟—运用”的学习氛围，引导学生主动探索，自求得之，让学生从发现规律、感悟规律到运用规律去自主学习，在“学导课堂”模式下，真正成为探索问题、发现新知的主体。

一年级的汉语拼音教学是语文学习的起点，教师要有全局意识，不应在一年级学生刚入学时集中教学拼音的阶段人为拔高要求，增加学生负担，而应在整个小学阶段都要不断地引导学生在语文学习的过程中巩固拼音，提高汉语拼音的运用水平。有了这样的意识还得有教学汉语拼音的智慧。这就要求我们，应该从汉语拼音的特点出发，遵照学生的身心发展规律，选择正确、恰当的拼音教学策略，变单调呆板的学习为丰富多彩、兴趣盎然的体验，使学生感受到学习的乐趣。

突破拼音教学的传统教法，就要善用游戏辅助教学却不滥用；杜绝机械地重复跟读；紧密联系学生生活实际，体现汉语拼音的实用价值；弹性设计课文教学活动，合理取舍学习内容；有效使用课文图片创设情境；利用教材编排的儿歌展现文本和知识要点；树立全局观念，不断提高学生汉语拼音的运用水平；小组合作学习，互教互学；鼓励学生学当小老师，发展个性，增强自信。这些拼音教学的策略，都要遵循学生的身心发展规律，这样才有利于达成汉语拼音教学的目标，彰显汉语拼音的使用价值。

4.

紧扣小说要素，感悟人物形象

——以小说《桥》教学为例

黄永虹[①]

一、选题背景

（一）选题缘由

《义务教育语文课程标准（2011年版）》在第三学段的阅读要求中明确指出“阅读叙事性作品，了解事件梗概，能简单描述自己印象最深的场景、人物、细节，说出自己的喜爱、憎恶、崇敬、向往、同情等感受”。在这一要求中，我们不难发现，阅读叙事性文学作品是培养学生鉴赏能力、启迪学生语言智慧、丰富学生精神世界、提升学生语文素养极好的载体。

在小学高段的语文教材中，出现了一定数量的“小说”类叙事性文学作品，这类文章主要通过生活事件的叙述来塑造人物形象，正是这些饱含情感、生动鲜明的人物形象支撑了作品。因此，在阅读中只有对人物形象进行准确而深刻的感悟，才能走进人物心灵，感悟作品赋予人物丰富的思想内涵，以此读懂作品，对作品的主题和写作意图也才会有更进一步的了解。因此，要想让学生会读、读懂“小说”类叙事性文学作品，就得紧扣小说“人物”“情节”“环境”这三个核心要素，将对人物形象的丰富性、多维性的感悟作为小说教学的切入点。

（二）研究意义

开展“紧扣小说要素，感悟人物形象”的课例研究，可以有效地避免我们在小说类课文教学中对人物形象的具体感悟存在的以下问题：

问题一：粗略化。在常见的小说类阅读教学中，丰满而立体的人物形象通常被贴以“伟大高尚”的标签，或被冠以“对什么的爱”等笼而统之。而对伟大高尚的感受、对爱意丰盈的感悟，却是苍白而空泛的。

问题二：模式化。在明确了人物形象在文章中的灵魂作用之后，有很多教师在

① 黄永虹，女，重庆万盛人，重庆市渝中区马家堡小学语文教师，高级教师，重庆市骨干教师。

面对一篇叙事性文章的时候，往往直奔主题，揪住“人物”不放，即带领学生对人物外貌、神态、语言、动作、心理等细节充分读、深度悟；或抓住环境的烘托、情节的推动、人物的描写来个一网打尽。一篇文章如此、篇篇文章如此，由此走入了惯性的模式。

问题三：平面化。文章中的人物，亦为典型人物；这个人物是作者根据现实生活创作出来的，他不同于真人真事，“杂取种种，合成一个”，作者通过这样典型的人物形象反映生活。意即，小说中的人物形象是立体的、丰满的。这样的形象感悟需要从不同角度、不同层面去感悟，是一个不断丰富的过程。在教学中，不少教师为了追求所谓的“让学”，充分放手让学生抓住关键字词句段去感悟，在“尊重”学生阅读感受的基础之上，让学生的感悟做了个平面滑行。

（三）研究内容

在实际的教学实践中，我们究竟应该怎样紧扣小说要素，引导学生走进人物内心，从而感悟到小说所塑造的立体丰满的人物形象呢？笔者就小说教学存在的问题，再结合人教版课标实验教材五年级下册《桥》第二课时的教学，谈一谈如何在教学实践中尝试运用“紧扣小说要素”这一教学策略去解决“感悟人物形象”这一问题。

二、第一次教学实践

（一）教学设计

【教学目标】

1.品读描写大雨和洪水的句子，学习作者运用拟人、比喻的修辞手法进行环境描写来增强表现力的表达方法。

2.品读描写党支部书记的句子，理解内容，感悟老共产党员沉稳果决、无私无畏、不徇私情、英勇献身的崇高精神。

3.初步了解小小说这种体裁，领悟文章在表达上的特点。

【教学重难点】

品味语言，感悟形象，领悟表达。

【教学过程】

一、听写生词

咆哮　疯狂　狞笑　放肆　呻吟　祭奠　搀扶　胸膛

二、品味语言，了解环境描写为塑造人物形象所起的作用

（课件出示描写大雨和洪水的句、段）

（一）读句子谈体会

1.齐读这些句子。教师提要求：边读边体会，说说你从这些句子中体会到了什么。

2.抽学生谈体会（生：体会出水势大，洪水的肆虐、可怕，让人感觉恐慌……）。

（二）读句子学表达

1.作者是怎样写出洪水的肆虐、恐怖的？自由读后指名答。

2.对比读句子，体会不同表达的不同效果。

3.这样的描写除了让我们体会到了洪水的肆虐、可怕外，还让我们感觉到了什么？

三、对比表现，从人物描写中体会党支部书记的精神

（一）在这样紧张的时刻，在这样危急的关头，村民们是如何表现的？（课件出示描写村民们表现的句子）

（二）在这样紧张的时刻，在这样危急的关头，我们的党支部书记，那个全村人都拥戴的党支部书记又是怎样表现的？（课件出示描写党支部书记表现的句子）

1.学生齐读以上句子，再自由读，思考并回答：党支部书记是一个什么样的人？你是从哪里体会到的？学生谈体会后练习有感情地朗读，把自己的体会通过朗读表现出来。

2.课件出示党支部书记两次"吼"的句子，学生默读，说说发现了什么。

（党支部书记的前后行为是矛盾的）

3.课件出示课文的结局。

学生齐读。

师：现在你又如何理解党支部书记看似矛盾的行为？

4.课件再次出示党支部书记两次"吼"的句子，学生谈理解。（书记在吼党员，父亲在吼儿子）

四、领悟表达

1.再次出示课文的结局，齐读，思考并回答：作者以这样的方式让这个惊心动魄的故事就这样戛然而止，你认为他的用意何在？

2.这篇小小说在表达上还有其他的特点，快速浏览全文，看看这篇课文的句、段与我们以前学的课文有什么不同。

3.这篇课文的题目也是很有深意的，你是怎么理解课题的含义的？

（通向生命的桥，党员和群众紧密联系的桥）

板书设计

桥 { 生命之桥 / 精神之桥 }

【设计意图】

本课我分两个课时完成，第一课时的主要任务是：扫清字词障碍；读通课文，引导学生初步了解"小小说"这种文学作品的特点；厘清文章脉络，把握文章的主要内容；指导学生勾画出描写环境和人物的语句（为第二课时的教学重点做好铺垫）。

为避免小说教学中感悟人物形象出现的粗略化、模式化、平面化的问题，第二课时的教学我根据本课的文本特点，抓住了小说三要素中的"环境描写"和"人物描写"，并把教学的重心放在了直接描写"党支部书记"这个人物形象的语句上面，整堂课设计了两个主要板块：即抓住环境描写和人物描写的相关语句，品味语言，了解环境描写为塑造"党支部书记"这个形象所起的作用；对比村民和党支部书记的表现，从对人物语言、动作、神态的具体描写中去感悟"党支部书记"这个人物形象。

（二）教学实录（节选）

二、品味语言，了解环境描写为塑造人物形象所起的作用

课件出示描写大雨和洪水的句、段：

·黎明的时候，雨突然大了。像泼。像倒。

·山洪咆哮着，像一群受惊的野马，从山谷里狂奔而来，势不可当。

·近一米高的洪水已经在路面上跳舞了。

·死亡在洪水的狞笑声中逼近。

·水渐渐蹿上来，放肆（sì）地舔着人们的腰。

·水，爬上了老汉的胸膛。

（一）读句子谈体会

1. 齐读这些句子。教师提要求：边读边体会，说说你从这些句子中体会到了什么。

2. 抽学生谈体会（生：体会出水势大，洪水的肆虐、可怕，让人感觉恐慌……）。

（二）读句子学表达

1. 师：作者是怎样写出洪水的肆虐、恐怖的？自由读后指名答。

（教师指导学生抓住"像泼""像倒""像一群受惊的野马""咆哮""跳舞""狞笑""放肆""舔"等词或短语充分体会比喻、拟人等修辞手法在表达上所起的作用）

2. 对比读句子，体会不同表达的不同效果。

（用课件分组出示以上句子，一组句子有红色部分，另一组句子没有红色部

分。对比读,在朗读中感受不同表达的不同效果)

3.这样的描写除了让我们体会到了洪水的肆虐、可怕以外,还让我们感觉到了什么?

(指导学生体会环境描写对烘托气氛、推动情节发展所起的作用。营造了一种情况很紧急,气氛很紧张的氛围)

三、对比表现,从人物描写中去体会党支部书记的精神

(一)在这样紧张的时刻,在这样危急的关头,人们是如何表现的?(课件出示描写村民们表现的句子)

·人们翻身下床,却一脚踩进水里。

·是谁惊慌地喊了一嗓子,一百多号人你拥我挤地往南跑。

·人们又疯了似的折回来。

·人们跌跌撞撞地向那木桥拥去。

(二)在这样紧张的时刻,在这样危急的关头,我们的党支部书记,那个全村人都拥戴的党支部书记又是怎样表现的?(课件出示描写党支部书记表现的句子)

·木桥前,没腿深的水里,站着他们的党支部书记,那个全村人都拥戴的老汉。

·老汉清瘦的脸上淌着雨水。他不说话,盯着乱哄哄的人们。他像一座山。

·老汉沙哑地喊话:"桥窄!排成一队,不要挤!党员排在后边!"

·老汉冷冷地说:"可以退党,到我这儿报名。"

·老汉突然冲上前,从队伍里揪(jiū)出一个小伙子,吼道:"你还算是个党员吗?排到后面去!"老汉凶得像只豹子。

·老汉吼道:"少废话,快走。"他用力把小伙子推上木桥。

1.学生齐读以上句子,再自由读,思考并回答:党支部书记是一个什么样的人?你是从哪里体会到的?

(学生答:无私无畏、从容镇定、不徇私情……)

学生谈体会后练习有感情地朗读,把自己的体会通过朗读表现出来。

2.课件出示老汉两次"吼"的句子,学生默读,说说从老汉的行为中发现了什么。

生:老汉把小伙子揪出来,又推上去,前后的行为是矛盾的。

3.课件出示课文的结局。

·五天以后,洪水退了。

·一个老太太,被人搀(chān)扶着,来这里祭(jì)奠(diàn)。

·她来祭奠两个人。

·她丈夫和她儿子。

学生齐读。

师：现在你又如何理解党支部书记看似矛盾的行为？

生：揪出小伙子是因为小伙子是党员，党员要排在后面，这是书记不徇私情。

生：推小伙子上木桥，是因为小伙子是老汉的儿子，是父亲对儿子的爱。

4.课件再次出示党支部书记两次“吼”的句子，学生谈理解。（书记在吼党员，父亲在吼儿子）

生死关头，作为党支部书记，他不徇私情，毅然揪出儿子排到最后。生死关头，作为父亲，他爱子心切，用力把儿子推上木桥。因为自己是党支部书记，因为儿子也是党员，所以他只能选择先人后己。（学生有感情地朗读这段话）

（三）分析与反思

纵观整堂课的四个教学环节，除第一环节的“听写”学生略感轻松以外，其余三个环节的学习学生们都感觉比较吃力。学生的表情是凝重的，回答问题的语言是干瘪的，课堂气氛比较沉闷。

对“党支部书记”这个人物形象的感悟效果如何呢？从课堂上学生的表现以及课后学生学习情况的反馈可以得知，学习效果是这样的：

1.学生能够从对大雨和洪水的描写（环境描写）中感受到情况越来越危急，但是对于这样的环境描写对塑造“党支部书记”这个人物形象所起的侧面烘托作用，大多数学生无法体会到。

2.在教师的启发、引导下，学生能够从对“党支部书记”语言、动作的描写（人物描写）中体会到“党支部书记”的不慌张和舍己为人，但从学生的发言中不难看出，学生们对“党支部书记”这个人物形象的感悟仅仅是停留在浅层次的，对“党支部书记”这个人物形象的感悟是平面化的，他“像一座山”一样高大的形象没有在孩子们的心中丰满和立体起来。

3.教师明显感觉教起来很吃力，课堂时间不够用，整堂课都比较“赶”。

4.在感悟“党支部书记”这个人物形象时，教师没有引导学生走进“老汉”的内心，导致学生对“党支部书记”的认识是空洞的、遥远的。

为什么会出现这样的情况呢？在再一次深入解读文本，再一次明确“小说”这种文体教学重点的基础上，反思自己的教学，个人认为本次教学实践存在以下问题。

1.没有很好地根据文本特点合理取舍小说的“三要素”（环境、人物、情节）。本文的环境描写和人物描写都比较有特色，因此，我在教学时对这两个要素平均用力，导致学生对人物形象的感悟不深入、不丰满、不立体。

2.过分强调“让学”，尊重学生“主体”的同时没有很好兼顾教师“主导”作用的发挥，从而弱化了对学生进行必要的指导和点拨，导致学生对“党支部书记”这个人物形象的感悟始终停留在表面层次，没有很好地从多个角度去感悟“党支部书记”有血有肉的立体形象。

三、第二次教学实践

（一）修正教学设计与意图

在反思了第一次教学实践的得失以后，我改进了自己的教学设计，在课标、文本、学情的基础上，再次修改、完善，我是这样设计的：

【教学目标】

1.有感情地朗读课文。

2.体会党支部书记在生死关头时从容镇定、舍己为人、不徇私情的高尚品质。

3.领悟课文通过环境烘托、分层推进、设置悬念塑造人物形象的表达方式。

【教学重难点】

领悟课文通过环境烘托、分层推进、设置悬念塑造人物形象的表达方式。

【教学过程】

一、听写词语，渗透文体，导入新课

首先听写一组描写环境的词语：咆哮、疯狂、狞笑、放肆（板书：环境）。

然后听写一组描写人物的词语：揪出、豹子、瞪眼、胸膛（板书：人物）。

【设计意图】：开门见山、直奔主题的导入，紧随其后的分类词语听写，既检测了学生第一课时生字词的掌握情况，同时也为本课时的教学主线埋下了伏笔。

二、研读课文，感悟形象，领悟表达（教学重点）

（一）领悟情节推进凸显人物形象的表达特色（详）

【设计意图】：在环境、情节、人物这三要素中，人物形象是中心。但怎样才能让学生感悟到更为立体、丰满的人物形象呢？在扣人心弦的一波三折中，不难发现：在情节的不断推动中，党支部书记在危急情况下，全身心考虑的是群众、党员、儿子，使得他舍己为人的形象更加丰满、立体。

（二）领悟环境描写烘托人物形象的表达特色（略）

【设计意图】：全文篇幅虽简短，但表达特色鲜明：以精妙的修辞、简短的文字，渲染出环境的危急。根据第三学段的学情，对修辞手法的感悟已不是重点，应从篇章的表达效果着眼。因此，通过朗读、情境创设的教学策略使学生整体感悟到情况愈发的危急，以此更加深刻地感悟到党支部书记在生死攸关时舍己为人的形象。

（三）领悟设置悬念深化人物形象的表达特色（略）

【设计意图】：小说为成功塑造人物形象选取的表达方法有多种，虽不能做到平均使用力量，但只要把控好详略，多管齐下，就更能深化学生对人物形象的认识。因此，在震撼中引导学生领悟最后交代父子关系的悬念设置，意在激起巨大的冲击，发人深思，使学生对人物形象的感悟多元化。

三、回顾全文，聚焦文体，拓展延伸

板书设计：

微型小说

16.桥

党支部书记	环境			侧面烘托
	人物	站（党员）	沉着镇定	
		揪（儿子）	舍己救人铁面无私	分层推进
		推（自己）	父爱如山	设置悬念
	情节			

【设计意图】：阅读教学的目的是教学生会阅读。当学生第一次接触“微型小说”，对其表达方式有初始印象之时，教师要通过同类文体文章的推荐阅读，使其能增强对小说文体的认识，为以后的自主阅读打下基础。

（二）教学实录（节选）

二、研读课文，感受形象，领悟表达

环境、人物、情节是小说的三要素（板书：情节），刻画人物形象是中心，本文的主要人物是谁？（板书：党支部书记）

课文是怎样刻画党支部书记这个人物形象的呢？

（一）领悟情节推进凸显人物形象的表达特色

1.出示自学要求

默读课文第7—23自然段，入情入境地读，设身处地地想，课文中的党支部书记是个怎样的人？简单写写自己的体会。你是从哪些地方感受到的？用“____”画一画。

学生自主探究，教师巡视指导。

2.汇报交流

师：我们来交流一下，党支部书记是一个怎样的人？从哪儿看出来的？

（1）沉着果断

语段：他不说话，盯着乱哄哄的人们。他像一座山。

师引导：联系上文看看，村民们是怎样的表现？（跌跌撞撞、疯了似的）而党支部书记却一句话不说，盯着乱哄哄的人们，足见他的沉着。

为什么把他比作“一座山”？请联系上文想想——

语段：木桥前，没腿深的水里，站着他们的党支部书记，那个全村人都拥戴的老汉。（板书：站）

党支部书记为什么要“站在木桥前”？（唯一通道；水已没腿；人群慌乱；果断指挥；水已经没腿了，能通往安全地方的只有这座木桥了；灾难突然降临的时候，没有选择离开，是为了控制混乱的局面，心里装的是群众的事，全身心考虑的都是集体……）

语段：老汉沙哑地喊话：“桥窄！排成一队，不要挤！党员排在后边！”

好一句“党员排在后边”（板书：党员），谁排前面？（群众）老汉的话要求了什么？提醒了什么？还提醒了什么？

师小结：在这样危急的情况下，党支部书记还能表达得这样清楚，指挥得这样有序，足见站在木桥前的党支部书记是多么的沉着。

指导朗读：谁来沉着地读读？我们一起来沉着地读读。

过渡：党支部书记还是一个怎样的人？从哪儿看出来的？

（2）不徇私情

语段：老汉突然冲上前，从队伍里揪出一个小伙子，吼道：“你还算是个党员吗？排到后面去！”老汉凶得像只豹子。

为什么要“揪”出那个小伙子？（板书：揪）（情况危急、有人已提出反对意见，有人已经动摇，他必须做出表率，即使是自己的儿子也不能搞特殊化，也要严格要求他排到后面去）（板书：儿子）

指导朗读：联系上文我们知道，这是一座窄窄的木桥，如果大家都一拥而上，后果不堪设想。因此，他凶得像只豹子似的吼道——（学生齐读老汉的话）。

你读懂了老汉作为村支书，这颗一心想着群众的心吗？谁再来读读？谁也能凶得像只豹子似的吼道？咱们一起来。

（3）父爱如山

语段：老汉吼道：“少废话，快走。”他用力把小伙子推上木桥。

为什么老汉要用力将儿子“推”上木桥呢？（最后只剩下老汉和儿子两个人了，作为父亲，也有着如山般的父爱。自己排在后面，是想把生的机会让给儿子）（板书：自己）

指导朗读：老汉是多么急切地想让儿子脱离险境啊，所以他吼道……

谁想来吼吼？你吼得急切有力；你来吼吼，你吼出了对儿子的爱；你来，你吼出了对儿子的关心……

我们都读懂了党支部书记如山般的父爱，来，我们一起帮助党支部书记吼吼。

3.体会表达方法

根据板书，师生回忆、梳理，课文是怎样随着情节的发展在对人物神态、语言、动作的描写中使“党支部书记”这个人物形象逐渐丰满起来、立体起来的？

课件出示：课文第7—23自然段。

当洪水没腿时，党支部书记——站在桥头，沉着指挥，沙哑地喊话（学生读），让群众排在前面，党员——排在后面；

当洪水舔腰时，党支部书记——揪出儿子，凶得像只豹子似的吼道（学生读），让其他党员排在前面，儿子——排在最后；

当洪水爬上胸膛时，党支部书记——把儿子推上木桥，大声吼道（学生读），让儿子先走，自己——排在后面。

排在后面的是：党员、儿子、自己，就这样一层一层地展现出了党支部书记的形象，就这样分层推进（板书：分层推进），让我们读到了一个怎样的党支部书记？（沉着、冷静、无私……）（板书：舍己为人）

（二）领悟环境描写烘托人物形象的表达特色

课文不仅刻画了党支部书记这个在生死关头沉着果断、舍己为人的人物形象，还有多处关于大雨和洪水的描写。大家自由读一读。（课件出示第1—6自然段。）

读着读着，你有什么感受？（感受到洪水大，感受到雨大，还感受到人们的慌乱……）

形势是如此危急，听，雷声轰鸣、大雨突袭。请闭眼想象当时的环境。

在这样的环境中，党支部书记还这样沉着地站在桥头指挥，还狠狠地揪出了儿子，最后又用力将儿子推上了木桥，你又有怎样的感受？（更能烘托出党支部书记在生死攸关之时，舍己为人的英雄形象，对他的敬佩之情油然而生）（板书：侧面烘托）

（三）领悟设置悬念深化人物形象的表达特色

小说的结尾是这样的（学生齐读）：（略）

结尾才交代老汉和小伙子的关系（父子关系）。如果在前面就交代，读起来有什么感觉？（不会对党支部书记看似矛盾的行为感到不解，从而不会产生读下去的兴趣了，没有“意料之外，情理之中”的震撼效果）

作者在结尾点明老汉和小伙子的关系，这样设置悬念，引起了我们的阅读兴趣，更能让我们震撼于党支部书记在生死攸关之际的铁面无私、舍己为人。

（板书：设置悬念）

(三)分析与反思

本堂课环节紧凑，教学重点突出，文体意识强，抓住本文在表达上的特点，在40分钟的教学里紧紧围绕小说教学“感悟人物形象”这一核心任务进行。

教师充分发挥“主导”作用，带着学生紧紧扣住小说三要素(人物、环境、情节)中的“情节”“人物”，引导学生在抓住作者对“老汉”神态、语言、动作的具体描写的语句进行品读和体会小说情节的分层推进中，抽丝剥茧，逐层深入地感悟“党支部书记”像一座山一样既闪烁着党性光辉，又满含着父爱深情的高大形象。同时，辅之以环境描写烘托出的沉着果断，设置悬念制造出的意外和震撼，让“党支部书记”的形象在学生的心中立体起来、丰满起来。

四、研究结论

实践 内容 项目			第一次教学	第二次教学
《桥》第二课时教学	不同点	时间分配	在“环境描写”和“人物描写”这两个板块上平均用力，文中对大雨和洪水的描写可谓是浓墨重彩，且多用了比喻、拟人等修辞手法，淋漓尽致地表现出了洪水如猛兽般狰狞的面目。教学时，为了让学生有一种身临其境地感受慌张恐怖的效果，我没有能够很好地调控课堂，学生就死死揪住“比喻”“拟人”手法说开去了，从而导致从人物描写中去“感悟人物形象”这一教学重点没有很好的时间保障。	把课堂的大部分时间用在了“抓住情节的分层推进，从对人物的具体描写中多角度感悟人物形象”上。而对于“环境描写”则没有过多耗时。

续表

项目 \ 内容 \ 实践			第一次教学	第二次教学
《桥》第二课时教学	不同点	教学策略	1. 为了体现“让学”，放手让学生自己去品读、去感悟。 2. 学生抓住“环境描写”和“人物描写”的语句，去体会人物的精神品质。	1. 变“让学”为“导学”，“牵”着孩子有顺序地进行品读、体会、感悟。 2. 引导学生从对党支部书记语言和动作的描写中，抽丝剥茧，多角度感悟“党支部书记”这个人物形象。
	不同点	教学效果	1. 学生能够从对大雨和洪水的描写中感受到情况越来越危急，但是对于这样的环境描写对塑造“党支部书记”这个人物形象所起的侧面烘托作用，大多数学生无法感受到。 2. 学生能够从对“党支部书记”语言、动作的描写中体会到“党支部书记”的不慌张和舍己为人，但对“党支部书记”这个人物形象的感悟是平面化的，他“像一座山”一样高大的形象没有在孩子们的心中丰满和立体起来。	在体会小说情节的分层推进中，抽丝剥茧，逐层深入，多层次、多角度地感悟“党支部书记”像一座山一样既闪烁着党性光辉，又满含着父爱深情的高大形象。同时，辅之以环境描写烘托出的沉着果断，设置悬念制造出的意外和震撼，让“党支部书记”的形象在学生的心中立体起来、丰满起来。
	相同点	1. 抓住文体特征：本文是小说类叙事性文学作品，环境、人物、情节是构成此类作品的三要素，因此，教学设计时都充分考虑了这三个要素在文本中的体现。 2. 关注表达特点：本文在表达上的特点非常显著，那就是设置悬念增强效果、环境描写侧面烘托、人物描写凸显形象。两次构建我都在教学的环节中体现出了对这三个表达特点的学习。 3. 紧扣教学重点：“人物”是小说三要素中的核心因素，“感悟人物形象”也是小说教学的核心任务。因此，两次构建，我都把对“党支部书记”这个人物形象的感悟作为教学的重点和难点。		

续表

<table>
<tr><td colspan="2">实践
内容
项目</td><td>第一次教学</td><td>第二次教学</td></tr>
<tr><td>《桥》第二课时教学</td><td>结论</td><td colspan="2">1.钻研教材为本，紧扣小说要素，文体归属有法
文学作品主旨的诠释，是阅读教学的一个重要环节，甚至可以说是作品鉴赏和阅读教学的必然归宿。小说是有生命的艺术品，以其生动曲折的故事情节、个性鲜明的人物形象、典型的环境设置、别出心裁的构思等特点吸引读者。通过研读本课文本《桥》，明确本文的核心人物就是“老汉”，设计教学时，把对“人物——老汉”的感悟作为教学的切入点，紧紧抓住文中对人物进行刻画的语句，再辅之以对“肆虐的洪水”这一环境描写和对“随着洪水的变化不断推进的故事情节”的分析、领悟，去感悟“党支部书记”这个既闪烁着党性光辉，又满含着父爱深情的高大形象。
2.年段目标为纲，文本取舍有度，感悟人物形象
年段目标是语文教学的指南。本文涉猎的对人物的感悟点是很多的，对人物动作、神态、语言的描写散落于文章句段之间。如对每一方面内容的感悟都庞杂无重点，都只是蜻蜓点水、泛泛而悟、无层次感，这样的面面俱到只会是面面不到。因此应加强整合，步步聚焦，突出重点。在表达上，第三学段重点关注篇章。为了更深刻地感受小说中的人物形象，不应止步于文章局部，停留于对零碎句段的感悟，应该用整体的思路，整合阅读过程。因此，在整个对党支部书记形象的感悟中，我用“党支部书记是一个怎样的人？从什么地方感受到的？”这个一以贯之的问题作为教学主线索，舍弃了细枝末节的问题。紧扣“情节”这一要素，引导学生从具体的描写和不断发展的情节中，逐层深入地感悟“党支部书记”像一座山一样既闪烁着党性光辉，又满含着父爱深情的高大形象。同时，辅之以“环境描写”烘托出的沉着果断，设置悬念制造出的意外和震撼让“党支部书记”的形象在学生的心中立体起来、丰满起来。</td></tr>
</table>

五、课例研究反思

哲学家笛卡儿有过这样一句让我感触颇深的话：“我的努力求学没有得到别的好处，只不过是愈来愈发觉自己的无知。”是的，前行，方知路途遥远；求索，才觉学海无涯。几年来，在西南大学教育学部的强大支撑下，在渝中区教师进修学院的有效管理下，我在“渝中区名教师培养对象”研修班的研修是紧张的、有序的、高效的，学员们静心享受着西南大学的专家们为我们准备的饕餮盛宴。当然，研修也是艰苦的，一项又一项具有挑战性的“作业”让我明白什么叫作“活到老，学到老”。

就以于波教授布置的"课例研究"作业来说吧。

"课例研究"这四个字于我这个已过不惑之年、理论储备不足的一线教师来说，是陌生的、令人困惑的。想要呈现出一个合格的"课例研究"那更是困难重重。

困惑之一：核心概念的界定

1. 什么是"课例研究"？

我知道什么是"课例"，但是加上了"研究"二字，这个概念又有什么不同？"课例研究"会不会就是小型的"课题"呢？

2."课例研究"与"教学案例"有何异同？

我曾经参加过渝中区的几次教学案例比赛，知道"教学案例"总会带给人启示、收获、反思，从而达到改进教育教学工作的目的。我想，"课例研究"的目的应该也不外乎如此，那么二者究竟有何不同呢？

困惑之二：研究内容的构成

"课例研究"都由哪些部分组成？

既然是"课例研究"，那应该就是对一节课的研究，其组成部分主要应该是这节课的"课堂实录"。是不是把一节课详细、完整地记录下来就可以了呢？显然不是，如果是这样，又如何体现"研究"二字呢？研究什么？如何研究？研究的结果如何？要如何用文字呈现对"课例"的"研究"？一连串的问题困扰着我。

困难之一：研究问题的选择

1. 既然要开展"研究"，肯定就得有"问题"，这个"问题"应该秉着什么样的原则去选？选什么样的"问题"？

2. 一个课例研究的"问题"是源自这节课要实现的"教学目标"吗？答案如果是肯定的，那一节课一个教学目标的实现就要去提炼出"研究结论"，这是不是有点儿"小题大做"？答案如果是否定的，研究的问题是不是又给人一种"本末倒置"的嫌疑？

困难之二：研究结论的提炼

"课例研究"即从"问题"到"实践"再到"结论"的这么一个过程。选"问题"难，实践及改进也不易，但最难的还是"结论"的提炼。这需要有火眼金睛的分析力和洞察力，需要有画龙点睛的概括力和表现力，还需要有去伪存真的判断力和鉴赏力。对于多数像我一样长期扎根一线、缺乏专业理论储备的中师生来说，这无疑是一件非常困难的事情。

"学而不思则罔，思而不学则殆。"在于波教授的引领下，我们的"课例研究"如火如荼地展开了。"什么是课例研究""课例研究和教学案例的异同""课例研究由哪些部分组成""如何选择课例研究的真问题""研究结论应该怎样提炼"……一次又一次理论层面的学习拨开了笼罩在我心头的"云雾",让我知道了"课例研究是什么"。在后续的课堂实践中,项目组为我们的课例研究提供了多渠道、多层次的帮助:信息化的远程指导、邀请香港专家现场集中指点、学员之间切磋讨论、召开阶段性总结会……这些措施让我明白了"课例研究怎么做"。尽管,理论学习是艰涩的,实践操作是艰难的,不过,这样的"艰苦"让我收获了"山重水复"后"柳暗花明"的成就感和满足感。

完成"作业"后的我,内心是满满的感叹与感动。感叹于专业成长道路的"路漫漫"!感动于诸多的专家领导为我们的成长所付出的心血。我想,以后的日子,我应该继续坚定地行走在专业发展的道路上。希望能像作家阿瑟·克拉克在自己的墓碑上写的那样:"我永远都没有长大,但我永远都没有停止生长。"

5.

基于文体意识下的识字教学研究

——以人教版二年级下册《画家和牧童》为例

郑殷青立[①]

一、问题的提出

当前，我国小学语文课堂上的识字教学多采用两种方式：一是集中识字，它注重汉字字形的生成性特征，引导学生把汉字归类识记；二是随文识字，它注重字义的情景创设，提倡生字教学要“字不离词，词不离句，句不离篇”，使生字的字义在生动形象的语言环境中凸显出来。这两种识字方法在课堂中交替进行，很大程度帮助了小学生识字。但是，这样的识字教学也有局限。集中识字虽然规律性强，但比较枯燥，学生只是按老师提出的一些汉字的规律机械性地去记住汉字的字音、字形、字义，缺乏学习汉字的兴趣。相比之下随文识字有趣得多，教师把课文内容串联起来，让学生随着故事情节去认识生字，让生字在词句中不断复现，以达到加深对生字印象的目的。可这样做只是带着识字目的的听故事，忽略了语文课本身是为了培养学生语文素养这一终极目标。

小学的语文课程与教学是母语教育与文学教育处于合二为一的混沌状态，从文学学习文字，由文字学习文学。一方面，要落实3000个左右的“教育用字”的识写；另一方面，应把文学当作运用文字的艺术。小学语文课本中的课文多数是文学作品，任何一篇文学作品都是作者意图的体现，而读者也就是通过阅读此作品来和作者进行对话，和作品中的人物进行对话，从而引起自己思想上的共鸣。因此，我们可以说，课文是意图和意图的交流平台。那么作者是如何通过作品体现其意图的呢？一是文字，作者将文字着意连接成通顺的语言，以表达自己的意图与读者进行沟通。所以要读懂作品，必须认识理解文字。另一个表达的方式就是选用适当的体裁，同样的事件用不同的文体进行表达，其意义是完全不同的，因此要真正准确地与作者进行意图的对话，一定不能忽略作品的文体。所以我们在进行识字教

---

① 郑殷青立，女，四川自贡人，重庆市渝中区大坪小学教师，语文教导主任、省级普通话测试员，区级骨干教师、区小学语文中心组成员。

学时也应该关注文章的体裁，不同文体的文章，我们要循着文体特点去设计板块，在每个板块里贯穿识字教学，让孩子从一开始就走入阅读的正道。

二、第一次教学实践

(一)教学设计

【教学目标】

1.了解故事内容。

2.结合上下文和生活实际了解“浓墨涂抹”“轻笔细描”“和蔼”“批评”“惭愧”等词语的意思并积累这些词语。

3.能用“一会儿……一会儿……”写话。

4.体会画家的虚心谨慎和牧童的实事求是，并学习他们的优秀品质。

【教学重难点】

1.结合上下文和生活实际了解“浓墨涂抹”“轻笔细描”“和蔼”“批评”“惭愧”等词语的意思并积累这些词语。

2.能用“一会儿……一会儿……”写话。

【教学过程】

一、默读课文，了解故事内容

二、细读课文，体会人物品质

(一)戴嵩是个怎样的人？你从哪里看出来的？

1.默读，勾画。

2.交流。

A.当众人都在夸赞戴嵩的画时，一个牧童却高呼画错了。“戴嵩把牧童叫到面前，和蔼地说：‘小兄弟，我很愿意听到你的批评，请你说说什么地方画错啦。’”“和蔼”是指长辈对晚辈亲切地说话。“小兄弟”的称呼、很愿意听到批评，以及一个“请”字都可以看出戴嵩很尊重牧童，虚心听取他的意见。

识记“和蔼”的“蔼”字，用找近义词的方法理解“和蔼”一词。指导朗读戴嵩的话，读出虚心请教询问的语气。

B.戴嵩听了牧童说的画错的理由后，“感到非常惭愧。连连拱手，说：‘多谢你的指教。’”

戴嵩不仅没有因孩子的直言不讳生气，而且发自内心地感到惭愧，还拱手感谢孩子的指教，这一细节将大画家虚心的优秀品质体现得淋漓尽致。

识记“惭愧”一词，并用找近义词的方法理解其义。指导书写“拱手”的“拱”字，提示带有提手旁的字左窄右宽。

C.从“戴嵩沉思片刻，决定画一幅《斗牛图》。他一会儿浓墨涂抹，一会儿轻笔细描，很快就画成了”可以看出戴嵩画技的高超。这么了不起的大画家，最后却向一个小牧童求教道谢，虚心的品质就一下子凸显出来了。

通过看图了解“浓墨涂抹”和“轻笔细描”的意思，认识“墨”和“抹”字。联系上下文理解“沉思片刻”这个词。用“一会儿……一会儿……”说话。

(二)牧童是个怎样的孩子？你从哪里看出来的？

1.默读，勾画，同桌交流。

2.全班交流。

A.一个牧童挤进来喊着：“画错啦，画错啦！”两个“画错啦”，一个感叹号，可以看出小牧童发现戴嵩画错了很着急地指出来。一个“挤”字反映了围观赏画夸画的人很多，一个“喊”字突出了牧童的声音很大，这句话是对牧童语言和动作的描写，非常传神地体现出牧童的率真，一个不盲从、不惧权威、敢于发表自己意见的孩童形象跃然纸上。

指导书写“批评”一词。指导朗读，读出牧童的着急，读出牧童的纯真，体会感叹号在这里的用法。

B.当戴嵩向牧童求教时，他一边指着画，一边娓娓道来，说得头头是道，有理有据，再次突出了孩子敢于直言的勇气。最后一问，更加体现了孩子的纯真可爱。

识记“翘”“驱”“蝇”三个字。指导朗读牧童的话，读出有理有据的样子，读好最后一问，体会反问的语气。

C.当围观的人都纷纷夸赞时，牧童对画家提出了批评。突出了牧童的实事求是。

引导学生发现“夸赞”“称赞”“赞扬”几个词是近义词，都有赞字，从而总结出找近义词的方法。提示作者这样写是为了不重复用词，使文章更活泼。指导朗读，读出赞扬的语气，读出感叹号的意味。

三、分角色朗读第2—6自然段，将画家和牧童的品质留在心里

四、完成作业

1.写生字“抹”“挤”“拱”“决”，词语“批评”。

2.补充句子：“一会儿……一会儿……”。

(二)设计意图

《画家和牧童》是一篇传说故事，课文讲述的是唐代一个牧童指出著名画家戴嵩画中的错误，戴嵩虚心接受的事。本次教学设计，主要是根据故事这一文体，从“了解故事的主要内容”“认识故事中的人物形象”“领悟故事蕴含的道理”这三个方

面来分板块进行教学的，其间穿插识字、学词、说句、朗读等训练，力求达到二年级识字教学的目标。

（三）教学反思

通过课堂实践，我发现本节课上得很沉闷，基本是老师在拖着学生走，毫无趣味性。学生根本无法领会老师提出的问题，如："戴嵩是个怎样的人？你从哪里体会到的？"经过仔细分析发现，原来我把这堂课的教学目标定位在"体会戴嵩和牧童是个怎样的人"上，围绕这个大问题让学生自主勾画、学习、交流，把二年级的语文课上成了六年级的语文课，学生根本就赶不上趟儿。认真研读了第一学段的年段目标后，我明白了，低段的教学还是应该把重心放在识字读文上。因此，对于二年级课文的学习，不管是什么文体，还是应该将教学目标定位在"学词、仿句、读文、写字"上。

三、第二次教学实践

（一）教学设计与设计意图

那么怎样才能既关注文体特点，又能很好地落实低段识字课上识好字、学好词、读好文的要求呢？我重新研读教材，做了第二次教学设计。

二年级下学期，孩子的学习逐步在向三年级过渡，对于词语理解的方法可以在这节课进行孕伏。因此我针对这节课中非常典型的一些词语形式安排了这些教学内容：结合上下文和生活实际了解"浓墨涂抹""轻笔细描""和蔼""批评""惭愧"及"夸赞""称赞""赞扬"三个近义词。在教学词语的理解时，我尽力回避讲授的方法，更多的是让孩子自己去实践。比如，通过看图理解"浓墨涂抹""轻笔细描"，通过创设情境说话理解"和蔼"，通过观察偏旁理解"惭愧"，通过涂红词语朗读发现"夸赞""称赞""赞扬"都是表扬的意思。学生在学习实践中很快地习得了这些词语，而且在朗读、说话中也开始试着运用，这就真正达到了在语文课中积累运用语言的目的。

那用怎样的方式把这样的一些语文知识串起来，让孩子很容易、很顺畅地接受呢？我经过反复思考，还是回到了关注文体上。这篇文章的文体是儿童故事。故事是孩子喜闻乐见的一种文学形式，在课堂上，我采用讲故事、读故事、学故事等方式，让孩子随着故事的情节自然地习得了语言，可谓"润物细无声"。最后，孩子读到故事的结尾，也自然对故事中人物的优秀品质留下了深刻的印象，也轻松地达到了情感、态度、价值观的教学目标。

(二)教学实录

一、齐读课题,复习生字

师:孩子们,这节课我们继续学习故事——

生:画家和牧童。

(老师讲故事,随机出示生词卡片,学生齐读词语)

这个故事讲的是唐朝有一个著名的大画家叫戴嵩,他的画一挂出来就有许多人观赏,有钱的人还争着花大价钱购买。有一次,他的朋友请他作画。他一会儿浓墨涂抹,一会儿轻笔细描,很快画成了一幅《斗牛图》。围观的人看了,纷纷夸赞,而一个牧童却挤进来批评他画错了。戴嵩和蔼地问牧童:“我什么地方画错了呀?”牧童说:“这牛尾巴画错了。两牛相斗的时候,尾巴是夹在后腿中间的。您画的牛尾巴是翘起来的,那是牛用尾巴驱赶牛蝇的样子。”戴嵩听了非常惭愧,连连拱手说:“多谢你的指教。”

(课件出示词语)

师:词语跳到屏幕上,你们还能读吗?

学生齐读词语。

二、学习字词,读懂故事

(一)了解故事起因,感受戴嵩画技高超

师:这节课咱们再来细细地读读这个故事。故事的起因是这样的,传说有一次戴嵩的好朋友请他作画,画什么呢? 谁来读?

(出示课件:上面是斗牛图,下面是文字)

戴嵩沉思片刻,决定画一幅《斗牛图》。他一会儿浓墨涂抹,一会儿轻笔细描,很快就画成了。

学生大声朗读。

师:戴嵩是个著名的大画家,从这段的哪里可以看出他画画画得很好?

生1:戴嵩沉思片刻,决定画《斗牛图》。

生2:用了不同的画法来画牛。

师(出示生字卡“浓墨涂抹”“轻笔细描”):戴嵩一会儿——

生:浓墨涂抹。

师:一会儿——

生:轻笔细描。

师(出示《斗牛图》):谁来说说图中哪儿是浓墨涂抹,哪儿是轻笔细描画成的?

生:牛的身体部分是用的浓墨涂抹的方法,尾巴部分是用的轻笔细描的画法。

(教师涂红“一会儿……一会儿……”)

师：再一起读读这句话，注意红色的词。

师：从“一会儿……一会儿……”你感受到了什么？

生1：我觉得戴嵩画得很快。

生2：我觉得戴嵩很会画画。

师：带着你们的感受，再读这句话。

学生齐读。

师：戴嵩一会儿浓墨涂抹，一会儿轻笔细描，很快画成了《斗牛图》。小朋友一会儿画太阳，一会儿画小草，很快把画画好了。你能用“一会儿……一会儿……”说句话吗？

课件出示：妈妈一会儿（　　），一会儿（　　），很快就把屋子收拾干净了。

生：妈妈一会儿擦桌子，一会儿扫地，很快就把屋子收拾干净了。

师：妈妈真能干。

师：这句话谁来说？

课件出示：小弟弟一会儿（　　），一会儿（　　），几下子就捏出了一只小狗。

生：小弟弟一会儿（搓），一会儿（捏），几下子就捏出了一只小狗。

师：小弟弟是玩橡皮泥的高手呢！

师：这样的话你还能说吗？

课件出示：（　　）一会儿（　　　），一会儿（　　　）。

生1：我一会儿看电视，一会儿打游戏，玩得很开心。

生2：星期天，我在家一会儿写字，一会儿画画。

师：你很会安排自己的假期哟！

师：那戴嵩一会儿浓墨涂抹，一会儿轻笔细描，说明画技——

生：非常高超。

（二）了解故事经过，感受牧童敢说真话的精神

1. 众人的表现。

师：画完了，围观的人认为画得怎样？

生：围观的人看了，纷纷夸赞。

（课件出示）围观的人看了，纷纷夸赞。

师：他们都是怎么夸的？请你找一找，用“____”勾画出来。

学生勾画。

（课件出示）“画得太像了，画得太像了，这真是绝妙之作！”一位商人称赞道。“画活了，画活了，只有神笔才能画出这样的画！”一位教书先生赞扬道。

师：是这两句吗？我们一起读读屏幕上的句子。

师(课件中"夸赞""称赞""赞扬"涂红)：孩子，你发现了什么？

生1：三个词都有一个"赞"字。

生2：意思一样，都是表扬的意思。

师：是啊，汉语真有趣，同一个意思我们可以像作者那样用不同的词来说。我们也来夸夸他的画，读出称赞的语气。自己练一练。

学生自由练读。

师：商人怎么夸？

生：画得太像了，画得太像了，这真是绝妙之作！

师：谁再来夸一夸？

生：画得太像了，画得太像了，这真是绝妙之作！

师：教书先生怎么夸？

生：画活了，画活了，只有神笔才能画出这样的画！

师：大家都像他一样夸一夸。

学生齐读：画活了，画活了，只有神笔才能画出这样的画！

师：是啊，商人夸赞，教书先生也夸赞，围观的人是——

生：纷纷夸赞。

2.牧童的表现。

师：当众人纷纷夸赞戴嵩时，发生了什么事？

生：一个牧童挤进来喊着"画错啦，画错啦！"。

(课件出示)"画错啦，画错啦！"一个牧童挤进来喊着。这声音好像炸雷一样，大家一下子都呆住了。

师：咱们一起读读这一段。

学生齐读。

师：如果你刚好在场，听到牧童的喊声你会怎么想？

生1：这小孩胆子太大了，敢批评大画家的画。

生2：大画家的画哪里画错了，一定是你弄错了！

生3：这小孩真是胆大包天呢！

师：作者说这声音像——

生：炸雷一样。

师：炸雷是怎样的雷？

生1：声音很大。

生2：很吓人。

师：谁再来读这一段？读出声音像炸雷的样子。

师：大家都在——（出示词卡“夸赞”）

生：夸赞。

师：牧童却在——（出示词卡“批评”）

生：批评。

师：牧童截然不同的评价让人感到多么震惊啊！难怪作者说这声音像——

生：炸雷一样。

3.戴嵩的表现。

师：大画家戴嵩是怎么说的呢？请在文中找一找。

学生找到句子自由读。

（课件出示）

这时，戴嵩把牧童叫到跟前，和蔼地说：“小兄弟，我很愿意听到你的批评，请你说说什么地方画错了。”

师：（出示生字卡“蔼”）这个字有点难，谁还记得？

生：蔼。

师：（出示词卡“和蔼”）连词读。

生：和蔼。

师：“和蔼地说”就是说话时态度怎样？

生1：和气。

生2：温和。

生3：亲切。

师：是啊，我们还经常说——（出示词卡“和蔼可亲”）跟老师读读这个词。

生：和蔼可亲。

师：天气越来越冷了，妈妈和蔼地对你说——

生：多穿点儿衣服，别冻着了。

师：饭桌上，爷爷一边不停地往你碗里夹菜，一边和蔼地对你说——

生：乖孙子，多吃点儿，长胖点儿。

师：课堂上，你一时答不上问题，老师总是和蔼地鼓励你——

生：没关系，坐下再想想。

师：谁能像戴嵩一样和蔼地说说这句话？

学生读。

4.戴嵩的画究竟错在什么地方呢？

师：请大家自由读读这段话，看看牧童说了什么。

（课件出示）

牧童指着画上的牛，说：“这牛尾巴画错了。两牛相斗的时候，全身的力气都用在角上，尾巴是夹在后腿中间的。您画的牛尾巴是翘起来的，那是牛用尾巴驱赶牛蝇的样子。您没有见过两牛相斗的情形吧？”

师：谁来读一读？其他同学仔细听，看他是否读得正确，读得通顺。

学生读。

师：这么长一段话，你读得很正确，很通顺，真棒！

师：你认为牧童说得对吗？为什么？

生1：我觉得牧童说得对，因为他是自己亲自看到的。

生2：我也认为牧童说得对，因为他长期放牛，一定看得很清楚。

（三）了解故事的结果，感受戴嵩的虚心

（课件出示）

戴嵩听了，感到非常惭愧。他连连拱手，说：“多谢你的指教。”

师：听了牧童的话，戴嵩感到——

生：非常惭愧。

师（出示生词卡片“惭愧”）：谁来读准这个词？

生：惭愧。

师：平舌音读得特别准。仔细看看这个词，你发现了什么？

生：这两个字都带有竖心旁，说明跟人的心情有关。

师：那你猜猜惭愧是怎样的心情。

生1：羞愧。

生2：不好意思。

师：当知道自己弄错了时，大画家非常惭愧，连连——（师做拱手的动作）

生：拱手。

师：古人对人拱手是表示对对方的尊敬，堂堂大画家会向一个区区小牧童拱手致谢，你觉得他是个怎样的人？

生：虚心。

师：孩子们，故事学完了，你最喜欢故事中的谁？为什么？

生1：我喜欢画家，因为他很虚心。

生2：我喜欢牧童，因为他敢说真话。

师：孩子们有的喜欢虚心接受（出示词卡“批评”）的大画家戴嵩，也有的喜欢敢于向大画家提出（出示词卡“批评”）的小牧童，咱们就来写写“批评”这个词。

三、指导写字，完成练习

四、小结本课，布置作业

师：孩子们，今天这节课我们再次读了画家和牧童这个故事，认识了虚心的大画家戴嵩和敢说真话的小牧童。你愿意把这个故事讲给爸爸妈妈听吗？回家给他们讲讲吧！

四、对比分析及结论

（一）对比分析

	教学目标	教学方式	学习状态	学习效果
第一次	1.把握故事内容 2.体会人物形象 3.领悟故事道理 4.学习字词句	1.自主学习 2.集体交流 3.教师补充	学生无从下手，课堂气氛沉闷，毫无学习积极性	没能掌握本节课应该落实的字词句，对课文内容也是一知半解
第二次	1.了解故事内容 2.了解词句意思并积累运用 3.练习长段的朗读 4.感知故事的道理	1.读故事 2.讲故事 3.交流对词句的理解 4.多种形式的朗读实践	学生学习兴趣浓厚，参与度极高	完成了本节课识字学词的任务，了解了故事的主要内容，对故事中的人物能做出自己的评价

（二）结论

通过两次教学实践，我清楚地认识到，在进行第一学段的识字教学时，应充分关注文本的文体，循着文体的特征进行教学设计。如果是叙事类的文章，我们就要按事情的起因、经过、结果这样的文脉，领着学生在故事里走一遭，在读故事的过程中，插入生字的识记、词语的理解、句子的运用，最后明白故事告诉我们的道理，提升孩子的人文素养。如果是说明性的文章，我们应让学生明白，这篇课文说的是什么事物，或哪些事物，说了他们的哪些特点或作用，在生活中自己是怎么认识和运用这些知识的。在了解事物的过程中，适当地引入识字、学词、仿句、读文的练习。只有循着文体的文脉去进行板块设计，才能将低年级的孩子的注意力牢牢地抓住，他们才能和着节奏轻松、自然地学完整堂课。反之，机械地教学，会让孩子失去学习的兴趣，对语文学科更是拒之千里。

当然，低段的语文教学，还是应该以识字、学词、说句、读文为主。我们在关注文体的同时，更应该把握低段的教学目标，摸清学生的学情，选择适合他们的学习方式，使孩子在达标的同时，爱上语文这门学科。让孩子们在老师的引领下，在幼小的心田里撒下文体意识的种子。当进入中高段语文学习时，他们才能更快地从篇章结构入手去阅读，去领悟作者的写作意图，最终走向与作者达到心意相通的境界。

课例研究反思

在日常教学中，我们往往会遇到很多问题，“课例研究”是一种简洁、实用、高效地解决问题的方法。当我们遇到问题时，首先通过查找相关的理论依据找寻出解决问题的办法，再通过课堂实践去验证这一办法的可行性。当发现不太适宜时，再根据实际情况做相应的调整，接着再进行二次设计、实践，经过反复的研究，最后总结出解决问题最有效的办法。这一研究的过程，既有理论的支撑，又有实践的佐证，所得出的结论是科学的，有推广意义的。

6.

让学理念下"留白策略"在神话故事教学中的实践研究

——《盘古开天地》一课的课例研究

钟　轶①

一、选题背景

(一)选题缘由

1.让学理念,必须留白

让学要充分放手让学生学,让学生思考,让学生质疑,从而发现差异,聚焦疑点,最后达成共识。这一教学过程是在充分留白的基础上做到人人参与,让学习真正发生。我们想通过这次神话故事的课例研究,运用"留白策略",思考并实践如何留白能充分地体现让学思想,让学习真正发生。所以,我们选取了小学语文人教版教材三年级上册的《盘古开天地》,这是人教版教材第一篇神话,属于具有坐标意义的一篇文章。

2.学生差异,期待留白

皮亚杰儿童认识发展理论对当代教育产生了重大的影响,皮亚杰认为,教育是帮助认识发展的过程,就是创造条件,促使儿童与外界相互作用,使认识结构不断成熟和发展的过程。因此,教育的目的不在于增加儿童多少知识,而在于使儿童的认识结构得到发展,把内心潜在的发展可能性表现出来。所以,我们认为学到的知识不是最重要的,最重要的是学习思考、探索思考的方式。我们希望通过这样一次课例研究,引导学生体验学习知识、习得能力的过程。因此,根据皮亚杰儿童发展认识理论,我们希望根据儿童已有知识的基础提供适当的学本教育,以学定教,在摸清学情的基础上设计留白,在留白的基础上发现差异,在差异的基础上聚焦疑

① 钟轶,女,重庆人,重庆市渝中区仁和街小学教师,全国优秀教师,全国优秀教育工作者,重庆市最美教师,重庆市区级百优青年教师,重庆市中小学区级骨干教师,国家级赛课二等奖,市级赛课一等奖获得者。

点，在疑点探寻的过程中培养学生的思考力和阅读力。

3.放下权威，学习留白

"留白"是中国传统绘画的重要技法之一，其中的"白"不是简单的空白，而是有其用意，是策略之白，造就空灵的韵味和无尽回味的美的感受，且其中蕴含着中国传统的辩证哲学思想，有无相生，虚实结合，空白中凝聚着中华传统的审美智慧和哲学思想。"留白"不仅在中国绘画中有着重要的地位，在书法艺术和诗歌创作中也有着重要的体现。"留白"不仅仅是一种章法与技巧，更是一种智慧和意境。而语文学科作为一门人文学科，有传承中国传统文化的重要作用，肩负着培养学生审美能力和情感熏陶的重要责任。因此，将"留白"艺术运用于语文阅读教学中，挖掘课本中别有意蕴的留白处，或在点睛处巧妙留白，带领学生体悟"留白"的智慧，这种尝试具有积极的意义。"留白"就是要教师放手，放下权威，相信孩子能通过自我探究获得思考、判断、发现的方法，最终获得知识、习得能力。

"留白策略"需要教师站在学生的角度，遵循学生已有的认知水平，来设计能充分发现差异、聚焦疑点的留白，从而真正做到让学。同时，留白既要照顾到内容和情感的探寻，也要照顾到言语秘密的探索，比如语言的逻辑美、想象美、结构美。所以，我想通过这次课例研究，和老师们学习放手，深入研究"留白策略"的设计与实施，希望通过课例研究，在让学思想的指引下，最终实现人人参与，人人发展。

（二）研究内容

1.特定的文体教学，抓重要内容，留白激趣

我国的神话故事很神奇，但每篇故事的神奇之处又有不同。有的神话故事体现人物的坚持不懈，比如《夸父追日》；有的神话故事体现月亮和人类的关系，比如《嫦娥奔月》；而这一篇《盘古开天地》体现了盘古身上神奇的力量和伟大的自我牺牲精神，以神话解释了天地的由来。

《盘古开天地》是人教版教材小学语文的一篇神话，对于三年级的孩子而言，神话有什么特点？学什么，怎么学？这一特定文体该怎样留白才能发现差异、聚焦疑点？带着这些思考，首先我们解读了《盘古开天地》的故事内容：在混沌中的巨人盘古抡起斧子开天辟地，天地逐渐分开。盘古担心天地会再次合拢，于是顶着天，踏着地，到最后天地形成，盘古累得倒下了。倒下了的盘古身体发生了变化，化为世间万物。从此，我们就有了天和地。故事由三个部分组成：开天辟地，顶天立地，身体幻化，向我们展现了一个神力无比、勇于自我牺牲的神人形象，讲述了一个神奇的故事。三个板块的内容不能一一都教，要有取舍，才能抓住主要的内容设计留白，做到一课一得。吴忠豪教授在课标解读中专门提到了小学语文中段教学要让学生学会提取重要的内容。所以，在解读教材的时候，一课一得，需要抓住主要信息进行学与教。于是，我们进行了取舍，把重点放在第三、四自然段"顶天立地""身体幻化"这两个部分，而两个自然段的教学又有所侧重，重点在第四自然段"身体的幻化"，因为这一段最能体现神话故事的神奇，以及神话人物自我牺牲的精神。这样学什么就定下来了。

那怎么学呢？有什么阅读策略可以讲给孩子听呢？首先我们解读了文章中的单元导读、泡泡话、课后题，认为"边读边想象""讲故事"可以成为读这则神话的阅读策略。

而这次课例研究的重点要放在"留白策略"上，在上面的解读和思考后，我们认为需要找到一个总问题设计留白，让学生始终围绕这一问题思考、解读、发现、再思考、再解读。因为学习中的小问题，都是由一个大问题生发出来的。所以，抓主问题留白，贯穿全文，能让学生更容易聚焦主要内容，更有目标意识。

"一个问题统领全文"的"留白策略"设想诞生了，期待实践中的反馈。

2.特定的语用知识，抓典型句式，留白促思

《盘古开天地》这篇文章在语用知识上，有一个比较典型的排比句。就像王荣生教授说的阅读教学离不开课文，阅读教学的课文不仅是学习材料，而且是学习对象。学生今天所面临的学习任务，是理解、感受这一特定文本所传递的作者的认知情感，是理解、感受这一特定文本中与独特认知情感融会一体的语句章法、语文知识。吴忠豪教授在《小学语文内容指要》提出，三年级的孩子应该初步认识一些修辞手法和不同形式的句式。这里的排比句是在孩子已有认知的基础上可以通过自我发现学习到的，这就需要教师钻研教材，学生在课本第三单元的《花钟》中已经学习了并列句式。而这次出现的排比刚好就是在认识了并列句式后出现的，符合孩子的认知规律。于是，我们打算运用"搭建已未知桥梁"的"留白策略"，来帮助学生自我探究进行语用知识的学习。

3.神话的想象神奇，从故事不解处，留白想象

在留白策略中，除了问题留白、语用知识上的留白，还可以在文本内容延伸处留白。比如：在对神话故事的不解处留白来激发想象，可以通过留白、寻白、补白来让学生的理解更有广度和深度，使他们更能理解神话人物的神力，体会神话的神奇之妙。神话故事里最有特点，也最吸引人的就是神奇的想象力。而这些想象力不仅展现了古人丰富的想象，同时也体现了古人在神话人物身上寄托的美好愿望、人物身上人性的美好，以及古人对神的想象就是对具有高尚品质和人性光芒的人的想象。

在留白中想象故事，在寻白中理解内容，在补白中体验情感。

二、第一次教学实践

（一）教学设计及意图

“一个问题统领全文”的“留白策略”的设计意图：

在这次课例研究中，我们从课程视角、单元角度、教材分析、学生的学情多个维度进行了分析和解读，确定了教学目标，对教学内容做了大胆的取舍，大胆实施“留白策略”，通过大板块设计的留白，探寻“路径”，脉络清晰，给学生留下思考和发出声音的余地。于是通过讨论、思考，我们最后将目光聚焦到了“神力”这个路径来统领全文。

因为这篇课文的故事情节比较简单，孩子们要读懂并不困难，从儿童阅读体验的角度，这篇神话中人物神奇的力量让我们震撼、感动，所以这样的阅读体验让我想到用感受“盘古神奇的力量”来统领全文，让孩子始终围绕这个问题来质疑，来思考。在神话中，神力能体现神话的特点和人物的特点。同时，文章在内容和形式上也充分体现了人物的神力和神话的神奇。对于神话这种文体，让学生感受到神奇是目标，也是情境的设置，也是问题的质疑点，所以设计贯穿全文的留白。

“搭建已未知桥梁”的“留白策略”的设计意图：

薛法根老师认为：学生的言语智慧的形成是学和练融合的过程，这个过程就是迁移、运用。运用不都是指向习作，也指向阅读文本中相似内容的发现和学习。相似论认为：为实现迁移而教必须有意识地培养学生发现“类似”的能力，因为发现类似是实现经验转移的先决条件。人的大脑不管是在显意识中，或是在潜意识中，都是按照相似性进行激活、联系、匹配、重组。小学生往往缺少这种发现相似的洞察力，这就需要我们教师有意识地运用前后联系的策略，帮助学生去觉察与发现复杂纷纭的现象之间的共同要素与相似联系。找到课题内容与已有知识经验之间的关联处，把当前的课题纳入原有的知识经验系统中，从而找到解决问题的途径和方法。

设计留白策略的时候，要把学生已有的知识经验留白出来，并且想办法搭建已知经验和未知经验之间的桥梁。本节课学生学习“身体幻化”这个部分教学内容，第一次接触“排比”这一独特的言语表达形式，排比是指有三个或者三个以上的并列关系的句式，而在《花钟》一课中已有并列句式的学习。所以，对于已知经验的研究，可以充分为建构新知识进行留白。

“在故事不解处的留白策略”的设计意图：

神话故事体现了古人丰富的想象力，而这些想象的背后是古人对神话人物的美好遐想，是神话故事的精彩之处。故事内容中不能一一展现所有的内容和情节。在故事内容处留白，让学生自己提出质疑，能引导他们把为什么这样写，为什么这样想象想清楚。本文最有神力的盘古为什么最后还倒下了，他那么厉害，能开天辟地，能顶天立地，最后居然倒下了。在孩子们眼里，神话人物是不死之身，可以死而复生的。而中国传统的来自远古的神话人物里却不光有神的力量，也有人一样的品质，正因为牺牲自我，最后体力不支，倒下后，神力让他化为了天地万物，这样的想象既美化了人物，又体现了神话人物身上的神力。让学生质疑：盘古的神力消失了吗？没有，那他的神力去哪里了？孩子自然为古人的这份神奇的想象力称奇。

（二）教学实录或课堂观察

盘古开天地（第二课时）教学设计

执教者：吴召茜、李苑

【教学目标】

1.借助边读边想象的方法，感受神话想象的神奇、合理。

2.大胆留白，初步感知排比句式，体会盘古的献身精神。

【教学难点】

在留白策略的指引下自我探究学习，人人发展。

【教学片段】

适度留白，聚焦神奇

师：学习了第一部分，盘古给你留下了什么印象呀？（学生说：神力）

师：这节课，我们继续学习后面两个部分，你一定会对这个神话故事和其中的神话人物有更深的感受。

【设计意图】：这是学生第一次接触神话故事，要让学生体会神话的神奇，体会想象的丰富，需要寻找一个支撑。《盘古开天地》让我们从题眼、从故事情节都能感受到盘古这个神话人物身上的神奇之处。孩子们对神话人物和神话故事充满了好奇，因此可以借助“盘古”这个人物来寻找一个大问题来留白，来引导学生感受这个神话故事的神奇。抓住一个问题来统领全文，让学生围绕一个疑点聚焦，统领全文，激发学生的兴趣。

聚焦一个疑点留白，感受神奇（写了什么）

抓住关键词句，体会盘古的神力，从而体会神话的神奇。

1.师：首先，我们走进“顶天立地”这个部分。

2.师：自己读一读，哪些词句能让你感受到盘古神奇的力量？点出关键词句，把感受旁批下来。

预设一：天地分开以后，盘古怕它们还会合在一起，就头顶着天，用脚使劲蹬着地。

生：我体会到盘古真的有神力。

生："使劲"让我体会到拼尽全力，他很努力。

预设二：天每天升高一丈，地每天下沉一丈，盘古也随着越长越高。

生：从"越长越高"我体会到盘古的神力，他居然能随着天地一起长。

师：的确是神话人物。

生：从"每天升高一丈，下沉一丈"可以体会到盘古每天都在长；每天长了约6.67米。

师：是天和地自己在长吗？

生：不是的，是盘古在使劲地支撑，让天地在每天不停地长。

预设三：这样不知过了多少年，天和地逐渐成形了，盘古也累得倒了下去。

生："不知过了多少年"让我觉得盘古坚持的时间很长。

生："累得倒了下去"让我觉得盘古顶天立地很不容易。

师：读到这里，你有疑问吗？（生：具有神力，也会累得倒下吗？）

再读读。盘古支撑到天地成形了才倒了下去，你觉得盘古怎样？（不但具有神力，还为了创造宇宙牺牲了自己的生命）

聚焦一个疑点，充分留白，体会神奇

师：盘古倒下后，他的神力消失了吗？（学生分别说）你的理由是什么？

1.师：让我们走进第四自然段。这股神力让盘古的身体发生了什么样的变化？

什么变成什么呢？

2.感受盘古的神力，想象他的神奇。

（1）教师引读第四自然段，运用"边读边想象画面"的策略引导学生体会想象的丰富。（师——他呼出的气息，生——变成了……）

师引读：他呼出的气息，变成了四季的风和飘动的云；

他发出的声音，化作了隆隆的雷声；

他的肌肤，变成了辽阔的大地；

他的血液，变成了奔流不息的江河；

他的汗毛，变成了茂盛的花草树木；

他的汗水，变成了滋润万物的雨露……

师：读完，你仿佛看到了怎样的画面，听到了什么样的声音？

引导想象：想完读一读。（以读促悟，以悟促读）

他呼出的气息，变成了四季的风和飘动的云。

预设：感受到春天的风很轻柔，冬天的风很刺骨。看到天上的云自由地飘荡。

他发出的声音，化作了隆隆的雷声。

预设：我仿佛听到雷声轰鸣。

他的肌肤，变成了辽阔的大地。（放眼望去，是一望无际的草原和广阔的田野）

预设：我看到了一望无际的大地。

他的血液，变成了奔流不息的江河。（咦！老师怎么只感受到了潺潺的小溪？）

预设：我看到了江河奔腾，翻滚地向远方流去。

他的汗毛，变成了茂盛的花草树木。（春意盎然，一片生机勃勃的景象）

预设：枝繁叶茂。

师：你看绿草茵茵，你看到……你看到……

他的汗水，变成了滋润万物的雨露。

预设：小雨滴在荷叶上滚动，在花叶间闪闪发光。

(2)我们先想象这画面，再读读这些词组。

四季的风和飘动的云；隆隆的雷声；辽阔的大地；奔流不息的江河；茂盛的花草树木；滋润万物的雨露。

(3)再读一整段，感受盘古神奇的力量带给宇宙的变化。说说你还有什么发现。

预设一：省略号，还有很多神奇的变化。

预设二：分号，我知道它们都是并列关系。

预设三：句子都在说什么变成了什么？

搭建已未知桥梁，适度留白

1.我们刚才通过读，已经感受到了盘古神奇的力量化作了神奇的变化。再看第四自然段，你有什么发现？

2.感受想象的合理。（已知的留白以后，激发自主发现）

(1)关注省略号。

师：你们觉得盘古的身体仅仅发生了这些变化吗？（不是）从哪儿看出来的？（省略号）你们真是细心的孩子，通过一个标点符号，就读懂了作者的心思！想象一下，他的身体还有哪些部位会发生神奇变化呢？（教师板书，预设：盘古的身体中，还有头发、眉毛、鼻子、耳朵、嘴巴、牙齿、胡子、骨骼、经脉、手指、脚指、肚子……）

(2)以手为例，感受想象的合理。

师：咱们也来学着作者的方法，试着想象一下：盘古的手会变成什么呢？在四人小组内讨论一下吧！

四人小组交流、汇报。(3—4名学生说。)

师：孩子，你能说说你是怎么想的吗？(点评：哦，你是根据手指的样子想到的，这个词用进去确实让我们感受到了……)

师相机引导：如果在前面加上形容词就更好了。

师小结：孩子们能够大胆想象，真好！如果咱们的想象能根据事物的形象和特点展开，就会更加吸引人。

(课件出示提示)

3.想象，仿写。

师：刚才孩子们想了那么多，说了那么多，现在就让我们来大胆创作，根据提示，把你们的丰富想象写下来。

(1)四人小组合作，仿写。

(2)汇报(小组上台，合并展示)(未知的留白，通过新的发现，介绍排比句式的新知识)。

教师相机粘贴学生作品，组合成排比句式，小结：看，像这样，有三句或三句以上句式相同的短句，合成的一个句子，我们叫它排比句。(记得句末要换成句号哦！)

师：孩子们，我们通过边读边想象的方法品读课文，感受了神话故事里想象的神奇，知道了要在合理的前提下进行想象，还体会到盘古为了创造美丽的宇宙，甘于牺牲自己的生命，还初次认识了排比句式，收获真不小！

(三)分析(用一定的理论分析问题是否得到了解决)

1.一个问题统领全文的"留白策略"实施情况的讨论

首先大家一起来讨论，我们设计这样一条路径，用这样一个大问题贯穿全文的留白方式可取不？

张帆：这样的一个问题就是一个情景贯穿始终，可以让学生深度参与，我认为这样是可行的，两位老师的课给我留下了深刻的印象。

李苑：我自己执教这一课，对这样的留白设计有认同感。在我们的语文课堂中，经常能看到这样的教学现象，教师带着学生解读一篇文章，在解题后就开始一个问题接着一个问题的提问学生，很快问出了老师想要的结果：教师提出一个问题，还没等学生充分地思考，就在提示与引导中，很快知道了答案。学生几乎是在猜测老师要什么样的答案，不是在思考文本本身带给我们的思考……诸如此类，学生的思考还处在初始阶段，有时是一开始就被我们牵着鼻子走，有时是因为别的同学思考速度快，而匆匆跟着老师和同学在思考，这样的教学不能使人人参与，更不能把孩子们带入更深入、更广阔的思考中去。用一个大问题来指向文本的重要内容，体现了一课一得，能让孩子们始终聚焦，迅速聚焦，我觉得这样的留白方式，在很多文本里都可以使用。

吴召茜：对，我觉得这学期，我们研究神话，下学期也有一则神话《女娲补天》，也是可以找到一个大问题来贯穿全文，直击重要内容的学习的。

李虹艳：语文是一门学习语言的学科，更是培养想象力、逻辑思考力的一门学科，需要每个孩子带着自己个性化的体验去思考，需要人人参与深度的思考和感悟。如果我们把每个问题问得过于严密，过于封闭，留白不够，开放性不够，学生就只能跟着老师，或者跟着其他同学的思考走，而没有自己独立个体的思考，那这样的教学是没有充分让学的。所以，一个开放性的问题、一个适度留白的问题，更能激发学生的求知欲，更能促进学生进行深入的体验、感悟、想象、思辨。

钟轶：《盘古开天地》是一篇神话，神话最大的特点是神奇。而每一篇神话的特点又有不同，这篇神话体现的是盘古身上巨大的神力和他的牺牲精神。人们往往会把人性中最美好的东西赋予到神的身上，神话故事的背后都有人们对自然界、对周围事物的思考。这篇神话就是人们对天地从何而来，自然界的事物从何而来的思考。这次课，我总觉得提的问题还不够开放。如提"这则神话神奇在哪里?"是站在文体的角度提问题，对于三年级的孩子来说，这样的开放性问题没有贴近学生。如果围绕神话故事中人物的神力去提问，则可以引导孩子们去思考神话人物的命运，以及神话人物是如何创造天地的。故事其实很简单，但要让孩子们感受神奇，体会神奇，被神奇的想象力感染，这是神话故事赋予的使命，是神话故事的魅力，我们要充分利用起来。

2.抓典型句式，搭建已未知桥梁的"留白策略"的实施情况讨论

下面，我们讨论语用知识，抓典型句式，留白促思，我们"搭建已未知桥梁"的留白策略实施得怎么样?

钟轶：自主探究学习是《义务教育语文课程标准(2011年版)》(以下简称《语文课程标准》)所倡导的重要学习方式。《语文课程标准》中明确指出："在发展语言能力的同时，启迪学生的思维，培养学生留心观察、善于思考、有所发现和创造的能力。""能对课文中不理解的地方提出疑问。"而我们在传统教学中，总是习惯性地给学生搭好梯子，让其伸伸手就能摘到葡萄。而此时，相比葡萄而言，如何找到梯子，如何引导发现梯子恐怕才是我们最应该交给学生的，也是我们老师最应该练就的教学策略。

吴绍琴：在第四自然段的教学中，引导学生思考"写了什么，怎么写的"这部分的教学显得太零碎，背离了我们之前想通过"搭建已未知桥梁"的"留白策略"的设计和实施，没能做到充分思考和学习，觉得学生还是有被老师牵着走，被优秀的同学牵着走的嫌疑，没能做到真正意义上的让学，真正意义上的让学是让每一个学生学，让每一个学生思考。所以，留白策略是有了，但设计的环节和方式对此显然体现不够，因此我们要进行教学改进。

师：在第四自然段中，你有哪些发现呢？

生：我发现盘古身体在变化。

师：都有哪些变化呢？

生：身体变成了……

师：从这些变化中，你发现了什么呢？

生：我发现，形状都有相似，身体的部位和变化的事物有相似之处。

师：你真会发现。你能说一个这样的句子吗？

我们回看这一处的教学，教师看上去是让孩子们谈发现，孩子们也能一一发现出来。但是，我想问一问，这些发现是人人都能发现的吗？这一段从内容到形式，到积累运用，有这么多教学任务，是不是都要一一追问发现呢？这样的留白设计不还是在用一个又一个的问题牵着孩子学习吗？

张帆：是的，我觉得开放性不够。

钟铁：那我们现在就要思考，用什么样的形式能实现“搭建已未知的桥梁”的留白策略，又能做到真正留白，不是牵引式的留白，给足学生思考的空间，同时又能人人参与。我提个建议，可不可用“学习单”的方式？首先这种手段可以给每个人留白，不是单给班上某个孩子，或者某些孩子留白。其次，这样的留白方式能真正让我们发现差异，在差异中聚焦问题。这样发现的问题是真实的，是以生为本的，符合让学理念。

吴绍琴：好的，我们几个执教者来思考“学习单”，让留白的路子宽些，步子大些，不仅为学生搭建已未知的桥梁，还能找到搭建桥梁的梯子。

钟铁：我想要把这么多问题集中在一两个主要的问题上，其实就是内容和形式两个方面。但要我们思考的是先从内容入手走进形式，还是用形式帮助思考走进内容。因为言语表达形式上的学习也是有已知经验的。盘古身体的各个部分都在发生变化，但不是乱变化的。学生是可以发现这样的语言表达形式上的秘密。但这种形式的背后更能说明盘古运用自己的身体神奇地创造了世间万物，体现了伟大的牺牲精神。最后还能让学生体会到人物的精神品质。

3.神话的想象神奇，从故事不解处，留白策略实施情况

钟铁：留白是一种艺术手法，更是一种教学手段。“留白”教学艺术在课堂中的运用，必然要遵循客观的教学规律和美的规律；同时，也要符合“留白”的特点，体现教育性。在教学过程中，为达到一定的教学目标，教师准确把握教学内容中的空白处和含蓄处，在教学环节中巧妙留白，给学生留下充分的想象与思考的时间和空间，以达到教学的艺术化效果。留白不是简单地留下空白，一处恰当的留白是可以激发思考和探究的。前面，我们探究出盘古的神力体现在哪里，孩子们都能在前两个部分中找到相关语句。当盘古累得倒下了，学生对盘古作为神话人物为什么会倒下，接下来会发生什么，学生是有质疑的，因此可以抓住这个质疑点留白，引导学生思考。以上两个问题都是在第一次课例中得到解决的，立足于提问的思考，来指导教师和学生围绕一个统领的问题思考构架，利用文本中神话人物倒下了的内容进行质疑，引导学生自主思考质疑，问出问题，真正留白给学生。

《盘古开天地》教学片段：

师：盘古倒下了，他是神话人物吗？这里你有疑问吗？

生：盘古是个神话人物，他怎么会倒下呢？

生：不知过了多少年，天和地成形了。我从这些语句中体会到盘古的确是神话人物，常人是不会坚持这么久的。不知过了多少年，指成千上万年的时间，也说明天地成形不是一件容易的事情，盘古为了人类，的确已经耗尽了神力，作为神人，能做到牺牲自我，可见神话中也有人们对神美好形象的想象。这也能看出神话想象的神奇。

师：那盘古倒下了，他的神力是不是就消失了呢？

生：没有消失，他的身体化成了世间万物。

综上所述，主要问题出在第一、二个留白的教学策略的设计和实施上。首先把指向神话文体的“神奇”的提问方式改成指向内容和神话人物的“神力”。其次，要搭建已未知桥梁，要试图帮学生找到桥梁，不是给一个桥梁。这样留白才能体现放手，体现以学定教，体现让学。

三、第二次教学实践

（一）修正教学设计

1.依照学情，运用想象画面的阅读策略来实现留白

根据让学理念，从问题入手，我们准备就盘古身体神奇变化这一重点段落的教学，做出以下尝试：从学情出发，调整学习顺序。

让我们首先看看第一个问题：前面的做法是——先让学生明晰盘古身体的哪些部位发生了怎样的变化，找出两者之间的联系后，再引导学生边读边想象：你仿佛看到了什么？听到了什么？

这里，前面的设计仅仅从自己解读教材的角度出发来进行教学。而从学情出发，我们会发现，刚刚进入三年级的孩子形象思维多于理性思考。所以，首先调换学习的顺序，先读文中想象画面，积累词汇，再发现语言的规律，这样更贴近学生的已有阅读经验和年龄特点。

2.借用“学习单”来搭建已未知桥梁，实现留白

如何解决“让学”，让人人都参与学习呢？通过小组的讨论，我们设计了一份学习单：

（1）勾一勾：盘古身体的部位和变化的事物。（聚焦疑点）

（2）想一想：盘古身体的部位和变化的事物，对应比较一下，你有什么发现？（发现桥梁）

（3）关于这段话，你还有别的发现吗？把它圈出来（从已知经验中迁移）。

这样做是想给足学生时间自学，同桌交流后全班分享。实践证明，孩子们自己就能发现：原来丰富、大胆的想象并不是天马行空，它是有联系的！而谈到本段的其他发现时，孩子们给了我们更多的惊喜——从整段结构上，发现了总分结构；从句式上，发现了最后6个分句句式相同，认识排比句水到渠成；从标点符号上，发现了分句之间使用了分号，句尾使用了省略号，为语言实践提供了良好的契机。

此时此刻，教师所能做的就是充分尊重、肯定学生，将每个学生深度地卷入发现，既有闪光的生成，又存在不同的差异（例如有的只关注了分号，有的只关注了省略号，还有的只关注了相同句式的新发现，这正是本课中关于排比句的疑点，也是本课的知识点）。在此基础上，我们就聚焦到分号和相同句式的疑点，顺学而教，揭示了“三个或三个以上相同句式反复出现的句子就是排比句”。整个教学过程是在学习单式的言语实践活动中聚焦疑点，尊重差异，在让学中助学！

3.在留白中迁移运用，在生成中让学

在第四自然段的言语实践活动时，由于学生不同的体验和不同的已有知识经验，因此在生成中出现了差异，主要有以下三类差异：

第一，有的学生所想象出的事物并不是自然界中的原始事物，出现了高楼大厦等，这显然与文本意图不相符。

第二，有的学生所想象的盘古身体变化成的事物与身体的部位之间的联系不大，甚至有些不恰当。

第三，有的学生不知道怎样选择恰当的形容词来描述盘古身体变化成的事物。

以上差异的存在，究其原因，是因为学生运用知识的能力有差异，还有的是之前的知识没有完全掌握造成的。然而，真实的课堂就会有这样的差异，我们必须尊重这些差异，在注重倾听中师生、生生适时评价、引导，使人人得到发展。

在第二次课例中，我们还要解决留白之后的迁移运用会出现的生成，在生成中也要做到适时引导，可以利用师生互学、生生互学、生生质疑来解决迁移运用中的生成问题。

（二）教学实录

《盘古开天地》第二课时教学设计

执教者：吴绍琴、李虹艳、张帆

【教学目标】

1.借助边读边想象的方法，感受神话想象的神奇、合理。

2.大胆留白，初步认识排比句，体会盘古的献身精神。

3.用自己的话讲故事。

【教学重点】

边读边想象，感受神话神奇而丰富的想象。

【教学难点】

自主发现神话是怎么表达出丰富而神奇的想象。

【教学过程】

适度留白，聚焦神力

1.师：学习了第一、二部分，盘古一定给你留下了深刻的印象，什么印象呀？（具有"神力"）

2.师：神话人物盘古身上究竟是不是有神奇的力量？今天，让我们走进故事的最后一个部分，一起去寻找神话故事中人物的"神力"。

3.谁来抓住这些表现神力的词语讲讲这一部分的故事？

【设计意图】盘古的神力是这篇神话故事独有的特点。神话人物身上的神力使神话故事神奇而美好，富有魅力，感受神话人物的神力可以帮助学生了解神话，读懂神话。所以，找到这样一个留白的话题：盘古真的富有神力吗？故事里有没有体现？以这个思考的话题贯穿全文，作为突破神话故事理解的路径。从而从积累语言的角度，让学生讲神话故事。

聚焦一个疑点留白，感受"神力"。

1.抓住关键词句，体会盘古的神力，从而体会神话的神奇。

过渡：盘古倒下后，我觉得他的神力也随之消失了，你们认为呢？(没)你为什么这么说？

师：你的意思是说，盘古的神力没有消失，他把他的整个身体奉献给了宇宙。

【设计意图】不停地留白，在留白中质疑。首先，提出问题“盘古的神力在哪里，你感受到了吗？”从这个疑点出发，让学生从文本里感受到盘古有巨大的神力。紧接着，提出问题“盘古的神力有没有消失？如果没有消失，又到哪里去了？”让学生始终围绕盘古的神力怎么样，消失了吗，自然走进文本，理解文本，感受盘古神力的神奇，以此来感受神话故事的神奇，感受盘古的牺牲精神。

2.感受想象的丰富与神奇，积累词汇。

(1)师：盘古的身体发生着怎样神奇的变化呢？请一位同学读读第四自然段，其他同学闭上眼睛，边听边想象：你仿佛看到了什么样的画面？听到了什么样的声音？(指名读)

师：你仿佛看到了怎样的画面？听到了什么样的声音？

随机评价，指导朗读词组。

(2)感受丰富的词汇的妙处，并积累下来。

小结过渡：盘古变化的事物真丰富，你们的想象也非常丰富！正如大家所说，盘古的神力没有消失，他的身体已变化成了世间万物。现在的世界还是混沌一片吗？(不是)仅仅只有天和地吗？(不是)

一起看，有——(逐一出现“的”字词组)

再次引读：是的，这都是因为盘古，我们的宇宙才有了——

课件逐一出示：(　　)的风，(　　)的云，(　　)的雷声……

师：他的神力让我们的世界更加丰富多彩。刚才，我们是用什么方法来读懂这部分内容的呢？

生：边读边想象画面。

小结：是的，边读边想象，就能看到这样的美丽画面，这是阅读的好方法，更是读神话的方法。

留白中迁移运用，生成中说神力

1.自主探究。

师：盘古的哪些部位发生着这样的变化呢？这些变化又是怎样写的呢？我们都来当当小侦探，开启今天的发现之旅吧。谁来读自学提示？

学生读自学提示(课件出示)。

(1)勾一勾：盘古身体的哪些部位，变化成了什么事物？

(2)比一比:盘古身体的部位和变化的事物,看看你有什么发现。

(3)想一想:关于这段话,你还有别的发现吗?把相关的词语和符号圈出来。

师:要求清楚了吗?拿出学习单,开始完成这部分的学习吧。

2.汇报交流。

(1)谁来汇报第一个问题?

生:盘古的气息变成了风和云,声音化作了雷声,肌肤变成了大地,血液变成了江河,汗毛变成了花草树木,汗水变成了雨露……

(2)我们来看看第二个问题:比较身体的部位和变化的事物,你刚才发现了什么?

生:我发现身体的部位和变化的事物之间有相似之处。

师:具体说一说。

生:比如——血液是流动的,江河也是流动的。

师点评:原来丰富、大胆的想象并不是胡思乱想的,它是有秘密的。这真是一个重要的发现!来,我们一起读一读。

(3)这一段话,你们还有什么不同的发现吗?

预设一:关注"构句方式",什么变成了什么?

揭示:像这样,由三个或者三个以上相同或相似的分句组成的句子,我们就叫它排比句。每个分句中间通常会用分号把它们隔开。

对比学习:再看看前面的句子,是排比句吗?

生:不是,只有两个分句,而且句式还不相同。

师:孩子们真会学习,你们已经会区分排比句啦,下面大家一起来读一读后面这组排比句,感受感受。

预设二:关注"标点——分号"。

评价:你真是火眼金睛,这里就是几个分句组成的。

预设三:关注"标点——省略号"。

生:我发现第四自然段最后使用了省略号,表示还有很多神奇的变化。

评价:你们真是细心的孩子,通过一个标点符号,就读懂了作者的心思。

3.想象迁移。

师:想象一下,盘古身体的哪些部位还会发生神奇的变化?

(1)咱们也大胆想象一下:盘古的什么,变成了什么样的什么呢?

提醒合理想象:变成的要是自然界中的事物,而不是人为修建的。

(2)仿写。

四人小组交流仿写。

(3)展示。

师相机展示四位学生的作品,组合成排比句式。

小结:孩子们的想象可真是神奇呀,看,把四个小朋友的句子连在一起,就组成了一个新的排比句。不过,记得句末要换成句号或者省略号哦。

预设四:关注“构段方式”。

评价:你对段落的整体意识很强,真棒！我们以前也学过类似的段式,回忆一下有哪些课文曾学到过。(引导复习旧知)

师总结:我们刚才是用边读边想象的方法来读懂了这段文字,然后开启发现之旅,知道了这段文字是怎样写的,从而感受到神话想象的神奇,明白了是盘古神奇的力量,让宇宙有了如此美丽的景象。带着这样的感受和发现,我们一起再合作读这一段。

(出示填空)师生合作读。

【设计意图】在学生自主感悟神话中的人物具有神奇力量的同时,引导他们关注语言表达的形式。让孩子通过设计好的学习单与文本对话,真正走进文本,去思考、去发现隐藏在文字中的表达形式的秘密。初识排比句后,让孩子马上运用文中的句式,发挥想象写句子,再将几个孩子写成的分句即兴合成一个新的排比句。这既引导了孩子发挥自己的想象将句子写合理,又巧妙地再次强化和巩固了排比句这种语言形式。

附:《学习单》

学习单

一、我会学

1.勾一勾:(例如)盘古身体的哪些部位,变化成了什么事物?

他呼出的气息,变成了四季的风和飘动的云;

他发出的声音,化作了隆隆的雷声;

他的双眼,变成了太阳和月亮;

他的四肢,变成了东、西、南、北四极;

他的肌肤,变成了辽阔的大地;

他的血液,变成了奔流不息的江河;

他的汗毛,变成了茂盛的花草树木;

他的汗水,变成了滋润万物的雨露……

2.比一比:盘古身体的部位和变化的事物,看看你有什么发现。

比较了盘古身体的部位和变成的事物,我发现它们之间有联系。

3. 想一想：关于这段话，你还有别的发现吗？把相关的词语和符号圈出来。

二、我会写

他的__________，变成了____________。

（三）分析（用一定的理论分析为什么问题得到解决）

布鲁纳认为学习一般的原理固然重要，更为重要的是发展一种态度，即探索新情景的态度，作出假设，推测关系，应用自己的能力，以解决新事物或发现新事物的态度。在学校的教学过程中，发现学习强调教学的主体应该从教师转移到学生身上。学生是作为一个主体参与获得知识的全过程的，不论是认识一个式样，还是掌握一个概念；不论是解决一个问题，还是发明一个科学理论，都是学生主动地进入感官的事物进行选择、转换、储存和应用的过程。从这个意义上说，学生的思维和科学家的思维方式仅仅是程度上的差异，而在本质上是一样的。因此，教师的教学不应使用讲授法，使学生处于被动接受知识的消极状态，而应该是假设式地引导学生自己去发现，让学生利用所提供的材料和信息，亲自去发现结论和规律，成为一个“发现者”。

利用学习单的方式，就是要让学生成为一个发现者，充分让学给学生，实现人人参与。通过默读，自主发现、探究。通过比较，发现《盘古开天地》第四自然段和《花钟》第一自然段的不同，还发现第四自然段中第二句和第三句的不同：在比较中发现新的语言形式。通过交流和碰撞，学习到知识，感受到神话想象的丰富，认识了排比句，并学着练习运用。整个过程都在学习单的助学下顺利进行。

张帆：通过发现差异，分析差异产生的原因，对学习单进行几次改进，让学习单的学习更符合学生的认知规律，更能引导学生展开自主学习、发现式学习。用学习单发现式学习来留白。布鲁纳于1965年在研究人工概念的时候提出认知策略。他认为，儿童的认识系统是极其活跃的，他们在利用该认识系统建构知识时，不是被动地对呈现于感官中的各种信息进行简单的接受，而是积极选择和解释环境信息。

李虹艳：在教学中，我们希望设计的言语实践活动是帮助孩子主动构建信息和知识，帮助孩子主动选择哪些信息是自己能理解的，逐渐发现每个知识点之间的联系，发现新知识。我们在第二次课例中，设计的学习单，就是力求让学生主动构建信息和知识，不是传统的老师教、学生学的接受式学习；也不是大家都在说，却始终是围绕老师的问题说，不是围绕每个孩子的需要在说。“学习单”利用孩子主动发现信息的能力和兴趣，调动学生的学习主动性，提供发现差异的平台，能激发大家共同聚焦问题。

四、研究结论

（一）比较两次课堂教学异同

1.遵循认知规律，改变留白顺序，让学顺理成章

根据“让学”理念，从问题入手，我们准备就盘古身体神奇变化这一重点段落教学，做出以下尝试：从学情出发，调整学习顺序。

让我们首先看看第一个问题：前面的做法是——先让学生明晰“盘古身体的哪些部位发生了怎样的变化”，找出两者之间的联系后，再引导学生边读边想象：你仿佛看到了什么？听到了什么？

这里，前面的设计仅仅从自己解读教材的角度出发来进行。而从学情出发，我们会发现，刚刚进入三年级的孩子形象思维多于理性思考。所以第二次设计调换学习顺序，让学生先在读中想象画面，积累词汇，再发现语言的规律，这样更贴近学生的已有阅读经验和年龄特点。在教学中，我们希望设计的言语实践活动是帮助孩子主动构建信息和知识，主动选择哪些信息是自己能理解的，逐渐发现每个知识点之间的联系，发现新知识。我们改变了留白的顺序之后，借助了先想象画面，再发现、体会言语表达规律的方法，让更多的孩子有话可说，有问题可思考，真正为每个孩子做到了留白。留白在改变顺序之后变得更有价值。

2.转变留白方式，寻求差异聚焦，激发人人参与

根据已有知识情况设计留白。首先，要考虑的是学生有哪些不懂的知识。教师应首先问问自己：如果我是学生，看到这样一篇神话，会有什么疑问？盘古为什么要开天地？这个神话故事是怎么来的？盘古开天地都发生了什么？为什么有盘古这个人物，这个人物到底想告诉我们什么？

第二次课例，我们为了避免第四自然段问题式教学中散乱地说——学生想到哪里说哪里，因为每个孩子关注的角度不一样，出发点不一样，没有办法一起聚焦问题，聚焦大家真正需要学习的内容，于是使用了“学习单”的方式来作为我们的留白策略，希望关注每个孩子独立的阅读体验，引导孩子进行沉浸式的阅读，启发孩子互生共长。我们在第二次课例中，转变留白方式，寻求差异聚焦，激发人人参与。于是，设计的学习单就是力求让学生主动构建信息和知识，不是传统的老师教、学生学的接受式学习；也不是大家都在说，却始终是围绕老师的问题说，不是围绕每个孩子的需要在说。“学习单”利用孩子主动发现信息的能力和兴趣，调动学生的学习主动性，提供发现差异的平台，能激发大家共同聚焦问题。

所以，我们在第二、三次的课例研究中，追究了原因。这是因为学生已有的知

识经验和生活经验有差异，认知水平有差异；我们关注了学什么，但没有关注是"谁在学"，对学生已有的学习经验没有充分考虑差异性，没有根据学生的差异设计留白。通过几次试讲，我们明显发现，不同班级的学生在第四自然段的自主阅读发现式学习中，存在差异：有的班级发现并列式的语句很轻松，说明之前的《花钟》的教学是落实了的；有的班级在寻找段式上很轻松，说明三年级上册的段式学习是有效的；有的班级发现想象并不是胡思乱想的，而是两个事物之间有相似之处。大家都能发现省略号和分号，说明这个知识点是大家都掌握了的。而在内容和句式、段式的发现上，孩子们有差异。有的班级只需要问问孩子们有什么发现；有的班级需要引导，不然就会说得杂乱，既浪费了时间，又无法一起聚焦疑点。所以，我们以孩子们的差异作为起点，通过试讲，发现学生的发现规律是：通过分号发现并列句式；通过省略号发现还有别的变化；通过内容的阅读发现第一句和后面的内容是总分关系；通过内容的朗读，发现第二句是讲身体变成了无形的事物，后一句讲的是变成了有形的事物；不管是有形还是无形的事物，都抓住了事物的相似之处，并不是随便想象的。

这么多内容的学习，有的是对以往知识的巩固，有的是新知识。新知识比如：在并列句式的基础上初步认识排比句，还可以与本段的第二句做比较，只有两个相同的句式的句子算不算排比句呢？也可以和《花钟》比较，《花钟》中有那么多并列的句式，为什么不是排比？这是因为《花钟》一课的句式没有相同之处，是有变化的，这种不算排比句。

因此，在我们充分考虑了尊重差异的基础上的设计，学生能充分地发现，能说出自己独特的阅读感受。于是，我们选取了和文本内容密切相关的三个知识点：分号或者相同句式都指向排比句的新知识学习，省略号指向孩子们还可以学习并练习"想象""仿写"，想象的事物之间有相似之处。各班情况不一样，差异最大的就是想象事物之间的相似之处这一知识点，如果是之前的设计，任由孩子们自我发现，没有学习单的聚焦留白，孩子们很可能说了半天都没有发现，而有的班，可能有一些优秀的孩子一来就发现了。这样随意的发现式学习有一个巨大的问题，就是虽然用组织交流的方式，弥补了大多数孩子不知道的知识，但是阻止了大多数的孩子进行沉浸式的自主阅读，没有真正让学。

阅读研究专家詹森指出：阅读和理解之间的区别仅仅是语义上的区别，因为，没有理解，阅读就只是在追随书页上的记号。

王荣生教授说：我们讲的阅读，其实实质是"阅读理解"。(1)学习阅读，其实实质是学习如何理解语篇。(2)阅读就是一个学生阅读一篇课文，产生他的理解和感受。(3)关注阅读主体和阅读对象，即"谁在读""读什么"。(4)学生头脑中的理解，凭两种经验，一是生活经验，二是语文经验。

学习单的设计是围绕第四自然段的学习和理解。实质上是要孩子通过学习理解语篇，既从内容上学懂，又能从语言运用上学懂。这部分的学习是要关注每一个学生的独立阅读理解和感受。设计上要考虑到是谁在读，读什么。在考虑谁在读的时候，要预设学生的语文经验和生活经验。转变后的留白方式，使教师寻求到了真正的差异进行聚焦，激发了人人参与，实现了让学。

3.留白中迁移运用，尊重生成让学，达到人人发展

但是，新的问题出来了，新的生成成了课堂新的差异。在表达环节，在迁移运用中，留白有了，可是每个孩子的起点不同，表达能力不同，临场发挥出现的不周全都是真实的差异：第一，有的学生所想象出的事物并不是自然界中的原始事物，出现了高楼大厦等，这显然与文本意图不相符；第二，有的学生所想象的盘古身体变化成的事物与身体的部位之间的联系不大，甚至有些不恰当；第三，有的学生不知道怎样选择恰当的形容词来描述盘古身体变化成的事物。

然而，真实的课堂就会有这样的差异，就会有生成出新的留白，在课堂上，这些新的留白也正需要老师们运用教学智慧夯实教学功底来促进每个孩子的增长。该出手时要出手，老师的指导作用就是在生成中体现的。这个时候，执教老师没有慌张，而是提出有哪位同学可以帮帮他，哪位同学可以帮忙回忆一下，这处学习我们在哪里遇见过，以此唤起那些孩子的已有经验；或者是鼓励学生说说自己的看法，在必要处，老师做出点拨。尊重生成，让生生互动，师生互动，互助共生。我们必须尊重这些差异，在尊重中倾听，在倾听中改进，力求使人人发展，师生共生。

（二）教学改进的效果

1.留白策略让教师形成了个性化的风格。

2.留白促进了学生知能的转化。

3.留白促进了学生想象力的发展。

4.留白实现了以生为本，教学相长。

5.留白让读写结合顺利实施。

教学改进之后，学生的个性得到了充分的释放，在课堂教学中，我们看到了孩子们沉浸式的学习和阅读，因为学习单使每个人都得以参与，人人参与的形式使课堂上有了更真实有效的交流。还因为给足了每个人静下心来阅读的时间和空间，我们看到了人人都有发现，并且人人都有不错的发现。我们还使用了勾一勾、画一画的方法让发现之旅操作简单，一目了然。

因为有了阅读的个性化设计和针对人人参与的留白，所以后面的读写结合，对提高学生的想象力和共识达成度,开展拓展写作的练习具有很强的实效性。

用情景带入法让学生走进了天地为何而来、万物如何而来的想象中,在神话人物的带领下一起去感受这个神话故事,在盘古神力的吸引下,一起说说这样一个神话故事。讲故事的策略并不是这次课要学的新知识,所以在这里我们没有再赘述,但是,设置这样的情景能够让孩子们始终在盘古神力的吸引下听故事,说故事,讲故事。语文的阅读理解不是抽象的,是具体的方法。而文本中的留白,就需要读者用自己的生活经验或者语文知识经验去填补文本中的空白。

“留白”不仅是一种艺术,更是一种境界,是一种智慧。“留白”中体现出来的虚实相生、含蓄的审美情趣,表现了作者的艺术追求。《老子》云:“知白守黑”,《庄子》云:“虚室生白”,这“白”并非无意义的空白,而是“墨出形,白藏象”的“计划之白”。

7.

删繁就简 一课一得

——《卖火柴的小女孩》课例研究

刘 杨[1]

一、选题背景

（一）选题缘由

语文教学的根本任务就是组织和指导学生学习语言，培养学生理解和运用祖国语言文字的能力，核心就是语言教学，抓住了语言，就抓住了语文教学的根本。语文教学要把培养学生的语感放在首位，让学生在具体的语言环境中通过对文本的品读、感悟、思考，达到积累语言、习得语言、感悟语言，最终能自如地运用语言文字的目的。

《义务教育语文课程标准（2011年版）》（以下简称《语文课程标准》），对小学语文第三学段的阅读要求是：以“要进一步提高阅读，特别是默读的速度和质量，能体会词句含义、感情色彩和表达效果；揣摩文章的叙述顺序，领悟基本的表达方法；学习诗歌、叙事性、说明性等不同文体文章的阅读；学习浏览，根据需要搜集和处理信息”为目标，重在培养学生“认真阅读、熟练使用工具书、边读边做记号、质疑问题、独立完成和小组合作完成作业相结合、及时复习、阅读后写读书笔记”的七种良好的阅读习惯。另外，《语文课程标准》对阅读各课时的内容也有明确的要求：第一课时，建构本课的阅读话题；通过课前预习认识把握本课的生字词，正确、流利地朗读课文，课堂上及时反馈予以落实；把握课文要点及主要内容。第二课时，主要是从文体、表达顺序、关键词句去体悟课文的思想感情，把握它的表达方式与方法，体会其表达效果；熟读课文，形成积累；适当安排拓展性阅读以及读写结合的练习。

（二）研究问题

细读课标，发现课标对语文课的要求是相当高的，所含的内容也是很多的，要在有限的课堂时间内完成这些任务，教师得认真备课，合理安排时间，加大课堂的

①刘扬，女，重庆人，渝中区人民路小学校教师，重庆市骨干教师。

容量。这就出现了新的问题，一堂课要求完成的太多，教师想教给学生的太多，让学生无暇顾及，显得有点儿杂乱，反而达不到预期的目的，这就给我们提出了新的研究问题：在阅读课堂上必须删繁就简，力求做到一课一得。

二、第一次教学实践

（一）选题理由

学校正在进行以“打造教师研修共同体，提高教学质量”为主题的研修活动，在此活动中，语文组以年级为单位，要求教师们从“选课—备课—上课—磨课—上课—研讨”这一过程中，人人参与，合作学习，平等对话，共同研究，共创教学智慧，力争在“删繁就简，一课一得”这一问题上有所收获。

我们六年级组的老师回到办公室，打开这本不知翻了多少次的课本，视线定格在第四单元上。第四单元“外国名著名篇”中跨越了时空仍然璀璨的作品，犹如巨人的肩膀，可以托起孩子，让他们站得更高，看得更远。在这些经典作品里，最动人的要数《卖火柴的小女孩》。安徒生的童话可以说是陪伴着孩子们长大，那漫天的飞雪、微弱的火光、美丽的卷发女孩和她悲惨的命运已经住进了孩子们的心里，稍微一拨动定会荡起涟漪。虽然这是一篇学生早已耳熟能详的童话，但经典之所以经得起重读因为它的内涵，人们每重读它一次都能从中发现有用的东西，能经得起人反复咀嚼而意味隽永。

对于安徒生的童话，学生是不陌生的，这不仅是教材选用过安徒生的《丑小鸭》，还因为安徒生及其作品近百年来在中国广泛的影响。对于六年级学生来说，安徒生童话他们可能会觉得浅近。因此，首先我要思考，自己要带领他们学什么；重温经典，六年级的学生有着怎样的阅读期待。这需要准确定位教学目标，找准教学的切入点，给学生一个新的视角，激发他们阅读安徒生童话的兴趣。

（二）教材解读

要上好课首先得深入地解读文本。解读《卖火柴的小女孩》，首先需要了解安徒生创作这个童话的背景，寻觅作家创作的动机。于是我在网上查阅了相关资料，了解到《卖火柴的小女孩》的创作背景：1846年安徒生到国外去旅行，在途中收到了一封朋友的来信，要求他按照信中寄来的三张画片写一篇故事。其中一张画片上，画的是一个穷苦的小女孩，金黄的长头发打成卷儿披在肩上，看上去很美丽，她手里拿着许多火柴，瞪大了一双可怜的眼睛，好像在想些什么。安徒生看着这张画片，双眼渐渐湿润了。他想起了自己的妈妈和疼爱他的奶奶，想起了自己苦难的童年，他还想起了在丹麦封建王朝统治下，千千万万穷苦的儿童……想着、想着，他情不自禁地摊开稿纸，以自己的亲身感受，含着对广大穷苦儿童的同情以及对统治阶级的憎恨，奋笔疾书，写出了《卖火柴的小女孩》这篇凄美动人的童话。带着这份凝重，这份敬仰，我再次打开课本，沉浸于文本之中，那个穿越了两百年的故事又一次在我的心中鲜活起来，那些早已了然于胸的文字此刻似乎在倾诉着更多的东西。写实和写虚交替进行，美丽的幻象和残酷的现实更迭出现，以喜来写悲，是这篇童话的特点，也是这个凄美的故事最打动人心的地方。

（三）教学设计

有了这些解读，我再根据《语文课程标准》的要求和本单元导读中的提示“阅读时要把握主要内容，体会作品中人物的思想感情，关心人物的命运”，确定了本课的教学目标。

【教学目标】

知识与技能：学会本课9个生字，理解“火焰”“暖烘烘”“闪烁”“灵魂”等词语。有感情地朗读课文，把握课文内容，感受小女孩悲惨的命运。

过程与方法：通过对比、想象、朗读等多种方法，了解作者虚实结合的表达方式，体会这样表达的效果。

情感态度与价值观：感受卖火柴的小女孩悲惨的命运，激起对小女孩的同情之心和对贫富悬殊社会现实的强烈不满。

【教学重点】

从幻象中体会小女孩的悲惨生活，关注小女孩的命运。体会作者虚实结合的表达方式及表达的效果。

【教学难点】

从含义深刻的语句中体会作者的思想感情。

（四）教学过程

充分解读了文本，确立了目标，厘清了教学的思路，备好了课，我信心满满地走上讲台开始了我的第一次试讲，期待着收获，可是事与愿违。课堂上，我调动了自己所有的情绪，声情并茂，可不知怎么了，孩子们的脸上波澜不惊，有的甚至是漠然，课堂中规中矩，死气沉沉，机械问答，“我本将心向明月，奈何明月照沟渠”！

教学片段一

师：昨天，我们初步预习了《卖火柴的小女孩》，文中的小女孩给你留下了怎样的印象？

生：悲惨、可怜。

师：请同学们打开书，用文中的语句来述说小女孩的悲惨命运，小女孩太可怜了。

师：从哪些地方读出寒冷、贫穷？

学生自由读课文第1—4自然段。

教师出示："天冷极了，下着雪，又快黑了。"问体会到了什么。

生：天气寒冷。

师：还体会到了什么？

学生一片茫然。

教师出示："那是一双很大的拖鞋——那么大，一向是她妈妈穿的。"问又体会到了什么。

生：家庭贫穷。

师：再读第1—4自然段，从哪些地方读出了恐惧与社会无情？

理解五个重点句子的含义："这是一年的最后一天——大年夜。"你体会到了什么？

"她穿过马路的时候，两辆马车飞快地冲过来，吓得她把鞋都跑掉了。"你体会到了什么？

"另一只叫一个男孩捡起来拿着跑了。他说，将来他有了孩子可以拿它当摇篮。"你体会到了什么？

"这一整天，谁也没买过她一根火柴，谁也没给过她一个钱。"

"她没卖掉一根火柴，没挣到一个钱，爸爸一定会打她的。"为什么？

师总结：好一个冷漠无情的社会！回过头来联系第一自然段的寒冷再看，这仅仅是自然环境的寒冷吗？

（我希望学生在我的讲解和分析中体会出这不仅是自然环境的寒冷，还有社会环境的冷漠。可以说小女孩从头冷到脚，从外冷到内，从身体冷到内心！但是，回答我的依然是茫然和沉默。怎么回事？这不是很简单，很好体会的吗？）

学习课文的五次擦火柴，学生开始热闹起来。

师：小女孩五次擦火柴在渴望什么？现实又是怎样的？

生：……（小组合作）

师：找出幻象与现实部分，比较朗读，你感受到了什么？

生：小女孩又冷又饿，又没有人疼爱。

生：好像也没有人关心她。

师：既然小女孩的命运是这样悲惨，那文章的结尾两个幸福指的又是什么？死亡对于小女孩来说是幸福的，但对于我们来说死是幸福的吗？

在紧张的节奏中，40分钟很快过去，但回到办公室回顾课堂，感觉整个课堂怎么是我剃头挑子一头热呢？我“言者谆谆”，学生是“听者藐藐”呢？我精心备课，激情讲解，学生怎么就这么冷淡呢？一种从未有过的挫败感深深刺痛了我。

（五）集体反思

在研讨会上，老师们各抒己见，给课例进行诊断。发现我的课堂内容太多、太杂、太满，老师讲得太多，问题太碎，致使教学的重点不鲜明，难点不能突出，细节无法落实，力求面面俱到，实则学生一无所获。老师对于课文的情节内容分析太多，导致学生机械回答，没有真正走进文本。本堂课例设计存在以下致命缺陷。

(1)教学目标的确定太多，太泛。

(2)环境描写与人物描写混为一谈，不清晰。

环境描写分析层次不清。外部环境和家里环境在文中起到不同的作用，外部环境冷是为了突出人情冷，家里环境冷是突出亲情冷，而我在讲授中没有清晰的思路，没有从逻辑上进行归类、梳理，造成凌乱无章，使学生无所适从。

人物描写理解浮于表面。小女孩、小男孩、马车夫、父亲这四个角色的关系不是并列的，而应该有主次之分。安徒生用了大量的笔墨细致地描写了小女孩的头发、穿着，是要表现小女孩的美丽、贫穷、可怜。小男孩、马车夫、父亲的形象与小女孩形成对比，暗示着人情的淡漠、亲情的冷漠，从而激起读者的怜悯之心、同情之意。

由于授课时把它们杂糅在一起，哪方面也没有得到突破。

(3)教学环节处理不当。

小女孩五次擦火柴，五次幻想，我采用的是很快速地带过，轻描淡写的弱处理是很不恰当的。这样的讲解非常无效，仅仅在于让学生了解课文内容，而文字背后的含义、作者的写作意图在弱讲中也一并被弱化掉了。

听了老师们的分析，我也进行了深刻的反思。多年的教学经验告诉我，本教学课例除了老师们分析的问题外，还有一个问题就是我忽略了学生的实际情况。我太关注自己的阅读经验，却忘了我是一个有着四十多年生活阅历、有一定文学鉴赏能力的成年人，而我面对的孩子们很多从小在蜜罐子里长大，如何让他们体会到当年小女孩的生活情境，感受到小女孩的悲惨与辛酸，这是一个难点，这个难点没有突破，学生又怎么能理解小女孩划着火柴看到幻象的激动呢？怎么理解她对幸福和快乐的渴望呢？又怎能理解作者以喜衬悲的深刻用意呢？对教材的解读应该是儿童视野下的解读！

三、第二次教学实践

(一)教学设计

《语文课程标准》倡导语文学习方式的改变,教学中教师教给学生读书方法,必须摆脱以情节分析为主线,以提问—应答为载体的低效模式。《卖火柴的小女孩》一文故事扣人心弦,感情深刻强烈,课堂上不宜层层分析,那样会削弱文章的感染力。

【教学目标】

从整体入眼,自读自悟,引导学生寻找小女孩五次擦燃火柴的美妙幻想,与现实的冰冷对比解读,理解课文,体会小女孩的悲惨遭遇、小女孩的可怜。

【教学重难点】

理解课文的内容,体会人物的命运。

(二)教学过程

恍然大悟的我似乎看到了眼前的路:通过创设情境,再造想象,让孩子们走进小女孩的生活,尊重学生,张扬个性,把更多的空间和时间让给学生,让学生自己去揣摩、感悟。

课例诊断会后,我们年级组的老师再次聚在一起,为课例做"手术"。"良好的开端是成功的一半。"导入很重要。我忽然想起根据《卖火柴的小女孩》创作的齐秦唱过的一首《火柴天堂》,那动人的旋律、忧伤的歌词一下子就能将人带入故事的意境中,这首歌放在课前,一定能起到很好的情感铺垫作用。有了音乐,还可以再找图片。有了思路,大家七手八脚地忙碌起来,分工协作,从网上搜集图片和音乐,制作PPT,修改课例文稿,齐头并进。终于,小女孩寒风中瑟瑟发抖的模样,幻想中温暖的火炉、喷香的烤鹅、闪闪发亮的圣诞树、慈祥的奶奶,随着或哀伤或欢快的音乐栩栩如生地出现了,悲与喜形成了鲜明的对比。我们在一遍遍的享受中,仍然觉得缺少了点什么。少了什么呢?我们几个老师又聚在一起,一边读课文,一边看PPT,寻找答案。终于,我们发现了,语文课,应该从语言文字中引导学生去感悟,去体会,多媒体只是一种辅助手段,我们少的是语文的味道。于是,我们又捧起课本,一字一句细细咀嚼,目光停留在第二自然段这句话上:"这一整天,谁也没买过她一根火柴,谁也没给过她一个硬币"。这看似平常的一句话,却写尽了小女孩满腹的心酸、悲惨的命运,这里可以做做文章!一番思索过后,这样的设计跃然纸上:"那这是怎样的一整天呢?小女孩有着怎样的经历?(多媒体出示画面)凛冽的寒风'抽打'着小女孩那瘦弱的身体,她手里拿着一把火柴,哆哆嗦嗦地向前走着,边走边叫卖……也许她来到了一位衣着华丽的贵妇人面前,你看到了怎样的画面呢?也许她边喊边追赶着一辆拉着一位绅士的马车，事情又将会怎样发展呢？也许无助的她又走到一家小商店的门口去叫卖，你又看到了怎样的一幕呢？请大家选取你看到的一幅画面写下来，待会儿我们再交流。”这样的想象写话，既丰富了文本本身的内涵，又让学生设身处地地走进了人物的内心世界，还锻炼了写作能力，真是“一箭三雕”啊！第二部分——美丽的幻想，我们也做了很大的改动，采用填表格，分小组自主学习的方式来完成。我想，有了前两部分的学习，第三部分重点感悟句子就水到渠成了，理解“两个幸福”的含义就不会有问题了。但是让人期待的第二次试讲也没有达到预期的效果。

（三）集体反思

设计的内容还没有讲深讲透，铃声又响了，第二次试讲又失败了，我们再次静下心来，对第二次的教学进行分析。教学的第一个环节——体会小女孩悲惨生活的部分，如预期般顺利，孩子们湿润了的双眸中流露着深深的同情，走进了课文。但进入第二部分——美丽的幻想这一部分，本应出现的高潮没有出现，孩子们读不出擦亮火柴看到幻象的那种兴奋、欣喜，几个自然段学起来平淡无奇，积极性不高，更糟糕的是第三部分根本没有时间了，讲了几分钟草草收场，整个课堂就是虎头蛇尾。

这次课例教学实践的问题是：一是课堂容量依然太大，后两个环节处理不到位，没有突破理解“两个幸福”“带着微笑走向新年的幸福中去了”这一教学难点，因此要有取舍，课时应重新划分。二是第二部分“美丽的幻想”几个段落结构相似的特点，在设计的时候我是用表格的形式，老师重点指导第一次擦亮火柴的部分，然后总结出学法，再放手让学生自主学习，最后交流展示，指导朗读。这样，既体现了“能力学堂”培养学生自主学习能力的目的，又使课堂丰富而有变化，充满张力。但是在实际的课堂上，老师还是不放心，每一次都讲得很详尽，没有做到真正放手。三是太依靠多媒体课件，没有教出语文味。

四、第三次教学实践

（一）教材解读

我的第二次课例教学实践犯了上述的错误，所以，我再次解读教材，根据六年级教材重难点、单元练习重点、教材特点和学生学情，大胆地调整课时，对课例进行“手术”，进行大刀阔斧的删减，重新设计了教学。

《卖火柴的小女孩》是人教版六年级下册第4单元课文的首篇精读课文。本单元的导读告诉学生：阅读时要把握主要内容，体会作品中人物的思想感情，关心人物的命运。学习本组课文要拓宽学生阅读的视野，引导阅读适合他们程度的外国名篇名著。《卖火柴的小女孩》这篇课文是丹麦作家安徒生的传世之作，讲述了一个卖火柴的小女孩在大年夜冻死街头的故事。课文中环境的描写是为后边美好的幻想奠定基础，是要读者认识小女孩虽然生活贫困，命运悲惨，但是她没有放弃对美好生活的向往，所以她在大年夜冻死街头时还面带微笑。写实和写虚交替进行，美丽的幻象和残酷的现实更迭出现，是这篇童话的特点，也是这个凄美的故事最打动人心的地方。

对于安徒生的童话，学生不陌生的是故事内容，陌生的是故事背后的故事、作者的写作意图，这又恰恰是读者与作者对话的重要环节。因此，我重新定位教学目标，找准教学的切入点，把课文分为三个课时来完成，给学生一个新的视角，争取做到经典新教，激发他们阅读安徒生童话的兴趣。

（二）教学设计

【教学目标】

1.学习掌握本课6个生字，能正确读写"乖巧""围裙""硬币""裂缝""橱窗"等词语。

2.正确、流利地朗读课文。初步了解课文内容，厘清文章的脉络。

3.学习第1~4自然段。通过反复地、有感情地朗读，体会小女孩的"可怜"。为学习小女孩擦燃火柴产生"幻象"部分奠定浓厚的情感基础。

【教学重点】

正确、流利地朗读课文，厘清文章的脉络。

【教学难点】

学习第1~4自然段。通过反复地、有感情地朗读，体会小女孩的"可怜"。

针对本教材的特点，我主要采用情境教学、朗读感悟的教学方法，使学生在有形的训练之中无形地入情、入境、用心、动情……最终获得知识与情感的双丰收，实现语言积累。"教是为了不教。"教学目的是不仅要让学生学会，而且要引导学生会学。在本课的教学中，我将渗透合作探究、联系实际和联系上下文理解含义深刻的句子的学法。

（三）教学过程

●谈话导入，引出课题

1."锣鼓喧天辞旧岁，爆竹声中迎新春。"孩子们，还记得你们的大年夜是怎么过的吗？（回老家，与小伙伴一起放鞭炮；除夕夜，一家人高高兴兴包饺子、看春晚；

忙着收压岁钱、红包……)

2.今天这节课，老师要带领大家走进安徒生的童话故事——《卖火柴的小女孩》(学生齐读课题)

【设计意图】从学生的生活引出话题，用自己的过春节时的愉快和其乐融融与小女孩在大年夜的凄冷孤独形成强烈对比。这样谈话导入，引出课题，很快让学生进入课文情景。

●初读课文，厘清文章脉络

1.快速地自由读课文，注意读准字音，边读边思考：安徒生给我们讲了一个什么童话故事？

2.检查预习，指名读词语，强调"兜"字的书写。

3.指名用自己的话给我们讲讲这个故事。(概括主要内容)

4.指名用简洁的语言，按照故事先写什么、再写什么、最后写什么的顺序，把故事的起因、经过、结果说得更具体。(故事先写大年夜的晚上，一个赤着脚的小女孩在大街上卖火柴；再写小女孩五次擦燃火柴看到的种种幻象；最后写小女孩被冻死在街头)

【设计意图】六年级的学生已经具备一定的自学能力，教学字词时课堂上主要是检查点拨。通过简单的问题提示教会学生概括长课文的重要内容的方法。

●读议结合，领悟"人情冷"

1.环境描写，体会"天气冷"

(1)是啊！这个故事发生在一个特别的日子——大年夜。这是怎样的一天？

(2)课件出示：天冷极了，下着雪，又快黑了。

(3)指名读，读出了什么？(板书：天气冷)齐读。

(4)小结：语言是有温度的，寥寥几笔的环境描写，一下子就把我们带到了这个又黑又冷的大年夜。让我们近距离地走近这一个小女孩。

2.人物描写，体会"可怜"

(1)课件出示卖火柴的小女孩的图片：这就是卖火柴的小女孩。她给你留下了什么样的印象？这是一个(　　)的小女孩。

(2)对一般人而言，大年夜意味着快乐幸福、团圆美满，这么乖巧、美丽的小女孩却在干什么呢？

(3)出示：在这又冷又黑的晚上，一个乖巧的小女孩，赤着脚在街上走着。(又冷又黑、赤着脚——可怜)

(4)还有哪些句子也描写小女孩的冷、可怜？我们把它找出来，小组讨论，你从中体会到了什么？

(5)她穿过马路的时候，两辆马车飞快地冲过来，吓得她把鞋都跑掉了。一只怎么也找不着，另一只叫一个男孩捡起来拿着跑了。他说，将来他有了孩子可以拿它当摇篮。(马车横冲直撞，同龄男孩的无情嘲弄，“人情冷”)

(6)小女孩只好赤着脚走，一双小脚冻得红一块青一块的。

(7)这一整天，谁也没买过她一根火柴，谁也没给过她一个钱。(抓住“谁也没……谁也没……”体会社会的冷漠。“人情冷”)

(8)可怜的小女孩！她又冷又饿，哆哆嗦嗦地向前走。(理解“哆哆嗦嗦”，通过直接的人物描写体现出了小女孩的可怜。指导朗读)

(9)她在一座房子的墙角里坐下来，蜷着腿缩成一团。她觉得更冷了。“她不敢回家，因为她没卖掉一根火柴，没挣到一个钱，爸爸一定会打她的。”(由小女孩缺乏疼爱，从“亲情冷”体会她的“可怜”)

(10)再说，家里跟街上一样冷。他们头上只有个房顶，虽然最大的裂缝已经用草和破布堵住了，风还是可以灌进来。(这是一个贫穷的家庭)

【设计意图】围绕主线“这是一个(　　)的小女孩”，让学生细读课文，小组讨论，从环境描写和人物描写两方面入手，找出体现小女孩可怜的句子进行感悟，让学生自主学习，积极探究体验，在合作中交流，“让学生更多地直接接触语文材料，在大量的语文实践中掌握运用语文规律”，同时穿插师生对话、生生对话，引导学生在语言环境中感受、体会、领悟、运用，重视学生的读、说，培养学生的语言感受力，让课堂成为学生的课堂。

●练笔拓展，想象“可怜”

1.小女孩的可怜仅仅是这一天吗?(出示卖火柴的小女孩的图片)可怜的小女孩!在又冷又黑的大街上卖火柴的小女孩!她多么渴望有人来买她的哪怕一根小小的火柴!有人根据这个故事编了一首歌——《火柴天堂》，我们一起来听一听前半部分(播放歌曲)。

2.从同学们的表情我可以猜想到你们的心情，小女孩是怎样卖火柴的？作者并没有详细地描写。但我们可以想象到这一整天小女孩会有什么样的动作、语言、心理活动啊!你愿意根据你的想象从一个小方面补充一个细节吗?

3.学生课堂小练笔。

【设计意图】齐秦的《火柴天堂》在这里起到了很好地营造氛围的作用。引导学生从课文的内容展开想象，既突出了本组课文的训练重点，又培养了学生的口头表达能力和想象能力，同时使他们受到了一次情感的熏陶。给学生时间与空间进行创作，使学生在理解的基础上进行练笔，不仅可以加深学生的理解，同时还能提高学生的语文综合素养。

●设疑结束，预设新课

“第二天清晨，这个小女孩坐在墙角里，带着微笑，死了。”为什么可怜的又冷又饿的小女孩带着微笑离开了人世呢？下节课我们继续学习。

【设计意图】目的在于引起学生的阅读兴趣。

（四）比较效果

前两次试讲失败，都在于教学目标的设计太多，太全，教学时平均用力，平均分配时间。但是我们在这一过程中找到了问题，明白了方向。通过对课例的分析，我们有了一个非常清晰的认识：语文教学是一个长期、复杂而又系统的工程，其长期性和渐进性，决定了不管是对教学目标，还是教学重难点都必须做出适当的筛选和正确的取舍。从教学的需要出发，在课堂上大胆地舍弃课文中的一些细枝末节，重点针对一至两个目标进行训练，使学生深入、透彻地掌握这一、两个知识点，做到“一课一得”。此外，课堂时间有限，但又必须让学生弄清楚并掌握一个个知识点使他们知其然，也知其所以然；因此，在40分钟内完成多个教学目标几乎是不可能的。要让学生把知识转化为能力，选择的目标就不能多，否则，会贪多嚼不烂。

经过几个月的课例修改，我的第三次教学实践，将原来一课时的内容调整为两课时，大胆取舍，力求做到“一课一得”，把内容讲深讲透，彰显文本本身的文学价值，激起学生对真善美的追求。终于，我带领孩子们在一次次充满感情的朗读中去感受、领悟、品味，聆听文本的声音，走进作者的心灵世界，发出感动的、悲愤的呼声。

五、诠释与研究

通过前后三次教学实践，思考，研讨，修改，实践，我认为作为一名语文教师，应该从学生的需求和认识规律出发，在对教材充分解读、利用的前提下大胆取舍，带领学生赏析每一篇课文的精华，让学生在有限的课时里领略到语文的无限魅力。我们在课例研究后对高段阅读教学，对语文阅读教学中要做到“删繁就简，一课一得”有了新的认识。

（一）删繁就简，一课一得要创新教材处理

课堂教学是一门艺术，艺术贵在创新、求真。老话新说，老课文新教法，贵在创新，贵在对教材的解读。解读《卖火柴的小女孩》这一经典作品，很容易停留在小女孩的可怜、读者对小女孩的同情、对制度的不满上，而忽略了小女孩那么执着地一次次擦火柴背后的故事——对美的追求。因此，解读有了新的突破，在教学中就会有新的收获，对于其他的课文也是如此的。

课文有具体与抽象之分，文学类的作品一般来说是属于具体类的，学生容易读懂，说明类的文章大多是属于抽象类的，学生容易遇到阅读上的障碍，因此，教师在教材的处理上就要注意从实际出发艺术地处理：具体的课文教得抽象些，抽象的课文教得具体些。

语文教材所选用的文章篇幅有长有短，长文如何教？短文又如何教？这要求教师对课文要有艺术的处理，从教学的实际出发，能做到长文短教，短文紧拉慢唱。长文短教对教师提出了很高的要求。它要求教师能有强烈的文本意识，能把握课文的精髓，善于取舍，设计出能统率全文的核心问题或教学思路来，并以此展开教学。就像《卖火柴的小女孩》这一课例，前两次的失败，就是在教材的取舍上没有做好处理，想面面俱到，却毫无收获。后来，打破常规，合理安排课时，抓住主线，一课一主题，一课一收获，既忠于教材本身，又在文本的基础上有相关拓展，整个教学过程都处在师生互动交流的过程中，学生在有限的课时内领略了经典的魅力，完成了预设目标。

（二）删繁就简，一课一得要遵循教学原则

新课程标准要求我们要发挥教材的课程功能，依据教材、学生的心理特点，对教材的内容进行有机重组，尊重学生，张扬个性，把更多的空间和时间让给学生，让学生自己去揣摩、感悟，以争取最好的教学效果。教学中应该以学生阅读实践为中心，强调学生自主发展，教师只是阅读活动的组织者和引导者。叶圣陶先生曾说："语文教材无非是个例子。"那么，利用好例子教给学生学习方法之后，接下来的应该是大量的实践，只有在实践中，学生的能力才能不断巩固、提高。因此在选择阅读教学设问点时必须考虑教学的对象，积极为学生设计一些利于学习、利于归纳、利于迁移的问题，从而激发他们的学习兴趣，调动他们的内在潜质，使学生想学、爱学、乐学，学得主动、学有所得。《卖火柴的小女孩》的第二部分——美丽的幻想，结构相同，教学时，我重点指导第一部分，后边的四部分让学生分小组合作学习，共同完成学习单，让他们抓住文中感受深的句、段，谈自己的独特体会。在交流中，鼓励学生各抒己见。同时，在引导中不仅注重了对小女孩的可怜与悲惨生活的理解，更尊重学生的情感体验，不失时机地利用多媒体展示图片，烘托出文本中那种凄凉的氛围，激发同学们对小女孩的同情。只有在遵循学生学习求知的原则基础上合理运用教材，设计教法，才能在教学中既有效地调动学生的情感参与，又能加深学生对课文的理解，使他们的内心感悟更趋多元化。

（三）删繁就简，一课一得营造缤纷课堂

《语文课程标准》明确提出：语文课程应致力于学生语文素养的形成与发展，应培育学生热爱祖国语言的思想感情，指导学生正确地理解和运用祖国语言，丰富语言的积累，培养语感，发展思维，使他们具有适应实际需要的识字写字能力、阅读能力、写作能力、口语交际能力，还应重视提高学生的品德修养和审美情趣，使他们逐步形成良好的个性和健全的人格，促进德、智、体、美的和谐发展。美国教育家杜威先生说："给孩子一个什么样的教育，就意味着给孩子一个什么样的生活！"因此，作为一名语文教师，应该激情满怀，通过多种方式在教学过程中激发学生的学习兴趣，或直观演示，或旁征博引，或巧设悬念……激发他们的阅读欲望和动机，创造"我要学""我想学"的积极学习气氛，充分调动学生的情感，让学生充满热情地学习，给学生一个情感丰富的课堂。

"让语文走进生活，在生活中学习语文。"教师要有意识地引导学生在生活中学习语文，使孩子们深切地感受到：语文离我们很近很近。这样，孩子们便会更加自信、更加主动地去学习。"教学不仅仅是一种告诉，更多的是学生的一种体验、探究和感悟。"给孩子多大的舞台，他就能跳出多美的舞蹈。课堂是什么呢？课堂是激情燃烧的动感地带，是他们求知、创造、展示自我、体验成功的平台，是学生健康成长的地方。学生的潜力是无限的，关键在于教师是否给了学生足够大的平台。因此，我们不能让教材束缚了我们的手脚，限制了我们的思维。阿基米德曾说过："给我一个支点，我就能撬动整个地球。"可见支点的重要性。其实就每一篇语文教材文章而言，都有那牵一发而动全身的"支点"，只要我们找准了它，就一定能实现一课一得的目标。《卖火柴的小女孩》课例中，我们就是抓住"这是一个(　　)的小女孩"这一问题，让学生自读自悟，自主探究，交流合作，实现"文本对话""师生交流"和"生生交流"，给学生一个开放的、交流的课堂。

通过课例研究，我们知道语文课堂就应该在简约的框架设计之上立足于"听、说、读、写"训练，以真心跟学生、跟文本做平等的对话，以真情和作者、和学生做真诚的交流，化繁为简，突出主干，凸显主体，力求一课一得。让我们在美丽的文字中，感受文字，品读文字，享受文字，让课堂洋溢语文的芳香。

8. 低段学生默读技能起步训练的策略研究

——以《卡罗尔和她的小猫》为课例

龚　敏[1]

一、选题背景

(一)选题缘由

默读是小学生应该具备的一项重要技能。但是,当今的小学语文课堂却往往忽略对学生默读技能的训练,缺少训练的方法和策略,这是一个具有研究价值的典型问题。本次课例研究中,我以《卡罗尔和她的小猫》为课例,研究低段学生默读技能起步训练的策略,基于以下四个原因:

1.基于默读在现实生活中的广泛运用

信息迭代迅速的当今,书面材料仍然是人们日常生活中阅读方式的首选。而默读是提高阅读效率、提取信息效率最高的阅读方式之一。从小学开始就应该重视对默读这种阅读方法的训练和指导,这样才能让学生在阅读信息量特别大的文本时游刃有余。

2.基于新课标对默读的阶段性目标要求

《义务教育语文课程标准(2017年版)》提出:第一学段(1~2年级)学习默读。第二学段(3~4年级)初步学会默读,做到不出声,不指读;学习略读,粗知文章大意。第三学段(5~6年级)默读有一定的速度,默读一般读物时每分钟不少于300字;学习浏览,扩大知识面,根据需要搜集信息。由此可见,二年级时帮助学生进行默读技能起步训练是恰当而且必要的,可以为第二学段初步学会默读打好基础。

3.基于小学语文阅读教学中重朗读轻默读的现状

当今语文课堂上,教师更偏重于朗读的指导。因为朗读更容易彰显学生的个

① 龚敏,女,重庆人,渝中区临江路小学校,一级教师,渝中区优秀共产党员,渝中区语文骨干教师,区百佳青年教师,区千名岗位技术能手。

性与主体性，而静思默想的环节，易带给人一种“冷场”的感受，所以执教者一般会加力挤压默读的时间。

再者，与朗读相比，默读更难以指导与调控。默读是“无声运用”，教师缺乏一些具体的、有效的指导方法，较难把握学生默读的情况，因此对于小学阶段默读教学的研究就显得更为紧迫和重要了。

4.基于本课例的教材特点

《卡罗尔和她的小猫》是人教版语文二年级下册第二单元的一篇文章，也是教材中呈现的第一篇略读课文。这篇文章故事性强，语言质朴，内容贴近二年级学生的生活，很适合训练低年级学生默读。编者的意图也在于此，教材在课后题中首次明确提出了“默读课文”的要求。因此，选择这篇课文帮助学生的默读技能起步，十分恰当。

（二）选题内容

基于以上原因，紧扣影响学生默读技能形成的三大因素——学生年龄段特征、默读材料和学生学习兴趣，我决定从低段学生的心理特征出发，以《卡罗尔和她的小猫》为课例，将“设计能激发学生默读兴趣的教学活动，提高学生默读时的专注力和实效性”这个问题作为本课例的主要研究问题。在设计教学活动的时候，我从材料、时间、兴趣、问题、情境，学生已有的知识及能力等因素出发，探索帮助低段学生默读技能起步的有效策略：

1.教学活动中每个环节都注重激趣。

2.传授默读技能时注重从“已知”到“未知”。

3.默读活动与真实、生动的问题相结合。

二、第一次教学实践

（一）教学设计及意图

【教学目标】

让学生认识课文中的11个生字；通过默读体验活动，帮助学生知道什么是默读，并根据学生默读中存在的问题进行重点指导，帮助学生初步感知和体验基本的默读技能；在活动体验中感受文章写得有趣的地方和卡罗尔纯真美好的童心，获得默读的快乐。

【教学过程】

1.图片激趣，引入新课

教师出示卡罗尔和小猫的图片，板书课题。

【设计意图】从低年级学生的认知特点出发，以直观形象的图片激发学生的学习兴趣。

2.看看试试，学习默读技能

(1)以课后题引入，帮助学生知道什么是默读。

(2)学生上台呈现课前调查结果，明确要解决的默读技能问题。

【设计意图】有效的教学总是建立在学生已有知识和能力的基础之上，本环节有两个意图：一是借助图片，让学生明确默读的外部特征；二是真实呈现已有默读经历的学生的困难，从而使教学从学生的需要开始。

(3)教师示范，学生分层次体会“从手指滑动辅助过渡到眼睛连着看”的默读技能。

(4)借助“小蚂蚁学默读”的微课，传授默读中识字的基本技能。

(5)学生默读课文，认识生字，说说课文哪些地方写得有趣。在交流中感受“读文字想画面”的默读技能。

【设计意图】一方面让学生学习调动已有的识字能力认识生字；另一方面针对学生的默读困难，以老师示范、动画微课、讨论交流的形式，让学生兴趣盎然地参与默读技能的学习与实践。

3.读读排排，感受默读快乐

(1)复习巩固要求会认的生字词。

(2)通过开火车、星级题挑战读短语，进行提高默读效率的训练。

(3)四人小组根据课文内容给图片排序。

【设计意图】用认读生字、星级题挑战、图片排序的方式，进一步激发学生的学习兴趣，训练学生运用“扫视法”提高默读的速度和准确性，同时外显学生的默读过程，检验默读效果。

4.说说议议，分享默读收获

(1)说说本堂课有关默读技能起步的收获。

(2)教师兑现课前的“秘密约定”，提供默读材料，请学生默读后回家讲给父母听。

【设计意图】让学生分享在默读中收获的方法和快乐，获得老师的肯定和激励，也让学生明白默读是学习和生活的需要。

(二)课堂实录

1.图片激趣,引入新课

师:孩子们,今天老师给大家带来一个朋友(出示小猫图片),它是——

生:小猫。

师:你们喜欢小猫吗?有一个小姑娘和你们一样喜欢小猫,(出示图片)她的名字叫卡罗尔。把小手伸出来,和老师一起写写小姑娘的名字。这个“卡”字可有意思了,说上它是上,说下它也是下,上下中间共用一长横(师板书,生书写)。今天的故事就是关于卡罗尔和她的小猫(板书)。咱们再来读读课题,一起读——

生:卡罗尔和她的小猫。

2.看看试试,学习默读技能

师(展示课文):这是一个有趣的故事,也是一篇长长的课文,课后没有写字要求,除了认识9个生字以外,还要学习一项新本领。是什么呢?(展示课后题)哪个孩子来给我们读一读?小姑娘,请你回答。

生:默读课文,说说课文哪些地方写得有趣。

师:谢谢小姑娘。看老师写“默读”两个字,边看边想,“默读”是什么意思?(教师板书)谁来说说?

生:默读就是不发出声音的读。

师:非常正确,默读就是不出声的读。(贴图)

师:老师昨天请你们的班主任,做了一个课前问一问的调查,全班有56个孩子参与了这项调查,其中习惯大声朗读的孩子有48个,习惯默读的孩子有8个。好多孩子都有默读的经历,但是×××同学遇到了这样一个困难。×××,请你说说看。

生:我遇到不认识的字不知道怎么办。

师:请坐。这是×××等12个同学遇到的困难。接着看——

……

师:请坐。孩子们,这些困难我们在默读时常常遇到。别着急,今天老师就和大家一起,借助这个有趣的故事,一一来解决这些困难,行不行?

生:行!

师:那老师开始讲故事啦!(出示课文)边听边把你的手指头举起来,帮助你看。老师读到哪儿你就指到哪儿,明白了吗?眼睛看大屏幕,开始了。“卡、罗、尔、一、直、想……”(师一字一顿地读)喜不喜欢老师这样讲故事?

生:不喜欢。

师:对了,我们在朗读时不能一字一顿地读。默读也不能。那老师现在连着读,你用手指滑动来帮着你连着看。(教师范读一二句,学生用手指)能跟上吗?还会漏字或跳行吗？

生：能！不会！

师：那我们提高一点儿难度，把手指收回去，这一次只用眼睛连着看（板书）。试试，（教师范读第三句）小眼睛能不能跟上？

生：能！

师：那后边的内容我就不读了，你自己试着用眼睛连着看。

生：（看屏幕）

师：刚才看的时候漏字、跳行了吗？

生：没有。

师：那当然，因为这里只有两三行字，不容易出现漏字、跳行情况。如果是很多行，有可能出现漏字或跳行的情况，这时候，想想谁可以帮我们的忙（教师举起手指）。

生：手指。

师：我们的故事继续。这一次我不讲了，我请了一只爱阅读的小蚂蚁来给大家接着读。它在默读的时候和你们一样也遇到了困难，我们看看它是怎么解决的，好不好？

生：好。

动画微课：当小蚂蚁默读到“卡罗尔端出一”——糟糕，“一”字后面这个字不认识，先放一放吧，往后看。还好，后面两个字“牛奶”认识，这是一什么牛奶呢？咦，这个字和蝴蝶的蝶字很像，是不是也读die呢？但它是石字旁，应该和石头或瓷器做的东西有关，嗯，猜出来了，应该是碟子的碟，这就对了。给小猫喝牛奶就应该用碟子啊。小蚂蚁继续往下看，“还有一碟点心。她又把旧的软什么放在一个篮子里——”糟糕，又遇到一个不认识的字，这个字完全猜不出读音，查一查下面的生字注音吧——dian，原来是“垫”字啊！软垫不就是生活中用来铺在椅子或沙发上的东西吗？

师：看吧，小蚂蚁默读时，是不是跟×××等同学一样，也遇到了不认识的字呢？是哪两个字呢？（贴字卡）那小蚂蚁是怎么想办法解决的呢？小姑娘，请你来说说。

生：小蚂蚁认第一个字的方法是先看形近字，再看它的部首，就知道这是一碟牛奶的碟；然后第二个字“垫”，它是往下看生字，查一查，就读dian，就是我们生活中用的垫子。

师：你总结得真好，掌声送给她。小蚂蚁遇到不认识的字，它想办法认识了。（板书）孩子们都是二年级的学生了，是不是有好多识字方法？这些识字方法在你默读遇到困难时，也可以试一试。行不行？

生：行。

师：卡罗尔准备好了一切，在家里乖乖等起小猫来。有哪些人送猫来呢？这一次，老师不读，小蚂蚁也不读了，该谁读了？

生：我们。

师：对了，该你们自己试着去默读了。默读时，你可以试试老师和小蚂蚁教你们的方法。但是，一定得把故事读完，还得认认真真地默读。看看文中哪些地方写得有趣。

（生默读4分钟）

师：谁来给我们分享一下你读到的有趣的地方？小姑娘，请你来。

生：我读到有趣的地方是第17自然段。我觉得他们俩这样蹭着身子很有趣。

师：觉得这幅画面特别什么？

生：特别亲切。

师：特别亲切，特别温馨，是吧？谢谢你的分享。还有谁想说说？

……

师：小姑娘，谢谢你的分享。同学们太厉害了，在默读的时候不仅读懂了文字，还说出了你们脑子里想出的画面。（板书）

3.读读排排，感受默读快乐

师：生字们都跑来看热闹了，自己读两遍吧。

生：黑白相间……

师：那我请拼音走了，还能认识这些生字吗？

生：认识。

师：每个词读一遍给老师听听。预备，起！

生：黑白相间……

师：声音洪亮，字音也读得准。你们平时还喜欢怎么读生字？喜不喜欢开火车？

生：火车开这里！

师：都想开，我请这一组的孩子！

生：黑白相间……

师：好厉害，单个读都认识，但是别忘啦，我们今天练习的是默读，就得练练默读的本领。比一比谁的小眼睛看得又快、又多、又准。（快速出示“免费”）

生：免费。

师：接下来出示的词越来越多，一定得看清楚了。（出示“免费赠送小猫”）什么词？

生：免费赠送小猫。

师：不要拖，说快一点儿。免费赠送小猫。预备，起！

生：免费赠送小猫。

师：有进步。接下来，老师这里有三种难度系数的题，请你们来挑战。（课件出示）一星级，二星级，三星级。谁愿意第一个来挑战？小男孩，来吧。

师：注意看（快速出示“舒适”）。

生：舒适。

师：越来越多啦，看清楚。（快速出示“舒适的家”）

生：舒适的家。

师：好厉害，二星级挑战成功了。再来看看三星级。（快速出示“安排一个舒适的家”）

生：安排一个舒适的家。

师：此处是不是应该来点儿掌声？好能干的小男孩。谁还愿意来挑战？

……

师：你和前面那个女同学一样能干，小眼睛看得又多又快又准。孩子们，你们在默读的时候比小蚂蚁还要能干。

师：有的叔叔阿姨看了也想出来了一些画面，还把这些画面画了出来。（贴图）看看。糟糕，老师把顺序弄乱了，谁愿意来帮助老师排一排？请你们四个，不能再看课文了。其他孩子想排吗？告诉你们一个秘密，在边上的抽屉里，有一个信封，信封里的图片顺序也是乱的，赶快拿出来排一排吧！打开信封，四个同学一起排。

师：同学们排好了，动作太快了。大家站边上。其他组排好了吗？排好赶紧坐端正，加油！说说你们为什么这样排。

生：这是第一个小男孩，他送给小女孩伯洛；这是小女孩很喜欢伯洛——

师：老师打断你一下，你能按顺序说吗？

生（学生指第四幅）：这是——

师：这是第三幅对吧？（教师拿起第二张卡片放到最后，又拿回去）下面的孩子们，觉得他们组这样的排法对吗？

生：不对。

（下课铃响了）

4.说说议议，分享默读收获。

师：我们今天通过默读学会了哪些本领呢？

生：我知道了默读就是不出声的读。

生：我知道了遇到生字要想办法记。

生：我知道了默读要连着读，文章太长可以用手指一下。

生：还要读文字，想画面。

师：小朋友们学习认真，收获真大呀！

师：还记得我们课前的秘密约定吗？老师现在要大揭秘——（出示老师个人资料）自己看看吧。今天回家，爸爸妈妈问：“今天给你们上课的是谁？”请让你介绍介绍我，你能介绍了吗？

5.板书：

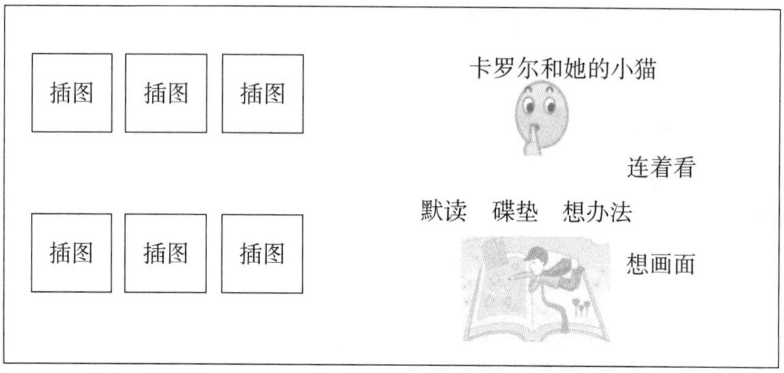

（三）分析与反思

上完课后，我首先向几位参与研讨的老师阐述了自己的观点，布鲁纳强调“在任何特定的条件下，最理想的序列随着各种因素而定，这些因素包括过去的学习、发展的阶段、材料的性质的个别差异等，”[①]所以我选择了《卡罗尔和她的小猫》这样一篇故事性强、语言质朴、内容贴近二年级学生生活的文本作为默读训练的材料，自己认为十分恰当。

参与研究的曾老师认为，我从二年级学生好奇、好动、好模仿，思维具有直观性、具体性、形象性的年龄、心理特征出发，在教学的每一个环节都关注学生的兴趣增长点，设计激趣环节：第一个环节的直观图片引入，第二个环节的动画式微课，第三个环节的星级题挑战，第四个环节的秘密约定，整个教学过程中老师始终以激发学生的学习兴趣为首要任务是很必要的。同时，在课堂评价中，我能够适时给予学生精神上的激励，“你的想法很特别”“你表达得非常清楚”，这种激励性的语言使学生始终兴趣盎然，在学习中努力表现自我，使兴趣成为推动学生参与课堂活动的内在动机。

张老师认为，我以学生实际存在的学习困难为出发点，有针对性地指导学生在已有的阅读知识和识字能力的基础之上，初步建构新的默读技能。一是“从手指滑动辅助过渡到眼睛连着看”的默读技能；二是在默读过程中运用已掌握的多种识字

---

① [美]布鲁纳.布鲁纳教育论著选[M].邵瑞珍等译.北京：人民教育出版社，1989.

方法解决识字障碍；三是在讨论交流中感受“读文字想画面”的默读技能；四是在比赛中含有“扫视法”默读技能训练，培养学生“专注”的默读心理品质，提升学生的默读效率。这样激活已知，同化新知，学生从自身的需要出发学习，有所得，有发展，就是有效学习。

但是，曾老师同时又提出，最后让四人小组根据课文内容给图片排序，检验默读效果时，多数小组比较嘈杂，学生排序比较混乱，无法符合课文内容，反馈回来的信息说明学生默读的效果并不理想。我自己也发现了这个问题，感觉在最后一个环节时，时间非常仓促，学生排序的思维混乱，导致我不得不硬生生地公布准确答案。这使我十分困惑：时间到哪里去了？为什么既激发了学生的学习兴趣，又传授了相关的默读技能，还达不到理想的默读效果呢？

大家充分讨论后认为，也许是给予学生默读的时间不够充分，学生在默读时走了过场，并没有真正读懂故事内容，导致默读的效果不佳；另外，四人小组活动时比较喧闹，学生的思维容易互相干扰，可能降低了学生默读时的专注力。

三、第二次教学实践

(一)修正教学设计

经过大家反复讨论，深入思考各个环节的得失，决定修改教学设计如下：

1.图片激趣，引入新课

2.看看试试，学习默读技能

(1)课后题引入，知道什么是默读。

(2)教师直接呈现课前调查结果，明确要解决的默读技能问题。

【设计意图】第一次上课是在前期调查的基础上，由相关学生一一上台说明，费时较长。本次设计改为教师直接用课件呈现调查结果，为学生增加默读的时间。

(3)教师示范，学生分层次体会“手指滑动辅助，眼睛连着看”的默读技能。

(4)借助“小蚂蚁学默读”的微课，传授默读中识字的基本技能。

(5)学生默读课文，然后完成教师设计的六道闯关题。

【设计意图】以“闯关”形式调动学生的默读积极性，帮助学生默读时集中注意力；以六个精心设计的问题帮助学生捕捉文本细节，及时检测默读效果。

(6)学生再次默读课文，说说课文哪些地方写得有趣。在交流中感受“读文字想画面”的默读技能。

【设计意图】让学生带着问题去默读，更有利于学生在默读时做到眼到、心到，提高默读效率；同时，二次默读也让学生有了充足的时间去熟悉文本内容，提高交流质量。

3.读读排排，感受默读快乐

（1）复习巩固要求会认的生字词。

（2）开火车、星级题挑战读短语，进行默读效率专项训练。

（3）学生独立浏览图片，再默读课文，根据课文内容给图片排序。

【设计意图】原来四人小组给图片排序的方式，看似热闹，却不利于学生默读静思。改为学生独立浏览、默读、排序，可以让他们在默读中静静地理解文本，酝酿属于他们自己的思考。

4.读读记记，分享默读收获

（1）老师引读板书。

【设计意图】原来的设计比较费时，而且低段学生对这样抽象的、概念化的知识尚处于一知半解的状态，多说无益。本次设计改为教师直接引读、板书，为学生增加默读的时间。

（2）教师兑现课前的“秘密约定”，提供默读材料，请学生默读后回家讲给父母听。

（二）教学实录

1.图片激趣，引入新课（略）

2.看看试试，学习默读技能

（1）课后题引入，知道什么是默读。（略）

（2）教师直接呈现课前调查结果，明确要解决的默读技能问题。

师：老师昨天请你们的班主任，做了一个课前问一问的调查，全班有56个孩子参与了这项调查，其中习惯大声朗读的孩子有48人，习惯默读的孩子有8人。（出示课件）汪传霖等12个同学遇到的困难是——

生：有时候会遇到不认识的字。

师：程红玲等23个同学遇到的困难是——

生：读书时会漏字，要跳行。

师：舒少伯等21个同学遇到的困难是——

生：读后不知道讲了什么意思。

（3）教师示范，学生分层次体会“手指滑动辅助，眼睛连着看”的默读技能。（略）

（4）借助“小蚂蚁学默读”的微课，传授默读中识字的基本技能。（略）

（5）学生默读课文，然后完成老师设计的六道闯关题。

师：卡罗尔准备好了一切，在家里乖乖等起小猫来。有哪些人送猫来呢？这一次，老师不读，小蚂蚁也不读了，该谁读了？

生：我们。

师：对了，该你们自己试着去默读了。默读时，你可以试试老师和小蚂蚁教你们的方法。但是，一定得把故事读完，还得认认真真地默读。读完后，老师会出六个问题请大家来闯关，要是你们闯关成功，老师就学三声猫叫，行不行？

生：行。

师：那要是答错了呢？

生：那我们学猫叫。

师：不准耍赖皮，君子一言，驷马难追！那现在开始，拿出课文，认认真真地默读。

（学生默读，读完静息，教师巡回观看，约4分钟）

师：都默读完了吗？有信心接受老师的挑战吗？小耳朵一定要听仔细了，不能再去看课文了。卡罗尔一直想有一只小猫，于是爸爸就在报上登了一个广告，哎，还真有一个小男孩送猫来了，这只猫叫伯洛，这是只什么颜色的小猫？这么多同学都知道，小姑娘请你来说。

生：黑白相间的小猫。

师：小姑娘，你把这个多音字读得真准！（出示黑白相间）六个问题答对一个，还剩五个，接着来。卡罗尔可喜欢伯洛了，给它喝牛奶，吃点心，还给它玩什么？小男孩，请你来说。

生：还给它玩毛线球。

师：毛线球，其他孩子判断他回答得对不对。

生：不对。

师：小男孩，差一点点儿就对了，你是再想想还是怎么办？

生：再看一遍。

师：只差一点点儿就答对了，这样，我们让他学一声猫叫，行不行？你愿意吗？

生：愿意，喵——

师：好可爱的小猫。谁来说卡罗尔究竟给小猫玩了什么？你来。

生：卡罗尔给小猫玩的是绒线团。

（师出示“绒线团”）：孩子们好厉害，前两关都答对了，还有四个问题就闯关成功了。第三个问题和这个词有关（出示“滑稽”），谁来读一读？

……

师：老师离学猫叫越来越近了。好，还有最后一个问题。不断有人来领猫。把猫一只一只地领走了。还好，伯洛悄悄藏了起来。当它从厨房里跑出来的时候，用了一个什么动作表示对卡罗尔的亲热和舍不得离开她呢？小男孩，你来说。

生：蹭！

师：你好厉害，这个字都答对了！这个“蹭”字重庆人很少说（出示“蹭”），但是我们在生活中经常要用到。小男孩，你喜欢老师吗？你也用身子来蹭蹭老师吧！祝贺同学们闯关成功（鼓掌）。想不想听老师学猫叫？

生：想。

师：真的想？哦，当着那么多人老师学猫叫太难为情了。但是说话要算数，听，小淘气来了，喵——；大黄猫来了，喵——；伯洛来了，喵——。（出示“喵喵叫”）

（6）学生再次默读课文（约3分钟），说说课文哪些地方写得有趣。在交流中感受“读文字想画面”的默读技能。（略）

3.读读排排，感受默读快乐

（1）复习巩固要求会认的生字词。（略）

（2）开火车、星级题挑战读短语，进行默读效率专项训练。（略）

（3）学生独立浏览图片，再默读课文，根据课文内容给图片排序。

师：有的叔叔阿姨看了课文，也想出来了一些画面，还把这些画面画了出来。可是，老师把顺序弄乱了，谁愿意来帮助老师排一排？请你们从抽屉里拿出信封，先看看图片的内容，再默读课文，想想该怎么排序呢。

（学生默读，排序约3分钟）

师：好，谁愿意展示一下自己的排序呢？小姑娘，请你上台摆一下，说说自己为什么这样排。

生：第一幅是小男孩，他送伯洛给小女孩；第二幅是小女孩送小猫给卡罗尔；第三幅是一位叔叔送来好多猫；第四幅是家里到处都是猫；第五幅是爸爸把猫送给老奶奶，卡罗尔哭了；最后是卡罗尔抱着伯洛，家里只有这一只猫了。

师：她说得真清楚，你们同意她的看法吗？

生：同意。

师（巡视检查一圈）：都是这样排的呀？

生：我刚才默读课文的时候，把图片摆在书的旁边，书上就是这样写的。

师：书上没有插图，是你们边读边想象出来画面，给课文配上了插图，真棒！

4.读读记记，分享默读收获

（1）教师引读、板书。

师：看看，我们今天通过默读学会了哪些本领呢？默读就是——

生：不出声地读。

师：默读的时候，眼睛要——

生：连着读。

师：遇到生字要——

生：想办法认识。

师：还要一边读文字，一边——

生：想画面。

(2)老师兑现课前的“秘密约定”，提供默读材料，请学生默读后回家讲给父母听。(略)

(三)分析与反思

课后，大家又坐在一起讨论。曾老师兴奋地谈到，在本次的教学设计中，省略了一些费时而缺乏实效的环节，增加了学生默读全文的频率(从1次增加为3次)和时间(从4分钟增加为10分钟)，精讲、多读，紧扣一个“实”字，保障了默读时间，确保学生能通过默读充分熟悉文本内容。

张老师认为，采用问题教学来提高学生默读的专注力和实效性，是正确的。第一次默读，要求学生完成六道闯关题；第二次默读，要求学生寻找自己觉得有趣的内容；第三次默读，要求学生结合文本内容给图片排序。这样，学生的学习活动不仅仅停留在默读的外显要求——不出声地读，更指向默读的实质性要求——识记、理解。默读的最终目的还是运用，将默读和思考、默读和交流有机结合，引导学生把课文读懂读透，这是学生默读技能发展的标志。

我自己认为，提高学生默读的专注力还要从培养学生良好的默读习惯起步。我设计的教学活动为学生营造了有利的默读环境：原来四人小组给图片排序的方式，看似热闹，却不利于学生默读静思；于是改为学生独立浏览、默读、排序，学生在安静的环境中静静地理解文本，看似“冷场”，却增强了学生对默读的感性认识。我还注意训练学生良好的默读心理，在星级题挑战时、秘密约定呈现时，课件上快速闪现的词、短语、句子，都可以训练学生运用“扫视法”提高默读的速度和准确性，可以帮助学生提高默读的专注力。

大家一致认为，从学生的活动表现来看，第二次教学活动实践取得了理想的教学效果，既激发了学生的学习兴趣，又传授了相关的默读技能，无论是闯关题，还是图片排序，学生反馈回来的信息都能很好地展现自己对文本的识记、理解和运用，标志着学生的默读技能已经起步。

四、研究结论

(一)两次教学实践的效果对比

比对项目		第一次教学实践	第二次教学实践
相同点		1.选择了《卡罗尔和她的小猫》这样一篇故事性强、语言质朴、内容贴近二年级学生生活的文本作为默读训练的材料，学生喜欢卡罗尔和小猫，喜欢读这个通俗有趣的故事。 2.在教学的每一个环节关注学生的兴趣增长点，学生喜欢参与默读闯关、星级题挑战这样的课堂活动，也喜欢看到老师“接受处罚”这样平等的师生关系体现，整个课堂的学习氛围轻松愉悦，学生情绪饱满，学得兴趣盎然。 3.以学生的实际困难为教学出发点，有针对性地引导学生在已有的阅读知识和识字能力的基础之上，初步建构“从手指滑动辅助过渡到眼睛连着看”“读文字想画面”“扫视法”等新的默读技能。	
不同点	1	展示课前调查的结果和交流学习后的收获这两个教学活动，让学生一一发言说答案，看似突出了学生的主体性，其实有形式主义的嫌疑——学生都是照着课件、板书念答案，没有经历思考，问题水平较低，不仅无效，而且挤占了课堂上有效默读的时间。	展示课前调查的结果和交流学习后的收获这两个教学活动，由教师直接用课件呈现调查结果，教师直接引读、板书，去掉无效问题，将省出的时间用于学生默读，提高了课堂教学效率。
不同点	2	忽视了留给学生充足的默读时间，讲得多，读得少，看似面面俱到，却没有取得实实在在的教学效果。	增加了学生默读全文的频率(从1次增加为3次)和时间(从4分钟增加为10分钟)，精讲、多读，紧扣一个“实”字，保障了默读时间，确保学生能通过默读，充分熟悉文本内容。

续表

比对项目		第一次教学实践	第二次教学实践
不同点	3	学生的默读活动任务只关联了“有趣的内容”这一个点，这个问题太“大”了，缺乏层次和梯度，不符合二年级学生的思维特点，违背了“由易到难”的客观学习规律	三次默读都和相应的问题相结合，使学生的学习活动从默读的外显要求——不出声地读，指向默读的实质性要求——识记、理解，并且遵循“识记字词—理解文本—想象画面”这样由浅入深的规律：第一次默读，要完成六道闯关题，这六道题主要是帮助学生扫清生字词障碍；第二次默读，要寻找自己觉得有趣的内容，这是引导学生理解课文内容；第三次默读，要结合文本内容给图片排序，重点在于从整体上厘清文本的脉络，突破“读文本想画面”这一难点，提高了默读教学的有效性
不同点	4	以四人小组给图片排序的方式检验默读效果，看似热闹，却干扰了学生默读静思，降低了学生默读时的专注力，影响了学生对默读的感性认知	为学生营造了有利的默读环境，由学生独立浏览、默读，为图片排序，学生在安静的环境中默默地理解文本，酝酿属于他自己的思考，看似“冷场”，却增强了学生对默读的感性体验

(二)研究结论

回顾本课例的主要研究问题“从低段学生的心理特征出发，设计能激发学生默读兴趣的教学活动，提高学生默读时的专注力和实效性”，对比两次课堂教学实践的过程与效果，可以推导出为低段学生设计有效的默读教学活动，引领低段学生默读技能起步的四条策略：

1.多渠道激发学生对默读的兴趣

教育家乌申斯基说：“没有任何兴趣和仅靠强迫维持学习会扼杀学生的学习热情，这种学习是不会维持长久的。”设计默读教学活动时，多渠道激发学生的默读兴趣，才能提高学生在整个学习活动中的专注力。本课例探索出以下激趣渠道：一是选择贴近学生生活、可读性强的文本；二是采用直观形象的教学辅助手段，如图片、动画等；三是设计符合低段学生年龄特征的教学活动，如闯关、竞赛等；四是在活动中帮助学生体验成功；五是在活动中注重构建民主、平等的师生关系。

2.从"已知"到"未知"传授默读技能

当学生原有的认知结构中已经具备某些相关的知识信息，足以用来吸收或同化新的学习材料时，教师只需要把学生的已知激活，就可以提高课堂效率。[①]设计默读教学活动时，要把学生原有的识字经验、阅读经验作为新技能的增长点，引导学生从原有的知识经验中生长出新的知识经验。关键一点，教师要关注学生的已知状态，并有意识地创设一些情境，让学生自主发现，激活寻找"为什么"的心理需求，即要善于把学生从已知引向未知，才能让学生经历积极且必要的思维体验，形成新的知识结构。[②]本课例中，教师引导学生从手指滑动辅助读过渡到眼睛连着看，引导学生运用已掌握的多种识字方法解决默读过程中的识字障碍，引导学生从原来单纯的读文字过渡到"读文字想画面"，并在较慢速地运用"扫视法"默读的基础上，引导学生逐步提高默读速度，提高默读专注力，有效地帮助学生建构新的默读技能。

3.保证充足的默读时间和安静的默读氛围

"好的教学效果原因不在于智力方面，而在于适合于学生特点所需要的教学帮助和学习时间。"教师要做到充分"让学"，精讲——减少无效问题，多读——保障默读时间，才能培养学生专注默读的习惯。本课例中，3次默读，共计10分钟的"冷场"时间，给予学生多层次、多梯度的默读实践机会，确保学生能充分体验默读的氛围，充分熟悉文本内容。学生在安静的环境中默默地理解文本，酝酿属于他自己的思考，看似"冷场"，却保障了学生默读的时间，增强了学生对默读的感性认识。讲得热闹不如做得扎实，学生只有充分经历默读活动，获取真实的默读体验，才能内化默读技能。

4.与真实、生动的问题相结合

教学内容问题化是有效教学的核心，问题是产生学习的根本原因，没有问题的教学是粗浅和被动的教学。[③]同样地，没有问题的默读是粗浅和被动的默读。本课例中，一是让学生的每次默读都和问题任务相结合，让学生带着问题去默读、思考、探究，并围绕着问题进行交流、互动、研讨；二是每次的问题任务形式多样，闯关、讨论、挑战、排序……追求"真实地生动活泼"[④]。即学生在默读过程中不仅要动手、动嘴，更重要的是动脑，是真实地参与默读活动，大脑在积极地思考着、行动着。学生

---

① 柴荣.激活已知，同化新知——用已知提升高效[J].中学语文教学参考(初中生版)，2011(4):53.

② 余文森.有效教学丛书：有效教学的基本策略[M].福州：福建教育出版社，2013.

③ 余文森.有效教学丛书：有效教学的基本策略[M].福州：福建教育出版社，2013.

④ 贺武华.让课堂真实地生动活泼[J].教学与管理(中学版)，2004(3):48.

能在默读的基础上，丰富、准确地反馈文本信息，准确找出、读出文本中的生字词，并且结合生活实际理解“蹭”等生字的意思，直到合作闯关成功；学生能在默读的基础上，就自己感兴趣的内容与别人交流，充分享受阅读的乐趣；学生能在默读的基础上，酝酿属于他自己的思考，根据课文内容给图片排序，准确率高……以上种种教学效果，证明学生默读的速度和准确性提高了，学生“专注”的默读心理品质得到了培养，默读效率也提高了。

（三）还可以进一步研究的问题

本次课例研究，只涉及了低段学生默读技能起步的部分问题，还有许多具备研究价值的问题尚未涉及，如：默读什么样的文本该用什么样的速度，学生默读的速度与效果如何进行检测，如何对学生的默读进行评价，随着年级上升，学生默读的速度该如何增长等，期待广大教师同行进一步开展课例研究，分享心得。

五、开展课例研究的心得体会

“从教育研究的方法论角度看，课例研究是一种实践和理论的结合，是以教师的教学实践为基础，围绕特定教学问题对一节课的全程或片段进行预设、实践、剖析、对话、反思等种种活动，为教师改进教学提供平台，为深化教学研究提供有效途径。”这是我刚刚接受了课例研究任务时，查找到的对课例研究的理性描述。事实上，看了这段描述，对于课例研究怎么做，做了有什么好处，仍然一头雾水。

于是，我尝试以《卡罗尔和她的小猫》为课例，按照于波教授的要求开展了“低段学生默读技能起步的策略研究”，首先感觉是——麻烦！一次设计，二次设计；一次上课，二次上课；一次反思，二次反思；一次实录，二次实录……费时间、花精力，好麻烦！

第二个感觉则是——困难！若只是涉及上课、反思、记录，纵然麻烦，也还算教师本分，老老实实地上着、记录着就行，总能搞清楚的。可是还要从理论角度分析自己的研究过程，将教学实践经验做理论上的凝练提升，这对于长年身处一线、实践经验有余而理论积淀严重贫乏的我，实在是赶鸭子上架了。

没办法，任务摆在面前，再困难也得咬着牙克服。一边按部就班做好设计、实践、分析、改进的筹谋，一边找时间泡书店恶补相关理论知识，走一步、算一步，写一点、算一点，边摸索，边前进。渐渐地，在硬着头皮学习和实践的过程中，我尝到了课例研究的甜头。我发现，课例研究真是教师日常专业学习的一种好方法，因为教师的成长不仅需要学习具体的专业知识，还需要在教学实践中历练，解决实践中的问题；反之亦然，教师的成长不仅需要解决教学实践中的具体问题，还需要能从问题中发现潜藏的教学原理。当在课例研究中遇到难题时，既有的知识经验不足以解决，促使我主动学习新知，并从不同角度，站在不同高度去展开思考，完整经历发现问题、分析问题、解决问题的过程。在实施课例研究的过程中，我的教学观念一次次刷新，并随之调适自己的教学行为，教学技能也得到提升；在修改课例研究报告的过程中，我的教学思想从模糊逐渐走向清晰，从感性逐渐走向理性，科研能力得到提升。这对于一个教师的成长来说是弥足珍贵的，可以说："课例研究的过程也正是教师个体成长的过程。"

我明白了，课例研究的成功，并不是指教师执教的"课例"本身成功与否，而是指教师透过"课例"，在解决教学中的具体问题的过程中获得了新的经验，产生了新的思考，提升了自身知识与能力的高度，也增加了厚度。总之，课例研究是教师成长的驱动力，它带给我的看似是很多麻烦、困难，更多的实则是新的知识和经验，最终则是指向成功的愉悦和成长的快乐！

9.

运用理解含义深刻的句子的方法提高阅读能力

——以《“精彩极了”和“糟糕透了”》为例

熊　静①

一、选题背景

在小学语文中高段阅读教学活动中，我们常常会发现学生理解含义深刻的句子成了难题。学生往往只能够理解句子表面的意思，在平面上滑行却不能进一步明白句子深一层的含义，更不用说受到优秀文章的熏陶感染，提高审美情趣和鉴赏能力了。《义务教育语文课程标准(2011年版)》(以下简称《语文课程标准》)指出，第二学段的学生要“能联系上下文，理解词句的意思，体会课文中关键词句表达情意的作用。能借助字典、词典和生活积累，理解生词的意义”。第三学段要求学生“能联系上下文和自己的积累，推想课文中有关词句的意思，辨别词语的感情色彩，体会其表达效果”，并要求学生能“具体明确、文从字顺地表达自己的见闻、体验和想法。能根据需要，运用常见的表达方式写作，发展书面语言运用能力”。我们不难发现第二学段侧重考查学生通过重要词句帮助理解文章，体会其表情达意的作用，以及对文章大意的把握；第三学段侧重于学生对文章表达顺序和基本表达方法的了解、领悟。基于这样的理解，我们应该教会孩子理解句子的基本方法：1.抓住关键词语联系上下文理解；2.提出问题并解决问题来理解句子；3.联系生活实际深入理解。在此以我执教的《“精彩极了”和“糟糕透了”》为例和大家探讨。

① 熊静，女，重庆人，重庆市渝中区精一民族小学校，语文教导主任，渝中区优秀教师。

二、第一次教学实践

《"精彩极了"和"糟糕透了"》第二课时

【教学目标】

1.学会联系生活实际理解含义深刻的句子。

2.学习作者运用对比的方法表达爱。

【教学过程】

一、齐读课题，引入新课

1.这节课，我们继续学习第19课——《"精彩极了"和"糟糕透了"》。齐读课题。

2.继续学习之前我们先回忆课文主要讲了什么。

二、研读巴迪第一次写诗的情景，感悟父母截然不同的评价

1.对于巴迪的第一首诗，爸爸和妈妈各是怎样评价的？

(1)看到父母的这两种评价，你发现了什么？

(2)请你读母亲说的话，你感受到了母亲此刻怎样的心情？

(3)那我的诗真那么精彩吗？

(4)可父亲和母亲的评价截然不同，请你读一读。从这句话里你读懂了什么？同学们，难道父亲真的就是那么狠心吗？我们不要只看事情的表面就下判断，请你再细细地品读课文，找找父亲要这么说的原因。

2.巴迪当初是多么幸运啊！他既有个慈祥的母亲，又有个严厉的父亲。假如生活中只有"精彩极了"，或者只有"糟糕透了"，巴迪又会怎样呢？从课文中找到依据，说说你的看法。

3.正是生活中不可或缺的父母的爱，所以必须得同时具备这两种评价。课件出示齐读："精彩极了""糟糕透了"；"精彩极了""糟糕透了"……它们像两股风不断地向我吹来。我谨慎地把握住我生活的小船，使它不被哪一股风刮倒。我从心底里知道，"精彩极了"也好，"糟糕透了"也好，这两个极端的断言，有一个共同的出发点——那就是爱。在爱的鼓舞下，我努力地向前驶去。

(1)你知道这两股风指的是什么吗？读了这段话，你有什么体会？联系上文说一说。其实，我们生活中从父母、老师、同学身上也有得到过这样的鼓励或者提醒，能不能结合自己的生活实际说说对这句话的理解？

(2)是啊，正是因为这截然不同的爱的方式让我们健康成长着，带着感激之情再次朗读最后一段。

4.爱有许多种，它会产生不同的力量，严父与慈母的爱成就了今天的巴迪，长大后的巴迪成了美国大名鼎鼎的作家。

出示资料：

巴德·舒尔伯格(1914年3月—2009年8月)，美国著名的畅销书作家。在他68年的写作生涯里，共创作了34部作品，其中13部被拍成电影或搬上舞台。所出版的作品有《在滨水区》《码头风云》《什么使萨米逃走》《醒着的梦》《聪明的糊涂和糊涂的聪明》《我喜欢这个不讨人喜欢的人》等。

5.背诵课文的最后一段。

6.本篇课文在写作上很有特点，多处运用了对比的写法，你发现了吗？有哪些地方？举例说说。

7.其实幸运的不只是巴迪，我们在生活中也一定有类似的感受吧！请你试着写一写，如果你也能用上对比的表达方法就更好了。开始吧！

【教学反思】

五年级的学生已经有五年的学习经历，掌握了一些学习语文的方法，具备一定的语文学习能力。本课又与学生的生活实际接近，很容易激起学生情感上的共鸣。文中一些含义深刻、富有哲理的句子，既是学生理解学习上的重点、难点，也是激发学生思维的兴奋点。因此，对本课的教学，可以从“悟”字出发，着眼于学生的自主学习、自我感悟、悟情悟理。

读是一种最有效的语言实践活动，无论是情感体验，还是个性感悟，只有充分读了，才能有所理解，有所发现，有所感悟，有所体验。在这一部分的教学中，重点引导学生读好写父母亲的句段，生生合作研读“我”听了父母亲的话后的表现，通过读，体悟父母亲的情感，正确地捕捉“我”当时的内心想法，让学生从内心深处感动，使学生的情感与作者的情感产生共鸣，情有所感，理有所悟，最后对母亲和父亲的爱便有了深刻的感悟。让学生在自己的语言实践中去发现，去体验，去感悟，读是最有效的语言实践活动。因此，在教学中采用了多种形式的读：自读、指读、范读、同桌互读、小组读、齐读。范读是引领学生体悟作者的情感；自读，理解着读，读中去揣摩，去体会；指读，把个人体验和感悟到的表现出来；互读，加强生生之间的合作与交流；齐读，释放自己的情感。

三、第二次教学设计

《“精彩极了”和“糟糕透了”》(第二课时)

【教学目标】

1.通过人物语言、动作和心理活动体会文章的情。

2.有感情地朗读课文,联系上下文和生活实际理解含义深刻的句子。

3.感知先叙事后感悟的表达方法。

【教学过程】

一、复习导入

1.这节课,我们继续学习第19课。

2.通过上节课的学习,我们知道了“精彩极了”是(妈妈善意的鼓励),“糟糕透了”是(爸爸严厉的批评),两种截然不同的评价形成了鲜明的对比。

师:请同学们打开课本第101页,快速浏览课文。课文的前半部分具体讲“我写了一首诗,父母有不同的评价”这样一件小事,同学们,这个部分是在叙事。那后半部分呢? 对,这是在写感悟。

二、聚焦关键句子

1.师:我们再来聚焦叙事部分。请同学们默读第3~14自然段,想想我等待父亲的过程中情感有什么变化,在文中圈出关键词,也可以批注。

师:谁来说说你圈出了哪些情感变化的词语? 巴迪从自豪到痛哭经历了一个情感变化过程(指板书)。

课件出示:满怀信心—(　　)—(　　)—失声痛哭。看着提示,你一定会有自己不同的感受,谁来说说?

师:巴迪的情感变化就是一条线索,串起了整个故事。在叙事的过程中作者将人物的心理活动融入其中了,这样的表达真值得我们学习。

2.师:刚开始的我是满怀信心的,自由读读第3、4自然段,说说你从哪里看出来的。

课件出示:七点。七点一刻。七点半。

师:你有一双慧眼,发现这三个特别有意思的句子。来,一起读一读。你们发现了它的特别之处吗?

师:说得对。是的,完全正确。还有特别的吗? 再看句子,七点。七点一刻。七点半。这说明了什么? 这种表达我们在哪一课似曾相识呢?

课件出示:他挖了8小时,12小时,24小时,36小时,没人再来阻挡他。

七点。七点一刻。七点半。

3.师：同样都是表示时间的词语，同样都是表示时间的流逝，但也有不同之处，你又发现了什么？

课件上的文字变红：父亲不停地挖，一刻也没有停息。因为他坚信儿子还活着，“，”表示坚持，那“。”呢？

4.师：我们来设想一下，七点，巴迪满怀信心等待父亲，他想……可是父亲没有回来；七点一刻，巴迪有些坐不住了，来回踱步，他想……可是父亲没有回来；七点半，他实在等不及了，他想……父亲还是没有回来。你们真了不起，发现了用时间短语、用标点符号来表达人物内心情感的秘密。让我们带着这样的发现一起去等待。

课件出示：七点。七点一刻。七点半。父亲还没有回来。实在等不及了。我敬仰我的父亲，他是一家影片公司的重要人物，写过好多剧本。他一定会比母亲更加赞赏我这首精彩的诗。

5.师：快到八点钟时，父亲终于推门而入。让我们一起走进巴迪家，走进当时的情景中。课件出示：男同学读父亲的话，女同学读母亲的话，老师来读提示语。他进了饭厅——

在叙事中，作者运用了大量的人物的动作、语言的描写。

课件出示：

“我看这首诗糟糕透了。”父亲把诗扔回原处。

“亲爱的，我真不懂你是什么意思！”母亲嚷着，“这不是在你的公司里。巴迪还是个孩子，这是他写的第一首诗，他需要鼓励。”

“我不明白，”父亲并不退让，“难道这世界上糟糕的诗还不够多么？”

父亲把诗扔回原处—母亲嚷着—母亲大声嚷着—父亲并不退让，一个反问句强调了他的观点。

母亲的语言、动作和父亲的语言、动作再次形成了鲜明的对比，同时还有一条值得关注的情感线索。

课件出示（图片）：瞧，此时的巴迪满脸沮丧，他紧张、难过，最后失声痛哭。

师：在叙事部分中，作者通过人物的语言、动作、神态描写，让我们仿佛身临其境。而故事的后半部分就写了作者的感悟。

师：默读课文的第15~17自然段，用“﹏﹏”标出富有哲理性的句子，再小声读读。有的孩子读书很仔细，勾出的富有哲理性的句子可不只一条。

6.师：谁来分享你的句子？有没有同学补充？这些句子写得多好啊！都饱含了哲理，把它们都勾出来吧。来，我们看到这两句话，一起读。

课件出示句子：它们像两股风不断地向我吹来。我谨慎地把握住我生活的小船，使它不被哪一股风刮倒。

师：自由读这两个句子，你有什么不明白的地方吗？

(1)这两股风指的是什么？

(2)为什么我生活的小船不会被哪一股风刮倒呢？

师：指的是精彩极了和糟糕透了，这是上文的内容。将目光往上移，你还会找到破解这两股风的密码。

师(课件出示第16自然段)：默读这一段，想想这两股风代表着什么。母亲的力量，这种爱的力量是灵感和创作的源泉。(这就是爱的力量)但还需要父亲警告的力量来平衡，需要有人时常提醒你："小心，注意，总结，提高。"(这就是警告的力量)

师：我们联系上文理解这个句子。

师：刚才同学们还说到了为什么我生活的小船，没有被哪一股风刮倒。再读这一段你一定能解答。

师：如果只有鼓励，会怎样？如果只有批评……两者需要互相平衡。

师：刚才通过提出问题并解决问题，帮助我们理解了句子。

师：其实我们还可以想得更深入一些，联系我们的生活实际，这两股风也常常向我们吹来。

课件出示：联系我们的生活实际想想，这两股风也常常向我们吹来。也许来自于父亲、母亲、师长、同学……

师(课件出示题单)：拿出题单，把你想到的三言两语写下来吧！联系生活实际，深入地理解这两个句子。这也是一个好方法。

7.师：我们已经走进了巴迪的生活中，就是在这两种强烈的对比的爱中，我们和他一样明白了，齐读。

课件出示：我从心底里知道，"精彩极了"也好，"糟糕透了"也好，这两个极端的断言，有一个共同的出发点——那就是爱。在爱的鼓舞下，我努力地向前驶去。

师：巴迪受到父亲的批评失声痛哭，而此时他——(理解了父母的爱)。作者的情感又发生了变化，叙事和感悟两个部分的情感再一次形成了鲜明的对比。

8.师：巴迪多么幸福啊！他生活的小船在人生的长河中乘风破浪。(音乐响起——班得瑞的钢琴曲)

课件出示：巴德·舒尔伯格(1914年3月—2009年8月)，美国著名的畅销书作家。在他68年的写作生涯里，共创作了34部作品，其中13部被拍成电影或搬上舞台。所出版的作品有《在滨水区》《码头风云》《什么使萨米逃走》《醒着的梦》《聪明的糊涂和糊涂的聪明》《我喜欢这个不讨人喜欢的人》等。

9.师：正是因为母亲的(　　)，父亲的(　　)(指课题)，才让他感悟到——课件出示("精彩极了"也好，"糟糕透了"也好，这两个极端的断言，有一个共同的出发点——那就是爱。在爱的鼓舞下，我努力地向前驶去)我们的生活也需要这样的两股风伴随左右。借助提示，试着把这段话记在心里吧。

课件出示：这些年来，我少年时代听到的两种声音一直交织在我的耳际(　　)，(　　)；(　　)，(　　)……它们像(　　)。我谨慎地(　　)，使它(　　)。我从心底里知道，(　　)也好，(　　)也好，这两个(　　)，有一个共同的出发点——(　　)。在爱的鼓舞下，(　　)。

指名背。

让我们一起借助提示记住这段话。

三、拓展练笔

本文通过作者童年时父母对他作品不同的评价这件事感悟到这就是爱。其实，我们也学过很多这样先叙事再感悟的文章，我们也可以学着用这样的表达形式来写作。

四、教学实录

师：在叙事部分中，作者通过人物的语言、动作、神态描写，让我们仿佛身临其境。而故事的后半部分就写了作者的感悟。

默读课文的第15~17自然段，用波浪线标出富有哲理性的句子，再小声读读。

师：有的孩子读书很仔细，勾出的富有哲理性的句子可不只一条。

生：①一个作家，应该说生活中的每一个人，都需要来自母亲的力量，这种爱的力量是灵感和创作的源泉。但是仅有这个是不全面的，它可能会把人引入歧途。所以还需要警告的力量来平衡，需要有人时常提醒你："小心，注意，总结，提高。"

②它们像两股风不断地向我吹来。我谨慎地把握住我生活的小船，使它不被哪一股风刮倒。

③我从心底里知道，"精彩极了"也好，"糟糕透了"也好，这两个极端的断言，有一个共同的出发点——那就是爱。在爱的鼓舞下，我努力地向前驶去。

师：谁来分享你的句子？有没有同学补充？这些句子写得多好啊！都饱含了哲理，把它们都勾出来吧。来，我们看到这两句话，一起读。

学生齐读。

课件出示句子：它们像两股风不断地向我吹来。我谨慎地把握住我生活的小船，使它不被哪一股风刮倒。

师：自由读这两个句子，你有什么不明白的地方吗？

生：这两股风指的是什么？

师：我们可以问是什么，也可以问为什么。

生：为什么我生活的小船不会被哪一股风刮倒呢？

生：指的是精彩极了和糟糕透了。

师：指的是精彩极了和糟糕透了，这是上文的内容。将目光往上移，你还会找到破解这两股风的密码。

课件出示第16自然段。

师：默读这一段，想想这两股风代表什么。

生：母亲的力量，这种爱的力量是灵感和创作的源泉。

师：这就是爱的力量。

生：但还需要父亲警告的力量来平衡，需要有人时常提醒你："小心，注意，总结，提高。"

师：这就是警告的力量。

师：我们联系上文理解了这个句子。

师：刚才同学们还说到了"为什么我生活的小船，没有被哪一股风刮倒？"再读这一段你一定能解答。

师：如果只有鼓励，会怎样？

生：如果只有鼓励，孩子会骄傲自满，自以为是。

师：如果只有批评呢？

生：孩子会从此不自信。

师：是啊！两者需要互相平衡。

师（指着板书"鼓励"）：母亲的赞赏，激励自己在人生的道路上勇往直前；（指着板书"批评"）父亲的批评，提醒自己不要骄傲。这两股风，两股力量，两股不同的爱形成了鲜明的对比。一起读读这两个句子。

师：刚才通过提出问题并解决问题，帮助我们理解了句子。

师：其实我们还可以想得更深入一些，联系我们的生活实际，这两股风也常常向我们吹来。

课件出示：联系我们的生活实际想想，这两股风也常常向我们吹来。也许来自于父亲、母亲、师长、同学……

课件出示（题单）：拿出题单，把你想到的三言两语写下来吧！

师：联系生活实际，深入地理解这两个句子。这也是一个好方法。

五、分析与反思

(一)鼓励学生质疑问难,尊重学生的个性化感受,有个性才会有创新

课文的第二部分,有不少含义较深、具有哲理性和启发性的句子,学生读时,肯定会有所感,有所悟,同时也会有疑问。这就要求教师要做到以下两点:一是找出文中自己感触较深的句子,联系上下文或结合自己的生活实际,谈谈自己的感受,文体不限,可以是短文、诗句、格言警句的形式等;二是发现难以理解的地方,提出不懂的问题,可以先试着自己回答,或与同学讨论,也可以向老师求助。让学生在读、悟、写、问、议的过程中,进一步认识热情的鼓励和严厉的警告都源于爱,只不过是表现方式不同而已。学习感受爱,理解爱,明白鼓励与批评在成长中的作用,懂得一些做人的道理。

(二)立足课内,联系生活

《语文课程标准》要求在课程内容上,注重密切联系学生的生活现实。只有这样,才能真正实现"教材生活化,生活教材化,从生活中来,到生活中去"的教育目标。这篇课文中的事情在很多人的日常生活中也时常发生,极为贴近学生的生活。因而在教学过程中,我做了如下一个设计:联系我们的生活实际想想,这"两股风"也常常向我们吹来,也许来自于父亲、母亲、师长、同学……学生自然而然就联系起自己平常生活中的类似经历,回忆起身边的相似事例,想起有关这样的文章。

(三)抓住关键用语联系上下文理解

在理解含义深刻的句子时采用了抓住关键词语联系上下文理解、提出问题并解决问题来理解句子、联系生活实际深入理解的方法,让孩子层层深入理解句子的意思。

六、结论

通过两次试教不难看出第二次的教学目标:1. 通过人物语言、动作和心理活动体会文章的情。2. 有感情地朗读课文,联系上下文和生活实际理解含义深刻的句子。3. 感知先叙事后感悟的表达方法。这样教学更为符合五年级年段特征、单元目标和生情,并找寻到了理解含义深刻的句子的方法:

(一)抓住关键词语联系上下文理解

《"精彩极了"和"糟糕透了"》全文分为两个部分。在前面的叙事部分中,作者通过人物的语言、动作、神态描写,让我们仿佛身临其境。而故事的后半部分就写

了作者的感悟。“一个作家，应该说生活中的每一个人，都需要来自母亲的力量，这种爱的力量是灵感和创作的源泉。但是仅有这个是不全面的，它可能会把人引入歧途。所以还需要警告的力量来平衡，需要有人时常提醒你：‘小心，注意，总结，提高。’”“它们像两股风不断地向我吹来。我谨慎地把握住我生活的小船，使它不被哪一股风刮倒。我从心底里知道。‘精彩极了’也好，‘糟糕透了’也好，这两个极端的断言，有一个共同的出发点——那就是爱。在爱的鼓舞下。我努力地向前驶去。”这些句子写得多好啊！都饱含哲理。我们聚焦这些句子：“它们像两股风不断地向我吹来。我谨慎地把握住我生活的小船，使它不被哪一股风刮倒。”抓住关键词“两股风”进行质疑，“这两股风指的是什么？”显然指的是“精彩极了”和“糟糕透了”，这是上文的内容。将目光往上移，我们还会找到破解这两股风的密码。想想这两股风代表着什么，母亲的力量，这种爱的力量是灵感和创作的源泉。这就是爱的力量。还需要父亲警告的力量来平衡，需要有人时常提醒你：“小心，注意，总结，提高。”这就是警告的力量。我们联系上文理解了关键词语。

（二）提出问题并解决问题来理解句子

理解了词语，我们继续深入理解句子的深层含义。“为什么我生活的小船不会被哪一股风刮倒呢？”如果只有鼓励会怎样？如果只有批评又会怎样？两者需要相互平衡。母亲的赞赏，激励自己在人生的道路上勇往直前；父亲的批评，提醒自己不要骄傲。这两股风、两股力量、两股不同的爱形成了鲜明的对比。通过提出问题并解决问题，帮助我们理解句子。

（三）联系生活实际深入理解

其实我们还可以想得更深入一些，联系生活实际，这两股风也常常向我们吹来。也许来自于父亲、母亲、师长、同学……把想到的三言两语写下来。及时链接学生的生活，帮助他们唤醒已有的生活经验，与文本中的材料相链接，必然能有效地促进学生对含义深刻的句子的理解。引导学生用对比的手法写出两股不同的力量，可以用先简要叙事再写感悟的方法，可以是生活中的实例或是阅读材料中的事例，还可以写出充满哲理的话语。联系生活实际，才能深入地理解句子，这也是一个好方法。如此扎实、一步一个脚印地层层深入，步步推进，最后运用练习。学生通过抓关键词、提出质疑并解决问题、联系生活实际的方法来理解含义深刻的句子，体会其表情达意的作用，体悟作者深刻的情感，必定会事半功倍。

10.

"版本比较"在实现散文有效教学中的运用

——《荷塘月色》课例研究

李云忠[1]

一、选题背景

《荷塘月色》是现代著名作家朱自清先生的代表作，是一篇以写景为主的抒情散文，写于1927年7月。那时作者在清华大学教书，文章里描写的荷塘就在清华园。朱先生在文中，为我们描绘了一幅清淡素雅、超凡脱俗的月下荷塘图。

《荷塘月色》自问世以来，一直是中学语文教材的传统名篇，几十年来，关于它的教学研究和教学设计无异恒河沙数，这为我们今天的讲授提供了丰富的借鉴；另一方面，这些教学研究和教学设计却又似一座座高峰，让吾等后生因为难以逾越而望文兴叹，从而在教学上难以出新。

能否在本文众多的教学实践中，独辟蹊径，引导学生走出一条新的解读之路？在再一次面对这篇文章时，笔者一时颇费思量。反复思考权衡之余，我打算通过"版本比较"来设计本文的教学。所谓"版本比较"，是指教师引导学生对同一文章的不同版本进行对比阅读，通过引导学生比较各版本间在句子、语段和标点符号等方面的增、删、调、改；揣摩、体悟不同版本的这篇文章在言语运用的变化、情调与意味差异，分析探讨其优劣，从而加深对文本的理解，实现散文的有效教学。

虽然《荷塘月色》一直是中学语文教材的常客，但我们的学生以往读到的并非是朱自清先生的原作。在教材课题注释里，往往标有"略有删节"的字样。而最新版的语文教材（2006年版人教版）则没有了这些字眼，选用的是朱自清先生原汁原味的作品。这一情况，为我在引导学生重新解读《荷塘月色》时，采用"版本比较"来解读文本提供了新思路。

① 李云忠，男，四川开江人，重庆二十九中语文教师，中学高级教师，区级骨干教师，重庆市优秀班主任。

二、第一次教学实践

【教学目标】

1.掌握文中运用的几种修辞手法，尤其是通感、博喻在文中所起的作用。

2.通过不同版本的比较，理解原著作者与教材编者在表达的思想情感和呈现的内容结构等方面的差异。

【教学重难点】

把握作品的感情基调，了解作者对现实不满，寻求精神解脱和自由而又无法实现的苦闷心情；通过不同版本的比较，在文字的增、删、调、改中，理解原著作者与教材编者在表达的思想情感和呈现的内容结构等方面的差异。

【教学过程】

1. 先介绍相关背景和朱自清个人简历，为学生“知人论世”做铺垫。

2. 教师将事先准备好的不同版本的《荷塘月色》文本，印发给学生，引导他们比较语言运用的变化、情调与意味差异，讨论分析其优劣并发言。

3. 教师总结。

【设计意图】

1. 长文短教：希望借此从烦琐的文本分析解读中跳出，直接进入本文最值得引导学生研究讨论的问题。

2. 通过引导学生比较版本间的差异，来培养学生分析、思考文本的能力，使之加深对文章思想内容、结构层次和语言特色等诸方面的理解。

【教学实录】

第一步：导入新课

在一次“中学生最喜爱的十大课文”问卷调查中，名列榜首的是哪一篇？它就是我们今天要学习的《荷塘月色》！

第二步：作者及背景简介

我们对朱自清这个名字并不陌生，初中时学过他的哪些散文名篇？同学们对他的生平经历还知道些什么？

在学生七嘴八舌之后，教师补充如下：

朱自清（1898年—1948年），原名自华，字佩弦，号秋实。江苏扬州人，朱自清的祖籍，则是诞生过鲁迅、蔡元培、王羲之、秋瑾等名人的绍兴。

朱自清出生在小官宦之家，其父朱鸿钧不希望子女如他一样宦海浮沉，希望他们在学问上有所成就，于是给长子取名“自华”，取苏轼的“腹有诗书气自华”之意。

朱自清不负父望，1916年中学毕业后，考入北京大学预科班，次年改名"自清"，考入本科哲学系。他为什么要改名"自清"呢？朱自清先生的胞弟有过这样的回忆：父亲失业四十年，为了培养我们兄弟四人上学，借了三千元高利贷，利上滚利，无力偿还。大哥这时考上了北大预科，须读两年才能考本科。为了早日结束学业，为家中分担债务，他没有读预科，想了个办法，把名字"自华"改为"自清"，直接报考本科。由于家庭变故，朱自清经历了人情冷暖，目睹了社会黑暗，觉得一个人光有满腹经纶是不够的，还要考虑如何为人处世，尤其是面对污浊的社会应该持一种什么态度。所以在父亲去世奔丧回京后，即改名"自清"，清与浊相对，"自清"就是不浊，不与恶势力同流合污。这就是"自清"这个名字的由来。

朱自清才华横溢。他是现代散文家、诗人、学者。学生时代朱自清就开始创作新诗，1923年发表长诗《毁灭》，引起文坛关注。1924年，出版了诗和散文集《踪迹》。1925年，朱自清任清华大学教授并任该校中文系主任时，年仅27岁！他将创作转向散文，同时开始研究古典文学。1928年，朱自清出版的散文集《背影》，奠定了他作为杰出散文家的基础。1931年到1932年，他曾留学英国，回国后仍执教于清华大学。作为学者和教授的朱自清，他在古典文学、语文教育、语言学、文艺学、美学等学科领域都有着很深的造诣和建树，其中尤以古典文学最为突出。

1948年8月朱自清先生病逝于北京，他死的时候年仅48岁。

对于朱自清，大家应当记住他的这四个令人羡慕的闪光点：(1)19岁考入北京大学哲学系；(2)27岁任清华大学教授；(3)毛泽东同志曾高度称赞朱自清"一身重病，宁可饿死，不领美国的'救济粮'，表现了我们民族的英雄气概"；(4)朱自清的散文秀丽朴素，独树一帜，这源于他深厚的古典文学修养，对世情精细的观察和体验及朴素、忠厚、平淡、刚正的性格。

《荷塘月色》写于1927年7月。当时，正值"四·一二"运动蒋介石背叛革命之时。曾参加过"五四运动"的爱国知识分子朱自清，面对这一黑暗现实，他悲愤、不满而又陷入对现实无法理解的苦闷与彷徨之中。怀着这种孤独苦闷的心情，朱自清先生写下了《荷塘月色》这篇文章。

今天，我们就一起来解读朱自清先生写于1927年的散文名篇《荷塘月色》，看看作者是怎样用他的生花妙笔为我们描绘这"荷塘月色"的。

第三步：版本比较，深入探讨

在介绍完作者和写作背景之后，教师把人民教育出版社1990年版中学语文教材中的《荷塘月色》印发给学生。

师：请大家比较两版教材上朱自清的作品，看看它们有哪些不同之处。

生：一共有三处不同。

第一处不同位于第四自然段中，在比喻层层叶子中间零星点缀的白花时，新版教材多一句："又如刚出浴的美人。"第二处在第五自然段里，形容阴森森的黑影时，1990年版没有"峭愣愣如鬼一般"一句，而新版教材则有。新版教材第七自然段的大部分以及第八自然段和第九自然段，在1990年版中都没有。

师(补充)：两版教材在第七自然段到第九自然段文字方面，新版教材竟然多出了155字！

师：为什么1990年版要对先生的原著作如此大的删节？如此删节又到底有何不妥？

关于第一处"又如刚出浴的美人"一句，学生分小组讨论并畅所欲言后，教师小结：这一个喻体写出了荷花洁净无尘的特点，它与"一粒粒的明珠""碧天里的星星"一道，通过博喻的修辞手法分别从不同角度写荷花，将荷花的神韵完整地呈现到了读者面前。1990年版编者将这句话删去，没有充分的理由，因此应该保留原著中的这句话。

师：(老师顺势提问)零星地点缀着些白花……正如一粒粒的明珠，又如碧天里的星星，又如刚出浴的美人。这个比喻属于哪一种类型？

学生们满怀期待地看着老师，老师给出"博喻"这个概念并解释：博喻是两个或两个以上的比喻连用共同描述同一个事物的修辞方法。(即"一本多喻")博喻的几个喻体可以从不同的方面来描写本体的特征。如：朱自清《春》中："雨是最寻常的，一下就是三两天。可别恼。看，像牛毛，像花针，像细丝，密密地斜织着，人家屋顶上全笼着一层薄烟。"

除了刚才这个比喻有些特别，描写荷香的比喻还有特殊处，它是另一种修辞，名叫"通感"，又叫"移觉"，是把人们的各种感觉(视觉、听觉、嗅觉、味觉、触觉等)通过比喻或形容词沟通起来的修辞方式。即把适用于甲类感官上的词语移植到乙类感官上。其最大特点是"感觉的转移"。如："缕缕清香"与"远处高楼上渺茫的歌声"的相似处是：断断续续，若有若无，捉摸不定。但荷香属于嗅觉的范围，而"远处高楼上渺茫的歌声"，则属于听觉的范围，作者把嗅觉、听觉交织在一起，启迪读者更加深远地想象和联想。

又如钱钟书的《围城》："方鸿渐看唐小姐不笑的时候，脸上还依恋着笑意，像音乐停止后袅袅空中的余音。许多女人会笑得这样甜，但她们的笑容只是面部肌肉的柔软操。"宋代诗人宋祈曰："绿杨烟外晓云轻，红杏枝头春意闹"。还有诗人艾青曾写诗这样描绘日本著名指挥家小泽征尔："你的耳朵在侦察，你的眼睛在倾听……"也是通感。其实，通感并不仅仅在文学作品中才被使用，实际上在日常用语中，也常常有通感。比如，"暖红""轻寒"，说某位同学的声音很"粗"，难道他的声音是有直径的吗？看，现在每一个同学脸上都呈现出甜美的笑容。可是，你们决不认为我是在说你们的笑脸是抹了糖的吧！还有“她唱的歌真甜！”歌——听觉感受；甜——味觉感受。

在解决完博喻和通感这两个知识点的教学之后，教师继续引导学生探讨版本间另外几处不同之处。

（以下省去了学生发言，主要记录教师的总结。）

关于第二处不同，即第五自然段中新版教材有“峭愣愣如鬼一般”一句，而1990年版则没有。原文是个并列复句：“月光是隔了树照过来的，高处丛生的灌木，落下参差的斑驳的黑影，峭愣愣如鬼一般；弯弯的杨柳的稀疏的倩影，却又像是画在荷叶上。”若删掉“峭愣愣如鬼一般”，“弯弯的杨柳的稀疏的倩影”这句倒是有喻体，而“高处丛生的灌木，落下参差的斑驳的黑影”就没了喻体，这样不但句式不整齐，少了语言形式上的美感，更重要的是“却又”二字“师出无名”，影响了文意的表达。

关于第三处不同之处，学生之间、师生之间争论得最为激烈，分歧也最大。很大一部分学生认为1990年版改得不错，删改以后比原文更好！因为这一段文字与全文主题关系不大。何况梁元帝《采莲赋》文字也的确深奥难懂，删掉它还是有一定道理的。经过争论和教师的相机诱导，师生间才逐步达成了以下共识：

这些文字不能删去，因为它是整篇文章的有机组成部分。文章从一开头点出了作者的心境“这几天心里颇不宁静”；继而作者企图通过努力，来摆脱这种“不宁静”。联系全文，作者为摆脱“不宁静”的心绪，一共进行了3次努力。

（1）“忽然想起日日走过的荷塘，在这满月的光里，总该另有一番样子吧。”作者夜游荷塘，希望借欣赏美丽清幽、朦胧素淡的荷塘，来抚慰自己的心灵。这是作者希望摆脱“不宁静”心绪的第一次尝试。然而非常遗憾，荷塘月色带给作者的仅是片刻的宁静，那“峭愣愣如鬼一般”的树色、聒噪的蝉鸣蛙叫，使作者猛然惊醒：“热闹是它们的，我什么也没有。”愁绪再上心头。

（2）在现实中无法找回宁静，作者遂进入了记忆和联想，进行第二次努力。“忽然想起南朝采莲的事情来了”，在虚幻的联想中，不宁静的心灵获得了暂时的平复。但马上被现实拉了回来，作者面前既没有“采莲人”，又“不见一些流水的影子”，第二次努力也归于失败。

（3）于是思绪自然飞向作者的故乡——“我到底惦记着江南了”，然而作者却再一次经历了没有结果的努力。最后只得在“什么声息都没有”中回到家里。

也就是说，这一部分其实是写作者夜游荷塘时引起的联想，作者想在古代诗词对采莲的描绘中去摆脱这种“不宁静”。若删掉这一部分，就破坏了作者贯穿在文中的感情线索，使全文的整体性受到影响。

当然，这几段文字也表现了作者对美好生活的怀念，对眼前的寂寞，对毫无生气的环境的不满和失望之情，从而进一步表现了作者内心的不平和对光明美好生活的憧憬、向往。

第四步：归纳全文

1978年8月12日，是朱自清先生逝世三十周年。清华大学为了纪念他，把坐落在"水木清华"池边的古老亭子命名为"自清亭"。它和附近小山坡上纪念闻一多先生的"闻亭"比邻而立。看到这个亭子，联想到朱自清先生的一生，不仅感慨：作者一生都无愧于"自清"二字：清正、清贫、清白，先生笔下的荷与月，一个出淤泥而不染，一个皎洁无暇，不正是作者那高尚纯洁、朴素无华品格的象征吗？

三、教学分析

这个教学设计在用于教学实践之后，确实体现出其过人之处：因为它既落实了对博喻、通感等新知识的讲解；又在引导学生比较同一文本不同版本间的差异这一过程中，扩大了学生的阅读量，使学生通过比较版本间在句子、语段和标点符号等方面的不同，揣摩和体悟了它们在语言运用方面的变化、情调与意味差异，从而加深了对文章思想内容、结构层次和语言特色等诸方面的理解，更形象直观地感知和体会了课文的情感意蕴与艺术魅力。可以说，这样的教学设计，既有利于锻炼学生思维、想象和知识迁移的能力；又能够提高他们的阅读分析能力和文学鉴赏水平，以及培养他们分析、思考问题的能力。

这种方法的突出特点是：教师要给学生提供同一文本的另一种或几种不同版本文本，然后以"比较"作为教学的切入点和重点，通过对照阅读、综合分析来完成文本的解读。

不过，以"版本比较"为核心安排本文的教学，在实践中也凸显出明显不足。

最明显的不足就是，由于忽略了文章思路的梳理，直接导致学生在理解不同版本的差异时，认识上难以全面和深入。譬如，在讨论《采莲赋》能否删去时，学生就不能结合前文，思考朱自清先生为摆脱"不宁静"心绪做出的三次努力。

叶圣陶在《语文教学十二韵》曾指出："作者思有路，尊路识斯真"。他在《评〈读和写〉，兼论读和写的关系》一文中进一步指出："希望大家练习读和写的时候，自觉注意思路的展开。能引导学生把一篇文章思路摸清楚，就是最好的老师。"在叶老看来，指导学生阅读文章时厘清思路至关重要，梳理文章思路是引导学生解读文章的基础，知识点的教学只有巧妙贯串在文章思路的梳理过程中，教学才更显得层次清晰，条分缕析，也才更利于学生接受。

另一个不足就是，在比较版本的不同之处时，更多论及的是保留原著文字的好处，而没有论及为何教材编者要做这样的处理，在讨论问题的深度上就显得略有不足。

四、第二次教学实践

【教学目标】

1.厘清文章思路，理顺文章的内容。

2.掌握文中运用的几种修辞手法，尤其是通感、博喻在文中所起的作用。

3.通过不同版本的比较，理解原著作者与教材编者在表达思想情感和呈现内容结构等方面的差异。

【教学重难点】

教学重点：紧扣标题来梳理文章的思路，把文章思路的梳理作为穿插相关知识点教学的前提。

教学难点：通过不同版本的比较，在文字的增删中，理解原著作者与教材编者在表达的思想情感和呈现的内容结构等方面的差异。

【教学过程】

1.先介绍相关背景和朱自清个人简介，为学生"知人论世"做铺垫。

2.紧扣标题来梳理文章的思路，在梳理全文思路的过程中，穿插相关知识点的教学。

3.教师将事先准备好的不同版本的《荷塘月色》文本印发给学生，引导学生比较文字表达上的异同，然后让学生分组讨论并发言。

【设计意图】

1.本文知识点众多，在梳理全文思路的基础上，穿插相关知识点的教学，会显得层次清晰，易于让学生理解和掌握相关知识。

2.通过引导学生比较版本间的差异，来培养学生分析、思考问题的能力，使之加深对文章思想内容、结构层次和语言特色等诸方面的理解。

【教学实录】

第一步：导入新课（同前）

第二步：作者与背景简介（同前）

第三步：全文思路梳理及相关知识讲授

1.介绍了本文的写作背景以及朱自清的个人简介之后，教师从解题入手，切入本文的教学。

师：本文标题是并列短语还是偏正短语？怎样理解好？

生（讨论后，一生回答）：题目“荷塘月色”是并列短语，它包含着两部分的内容——荷塘和月色，而两个内容又并不孤立，荷塘为“月光下的荷塘”，月色为“荷塘上的月色”。

师：那么，本文哪些段落分别写“月光下的荷塘”和“荷塘上的月色”？

生：第四、五自然段。第四自然段写“月光下的荷塘”，第五自然段写“荷塘上的月色”。

2.分析第四自然段。

在学生齐读完第四自然段后，教师问学生作者在描写“月光下的荷塘”的时候，具体写了哪些景物。

生：荷叶、荷花、荷香、荷波、池水。

师：为了表现这些景物的特征，作者在本段主要采用了哪些修辞手法？

生：比喻、拟人等修辞手法。

师：这一段用了哪几种比喻？请举例说明。

生1：叶子出水很高，像亭亭的舞女的裙。（明喻）

生2：零星地点缀着些白花……正如一粒粒的明珠，又如碧天里的星星，又如刚出浴的美人。

师：这个比喻属于哪一种类型？

（教师在此处适时将博喻这种特殊修辞与通感一并讲解，并加以拓展。教学内容与前边相同）

3.分析第五自然段。

欣赏了“月色下的荷塘”美景，接下来，我们来赏析“荷塘上的月光”，请大家齐读第五自然段。

师：找出本段中正面描写月色的句子。

生：第一、四句和末句。

师：除此外，作者为什么要写叶子、花、灌木、杨柳等这些景物？

学生回答后，教师总结：月色难以捉摸，又是单调的，难以直接描摹，因此，要把“月色”写透，必须借助其他景物，从不同角度侧面描写“月色”，从而使“难写之景，如在眼前”。这跟老舍笔下通过树摇叶落、沙灰飞扬来写无形的“风”，道理是相通的（《在烈日和暴雨下》）。所以文章这里似乎仍在写荷叶、荷花，其实是通过叶、花的安谧、恬静衬托出月色的朦胧柔和。

4.学习第一至三自然段。

师：那么，作者来荷塘之前又是什么样的心情呢？请快速阅读第一至三自然段，找出最能表明作者当时心情的一句话。

生：这几天心里颇不宁静。

师：作者这种“颇不宁静”的心情，在第一至三自然段中，具体表现为淡淡的喜悦还是淡淡的哀愁？

生：淡淡的哀愁。从“幽僻”的路、“寂寞”的夜晚、“月光也还是淡淡的”可以看出。

师：是什么原因使作者“心里颇不宁静”呢？课文哪些地方有一些暗示？

生：第三节月下独白的一节文字。如“便觉是个自由的人”“这是独处的妙处”“我且受用这无边的荷香月色好了”。（此处在学生找出相关句子后，教师对其含义加以点拨引导）

5.学习第六自然段到文末。

师：作者怀着淡淡的哀愁从家里信步走到荷塘边，月光下美丽的荷塘和荷塘美妙的月色，使作者怡然自得，心中有了淡淡的喜悦，那么作者是否完全从哀愁苦闷中解脱出来了呢？请从第六自然段到文末中找出相关的文句加以说明。

生：并没有从哀愁苦闷中解脱出来：“阴阴的树色”“没精打采的路灯光”“但热闹是它们的，我什么也没有”“这真是有趣的事，可惜我们现在早已无福消受了”。

师（总结）：作者到最终都没有从哀愁苦闷中解脱出来，也就是说一直到文末，作者“颇不宁静”的内心仍未得以平复，这种“不宁静”一直贯穿全文始终，它也就成了全文的“文眼”，定下了整篇文章的基调。

师：有人提出，开头结尾写妻儿的内容似是闲笔，是否可删掉？你是如何理解的？

学生讨论后老师明确：不能删，因为第一使文章前后照应，结构完整；第二表现作者游荷塘时间之长；第三反衬作者内心的孤独；第四表现作者对家人的爱护。

第四步：版本比较、深入探讨

引导学生分析版本间三处不同。（同前）

第五步：课文总结（同前）

五、研究结论

（一）比较两次课堂教学异同

两次执教《荷塘月色》，其相同点如下：

1.教学内容都涉及写作背景、作者简介、修辞技巧等方面，这是学生理解文章的前提和基础，也关乎高考的一些基本考点，自然不能绕开。

2. 由于抓住了文章更好的切入口，解决文章疑难处都有迎刃而解之效。

3. 都力图在教学实践中能够有一些新的东西，都不愿搬用现成的教学设计。

不同点是：后一次设计由于多了文章思路的解析，在通过版本比较解读文本时，学生对问题的分析理解显得更轻松，有水到渠成之感。而且，后者对文章的解读应该比前一设计更深入，因为它不光回答了保留原著的好处，还探讨了教材编写者改编的缘由，这更有助于帮助学生更深入地认识问题。

（二）需要说明的问题

采用版本解读法来解析文章有以下两点需要说明。

1.教师课前必须有两种或两种以上不同版本。

2.在引导学生对照阅读前，教师应先认真研读它们，找出其不同之处，分析编者增、删、调、改的原因，以便在课堂上引导学生进行研讨。

（三）课例反思

阿基米德曾说，“给我一个支点，我就能撬动整个地球”。对于语文教师来讲，选择合适的切入点便是选择教学难点的突破口，便是给了学生解读文本的一个“支点”，让学生能借此举重若轻地把握课文，揭开课文的重重帷幕而洞悉其中的奥秘，从而“举一纲而万目张”。而从不同版本的比较切入本文的教学，就是我为学生找到的那个“支点”，在它的帮助下，学生就能积极主动地阅读文本、深究文本，有所感有所悟，从而有效地提高教学效率，达到阅读教学的目的。

11.

“非指示性”教学在小说阅读教学中的实践探索

——人教版职高语文《命若琴弦》的课例研究

刘 娟①

一、选题背景

(一)选题缘由

小说一直是语文教学的主导文学样式,尤其是短篇小说。怎样引导学生学习并读懂这一类文体也一直是初高中教育领域热议的问题。《义务教育语文课程标准(2011年版)》(以下简称《语文课程标准》)针对7–9年级学段提出:了解诗歌、散文、小说、戏剧等文学样式,欣赏文学作品,能有自己的情感体验,初步领悟作品的内涵,从中获得对自然、社会、人生的有益启示。对作品中感人的情境和形象,能说出自己的体验;品味作品中富有表现力的语言。《高中语文课程标准(2011年版)》提出:在阅读鉴赏中,了解诗歌、散文、小说、戏剧等文学体裁的基本特征及主要表现手法,注意从不同角度和层面发现作品意蕴,不断获得新的阅读体验。

(二)研究意义

在众多的小说教学中,我们一般的教学方法是按照小说三要素——人物、环境及语言、外貌、心理分析人物形象。当学生因缺少生活经验、知识储备而无法得出结论时,教师便和盘托出预设答案,一堂本该由学生阅读体验、教师点拨引导的语文课变成了老师“讲课文”,这种单篇范文式的讲解、填鸭式的结论,因无阅读方法的传授,没有“教一篇为群篇服务”的理念,就无法帮助学生找寻阅读体验,无法提高学生的阅读鉴赏能力,长此以往,更无法在规律上有所突破。

① 刘娟,女,四川万源人,重庆市中职语文骨干教师,渝中区职教研究中心语文兼职教研员,渝中区教育会中学语文教育专业委员会第五届理事会理事,国家级普通话测试员,获重庆市“黄炎培职业教育杰出教师奖”。

（三）研究内容

“讲课文”，就是教课文阅读的阐释结论，即理解与感受。但因为方法的不妥，常常生硬搬出结论。“教读法”，就是教学生理解课文的阅读方法。就阅读教学而言，课文虽高于学生，但学生仍应是阅读的主体。教师的“讲”是教师把控阅读方向，而学生的“阅读”是由学生生成理解。可是由于阅读方法的欠缺乃至偏误，学生对课文的理解与感受会有距离、有障碍，就需要教师的帮助。

本课例旨在通过合适有效的小说阅读方法的传授，帮助学生形成较为正确或妥当的理解与感受，以及真切的阅读体验。

二、第一次教学实践

（一）教学设计及意图

【教材定位】

1.《命若琴弦》选自人教版职高语文第二册第四单元。

2.教学主题是：教师通过教学，使学生明白，人生有些苦难避免不了，要勇于接受命运的挑战，在苦难中探索生命的意义，发现生存的价值，创造人间的奇迹。苦难，是磨砺意志的机会，是人生别具意义的乐章。

3.拟定1课时。

【教学目标】

1.分析文本——环境描写、人物对话，理解文章主题。（知识与技能）

2.激发学生的生命体验，帮助学生理解生命的意义，直面人生的风雨。（情感、态度、价值观）

【教学重难点】

1.通过朗读重点语句，理解文章的深刻内涵。

2.理解“生命的精髓在于过程”。

【教学过程】

1.课前预习，让学生熟悉作者生平，熟读课文，根据注释及字典或词典扫清文字障碍——培养学生熟练运用信息技术查阅资料及探究文本信息的能力。

2.复述、朗读、分角色朗读——培养学生个性化阅读的意识及能力，养成在朗读中感悟的良好阅读习惯。

3.教师根据文章逐层设计问题，引导学生入情入境，在文本中读情品味——丰富学生的阅读体验。

4.设计关于生命的说话训练——感悟与学生生活经验结合，在多元交流中感悟生命历程。

【设计意图】

1.在阅读方法的传授中，注重学生在阅读过程中的主体地位。重视学生的探究和拓展过程。引导学生深入阅读、自主阅读、学会阅读。让学生有阅读、有思考、有体验、有探讨。

2.教师以情感为动力，以点拨为支撑，挖掘学生的情感体验，调动学生参与的激情。

3.教师要通过布置预习作业，使学生有足够的知识储备。

（二）教学实录

1.PPT展示教学目标及重难点

2.导入

学生朗读教师准备的PPT内容：

“也许人在路上，这就是人生。不管你愿意不愿意，我们出生后学会的第一件事情就是走路，从此我们就走在了路上。我们一辈子走在两条路上——心灵之路和现实之路，这两条路互相补充、互相丰富，心灵之路指引现实之路，现实之路充实心灵之路。当我们的心灵不再渴望越过高山大川时，心灵就失去了活力和营养；当我们的现实之路没有心灵指引时，即使走遍世界也只是行尸走肉。一年又一年我们不断走过，每一个人的生命走得如此的不同。”

——俞敏洪《走在路上》

师：同学们，每一个人的人生都是我们一步一步丈量出来的，每一个丈量后面也许都有一个不同寻常的故事。今天我们就来学习两个瞎子走在路上的故事。

3.文本阅读指导

【检查预习】

师：这篇小说讲述了一个什么样的故事？这个故事留给你印象最深刻的情节是什么？

生：两个瞎子，一老一少，穿梭在群山之中，每人带一把三弦琴，以说书为生。他们一前一后走在迂回的山路上。在野羊坳，小瞎子重演了老瞎子曾经的伤痛，他们所谓的爱情也只是昙花一现，注定是一个悲剧——兰秀儿最后嫁给了别人。而老瞎子也经历了他师傅曾经经历过的被崩断心弦的痛苦时刻：苦苦坚持弹断一千根琴弦，取出治盲药方，为的就是看一眼这个他从没见过的世界，可是事实是残酷的，说了一辈子的书，最后才发现那治盲药方原来是一张白纸，但同时他深深地体会到了他师傅曾经的良苦用心——“咱这命就在这几根琴弦上”。于是，老瞎子将白纸重新封进琴槽里，找到小瞎子，鼓励小瞎子为了治盲药方坚持弹琴。小瞎子踩着老瞎子的脚印，就这样一步一步地走下去。

【解题】

师：读了课文怎样理解题目“命若琴弦”？

学生脱口而出：生命像琴弦。

师：这名字让人浮想联翩。生命何其庄重，琴弦何其卑微，细细琴弦如何承载生命的重量？请同学们在原文中找出答案。

（学生翻书良久）

生（迟疑地）：第79页倒数第一自然段：“人的命就像这琴弦，拉紧了才能弹好，弹好了就够了。”

师：怎么拉紧琴弦？

生：第79页倒数第四自然段，“一根琴弦需要两个点才能拉紧，心弦也需要两个点——一头是追求，一头是目的。”

【环境描写与人物形象】

师：请同学们再次快速默读课文并思考：

（1）文中的“生命”指什么？

（2）它们最初的生命状态是怎样的？

生：指生活的状态。

师：“命若琴弦”，谁的命若琴弦？

生：瞎子，两个瞎子。

师：出场时是怎样的？

学生沉寂。

师：小说开端是什么描写？

生：写景。

教师板书。

环境状态——

师：请同学们找出能体现环境状态的词语。

学生陆续找出：莽莽苍苍、重峦叠嶂、沟壑纵横、人烟稀少。

师：这缓缓拉开的幕布出现的主角是怎样的？

生：戴着发黑的草帽。

生：匆匆忙忙。

生：瞎子。

生：说书为生。

师：那么糟糕的话，他们该有多苦闷。

生：没有呀，笑声不断的。

师：有没有同学来分角色朗读老少瞎子的对话？

学生纷纷举手。

师：请两位坐前面的男同学来读。

一高一矮两位男同学嘻嘻哈哈地开始分角色朗读。

学生读完。

师：嗯，虽然嘻嘻哈哈，但比较符合此时老少瞎子的心境。

全班学生笑。

师：看看老少瞎子目前的生存状态吧。他们双目失明，在穷乡僻壤之间穿行，无所谓从哪里来到哪里去；所以，你们能看出他们目前的生活状态怎么样？

生：穷。

生：瞎。

生：没有工作。

生：没有固定的住所。

师：可是他们的心态怎样？

生：超好。（笑声不断）

师：小说从哪些细节体现这种快乐？

学生看书。

生：老少叫花子。

师：人家老瞎子没有承认哟，他说"咱们有手艺"。

师：哪些细节？

学生讨论。

师：当老瞎子找到泉眼让小瞎子洗洗时，小瞎子"嘻嘻笑"，老瞎子也笑。

生：然后小瞎子开始唱歌。

生：老瞎子警告小瞎子认真弹琴。

师：为什么劝？

生：弹断琴弦就能看世界。

师：很好。所以接下来老瞎子回忆50年来的弹琴情景。请一位同学来朗读这段。好，中间那位穿红衣服的女同学。

全班安静听。

师：咱们回头看，尽管又穷又瞎，可他们笑声不断，他们的笑声让沉寂的环境有了一抹亮色。为什么？

生：因为弹断了琴弦可以看见世界。

教师直接板书：

生存状态——残疾　穷困　人烟稀少

有目的(正常生活)

有追求(使生命充满生机活力)

师：这样状态下的生命与琴弦具有什么样的相似点？

生：命若琴弦。

师：嗯，是像琴弦。那是哪种状态下的琴弦？

生：两头拉紧了，才能弹好。

师：所以，才如大家最开始找到的79页的“一头是追求，一头是目的，才能在这紧绷绷的过程上弹响心曲”。

师：请大家继续快读课文，思考：当弦断了，追求湮灭了，他们的生命状态又是怎样的？

学生读书，教师巡视。

师：找到了吗？

生：了无生气了。

师：从哪里看出来？

生：第78页倒数第四自然段。

师：齐读。

学生读此段。

师：找出关键词。

生：漫天大雪。

生：灰暗天空。

生：没有生息，处处也没有生气。

师：哦，环境描写已经让人压抑了，感觉到了沉寂。在这样的渲染下人物又是怎样的状态呢？

生：老瞎子找小瞎子。

生：小瞎子失恋了，走了。

生：老瞎子发现药方是白纸，绝望了。

师：当老瞎子知道事情真相后，作者用了大量的心理描写。哪位同学愿意朗读？主动起来朗读一下。

同学们你推我让，然后推选了一位穿运动服的男同学。

男同学朗读,同学们静静听。

师:50多年的希望瞬间泯灭,老瞎子整个一下子崩溃了。身体在熄灭,不弹不唱,迅速衰老。而支撑他重新站起来的是什么?

生齐答:小瞎子。

师:小瞎子也有生活的目标吗?

生:有呀,兰秀儿。

生:没嫁给他。

生:他是瞎子。

师:一边是老瞎子没了希望,一边是小瞎子失去希望。

所以教师一边板书一边讲解:

(1)环境状态——了无生气

(2)生存状态—— 身体里的一切都在熄灭

一动不动,想那么等死

【提炼主旨】

师:我想请两位同学分角色朗读老瞎子找到小瞎子后两人的对话。有自愿的吗? 好,这两位同学。

师:爱情的失去让伤心欲绝的小瞎子终于有了睁开眼看看的强烈愿望。于是老瞎子将药方封进了琴槽,让不明真相的小瞎子继续重复他过去的努力。这个情节所要表现的究竟是什么?

学生讨论。

生:给小瞎子生活下去的希望。

师:还有其他的回答吗?

学生沉默。

师:这个情节体现的是文章的主旨。你觉得小说的主旨是什么?

生:有希望才有活下去的勇气。

师:我们看第79页最后一段,大家齐读。

师:即便是虚设的目标,可是生活因此被拉紧,生活才叮叮当当有了生气,重要的是从那紧绷绷的过程中得到欢乐。所以,老瞎子将生的希望传递给了小瞎子。这一举动是对命运抗争的继续,是痛苦和泪水后对生命的热爱及对命运的不懈抗争中表现出来的坚强。

教师PPT出示。

师:请同学们探讨这篇小说蕴含着怎样的生活哲理。

生:就是生活应该有希望。

生："永远扯紧欢跳的琴弦"。

无人再回答。

师：看来一到总结归纳，大家就觉得压力山大。

同学笑。

教师PPT出示：

人生如琴弦，拉紧了才能弹好，弹好了就够了；生命的意义在于过程，永远拉紧生命之弦，自强不息，奋斗不止，才能真正实现人生的价值。

师：怀抱希望，一老一少两位瞎子又开始了新一轮的游走。大家齐读最后一个自然段。

师：大家任选一题，即兴说话。

教师板书。

感悟生命。

活着，真好！

下课铃响。

师：好，大家回去就这两个话题思考，下节课再说。下课。

（三）分析与反思

整堂课结束，听课的老师们说一直为上课教师捏着一把汗，而上课教师唯一的感觉就是"累"。老师们觉得上课教师通过自己深刻的文本解读设计出的问题可谓环环相扣，本意是循序渐进将学生带到主旨的理解上，而且感觉学生也应该能回答出来。可学生就是"启而不发"，导致课堂师生互动冷场。教师一腔热血和满怀激情学生完全无法呼应，最后只能是生硬得出结论。大家反思课堂教学以及师生、生生的互动，得出结论：教师本意是"教读法"，所以因循课前教师自己的阅读理解将问题带入，全然不顾学生知识储存及情感体验，在硬灌中将阅读教学变成了"讲课文"。

1.本想通过高度的问题凝练，让学生学会感悟式阅读方法，结果却变成了教师自己的解读。

设计时，教师围绕全文，共设计了六个问题——解题，文中的生命指什么，他们最初的生命状态是怎样的，这样状态下的生命与琴弦具有什么样的相似点，当弦断了、追求湮灭了后他们的生命状态又是怎样的，老瞎子将药方重新封进琴槽的情节所要表现的主旨是什么。六个问题，本意是教会学生阅读小说时找准切入点，有助于理解人物形象。但逐层剖析下来，发现学生完全跟不上节奏，给不出教师想要的那个结论。教师根据自己的理解过程，牵着学生按照规划的线路阅读指定的点，试图诱导学生得出教师期望的结论，这鲜明地体现了“教”与“学”的张力及“教”中的种种复杂情况。教师自认为设计最用力的六个问题，因为学生的预习不到位，因为学生的知识储备量不够，或因为学生的生活经验不足，所以每一个问题的答案学生都在书本上寻找，很难有自己的见解及拓展，更不可能给出教师预想中的满意结论。

2.本意是帮助学生实现个性化阅读，让学生在文本中读出情、品出味，结果学生阅读平淡而乏味。

整堂课，教师采用个人朗读、集体诵读、分角色朗读等方式帮助学生走进文本，企图唤起学生的归同感，由同情而生怜惜，由怜惜而理解人物思想，把握人物形象。可是学生阅读时要么安静，要么嘻嘻哈哈，根本没有将自己融进作品，体会人物内心。仅仅靠机械的阅读要求学生融入那情那景，要学生读出教师水平线上的深刻感受，确实难度较高，所以无法实现设计中的“丰富学生阅读体验，感悟生命历程”的阅读要求。

三、第二次教学实践

（一）修正教学设计

【教学目标】

1.分析文本——环境描写、人物对话，理解文章主题。（知识与技能）

2.激发学生生命体验，帮助学生理解生命的意义，直面人生的风雨。（情感、态度、价值观）

【教学重难点】

1.通过朗读，重点语句，理解文章的深刻内涵。

2.理解“生命的精髓在于过程”。

【教学过程】

1.课前预习，让学生熟悉作者生平，熟读课文，根据注释及字典或词典扫清文字障碍——培养学生熟练运用信息技术查阅资料及探究文本信息的能力。

2.学生谈作者——检查预习，理解作家作品。

3.学生选择最能打动自己的段落进行朗读，并说明选择原因——培养学生个性化阅读的意识和能力，养成在朗读中感悟的良好阅读习惯。

4.采用学生自发体验、学生讨论触发、教师讲授的方式帮助学生在文本中读情品味——采用“非指示教学”，即“不明示问题的答案”，丰富学生的多元阅读体验。

【设计意图】

1.在阅读方法的传授时，注重学生在阅读过程中的主体地位。重视学生的探究和拓展过程。引导学生深入阅读、自主阅读、学会阅读，让学生有阅读、有思考、有体验、有探讨。

2.教师以情感为动力，以点拨为支撑，挖掘学生的情感体验，调动学生参与的激情。

3.教师要通过布置预习作业，提供给学生足够的知识储备。

（二）教学实录

1.PPT展示教学目标及重难点

2.导入

教师PPT出示下列文字并朗读：

“也许人在路上，这就是人生。不管你愿意不愿意，我们出生后学会的第一件事情就是走路，从此我们就走在了路上。我们一辈子走在两条路上——心灵之路和现实之路，这两条路互相补充、互相丰富，心灵之路指引现实之路，现实之路充实心灵之路。当我们的心灵不再渴望越过高山大川时，心灵就失去了活力和营养；当我们的现实之路没有心灵指引时，即使走遍世界也只是行尸走肉。一年又一年我们不断走过，每一个人的生命走得如此的不同。”

——俞敏洪《走在路上》

师：同学们，每一个人的人生都是我们一步一步丈量出来的，每一个丈量后面也许都有一个不同寻常的故事。今天我们就来学习两个瞎子走在路上的故事。

3.文本阅读指导

【检查预习】

师：这篇小说讲述了一个什么样的故事？这个故事留给你印象最深刻的情节是什么？

生：两个瞎子，一老一少，穿梭在群山之中，每人带一把三弦琴，以说书为生。他们一前一后走在迂回的山路上。让他们一路走下去的是弹断一千根琴弦后就可以看见世界。可是在野羊坳，小瞎子爱的人兰秀儿最后嫁给了别人。而老瞎子苦苦坚持弹断一千根琴弦，取出治盲药方，最后才发现那治盲药方原来是一张白纸。师徒二人陷入巨大的痛苦中。为了小瞎子，老瞎子强振精神，将白纸重新封进琴槽里，找到小瞎子，鼓励小瞎子为了治盲药方坚持弹琴。小瞎子踩着老瞎子的脚印，又这样一步一步地走下去。

师：复述得非常好。语言精练，戳中要点。什么人能写出这样感人的故事？

生(齐答):史铁生。

师:哪位同学来介绍一下作者?

(同学们争先恐后举手)

师:好,最爱读小说的李平来说说。

李平:老师,我在网上查阅的哟!

师(微笑):嗯,让网络发挥了正确的功效。

(全班同学笑)

李平:史铁生,北京人。初中毕业后到陕北插队。后来因为双腿瘫痪回到北京,1979年开始发表作品。他肉体残疾的深刻体验,使他在自己的部分小说写到伤残者的生活困境及精神困境。但他的小说超越了伤残者对命运的哀怜及自叹,有着浓重的哲理意味:既有因亲历体验而贯穿的一种温情宿命的感伤,又有对荒诞和宿命的抗争。

师:大家准备很充分哟!值得表扬。尽管只是概括介绍,但这些已经足够帮助我们理解《命若琴弦》这篇小说了。感伤与抗争在本文有体现吗?现在我们就走进文本。

【文本解析】

(教师播放一段《肖申克的救赎》里的一段音乐)

师:伴随音乐大家再快速默读小说,找出最打动你的段落进行朗读。希望在朗读中能听出你对作品的理解。

(5分钟后)

王晓乐举手:老师,我先来。我想读第79页的第七自然段。

师:谢谢你率先举手,勇气可嘉。选这段朗读的原因是什么?

王晓乐:因为老瞎子希望没有了,在痛苦中挣扎。

师:好。

(王晓乐开始朗读)

师:王晓乐的朗读让我们真切看到了一位老瞎子在希望泯灭后的痛苦。朗读继续。

陈丽:老师,我想和王祥一起读第80页老少瞎子的对白,分角色,可以吗?

师:欢迎!

(陈丽、王祥轻声商量角色的分配后,开始朗读)

师:嗯,读出了小瞎子的挣扎痛苦,特别是"我想睁开眼看看,师父,我想睁开眼看看!哪怕就看一回"。我听见了陈丽哽咽的声音。为什么落泪?

陈丽:因为看不见,他失去了爱情。他想不通残疾人为什么就没有爱情。

师：嗯，所以他才有了追求光明的强烈愿望。他以前有这样强烈的愿望吗？

王祥：没有。

师：哪里看出来了？

生：前面章节。

师：哦，你们都选后面的段落朗读，都选人物的希望惨遭毁灭的感伤片段朗读。难道他们没有过欢乐时光吗？

生齐答：有啊。

师：谁想读读？

但惜红：老师，我试试可以吗？

师：好！

但惜红：我从第76页第三自然段开始读，好吗？

师：开始吧。

（但惜红开始朗读文章开始部分老少瞎子的对话）

师：在但惜红同学的朗读中，我们听出重复最多的词语是什么？找找。

生：笑。

师：每种笑法都一样吗？

陈国丽：嘻嘻地笑。

张怀：哧哧地笑。

师：老瞎子笑了吗？

生：也笑。

师：他俩乐的事情一样吗？

生：一样呀。

但惜红：应该不一样。

师：从哪里看出来的？

但惜红：老瞎子批评小瞎子没有将他的话放在心上，对弹断一千根琴弦重见光明的事情不以为然。

师：既然这样，他不断地笑什么？

曾凡：他有爱情追求，没事偷着乐。

（全班笑）

师：也就是说，老瞎子因为执着于重见光明而快乐，小瞎子因为有爱情而快乐。好，在你们的朗读中我明白了。还有愿意朗读的吗？

生（嘀咕）：还有一段对白。

师：那就读读吧。

（没有人响应）

师：你们觉得描写平淡，怕读不出感情？好，我来读读，看是否能读出人物内心的感情。

（学生鼓掌）

（教师分饰两个角色，声情并茂地读出故事发展一段）

师：这段完全是全文的转折段呀。因为这段，前后情景截然不同。接下来请同学们再次默读全文，请说出各自的原始体验，即你最大的感触。

（学生开始默读课文）

张红：一个人生活要有目标。

蒋小雅：当希望破灭时，生活便失去了意义。

冯吉：盲人的世界一片黑暗，他们最大的心愿是追求光明。

张帆：我觉得作者的描写很细腻，特别是心理描写，让我们看见老瞎子的希望、绝望、重振过程，让人难受。

师：是呀，小说三要素——环境、人物、情节。我听到更多的是你们对人物的感慨。那这篇小说的环境描写好像没有激发同学们的好奇心哟！

游于：老师，我来读读环境描写部分。

师：很好。

游于：我找的是文章开始第一、二自然段及第78页倒数第四、五自然段。

（游于朗读）

师：两处环境描写你读出的情感都是一样的，那为什么作者在人物出场时都来一段呢？

（学生沉默）

师：大家齐读吧，读中再品味琢磨两段环境描写的作用。注意找关键词哟！

（学生齐读）

赵忠里：莽莽苍苍、重峦叠嶂、沟壑纵横、人烟稀少。

师：说明什么？

赵忠里：原始。

宋佳：可是有山鸡、小野兽什么的。

师：哦，“飞起”“跳出”“盘旋”说明苍凉的地方还有生命，还有活力。刚才你们读的笑声就是在这里响起的。

宋佳：环境与笑声匹配。

师：这句精辟。

宋佳：可是，再回来。漫天大雪。天空变得灰暗。

师：哦，变天了。

赵忠里：人物心态也变了。

师：由此看出环境烘托人物。如果满身疲惫、满怀绝望的老瞎子回来时，作者说艳阳高照，可能大家朗读时的泪水就不会有了。继续说说小说带给你们的感受吧。

陈丽：从人物身上，我领悟到绝望了也不要轻易趴下。

师：品出点儿东西了。

但惜红：永远扯紧欢跳的琴弦，不必看那无字的白纸。一根琴弦需要两个点才能拉紧，心弦也要有两个点才行。

师：什么点？

生：追求、目的。

师：你们这么一说我顿时明白了史铁生为什么将小说命名为“命若琴弦”了。

师：所以，同学们，人生路上无坦途。只要我们怀抱理想，有追求、有目标地生活，享受奋斗的过程，再大的坎儿也会迈过。

师：好，小组自行讨论完成课后作业。有理解不了的我随时恭候。

(三)分析

本次教学设计改进，采用了王荣生教授的“非指示性”教学形式，即在小说教学中，对于学生的学习，教师不代替，不指示，教师不根据自己的阅读理解在教案里预设学习目标，而是学生根据自身特点(认知、情感等)与文本特点在教室里现场确定，并带有明显的个性差异；问题的答案也不是由教师明确宣布，而是由学生思考后讨论得出。所以，老师们一致认为本次课堂教师将话语权交还给了学生。不预设，学生自由阅读体验，学生在阅读中入境，在讨论中品味，在教师引导下解决他们忽略的问题。学生根据这种阅读方法感受作品，说他们想说的，根据别人的发言填补自己的空白，互助互学，完成了“教读法”的教学摸索。

四、研究结论

(一)比较两次课的异同

1.教师设计理念的不一样

第一次课教师采用问题启发的方法。教师将自己对文本的理解细化为6个问题，包括解题、环境描写的作用、人物的心理外貌描写对人物形象塑造的作用、小说所表达的主旨等。在这个设计中，主要存在两个问题：一是教师将自己凌驾于学生之上，将自己的主观意念强加于教学之中，将自己的主观体验硬塞于学生内心，按预设的线路一步步逼迫学生找寻自己预设的结论；二是教师忽略了学生的知识储备量、学生的生活经历及社会体验。

第二次课教师摆正了自己的位置，将自己放在了学生学习的引导者、组织者和促进者的位置上。进行教学设计时，首先考虑学生的实际情况，采用“非指示性”教学方式。在大量备课的基础上预设朗读体会法、原初体验法等阅读方法，给学生预留阅读空间。在生生、师生研讨中点拨、引导，实现“教读法”的教学理念。

2.课堂展现的教学方法不一样

教学设计决定了教学实施方式。

第一节课是教师帮学生鉴赏。教师通过自己的“眼力”，拼命帮助学生去发现作品的好处，传染语感给学生。所有问题指向都是教师的感受指向，所有的关注点都是教师认为该关注的地方，忽略了学生的主观感受。将文章肢解后分板块让学生学习，这样的教法使学生难以感受到文学的魅力，而只能疲于找出教师索要的结论。课堂教学最终变成教师一言堂，教师滔滔不绝，学生回答问题词不达意。

第二节课教师旨在教学生鉴赏。指导学生学习小说鉴赏的知识、技能、方法、态度，使学生自觉建构语文能力，达到对作品深入地理解及感悟。教师在本节课中由引言和作者引导学生深入作品，在个性化朗读中体会人物情感，在学生忽略了环境描写的作用时及时点拨。让学生在同情人物的基础上去理解人物内心及行为表现，整个过程中乐于学、乐于表达。教师看似轻松，实则在掌舵的过程中万分周全，引导着学生从知识到技能，从体验到感悟，教学内容是“传递”给学生，而不是强灌强塞。

（二）教学改进的效果

经过反思后的教学整改必然带来不一样的教学效果，落实了教师“教读法”的教学理念。

1.学生以主体体验的姿态去阅读，学有所获

首先是将教学内容定位在了“认知与情感”上。学生自己了解作家作品，培养找寻信息的能力；其次让学生自读自话，激发学生探寻文本的激情。每一位学生因为知识储备、情感认知等能力的差异，对文字的敏感度不一样。整齐划一的提问与讲解，活跃地回答问题的同学只能是少数，大部分同学游离于文本之外，当课堂的旁观者。所以，改进后的课堂学生踊跃发言，参与度极高。

2. 在"非指示性"教学过程中，查漏补缺，帮助学生提高

在教学改进后，学生用他们的思维、语言及表达习惯解读着人物。可是，如果一节课仅仅停留在学生最原始的体验上，教师没有适时的点评、点拨，学生难以有知识、能力、情感态度价值观上的进步，也就是课堂上只有学生的表演，而无教学的相长。在学生的自主阅读体验中，教师注意到学生忽略了"景物与情感"这一重要的小说阅读环节，用一句"是呀，小说三要素——环境、人物、情节。我更多的是听到你们对人物的感慨，那这篇小说的环境描写好像没有激发同学们的好奇心哟！"来提醒学生找寻环境描写的句段，通过字、词、句的表达效果，体会环境描写烘托人物形象的作用。知识性的讲解，既体现语文课堂的"语文味"，同时也提升了学生的阅读能力。

（三）需要说明的问题

1. 就《命若琴弦》一节课的课例研究而言，尽管课堂教学在反思改进后有效果呈现，可是仍存在教师想教什么与实际在教什么的矛盾冲突问题

不管采用设问式教学还是"非指示性"教学，教师的目的都是想教给学生阅读小说的方法，达到"以一篇带一类"的教学效果。可在实际的操作中，设问式教学变成了一问一答肢解文章，"非指示性"教学大多是学生个体能动作用的发挥，教师没有机会对学生的阅读方法进行有条理的归类，所以也就无从知道本节课有多少内容驻留在学生心中以使其学以致用。

2. 就教师关于《命若琴弦》进行课例研究的感触而言，尽管只是一个课时，可是对教师的提升帮助巨大

首先，它促进了教师深入钻研教材与学生，而不是带着教参行走课堂。教师在思考教材处理的起点、落点时必须依据学情而定。到哪座山头唱哪首歌、量体裁衣、因材施教的前提也同样是教师必须对教材进行深入研究。

其次，它促进了教师的专业成长，提升了教师的专业素养。因为语文学科三维目标的界定，教师常常在课堂上将情感、态度、价值观游离于文本之外。在我的《命若琴弦》第一次上课中，因为学生的启而不发，就直接将自己对人生的感悟抛给了学生，而不是帮助学生从文本、从人物的际遇中感悟，语文课无形中变成思想政治课，失去了语文味儿。课例研究让教师有机会反省一节课的教学，反观本节课的教学方法及内容的处理，教师能反思与学生的磨合，从而调整思路，改进方法，改变策略，让语文的文本教学能够基于学情，能够将教学落实在语文知识的教上和文本体裁的读法上，从而帮助学生从字里行间走向作者，走向其创作的人物形象。

课例研究反思

从教二十多年，我不断探索教育教学的有效性，也围绕课堂教学进行课题研究，但进入名师班学习课例研究的方法及撰写，切身感受课例研究是第一次。

第一次听于波教授讲授课例研究的基本知识，觉得琐碎而麻烦：选题—确定研究内容—教学设计及意图—教学实录—集体分析—修正教学设计—再教学实录—再集体分析—比较两次课的异同—得出教学改进的效果—需要说明的问题。但迫于任务，我开始尝试。选题、上课、研讨、成文，第一稿出来后，自己都不知道研究的焦点在哪里，文章的间架结构及着文的重心在哪里……

在于波教授逐行逐段的条分缕析下，明白了选题必须基于课堂教学实际，每一个教学环节的设计都应基于学生，都应有其实效性，每一个环节的修改都应闪现群体的教学智慧及机智，每一次课堂实录都应与选题内容紧密相关，每一次改进都应渗透教学反思的力量，每一次行文都应言之有理、言之有物、合乎规范。一稿、二稿、三稿……从最初的茫然失措到沉迷于点滴的研究，深深体会到培训的力量在于让受训者由被动研究变为主动探究。

12.
"从命题角度把握人物传记复习方法"课例研究

何卉令[1]

一、选题背景

(一)选题缘由

本节课的教学内容是"从命题角度把握人物传记复习方法",主要解决学生传记类文本阅读方法缺乏的问题。人物传记阅读考察是新课程高考题的一大亮点,这类文章属于实用类文本,是高考题的第三大题,分值为13分。相对于文学类文本阅读的个性化解读带来文本理解的不确定性,人物传记中的人物形象鲜明,艺术手法不太复杂,主题倾向明确,得分相对容易。因此,在高考复习中,把该类文本作为复习的重点,往往可以提高学生的得分率。但是学生阅读该类文本时,缺乏正确的阅读方法,往往出现思路不够清晰,答题区间确定不准确、总结归纳不全面等问题,继而影响对文本观点及社会价值的正确理解。因此,学会阅读人物传记、把握人物传记的阅读方法,是本节课教学的目标。

(二)研究内容

学生完成人物传记阅读的过程是:阅读文本—思考题目—得出答案,在这个过程中,学生主要依靠以往做题的经验,习惯于根据问题到文中寻找答案,可以从设问角度了解文本中心、主旨,在寻找答案的过程中再去了解文本的细节和语言,这种阅读角度近似于认知心理学上所说的自上而下的阅读角度(美国语言学家古得曼于20世纪60年代末提出),这种单向的阅读模式缺乏对文本的整体把握、全面了解,很难推知命题的规律是什么,命题者的阅读重点与做题者的阅读重点区别在哪里,其阅读效果当然不容乐观。因此,我尝试让学生阅读文本后,自主命题,把阅读

① 何卉令,女,重庆人,重庆市三十中学高级教师,重庆市渝中区中语会理事,区优秀教师。

过程变为阅读文本—分析文本—找出命题点—得出答案，这样自下而上（高夫于1972年提出）的解读文本，可以让学生回归文本本身，从阅读的低级阶段开始，再从全局、整体上关照文本，最后把两种阅读模式统合起来，实现交互作用的阅读模式（美国认知心理学家鲁姆哈特于1977年提出），高屋建瓴，把握文本的阅读重点，概括中心意思，理解文本的社会价值，才真正是授之以渔。

二、第一次教学实践

（一）教学设计

【教学目标】

1.把握传记的文体特征。

2.深入理解文本，揣摩传记类文本的命题方式。

【教学重难点】

1.自主对传记类文本进行命题。

2.审出答题区间和答题思路。

【教学过程】

第一步：从命题角度把握复习方向。

学习考纲要求：

阅读评价中外实用类文本。了解传记、新闻、报告、科普文章的文体基本特征和主要表现手法。准确解读文本，筛选、整合信息。分析思想内容、构成要素和语言特色，评价文本产生的社会功用，探讨文本反映的人生价值和时代精神。

①分析综合　能力层级C

A.筛选并整合文本中的信息

B.分析语言特色，把握文章结构，概括中心意思

C.分析文本的文体基本特征和主要表现手法

②鉴赏评价　能力层级D

A.评价文本的主要观点和基本倾向

B.评价文本产生的社会价值和影响

C.对文本的某种特色做深度的思考和判断

③探究　能力层级F

A.从不同的角度和层面发掘文本所反映的人生价值和时代精神

B.探讨作者的写作背景和写作意图

C.探究文本中的某些问题，提出自己的见解

第二步：例文参考。

阅读、完成(2013·课标全国卷Ⅱ)《一个不能忘记的人》，说说其命题分别反映了哪些考点要求。

第三步：实作练习。

阅读《吴文俊的数学世界》一文，仿照高考命题方式，自主为本文命题，并提供参考答案。完成后交流、讨论。

第四步：对比提升。

分析(2016·课标全国卷Ⅱ)《吴文俊的数学世界》一文的命题，对比自己的命题，比较讨论优劣、得失。

【设计意图】

阅读的关键是要让学生沉下来认真读书，而不是以得出答案为目标去阅读，因此，要避免唯经验、唯答案的僵化阅读模式，回归文本。教学中采用让学生自主命题的方式，是训练“自下而上”式阅读，读懂句、段、篇，抓住关键句子，厘清文本思路，关注典型意义的事件。再根据自己的命题提供参考答案，是“自上而下”式阅读，从文本的全局出发，提出自己的理解。与同学合作交流，强化对文本的阅读、理解，是两种阅读方式的交互合作。这种训练以提高学生能力为目标，让学生跳出题海，减轻复习的负担。

(二)教学实录(节选)

首先学习考纲要求，再让学生阅读，完成(2013·课标全国卷Ⅱ)《一个不能忘记的人》，并说说其命题的考查方向。

生：第二题“卢作孚是如何一步步成为‘中国船王’的？”是概括传主的经历。

师：同时也考查把握文中结构，概括中心意思的能力。

生：第三题“卢作孚被认为是‘民国乡建三杰’之一的原因是什么？”是考查筛选、整合文本中的信息。

师：第四题“为什么卢作孚被誉为‘不能忘记的人’？”是考查什么？

生：理解作者对传主的评价。

师：对，考查从不同角度和层面发掘文本所反映的人生价值和时代精神的能力。

下面我们阅读《吴文俊的数学世界》(2016·课标全国卷Ⅱ)一文，仿照高考命题方式，自主为本文命题，并提供参考答案。完成后交流、讨论。

……

(学生的交流及老师的点评)

师：下面我们来看看大家完成的情况。先请一位同学来展示他的命题。

生：我给出的几道命题是这样的，吴文俊对中国数学做出了哪些贡献？吴文俊成为数学大师的原因什么？结合材料，分析吴文俊是如何看待兴趣对引导学生学习的作用。

生：吴文俊是怎样成为数学家的？吴文俊身上具备了优秀数学家的哪些品质？

生：吴文俊是如何从一位数学成绩平平的学生一步步成长为一位37岁就获得国家自然科学奖的数学家？吴文俊身上有哪些值得我们学习的精神？在吴文俊身上，你可以学到哪些优秀品质？对你将来有什么启示？

生：吴文俊如果一直坚持学习物理还会取得这么大成就吗？吴文俊对我国数学奥赛获奖的评价体现出他是一个怎样的人？从吴文俊的数学世界，我们得到什么学习启示？

……

师：大家比较一下几位同学的命题，看看他们的角度有什么异同。

生：都有从传主的人生经历命题。

生：比较注重人物的性格、情感，但是有的没有关注他的性格、情感与他的成就之间的关系。

生：有的题很浅，没有思维深度，高考不会这样考，比如"吴文俊如果一直坚持学习物理还会取得这么大的成就吗？"

……

师：大家都说得很好，但是我们自己的命题和高考题之间到底存在哪些差距？下面我们来看看高考原题。（出示PPT）

（1）吴文俊的数学研究为什么能够取得创造性成果？请结合材料简要分析。（6分）

（2）对我国的数学基础教育，吴文俊有哪些心得？请结合材料简要概括。（6分）

（3）作为一位杰出的数学家，吴文俊对物理学、文学、艺术等也有广泛的兴趣。请结合材料，就兴趣广泛与专业研究的关系进行分析。（8分）

对比自己的命题，说说差别是什么。

生：我的探究命题范围太大，好像怎么答都可以，高考题很具体，限定一个方向。

师：说得很好，更主要的是，你有没有发现高考的探究题是怎样出题的？

生：好像要结合现实。

师：对，就是要"探讨文本反映的人生价值和时代精神"。

师：其他的题你还能够再说说不同吗？

生：就是觉得高考的限定语更多。

师：看来你们已经有了初步的认识，但是对差别的分析还比较笼统，大家课后完成这几道题，继续比较你完成的答案和高考题参考答案的区别，有助于你认识你的命题和高考命题的区别。

（三）分析与反思

1. 命题统计

命题角度 / 命题数量（26人）	传主的人生经历	分析传主的性格、情感	传主的性格、情感与基本事实之间的关系	探讨文本反映的人生价值和时代精神
总数：70	18（26%）	9（13%）	22（31%）	21（30%）

第一次学生的自主命题列举，多数学生选择从人物的人生经历命题：

吴文俊是怎样成为数学家的？吴文俊对数学界的贡献有哪些？

吴文俊对中国数学做出了哪些贡献？

吴文俊成为数学大师的原因是什么？

吴文俊如果一直坚持学习物理还会取得这么大成就吗？

……

还有的学生从传主性格或情感与基本事实之间的关系命题：

吴文俊成为数学大师的原因什么？

吴文俊身上具备了优秀数学家的哪些品质？

吴文俊对我国数学奥赛获奖的评价体现出他是一个怎样的人？

吴文俊身上有哪些值得我们学习的精神？

吴文俊不仅可以多次获得国家级奖励，而且能够成为一名数学大师的原因有哪些？

……

还有的学生从探讨文本反映的人生价值和时代精神命题：

结合材料，分析吴文俊是如何看待兴趣对引导学生学习的作用。

在吴文俊身上，你可以学到哪些优秀品质？对你将来有什么启示？

吴文俊独特的思维方式和看法对你有什么启示？结合材料谈谈你的看法。

从吴文俊的数学世界，我们得到了什么学习启示？

……

2.**分析与反思**

把命题权交给学生，可以使浮躁的学生静下来思考问题，认真读书，当他们感到枯燥的复习课有了挑战性，就会自觉地去查漏补缺，对复习产生兴趣，学习的积极性得到提高。但是兴奋过后问题也随之而来，什么样的问题才是有价值的问题？怎样提问才能做到既不过于简单，也不让人觉得难以理解，同时又给人以思维的难度？自己提供的答案为什么不能让人信服？在这个过程中老师的点评就很重要，要注意对学生的思维进行引导，肯定他们阅读关注的重点，发现他们阅读中忽略之处，甚至提问时遣词造句有何不妥，会产生怎样的影响，都要一一指出。

三、第二次教学实践

(一)修正教学设计与意图

【教学目标】

1.把握传记的文体特征。

2.了解人物传记的阅读要求。

3.深入理解文本，揣摩传记类文本的命题方式。

【教学重难点】

1.自主对传记类文本进行命题。

2.审出答题区间和答题思路。

【教学过程】

1.增加了人物传记的阅读要求：(1)厘清作品陈述的基本事实，把握传主的人生经历；(2)分析传主的性格、情感，把握传主的性格、情感与基本事实之间的关系；(3)理解作者的评论、思想，分析作者的评论、思想与基本事实之间的关系；(4)通过分析作品的选材、表现手法、修辞技巧、语言特色等艺术形式，了解作者这样处理的意图；(5)探讨文本反映的人生价值和时代精神，能对作者所持的观点和艺术处理提出自己的看法。重点学习第(5)点。

2.把三道题一起对比改为逐题对比。

3.与高考题进行对比后，及时完成高考题，分析解题思路。

【修正教学设计的意图】

这次教学对学生的阅读提出了具体要求，让学生明确阅读任务，从阅读的低级阶段开始，逐句、逐段分析文本内涵，掌握“自下而上”的阅读方法，真正理解文本意蕴，再从全局、整体上关照文本，把握文本的阅读重点，概括中心意思，理解文本的社会价值。

(二)课堂实录(节选)

首先学习考纲要求,接着学习人物传记的阅读要求,要求学生用简要的语言概括一下考查方向。

生:列举传主的经历,分析传主的性格情感,理解作者对传主的评价,分析艺术特色,提出自己的见解。

师:概括得简明、准确。大家在阅读完文章以后,要思考这篇文章适合从哪些角度命题,也就是有哪些命题点,选择其中有价值的命题角度,才能给出水平较高的命题。其中第(5)点“探讨文本反映的人生价值和时代精神,能对作者所持的观点和艺术处理提出自己的看法”,涉及探究题的命题方向,阅读时特别要注意传主的“人生价值和时代精神”。

下面我们阅读《吴文俊的数学世界》(2016·课标全国卷Ⅱ)一文,仿照高考命题方式,自主为本文命题,并提供参考答案。完成后交流、讨论。

……

(学生的交流及老师的点评)

师:下面我们来看看大家完成的情况。先请一位同学来展示他的命题。

生:吴文俊在数学方面获得的成就有哪些?吴文俊成为数学大师的原因是什么?

生:吴文俊的一生给我们哪些启示?请结合材料分析。

师:找个同学来回答一下他的第一个问题。

生:吴文俊成为数学研究所的专业研究员;为代数拓扑学的兴起做出了影响深远的贡献;他从事机器定理证明;37岁时就获得了国家自然科学一等奖,40多年后,他再次获得国家最高科技奖;他提出的“吴方法”,继承和发扬了中国古代数学基于“计算”的传统,与通常基于逻辑的方法根本不同,首次实现了高效的几何定理自动证明。

师:回答得很好。不过,你在回答的时候感觉得出答案有困难吗?

生:不难,很容易。

师:所以,这种没有多少思维难度的题很少出现在高考中。再看一个同学的问题。

生:吴文俊打开数学世界大门的原因是什么?

师:他的问题侧重于问“是什么”,而不是仅仅停留在“有什么”,找个同学来回答。

生：他从小物理成绩优秀，拥有优秀的数学潜能；人生路上有几位老师的悉心引导；在老师的指导下他大三时对数学产生了浓厚的兴趣；善于运用数学思维，注重数学思维的创新；有广泛的兴趣和爱好。

师：不错。说说这个题答题的范围。

生：包括了全文，从开始到结尾都有相关信息。

师：对，答题范围不特别需要圈定，不过高考命题可不是这样。

（出示PPT）(2)吴文俊的数学研究为什么能够取得创造性成果？请结合材料简要分析。(6分)

师：思考后回答，高考题的命题侧重点是什么？

生：要求回答的是“创造性成果”。

师：为什么要加上这个限定？

生：命题的老师除了考查信息提取之外，还要求学生找准答题的位置。

师：也就是说要准确定位答题区间，不能超出命题范围。这个答题区间在哪里？

生：第三段有。(具体内容略)

生：倒数第二段和相关链接里都有。

师：明白了这一点，我们做题时就要认真审题，找准对应的位置，这样可以尽可能地避免答非所问。

……

(三)分析与反思

1.命题统计

命题角度 / 命题数量(38人)	传主的人生经历	分析传主的性格、情感	传主的性格、情感与基本事实之间的关系	探讨文本反映的人生价值和时代精神
总数:100	30(30%)	5(5%)	30(30%)	35(35%)

学生的自主命题列举，从人物人生经历命题：

吴文俊多次获奖的原因是什么？

结合材料概括吴文俊的事迹。

吴文俊保持长久学术生命的原因是什么？

吴文俊打开数学世界大门的原因是什么？结合材料简要分析。

吴文俊在数学上的成就有哪些？请结合文章简述。

吴文俊对数学的见解有哪些？

吴文俊在数学方面获得的成就有哪些？

……

从传主性格或情感与基本事实之间的关系命题：

吴文俊是个什么样的人？请结合材料加以分析。

吴文俊成为数学大师的原因是什么？

从吴文俊长期研究数学中可以看出他具有哪些值得学习的品质？

刚开始数学成绩很差的吴文俊是如何一步步成为数学家的？

吴文俊对数学独特的理解和富有创造性的态度体现在哪些方面？

……

从探讨文本反映的人生价值和时代精神命题：

吴文俊的一生给我们哪些启示？请结合材料分析。

吴文俊认为“奥数学习不应当过分追求分数，应着重引导学习兴趣”，对此，你是怎么看的？请结合生活实际回答。

吴文俊对中国数学教育有怎样的看法，结合材料简要分析。

针对我国的数学基础教育，吴文俊有哪些心得？请结合材料谈谈。

人们常说：“知之者不如好之者，好之者不如乐之者。”吴文俊却在自己不敢学下去的思维学科上取得了巨大成就，请结合你的理解，谈谈你对这句话的看法。

吴文俊的独辟蹊径，富有创造力，为什么能使他成功？联系全文，谈谈你的看法。

……

2.反思

教学改进体现了目标教学从易到难、循序渐进的过程，符合学生的认知规律。

认知心理学家提出了不同的阅读过程模式，大致可以分为三类，即自下而上模式、自上而下模式、交互作用模式。自下而上的模式是指读者通过对词语、句子、语法的理解达到理解全文的目的；自上而下模式是指读者主要通过自己已有的语言知识和有关经验对文章进行认识加工的过程。也就是说，理解作品的主题、结构以及作者的意图等；交互作用模式实际上是“自下而上”“自上而下”两种信息的综合加工模式，是从低、高或微技巧和宏技巧两方面同时进行，每一阶段的知识分析既有来自低级阶段，也有来自高级阶段的分析，只有当低级阶段和高级阶段的信息吻合时，才能产生令人满意的正确理解。因此，为了更好地理解文章，我们需要“自下而上”“自上而下”这两种过程相互作用、相互影响。

传记的阅读中，传主的人生经历是能够直接从文章中提取的，是属于低级阅读能力的问题。传主的性格、情感与基本事实之间的关系，都需要学生运用已有的知识进行推究，属于理解水平、应用水平的问题，能力要求较高。探讨文本反映的人生价值和时代精神问题要求学生用已获得的知识来解决新的问题，实现学习的迁移，属于高级阶段的分析。

第一次教学时，我把三道题放在一起对比，学生的认知仍然比较模糊，多数学生没能找出明显的区别，答题时，答题区间包括了传主从小学习数学的经历。因此，第二次教学时，改为一道一道对比，重点引导学生找出区别。比如针对传主的人生经历命题，多数学生提问为："吴文俊在数学上的成就有哪些？"我及时出示高考题："吴文俊的数学研究为什么能取得创造性成果？"学生很快发现，区别在于"创造性"一词，有了这一词语的限定，答题范围就被限定在吴文俊成为数学家后的研究成果上，答题的准确性就得到提高。这样廓清了学生认识、理解上的模糊之处，当学生的知识、理解、应用水平得到指导和修正，他们的分析、评价水平也会有所上升。

增加了人物传记的阅读要求，主要是发现学生在给出最后一道探究题时不知从何下手，命题的质量不高。重点学习第(5)点"探讨文本反映的人生价值和时代精神"后，学生获得了一些知识性的积累，注意到文本最值得探究的内容是吴文俊的兴趣爱好和他的成就之间的关系，命题的角度和高考的角度趋同。

四、研究结论

(一)比较两次课的异同

1.经过教学改进后，学生的得分有所提高

答题得分情况对比：

小题 得分	第一题(6分)	第二题(6分)	第三题(8分)
第一次教学	1.68	2.96	2.36
第二次教学	2.07	3.47	2.5

三个小题的得分都有不同幅度的增长。第一题平均增长0.39分，第二题平均增长0.51分，第三题平均增长0.14分。第二题增长幅度最大。

2.教学改进后，学生的命题、答题有进步

(1)命题的指向更加明确，对文本阅读重点把握更准确。选择传主的人生经历，传主的性格、情感与基本事实之间的关系，探讨文本反映的人生价值和时代精

神几方面内容的命题明显增加，分析传主的性格、情感的问题减少，与本文的写作倾向、详略安排大致吻合。

第一次学生从人物人生经历命题，大多为“吴文俊是怎样成为数学家的？吴文俊对数学界的贡献有哪些？”“吴文俊对中国数学做出了哪些贡献”“吴文俊成为数学大师的原因是什么？”第二次的命题有一定进步，比如“吴文俊保持长久学术生命的原因是什么？”“吴文俊对数学的见解有哪些？”

(2)答题区间定位更明确。学生完成第一题、第二题时，多数人能准确定位相应的答题区间，审题能力提高，答非所问减少了，答题有了明显的进步，比如：

问题1：吴文俊的数学研究为什么能取得创造性成果？请结合材料简要分析。

第一次学生答：他从小物理成绩优秀，并且拥有优秀的数学潜能；人生路上有几位老师的悉心引导；在老师的指导下大三时他对数学产生了浓厚的兴趣；他善于运用数学思维，学习和借鉴他人的思维方法，但更注重数学思维的创新；广泛的兴趣和爱好培养了他的全局眼光，也帮助了他的学术研究；有恒心和毅力，学术生命始终保持。

第二次学生答：有敏锐眼光，能够发现时代发展趋势，并在传统数学中汲取养分；吴文俊研究数学不认同外国的研究方法，他认为要客观分析，以事实为主；强调要有数学思维，另辟蹊径，不断开拓创新；广泛的兴趣爱好，提高了他研究数学的能力和眼光；拥有创新精神和他对数学的独到见解，使他的数学也取得了创造性成果；从古代数学中汲取灵感。

问题2：对我国数学基础教育，吴文俊有哪些心得？请结合材料简要概括。

第一次学生答：他认为数学不能过分看重竞赛获奖，应当培养数学思维；不单纯靠巧思妙想，应注重打下良好基础；不依赖别人，独立思考，但也鼓励学生参考借鉴；基础教育应着重引导学生深入学习，培养学生对探究的兴趣；不要海量做题，太过功利。

第二次学生答：对于奥数学习应该建立在孩子兴趣的基础上，要培养、引导孩子的学习兴趣；不应该注重题海战术，过分追求功利，对系统学习不利；数学学习要重点培养数学思维，注重对学生的思维训练；建立一种在兴趣之上的研究性的、高层次的学习；注重学生对数学的理解，进行有效的数学思维训练；以考试和竞赛为目的，不利于系统学习数学；不应该执着于获奖，应深度学习数学。

可以看出教学的改进对学生的学习产生了良性的影响。

（二）需要说明的问题

1.教学内容较多，有些环节开展得不够充分

教学设计的内容对于一节课40分钟的时间还是显得太多了，实际上完成所有的环节需要2~3节课的时间，因此课堂上讨论、反思的地方进行得不够充分，在以后的教学中还需继续调整。

2.学生的命题还有很多不足

用学生自主命题并提供答案的方式进行人物传记类文本的复习，这种方法才刚刚使用，学生还不习惯自己命题，出题的角度、提问的方式都还很稚嫩，有许多不够全面、不够严谨的地方，提供的答案也不太准确，客观题的设置太过简单，缺乏思辨性，但这种方法是比较好的尝试，尤其是为学生解读文本提供了全新的思维模式，变被动学习为主动学习，学生的兴趣很浓，阅读的兴趣很高，如果持之以恒，相信会有更好的效果。

课例研究反思

课例研究是一种全新的教学研究方式，在进行之初，开展得并不顺利，它与教学设计、反思、案例等研究方式同中有异，异中有提升，经过几番实践操作，才有所心得。

首先，课例研究有助于培养教师的问题意识。

对于我执教的高中语文来说，常感觉学生在这个学科上千疮百孔，各种问题，不一而足，因此教学中常犯的毛病就是想面面俱到，一节课上尽可能多解决一些问题，结果导致事倍功半。课例研究的第一步就是在教学设计中明确本节课要解决什么问题，这就迫使我静下来权衡，我最想解决的问题是什么，问题要解决到哪一步，怎样去做。这个思考的过程是很费时的，甚至比教学设计花的时间更多，但是磨刀不误砍柴工，前面思考得充分，后面的教学时间才能开展得顺利。

我执教的课是“人物传记复习”。教学设计时，我一直在想教学目的是什么，是让学生学会归纳、总结？还是理解传主对社会的积极意义？直至第一次教学结束，才恍然发现，这些并不是我想解决的问题，而只是解决问题后的效果，学生的问题是不会阅读，没有掌握正确的阅读方法，他们是把文本看作一个作业而不是一篇文章，我要解决的问题是让他们学会阅读方法，做到既能“自下而上”地阅读，也能“自上而下”地阅读，二者综合，方是最佳。

带着问题去教学，效率大不一样。经过调整，第二次教学实践进行得顺利多了，对学生的指导也更到位，学生的阅读效果有了明显的提高。

其次，课例研究是教师自省、自查、自纠的有效途径。

提出问题，然后去解决问题，观察结果，再次实践，这其实是个磨课的过程，这个过程并不鲜见，但我们习惯于这样打磨公开课、优质课，何尝想过这样打磨自己的常态课？课例研究这种方式灵活多样，大可教研组集体战斗，小可个人单打独斗，方便快捷。由于我校比较小，教研组人少，高三的复习又紧张，我的课需时较多，只有用晚自习上课，我把两次课录下来，自己找时间对比、琢磨，这样下来也颇有收获。这种方法如果长期坚持，对于形成自己的教学风格定会助益不少。

在每节课上解决一个问题，在每次教学中去改变和提升，在每次改变中去积累、沉淀，凝练自己的教学思想，这是我希望的提高教学成效的途径。

再次，课例研究有助于教学方法的运用、落实。

在课例研究中，提出问题后如何解决是重要环节，选择什么样的教学方法、教学方法的运用是否得当都是决定教学是否成功的关键。这次教学实践，我采用了让学生“自主命题、交流互考”的方法，让学生的阅读落到实处，从关注试题回归到关注文本，让学生养成关注文本的阅读方式，养成“自下而上”的阅读习惯。在今后的教学中，我希望把这种方式固定下来，熟练运用，并使之成为我教学的一种风格。

13.

通过反例引导学生下叙述性定义

——《三角形》课例研究

吕静涛[①]

一、研究问题

(一)选题背景

基础知识、基本技能、基本思想、基本活动经验是数学学习活动的核心内容与主要目标,是学生数学素养最为重要的组成部分,它们相互交织、互为前提地显现在学生的每一个学习环节之中,共同构筑了学生的数学知识结构。掌握一定的数学基础知识是学生数学学习的基础,而学习数学概念是数学基础知识中最为关键的一部分。荷兰著名数学家和教育家弗赖登塔尔认为:学生学习数学是一个有指导再创造的过程,当前学生要学习的数学知识是前人已经发现的,但这对于学生来说仍是全新的、未知的,需要每个人再现类似的创造过程来形成。只有这样才利于学生综合能力的培养,再者由于每个人的认知结构不一致,对于同一问题存在着不同水平的理解。而小学生对于一个新的数学概念的认识,更是不断修正自己已有数学认知,从复杂的表象中抽离出概念的本质,并与自己固有的认知相结合,从而达到自己的理解。但这个过程又十分依赖教师的教学措施。

在数学概念教学中我们常常犯的错误是重视结论的呈现,轻视结论获得的过程;对数字概念没有进行多元表征,使得学生的认识单一片面。而这些都导致学生不能正确、清晰、完整地掌握数学概念,影响学生逻辑思维的发展,阻碍学生解决实际问题能力的提高。而教师们急需解决的问题是"如何根据学生的'学'来帮助学生形成数学概念?""怎样引导学生从具体到抽象、从复杂到简单地归纳总结出概念?"从而让学生通过自己的理解站上"前人的肩膀"。

① 吕静涛,女,江苏海安人,重庆市渝中区枇杷山小学教师,小学一级教师,重庆市对口支教工作"先进教师",区级骨干教师。

(二)选取内容

1.运用数学多元表征学习概念

所谓“数学多元表征”,是指将同一个数学学习对象作叙述性(言语化表征)和描述化(视觉化表征)两种本质不同的多种形式表征。它可以让学生获取正确、全面的数学概念,是学生学习数学知识的一种方法,课中让学生利用多种材料、多种形式对三角形这一概念进行呈现,让学生分辨、对比,从而找到共同的属性,而这一过程也让学生的数学素养得到应有的发展和提升。

2.通过反例实现概念本质

人教版小学数学四年级下册“三角形”一课,是学生第一次对平面几何图形下叙述性的定义,对学生来说是有难度的,学生以往学习的平面几何的概念主要是描述性的,学生很容易把自己已学过的直线、线段、角的概念作为三角形概念的堆砌,做出显性的特征叙述。反例可让学生逐步规范、精炼自己的语言,从而达到所要求的精准性。

二、第一次教学实践

(一)教学设计

【教学目标】

1.在观察、操作活动中感受并发现三角形是由三条线段围成的图形。

2.认识三角形的各部分名称及三角形的字母表示法,知道什么是三角形的底和高。

3.在观察、实验中发现三角形具有稳定性,知道三角形的稳定性在实践中有广泛的应用。

【教学重点】

1.建立三角形的概念,认识三角形的各部分名称,知道三角形的底和高。

2.在观察、实验中发现三角形具有稳定性。

【教学难点】

会画三角形指定底边上的高。

【教学关键】

要联系生活实际,让学生在充分感知的基础上抽象出三角形的图形,从而认识三角形的特性。

【教学设计及意图】

环节一:引入

1.出示:金字塔、斜拉缆桥、空调架、自行车的图片。

在这些我们熟悉的物品、建筑物中你发现了什么?(有很多三角形)

哪儿有三角形?(随着学生回答用课件播放有三角形的局部)

2.三角形在我们的生活中运用十分广泛,这是为什么呢?今天我们就来进一步研究三角形。(板书课题:三角形)

【设计意图】中年级学生虽然随着知识面的不断扩大,概念的不断增多,而不断向抽象逻辑思维过渡。但这种抽象逻辑思维在很大程度上仍要凭借事物的具体形象或表象。因此,在教学中,我们应该通过实物图像的直观性,联系儿童熟悉的事例或已有的知识,来形象地引出新的概念。

环节二:教学例1

1.画三角形

(1)孩子们,你们能画一个三角形吗?(能!)开始画吧!

(2)学生操作,教师巡视。

(3)展示学生所画的三角形。

【设计意图】通过让学生画一个三角形的实践活动,唤起学生对三角形的回忆,为后续对三角形下定义做准备。

2.概括三角形的定义

(1)那么,什么样的图形叫作三角形呢?先思考,然后在四人小组里说一说。

(2)学生汇报自己的发现,逐步归纳出三角形的定义。(3条线段,是封闭的,是首尾相连的)

谁来完整地说一说什么样的图形是三角形?【由3条线段围成的图形(每相邻两条线段的端点相连)叫作三角形。】

(3)课件出示三角形的定义,齐读。

(4)这句话中哪个词最重要?(围成)那么“围成”是什么意思?(线段的端点要连起来,线段的端点是相连的,每相邻两条线段的端点相连)

(5)出示一组图形,让学生判断是不是三角形。(课件展示)

请用手势判断,再说说你的理由。

【设计意图】让学生通过语言对三角形进行描述,并在自我不断的修正中去除三角形的外延属性,得出它的本质特征,逐步引导学生归纳出三角形的概念,并能运用概念判断什么样的图形是三角形,知其然还知其所以然。

3.介绍三角形各部分的名称

(1)自己看书自学有关三角形的相关知识。(都有三个角、三条边、三个顶点)

(2)老师这里也有一个三角形,你能来介绍一下吗?(学生指出黑板上三角形各部分的名称)

(3)老师再点名提问这是三角形的什么,(顶点、角、边)这就是三角形各部分的名称。

(4)三角形有三个顶点,为了表达的方便,可以分别用字母表示。比如A,B,C(在三角形上板书),那么这个三角形可以表示成三角形ABC(板书:三角形ABC),它的三条边分别是边AB、边AC、边BC;它的三个角分别是$\angle A$、$\angle B$、$\angle C$;三个顶点分别是顶点A、顶点B、顶点C。

【设计意图】让学生通过看书自学三角形各部分的名称、用字母来表示三角形等,充分发挥学生学习的主动性,自主探究。

环节三:三角形的底和高

1.探索三角形的高

同学们通过探索,知道了什么是三角形和三角形各部分的名称,你们真能干!真会学习!接下来回想一下,我们以前还学过哪些图形?(有平行四边形、梯形)都学习了平行四边形和梯形的哪些知识?(学习了平行四边形和梯形的高)

(1)尝试指出高。

(2)让学生尝试画出高。

(3)请两位学生进行展示。

(4)什么叫作三角形的高呢?(从三角形的一个顶点向它的对边作一条垂线,顶点和垂足之间的线段叫作三角形的高,这条对边叫作三角形的底)

2.画三角形的高

(1)让学生讲述画高的过程。老师在黑板上的三角形中画高。(用三角板的一条直角边与三角形底重合,用三角板的另一条直角边与三角形的顶点重合,沿着这条直角边画垂线)

(2)老师示范,我们可以先找到三角形的一个顶点A和它的对边,也就是底,用三角尺的一条直角边与底重合。另一条直角边与顶点重合,再沿着这条直角边画一条垂线(同时标出直角符号),这一条线段就是三角形的高。(板书“高”“底”)

(3)从顶点B向AC边上画高。从顶点B向它的对边作高,这一条高以AC边为底。还可以怎样画高?从C点向AB边上画高怎么画呢?

(4)从三角形的任何一个顶点都可以向它的对边作高(同时出示课件)。以哪一条边为底,就有它所对应的高;不同的高对应不同的底。

(5)展示直角三角形的高及钝角三角形的高。

【设计意图】让学生通过看书自学三角形高的画法，并在展示中逐步引导学生用正确精练的语言，对这一操作过程进行叙述，充分发挥学生眼、手、脑等多种感官，积极主动地学习。

环节四：教学例2

1.认识三角形的稳定性。

刚才大家已经进一步认识了三角形，请看下面的图中哪儿有三角形。(多媒体出示自行车架、篮球架、空调架、照相机脚架)谁来说说？

这些三角形有什么作用呢？(三角形具有稳定性)

2.实验证明三角形的稳定性。

3.3根小棒无论怎么摆，摆出来的形状是固定的。而用4根小棒摆四边形，可以摆出各种不同的样子。

三角形具有稳定性。三角形的这一特性，起到稳固、支撑的作用。

4.利用三角形的稳定性。未修好的窗框中间为什么要加一根木条？

5.生活中利用三角形稳定性的例子。

【设计意图】再一次出现生活中运用到三角形的例子，及动手操作摆三角形，让学生体会三角形的特性在生活实际中的作用。

环节五：总结

孩子们，今天我们学习了什么？通过今天的学习(三角形的知识)你有什么收获和体会？

(二)教学实践片段

1.引入

(1)师：孩子们，你们知道这些图片上的是什么吗？

学生随着图片的呈现回答：金字塔、斜拉缆桥、空调架、自行车。

师：从这些熟悉的物品、建筑物中你发现了什么？

生：(争先恐后地回答)有三角形。

师：哪儿有三角形？

学生自己在位子上比画着，同时教师用课件播放有三角形的局部。

(2)看来三角形在我们的生活中运用十分广泛，这是为什么呢？今天我们就来进一步研究三角形。(板书课题：三角形)

2.给三角形下定义

师：孩子们，你能在纸上画一个三角形吗？

生：能。

师：记住画图时一定要用直尺，现在开始画。

（学生画，教师板演后巡视学生画的情况）

师：画好后，同桌互相看一下，画的是三角形吗？

（学生之间互相看）

师：现在你们能确定自己画的是三角形，而你的同桌画的也是三角形吗？

生：能。

师：那么什么样的图形叫三角形呢？自己先想一想，再和你的同桌互相议议。

（学生活动，教师巡视参与）

师：谁来说一说什么样的图形是三角形？

生1：有3个角的图形就是三角形。

（教师板书出3个角。这是三角形吗？学生摇头）

生2：有3条边的图形就是三角形。

师：边，就是线段，这是三角形吗？

（在展示屏上，任意放3根小棒）

全班：不是。

生3：有3个角、3条边，要连在一起。

师：怎么把它连在一起？（学生说，教师把小棒缓缓移动）

师：线段的什么连在一起的？

生：线段的端点。

师：谁能连起来说一遍？

生1：3条线段，端点相连，这样才能组成三角形。

生2：3条线段，端点要相连。

师：我们就说由3条线段围成的图形，叫作三角形。"围成"就是连成，没有缝隙，即相邻两条线段的端点相连。

3.判断给出的图形是不是三角形，并说说自己的理由（略）

4.学习三角形各部分的名称

师：现在请同学们看书，自学三角形的其他知识。

（学生独立阅读，教师巡视）

师：这段文字为我们介绍了什么呢？

师：现在我们就一点一点地来认识。

师：这条直直的线段叫三角形的边，这是三角形的角，这是三角形的顶点。这是三角形各部分的名称。一个三角形有3条边、3个角、3个顶点。

师：为了表达方便，我们用字母来表示三角形的3个顶点，这个三角形就叫作三角形ABC，当然顶点也可以用其他的字母来表示。

师：指出你手中三角形中的A点、B点、C点、AB边、BC边、CA边。

（孩子听老师说，并从自己所画的三角形中指出对应的部分。）

……

（三）分析与反思

1. 儿童是积极的和好奇的探索者，当他们从刚刚能超出其已有理解水平的经验中建构知识时学习效果最佳。[①]参与听课的老师认为，学生在一年级就对三角形这一几何图形有了认识，再加之生活中这样的图形学生接触得很多，所以让他们进行独立的描述化表征是他们力所能及的，但仅用画这一种方法就显得过于单一，不利于学生对三角形这一概念进行下一步的叙述性表征。可否能再用摆、围等方式呈现三角形这一平面图形？

2. 学生开始对三角形进行叙述性表征时遇到困难，学生几乎都认为有3个角的图形就是三角形，于是我画了3个独立的角，学生一致判断这不是三角形；学生又说有3条边的图形是三角形，这次学生也基本达成了一致，于是我找孩子借来3根小棒随意展示出来，学生发现这也不是三角形；学生进一步改进说有3个角、3条边，要连在一起就是三角形。揪住学生的这个“连在一起”进一步追问，最终给三角形下了定义。参与听课的老师认为，学生在学习之前他们已经学了四边形的相关知识、认识了角及角各部分的名称，所以他们在对三角形下定义时，会不由自主地把这些已有的信息串联起来，并认为这就是三角形的定义。而老师根据学生所说出示反例，但反例不够严谨，看起来有点随意，但从中我们也发现可以通过反例不断地迫使学生进行反思、修正、完善自己的语言，从而规范地给出三角形的定义。所以对于列举的反例能否更具有代表性，还需要进一步的考虑。

3. 对于三角形的角、边这些概念学生已熟知，对于这些熟知的内容是否可以先行教学，以免给三角形下定义产生负面的干扰。

①李洪玉，何一粟．学习能力发展心理学．合肥：安徽教育出版社．2004，85.

三、第二次教学实践

(一)修正部分教学设计

1.教学例1

(1)引导学生认识三角形各部分的名称。

①孩子们,你们能用手中的材料或工具,画或做一个三角形吗?(能)开始吧!(用小棒摆、用笔在纸上画、在钉板上围。)

②学生操作,老师巡视。

③展示学生的三角形。

④看看这几位同学的三角形怎么样。孩子们真能干,能运用不同的材料、采用不同的方法表示出三角形,这些三角形都有什么共同的地方呢?(都有三个角、三条边、三个顶点)

⑤老师这里也有一个三角形,关于三角形的知识你知道哪些? 能给大家介绍一下吗?(学生指出黑板上三角形各部分的名称)

⑥这是三角形的什么?(顶点、角、边)这就是三角形各部分的名称。

【设计意图】第一次教学中发现学生对顶点、角、边已有认识,所以在这次设计中把这一环节的教学提到给三角形下定义前,目的是让学生明白他所知道的是什么,使认知思维呈现出整体一贯性。

(2)概括三角形的定义。

①我们已经知道了三角形各部分的名称,那么,什么样的图形叫作三角形呢?先思考,然后在四人小组里说一说。

②学生汇报自己的发现,逐步归纳出三角形的定义。(三条线段,是封闭的,是首尾相连的)

谁来完整地说一说什么样的图形是三角形?【由3条线段围成的图形(每相邻两条线段的端点相连)叫作三角形。】

③课件出示三角形的定义,齐读。

④这句话中哪个词最重要?(围成)那么“围成”是什么意思?(线段的端点要连起来,线段的端点是相连的,每相邻两条线段的端点相连)

⑤出示一组图形,让学生判断是不是三角形。(课件展示)

请用手势判断,再说说你的理由。

⑥三角形有三个顶点,为了表达方便,可以分别用字母表示。比如A,B,C(在三角形上板书),那么这个三角形可以表示成三角形ABC(板书:三角形ABC),它的三条边分别是AB边、AC边、BC边;它的三个角分别是$\angle A$、$\angle B$、$\angle C$;三个顶点分别是

顶点A、顶点B、顶点C。

……

【设计意图】让学生在不断的反例中，去除三角形的外部显性特征，得到三角形的本质概念。用符号表征三角形及各部分的名称，与初中的几何教学接轨，有利于学生对数学知识的掌握，虽有一定的难度，但规范的数学语言有助于学生表述的准确性。

【为什么要做这样的修正】

在第一次的教学中采用的是下定义—自学相关知识—介绍角各部分的名称—介绍用字母表示三角形。发现学生在对三角形下定义时几乎都用到了角、边，从而可以看出学生有很强的知识迁移能力，把长方形、正方形的知识自然地运用到了对三角形的学习中来，对于三角形各部分的名称这个并非学生全然不知的知识，是否可以由学生先行介绍，然后再对三角形下定义，这样一来学生会不会更容易抽丝剥茧地抓住三角形的本质呢？而后面介绍用字母表示三角形时，是否更能体现出数学符号化的优越性呢？

(二)教学实践片段

1.学习三角形各部分的名称

师：孩子们，你们能用手中的材料或工具，画或做一个三角形吗？(能！)开始吧！

(学生分组用小棒摆、用笔在纸上画、在钉板上围等多种形式表示三角形，教师巡视，收集孩子们的三角形)

教师展示学生的作品。

逐一出示。

师：这是——

生：用钉板围的。

师：这个呢？

生：用小棒摆的。

师：哦，这个是孩子们用直尺和铅笔画的。

师：这几位孩子运用不同的材料、采用不同的方法表示出三角形。都很棒！老师这儿也有一个三角形，那它们有什么共同点呢？

生1：有3个角。

生2：有3条边。

师：三角形有3条边、3个角，还有3个尖尖的顶点。这里的边、角、顶点是三角形各部分的名称。

（教师指着三角形的其中一部分，让学生说出对应的名称；教师说出名称，学生在自己所画的三角形中指出对应的部位）

2.给三角形下定义

师：刚才我们知道了三角形各部分的名称，那什么样的图形叫作三角形呢？谁能用一句话概括？

生1：有3个角、有3条边，而且3条边是直直的，这样的图形叫作三角形。

（师板书一个图形 ）

师：这个图也有3个角，3条边，它是三角形吗？

生2：还应该是连起来的。

生3：应该是封闭图形。

师：什么叫封闭图形？

生：就是角不能分开。

师：三角形的边实际上是线段，就是要把这条线段的端点和另一条线段的端点连接起来。

生1：有3个角，是封闭的。

生2：有3条边、3个角、3个顶点，并且它的边是连起来的，不能分开。

师：（出示3根小棒）这是三角形吗？怎样才能变成一个三角形呢？

（一个学生上来摆出三角形）

师：这个三角形是由——

师：我们把“组成”换一个词用“围成”来说。

（教师板书概念）

师：“围成”的意思就是每相邻两条线段的端点相连。谁再来说一说什么叫三角形？

生：由3条线段围成的图形，叫作三角形。

师：对，那这句话中的关键词应该是谁呢？

生：围，就是不能断开，要连在一起。

生：还有3条线段，不能多，也不能少。

师：孩子们说得真好，现在我们一起来判断一下下面几个图形是不是三角形。

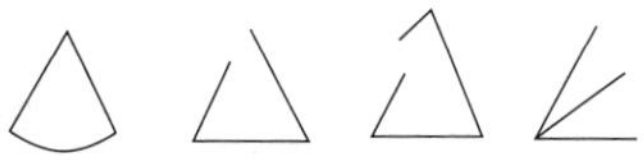

生1：第一个图不是，它有一条边不直。

生2：图二也不是，它没有封闭，就是没有围起来。

生3：图三不是，它断开了。

生4：图四不是，它没有围起来。

3. 用字母来表示三角形

师：为了表达方便，我们用字母来表示三角形的3个顶点，这个三角形就叫作三角形*ABC*，当然顶点也可以用其他的字母来表示。

师：现在我来说，请你指出三角形中对应的部分。(请1名同学到上面来指)

指出你手中三角形中的*A*点、*BC*边、*C*点、*AC*边、*B*点、角*B*。

师：标出字母后我们能更准确地指出对应的部分。

……

(三)效果与评价

“小学生的思维以形象思维为主，直观图示是他们认识数学、学习数学最重要的方式。”[①]从学生的已有经验入手教学，从一开始就让学生通过围、拼、画等形式重现脑海中的三角形的图像，进而由学生主动地来介绍他们对三角形的认识，极大地提高了学生的学习兴趣，在学生明确角、边、顶点是三角形各部分的名称后，再对三角形下定义。我们应当“将儿童错误答案看作是促进其新学习的机会”[②]。所以在对三角形下定义时，学生说“有3个角，有3条边，而且3条边是直直的，这样的图形叫作三角形。”对于这个回答，班上的孩子都认为很完整。于是我出示一个反例，对照刚才学生的回答，孩子们一下子就发现了问题，于是有人说“应该连起来”“应该是封闭图形”“角不能分开”，接着就有一个孩子总结到“有3条边、3个角、3个顶点，并且它的边是连起来的，不能分开。”学生已经有了三角形定义的一个初步框架，但怎样更简明、准确地说出来呢？小学生的思维是直观的，因此这时我让一个孩子上来用小棒围一个三角形，孩子一边操作，下边的孩子一边指挥着，一点没连接上就忙着提醒。接着再次让孩子们回顾围的过程，孩子一下子就说出了“三角形是由3条线段围成的。”然后再对定义进行进一步的说明和规范，通过先行认知、直观操作观察、不断修正，最后得出三角形的概念，这个过程让孩子充分体验了概念的形成。

四、两次课的比较与反思

两次教学实践都旨在让学生参与概念的形成中来，而不是简单地去记住这一概念，再从语言的角度去分析每一个词的意思，从而达到对概念的建立。

①王光明，范文贵.新版课程标准解析与教学指导·小学数学.北京：北京师范大学出版社.2011，160.

②李洪玉，何一粟.学习能力发展心理学.合肥：安徽教育出版社.2004，85.

第一次实践按照教材的呈现，情景引入—对三角形下定义—三角形各部分的名称—用字母表示三角形……教学过程中发现这么几个问题：1.学生对三角形下定义之前，已对角、边有所认识，教师却没有讲，下定义后通过自学再讲时显得有点重复累赘，接着用字母表示三角形时学生的兴趣也不大了；2.对三角形下定义，多数学生都用的是用三角形的角和边在进行描述的，一直没能找到三角形的概念本质，最后是在直观演示下逐步找出三角形的本质并下定义。综合各方面的意见，主要是对学生已有认知的了解不足，在设计时有明显的缺陷，没有根据学生的真正需求来教学。

第二次实践从学生已有的认知出发，对于三角形各部分的名称进行先行教学，然后是对三角形下定义、用字母表示三角形……学生对于这个十分熟悉的几何图形很有热情，运用各种方法进行再现，并能根据知识的迁移自主地学习三角形各部分的名称。概念要用最简洁的语言表达出来，而一个新概念的形成包括若干步，我们就应该鼓励学生把它细分理解。因此在下定义时部分学生经历了自己理解描述—反例—修正再描述—操作—规范语言，逐步接近概念的本质含义，最后给三角形下定义。而在学习用字母表示三角形后，让学生再指出我所说的边、角、顶点时，学生都能更加明确我的指向，也能体会到数学符号化的优势。对比两次教学体验，让我更加深刻地领悟到教是为了不教，学生的学是建立在学生已有的知识水平和经验上的，从学生的实际出发引导学生回忆、多元表征地再现概论，为学生后续学习提取与概念学习相关的知识，激发新概念与已有认知结构的矛盾，引起学生的积极思维辨析，使之更积极主动地投入学习。再运用反例对学生进行语言的引导，让学生更加有的放矢地对自己总结的概念进行分析、归纳、修正、概括，并进一步通过对比练习让学生感受数学的简洁美。数学教学逻辑有序，学生学习有章可循，第二堂课下来学生感觉还有那么一点意犹未尽，这不正是我们所希望的吗？

也正如章建跃老师在他的《数学概念的学与教》一文中写到“教师一定要扎扎实实地引导学生完成概念形成的每一个步骤，如果没有经历概念形成的全过程，学生往往很难全面正确地理解概念，很容易造成对概念的片面、孤立甚至是错误的理解。”“教师应当引导学生在认清概念的内涵以后再进行概念应用，引导学生在揭示概念背后的丰富内容的基础上形成新概念，在建立新概念与已有认知结构中有关观念的实质性和非人为的联系上下功夫，而不仅仅是在字面上逐字逐句地再现概念。”是的，概念教学作为基础知识的重要组成部分，对其的研究任重而道远，如何让孩子们再现这种对知识的重建认知，其意义对于孩子们的一生都是重要的经历，反例为我们提供了一个很好的途径。

14. 让学生在主题图情境中发现数学的课例研究

——以一年级上册《第几》一课为例

丁艳[①]

一、选题背景

（一）选题缘由

“主题图”是人教版义务教育课程标准数学实验教材编写的一大特色，其意图在于体现“从学生已有的经验出发，重视学生的经验和体验”的基本理念，让学生在熟悉的情境中，通过观察、操作、解决问题等丰富的活动，感受数学知识的含义，认识数学与生活的密切联系。然而，在教学过程中发现，许多教师没有好好理解主题图的真谛，教学中也出现了不少的问题和困惑。比如，有的教师忽视主题图，弃之不用，主题图成了摆设；有的教师只是开课创设情境用，对主题图的功能价值定位不够；有的教师使用形式单一，缺乏灵活性，禁锢了学生的思维；还有的只停留在表面与浅层上，不能正确把握、合理利用，使主题图失去了其应有的数学价值。

（二）研究意义

教材中的主题图颜色鲜艳亮丽、种类情境丰富多样，相比之前的旧版来说更加吸引孩子的眼球，为教师在教学过程中提供了更为丰富的教学资源，使课堂内容更加贴近小学生的实际生活，使数学课堂变得更加生动有趣。透过美丽的画面，当我们重新认真地去审视教材中的主题图时，可以真实地感受到新教材主题图的“内在魅力”，其实质性的内涵远远超过了它“美丽的外表”。

（三）研究内容

如何创造性地使用“主题图”，培养学生发现“主题图”中数学问题的能力呢？我认为首先就要切实把握主题图的内涵，明白编者的意图，对主题图进行深层次的开发与加工。其次，还应该充分挖掘主题图在新课程教学活动中的功能价值，创造

① 丁艳，女，上海人，重庆市渝中区大田湾小学教师，区级骨干教师。

性地使用主题图，使其真正有效地服务于我们的课堂教学。所以我选择了人教版教材数学一年级上册《第几》这节课的内容，作为研究的课例。

二、第一次教学实践

（一）教学设计

【教学目标】

1.让学生学会区分基数和序数，理解几个和第几的不同。

2.通过生活实例使学生充分感知无论第几都只有一个，它表示事物的次序，而几个则表示事物的多少。

3.初步培养学生的观察、比较、推理、判断的能力。

【教学重难点】

学会区分和应用基数与序数。

【教学过程】

1.教师谈话导入：课件出示主题图（5个小动物排队图片），创设情境。

2.引导感悟新知：数"一共有多少个小动物?"和"说说它们都排在第几。"

3.学生参与体验：学生自己设计排在第几。

【设计意图】

结合一年级学生的年龄特点，创设了"森林音乐会"的情境，激发学生的学习兴趣。通过问题的设计，让学生通过教学活动，明确几个和第几的不同，充分利用主题图感知和区分自然数的两个含义——基数和序数。

（二）教学实录

1.教师谈话创设情境

师：今天我们来认识一位新朋友，它是小兔星星（出示小兔子的图片）。大家欢迎它就打个招呼吧！（学生自由与星星打招呼）

师：森林里要举行音乐会，星星约了许多小伙伴一起去参加，它们排着整齐的队伍出发了。（课件展示小动物们在一起排队的图片）

（教师把小动物们的图片一一呈现在黑板上，并排成了一行）

松鼠　长颈鹿　星星　小狮子　大象

2.引导观察，感悟新知

师：小朋友们，看看有几个小动物来参加了音乐会。

生：5个。

师：你能说说它们都排在第几个吗？

生：小松鼠排在第1个，长颈鹿排在第2个，星星排在第3个。

……（学生手指动物，口答第几，教师依次在电脑课件上点出“第几”）

师：假如小松鼠生病了，没去音乐会，那么星星排在第几个呢？

生：星星就排在第2个。

3.参与体验

师：如果今天你也去参加音乐会，你想排在哪里？

生1：我想排在第2个。

师：你能在图片上指出来给大家看吗？

（三）分析与反思

听完试教以后，我首先就在思考以下问题：一是本节课设计的主题图的内涵是否把握准确？二是是否真正明白编者的意图？

理解“主题图”的内涵是教师把握教学目标，有效实施教学过程的前提。所以我重新翻阅了教材，在“第几”这节内容中，教材所提供的主题图是一幅“购票图”，其意义可以从两个方面理解和把握。

1.从认知心理的角度来分析，对“排队购票”这一场景，大多数一年级学生比较熟悉，是有一定生活经验的，这有利于调动学生已有的认知经验，引导他们发现和解决数学问题。

2.从数学知识呈现的角度来看，“购票图”包含着丰富的数学学习素材，能“让学生在数购票人次序的过程中感知自然数的另外一个含义——序数”，并且通过变化（买好票的人走了，后面依次上前）队伍人数，变化排序，“让学生在具体情境中加以区分”。这种情境有利于学生探讨数学问题，获取相关的数学知识，这也正是“购票图”作为“第几”这节内容主题图的价值所在。

在实际教学中，教师没有选用课本上的主题图，而是重新选择了主题情境。那么该教师选用的“小动物排队参加音乐会”这一主题情境是否能体现教材主题图的设计意图呢？是否更适合低年级学生的认知特点，能否更有效地达成教学目标呢？从这一情境本身的特点来看，它除了能调动学生已有的认知经验外，还具有两个优势：

1.以童话故事的形式呈现数学问题，更富有儿童情趣，能激发学生的参与兴趣。

2.由于动物排序的不定性，比教材主题图更具开放性和灵活性。

因此，该主题情境有拓展教材主题图意义和有效达成教学目标的潜在价值。

但是由于教师对主题图的丰富内涵研读不足，所以没有体验到原有主题图的功能价值。

三、第二次教学实践

（一）修正教学设计与意图

【教学目标】

1. 让学生学会区分基数和序数，理解几个和第几的不同。
2. 体会基数的增减对序数造成相应的变化。
3. 培养学生提出问题、解决问题的能力，发散学生的思维，培养创新意识。

【教学重难点】

让学生利用基数与序数的知识，解决当基数发生变化时，序数也会发生变化的问题。

【教学过程】

1. 教师谈话导入：课件出示多个小动物图片，创设情境。
2. 引导探究新知：数“一共有多少个小动物?”和“帮小动物们设计排队方案”。
3. 学生参与体验：学生自己设计增加数量和减少数量排队的方案。

【设计意图】

针对第一次试讲出现的问题，我和执教教师一起对教材内容进行了重新认识，我们要让学生成为学习材料的呈现者，也成为数学问题的发现者。所以我们在第二次试讲中，对主题图的情境创设在呈现方式及问题的发现等设计上都进行了修改，希望能更好地让学生体验主题图的功能价值。

（二）教学实录

1.教师谈话创设情境

师：今天我们来认识一位新朋友，它是小兔星星（出示小兔子的图片）。你想对它说句什么话呢?（学生自由与星星打招呼）

师：星星还有许多好朋友，它们是——（边说边呈现小动物图片，并凌乱地出现在电脑屏幕上）

2.呈现问题，引导探究

师：今天，大家帮忙数一数，星星邀请了几位好朋友一起去参加森林音乐会呢?（板书：5个）它们一大早就来到星星的家里。可是出发前，它们为怎么排队大

吵起来,谁都想排到最前面。小朋友,你能帮它们排排队吗?(将动物图片贴在大黑板上)

学生交流后,反馈。

生:我想把小松鼠排在最前面,小狮子排在它后面,接着是长颈鹿……(教师根据学生说的在黑板上摆放动物卡片)

师:你为什么要这么排呢?

生:因为大象最笨重,排在前面会挡住其他小动物了。

师:所以你把小松鼠排在了——

生:第1个。

师:小狮子排在了——

生:第2个。

……

师:还有不同的排法吗?谁愿意上讲台来边摆边说?

生:我想把星星排在最前面,因为是它请大家来的,所以排在第1个;小松鼠最先到它家,所以排在它后面,就是第2个……

(教师根据学生口述,分别在每个动物下板书:第1、第2……)

星星　　小松鼠　　长颈鹿　　小狮子　　大象

第1　　第2　　第3　　第4　　第5

师:其他小朋友还有不同的排法吗?可以告诉你的同桌。

学生同桌自由交流,教师巡视指正。

3.主动参与,体验意义

师:如果今天星星也请你去参加音乐会,你准备排在哪里?

生:我想排在第1个。

师:你排在第1个了,那其他小动物的位置会怎么样呢?

(让学生上台用图片演示。)

小朋友　星星　松鼠　长颈鹿　小狮子　大象

第1　　第2　　第3　　第4　　第5

师:那么现在大象怎么办呢?它没位置了?

生:它排第6个了。(板书"第6")

师:对比一下刚才小动物们的位置,有什么发现吗?

生:位置变了。

师:为什么会这样呢?

生1:原来只有5个,现在有6个了。

生2：加入了一个小朋友，动物数增加了，大家的位置也变了。

师：那还有谁也想去音乐会的？谁上台来帮大家排排队？

生2（上台边摆边说）：我排在第3个，星星和小松鼠的位置不变，长颈鹿排在第4……

师：如果小松鼠临时有事去不了，它们的位置又会发生什么变化呢？同桌说一说，谁来说给大家听……

（三）分析与反思

我们认为发现主题情境中隐含的数学问题是数学教学的关键。如果有个主题情境展开后，学生感觉不到数学问题的存在，或无法挖掘出与所学知识相关的数学问题时，这样的主题情境的价值就不大，甚至是无意义的。体验是学生经历数学活动和感悟数学知识的一个必然过程。只有学生主动参与学习，体验的功能才能得到很好的拓展。

显然，第二次试教中教师对教学目标的把握有了明显的完善，既考虑了知识技能层面的理解和掌握，同时也兼顾引导学生经历活动的过程，主题情境的展开和演绎更能体现新课标的基本理念。

四、研究结论

（一）比较两次课的异同

	第一次试讲	第二次试讲
主题图呈现的方式	教师呈现： 从教学情境的创设到学习材料的提供，均由教师直接完成，学生没有主动参与的机会。所以让原本富有儿童情趣的学习材料不能体现其激发学生想象和思维的功能，同时也失去了灵活性。教师以自己的思维代替学生的想法，没有体现排序在不同标准下的不定性，使学生对该排序缺乏认知的内在需要。	学生呈现： 师生通过谈话完成了主题情境的导入后，便由学生结合自己的理解呈现了学习材料：多个学生不同排序。这是学生已有认知经验的展现，也是学生原有思维现实的展现。这些材料为学生进一步学习提供了丰富的素材。学生主体作用充分体现，也是新课标理念的切实体现。

续表

	第一次试讲	第二次试讲
主题图问题的发现	被动性: “哪个小动物排在第几?”这本来可以由学生自己感悟并发现的问题,在学习材料还没有充分感悟下,由教师提了出来,不利于学生“经历”数学问题产生的过程。	主动性: 教师把材料的选择权交给了学生,把发现数学问题的机会也留给了学生,于是学生很自然地发现了主题情境中隐含的数学问题:排在最前面的是第1,排在第1后面的是第2……动物数变了,位置也变了。
主题图的功能价值	狭隘性: 教师引导学生参与排队,其目的不仅仅是巩固1~5序数的含义理解,更是体验基数的增加造成序数发生变化的过程。然而教学中,教师没有处理好两者的关系,仅仅是让学生指出所排位置,而没有去探究由于“动物数的增加”造成其他动物位置的变化,没有体现这一活动的拓展延伸功能。	拓展性: “你能帮它们排排队吗?”让学生成了指挥者,“如果今天也邀请你去参加音乐会,你准备排在哪里?”让学生俨然成了队伍中的一员,正是由于他们的参与,使其已经不再仅仅停留在1~5序数的认识和理解上,而是真正感悟到了“基数的增减会使序数发生变化”这个道理,而这也正是学生体验的价值所在。

(二)需要说明的问题

我们课前应该充分挖掘主题图在新课程教学活动中的功能价值。

首先,就要依据主题图挖掘学生身边的资源,关注学生已有的生活经验,将地方资源、校本资源进行合理的整合。

其次,要依据主题图创设出学生学习数学的问题情境,让学生从数学的角度去观察事物、发现问题、思考问题、解决问题,激发学生对数学的兴趣以及学好数学的愿望。

最后,作为教师,我们应本着“源于教材高于教材”的理念,以教材所提供的主题图为蓝本进行深层次的开发和加工。当我们认为教材上的主题情境不适合学生的学习时,或者有了比教材更有价值的主题情境时,可以重新确定材料进行编排。只要改变后的主题情境更适合学生的认知特点,更有利于达成教学目标,我们认为都是成功的。

课例研究的反思

“课例研究”这个名词，第一次是出现在我参加的“西南大学渝中名师班”培训学习中，它对我来说完全是陌生的。“什么是课例？”“什么是课例研究？”“如何做课例研究？”这些问题成了我们学习研讨的主要内容。当我第一次开始撰写课例研究时，可以说感觉还是很茫然，无从借鉴。随着第一稿、第二稿中出现的问题，大家在项目研究团队的点评讲解下，思维有了碰撞。

“问题——是课例研究的核心”。所以我首先要明确自己课例研究中主要研究的问题到底是什么，其次再把课堂实录作为研究问题的主要载体。通过两次磨课，对比分析出我提出的问题是否得以解决。

“理论——是课例研究的基石”。对于我们一线教师来说，我们具有一定的实践经验，但理论却比较空乏，如何才能更好地把理论和实践联系起来呢？通过培训学习，感谢西南大学的教授和研究生们给我们提供了大量的帮助。

“反思——是观念改进的桥梁”。每一稿出来后，我们都会及时进行反思，这个课例研究是不是写成了课堂实录？与案例分析有没有区别？研究问题是不是提得过大过空？理论的支撑是不是充足……不断地修改着，改进着课例研究中的不足。

通过这次课例研究的主题学习和撰写，我们每个人收获的不仅仅是成果，更重要的是过程。

15. 基于体验式教学模式下的有效教学课例研究

——以《克与千克》为例

周容真[①]

一、选题背景

(一)选题缘由

新课程的实施,给师生们带来了全新的教学观,教师的教育观念、教学方式以及学生的学习方式都发生了很大的转变。但是,随着课改的深入,课堂教学中存在的许多问题也随之出现。当前的教学中,虽然天天都在提教改,天天都要求教师转变思想,转变教学观念,以生为本,减负提质。但现实的情况是一线的教师们课多,任务重,压力大。教师们一边要完成教学任务,一边还要承担很多教学以外的事务。为了完成考核,提高平均分,教师们仍免除不了大题量、高难度的题海训练。再看学生们所处的状态:他们要灵活掌握学校课本上的基础知识,在校外还有各种各样的兴趣班。孩子们课堂上的学习任务需要课外拓展延伸,但家长们的时间安排得满满的,他们即便想拓展课内知识,也找不出时间。没有空余时间给他们参与社会实践,他们很少有自主的生活体验机会,很多数学知识与生活紧密联系,但是我们的学生少有体验,没有感悟,缺乏生活经验,使得他们对数学的学习理解空洞迷茫。在这样的状态下,课程改革要深入地推进落实,很多时候都是流于形式。新课程改革很多时候变成了"穿新鞋走老路",教师们在教学过程中难免又回到以前的教学模式。在数学学习中,很多学生都是被动接受知识,没有真实的感悟和体验,学习起来十分抽象,学生们何来创新意识?我们深知这样下去,新课改提出的"以生为本,自主学习,合作探究"的教学理念难以真正落到实处。尽管教师们早已认识到教学过程中要以学生为主体,要重视引导学生主动参与,经历合作探究的过程,但基于教材内容、教学方式、学生现状等多方面的原因,实际教学中,很难给予

① 周容真,女,重庆人,重庆市渝中区中四路小学教师,重庆市骨干教师,获重庆市中小学数学赛课二等奖。

学生充足的感知、体验、知识建模的时间和空间。很多时候，教师在课堂教学上看似给学生提供了实践操作、合作探究、独立思考的机会，但常常因教学时间的限制，常常是流于形式，走马观花；学生在知识的形成过程中，缺乏自主探究、合作交流的意识，他们被动地接受知识，缺乏主动思考、积极参与的意识和行动。因此，常常是教师教得辛苦，学生学得吃力，大家都得不偿失。

（二）研究内容

《基础教育课程改革纲要》以“体验”为核心，对教学提出了“强调形成积极主动的学习态度”“关注学生的学习兴趣和经验”“倡导学生主动参与，乐于探究、勤于动手”“满足不同学生的学习需求”等要求。当前教学改革的形式倒逼教师转变教学方式，重视学生对生活经验的积累、感悟。关注学生的动手实践能力、学习兴趣的培养。为此，我们提出了“体验式教学模式下的创新教学”设想，希望教师改变教学模式，为学生提供实践活动机会，或为学生模拟活动环境。学生通过亲自参与或模拟环境参与实践活动，获得学习经验，感悟生活即学习，学习即生活。创设和谐的教学环境，为学生的潜能开发搭建平台。在教学中希望学生通过亲身感悟数学知识与生活的密切联系，产生对数学的兴趣，激发学生主动求知的积极性，从而激发师生的创新意识和探索精神，提高学生观察物体、发现问题、提出问题和解决问题的能力。

（三）探究的理论基础

1.什么是“体验式教学”

体验，就是借助过去的经历，运用直觉，通过感悟来理解事物；体验是伴随着积极的心理活动，寻求未知的实践过程，是获取直接知识、形成能力、唤起潜能的基本途径。它是一个实践的过程，一个认识的过程，一个情感升华的过程，教学模式是在一定的教学思想或教学理论的指导下，在丰富的教学实践经验的基础上，为达到一定的教学目的和完成预定的教学任务而建立起来的较为稳定的教学活动结构框架和活动程序。

体验式教学是指根据学生的认知特点和规律，通过创造实际的或重复经历的情境和机会，呈现、再现或还原教学内容，使学生在亲历的过程中理解并建构知识、发展能力、产生情感、生成意义的教学观和教学形式。

体验式教学模式的实施过程中，强调发挥学生的主体性，强调对学生情感的陶冶和升华，强调培养学生的创新精神和实践能力。

2. **中外体验式教学现状调查**

国外的体验式教学研究现状：理论研究少，教学实践多。国外体验式教学思想可追溯到古希腊时期的教学思想、夸美纽斯的教学思想、卢梭自然主义教学思想以及杜威经验主义教学思想。尽管国外体验式教学思想源远流长，但对体验式教学的研究甚少，研究者们把注意力集中在了对体验式学习的探讨上，尤其是体验式学习模式的研究，这可能与国外教育研究的重心从教学方法转移到学习者有一定的关系。国外有70%的教育机构（从幼儿园到大学）都在采用体验式的教学方式。

国内的体验式教学研究现状：理论研究多，教学实践少。尽管在2500多年前，孔圣人就明示了"行万里路胜读万卷书"这种以体验为基础的教学理念，但是目前对体验式教学进行系统的研究和实践的人屈指可数；在现行教育体系以内，比较著名的以李吉林老师为代表的情景体验教学法已经取得了相当令人瞩目的成就，目前少有教育机构从事这方面的实践活动，这与应试教育占统治地位有密不可分的关系。目前研究的现状如下：一是经验总结式的研究多，而行动研究少；二是理论研究多，而理论指导的实践研究少；三是依据本土资源研究多，联系境外的实践少。

3. **本次研究的理论依据**

以建构主义理论为指导。

（1）美国教育家杜威认为"一切真正的教育从经验中产生" 要求教育过程中应尊重儿童的身心发展条件与水平，提高儿童参与教育过程的主动性。杜威曾说："教学不仅仅是一种告诉，更不是简单的告诉。教学是学生在教师的引导下对实践的一个体验、感悟过程。"

（2）《义务教育数学课程标准（2011年版）》指出："有效的数学学习活动不能单纯地模仿和记忆，动手操作、自主探究与合作交流是学习数学的重要方式，要让学生亲身经历将实际问题抽象成数学模型并进行解释与应用的过程。"还指出："数学教学要紧密联系学生的生活实际，从学生已有的生活经验和已有的知识出发，创设生动有趣的情境，引导学生开展观察、操作、猜想、推理、交流等活动，使学生通过数学活动，掌握基本的数学知识与技能，初步学会从数学的角度去观察事物、思考问题，激发对数学的兴趣，学好数学的愿望"。

二、第一次教学实践

【教学设计意图】

教师希望在课堂教学中，创设各种有效的情境，为学生提供亲自体验的机会，通过看、掂、估、称、比较等多种活动形式，学生能真正感悟克和千克这两个质量单位，以及它们之间的关系。并能正确判断物体的轻重，建立质量观。形成多边互动的教育机制，激发学生对获取知识的兴趣，张扬学生的个性特征，提高学生在理解、运用知识、认识生活现象的过程中，发现问题和解决问题的能力，最终促进学生良好思维品质的形成和智慧潜能的开发，推进体验学习的校本化。

【学情分析】

二年级的学生由于年龄特征的原因，他们对事物的关注多以形状、颜色、气味等感性特征为主，他们参与的体验活动大多停留在表面。克和千克是两个基本的质量单位，是学生第一次接触的有关质量的知识。尽管学生在日常生活中已经对轻、重的质量概念有了一定的感性认识，并会直观比较一些物体的轻重，但不一定能进行量化比较。而且质量单位不像长度单位那样直观、具体，不能靠眼睛观察得到，只能靠触摸等方式来感知。让学生参与实际操作的活动中，"重一些""重得多""轻一些""轻得多"等的体验感悟，理解克和千克这两个质量单位的大小，对这两个单位的实际"大小"形成深刻的表象，加深和巩固这两个质量单位的观念；反过来，就可以正确运用它们了解生活中物品的质量，也容易掌握单位间的进率，灵活运用质量单位的知识解决简单的实际问题。

【教学重难点】

由于学生对克和千克的认识局限，因此，本节课的重点是建立克和千克的观念，知道它们的换算关系。难点是建立克和千克的质量观念。

【教学目标】

基于学生的年龄特点和生活经验，本节课的教学目标设定为：

1.在具体的生活情境中，使学生感受并认识质量单位克和千克，在掂一掂、称一称、说一说、估一估的活动中建立1克和1千克的质量观念，学会以此为标准去估量物体的质量。

2.经历1000克=1千克的过程，知道1千克=1000克。会认常用秤的刻度。了解常用的称重工具及生活中的质量单位和克与千克的关系。

3.了解克和千克在生活中的运用，培养学生的估算意识，使学生感受数学与现实生活的紧密联系，体验数学在现实生活中的价值。

【教学片段实录】

师：（多媒体呈现超市里各种物品的质量）孩子们，今天我们一起去逛超市，今天逛超市，老师有一个要求不看价钱，我们就看质量。赶紧找找看，你发现了什么？

生：我知道一盒草莓500克，一个西瓜3千克，一盒饼干150克……

师：真棒！孩子们说了这么多，你有什么发现吗？

生:它们的单位都是克或者千克。

师:没错,克和千克是两个质量单位,今天我们就一起来认识克和千克。(揭示课题并板书)

师:(拿出1枚2分硬币或者其他质量为1克的物品)这样的1枚2分硬币重1克。

师:拿出老师为你们准备的2分硬币,掂一掂,说说你有什么感受。

生:好轻呀。

师:请大家再将这枚2分硬币放在天平上称一称:这枚2分硬币重几克呢?

生:这枚2分硬币重1克。

师:没错,这样的1枚2分硬币重1克,我们再次拿起这枚2分硬币,闭上眼体会体会1克有多重。

师:知道了1克有多重,我们来制作一个1克的物体吧,用桌面上的纸条你能搓出一个1克的纸团吗? 试一试。

(孩子动手操作,老师指导,现将纸条放在天平上称出1克的量,再将它们搓成一个纸团)

师:说说你对1克的感受。

生:很轻,很小。

师:没错,像这种比较轻的物品我们就用克做单位。找找盒子里还有哪些物品也是用克作单位,它们分别重多少克?(并感受相应的质量)

生:一盒牙膏重200克,一袋糖果重250克。(老师提前准备物品,每一个小组一个收纳盒子)

师:找到了这么多单位为克的物品,你们真了不起! 我们知道了每一种物品的质量是多少,想不想知道你们盒子里所有的物品有多重?

师:那我们一起来称一称,请每个小组派一个人把你们小组的收纳盒端上来。好,我们一起来称一称。(拿出重100克的物品)这个物品有多重?

生:100克。

师:没错,我们先来称称它,一个重100克,两个呢?(一个一个往盘秤上加)

生:200克。

师:(一直这样增加直到第9个)9个这样的物品重多少克?

生:900克。

师:再加上去一个呢?(提醒他们注意看盘秤的指针)

生:1000克。

师:哇,大家真棒! 我们称出了1000克的物品。观察这1000克的物品和盘秤,你有什么发现?

生：我发现盘秤里的物品是1000克，但是盘秤的指针却指着1，这是为什么呢？

师：真会观察，谁能告诉他为什么？

生：因为盘秤称物体的质量时是用千克做单位，而1千克就等于1000克。

师：说得真好，盘秤称重时用的单位是千克，千克就是今天我们要学习的第二个质量单位。(板书)1千克到底有多重呢？称物体时当指针指到“1”时，就表示1千克。就像现在盘秤上面表示的就是1千克。

师：继续观察，你还有什么发现？能找到克与千克之间的关系吗？

生：1000克等于1千克。

师：你怎么知道的？

生：盘秤上面放了10个100克的物品就是1000克，盘秤指针正好指向1，就是1千克，所以1000克等于1千克。

师：表达得真好，根据刚刚的过程我们就能发现1000克等于1千克。那么1千克的物品到底有多重呢？拿出盒子里重1千克的物品(各种重1千克的物品)掂一掂，你有什么感受？

生：有点重。

师：另一只手拿起重1克的物品再掂一掂，你又有什么想说的？

生：我想说1千克的物体比1克的物体重多了。1克的物体比1千克的物体轻多了。

师：我喜欢你的形容，把你刚刚的感受牢牢记在心里。所以我们表示比较重的物体时就用千克做单位，而表示比较轻的物品时就用克做单位。

师：老师这里带了1千克的苹果，数一数，1千克苹果有几个？

生：3个。

师：你能估一估一个苹果重多少克吗？

生：1个苹果大约重300克。

师：真是个会估算的孩子。(拿出大瓶洗衣液)这瓶大瓶洗衣液，大约有多重？(让学生掂一掂)

生：1千克，2千克……

师：我们一起来看看包装上写着有多重，上面标示着：净含量2kg，表示什么意思？

生：净含量就是指里面的洗衣液重2千克，不包括外面的瓶子。

师：没错，我们一起来验证一下吧。想一想这瓶洗衣液净含量2千克，老师现在将整瓶放到盘秤上称，结果应该怎样才合理？为什么？

生：称出来的结果要比2千克大才合理。因为洗衣液重2千克，还得加上瓶子自身的质量，所以比2千克大。

师：真是个会分析的孩子。我们一起来验证吧。

师（归纳）：通过学习，我们知道，当物体质量比较重时，一般用千克来表示，而物体质量比较轻时，通常用克来表示。

【课后总结反思】

这次教学，由于教师准备不充分，教学时间把握不恰当，教学环节不熟悉，一节课的时间里教师只引导学生认识了1枚2分硬币质量是1克，及几个物品重几克，1克和几克的比较就下课了。后面在认识千克的质量单位时，由于时间太长，二年级的学生对这节课已经失去兴趣，教师勉强上完了千克的认识。学生对1克和1千克两个质量单位的体验时间短，感知流于形式，没有真正建立这两个概念，学生也没有拓展应用的机会，整节课只是为了完成教学任务而教。虽然教学中，学生也有看、掂、称、估等活动呈现，但在引导学生观察、发现等思维活动都只流于形式，学生没有真正建立1克和1千克的概念。教师没有关注学生的已有经验，过多的重复讲解使学生失去兴趣。并且操作中没有具体的要求，没有规范的说明，学生不知道究竟要做什么，为什么要这样做，在操作活动时，很多学生只是当作好玩了，没有做中学的意识。与预设的教学意图相差甚远，没有落实教学意图。

【集体反思，修改建议】

为什么会失败？为什么在课堂教学中，与之前的教学预设存在偏差？即希望通过师生一起参与实践活动，使学生在亲历的活动中体验数学即生活，生活即数学，从而产生兴趣，并从感悟1克和1千克的轻重中，培养学生观察问题、发现问题、提出问题和解决问题的能力。

主要原因在于：1.教学环节模糊，层次不清；2.教师只关注教学内容的完成，没关注学生的需求；3.教学策略需要改进，对1克的认识只停留在单一的物品上，没有拓展，不利于学生对1克的轻重的真实感知；4.对轻重的认识不到位，如对轻一些、轻得多、重一些、重得多没有深刻体验；5.没有时间观念。

【教学需要改进的地方】

1.重新确定教学流程。

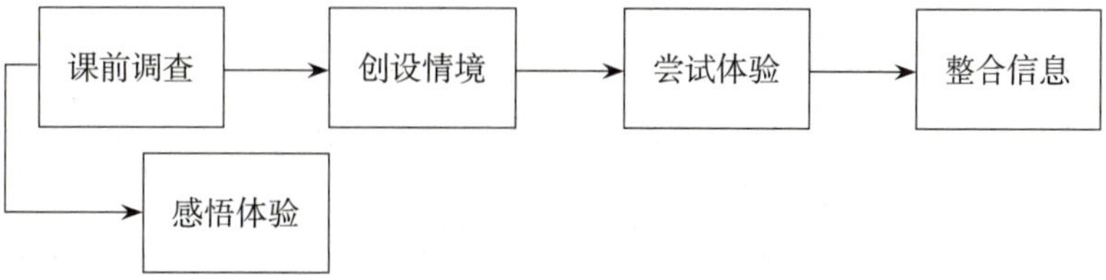

2.增加课前调查（了解学生的体重，一个鸡蛋的质量等情况。了解生活中常见的衡器等），创设情境。

3.1克的认识教学,由一个物品重1克,拓展到多个物品重1克。

4.增加衡器知识介绍,感知同一物品的质量,可以用不同的衡器计量。感知质量单位与生活的密切联系。关注学生的活动参与体验,重视体验的过程。

5.规范操作流程。学生在分组掂物品质量的过程前,增加猜测物品轻重环节,同时教师要规范活动要求,介绍活动方案,让学生清楚活动方法和活动目的。

6.教师要介绍天平的使用方法,并演示天平的操作过程,提出在称黄豆的活动中,小组成员合作的要求。

7.修改教学策略:用对比的方式感知1克的质量。

三、第二次教学实践

【教学实录】

师:课前我们进行了一项调查,现在看看调查的情况。

生:我的体重大约50斤,我的体重大约30千克,一个鸡蛋大约50克……

师:(表扬学生)我们日常生活中经常用斤来表示物体有多重。可昨天在超市,听到孩子们这样说的。(学生配音:1.我买了1盒饼干重110克。2.我买了一壶大豆油重5千克,我买的苹果重1千克。)你们发现了什么?

生:它们的单位都是克和千克。

师:听得真仔细。表示物体有多重,国际上通常用"克"和"千克"做单位。这节课我们就一起来认识这两个新朋友(揭示课题并板书)。

……

师:带着对1克的感觉,从黄色盒子里拿出1颗黄豆掂一掂,估一估1颗黄豆比1克轻还是重。开始。

生:比1克轻。

师:那么几颗黄豆大约重1克。

生:2颗,3颗,4颗。

师:我们验证一下吧。请出天平帮帮忙。

……

师:称比较轻的物品时用天平。天平左右两边各有一个托盘,称物体质量时,先在天平右边的托盘放砝码,要称的物品放在左边的托盘里。当左右盘基本平衡时说明左边物品的质量和砝码的质量相等。这时天平的指针指着刻度中间。

师:老师先在右边放1克的砝码,请一个能干的孩子当老师的小助手放黄豆,其他同学仔细观察,帮他数数放几颗黄豆时,天平左右两边基本平衡。

生:1颗,2颗,3颗,4颗。(天平基本平衡)

师:现在观察,基本平衡了吗?

生:基本平衡了。

师:所以几颗黄豆大约是1克呢?

生:4颗。

师:请你拿出4颗黄豆掂一掂,再次感受1克有多重,并把这种感觉牢牢记在心里。开始。

……

师:带着对1克的感觉,找出黄色盒子里比1克轻的物品,找到的坐端正,看谁最先找到,开始。

生:鸡毛、线、小纸片。

师:没错。那么生活中还有哪些物品比1克轻?

生:1根头发,1张薄薄的小纸片,1粒灰尘,1粒沙,1只小蚂蚁。

师:你们的感觉棒极了,原来生活中有很多比1克轻的物品。

师:请你继续带着对1克的感觉,找找黄色盒子里有哪些物品比1克重。开始。

生:纸巾,1角硬币。

师:1角硬币有多重?每个人从2号盒子里拿出1枚1角硬币掂一掂,再猜一猜,开始。

生:2克,3克,5克。

师:1枚1角的硬币到底重多少?请组长把1角的硬币放在电子秤上称一称。开始。

生:1枚1角的硬币大约重3.2克,3.3克,3.1克。

师:3.2克,3.3克,3.1克都可以看成大约3克。所以1枚1角的硬币大约重多少克?

生:3克。

……

师:我们做一个"猜一猜"游戏,看谁猜得准。(请一个孩子上来示范一下)两只手像这样摊开,眼睛闭上(左右手分别放上1枚1角硬币和1枚1元硬币)。说说你哪只手上的硬币是1元,哪只手是1角。

生:左手是1角,右手是1元。

师:猜对了吗?

……

师:除了课堂上你们收获的这些知识外,生活中还有很多关于质量的知识呢,课前大家了解到了哪些称物体质量的工具呢？

（学生介绍了解到的衡器）

师：播放收集到的衡器发展史。

……

师：孩子们的收获真多呀，数学王国里的小精灵想聘请你们当小老师呢，但她说了，要运用今天的收获顺利闯关，才能得到数学王国小老师奖章（德精奖章）。想去挑战一下吗？

生：想。

师：那还等什么，走吧。

1.第一关：将克和千克送回家。

2.第二关：猜猜我有多重。

3.第三关：比比谁重。

4.数学成长日记。

【教学改进后的效果】

在集体建议的基础上，进行了教学策略的改进，充分尊重学生的生活经验，通过情境调查体重，和对话情境的创设，调动学生参与本节课活动的兴趣，在原有教学单一认识一个物品的质量重1克的基础上，通过猜测几颗黄豆的质量是1克，进行称量验证，以及用1克物品做参照物，进行轻重的比较，学生亲历了整个过程，深刻体验了1克质量的物品的大小；在操作称1克的物品，1千克的物品的活动中，提前规范操作要求，做到有序，认真看、思、想、猜等活动，再把自己的感受说出来，再通过闯关活动，把整节课推到高潮，层层递进，学生人人参与，分工合作，有任务，有兴趣，充分体现了建构主义理论指导下的师生关系，整节课通过小马虎的日记，再次感知质量观，收到比较好的效果。

四、两次教学实践总结

相同点：

教学内容、教学目标、教学重难点，甚至教学用具都相同，都是想通过体验亲自感悟并建立起克和千克之间的联系，从而发展学生的能力。从学生熟悉的生活事例出发引入新课，通过"生活即数学，数学即生活"建立数学模型。

区别：

第一次的教学实践，由于教师在对学生实际情况的掌控上的欠缺，过分低估了学生的能力，教学环节把握不好，导致没能在课内时间完成教学任务，造成学生对本节课的学习无趣，挫伤了学生学习的积极性、主动性。第二次，通过集思广益，重新调整教学策略，改进了教学环节，认真把控教学策略，教师在教学中机智教学，充分把握教师和学生各自的角色，教学层次分明，教学环节掌控好，教师用教学机智提升了学生参与活动的兴趣，整节课轻松愉快。充分体现了体验式教学模式下学生在情景中能激发学生学习的积极性和主动性，引导好了，学生会主动参与学习活动，从而激发学生的好奇心，有利于培养学生观察问题、发现问题、提出问题并想努力解决问题的能力。

不足之处：

1.教学中，重视学生参与体验的引导、总结、反思，对教师的参与教学体验的总结，反思不深入，需要不断的探究、实践、反思，才能真正实现课堂教学有效性的真正意义。

2.原本的研究目的之一是希望学生通过亲自参与教师创设的各种情景，由被动到主动，由依赖到自主，由接受型学习到主动参与体验，建立创新意识，消除学生消极的情感和错误认识，充分感受情景学习活动中的乐趣，转变学习观。但是，具体到教学行为中，效果不理想，有待长期的坚持。

3.通过实践丰富教学策略，为体验式教学模式探索可行性路径。

结论：只要持之以恒地坚持下去，我相信体验式教学模式下的有效性教学研究一定会收到好的效果，希望通过更多教师的实践，能取得更多更好的经验。

16.

“如何培养小学生的数学思维能力”的研究

——以人教版五年级下册《质数和合数》为例

唐令春①

一、研究内容

数学思维是数学教学的灵魂，小学数学教学不仅应教给学生数学知识的技能，更重要的是培养学生的思维能力，优化学生理性思维的水平，应用数学思想方法解决具体问题的能力。智力的核心是思维能力，思维能力提高了，智力水平也就提高了，因此培养学生的思维能力是教师的一项基本任务。在教学实践中，对学生思维能力的培养却存在诸多问题，如我在教《质数与合数》一课时发现了以下问题。

问题一：教师让学生对数字先分类，再概括质数与合数的特征，其实是一种思维替代。在教学实践中，学生思维被替代的现象时有发生，如教师思维替代学生思维，具体形象思维替代抽象逻辑思维，优等生思维替代后进生思维。这种现象经常出现在教学活动中，而且不易被发现。教学上如果不引起重视，将影响学生的思维发展水平。在教学质数和合数的概念时，教师组织学生先进行讨论，让学生先从已找出因数个数的数出发，小组合作，通过讨论、汇报、论证，总结出质数和合数的概念。在这节课中，学生的思维看似比较活跃，但是思维的活跃与课堂表面的热闹是有区别的。本节课注重课堂表面的热闹而影响到部分同学的思维，长此以往不利于学生思维的发展，影响课堂效率。

问题二：在建构新知时缺乏探索经历。《义务教育数学课程标准(2011年版)》指出：“要让学生亲身经历将实际问题抽象成数学模型，并进行解释与应用的过程。”这就要求我们的数学学习必须重视建构知识的过程，提高学生的探索能力，使学生的探索经历成为学习数学的重要途径，更好地培养学生形成一定的数学学习能力。在新课伊始，我要求学生根据因数个数不同给自然数分类，让学生讨论，学

---

① 唐令春，女，河南人，重庆市渝中区马家堡小学教导主任，区级骨干教师，小学高级，区小学数学专委会理事，区小学数学中心组成员，获全国教学艺术说课一等奖。

生都却没行动,如何让学生经历知识建构的过程呢?学生是一个积极的探究者,教师的作用就是要创设一种学生能够独立探究的情境,可以带着学生一起观察1~12这12个数分别有几个因数,如何分类,在实践活动中引导学生去发现,通过实践活动去学习,学生所获得的知识不再是抽象的,而是具体生动的、丰富的,与此同时,学生的观察能力、动手能力、创造思维能力也得到了培养和充分的发展。

问题三:学生在数学课堂学习中缺乏思维方法。在当前小学数学教学中,强调学生主动从事观察、实验、类比、归纳、猜测等探索性、发现性的思维活动。在自主探索的过程中真正理解和掌握基本的数学知识与技能、数学思想的方法,显得尤为重要。在教学"质数和合数"一课时,如果没有老师的导向,放手让学生自己去思考,去探究,学生显然是无从下手的,小学生的认知结构往往缺损,他们不善于将知识纳入原有的认知结构之中,因而考虑问题缺乏深度。在教学中要培养学生深入地思考问题,从纷繁复杂的现象中,发现事物的本质规律。

究竟应该采用什么样的教学策略,才能够培养学生的数学思维能力,发挥数学在培养人的思维能力和创新能力方面的不可替代的作用。笔者就存在的问题,再结合人教版小学数学五年级下册《质数和合数》的教学实践谈谈培养学生数学思维能力的策略。

二、第一次教学实践

【设计意图】

本节课主要以学生动手操作、探究交流的形式进行教学。让学生找出自己学号的因数,并请1~12号同学说出各数的所有因数,利用课件出示1~12各数的所有因数,并引导学生观察这些因数有什么不同,可以怎样分类。学生通过自主探索,自觉地把这些数分成质数、合数和1三类。紧接着教师利用课件演示筛选100以内的质数表的方法,同学们在观察、操作、猜测、交流活动中,逐步学会了数学知识,也获得了积极的情感体验。

【教学实录】

《质数和合数》

【教学过程】

一、复习导入

师:我们学过求一个数的因数,那么每个数的因数的个数又有什么规律呢?这节课我们来探索这个问题。

师：谁能说说什么是因数？

生：如果数a能被数b(b不等于0)整除，a就叫作b的倍数，b就叫作a的因数。

师：谁又能说说每个数的因数有什么特点？

生：一个数的因数的个数是有限的，其中最小的因数是1，最大的因数是它本身。

二、探究新知

1. 小组合作

要求：①认真找出各数的因数，要全面详细。②将这些数进行分类。(教师可以提示：按照因数的个数进行分类)

写出1~12每个数的所有的因数。

师：谁能根据这些数的因数的个数进行分类？

2. 学生反馈(以小组为单位选派代表汇报)

教师根据学生的总结在黑板上板书。

有一个因数的是：1。

有两个因数的是：2，3，5，7，11。

有两个以上因数的是：4，6，8，9，10，12。

教师小结："一个数，如果只有1和它本身两个因数，这样的数叫作质数(或素数)(张贴质数概念)。例如，2，3，5，7，11都是质数。谁能说说，还有哪些数是质数？"

生：13，17，19，23……

师：质数的个数数得完吗？

生：数不完，质数的个数有无数个。

师：一个数，如果除了1和它本身还有别的因数，这样的数叫作合数(多媒体出示合数概念)。例如，4，6，8，9，10，12都是合数。谁能说说，还有哪些数是合数？

生：14，16，18，100……

师：合数的个数数得完吗？

生：合数的个数数不完，合数的个数有无数个。

3.同学们能不能从课本中找到质数和合数的概念，看一看和我们总结的一样吗。

4.同桌讨论：1是质数，还是合数？

5.反馈。1既不是质数也不是合数。(多媒体出示)

三、分层练习

1.检查下面各数的因数的个数，指出哪些是质数，哪些是合数，分别填在指定的圈里。

27　37　41　51　57　69　83　91

2.下面的判断对吗？说出理由。

(1)所有的奇数都是质数。(　　)

(2)所有的偶数都是合数。(　　)

(3)在自然数中,除了质数以外都是合数。(　　)

(4)1既不是质数,也不是合数。(　　)

四、引导小结,回顾反思

【教学反思】

本节课的重点是要求学生理解质数和合数的意义,并能根据它们的意义判断哪些数是质数,哪些数是合数。我让学生先写出1～12各数的因数,然后再根据因数的个数进行分类,最后在分类的基础上概括出质数和合数的定义。这样教,从表面上看,学生学得主动,质数和合数的定义是学生自己归纳、概括的。实际上,教学的主动权还是掌握在教师的手里,学生的主体作用并没有得到真正的发挥,他们只不过把教师设计好的东西说了出来,只要具备一定观察力的学生都能得出结论,这一过程既不利于学生的发展,也不利于培养学生的创新能力。

三、第二次教学实践

【设计意图】

在反思了第一次教学实践的得失以后,我改进了自己的教学设计,根据本节课的教学理念,我的整合思路是:创设情境,激趣导入—主动参与,探索新知—巩固练习,拓展新知—归纳总结,师生评价。课堂教学采用"情境—问题—探索—反思—提高",展现学生获取知识和方法的思维过程,使学生体验到数学是一个充满着观察、比较、归纳的探索过程。学生在教师营造的"可探索"的环境里,积极参与,生动活泼地获取知识,主动发现,主动发展。

【教学实录】

《质数和合数》

【教学过程】

一、创情境,激兴趣

师:我们来做个操作游戏,拿出学具里的小正方形,拼成长方形,要求:用若干个小正方形拼成一个长方形,把拼成的长方形的长和宽记录下来。看谁能按要求拼得又快又多!

学生分组操作，教师巡视。

二、善思考，重建构

1. 交流汇报，同伴评价，教师板书

生1：我用3个正方形拼出长是3，宽是1的长方形。

生2：我用4个正方形拼出长是4，宽是1，还有长和宽都是2的长方形。

生3：我用12个正方形拼出长是12，宽是1；长是6，宽是2；长是4，宽是3，三个不同的长方形。

教师板书：3=3×1，4=4×1，4=2×2……

2. 感知观察，启迪诱思，建构知识

师：同学们！给出的正方形的个数越多，你觉得拼出的不同的长方形的个数会怎么样？

大多数学生异口同声地说：越多！

有的学生大声反驳："不一定"！

师：哦，你倒说说怎么不一定了？

生1：例如13个小正方形只能摆成一个长方形，13=13×1。

生3：还有17个小正方形也只能拼成一个长方形，17=17×1。

生4：11个也是，11=11×1。

生5：但是36个小正方形就能拼得更多的长方形。

师：哦，你说说有哪些呢？

生：36=36×1，36=18×2，36=3×12，36=4×9，36=6×6。

师：用36个小正方形能拼成4个长方形和1个正方形。

师：同学们，通过刚才的讨论，我们发现用几个小正方形拼成一个长方形，有时只能拼出一个，有时拼出的长方形不止一个。

师：那么你觉得当小正方形的个数是什么数的时候，只能拼一个长方形？

生1：奇数。

生2：不对，15个正方形就能拼成2个长方形。

师：进一步引导：当小正方形的个数有什么特征时，只能拼成一个长方形？（指了指黑板有关算式）

生3：正方形个数的因数只有1和它本身两个因数时只能拼成一个长方形。

师：我们发现表示正方形个数的数只有1和它本身两个因数时，只能拼成一个长方形。

师：什么情况下拼得的长方形不止一个？并举例说明。

生4：正方形的个数的因数除了1和它本身外，还有别的因数时，拼成的长方形就不止一个了。如黑板上的4,12,36。

师:这些数有什么共同的特征?

生5:这些数的共同特点是,它们的因数除了1和它本身外,还有别的因数。

师:同学们,像上面3,13,7,11……这些数,在数学上我们把它们叫作质数,像4,6,8,9,10,12,14,15……这些数,我们把它们叫作合数。

3.学生自学书上质数、合数的定义

三、玩游戏,强拓展

师:现在咱们玩个猜电话号码的游戏,我说,你们按顺序写数字,看谁能最先猜出来。

师:10以内最大的既是合数又是偶数的数。

10以内最小的既是奇数又是质数的数。

10以内最小的质数。

10以内最大的质数。

10以内最小的质数的2倍。

这个数既不是质数也不是合数。

10以内最大的偶数。

10以内最大的既是奇数又是合数的数。

(整个过程,教师边说学生边议论,一有错误,就有人纠正。我说完第一个条件,有学生接口就说9,马上旁边有人反驳,9是奇数不是合数。所以,话音刚落,就有不少学生举手。)

生(激动地):老师,老师!这个电话号码是83274189。

【教学反思】

数学课堂像一个大舞台,在建构知识的过程中,不仅要教给学生知识,更要教给学生学习的方法,只有掌握了学习方法,学生才能把知识转化为能力,本节课通过游戏操作—汇报交流—感知观察—启迪诱思—建构知识—强化拓展这些环节充分调动了学生的积极性,让学生主动参与学习、相互争论交流,最终达成共识,一起归纳总结出质数与合数的概念和特征,培养了学生的数学思维能力,让学生的知识、能力、情感态度价值观都得到了升华,最终让学生成为“课堂”舞台的主角。

四、研究结论

究竟应该采用什么样的教学策略,才能够培养学生的数学思维能力,以人教版小学数学五年级下册《质数和合数》为课例载体,我进行了两次构建和实践。

（一）两次教学的相同点

1.制订的教学目标相同：根据教材内容制订了明确的目标。“理解质数和合数的概念，并能判断一个数是质数还是合数，会把自然数按因数的个数进行分类。”

2.给予学生思考的空间：两节课都给学生足够的时间去发现什么是质数和合数，通过讨论、汇报、论证，总结出质数和合数的概念。

3.练习的设计起到巩固新知的作用：两节课设计了运用所学的知识判断质数、合数的练习，同时帮助学生进一步熟悉判断质数、合数的方法。帮助学生积极参与到学习当中来，通过师生、生生之间的交流，加深学生对知识的理解，使之进一步完善概念。

（二）两次教学的不同点

1.教学理念的不同

第一次的设计是按传统的教学方法，让学生先写出1～12各数的因数，然后再根据因数的个数进行分类，最后在分类的基础上概括出质数和合数的意义，学生只是把教师设计好的东西说了出来，主体作用并没有得到真正的发挥。

第二次的设计教师打破了传统的从找某个数的因数入手进行知识学习的教学模式。让学生动手操作，通过用小正方形来拼摆长方形或正方形，去感悟长方形的长、宽或正方形的边长与小正方形的个数间的关系。由直观形象的图形抽象出乘法算式，再通过观察乘法算式，发现了某数与其因数间的关系。在教学过程中，借助于多媒体的演示，将数与形的结合直观形象地展现在学生面前，使原本枯燥的知识更加直观。

2.教学关注点的不同

第一次设计教师关注的只是知识表面的现象，没有透过现象看出本质。

第二次设计的学习过程中，教师能够始终关注数学知识的本质，从概念入手来学习知识。特别是在引导学生进行探究的环节，教师紧紧围绕概念的本质向学生提出问题：“拼成的长方形的长、宽与正方形的个数有什么关系？”“观察这些等式，你发现了什么？”“观察这些数的因数又有什么特点？”环环相扣的问题引发了学生的积极思考，同时引导学生向质数、合数的概念逐步逼近。关注的是培养学生探究知识的思维能力，着眼学生的可持续发展。

3.教学效果的不同

教学关注点的不同导致了教学效果的不同。第一次教学实践由于学生课堂学习的兴趣缺乏，导致他们只是按教师的既定目标完成学习任务，对于知识的应用不能举一反三。

第二次教学实践以游戏活动的形式为学生创设了一个能够积极主动探索知识的学习情境；把数学思想方法渗透在学生的探索活动之中，让“数学”贴近学生的生活实际；引导学生运用猜想和尝试，拓宽了学生的视野和思维方式，有效地促进了学生创新能力的发展。

（三）两次教学实践后的反思

以“如何培养小学生的数学思维能力”的研究为出发点的两次教学实践让我在且行且思中有了更多的感悟。

1.提供思维的空间，防止思维替代

教师点拨和提问是课堂教学中必不可少的环节，是教学艺术的综合反映。有效的课堂点拨能够使学生的疑虑与困惑逐渐消失、巩固新知、发展数学思维。但是，在实际教学中，教师提问与点拨还存在许多不良现象，如对教学前期分析做得不够细致，对学生的知识起点和认知水平缺乏准确的评估，提的问题过于简单，使学生缺乏思考的机会，都容易导致点拨过度。

《义务教育数学课程标准(2011年版)》指出：教师教学应该以学生的认知发展水平和已有的经验为基础，面向全体学生，注重启发式和因材施教，为学生提供充分的数学活动的机会。面对教学中的思维替代现象，教师要勇于探索，善于发现问题，正确引导和启发学生进行数学思维，让学生通过思维使知识内化，防止思维被替代现象的发生。教师应激发学生学习的积极性，向学生提供从事数学活动的机会，帮助他们在自主探索和合作交流的过程中真正理解和掌握基本的数学知识与技能、数学思想和方法，获得广泛的数学活动经验。

2.让学生经历探索的过程，引发思维

在小学数学教学过程中，教师引导学生掌握数学知识的过程是把数学成果转为学习成果的过程。因此，教师应为他们创设亲自实践的环境，让他们动手操作，提高他们的思维能力，使之在思维领域中对未知事物有所认知，找到思路，并能运用思路去解决问题。这样，使他们在获得新知识的同时，也开拓了思维。像本节课这样用正方形拼成长方形，由于正方形个数不同拼成的长方形的个数不同，形与数结合的学习方式是学生以前没有见过的。表面上我们解决的是正方形拼长方形的问题，其实教师用板书已经凸显了正方形个数的不同特征。图形的演示更直观、形象，更符合小学生的认知需求，从而极大地激发了学生探究的兴趣，营造了良好的学习氛围。这样，既调动了学生学习数学的主动性和积极性，又培养了学生的数学思维能力。

皮亚杰说过："动作性的活动对儿童理解空间观念具有无比巨大的重要性。"数学知识产生于生产生活的实际需要，具有培养人们创新思维活动独特的优越性。因此，在数学知识的教学中，教师要尽量让学生动手操作，在操作中获取知识、发展思维。小学数学教学中常见的动手操作活动有：画一画、量一量、剪一剪、折一折、摆一摆等。小学生具有好动、好奇、好胜心强等特点，让每个学生都能参与操作，独立思考、引起联想，不仅训练了学生的操作技能，而且使每个学生都能从多层面发现问题，提出问题。这种人人参与、人人动手的操作活动，有力地促进了学生的创新思维。这种在教师指导下的动手操作，学生手脑并用、自主探索，参与了获得知识的全过程，学得积极主动，满足了学生好动的需要，使他们尝到了探究知识的乐趣，进而激活了他们的创新思维。

3.学会数学思维方法，感悟数学思维

教学时，有效地引导学生经历知识形成的过程，让学生在对特殊实例的观察、试验、分析、归纳、抽象、概括成探索推理的过程中，在获取知识和解决问题的过程中，看到知识背后负载的方法，蕴涵的思想，并结合具体环节点化学生领悟这些思想和方法，那么学生所掌握的知识才是生动的、鲜活的、可迁移的，学生的数学思维能力才能得到质的飞跃。这也正显示出恩格斯所说的"思维着的精神是地球上最美的花朵"的断言。

本节课让学生进行动手操作后，汇报交流，本来学生应该顺着这个思路，顺理成章地得出结论，但是我偏偏在学生思维的大道上设置了障碍、制造出矛盾——"是不是给出的正方形的个数越多，那拼出的不同的长方形的个数就越多呢？"学生的认知让我再次震惊，我曾预设这个环节会出现瓶颈，结果学生反应灵敏，发言积极，思维活跃，在观察、分析、推理、想象中，各抒己见，相互启发，主动探究，让课堂中的学习得以顺畅地进行。不要忽视孩子的想法，他们可以用自己的智慧创造精彩，也教会我在备课时，多问问学生，多了解学生已有的认知起点。

数学教学与思维密切相关，数学能力具有和一般能力不同的特性，发展数学思维能力是数学教学的重要任务之一，我们在发展学生数学思维能力的努力中，不仅要考虑到能力的一般要求，而且还要深入研究数学科学、数学活动和数学思维的特点，寻求数学活动的规律，从而培养学生的数学思维能力。

17.

“数形结合”思想在《异分母分数加减法》应用中的课例研究

陈 果[①]

一、选题背景

(一)选题缘由

著名数学家华罗庚先生在撰写《谈谈与蜂房结构有关的数学问题》的科普小册子中,第一次明确提出了“数形结合”一词。他认为数与形本来就是相互依存的,研究“数”问题若缺少了“形”的直观是不利于解决问题的,同样研究“形”的问题若缺少了“数”的定量刻画,也不能更加细致入微地研究“形”的特征等。只有将数与形结合起来分析问题,才能更好地把握问题的实质。

计算教学的任务是理解算理和掌握算法,算法是解决问题的操作程序,算理是算法赖以成立的数学原理。“算理”是学生走向“算法”的桥梁,是学生学习“算法”的扎实基础。几何图形直观展示也是理解算理的一座很好的“桥梁”。由图形带来的直观,能增进学生对数学算理的理解,促进逻辑思维与形象思维的统一。

(二)研究内容

本文以人教版数学五年级下册《异分母分数加减法》作为课例研究内容,“异分母分数加减法”是在学生已经掌握了同分母分数加减法以及认识分数的意义和基本性质的基础上进行教学的,也是学生此后进一步学习分数乘除法以及分数四则混合运算的重要基础。教学时以“数形结合”思想引导学生经历探索异分母分数加减法算法和算理的过程,加深对计算本质的理解,进一步体会数学知识之间的内在联系,领悟转化思想在解决新问题中的价值。

---

① 陈果,女,重庆人,重庆市渝中区中华路小学教师,渝中区小学数学教研中心组成员,区教育系统三八红旗手,优秀党员。

二、第一次教学实践

（一）教学设计及意图

1.复习旧知，准备迁移

意图：先从同分母加法引入，激活学生的已有经验，理解同分母分数作加法是因为它们的分数单位相同：分母不变，分子相加，为学生接下来自主探索异分母分数加法提供依据。然后通过列式的对比，明确异分母分数作加法分子是不能直接相加的，从而引发认知冲突，自然引出本课的教学内容。

2.放手尝试，探究新知

意图：以开放的问题来引领，给学生提供自主探索的空间，并充分尊重学情，鼓励学生从多个角度去尝试得到 $\frac{1}{2}+\frac{1}{4}$ 的结果。学生在自主探究中自然而然地经历将不同计数单位转化成相同计数单位的过程，借助折一折和分一分等操作和演示，可以形象地将统一分数单位的过程展现出来，从而有效地帮助学生体验把异分母分数转化为同分母分数的必要性，在直观中加深对异分母分数加法算理的理解。

3.实践练习，归纳算法

意图：通过异分母分数减法的练习，有意识地培养学生观察和迁移类推的能力，促进学力的有效提升。对算法、算理进行总结，希望学生深刻理解算法背后的算理，使算法、算理互通，相辅相成。

（二）教学实录

1.复习旧知，准备迁移

师：同学们玩过QQ农场吗？你们在农场都种过些什么？看看老师的这块菜地都种了什么。

生：其中黄瓜占 $\frac{1}{4}$，番茄占 $\frac{1}{2}$，白萝卜占 $\frac{1}{4}$。

师：你能根据这些信息提出相关的数学问题吗？怎样列式？

（1）黄瓜和番茄共占这块地的几分之几？$\frac{1}{2}+\frac{1}{4}=$

（2）黄瓜比番茄少占这块地的几分之几？$\frac{1}{2}-\frac{1}{4}=$

（3）黄瓜和白萝卜共占这块地的几分之几？$\frac{1}{4}+\frac{1}{4}=$

师：这些算式中，哪一个是我们已经研究过的？怎样计算？（$\frac{1}{4}+\frac{1}{4}=\frac{1}{2}$，2个 $\frac{1}{4}$ 就是 $\frac{2}{4}$，也就是 $\frac{1}{2}$）

师：像这样同分母的分数加减法我们怎样计算？(分母不变，分子相加减)

师：为什么是分母不变，只是分子相加减呢？(分母相同，分数单位就相同，只有分数单位相同的时候，我们才能把它的个数相加减)

师：从大家的回答来看，你们对同分母分数加减法的算理和算法都理解得很透彻。看看其他的算式和这个算式有什么不同。(分母不同，异分母分数)像这样分母不同的分数叫异分母分数。今天就让我们一起来探究异分母分数加减法。

2.放手尝试，探究新知

(1)尝试计算

师：$\frac{1}{4}+\frac{1}{2}$，怎么算呢？想一想试着完成在本子上。

学生尝试计算，教师巡视。

(2)汇报算法，探究算理

算法一：画图

师：说说你是怎样想的。

生1：我画图将单位“1”平均分成2份，这就是$\frac{1}{2}$，再将单位“1”平均分成4份，这就是$\frac{1}{4}$。我发现$\frac{1}{2}$就是2个$\frac{1}{4}$，所以$\frac{1}{2}+\frac{1}{4}$就相当于$\frac{2}{4}+\frac{1}{4}=\frac{3}{4}$。

师：为什么要把$\frac{1}{2}$变成$\frac{2}{4}$来计算呢？

生2：$\frac{1}{2}$刚好是$\frac{1}{4}$的2倍，所以是2个$\frac{1}{4}$，也就是$\frac{2}{4}$。

生3：$\frac{1}{2}$变成$\frac{2}{4}$后，分数单位与$\frac{1}{4}$一样了，就可以直接相加了。

小结：$\frac{1}{2}$转化成2个$\frac{1}{4}$，再加上1个$\frac{1}{4}$，就有3个这样的分数单位，也就是$\frac{3}{4}$。

算法二：直接计算

师：有同学是这样直接计算的吗？说说你的想法。

生1：将这两个分数通分变成了同分母的分数后再相加。$\frac{1}{2}$等于$\frac{2}{4}$加上$\frac{1}{4}$，就等于$\frac{3}{4}$。

师：$\frac{2}{4}$是从哪来的？为什么要化成$\frac{2}{4}$呢？

生2：从前面的学习中我们知道了分数单位相同才能直接相加减，所以要把异分母分数通分变成同分母的分数才能相加减。

生3：变成了同分母分数后，分数单位相同了，就能直接相加减了。

师：异分母分数加法计算时注意书写格式。可以用这样连等的形式。(边板书边说：把$\frac{1}{2}$变成分母是4的分数就是$\frac{2}{4}$，$\frac{2}{4}+\frac{1}{4}$等于$\frac{3}{4}$）

师（小结）：不论是通过画图还是分析推理，其实都凸显了一种思维方式——"转化"，将今天学习的异分母分数加法转化成同分母分数的加法，把新问题转化成了学过的旧知识来解决。你们真是会举一反三、会学习的孩子。

3. 实践练习，归纳算法

（1）师：你能用刚才的收获来解决这些异分母分数加减法吗？

$\frac{1}{2}-\frac{1}{4}$　　$\frac{3}{5}-\frac{2}{7}$　　$\frac{5}{12}+\frac{11}{15}$

$\frac{3}{5}-\frac{2}{7}$订正：为什么要化成分母是35的分数来计算？

$\frac{5}{12}+\frac{11}{15}$订正：分母应该统一成多少来计算？

师：通过以上的练习，用自己的话说说异分母加减法怎样算。

小结：异分母分数相加减，先通分转化成同分母分数，分数单位相同就可以直接相加减了。

（2）综合练习。

判断说理：$\frac{2}{3}-\frac{4}{9}=\frac{2}{9}$（　　）　　$\frac{3}{5}+\frac{4}{7}=\frac{7}{12}$（　　）

师：分数加减法的检验方法与整数加减法的方法相同。谁来口头检验第一小题？

师：希望同学们在计算时都能养成检验的好习惯。

师：通过今天的学习你有什么收获？

师：今天的课堂上大家运用了画图的策略、转化的思想、对比的方法来探究新知识，希望同学们能继续努力，培养数学思维。

（三）分析与反思

1. 教学中揭示完课题，学生准备尝试计算$\frac{1}{4}+\frac{1}{2}$时，老师的过渡语是"$\frac{1}{4}+\frac{1}{2}$该怎样计算呢？想一想试着完成在本子上。"很明显过渡太快，有的学生还没明白要做什么，有的学生没想好怎样探究。感觉就是老师一声令下学生就开始行动。行动前没有思考，也没有引起学生探究的兴趣和认知上的冲突，有点为了做而做的意思。据统计，通过画图来表达算理的同学不多。教育心理学认为，运算是一种智力操作技能，而知识转化为技能是需要过程的。运算教学除了要遵循学生思维发展的一般规律，符合学生的认知特征外，还要遵循运算技能形成的独特规律，循序渐进地进行。

2. 在自主探究异分母分数加法的过程中，有的学生用了几何图形，有的学生用了线段，有的学生通过折一折的方法探究结果。老师在全班交流时，只出示了一种图形，回避了其他学生的想法。小学生的思维正处于以具体形象思维为主逐步向抽象逻辑思维过渡的阶段，但他们的抽象思维在很大程度上依赖具体形象的支持。可以说，形象思维在学生的思维中占有很大的比重。为此，教师在引导学生探究算理时，要依据其年龄特征和思维特点，利用数形结合来描述和分析问题，建立算理的几何模型，从而把抽象的、复杂的知识形象化、简单化，让学生直观地理解算理。

3. 练习计算 $\frac{5}{12}+\frac{11}{15}$ 时，先让学生尝试计算，再对比两种算法。

有的学生：$\frac{5}{12}+\frac{11}{15}=\frac{25}{60}+\frac{44}{60}=\frac{69}{60}=\frac{23}{20}$。

有的学生：$\frac{5}{12}+\frac{11}{15}=\frac{75}{180}+\frac{132}{180}=\frac{207}{180}$。

在实际的教学中，老师只是订正了答案，没有对比两种算法的异同。得到的结论不是来自学生，老师没有将发现、比较、优化的机会留给学生，课堂缺乏互动。如果这里借助"形"帮助学生感受统一分数单位的必要性和最小公倍数的优越性，相信学生对算理的理解会更加深刻。

三、第二次教学实践

（一）教学设计

1. 游戏引入，复习旧知

意图：通过智力游戏，让学生在游戏填空中唤起旧知的回忆，激趣的同时感受计数单位相同才能直接相加的道理。

2. 放手尝试，探究新知

意图：放手让学生独立思考、尝试计算，充分体现算法的多样化与优化的思想。在理解算法的过程中通过数形结合，渗透转化的数学思想，提升学生的思维能力。

3. 实践练习，归纳算法

意图：通过对分母是互质关系、倍数关系、一般关系的几种异分母分数加减法的对比练习，促使学生加深对算法的感悟，帮助学生归纳算法、清晰算理。

4. 迁移类比，挖掘实质

意图：从整数加减法、小数加减法到分数加减法的计算本质作了归纳和整理，通过类比、迁移揭示其计算的本质"相同的计数单位才能相加减"。通过这样的教学加强了前后知识间的联系，帮助学生形成了知识网络。

5.练习巩固，发展思维

意图：通过3个层次的练习，进一步利用数形结合的思想帮助学生理解"计数单位相同才能相加减"。在计算练习中渗透估算意识，培养学生思维的灵活性。最后的拓展练习培养学生的归纳概括能力和符号思想。

(二)教学实录

1.游戏引入，复习旧知

师：在正式上课之前我们先来玩一个简单的智力游戏。

课件出示：3只羊＋5只羊=

12支铅笔-(　　)=10支铅笔

$\frac{3}{7}+\frac{2}{7}=($　　$)$　$\frac{5}{6}-\frac{1}{6}=($　　$)$

7米＋80分米=87(　　)

生：3只羊＋5只羊=8只羊。

生：12支铅笔－2支铅笔=10支铅笔。

生：$\frac{5}{7}$(怎么想的?)3个$\frac{1}{7}$加2个$\frac{1}{7}$就是5个$\frac{1}{7}$。

生：$\frac{4}{6}$(怎么想的?)5个$\frac{1}{6}$减去1个$\frac{1}{6}$等于4个$\frac{1}{6}$。

生：7米＋80分米不是87分米，7米和80分米的单位不同，不能直接相加。

师：你观察得很仔细，单位不相同不能直接相加，那应该怎么办呢?

生：把它们转化成相同的单位，7米就是70分米，加起来等于150分米。

生：还可以把80分米转化成8米，加起来等于15米。

师：只有单位相同的数才能直接相加，两个单位不同的数相加必须把它们转化成相同的单位。

2.放手尝试，探究新知

(1)出示：一块比萨，爸爸吃了$\frac{1}{2}$，儿子吃了$\frac{1}{4}$，爸爸和儿子一共吃了这块比萨的几分之几?

师：这道题你会做吗?

生：用$\frac{1}{4}+\frac{1}{2}$。

师：这道题与刚才做的分数加减法有什么不同?

生：这两个分数的分母不同，它们是异分母分数。

师：$\frac{1}{4}+\frac{1}{2}$，能不能直接相加等于$\frac{2}{6}$？怎么算呢？能用学过的知识来解决吗？能通过折一折、涂一涂、算一算的方法得到它的结果吗？想一想，先自己独立尝试，再同桌交流。

学生尝试计算，教师巡视。

(2)汇报算法，探究算理

算法一：画图

师：说说你是怎样想的。

生1：我画图将单位“1”平均分成2份，这就是$\frac{1}{2}$，再将单位“1”平均分成4份，这就是$\frac{1}{4}$。我发现$\frac{1}{2}$就是2个$\frac{1}{4}$，所以$\frac{1}{2}+\frac{1}{4}$就等于$\frac{2}{4}+\frac{1}{4}=\frac{3}{4}$。

师：为什么要把$\frac{1}{2}$变成$\frac{2}{4}$来计算呢？

生2：$\frac{1}{2}$刚好是$\frac{1}{4}$的2倍，所以是2个$\frac{1}{4}$，也就是$\frac{2}{4}$。(追问：$\frac{1}{2}$为什么要转化成分母是4的分数呢？)(仅仅是好算吗？变成同分母分数的目的是什么呀？)

生3：$\frac{1}{2}$变成$\frac{2}{4}$后，分数单位与$\frac{1}{4}$一样了，就可以直接相加了。

师：数形结合，把道理讲得清楚明白。老师刚才还看到有同学用了不同的图形来表示(出示学生的线段图、圆形)，同意吗?(同意)比较它们有什么相同？有什么不同?(图形不同，但都是把$\frac{1}{2}$变成了$\frac{2}{4}$，分数单位就相同了)

师：看看课件，回忆是怎样转化的。课件的最后闪动$\frac{2}{4}$和$\frac{1}{4}$的分母4。

小结：$\frac{1}{2}$转化成2个$\frac{1}{4}$，再加上1个$\frac{1}{4}$，就有3个这样的分数单位，也就是$\frac{3}{4}$。

算法二：直接计算

师：有同学是这样直接计算的吗？说说你的想法。

生1：将这两个分数通分变成了同分母的分数后再相加。$\frac{1}{2}$等于$\frac{2}{4}$加上$\frac{1}{4}$，就等于$\frac{3}{4}$。

师：$\frac{2}{4}$是从哪来的？为什么要化成$\frac{2}{4}$呢？

生2：从前面的学习中，我们知道了分数单位相同才能直接相加减，所以要把异分母分数通分变成同分母的分数才能相加减。

生3：变成了同分母分数后分数单位相同了，就能直接相加减了。

师：异分母分数加法计算时应注意书写格式，可以用连等的形式。(边板书边说：把$\frac{1}{2}$变成分母是4的分数就是$\frac{2}{4}$，算式变为$\frac{2}{4}+\frac{1}{4}$，等于$\frac{3}{4}$）

算法三：化成小数算

生1：我把$\frac{1}{4}$化作小数0.25，把$\frac{1}{2}$化作0.5，0.25+0.5等于0.75，也就是$\frac{3}{4}$。

师：大家对这位同学的算法有什么意见？

生2：这道题这样计算还可以，如果有的分数不能化作有限小数就不能这样计算了。

师：能举例说明吗？（学生举例）

师：这位同学利用了分数和小数的互化完成了这道题的计算，你想到了大家都想不到的方法，有创意。只是这种算法有一定的局限性，我们要灵活运用。

小结：（出示幻灯片）看看这些方法，哪些是你原来想到的？哪些是你没想到的？现在明白了吗？你有什么想说的？

师（小结）：不论是通过画图还是分析推理，其实都凸显了一种思维方式——"转化"，大家将今天学习的异分母分数加法转化成同分母分数的加法，把新问题转化成了学过的旧知识来解决。你们真是会举一反三、会学习的孩子。

3. 实践练习，归纳算法

师：你能用刚才的收获来解决这些异分母分数加减法吗？

$\frac{1}{2}-\frac{1}{4}$　$\frac{3}{5}-\frac{2}{7}$　$\frac{17}{18}-\frac{2}{9}$　$\frac{5}{12}+\frac{11}{15}$

$\frac{3}{5}-\frac{2}{7}$订正：为什么要化成分母是35的分数来计算？

$\frac{5}{12}+\frac{11}{15}$订正：对比两种算法，你得到什么启示？

生1：$\frac{5}{12}+\frac{11}{15}=\frac{25}{60}+\frac{44}{60}=\frac{69}{60}=\frac{23}{20}$

生2：$\frac{5}{12}+\frac{11}{15}=\frac{75}{180}+\frac{132}{180}=\frac{207}{180}$

（配合课件演示，让学生感受到通分后分数单位相同可以直接相加减。但用分母的最小公倍数来通分，可以使计算更加简便。）

师：通过以上练习，谁能用自己的话说说异分母加减法怎样算？

小结：异分母分数相加减，先通分转化成同分母分数，分数单位相同，分子就可以直接相加减了。

4. 迁移类比，挖掘实质

师：同学们看看小学阶段我们学过的整数加减法、小数加减法，再看看今天学习的分数加减法。回忆一下它们计算时各自要注意些什么。想一想这样做有什么共同的目的,在小组内交流。

生1:整数加减法要将相同数位对齐。数位相同也就是计数单位相同,这样才能相加减。

生2:小数加减法要把小数点对齐,也就是把相同数位对齐。相同数位对齐了,相加减的数的计数单位就相同了。

师:那今天研究的分数加减法呢?

生3:分数加减法是把同分母分数,也就是分数单位相同的分数直接相加减。

生4:我发现不管是整数、小数加减法,还是分数加减法都是要将相同的计数单位相加减。

师:你的发现真有价值,老师把它记录下来。找到了几种计算的根本联系,我们的学习才能做到明明白白、清清楚楚,融会贯通。

5.练习巩固,发展思维

(1)先涂一涂,再计算。

(2)估一估,算一算。

(3)试着算一算,你能发现怎样的规律?

$\frac{1}{5}+\frac{1}{6}$　$\frac{1}{3}+\frac{1}{4}$　$\frac{1}{7}-\frac{1}{8}$　$\frac{1}{8}-\frac{1}{9}$

学生计算后汇报答案:

$\frac{1}{5}+\frac{1}{6}=\frac{11}{30}$　$\frac{1}{3}+\frac{1}{4}=\frac{7}{12}$　$\frac{1}{7}-\frac{1}{8}=\frac{1}{56}$　$\frac{1}{8}-\frac{1}{9}=\frac{1}{72}$

师:观察计算结果,你发现了什么?

生1:我发现这些分数的分母都是连续的自然数,它们有互质关系。

生2:它们相加的和的分母就是两个加数分母的乘积,分子就是两个加数分母的和。

生3:它们相减的差的分母就是两个数分母的乘积,分子就是两个数分母的差。

师:谁能用更加简洁的方式来进行准确的概括?

生4:可以用字母来表示:$\frac{1}{a}+\frac{1}{b}=\frac{a+b}{ab}$　$\frac{1}{a}-\frac{1}{b}=\frac{b-a}{ab}$($a$,$b$是不为0的相邻自然数)

师:这位同学用数学的语言来表示,简单明了。这个结论是否符合所有的算式呢?这还有待同学们去举例验证。

（三）比较两次教学异同

		第一次教学	第二次教学
相同	从问题情境入手，放手让学生进行尝试探究，通过实际操作理解“计数单位相同才能直接相加减”。学生都经历了“图形表征—动作表征—符号表征”这一建构过程，都重视转化数学思想的渗透，都关注学习过程中数学思维的发展。		
不同	开课导入	解决生活中农场菜地的数学问题，复习同分母分数加减法，引出异分母分数加减法。	通过智力游戏引入，激趣的同时渗透了计数单位相同才能直接相加减。
	尝试计算	师：$\frac{1}{4}+\frac{1}{2}$ 怎么算呢？想一想试着完成在本子上。	师：$\frac{1}{4}+\frac{1}{2}$，能不能直接相加等于 $\frac{2}{6}$？怎么算呢？能用学过的知识来解决吗？能通过折一折、涂一涂、算一算的方法得到它的结果吗？想一想，先自己独立尝试，再同桌交流。
	画图探究算理	师：为什么要把 $\frac{1}{2}$ 变成 $\frac{2}{4}$ 来计算呢？ 小结：$\frac{1}{2}$ 转化成2个 $\frac{1}{4}$，再加上1个 $\frac{1}{4}$，就有3个这样的分数单位，也就是 $\frac{3}{4}$。	师：为什么要把 $\frac{1}{2}$ 变成 $\frac{2}{4}$ 来计算呢？ 师：数形结合，把道理讲得清楚明白。老师刚才还看到有同学用了不同的图形来表示（出示学生的线段图、圆形），同意吗？（同意）比较它们有什么相同？有什么不同？（图形不同，但都是把 $\frac{1}{2}$ 变成了 $\frac{2}{4}$，分数单位就相同了。） 师：看看课件，回忆是怎样转化的。课件的最后闪动 $\frac{2}{4}$ 和 $\frac{1}{4}$ 的分母4。 小结：$\frac{1}{2}$ 转化成2个 $\frac{1}{4}$，再加上1个 $\frac{1}{4}$，就有3个这样的分数单位，也就是 $\frac{3}{4}$。
	学生的试算情况	1.画图研究 2.直接通分算	1.画图研究 2.直接通分算 3.转化成小数计算
	比较	无	整数、分数、小数的算法进行迁移比较
	练习	1.基础计算练习 $\frac{1}{2}-\frac{1}{4}$ $\frac{3}{5}-\frac{2}{7}$　　$\frac{5}{12}+\frac{11}{15}$ 2.（2）综合练习： 判断说理：$\frac{2}{3}-\frac{4}{9}=\frac{2}{9}$（　） $\frac{3}{5}+\frac{4}{7}=\frac{7}{12}$（　）	（1）涂色计算，判断是否正确： $\frac{2}{3}-\frac{4}{9}=\frac{2}{9}$（　） $\frac{3}{5}+\frac{1}{2}=\frac{4}{7}$（　） （2）先估计哪几道题的结果比较接近 $\frac{1}{2}$，再计算。 （3）试着算一算，你能发现怎样的规律？ $\frac{1}{5}+\frac{1}{6}$　$\frac{1}{3}+\frac{1}{4}$　$\frac{1}{7}-\frac{1}{8}$　$\frac{1}{8}-\frac{1}{9}$

(四)教学改进的效果

1.第二次试教感觉学生课堂参与的积极性更高,几次教师设计的对比、思辨的环节中,学生都发言积极、思维活跃,感到有话可说。比如在算理的探究过程中,老师追问:“为什么要把$\frac{1}{2}$变成$\frac{2}{4}$来计算呢?”学生1说:“因为$\frac{1}{2}=\frac{2}{4}$呀。”老师追问:“$\frac{1}{2}=\frac{2}{4}$还等于$\frac{4}{8}$,$\frac{8}{16}$,为什么一定要把$\frac{1}{2}$变成$\frac{2}{4}$呢?”学生2说:“$\frac{1}{2}$变成$\frac{2}{4}$就和$\frac{1}{4}$的分母一样了,这样好算一些。”老师继续启发:“仅仅是好算吗?变成同分母分数的目的是什么呢?”学生3说:“分母相同,它们的分数单位相同,就可以像同分母分数一样直接相加减。”在这一系列的追问、探讨中学生对算理的理解更加透彻深刻,逻辑思维得到了发展。

2.从后测情况来看,学生计算的正确率高,而且在计算过程中有自觉优化的意识,即用两个分数分母的最小公倍数通分,减少了计算的失误。看得出在教学$\frac{5}{12}+\frac{11}{15}$时,先让学生尝试计算,再对比两种算法,在对比中体验感悟给学生留下了深刻的印象,并将这些感悟付诸在了自己的行为实践中。

四、研究结论

1.利用“数形结合”掌握算法,理解算理

利用数形结合思想,运用几何图形直观展示,能够让学生对算理的理解从具体到抽象,从感性到理性,学生逐步经历了“数学化”的过程。实践证明,有了几何直观图的支撑,既便于学生探索、发现和理解算理,建构规律模型,又便于学生在以后的学习中灵活运用规律,发展数学思维。正所谓“缺乏概念的直观是空虚的,缺乏直观的概念是盲目的。”

2.利用“数形结合”渗透转化的思想

布卢姆在教育目标分类学中指出:数学转化思想是把问题元素从一种形式向另一种形式转化的能力,因此转化思想不仅可以引导学生找到解决新问题的路径,而且可以引导学生发现数学知识之间的联系。在学生探究异分母分数计算法则的过程中,通过从异分母分数加减法到同分母分数加减法,再到相同单位数量加减法的转化的引领和点拨,帮助学生利用无形的数学思想方法将显性的数学知识联系在一起,这样的设计也可以帮助学生实现知识的自动生成和发展。

3.利用“数形结合”揭示数学知识本质

计算教学轻算理重算法的时代已经过去,有效的计算教学应该给学生带来对

于数学本质的思考。异分母分数加减法计算是以同分母分数加减法计算为基础的，而且也与整数、小数乃至量的加减法计算有内在的联系，即共同的算理。所以我从整数、小数以及量的计算入手设计游戏复习的环节，通过比较得到统一分数单位，单位不同就是每一份的大小不同，加起来就没有合适的单位了，所以必须都转化成分数单位相同的情况，即通分成同分母分数。这样的设计可以帮助学生透过现象看到本质，知其然更知其所以然。

18. 数学文化视角下培养学生学习的主动意识的研究

——以《勾股定理》为例

周光临[①]

一、选题背景

（一）选题缘由

文化是人类在社会历史实践过程中所创造的物质与精神成果的总和，是由人类长期创造形成的产物。数学文化积淀于数学知识的形成和数学课程的建立之中，渗透于学生数学学习的各个方面。数学文化与数学教育有着密切的联系，数学课堂教育正在传播数学文化，同时通过数学课堂丰富、延伸着数学文化。在学生十几年的数学学习中，在许多教师的课堂上，可能并没有仔细体会过数学的文化韵味，然而几千年来潺流不息、不断积累的数学文化在人类文明的进程中所产生的影响，在一个学生的成长历程中所播撒的营养，并非随人们的关注度而改变，而是日积月累在不断散发着其浓烈的芬芳。

《全日制义务教育数学课程标准（修改稿）》（2010年版）在其基本理念中指出：数学是人类文化的重要组成部分，数学素养是现代社会每一个公民应该具备的基本素养。作为促进学生全面发展的重要组成部分，数学教育既要使学生掌握现代生活和学习中所需要的数学知识与技能，更要发挥数学在培养人的理性思维和创新能力方面的不可替代的作用。并在第三学段中给出这样的教学建议：数学教学应从学生实际出发，创设有助于学生自主学习的问题情境，引导学生通过实践、思考、探索、交流，获得知识，形成技能，发展思维，学会学习，促使学生在教师指导下生动活泼地、主动地、富有个性地学习。

但在现实中，如果我们问一个中学生，数学给你最大的感觉是什么？会得到这

① 周光临，男，重庆合川人，重庆市大坪中学教师，重庆市渝中区中学数学专委会理事，区中考指导小组成员，区百佳青年教师。

样一些答案：难学、听不懂、做不完题目等，只有极少数学生会回答数学是有意思的，爱这门学科。是什么让我们的学生“厌恶”数学学习，原因有很多，但最重要的一点是我们的学生无法在解决问题过程中体验成功，让思维在解决问题中得到成长。作为数学老师，如何在数学课上激发学生学习数学的兴趣，激发学生学习数学的主动意识，进而培养学生的创新精神，一直以来都是需要面对的一个重要问题。

（二）研究意义

中小学数学教育的根本目的是使学生获得适应未来社会生活和进一步发展所必需的数学知识、基本的数学思想和必要的应用技能，具有作为未来公民所必需的数学素养。因而数学教育本质上是一种素质教育，应看成是对数学文化的认识与传承，实施数学素质教育就是要充分发挥数学的文化价值，知识、技能的培养与文化素质的灌输是互相促进的关系，因此，在传授数学知识的同时，要让学生学会用数学方法思考，进而领会教学的精神实质，在数学文化的熏陶中茁壮成长。数学作为一种文化的研究方案，既有其科学性因素，又有其人文性因素，纠正把数学教育只当成思维训练甚至是解题训练的狭隘教育观，使学生接受科学教育与人文教育相整合的全面的数学教育。注重数学知识的产生过程，注重数学学习与生产、生活的密切联系，也注重学生的能力发展和个性张扬。这样对学生健全人格的发展和形成正确的价值观以及学生情感、态度的培养都是很有帮助的。

（三）研究内容

本节课是人教版八年级下册第十七章第一节的内容《勾股定理》。勾股定理揭示了直角三角形三边之间的数量关系，是了解直角三角形的主要根据。本节课主要是让学生对这个定理掌握准确，会语言表达，注意它所满足的条件，会运用定理解决某些问题，并能准确地解出。通过让学生自己动手拼图、观察、得出结论，培养学生勤动手，主动探究的能力。

勾股定理被誉为“千古第一定理”，人类对其研究横亘五千年，其魅力无穷。千百年来，人们对它的证明趋之若鹜，其中有著名的数学家，也有业余数学爱好者，有普通的老百姓，也有尊贵的政要权贵，甚至有国家总统。有资料表明，关于勾股定理的证明方法已有500余种，而且勾股定理已被广泛应用到生产、生活中，充分体现了数学的广泛应用。尤其是我国古代数学家对勾股定理的研究成果非常丰富，对世界的影响很大。通过对勾股定理的发展过程的了解，感受勾股定理丰富的文化内涵，激发学生学习数学的兴趣。

二、第一次教学实践

(一)教学设计

【教学目标】

1.知识与技能

了解勾股定理的发现过程,掌握勾股定理的内容,会用面积法证明勾股定理。

2.过程与方法

介绍我国古代在勾股定理研究方面所取得的成就,激发学生的爱国热情,促进其勤奋学习。

3.情感、态度与价值观

培养学生在实际生活中发现问题、总结规律的意识和能力。

【教学重难点】

教学重点:用面积法探索勾股定理,理解并掌握勾股定理。

教学难点:计算以斜边为边长的大正方形面积及割补思想的理解与应用。

【教学过程】

1.创设情境,引入新知。

2.师生合作,探究新知。

3.小组合作,应用新知。

4.自主演练,当堂反馈。

5.归纳小结,凝练释疑。

【设计意图】

由于勾股定理具有悠久的历史,故教师从回顾历史引入,通过创设故事场景,让学生知道数学知识来源于生活。再引导学生分析情景、提出问题:你是怎样观察这些地砖铺成的地面的?进而在课堂上开展分组活动,让学生亲手操作:对正方形进行剪切、拼贴,然后再将它们关联(由正方形的边长关系到等腰直角三角形)起来,从而实现真正意义上的发现——合围(以等腰直角三角形的三边为边),让学生动手操作,感受知识发生的过程,体会发现的快乐。在此基础上,进一步让学生探究一般的直角三角形也具有这个性质,得出勾股定理,注重让学生体验从特殊到一般的演绎过程。通过解决问题,体会勾股定理的简单应用。然后通过两个练习,进一步巩固和熟练勾股定理的应用。

(二)教学实录(含教学环节)

1.创设情境，引入新知

师：毕达哥拉斯是古希腊著名的数学家。相传在2500年以前，他在朋友家做客时，发现朋友家用地砖铺成的地面反映了等腰直角三角形的三边之间的某种数量关系。

同学们，请你也来观察下图中的地面，看看能发现些什么。

学生观察，思考，讨论交流。

教师进一步引导学生思考：上图中的等腰直角三角形有什么特点？

生1：两条直角边相等。

师：两条直角边所在的正方形和斜边所在的正方形的面积有什么关系？

生2：两条直角边所在的正方形的面积和等于斜边所在的正方形的面积。

师：等腰直角三角形是特殊的直角三角形，一般的直角三角形是否也满足这种特点？

生：不清楚。

2.师生合作，探究新知

师：你是怎样观察这些地砖铺的地面的？

生1：观察砖的材料。

生2：观察砖的图形单元。

生3：观察砖的位置。

师：观察A，B两个由基本单元方砖组成的图形，说说它们分别是由什么图形组成的。

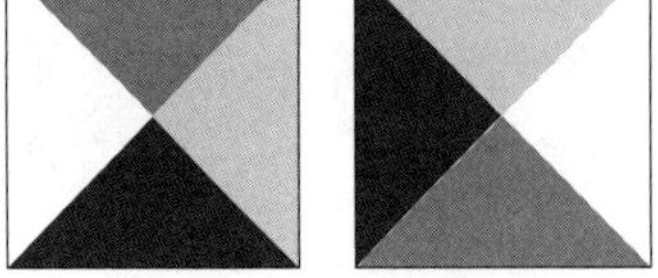

A　　　　B

生：等腰直角三角形。

师：不错，我们看到，正方形既可以看成是由两个等腰直角三角形组成，又可以看成是由四个更小的等腰直角三角形组成。

师：进一步观察，每一个小的等腰直角三角形，每一边上的正方形的面积，它们有什么关系？

生：两条直角边上的正方形面积的和等于斜边上的正方形的面积。

师：不错，下面大家将准备好的正方形纸片剪开来验证一下。

师：刚才我们探索了等腰直角三角形有上述性质，但是其他的直角三角形是否也具有这个性质呢？

师：下面请大家画一个两直角边分别为2，3的直角三角形，并以它的三边为边长（根据定义法辅用以直尺）建立正方形。

友情提示：怎样计算建立在直角三角形斜边上的正方形面积的？

生：数格子。

师：不错，这里用到了割补法的思想。

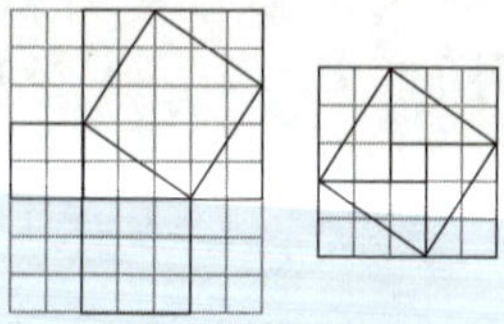

学生操作，教师巡视。

师：通过刚才大家的探索，可以发现一般的直角三角形三边所在的正方形具有什么性质？

生：两条直角边上的正方形的面积之和等于斜边上的正方形的面积。

师：好，我们可以根据大家的探索得出这样一个命题（板书）。

命题1 如果直角三角形的两直角边长分别为 a，b，斜边长为 c，那么 $a^2+b^2=c^2$。

学生根据命题写出已知和求证。

已知：如图，在直角三角形中，它的两条直角边长分别为 a，b，斜边长为 c，

求证：$a^2+b^2=c^2$。

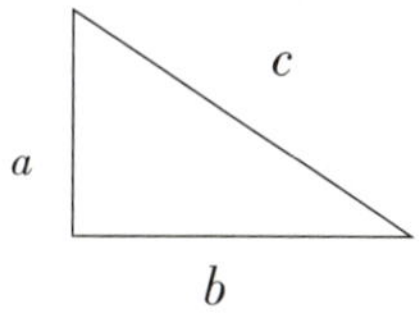

证明：略。

3. 小组合作，应用新知

图中两个灰色的正方形的面积分别为25和144，求黑色的正方形的面积。

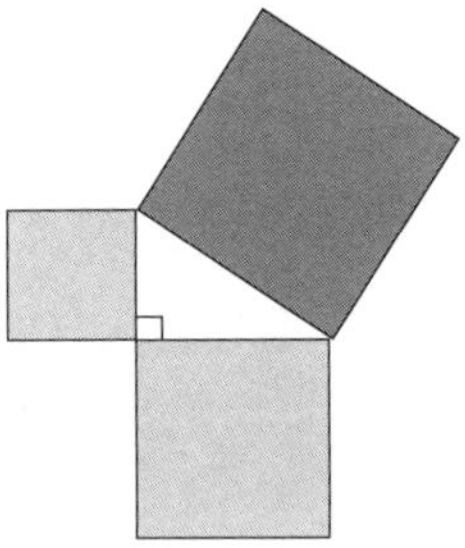

4. **自主演练，当堂反馈**

（1）在$\triangle ABC$中，$\angle C=90°$，$AC=21$ m，$BC=28$ m。

①求$\triangle ABC$的面积；

②求斜边AB的长；

③求高CD。

（2）一根旗杆在竖直离地面6 m处折断后，旗杆顶部落在离旗杆底部8米处，旗杆折断之前有多高？

5. **归纳小结，凝练释疑**

（略）

（三）分析与反思

通过故事引入，让学生感受数学来源于生活，通过引导学生观察、思考、猜想、操作、探索、练习等，动手能力得以加强，知识得以过手，思维得以提高，学生的主体性体现较为充分。新课程标准指出："有效的数学学习活动，不能单纯地依赖模仿和记忆，动手实践，自主探索与合作交流是学生学习数学的重要方法，教师应帮助他们在自主探索和交流过程中真正理解和掌握基本的数学知识与技能，数学思想和方法，获得广泛的数学体验。"在数学教学中，让学生通过观察、演示、动手操作，获得对抽象的数学概念、定理、结论等的感性认识，再通过加工上升为理性认识，是一种学生在教师的启发和引导下对数学发现过程的体验。事实上，我们从学生的课堂表现和对学生课后跟踪的反馈来看，学生基本上掌握了勾股定理的证明，并会做相关练习，但学生主动探究的热情并不高，尤其是对于勾股定理的证明，除了课堂上教师引导学生证明的方法，没有一个学生再去探究新的证明方法，连查找资料的也没有。分析原因，主要有两点：一是引入部分与现在的生活相隔遥远，难以引起学生的共鸣；二是教师的预设和引导过重，学生的生成和主体地位削弱，不容易激发学生的积极性。

三、第二次教学实践

(一)教学设计

【教学目标】

1.知识与技能

了解勾股定理的发现过程,掌握勾股定理的内容,会用面积法证明勾股定理。

2.过程与方法

通过中外数学家在研究勾股定理方面的故事和成就,渗透数学文化,激发学生学习的兴趣,促进其勤奋学习。

3.情感、态度与价值观

培养学生在实际生活中发现问题、总结规律的意识和能力。

【教学重难点】

教学重点:用面积法探索勾股定理,理解并掌握勾股定理。

教学难点:计算以斜边为边长的大正方形的面积及割补思想的理解与应用。

【教学过程】

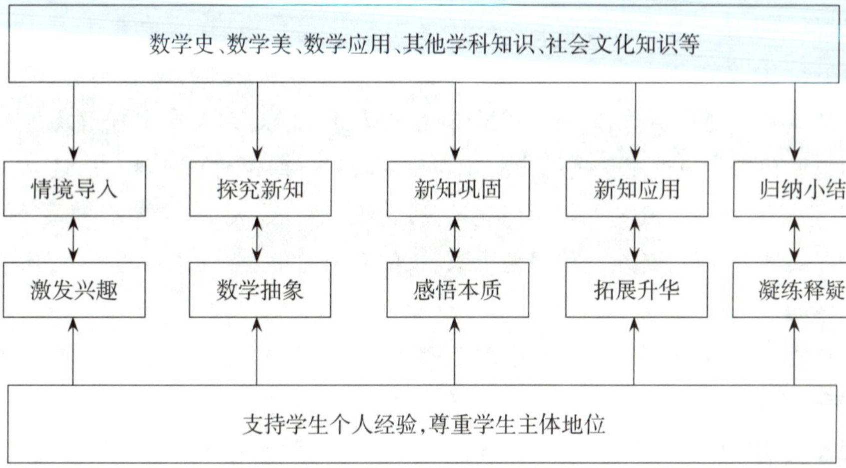

数学文化视角下培养学生主动意识的教学流程

【设计意图】

心理学研究表明:兴趣是在需要的基础上产生的,通过人的实践活动形成和发展的。当一个人有某种需要时,才能对相关事物引起注意,并产生兴趣。当学生能够意识到学习是他们达到某种重要目的的手段时,他们就会产生求知欲和认识的兴趣。

为什么在设计和教学上都体现了学生的主体性,却不能真正激发学生的主动性？究其原因，这还要从“为什么”说起，那就是学生对为什么要研究勾股定理，勾股定理的魅力在哪里并不清楚。虽然勾股定理的证明学生都做了一遍，但都是按老师的要求完成，包括练习的设置，纯粹是为应试设置，如何能激发学生兴趣。怎样解决这个问题呢？回归生活，让生活融入数学，让学生明白数学来源于生活又应用于生活。同时增加文化的元素，增添数学的无穷魅力。

基于以上考虑，对教学设计进了如下修改：

1.情境导入，激发兴趣。通过我们身边发生的事，挖掘数学问题，明确数学学习的价值，激发学生学习数学的兴趣。

2.自主学习，探究新知。从现实穿越到遥远的过去，回顾历史，渗透数学文化。通过看书观察，独立思考，培养学生良好的自主学习习惯和独立思考的思维，进而从特殊开始，发现勾股定理，用拼图活动，证明勾股定理，调动学生思维的积极性，为学生提供从事数学活动的机会，发展学生的形象思维，使学生对定理的理解更加深刻，体会数学中数形结合的思想。介绍典型证明，验证勾股定理，通过介绍毕达哥拉斯的证法，一方面是前面故事的延续，与前面知识相呼应；另一方面是给与这种方法暗合的同学以鼓励。通过对赵爽弦图的介绍，了解我国古代数学家对勾股定理的发现及证明所做出的贡献，增强民族自豪感，通过了解勾股定理的证明方法，增强学生学习数学的自信心。

3.小组合作，巩固新知。通过计算，进一步体会勾股定理的面积思想，不忘勾股定理的本源。通过运算，培养学生的运算能力并正确运用勾股定理解决直角三角形的边长问题。通过测量进一步验证勾股定理所得结论的正确性。通过变式练习，加强学生对应用勾股定理解决问题的灵活性。

4.自主思考，应用新知。从问题中来，又回到问题中去，通过问题解决，让学生体会数学的应用价值。

5.归纳小结，凝练释疑。回顾学到了哪些数学知识和数学思想方法，有什么疑问，还有什么想要继续探索的问题。为学生提供交流的空间，在引导学生加深对勾股定理理解的同时，又从能力、情感、态度等方面关注学生对课堂的整体感受，在轻松愉快的气氛中体会收获的喜悦，同时为下节课的教学提供改进方向。

（二）教学实录

1.情境导入，激发兴趣

新闻链接：重庆沙坪坝一小区住户家中失火，父子二人不幸遇难。

师：很多人事后都对消防队表示指责和质疑，究其原因是他们赶到现场没能及时救火，但是消防队也有话说，请看问题：

问题：出事地点在六楼，消防队员到达现场后，了解到每层楼高2.8米，消防队员取来13米长的云梯，如果梯子的底部须距离墙基5米才能放稳，消防队员能进入六楼灭火吗？

要解决这个问题，就要用到我们今天要学习的勾股定理。

2.师生交流，探究新知

师：让我们先穿越历史的隧道，回到2500年前古希腊的一天，古希腊著名的哲学家、数学家、天文学家毕达哥拉斯在朋友家做客时，发现朋友家用砖铺成的地面图案反映了直角三角形三边的某种关系，我们也来观察一下地面的图案，看看毕达哥拉斯是怎样发现勾股定理的。

打开教科书第22页，依次观察教材图17.1–1和图17.1–2。

问题1：在图17.1–1中，自己找一个直角三角形，你能观察出它的三边的数量关系吗？

问题2：在图17.1–2中，三个正方形的面积有什么关系？

问题3：在图17.1–2中，三个正方形围成的等腰直角三角形的三边有什么关系？

学生看书，观察，自主思考，"问题是思维的起点"，通过层层设问，引导学生通过采用分割、拼接、数格子的个数等方法发现新知。

师：对于图17.1–1中的图案，我们都很常见，但却很难发现数学问题，但如果像图17.1–2中将直角三角形和正方形勾画出来，就很容易发现数学问题了。你们发现了什么？

生：两个小正方形的面积之和等于大正方形的面积。

生：三个正方形围成的等腰直角三角形两直角边的平方和等于斜边的平方。

师：很好，看似平淡无奇的现象有时却蕴含着深刻的道理，我们要向毕达哥拉斯学习，做生活的有心人。

师：等腰直角三角形是特殊的直角三角形，一般的直角三角形是否也具有"两直角边的平方和等于斜边的平方"呢？设每个小正方形的面积为1，分别计算图形中正方形A，B，C的面积，它们之间有什么关系吗？

生：$S_A+S_B=S_C$。

师：你能用直角三角形的边长表示正方形的面积吗？由此猜想直角三角形三边有怎样的关系。

生：我发现每个正方形的面积都等于直角三角形边长的平方，若一个直角三角形的两条直角边长为a，b，斜边长为c，则有$a^2+b^2=c^2$。

师：通过这几个例子，我们可以猜想：直角三角形三边之间应该有什么关系？

生：如果直角三角形两直角边长分别为a，b，斜边长为c，那么$a^2+b^2=c^2$。

师：以上例子都是特殊的例子，对于更一般的情形是否仍然成立？

试一试，剪四个全等的直角三角形，用它们拼成一个正方形。并用所拼得的图形证明上述结论仍然成立。(小组活动，同伴交流，学生上台展示)

请学生上台展示拼图方法，并写出算式的变形过程。

学生归纳出：直角三角形两直角边的平方和等于斜边的平方。

师：刚才同学们通过拼图的方式验证了勾股定理，并用数学式子证明了勾股定理，你们中的方法有与毕达哥拉斯差不多的，这也证明你们有数学家的潜质，请为自己鼓掌！

据说勾股定理的证明方法有500多种，有兴趣的同学可以搜集研究一下。下面介绍几种证明方法。

观察图17.1–4，传说这就是毕达哥拉斯的证明方法，你能根据这个图形得出这个结论吗？

生：左边的正方形是由1个边长为a的正方形和1个边长为b的正方形以及4个直角边分别为a，b，斜边为c的直角三角形拼成的。右边的正方形是由1个边长为c的正方形和4个直角边分别为a，b，斜边为c的直角三角形拼成的。因为这两个正方形的面积相等(边长都是$a+b$)，所以可以列出等式$a^2+b^2+4\times\frac{1}{2}ab=c^2+4\times\frac{1}{2}ab$，化简得$a^2+b^2=c^2$。

师：毕达哥拉斯经过从特殊到一般的研究，得出了勾股定理的证明，所以这个定理在西方也叫“毕达哥拉斯定理”，传说毕达哥拉斯发现勾股定理后很兴奋，杀了一百头牛来庆贺，因此勾股定理又叫“百牛定理”。

但为什么我们中国又叫“勾股定理”呢？

首先，在中国古代，人们把弯曲成直角的手臂的上半部分称为“勾”，下半部分称为“股”。我国古代学者把直角三角形较短的直角边称为“勾”，较长的直角边称为“股”，斜边称为“弦”。其次，中国在3000多年前就知道“勾三股四弦五”的道理，并把它应用在生产活动中，这比毕达哥拉斯的发现还要早500多年，体现了中国人民的智慧。只是不知道那个时候有没有进行证明。下面介绍东汉赵爽的证明方法。

教师进一步介绍：该证明方法是赵爽在注解《周髀算经》时给出的，人们称它为“赵爽弦图”，这个图在2002年北京召开第24届国际数学家大会上被用作大会会徽的图案。赵爽根据此图指出：四个全等的直角三角形(朱实)可以如图围成一个大正方形，中间部分是一个小正方形(黄实)。利用这个图我们很容易证明勾股定理，同学们也可以下去证明一下。

3.**小组合作，巩固新知**

例1.求出题单图中字母A,B所代表的正方形的面积。

学生练习，教师个别指导。

例2.画一个直角三角形ABC，$\angle C=90°$，它的两直角边分别是$AC=3$ cm，$BC=4$ cm，量一量它的斜边AB是多少厘米。算一算，你量的结果对吗？

变式1：在直角三角形中，各边的长如黑板图，求出未知边的长度。

变式2：已知直角三角形ABC的两边长分别是3和4，求第三边长。

变式3：直角三角形ABC中，$\angle C=90°$，$a=6$，$a:b=3:4$，求b和c。

学生练习，教师个别指导。

解题反思：已知直角三角形两直角边，求斜边可以直接用$c=\sqrt{a^2+b^2}$求解，但当我们不明确是哪两边时，要分类讨论，可用$c=\sqrt{a^2+b^2}$；$b=\sqrt{c^2-a^2}$或$a=\sqrt{c^2-b^2}$。也可建立方程解决问题，渗透方程思想。

4.**自主思考，应用新知**

解决情境导入中的问题，引导学生将问题抽象成几何图形，并将问题转化为数学问题。

5.**归纳小结，凝练释疑**

学到了哪些数学知识和数学思想方法？有什么疑问？还有什么想要继续探索的问题？

学生发言，互相补充，教师点评。

（三）分析与反思

数学新课程标准理念指出，数学是人类文化的重要组成部分，强调数学的文化性。因此，在课程内容的选择上，既要反映社会的需要、数学的特点，也要符合学生的认知规律，课程内容的呈现应注意层次性和多样性。数学教学活动旨在激发学生兴趣，调动学生积极性，引发学生的数学思考，鼓励学生的创造性思维。同时，课标还指出，学生学习应当是一个生动活泼、主动和富有个性的过程。教师教学应该以学生的认知发展水平和已有的经验为基础，面向全体学生，注重启发式学习，因材施教。教师要发挥主导作用，处理好讲授与学生自主学习的关系，引导学生独立思考、主动探索、合作交流，使学生理解和掌握基本的数学知识与技能、数学思想和方法，获得基本的数学活动经验。

数学是一门严谨的科学，高度抽象性是其标志，但这对于理性思维不强的初中生来说，也容易导致他们产生畏难情绪。因此如何在数学课堂中为学生创设贴近生活的情境，如何在情境中让学生抽象出数学问题，如何引导学生分析数学问题，如何利用已有的数学知识、数学经验将未解决的数学问题划归，如何潜移默化地帮助学生形成数学思维、养成数学习惯都是我们在备课时需要反复斟酌的关键。本节课的教学，纵横三千年，但终究还是要落脚到细节，突出的特点有四个“注重”：一是注重对学生兴趣的激发；二是注重学生的自主探究与合作交流的结合；三是注重数学思想方法的渗透，培养学生多种能力；四是注重数学应用意识的培养。整节课都是在生生互动、师生互动的和谐气氛中进行的，在教师的鼓励、引导下学生进行了自主学习。学生上讲台表达自己的思路、解法，体验了数形结合的数学思想方法，培养了细心观察、认真思考的态度。

四、研究结论

（一）比较两次课的异同

共同之处：都有注重让学生动手、动口、动脑，都有回顾毕达哥拉斯发现勾股定理的历史，体现了学生主体性。

差别之处：改进前通过历史故事感受数学来源于生活，但与现实生活有些脱节，而且为什么叫勾股定理，中国古代对勾股定理的研究基本上都没提。改进后的教学更注重引入生活和文化的元素，通过现实中活生生的例子引入，突出为什么而学，其中贯彻自主学习，独立思考的方法。并将勾股定理的来历和中国古代数学家对勾股定理的研究都进行渗透，激发了学生热爱祖国、热爱祖国悠久文化的思想情感，培养了他们的民族自豪感，同时教育学生奋发图强，努力学习，为将来肩负起振兴中华的重任打下基础。

新课标突出创设情境，但情境的创设要与时俱进，一定要与现实生活紧密联系，才能有效激发学生的学习兴趣，否则这会成为一种摆设。改进后的教学突出两点：第一，情境创设的时效性，与生活联系的契合，突出数学知识的实用性；第二，突出学生学习的主体地位，这样学生学习数学的热情更高，跟老师的关系更融洽。

（二）需要说明的问题

基于数学文化视角下的培养学生学习数学的主动意识需要教师不断学习，与时俱进，跟上时代前进的步伐，从贴近学生生活实际的问题中恰当选材，创设容易激发学生兴趣的合适的情境，这是成功的一半。同时，要在历史和现实以及数学内在中努力挖掘其教学内容的数学文化元素，并对学生不断进行渗透和熏陶，让数学的血肉更丰满，展示数学美的魅力，让学生充分认识学习数学的价值所在。只有这样，学生才有学习数学的兴趣。当然，最重要的是在教学中突出学生的主体地位，让学生成为学习的主人，不单是成为接受者，而是参与者、合作者。试想，一个对着学习有着浓厚兴趣的主人翁其主动意识就不言而喻了。

课例研究反思

刚开始，我认为课例研究不过就是教学案例分析的升级而已。因此，将自己上过的两堂同一内容的课的案例稍加修改，就以为万事大吉。通过专家指导团队老师的反复讲解，同伴的交流讨论，对课例研究的认识思路逐渐清晰，对一节课研究的价值认识更深刻。首先，要带着问题选题并研究课例。课例研究的价值在于其典型性问题带来的教学思考和教学启发意义。因为考试的因素，我们平时上课更注重对学生进行知识的传授，虽也有情感、态度、价值观的渗透，但教学行为缺乏理论支撑，对案例缺乏思考和提炼，有的只是经验的积累，而这种积累很难形成质的变化。我们首先要思考的就是自己的教学需要重点解决什么问题，怎么解决，这样才有研究的方向。其次，要有实事求是的研究态度。课例研究主要是本人的亲身实践，也可以是本人参与，别人上课的案例。这样的案例真实，具有研究价值。同时，课例研究需要在思考基础上，通过查找问题并多次实践、比较得出结论，不能凭空想象得出结论。第三，要有敢于解剖和批评自我的勇气。对于教学素材的选择，需要与时俱进，教学策略的实施，需要不断优化，甚至于课堂结构和教学程序，都需要调整，调整和改变的依据主要来自于学生的反馈和观课者的意见。有时候，我们可能会对教学进行大幅度的改变，才能通过比较得到更适合的教学形式和策略。第四，理论研究很有价值。我们有时候对一个数学问题会有思考，但却感觉提炼不出什么东西来。通过查阅文献，可以发现很多类似问题已有的系统研究，这时候你会有豁然开朗的感觉，部分疑惑一扫而空，思想随之升华。这次研究活动中最大的收获是借鉴并提炼了“数学文化视角下培养学生主动意识的教学流程”，这带给自己的教学理论水平有很大的提升。

总之，本次课例研究不仅让我知道了实施课例研究的一般步骤，而且在研究中接触了一些与自己想法不谋而合的相对成熟的思想，提升了教学理论水平，让自己充分认识到课例研究对于教师的价值所在。相信这样的研究活动会成为自己日常教学中的经常性行为，从而促进自己教学水平的不断提升。

19.

以核心素养为导向的数学发现教学的课例研究

——“等比数列的前 n 项和”公式探究

莫定勇①

一、选题背景

（一）选题缘由

《普通高中数学课程标准》（征求意见稿）在基本理念中明确提出“高中数学教学活动要树立以发展学生核心素养为导向的教学意识，创设有利于学生核心素养发展的教学情境，启发学生思考，引导学生把握数学内容的本质。”由此可见，教师在数学知识、方法的教学过程中要创设让学生经历知识、方法的发现，创设知识证明、应用的情境，学生在此情境中能得到思维的启迪，把握数学的本质，获得数学的活动经验，从而发展数学核心素养。

（二）研究意义

等比数列前 n 项和公式是从大量数学问题和现实问题中抽象出来的一个模型，在现实生活中有着广泛的实际应用，如储蓄、分期付款的有关计算等，另外公式推导过程中所渗透的类比、化归、分类讨论、整体变换和方程等思想方法，都是学生今后学习和工作中必备的数学素养。但是等比数列前 n 项和公式的发现和证明对学生来说非常困难，学生几乎不能独立发现和证明。这就导致教学过程中存在以下问题。

有的老师认为公式的发生、发展讲与不讲都没有区别，只讲公式（结论）是什么，还可留下足够时间学习公式怎么用，剥夺学生数学知识获得的经历。

有的老师认识到过程和方法（错位相减法）的重要性，便照本宣科，把教材设计过程简单复述一遍，学生也听不懂公式的来龙去脉，不清楚为什么要两边同时乘2

① 莫定勇，男，重庆人，重庆复旦中学高级教师。

(公比)。把公式和方法强行灌输给学生,不利于学生的理解和掌握,更谈不上提升数学核心素养。

有的课堂千篇一律:读课本— 讲例题—做练习,美其名曰“数学课堂三部曲”,形成固定模式。学生读没读懂课本不管,知识的来源不问,知识的为什么不究,只关注解题。

(三)研究内容

以等比数列的前 n 项和公式探究为例,探究如何创设有利于学生核心素养发展的教学情境,怎样启发学生思考,引导学生把握数学内容的本质。

二、第一次教学实践

(一)教学设计

等比数列前 n 项和公式探究。

【教学目标】

1.理解用错位相减法推导等比数列前 n 项和公式的过程,掌握公式的特点,并在此基础上能简单的应用公式。

2.在推导公式的过程中渗透类比、猜想、方程、特殊到一般的数学思想,体验错位相减法的获得过程,优化学生思维品质。

3.通过故事引入,学生自主探索公式,激发他们的求知欲,体验错位相减法所折射出的数学方法美及学好数学的必要性。

【教学重难点】

1. 重点:等比数列的前 n 项和公式的推导。

2. 难点:由研究等比数列的结构特点推导出等比数列的前 n 项和公式。

【教学过程】

1. 回顾旧知,复习深化。

2. 创设情境,故事引新。

3. 探索研究,推导公式。

4. 小试牛刀,辨析公式。

5. 新知应用,巩固公式。

【设计意图】

环节(1)设计意图是引导学生复习等比数列各项之间的特点:从第二项起每一

项比前一项多乘 q，从而为用"错位相减法"求等比数列前 n 项和埋下伏笔。

环节(2)设计意图是用广为流传的故事，以趣引思，激发学生的学习热情和兴趣，领悟数学的应用价值；数学来源于生活，生活来源于事实，把事实问题数学化，为探究找到对象，为发现错位相减法搭建思维的阶梯。

环节(3)设计意图是以疑导思，激发学生的探索欲望，营造一个让学生主动观察，启发思考、合作讨论的氛围。在教师的指导下，让学生经历探究公式发生、发展的过程，从而体验到学习的愉快，享受到成功的快乐。

环节(4)设计意图是剖析公式中的基本量及结构特征，深刻领悟掌握公式。

环节(5)设计意图是准确识记、理解、运用公式，对比理解两个公式的区别和联系及其应用条件；呼应书中思考，运用新知，加深对公式基本量之间关系的理解，巩固新学知识。

(二)教学实录(片段一)

1.创设情境，问题引新

(PPT出示)故事："国王对国际象棋的发明者的奖励。"

相传古印度国王为奖赏国际象棋的发明者，问他有什么要求，发明者说："请在棋盘的第1个格子里放上1颗麦粒，在第2个格子里放上2颗麦粒，在第3个格子里放上4颗麦粒，以此类推，每个格子放的麦粒数都是前一个格子里放的麦粒数的2倍，直到放完64个格子为止。请给我足够的粮食来实现上述要求。"

师：你认为国王有能力满足发明者的上述要求吗？

学生思考未答。

师：解决实际问题的基本步骤有哪些？

生：一是仔细阅读题目，找准关键语句，弄清楚求什么，怎么求；二是提取相关数学信息，建立数学模型；三是根据数学模型解决问题。

师：本题的关键语句是哪一句？

生：每个格子放的麦粒数都是前一个格子里放的麦粒数的2倍。

师：本题求什么？如何求？

生：求麦粒的总数，每个格子的麦粒加起来即可，即 $1+2+2^2+2^3+\cdots+2^{63}$。

师：很好！这个问题的本质是什么呢？

生：这是一个等比数列求和问题。

2.探索研究，推导公式

师：根据刚才的问题，你认为该如何对一般等比数列的前 n 项和下定义呢？

生：(思索后)类比等差数列的定义，一般地，我们称 $a_1+a_2+a_3+\cdots+a_n$ 为等比

数列的前 n 项和，用 S_n 表示，即 $S_n=a_1+a_2+a_3+\cdots+a_n$。

师：类比得很好！也即是：$S_n=a_1+a_1q+a_1q^2+\cdots+a_1q^{n-1}$，能否用 a_1,a_n,n,q 来表示 S_n 呢？

众生沉默思考，不知所措。

师：这个问题比较难，我们先来思考刚才麦粒总数 $S_{64}=1+2+2^2+2^3+\cdots+2^{63}$，请同学们思考怎么求解。

（学生讨论，教师巡视，参与交流、指导，两分钟后）

生：逐个相加。（有几个学生附和，也有学生提出怎么加。2^{63} 太大！有的学生一筹莫展）

师：请同学们观察 $S_{64}=1+2+2^2+2^3+\cdots+2^{63}$①和 $2S_{64}=2+2^2+2^3+\cdots+2^{63}+2^{64}$②，它们的左、右两边式子各有什么相同点？

生：左边都有 S_{64}，右边有63项相同项的和。

师：对。那我们能求解 S_{64} 吗？怎样求？

生：能，用②式减去①式得：$S_{64}=2+2^2+2^3+\cdots+2^{63}+2^{64}-(1+2+2^2+2^3+\cdots+2^{63})$

$S_{64}=2^{64}-1$。

师：大家觉得如何？（学生掌声响起。）

师：那刚才等比数列的 $S_n=a_1+a_1q+a_1q^2+\cdots+a_1q^{n-1}$ 怎么求呢？

（众生又沉默，有的不知所措，有的托腮沉思，有的在草稿纸上演算，两分钟后）

生：两边同乘2，再相减。

师：请试一试。（该同学继续演算，也有其他同学演算）

生：不能求出 S_n。

师：我们回顾在求解 S_{64} 中的关键是什么？

生：在求和式子中两边同乘2，即 $2S_{64}=2+2^2+2^3+\cdots+2^{63}+2^{64}$。

师：2是这个数列的什么？

生：公比。

师：两边同乘公比2有何作用？

生：构造 S_{64} 的方程，63项相同的和。

生：哦，我知道了，两边乘 q，得到 $qS_n=a_1q+a_1q^2+a_1q^3+\cdots+a_1q^n$，应该能推导出 S_n。

师：请同学们试试。

生：$S_n-qS_n=a_1+a_1q+a_1q^2+\cdots+a_1q^{n-1}-(a_1q+a_1q^2+a_1q^3+\cdots+a_1q^n)$

$(1-q)S_n=a_1-a_1q^n$

所以 $S_n=\dfrac{a_1(1-q^n)}{1-q}$。

师：对吗？

生：不对，如果 $q=1$ 呢。

师：非常好，两位同学非常棒！合在一起，就是等比数列的求和公式：

$$S_n=\begin{cases}\dfrac{a_1(1-q^n)}{1-q}=\dfrac{a_1-a_nq}{1-q} & q\neq 1\\ na_1 & q=1\end{cases}$$

师：推导过程的关键在哪儿？

生：在两边同时乘 q，使得两式有 $n-1$ 项完全相同，然后两式错开相减。

师：这叫什么方法呢？大家给它取个名。

生：叫乘公比，错开相减法。

师：大家都叫错位相减法。

师：什么时候用 $S_n=\dfrac{a_1(1-q^n)}{1-q}$？什么时候用 $S_n=\dfrac{a_1-a_nq}{1-q}$？

生：当已知 a_1,q,n 时用公式 $S_n=\dfrac{a_1(1-q^n)}{1-q}$，当已知 a_1,q,a_n 时用公式 $S_n=\dfrac{a_1-a_nq}{1-q}$，$q\neq 1$。

（三）分析与反思

数学是思维的体操，是培养学生分析问题、解决问题的能力及创造能力的载体。新课程倡导：强调过程，强调学生探索新知识的经历和获得新知识的体验，不能再让教学脱离学生的内心感受，必须让学生追求过程的体验。学生获取的新知识是在学生已有知识和能力的基础上生成、发展、建构的，在生成、发展、建构的过程中应是比较自然、水到渠成的，老师不能把知识和方法强行灌输给学生，在某种程度上，学生应该重走数学家发现知识、方法之路。在这一节课中，如何启发引导学生自然地、合情地发现在 $S_n=a_1+a_1q+a_1q^2+\cdots+a_1q^{n-1}$ 两边同时乘 q，建立 S_n 的方程是本节课的难点，是错位相减法的关键。学生自主探究、自主发现有很大困难，我采取算麦粒总数的故事引入具体特殊问题：怎样求解 $S_{64}=1+2+2^2+2^3+\cdots+2^{63}$，有同学想到的是最原始的思路：逐个相加，但计算复杂，数据较大，几乎不可操作，特别是项数更多，更一般的 n 项呢！学生第一次遇到，无经验、思路可借鉴。这就促使我们教师要创设好思维、知识适合学生最近发展区的阶梯情境，让学生经过观察、思考、动手试作后能找出解决的办法。本课教师设计把 $S_{64}=2+2+2^2+2^3+\cdots+2^{63}$ 的两边同时乘 2 得到 $2S_{64}=1+2^2+2^3+\cdots+2^{63}+2^{64}$，并让学生观察它们的异同，引导学生发现两式相减得解。老师进一步发问"解决该问题的关键?""2是该数列的什么?""乘2有何作用?"用问题串启发性很强,思维铺垫很成功,老师的主导作用和学生的主体作用在边问边答中体现得淋漓尽致,学生由特殊到一般,运用类比联想自然地发现错位相减法,比较轻松地突破难点。可掩卷沉思,不禁要问:"为什么要构造 $2S_{64}=2+2^2+2^3+\cdots+2^{63}+2^{64}$,是怎样想到两边同时乘2,而不是其他数呢?""是不是老师对错位相减法的一个特殊应用?"确实老师有灌输的嫌疑。那该怎么办呢?于是有了下面的改进。

三、第二次教学实践

(一)教学设计

等比数列前 n 项和公式探究。

【教学目标】

1.引导学生探究、发现等比数列前 n 项和公式,经历等比数列前 n 项和公式的推导过程,掌握公式的特点,并在此基础上能简单的应用公式。

2.在推导公式的过程中渗透类比、猜想、方程、特殊到一般的数学思想,体验错位相减法的获得过程,优化学生思维品质。

【教学重难点】

1. 重点:等比数列的前 n 项和公式的推导。

2. 难点:发现错位相减法,从而推导出等比数列的前 n 项和公式。

【教学过程】

故事和思考1与第一次教学实践相同,在教学设计(一)增设思考2:

如果在第1个格子里放上2颗麦粒,在第2个格子里放上4颗麦粒,在第3个格子里放上8颗麦粒,以此类推,每个格子放的麦粒数都是前一个格子里放的麦粒数的2倍,直到放完64个格子为止,一共需要多少颗麦粒呢?即如何求出这个和?

$2+2^2+2^3+\cdots+2^{63}+2^{64}$

解:设 $S_{64}=1+2+2^2+2^3+\cdots+2^{63}$ ①,

$2S_{64}=2+2^2+2^3+\cdots+2^{63}+2^{64}$ ②,

②-①得:$S_{64}=2^{64}-1, 2S_{64}=2^{65}-2$。

【设计意图】

数学来源于生活,生活来源于事实,把事实问题数学化,为探究找到对象,为发现错位相减法搭建思维的阶梯,创设探索发现的情境。以疑导思,激发学生的探索欲望，营造一个让学生主动观察、启发思考、合作讨论的氛围。在教师的指导下，让学生经历探究公式发生、发展的过程，引导学生发现并掌握错位相减法的本质，从而体验到学习的愉快，享受到成功的快乐。

修正说明：1.从学生学习方式思考，直接给出 $2S_{64}=2+2^2+2^3+\cdots+2^{63}+2^{64}$，学生难以接受，来得突然、生硬，没有逻辑。学生是被动接受，不是有意义的主动探究。

2.从学生发展思考，直接给出 $2S_{64}=2+2^2+2^3+\cdots+2^{63}+2^{64}$，不是授人以渔，不在学生的最近发展区，不能启迪学生思维，对知识、方法的同化和顺应没有帮助。

3.从教师教学设计思考，直接给出 $2S_{64}=2+2^2+2^3+\cdots+2^{63}+2^{64}$，太简单、粗糙。

4.增设的思考2，自然且合乎情理，在求 $2+2^2+2^3+\cdots+2^{63}+2^{64}$ 和 $1+2+2^2+2^3+\cdots+2^{63}$ 的过程中，通过比较学生就能发现它们是2倍关系，通过自主探究学生也能得到 $2S_{64}=2+2^2+2^3+\cdots+2^{63}+2^{64}$，这一设问在学生最近发展区，为让学生成功地经历“错位相减法”的发现做好铺垫，为后面公式的推导打下坚实的基础。

5.增设的思考2，能使学生的角色转换，由被动地接受，变成主动的探究，获得成功的情感体验，获得数学活动经验。

其他与教学设计(一)相同，故略。

(二)教学实录(片段二)

1.创设情境，问题引新。与教学实录(一)相同，故略。

2.探索研究，推导公式

学生9和他前面的与教学实录(一)相同，故略。

师：如果在第1个格子里放上2颗麦粒，在第2个格子里放上4颗麦粒，在第3个格子里放上8颗麦粒，以此类推，每个格子放的麦粒数都是前一个格子里放的麦粒数的2倍，直到放完64个格子为止，一共需要多少颗麦粒呢？即如何求出这个和？

$2+2^2+2^3+\cdots+2^{63}+2^{64}$

生：还是逐个相加。(仍有几个学生附和，仍有学生提出怎么加。2^{63} 太大！有的学生一筹莫展)

师：如果给足够的时间，我们逐个相加能够算出来的，那如果更多项，甚至 n 项呢？

众生摇头，满脸疑惑。

师：请同学们观察 $S_{64}=1+2+2^2+2^3+\cdots+2^{63}$ ①和 $2+2^2+2^3+\cdots+2^{63}+2^{64}$ ②，

它们有什么联系？

学生11：②式是①式的两倍，也可记作 $2S_{64}=2+2^2+2^3+\cdots+2^{63}+2^{64}$。

其他与教学实录（一）相同，故略

（三）分析与反思

从人类思维的发展、知识的生成和发现、科技的更新来反思，教学过程应是学生经历和感受知识生成、发展的过程，而不是学生去死记硬背知识本身的过程，即公式探索过程中所蕴含的思想方法比公式本身更为重要。长期以来，我们的教学太过于重结论，轻过程。为了应付考试，为了使对公式定理应用达到所谓的“熟能生巧”，教学中不惜花大量的时间采用题海战术来进行强化。在数学概念、公式的教学中往往采用所谓“掐头去尾烧中断”的方法，到头来把学生强化成只会套用公式的解题机器，这样的学生在面对新问题时就束手无策。基于以上认识，在设计本节课时，教师所考虑的不是简单地告诉学生等比数列求和公式，不是简单地告诉学生在 $S_{64}=1+2+2^2+2^3+\cdots+2^{63}$ 的两边乘2，解出 S_{64}，也不是简单地告诉学生在 $S_n=a_1+a_1q+a_1q^2+\cdots+a_1q^{n-1}$ 的两边乘 q，解出 S_n，而是引用故事、创设计算方法的数学情境（变换麦粒条件），自然地得到 $2S_{64}=2+2^2+2^3+\cdots+2^{63}+2^{64}$，引导学生自己去探索、发现、推导公式，这一情境创设自然，学生思维流畅，在学生思维的最近发展区，学生把 $S_{64}=1+2+2^2+2^3+\cdots+2^{63}$ 和 $2S_{64}=2+2^2+2^3+\cdots+2^{63}+2^{64}$ 一对比就能轻松地发现错位相减，为推导公式打下方法基础。

在《普通高中数学课程标准》（实验稿）中课程的基本理念要求：倡导积极主动、勇于探索的学习方式，学生的学习活动不应只限于接受、记忆、模仿和练习，高中数学课程应倡导自主探索，使学生的学习过程成为在教师引导下的“再创造”过程，高中数学课程应力求通过各种不同形式的自主学习，探究活动，让学生体验数学发现和创造的历程，发展他们的创新意识。通过思考2，学生就能独立、自主学习和探究，成功地“再创造”错位相减法，体验到数学发现和创造的历程。《普通高中数学课程标准》（实验稿）中课程的基本理念还要求：高中数学课程应该返璞归真，努力揭示数学概念、法则、结论的发展过程和本质。通过思考2，学生经历了错位相减法的发现过程，熟悉了它的本质。

从建构主义认知理论所揭示的认知发展规律看，知识不是外在于人的心灵的存在，而是具有认知能力的个体在具体情境中，通过与情境的相互作用建构生成的。增设的思考2，与思考1共同构建数学情境，能使学生在轻松自然的情境下建构 S_{64} 的方程，自主发现和生成错位相减法。学生自然地同化和顺应错位相减法。

总之，通过增设的思考2，为学生搭建了思维的阶梯，它不但在学生的最近发展区，而且设计自然，好似“事实”本身，学生觉得亲切，学生由被动地接受错位相减法变换为主动探索，并成功地发现了错位相减法，还成功地应用解决了等比数列前n项和公式，真正地解决了课本和第一次设计存在的问题。并且在推导发现公式的过程中让学生真正体会到：数学知识来源于生活，又服务于生活。公式并不是凭空产生的，得到公式并不都是高不可攀的事情，通过自己的努力，也可以成功完成一些看似数学家才能完成的事。在这个过程中，学生在课堂上的主体地位得到了充分发挥。让学生亲历了知识发现的过程，“重蹈人类思维发展中那些关键性步子”，再现了数学家对一些重大发现产生的渊源及过程，把培养“有益的思考方式及应有的思维习惯”放在了教学首位。

四、研究结论

（一）比较两次课的异同

第一次设计在探寻求解S_{64}的过程中，学生除了逐个相加以外束手无策，看似在“愤、悱”状态，老师此时指点迷津告诉学生$2S_{64}=2+2^2+2^3+\cdots+2^{63}+2^{64}$，好像指出了求解$S_{64}$的阳光道，实际上学生除了去计算$S_{64}$以外，没有其他思考，为什么要这样计算？$2S_{64}=2+2^2+2^3+\cdots 2^{63}+2^{64}$是怎样得来的？学生一头雾水，实际上是老师帮学生解决了问题，学生成了旁观者。为什么？是因为求解S_{64}这一问题坡度较大，不在学生思维、知识、技能的最近发展区，无论是对于思维较灵活，还是较迟缓，对于基础知识较好，还是较差的学生都不能真正求解S_{64}。学生会有挫败感。老师告诉学生$2S_{64}=2+2^2+2^3+\cdots+2^{63}+2^{64}$，是灌输，是填鸭，数学作为思维的体操的功用就不能发挥，更谈不上学生“重蹈人类思维发展中那些关键性步子。”学生没有经历知识、方法的生成和发现过程，不利于学生创新思维和能力的培养。

第二次设计在探寻求解S_{64}的过程中，学生除了逐个相加以外束手无策，老师没有告诉学生$2S_{64}=2+2^2+2^3+\cdots+2^{63}+2^{64}$，而是巧改故事，把1粒改成2粒，把2粒改成4粒，把4粒改成8粒，以此类推，共需$2+2^2+2^3+\cdots+2^{63}+2^{64}$粒，请学生计算$2+2^2+2^3+\cdots+2^{63}+2^{64}$，在思考计算$2+2^2+2^3+\cdots+2^{63}+2^{64}$的过程中，能发现它是$S_{64}$的2倍，这样学生独立、自主地发现了$2S_{64}=2+2^2+2^3+\cdots+2^{63}+2^{64}$，整个过程思维自然、流畅。错位相减法最难突破的难点就被学生在老师搭建的阶梯上轻松愉快地获得突破，并且是学生自己独立发现的！学生真正经历了知识、方法的生成和发现过程，经历数学方法的“数学化”过程，“重蹈人类思维发展中那些关键性步子。”学生获得机会形成数学学习的活动经验，体会到自主探究获得成功的情感体验。

通过对两次设计的对比研究可以看出创设“搭建合理的阶梯”情境有以下优点。

1.学生经历了知识、方法的生成和发现过程,经历数学方法的“数学化”过程。

2.获得成功的情感体验,获得数学学习的活动经验。

3.充分体现教师为主导,学生为主体。

4.课堂上,第二次比第一次学生情绪高涨,数学学习兴趣更浓,因为他们数学学习活动经验更丰富,重走了数学家发现数学知识、方法之路,获得了成功,成了学习的主人。

5.错位相减法掌握得更牢固。因为他们自己发现的错位相减法,对其操作步骤、要点、易错易混点印象更深刻,对错位相减法是什么,为什么,是怎么样的理解更准确。

6.作业正确率更高。

(二)需要说明的问题

1.利用第二次设计的创设“搭建阶梯”的情境,即“巧改故事,把1粒改成2粒,把2粒改成4粒,把4粒改成8粒,以此类推,共需 $2+2^2+2^3+\cdots+2^{63}+2^{64}$ 粒,请学生计算 $2+2^2+2^3+\cdots+2^{63}+2^{64}$,在思考计算 $2+2^2+2^3+\cdots+2^{63}+2^{64}$ 的过程中,能发现它是 S_{64} 的2倍”是比较好的设计,阶梯的坡度适中,学生由此探索顺利,可适用于各层次学生的教学。学生在此情境中能独立发现 $2S_{64}=2+2^2+2^3+\cdots+2^{63}+2^{64}$,学生把 $S_{64}=1+2+2^2+2^3+\cdots+2^{63}$ 和 $2S_{64}=2+2^2+2^3+\cdots+2^{63}+2^{64}$ 一对比就能轻松地发现错位相减,为推导公式打下方法基础。从而让学生经历了知识、方法的生成和发现过程,经历数学方法的“数学化”过程。获得成功的情感体验,获得数学学习的活动经验。进而培养和发展学生数学运算、数学建模、数学抽象、数据分析的能力。

2.对于较优秀的学生,可不采用此设计,而是先用数列的递推关系 $S_n=a_1+a_1q+a_1q^2+\cdots+a_1q^{n-1}=a_1+qS_{n-1}$ 推导出 $S_n=\dfrac{a_1(1-q^n)}{1-q}$,再分析出 $(1-q)S_n=a_1(1-q^n)$,即 $S_n-qS_n=a_1-a_1q^n$,从左边 S_n-qS_n ,自然而然地想到在 $S_n=a_1+a_1q+a_1q^2+\cdots+a_1q^{n-1}$ 的两边同时乘 q ,只是这种设计的逻辑性、抽象性更强、数学味更浓厚,对学生基础要求比较高,还要求老师在等比数列的通项公式学习之后,要研究数列的递推关系。

课例研究反思

通过这次课例研究,使我逐渐了解、知晓、理解课例研究,会实践应用和实际操作，真正经历了课例研究的生成（如何选题？标准是什么？依据是什么？有何研究价值？）、发展（研究怎样进行？从哪些角度，哪些步骤研究？如何实践，如何改进等？）、提炼（结论如何概括提炼？）的过程。这难道不是新课程理念倡导的“经历过程发展核心素养”吗？研究结束之时，愚钝的我恍然大悟，于波教授的良苦用心：用行动践行课程理念。用行动和实践潜移默化地引导我们的教学：创设情境，让学习者经历知识发生、发展过程，获得学习经验，也润物细无声地影响我们如何做一项研究。

一年多的课例研究学习和实践，终于促使我理解并掌握了一种教学研究方法，为我的专业成长，又注入了新的动力。

20.

"挖掘课程资源　有效设问"培养初中学生的证据意识

——七年级上册《高超的青铜冶铸技术》课例研究

曾　娟[1]

一、选题背景

(一)选题缘由

2011年版初中历史课标义务教育教科书自2016年秋季在全国七年级正式启用,在川教版七年级新课标新教材培训大会上,与会专家在对课标和教材进行解读的过程中反复提到和要求务必培养学生的"证据意识"。

《义务教育历史课程标准(2011年版)》在课程目标关于"知识与能力"的要求中提出:"初步学会从多种渠道获取历史信息,了解以历史材料为依据来解释历史的重要性;初步形成重证据的历史意识和处理历史信息的能力,逐步提高对历史的理解能力,初步学会分析和解决历史问题。"在课程目标关于"过程与方法"的要求中提出:"通过搜集资料、掌握证据和独立思考,初步学会对历史事物进行分析和评价,并在探究的过程中尝试反思历史,汲取历史的经验教训。""初步掌握解释历史问题的方法,力求在表达自己的见解时能够言而有据,推论得当。"在课程目标关于"情感态度与价值观"的要求中提出:"树立求真、求实和创新的科学态度。"不仅在课程目标中,首次明确提出了"证据意识"的观点,而且贯穿并渗透于三维课程目标,足见在初中历史教学中培养学生的证据意识的重要性和迫切性,而不仅仅是新教材培训会上专家们的要求和愿望。

① 曾娟,女,四川大竹人,重庆市第五十中学校教师,高级教师,重庆市骨干教师。

（二）研究意义

“证据意识”体现了新课改的核心理念，也是学生历史学科的核心素养之一，终极目标是要促进学生发展。新课程改革要求把历史的社会教育功能与人的发展功能相结合，注重养成学生实事求是的科学态度和科学精神。“史由证来，证史一致”“论从史出，史论结合”是历史研究的基本方法，也是初中历史教与学要遵循的基本原则，历史教师应在厘清史证教育基本理论的基础上，以历史教科书为凭据，引导学生对史料进行甄别、分析。新要求下的历史教师如何研读2011年版新课标和2016年版新教材，进一步更新教育教学理念，改变教学方式与方法，有效培养学生的证据意识，达成知识与能力、过程与方法、情感态度与价值观三者的有机融合，实现课程目标，促进学生发展，这是广大一线初中历史教师在教学实践活动中需要深入思考的新课题。本研究旨在基于课堂探究通过初中历史课堂教学培养学生证据意识的有效策略。

（三）研究内容

如何通过初中历史课堂教学培养学生的证据意识？在本课例研究中关注两个层面的研究内容：

1.教师在进行证据教学时是否具备相应的教学理念和意识？

2.教师在历史课堂教学中采用哪些策略对学生进行证据意识的培养？

①教师如何挖掘课程资源？

②教师如何有效设计问题？

③教师如何实施课堂提问？

“高超的青铜冶铸技术”是四川教育出版社出版的《中国历史》七年级上册第二单元“夏商周时期”第5课“青铜冶炼技术和甲骨文”的第一个子目，我们以此目内容作为课例研究的材料，研究参与者为L老师和Z老师（师徒二人）。

二、第一次教学实践

（一）制订课例研究计划

1.熟悉教学内容，依据课标、教材和教师教学用书，师徒二人分头独立备课。

2.第一次集体备课，编制教案，制作课件。

3.课堂实施，由L老师执教、Z老师进行课堂观察，编制课堂教学观察量表，并对课堂观察情况进行记录。

4.根据课堂观察记录，师徒二人进行第二次集体备课，在反思基础上对第一稿教案和课件进行修改。

5.第二次课堂实施，继续由L老师执教、Z老师进行课堂观察，并对课堂观察进行记录。

6.汇总两次课堂观察数据，对初中历史课堂教学中如何培养学生证据意识进行反思和总结。

（二）第一次教学设计

1.分析教材，研究教学内容

本次课例研究以"高超的青铜冶铸技术"这一个子目内容为例，教材从"青铜"和"青铜时代"入手，分别从冶铸技术、器物种类、艺术珍品三个方面进行了论述。冶铸技术从工艺角度突出了"高超"；器物种类从用途角度突出了"多样"；艺术珍品从艺术角度突出了"精美"。三者均通过考古发现获得验证。冶铸技术的"高超"以"后母戊大方鼎"为例；器物种类的"多样"则以"妇好墓"和"江西新干县"商后期的墓葬考古发现进行论证；艺术珍品的"精美"则以"四羊方尊"和三星堆出土的各类青铜器代表文物为例。

在学习本子目内容之前，课标在史前时期的内容标准上，明确规定了"知道北京人的特征，了解北京人发现的意义。知道化石是研究人类起源的主要证据。了解半坡居民、河姆渡居民的生活和原始农业的产生。知道考古发现是了解史前社会历史的重要依据。"事实上，在此之前的学习中，通过第一章的学习学生应该已经初步形成"证据意识"，通过本课的学习需要达到强化学生"史由证来""论从史出"的史料实证意识，培养学生有几分证据说几分话的意识和能力。

2.教学设计第一稿

师徒二人在分析教材，讨论教学内容的基础上由L老师独立完成教案的编写和课件的制作。

表1　教案1 重庆市第五十中学校 历史 学科电子教案

<table>
<tr><th colspan="2">年 级</th><th>课 题</th><th>课 时</th><th>备 注(修 改)</th></tr>
<tr><td colspan="2">七年级</td><td>第5课 青铜冶铸技术和甲骨文</td><td>1</td><td></td></tr>
<tr><td rowspan="3">教学目标</td><td>知识
与能力</td><td colspan="2">知道青铜的基本成分，记住商朝后期铸造的后母戊大方鼎等著名青铜器，形成“青铜时代”的历史概念；通过识别和鉴赏青铜名器，培养和提高学生的观察能力和鉴赏能力。</td><td></td></tr>
<tr><td>过程
与方法</td><td colspan="2">收集和展示古代青铜器的图片，从文物中提取有效历史信息，进一步形成“史由证来”的历史证据意识，学习通过文物认识历史的基本方法；通过对青铜器用途的划分，学习对历史事物进行分类的方法。</td><td></td></tr>
<tr><td>情感态度
与价值观</td><td colspan="2">了解我国古代接触的青铜工艺成就，感受我国古代人民的勤劳智慧和创造力，培养和增强民族自豪感和自信心。</td><td></td></tr>
<tr><td rowspan="2">教学重难点</td><td>教学重点</td><td colspan="2">以后母戊大方鼎为代表的青铜器。</td><td></td></tr>
<tr><td>教学难点</td><td colspan="2">从出土的商代青铜器中探究商朝的生产和社会情况。</td><td></td></tr>
<tr><td>教学辅助</td><td>教具
多媒体
学科资源</td><td colspan="2">使用PPT课件。</td><td></td></tr>
</table>

续表

教学过程(师生活动、教法、学法)	备 注(修 改)
·导入新课 一言九鼎、问鼎中原、三足鼎立、钟鸣鼎食，这些成语都与鼎有关，那么你知道鼎是什么东西吗? ·新课学习 一、高超的青铜冶铸技术 (一)理解青铜和青铜时代等基本概念 请学生阅读课文，找出以下问题的答案。	鼎：古代烹煮用的器物，一般三足两耳；古代视鼎为立国的重器，是政权的象征。
1. 什么是青铜? 2. 我国历史上哪一个时期属于青铜时代? (二)后母戊大方鼎 展示后母戊大方鼎图片，从三个方面为学生介绍： 1. 数据分析：高133厘米、口长112厘米、口宽79.2厘米、重832.84千克。 2. 整体造型：立耳，柱足，腹长方形，型制雄伟，是中国目前已发现的最大、最重的古代青铜器。 3. 纹饰欣赏：饰饕餮纹，腹内壁铸铭文“后母戊”三字，此鼎据考证，是商王室重器。其造型、纹饰、工艺均达到极高水平，是商代青铜文化顶峰时期的代表作。	青铜：是以铜为基本成分的合金。 青铜时代：夏商西周时期，青铜在生活、军事和生产中地位重要，历史上称这一时期为“青铜时代”。 补充：原称司母戊鼎，对鼎名称来历进行补充说明。
  (三)青铜器分类 教师多媒体展示收集到的各种青铜器物，让学生进行分类。 (四)三星堆青铜器鉴赏 教师播放视频，引导学生赏析三星堆青铜名器：青铜立人、青铜人头像、青铜树等。	设计意图：指导学生对青铜器物按照一定标准进行分类，培养学生对事物进行分类的能力。 结合学习与探究活动中的学习活动“青铜名器欣赏”。

(三)第一次课堂实施与课堂观察

第一次课堂实施由L老师执教，Z老师进行课堂观察。课堂观察的主要视角“教师提问、教师理答和学生应答”，并将课堂观察到的情况记录如下。

表2 课堂教学观察——教师提问、教师理答、学生回答观察表

序号	教师活动													学生活动			
	教师提问							教师理答						学生应答			
	教师设问	指向		层次			停顿时间	理答方式									
		清晰	模糊	识记	理解	应用		鼓励称赞	重复答案	在学生之前或和学生一起答	自问自答	不理睬	追问	无应答	集体齐答	个别回答	讨论汇报
1	一言九鼎、问鼎中原、三足鼎立、钟鸣鼎食，这些成语都与鼎有关，那么你知道鼎是什么东西吗？		√	√			2秒				√			√			
2	什么是青铜？	√			√		5秒	√	√				√			√	
	追问问题：什么是合金？	√		√			1秒		√							√	
3	我国历史上哪一个时期属于青铜时代？	√		√			6秒	√	√				√			√	
	追问问题：为什么称为“青铜时代”？	√			√		1秒							√			
4	后母戊鼎数据中高133厘米，跟我们班哪位同学的身高差不多？		√	√			1秒		√						√		
5	谁知道“饕餮纹”是什么吗？		√		√		1秒				√			√			
6	怎么给这些青铜器进行分类？			√		√	8秒			√					√		
7	三星堆的青铜器美不美？		√				1秒						√		√		
	反问：不美吗？	√					1秒								√		

（四）分析与反思

教学结束后，L老师和Z老师根据课堂教学观察记录——教师的课堂活动包括教师提问和教师理答、学生的课堂活动即学生应答对教学行为和教学效果进行了分析。

在本课完成“高超的青铜冶铸技术”一个子目教学内容中，一共设置了7个问题，在其中3个问题上进行了追问，共提问10次。依据课堂观察“教师提问—学生应答—教师理答”，通过师生双边课堂活动，对本课分析如下：

1.教师能按照课程标准和教学内容的体系进行有序教学，完成知识教学的基础性目标 。

2.本课的备课设计到课堂实施存在的不足：

①教学内容之间缺乏足够的逻辑关系，在课堂实施当中可见7个主问题之间各自分离，缺乏内在的逻辑联系。

②所有问题仅仅指向解决基础性知识目标，没有一个问题指向“证据意识”，说明教师在教学中本身缺乏重视证据的历史意识。

③问题设置水平低甚至有无效提问，比如“三星堆的青铜器美不美?”从课堂反应来看，绝大部分同学都没有感受到青铜器的美，所以集体回答“不美”，于是出现了课堂上老师很尴尬地反问“不美吗?”

④对教材文本解读不够，教材中以小字出现的介绍“后母戊大方鼎浇铸”、介绍“妇好墓”与“江西新干县商朝后期墓葬”出土文物以及图片“熔铜坩埚”，在整个备课和课堂教学中完全没有提及。

3.基于课堂观察提供改进建议如下：

①充分阅读课程标准和教材，把教材文本提供的教学资源用足用尽。教材文本提供的教学资源包括两大类，第一是图片类教学资源，如:“后母戊大方鼎”“熔铜坩埚”“四羊方尊”“青铜犁铧”等;第二类是文字类教学资源，如:“妇好墓”“新干县商朝后期墓葬”等考古发现成果。尤其是“妇好墓”“新干县商朝后期墓葬”等考古发现成果在教材中的采纳和运用，编者的本初意图就是用来论证教材中的历史结论，是培养学生“证据意识”非常有利的教学资源。

②梳理“青铜—青铜器—青铜时代”的内容内在逻辑结构，重新设计和建构本目教学内容结构。

③有效提问，是组织课堂教学的灵魂。重新设置问题，以主问题为中心聚焦形成一系列的问题串，既要指向解决基础性知识目标，更要指向培养学生“证据意识”，通过有效设问引起学生思考，历史结论“高超的青铜冶铸技术”与教材提供的证据“后母戊大方鼎”“熔铜坩埚”之间是什么关系？通过有效设问，引导学生理解

历史结论“青铜器种类多”是基于“妇好墓”“新干县商朝后期墓葬”考古成果的事实得出来的结论，强化学生“史由证来，证史一致”“论从史出，史论结合”是历史研究的基本方法。

④注意问题的层次性，减少识记型设问，增加理解型和应用型设问。

⑤除设置好问题梯度，课堂实施中还应注意给学生留足思考的时间和空间，在教师理答过程中注意衔接和处理好学生回答，通过问题在师生对话和生生对话中去有效达成三维教学目标。

面对课堂观察记录的事实依据，听完分析和建议，L老师苦恼地说：“我自己都没有证据意识，怎么对学生进行证据意识的培养呢？”

三、第二次教学实践

（一）修正教学设计和设计意图

师徒二人在充分分析和反思第一次课堂教学的基础上，根据分析和建议，对教学设计进行了大刀阔斧的全新调整，形成了第二稿教学设计。

表3　教案2 重庆市第五十中学校 历史 学科电子教案

<table>
<tr><th colspan="2">年 级</th><th>课 题</th><th>课 时</th><th>备 注(修 改)</th></tr>
<tr><td colspan="2">七年级</td><td>第5课 青铜冶铸技术和甲骨文</td><td>1</td><td></td></tr>
<tr><td rowspan="3">教学目标</td><td>知识
与能力</td><td colspan="2">知道青铜的基本成分，记住商朝后期铸造的后母戊大方鼎等著名青铜器，形成“青铜时代”的历史概念；通过识别和鉴赏青铜名器，培养和提高学生的观察能力和鉴赏能力。</td><td></td></tr>
<tr><td>过程
与方法</td><td colspan="2">收集和展示古代青铜器的图片，从文物中提取有效历史信息，进一步形成“史由证来”的历史证据意识，学习通过文物认识历史的基本方法；通过对青铜器用途的划分，学习对历史事物进行分类的方法。</td><td></td></tr>
<tr><td>情感态度
与价值观</td><td colspan="2">了解我国古代接触的青铜工艺成就，感受我国古代人民的勤劳智慧和创造力，培养和增强民族自豪感和自信心。</td><td></td></tr>
<tr><td rowspan="2">教学重难点</td><td>教学重点</td><td colspan="2">以后母戊大方鼎为代表的青铜器。</td><td></td></tr>
<tr><td>教学难点</td><td colspan="2">从出土的商代青铜器中探究商朝的生产和社会情况。</td><td></td></tr>
<tr><td>教学辅助</td><td>教具
多媒体
学科资源</td><td colspan="2">使用PPT课件。</td><td></td></tr>
</table>

续表

教学过程(师生活动、教法、学法)	备注(修 改)
·导入新课 播放1分钟关于“后母戊大方鼎”的视频,请学生注意视频中提出了哪些问题。 “它有怎样的身世?”“它的主人是谁?”引起学生的好奇心,由此进入新课学习。 ·新课学习 一、高超的青铜冶铸技术 (一)理解青铜和青铜时代等基本概念 教师提问:视频中有一句话“这个青铜文明的巅峰之作”,请问同学们,你们知道什么是青铜吗?我国历史上哪些朝代属于青铜时代?请阅读教材P26-P27,快速提取有效信息。 学生通过阅读教材提取信息课堂交流,掌握青铜和青铜时代等基本概念。 (二)后母戊大方鼎——高超青铜冶铸技术的代表作品 1.展示图片——揭秘后母戊大方鼎  教师问学生:“它是谁?” 教师回应:“对,后母戊大方鼎。同学们还记得新课引入的视频中的两个问题‘它有怎样的身世?’‘它的主人是谁?’哪位同学能解答?” 学生七嘴八舌地回答。 2.“后母戊大方鼎”的发现 教师简要讲述1939年河南安阳武官村农民发现“后母戊大方鼎”的过程。 3.“后母戊大方鼎”的名字 指导学生辨读教材“鼎”身上铭刻的文字,播放1分钟关于“后母戊大方鼎”的视频。	青铜:是以铜为基本成分的合金。 青铜时代:夏商西周时期,青铜在生活、军事和生产中地位重要,历史上称这一时期为“青铜时代”。 设计意图:围绕“后母戊大方鼎”设置系列问题,除重视挖掘教材提供的图片教学资源外,教师还提供视频、材料等其他课外教学资源,帮助学生通过国之重器“后母戊大方鼎”,理解中国古代青铜器的高超冶铸技术。 设计意图:在教师的指导下,通过学生阅读教材文字教学资源“妇好墓”“新干县墓葬”,提取墓葬中关于青铜器的数据等重要历史信息,培养学生“有几分证据说几分话”的“证据意识”。

续表

教学过程(师生活动、教法、学法)	备注(修 改)
4.“后母戊大方鼎”的铸造 播放两分钟关于“鼎”制作的视频。 请同学们根据视频和教材P27第一段小字部分，梳理“后母戊大方鼎”铸造的流程有哪些？在这些流程中你认为哪个最难？想用一个什么词语去概括“后母戊鼎”的铸造技术？ 5.“鼎”的延伸理解 “鼎”是干什么用的？ 提供两段材料 材料一：鼎三足两耳和五味之宝器也。——《说文解字》 材料二：天子九鼎，诸侯七鼎，大夫五鼎，元士三鼎或一鼎的用鼎制度。——《公羊传·桓公二年》 学生根据两段材料判断鼎的作用：一是炊具，二是礼器。 请学生判断“后母戊大方鼎”是炊具还是礼器。 (三)多样的青铜器种类——以妇好墓与新干县墓葬青铜器为例 1.指导学生阅读教材P27第二段文字，说出在妇好墓中发现了多少件青铜器，举例说明包括哪些种类的青铜器，说出新干县墓葬中出土了多少件青铜器，出土的青铜器种类有什么特点？ 2.教师呈现大量青铜器图片，请学生归类并说出所属种类。 3.在归类基础上，教师提问：青铜器的铸造技术用了高超一词进行概括，哪一个词语概括青铜器的种类最为恰当？ (四)精美的青铜器珍品 教师：后母戊大方鼎代表了青铜器中雄伟端正、气势凛然，在青铜器的宝库中，还有各种各样的艺术风格，请同学们观看一组来自三星堆的青铜艺术珍品。 1.播放3分钟的三星堆青铜器视频，询问学生的观后感。 2.在艺术青铜器的珍品中，有一件作品堪称精品——四羊方尊。 教师引领学生从结构、制作等多角度赏析四羊方尊。四羊方尊，高58.3厘米，重34.5千克。在体型上虽然比不上后母戊鼎，但是造型雄奇，纹饰精美，被称为商代青铜器的精品。大家看，四羊方尊的肩部、腹部与足部作为一体被巧妙地设计成四只卷角羊，各踞一隅，在庄静中突出动感，匠心独运。整个器身布满精美的云雷纹、夔龙纹、蕉叶纹、带状饕餮纹，线条光洁刚劲，造型气势，浑然一体。 3.欣赏过后，请同学们思考，高超的青铜冶铸技术、多样的青铜器种类，用哪个恰当的词语来概括青铜器的工艺呢？ 4.青铜器的价值拓展思考：请同学们结合课堂所学知识归纳青铜器的铸造与发掘对当时与现代有哪些价值。 实用价值：服务于当时的社会生活。 艺术价值：留存于后世的艺术鉴赏。 史料价值：研究夏商周时代的典型物证。	设计意图：通过提供视频欣赏三星堆青铜文物，以及教师引领学生欣赏“四羊方尊”，对课内教学资源充分发掘，并适度补充课外教学资源，通过设问引导学生赏析青铜器文物的美，理解青铜器的价值。

(二)第二次课堂实施与课堂观察

第二次课堂实施仍然由L老师执教,Z老师进行课堂观察。课堂观察的主要视角不变,课堂观察记录如下。

表4 课堂教学观察——教师提问、教师理答、学生回答观察表

序号	教师活动													学生活动			
	教师提问							教师理答						学生应答			
	教师设问	指向		层次			停顿时间	理答方式									
		清晰	模糊	识记	理解	应用		鼓励称赞	重复答案	在学生之前或和学生一起答	打断代言	不理睬批评	追问	无应答	集体齐答	个别回答	讨论汇报
1	视频中提出了哪些问题?	√					1秒	√								√	
2	什么是青铜?	√			√		5秒	√					√			√	
	追问:什么是合金?	√		√			1秒									√	
3	我国历史上哪一个时期属于青铜时代?	√		√			6秒	√					√			√	
	追问:为什么称为“青铜时代”?	√			√		1秒										√
4	它是谁?	√		√			1秒	√							√		
5	它有怎样的身世?它的主人是谁?	√		√			9秒	√								√	√
6	根据视频和教材第27页第一段文字部分,梳理“后母戊大方鼎”铸造的流程有哪些?	√				√	9秒	√					√				√
	追问:制作陶范—合金熔化—浇铸陶范—撤去陶范—修饰,在这些流程中你认为哪个最难?	√				√	5秒	√					√				√

续表

序号	教师活动													学生活动			
	教师提问							教师理答						学生应答			
	教师设问	指向		层次			停顿时间	理答方式									
		清晰	模糊	识记	理解	应用		鼓励称赞	重复答案	在学生之前或和学生一起答	打断代言	不理睬批评	追问	无应答	集体齐答	个别回答	讨论汇报
6	追问：合金熔化难在哪里？	√				√	3秒	√					√			√	
	追问：浇铸陶范难在哪里？	√				√	3秒	√					√			√	
7	你想用一个什么词语去概括“后母戊鼎”的铸造技术？	√			√	√	2秒	√								√	
8	“鼎”是干什么用的？	√				√	7秒	√					√				√
	追问：请判断“后母戊大方鼎”是炊具还是礼器。	√				√	1秒	√							√		
9	说出在妇好墓中发现了多少件青铜器。	√		√			1秒	√					√		√		
	追问：举例说明妇好墓中有哪些种类的青铜器。	√				√	3秒	√								√	
10	说出新干县墓葬中出土了多少件青铜器。	√		√			1秒	√							√		
	追问：出土的青铜器种类有什么特点？	√				√	5秒	√								√	
11	观看了三星堆青铜器的视频，有什么感受？	√			√		1秒	√								√	

续表

序号	教师活动													学生活动			
	教师提问							教师理答						学生应答			
	教师设问	指向		层次				理答方式									
		清晰	模糊	识记	理解	应用	停顿时间	鼓励称赞	重复答案	在学生之前或和学生一起答	打断代言	不理睬批评	追问	无应答	集体齐答	个别回答	讨论汇报
12	请同学们思考，高超的青铜冶铸技术、多样的青铜器种类，用哪个恰当的词语来概括青铜器的工艺呢?	√				√	5秒	√								√	
13	请同学们结合课堂所学知识归纳青铜器的铸造与发掘对当时与现代有哪些价值?	√				√	9秒	√									√

(三)两次教学对比分析

教学结束后，L老师和Z老师把两次课堂教学观察记录数据进行了统计，并对教学行为和教学效果进行了综合分析。

表5 “课堂教学观察——教师提问、教师理答、学生回答”课堂观察数据统计表

授课	教师活动													学生活动			
	教师提问							教师理答						学生应答			
	教师设问+教师追问(次数)	指向		层次			停顿时间	理答方式									
		清晰	模糊	识记	理解	应用		鼓励称赞	重复答案	在学生之前或和学生一起答	打断代言	不理睬批评	追问	无应答	集体齐答	个别回答	讨论汇报
1	7+3	6	4	5	4	1		2	4	2	0	0	3	3	4	3	0
2	13+8	21		6	4	11		19					8		4	12	5

从表格统计数据看，第二次授课教师设问和追问比第一次授课数量翻倍；从问题的设置清晰度上看，经过第二次教学设计，在问题的准确性上大大超越第一次，第一次设问出现了4次问题指向模糊、3次无人应答的情况；在设问的层次性上注意到了“识记、理解和应用”合理分配，第一次授课10个问题，其中4个指向识记，5个指向理解，仅1个指向应用。在第二次授课的21个问题中，6个指向识记，4个指向理解，11个指向了应用。在学生活动层面可见，第一次授课有4个问题学生集体回答，3个问题个别回答，3个问题无人应答，由此可见问题设置梯度性差，要么是简单问题，学生集体一口能说出来，要么问题难度较大，学生无法作答；第二次授课有4个问题集体回答，12个问题个别回答，5个问题讨论汇报，问题设置梯度性把握恰当。

在数据面前，执教L老师惊叹地说：“课堂设问真的是好大一门学问。”再对两组课堂设问的内容进行逐一分析发现，第二次课堂设问紧扣“青铜—青铜器—青铜时代”，以青铜器为突破点，选取了“后母戊大方鼎”“四羊方尊”为切入点，通过设问，把青铜器文物出土与铸造、青铜器文物作品及分类和青铜器文物鉴赏与价值逐一抽丝剥茧，“史由证来，论从史出”的历史学习过程蕴藏其中，在课堂学习的不知不觉中，实则是在教师的有知有觉引导下，学生的证据意识逐步建立起来，学生逐渐养成探究“历史结论”与“历史证据”之间关联的思考方式，“有几分证据说几分话”，尊重历史证据与事实，从而形成对历史进行合理的解释能力。

四、研究结论

如何通过初中历史课堂对学生进行证据意识的培养，就本次课例研究深度分析，总结如下。

（一）掌握两个重要的培养途径：教学理念和课程资源

1.教师牢固树立重视证据的历史教学理念

为什么2016年9月3日在川教版七年级新课标新教材培训大会上，与会专家在对课标和教材进行解读的过程中反复提到和要求务必培养学生的“证据意识”？除了前文阐述到的“在初中历史教学中培养学生的证据意识的重要性、急迫性”之外，与会专家的内心其实还有一层隐忧，那就是课标和教材变了，我们教师的观念和行为跟得上新变化的要求吗？在本次案例研究中，第一次课堂教学实施后，L老师苦恼地说：“我自己都没有证据意识，怎么对学生进行证据意识的培养呢？”这苦恼的一句话，是对专家们的隐忧最好的回答。

观念是行动的先导，行动反过来推动观念的变化。一线的广大历史教师，首先要从心理上接纳课标和教材的变化，逐渐牢固树立起重视证据的历史教学理念。历史是一门描述性学科，也是一门解释性学科，描述和解释都离不开掌握历史材料和历史证据，只有老师重视和掌握了运用材料和证据来讲课、来说话，他才会把重视证据的历史教学理念、方法渗透、浸润到学生的头脑中去。

教师如何才能更新观念，树立重视证据的历史教学理念？主观上要有接受新理念的意识，客观上要努力具备相应的学科知识和相应的专业能力。要做到这些，除了学习，没有别的方法，习近平总书记说过“依靠学习走向未来”。那么历史老师就要多向书本学、向专家学、向身边走在前列的同伴学，同时在自身的教学实践中揣摩学习。

2. 教师学会挖掘和运用培养证据意识的课程资源

第一，历史教科书中的课程资源。《义务教育历史课程标准（2011年版）》在教材编写建议中明确说明“历史教科书是学校历史教育最主要、最基本的教学资源。”历史教科书是依据国家颁布的历史课程标准编写并经过国家教育主管部门审查通过的教学材料，它是历史课堂教学最重要的教和学的文本资源。历史教师首先要学会充分挖掘和运用教科书的资源，这就需要我们多角度地解读教材文本。

（1）研究每一课历史教科书知识的呈现方式。

2011年版课标初中历史教科书对历史知识的呈现基本包括了史实、史证和史论，教材的哪些部分是史实？哪些部分是史证？哪些部分是史论？教师首先要对教材进行清晰精准的解读。

以“高超的青铜冶铸技术”一目为例，教材选用了“后母戊大方鼎”切入，教材以正文和图片方式呈现了这个内容；如何铸造出来了这么巨大的青铜器？教材以小字和图片“熔铜坩埚”的方式呈现了这个内容；当教学中把史实和史证搞清楚了，“高超的青铜冶铸技术”这个结论自然而然，“史由证来”“论从史出”不言自明。将冶铸技术的高超表达清楚后，教材用了一段文字“工匠们运用高超的青铜冶铸技术，制造出礼器、食器、酒器等十多类器物”，并用一段小字提供河南安阳小屯村妇好墓和江西新干县商朝后期墓葬出土的青铜器佐证，论在前证在后。教师研究清晰了教材内容的呈现逻辑关系及呈现方式，在教学中轻松驾驭，对于培养学生的证据意识自然也就是手到擒来。

（2）在教科书有历史结论处多问一个为什么。

“论从史出”，一般来讲教材的历史结论都会有相应的史实做支撑。“论”与“史”都呈现在那里，有证据培养意识的老师首先自己要懂得在结论处问一个为什么，然后还要懂得引领学生在结论处问一个为什么，不断在问“为什么”的质疑声中，引导学生将史论与史实建立起逻辑联系，使学生能够明确史论和史实的关系，将史实转化为得出史论、证明史论的论据。在常规的历史课堂教学中，坚持日积月累的追问，终将在学生的思维世界里埋下“证据意识”的慧根。

同样以“高超的青铜冶铸技术”一目为例。教材开篇第一段有一个结论“夏商周时期被称为‘青铜时代’”。教师在这里就要引领学生追问：“为什么夏商周时代会被称为‘青铜时代’？”当学生在学习的过程中，依次证明了“夏商周青铜冶铸技术高超”“夏商周青铜器种类多样”“夏商周青铜器是艺术珍品”，学生自然能找到证据证明在夏商周时期，青铜广泛使用在生活、军事和生产等诸多领域。耳濡目染中何愁“史由证来”“论从史出”的历史学习的基本原则和方法不在学生头脑中生根。

第二，历史教科书外的课程资源。《义务教育历史课程标准（2011年版）》在课程资源的开发与利用建议中提出“对历史课程资源的积极开发与充分利用，是历史教学顺利进行的基础条件。历史学科所具有的独特性质，使其拥有丰富的信息资源。在历史课程的实施中，教师要强化历史课程资源意识，因地制宜地开发和有效利用各种课程资源。”教科书外的资源呈现形式包括：文字资源、实物资源、图片资源和影像资源。在如何选用历史教科书外的资源问题上，《义务教育历史课程标准（2011年版）》提出了四个选用原则，即目标性原则、思想性原则、精选性原则和可行性原则。

依据上述选用课程资源的指导性原则，在“高超的青铜冶铸技术”一目第二次课堂教学中，我们基于教材对教学课程资源进行了拓展。①选用了视频材料。教材在正文部分提供了“后母戊大方鼎上的文字”图片，同时又在注释中提到“一些学者称为司母戊大方鼎”，学生在此处感到疑惑，到底该怎么读呢？教学的时候节选了《国宝档案》中关于“司母戊鼎”和“后母戊鼎”名字学术之争的片段，学生在看完短片后自然释疑，原来两种读法都没有错，不过教材采用的是学术界大部分人的意见“后母戊鼎”。②选用了文字材料。为了帮助学生准确理解“鼎”，选用了两则文字材料。材料一：鼎三足两耳和五味之宝器也。——《说文解字》。材料二：天子九鼎，诸侯七鼎，大夫五鼎，元士三鼎或一鼎的用鼎制度。——《公羊传·桓公二年》。学生根据两段材料判断鼎的作用：一是炊具，二是礼器。据此再深入引导学生理解“后母戊大方鼎”的作用。在选用上述材料扩展课堂的过程中，教师的行为本身就是一种寻找证据的行为，只要教师按照原则有意识地正确合理选用课程资料，学生在历史课堂学习的潜移默化中自然能生长出“证据意识”来。

（二）熟练用好一种教学方法：课堂有效设问

诚如L老师说：“课堂设问真的是好大一门学问。”有效课堂设问既是一门科学，又是一门艺术，对调动学生的思维、加深对知识的理解、培养良好的思维品质、较好地达到三维目标都具有重要的作用。

“高超的青铜冶铸技术”一目的两次课堂教学，最根本的调整就在于课堂设问的变化，前文已有数据呈现，此处不再赘述。如何有效进行课堂设问？从两次课堂观察记录的统计数据可见，有效的课堂设问，问题指向一定要清晰准确；问题的层次要兼顾“识记、理解和应用”，注意问题的梯度合理，兼顾各种层次的学生参与课堂；问题提出后教师要注意给学生留足思考的时间，并对学生的应答做出恰当的反应和评价。除了分析数据统计表可得的结论之外，有效课堂设问还要注意以下两个方面，仍以“高超的青铜冶铸技术”第二次课堂教学为例。

1.注意创设问题情境，激发学生的探究欲望

在新课导入环节，节选了1分钟CCTV纪录频道播放的关于“后母戊大方鼎”的视频，视频播放前，给学生设置了一个问题：请注意视频中提出了哪些问题。视频播放结束，学生都注意到了视频中的两个问题“它有怎样的身世？”“它的主人是谁？”在重复视频中问题的时候，学生的好奇心被点燃，探究的欲望被成功唤起，学生就带着探索与发现的情绪进入本课的学习中去。

2.注意设置好主问题，把握好追问的节奏

在处理“后母戊大方鼎”铸造这一内容的时候，在播放了一段节选自CCTV纪录频道的相关视频后，教师抛出主问题：“根据视频材料和教材P27第一段小字部分，梳理‘后母戊大方鼎’铸造的流程有哪些？”经过同学们共同努力，把铸造流程完整梳理出来了。紧接着，教师开始了第一个追问：“同学们汇聚智慧概括出了五个流程，分别是‘制作陶范—合金熔化—浇铸陶范—撤去陶范—修饰’，在这些流程中你认为哪个最难？”在这个追问环节，每个学生的看法不一样，课堂生成出新的问题，老师根据课堂的实际情况，把大多数学生的问题变成了新的追问：“合金熔化难，难在哪里？浇铸陶范难，又难在哪里？”在不断的追问下，学生开始脑补两三百人为铸造这个国之重器，用70个坩埚同时挥汗如雨地干活的场景，证据与想象在脑海中同步。当老师提出新的问题：“你想用一个什么词语去概括‘后母戊鼎’的铸造技术？”“高超”就不再是一个生硬的词语，而是对青铜铸造技术深度理解后情感上的高度赞同。

有效设问，是课堂教学的灵魂。有效的设问把学生引向知识的坦途、引向思维的高山、引向情感的深处。

课例研究反思

1.课例研究是名师班一次体验式和探究式学习。

从2016年9月第一次布置课例研究任务，到2017年6月课例研究第四次修订指导，我逐渐有了从迷雾中走出来的感觉。

当项目研究团队的老师亲自对我的课例研究进行点拨后，我犹如醍醐灌顶，说："一开始这么指导我们就好了，少走好多弯路。"

研究团队指出："之所以一开始没有这么细致针对不同个体进行指导，就是要让每个学员先自己体验。"

我承认，研究团队的做法是正确的。在我们的日常教学中，当我们理论上高呼"以学习者为中心"的时候，事实上，我们的教学行为很多时候在以自己的经验干扰学习者体验和探究。这一次，我切身体会到了"以学习者为中心的体验式和探究式学习"，我想这样一个过程对我今后的教学裨益无穷。

2.课例研究是一个逐渐把问题聚焦的过程。

我的课例研究题目从最初的"如何通过初中历史课堂教学培养学生的证据意识"，到现在的"'挖掘课程资源有效设问'培养初中学生的证据意识"，就是把研究问题聚焦的结果。研究问题聚焦了，从研究内容的确定，到两次课堂教学实践，"挖掘课程资源有效设问"自然就成了整个课例研究中的核心所在。对于一线的教学实践者，我们通常知道自己在教学中做什么，怎么去做。但往往欠缺两个东西，第一个是很难把所做的教学行为转化为理论层面的思考"我们为什么这么做?"，第二个是很难找到研究问题的那个准确的切口。

一个人所走过的弯路，只要善于反思、总结和调整，必将成就此后的人生坦途。此次课例研究，为我打开了教学行为与教学研究的新路径。

21. 初中生物探究式教学课例研究

——以初中生物《鸟》教学为例

陈一梅[①]

一、选题背景

（一）选题缘由

初中生物新课标一直倡导各种形式的探究活动，课程改革很重要的一条就是要改变学生的学习方式，变被动为主动，充分发扬学生的自主学习精神，并通过勤动手、乐于探究的各种形式的探究活动，培养学生获取知识的能力，体验科学的过程和方法。

《鸟》这部分的学习正是学生在学习了鱼、两栖动物、爬行动物的形态结构和生理特征是如何适应环境之后，学生们有了一定的理论基础，同时学生对鸟也比较熟悉，学生探究的难度也相对较小一些。因此决定选择该课题进行研究。

（二）研究意义

“鸟的主要特征”是人教版初中《生物学》八年级上册第一章第六节《鸟》的内容。教材通过探究活动，引导学生认识鸟适于飞行的形态结构特点。在探究活动之后，介绍了鸟适于飞行的其他特征，如消化系统、呼吸系统、循环系统等生理方面的特征，使学生能够对鸟善于飞行的深层次原因有比较全面的认识，进而引导学生归纳鸟的主要特征。通过对本课的研究，为以后的探究教学打下基础。

① 陈一梅，女，四川人，重庆市杏林中学校教师，高级教师，重庆市骨干教师。

（三）研究内容

通过对“鸟”如何适应空中飞行生活进行探究，可让学生更好地理解恒温动物与变温动物，同时为哺乳动物的学习打下基础。鸟是比较高等的脊椎动物类群，通过与前面学习过的动物类群相比较，引导学生发现动物的身体结构与功能越复杂和精巧，对环境的适应能力越强，从而认同并初步形成动物是逐渐进化的，为以后概述生物进化的主要历程做好铺垫。

二、第一次教学实践

（一）教学设计意图

【教学目标】

知识方面：鸟是常见的动物，学生比较熟悉，知道鸟“有羽毛和翅膀”，但对鸟“有哪些特征适于飞行”还不明确，需要进一步探究学习。教师可利用鸟的标本，相关的视频、图片来加强学生的感性认识，便于学生理解和掌握。

能力方面：八年级学生已经具备一定的探究学习能力和逻辑思维能力。在本节课的教学中，通过鸟的标本观察、图片观察、资料分析等多种素材的探究活动，可进一步培养学生解决问题和逻辑推理的能力，帮助学生形成鸟的主要特征的重要概念。

情感态度价值观方面：初中生的思维比较活跃，探索知识的积极性很高。针对学生的这一心理特点，以探究学习和小组合作学习进行教学，可提高学生学习的积极性。

【教学重难点】

概述鸟的主要特征以及与人类生活的关系，进行“探究家鸽适应空中飞行的特征”活动。

【教学过程】

教学内容	教师行为	学生行为	教学目的
(一)新课导入	在优美的鸟鸣声中,播放各种各样鸟的图片,引出探究学习的问题:鸟的形态结构特点有哪些适于飞行?	尝试说出图片中各种鸟的名字,认识不同的鸟,感受鸟的美丽。	激发学生的学习兴趣,带着问题进入新课学习。
(二)探究鸟适于飞行的形态结构特点	展示鸟的标本,提出探究学习的问题:鸟有哪些形态结构特点是适于飞行的?引导学生做出假设。 探究1:鸟的外部形态 每个小组发一只鸟的标本,指导学生观察鸟的外部形态,完成思考题。 (1)你所观察的鸟的体形是怎样的? (2)鸟的身体覆盖着什么? (3)鸟的前肢演变成了什么? 探究2:鸟的肌肉、骨骼 指导学生阅读资料1:鸟的胸肌和骨骼所占体重的比例。 (1)观察“鸟的胸肌”图片,鸟的胸肌与其他部位的肌肉相比,发达程度怎样?胸肌附着的部位在哪里? (2)观察鸟的骨骼标本,鸟的骨骼有哪些特点? 这些与它的飞行生活有什么关系?	学生通过标本的观察和结合已有的经验,初步做出假设:鸟的外形、羽毛、肌肉、骨骼等适于飞行生活。 学生观察标本,归纳小结: (1)呈流线型,减小飞行阻力。 (2)体表覆羽,起扇动空气、保温作用。 (3)前肢变成翼,可振翅飞翔。 学生观察图片和鸟的骨骼标本,归纳小结: (1)胸肌发达,附着在胸骨上,牵动两翼完成飞行动作。 (2)骨骼轻、薄、坚固,有些骨内部中空,可减轻体重。 鸟的外形、肌肉和骨骼的特点与其飞行功能相适应。	培养学生通过自学、小组合作学习,提高学生分析、解决问题的能力。 通过“小结”框架设计,培养学生从问题中归纳知识点的能力。 通过图片、标本和视频等多种教学形式,为学生提供丰富的学习资源。

续表

教学内容	教师行为	学生行为	教学目的
(三)鸟的其他特征	鸟的飞行需要大量能量，能量从哪里来？食物中的能量是如何释放的？ 1.视觉及消化系统 思考： (1)鸟总是不停地找食物，会不会增加体重影响飞行？ (2)鸟的消化能力如何？有没有鸟粪落在身上或车上的经历？ 2.呼吸系统 指导学生阅读教材"鸟体内的气囊"图文，阅读文字资料，标出鸟吸气、呼气时气体在肺和气囊中的流动方向。 通过比较人和鸟在呼吸时气体交换的次数，理解鸟的气囊辅助肺呼吸。 3.循环系统 展示资料2：几种鸟与人心搏次数的数据，请学生分析。 这些与它的飞行生活有什么关系？ 4.鸟的生理特点 展示资料3：几种动物的体温值，请学生分析。给出恒温动物和变温动物概念。	通过呼吸作用的公式，联系鸟的消化、呼吸和循环系统等的特点。 观看视频，结合生活经验，小结： (1)鸟的视觉发达，有喙无齿。 (2)食量大，消化能力强，随时排便。 阅读资料，归纳小结： 鸟用肺呼吸，气囊可辅助呼吸。(双重呼吸) 鸟的消化、呼吸、循环系统的特点与其飞行功能相适应。 分析数据得：鸟的心跳频率快。体温高而恒定，属于恒温动物。通过产卵繁殖后代。	通过前后知识之间的联系，引入鸟其他特征的学习。 结合生活经验和直观感知，培养学生分析问题的能力。 培养学生图文转换能力。 培养学生数据分析处理能力。 通过发挥小组合作学习的作用，增强小组的凝聚力，使学生体会小组合作学习的重要性。
(四)鸟的主要特征	在鸟的许多特征中，引导学生总结鸟的主要特征。	体表覆羽；前肢变成翼；有喙无齿；有气囊辅助肺呼吸。	促进学生自主构建概念。
(五)练习巩固	习题检测、反馈。	完成相应练习。	检测评价。

【设计意图】

由于实验室有大量完整的鸟的标本及骨骼标本，就想到用现成的标本让学生去观察和猜想，了解鸟的形态结构，分析它适于飞行的特征，很直观。

(二)分析与反思

课程结束才发现，仅用观察和感知的方法，学生对鸟的外部形态和内部结构倒是了解得比较透彻，但对鸟的生理特征以及外部形态、内部结构是如何适应飞行生活就显得比较吃力了。尤其是部分发展水平差一些、懒一些或者内向一些的学生就表现得很消极了。

三、第二次教学实践

(一)修正教学设计与意图

【教学目标】

知识目标：概述鸟的特征与人类生活的关系。

能力目标：尝试完成“探究家鸽适应空中飞行的特征”的活动，运用资料分析，提高分析和处理信息的能力。

情感态度价值观：关注我国珍稀鸟类资源，养成自觉的爱鸟、护鸟习惯。

【教学重难点】

进行“探究家鸽适应空中飞行的特征”的探究活动。

【教学过程】

教学内容	教师行为	学生行为	教学目的
(一)新课导入	在优美的鸟鸣声中，播放各种各样鸟的图片，引出探究学习的问题：鸟的形态结构特点有哪些适于飞行？	尝试说出图片中各种鸟的名字，认识不同的鸟，感受鸟的美丽。	激发学生的学习兴趣，带着问题进入新课学习。

续表

教学内容	教师行为	学生行为	教学目的
(二)探究鸟适于飞行的形态结构特点	要想纸飞机飞得又高又远，折叠时有什么技巧？提出探究学习的问题：鸟要在空中飞行，必须解决哪些问题？ 探究1：阻力问题的解决 每个小组发一只鸟的标本，指导学生观察鸟的外部形态，完成思考题。 (1)你所观察的鸟的体形是怎样的？ (2)鸟的身体覆盖着什么？ (3)鸟的前肢演变成什么？ 探究2：身体轻如何解决 指导学生阅读资料1：鸟的胸肌和骨骼所占体重的比例。 (1)观察“鸟的胸肌”图片，鸟的胸肌与其他部位的肌肉相比，发达程度怎样？胸肌附着的部位在哪里？ (2)观察鸟的骨骼标本，鸟的骨骼有哪些特点？ 这些与它的飞行生活有什么关系？	学生结合已有的经验，初步得出结论：要轻、头要尖等。由此及彼，鸟在空中飞行也要轻、克服阻力问题、解决动力问题。推测外形、羽毛、肌肉、骨骼等适于飞行生活。 学生观察标本，归纳小结： (1)呈流线型，减小飞行阻力。 (2)体表覆羽，起扇动空气、保温作用。 (3)肢变成翼，可振翅飞翔。 学生观察图片和鸟的骨骼标本，归纳小结： (1)胸肌发达，附着在胸骨上，牵动两翼完成飞行动作。 (2)骨骼轻、薄、坚固，有些骨内部中空，可减轻体重。 (3)直肠短，随时排便。 鸟的外形、肌肉和骨骼的特点与其飞行功能相适应。	培养学生通过自学、小组合作学习，提高分析、解决问题的能力。 通过“小结”框架设计，培养学生从问题中归纳知识点的能力。 通过图片、标本和视频等多种教学形式，为学生提供丰富的学习资源。

续表

教学内容	教师行为	学生行为	教学目的
(三)鸟的其他特征	探究3:鸟的飞行需要大量能量,能量从哪里来?食物中的能量是如何释放的? 1.视觉及消化系统 思考: (1)鸟总是不停地找食物,会不会增加体重影响飞行? (2)鸟的消化能力如何?有没有鸟粪落在身上或车上的经历? 2.呼吸系统 指导学生阅读教材"鸟体内的气囊"图文,阅读文字资料,标出鸟吸气、呼气时气体在肺和气囊中的流动方向。 通过比较人和鸟在呼吸时气体交换的次数,理解鸟的气囊辅助肺呼吸。 3.循环系统 展示资料2:几种鸟与人心搏次数的数据,请学生分析。 这些与它的飞行生活有什么关系? 4.鸟的生理特点 展示资料3:几种动物的体温值,请学生分析。给出恒温动物和变温动物概念。	通过呼吸作用的公式,联系鸟的消化、呼吸和循环系统等的特点。 观看视频,结合生活经验,小结: (1)鸟的视觉发达,有喙无齿。 (2)食量大,消化能力强,随时排便。 阅读资料,归纳小结: 鸟用肺呼吸,气囊可辅助呼吸。(双重呼吸) 鸟的消化、呼吸、循环系统的特点与其飞行功能相适应。 分析数据得:鸟的心跳频率快。体温高而恒定,属于恒温动物。通过产卵繁殖后代。	通过前后知识之间的联系,引入鸟其他特征的学习。 结合生活经验和直观感知,培养学生分析问题的能力。 培养学生图文转换能力。 培养学生数据分析处理能力。 通过发挥小组合作学习的作用,增强小组的凝聚力,使学生体会小组合作学习的重要性。
(四)鸟的主要特征	在鸟的许多特征中,引导学生总结鸟的主要特征。	体表覆羽;前肢变成翼;有喙无齿;有气囊辅助肺呼吸。	促进学生自主构建概念。
(五)练习巩固	习题检测、反馈。	完成相应练习。	检测评价。

【设计意图】

通过上一次课的学习，发现部分发展水平差一些或者内向一些的学生表现得很消极了，让学生去分析鸟类如何适应飞行生活，学生们无从下手。于是想到从学生最熟悉的纸飞机入手，发现有的同学的纸飞机飞得又高又远，而有的同学的纸飞机老栽跟头，引导他们去思考、去分析，这样学生们会更有兴趣，更愿意去积极思考。

四、研究结论

（一）比较两次课的异同

两节课的不同之处在于引导学生思考问题的角度不同，修改课从鸟类生活的环境入手，从学生熟悉的纸飞机入手，让学生有真实的体验，比第一次课单纯看标本入手更符合认知规律——从感性到理性，从实践到理论。所以第二节课更有趣，课堂效果也更好，培养了学生如何去发现问题、分析问题和解决问题的能力。

（二）需要说明的问题

两节课围绕着“鸟的主要特征”这一重要概念进行一系列教学活动。通过观看视频“多种多样的鸟”激发学生的学习兴趣，并使学生带着问题进入到探究学习。

教师围绕“生物的结构与功能相适应”这个主线引导学生进行探究学习，让学生在探究学习中理解鸟的形态特征与生理功能都是与其飞行生活相适应，帮助学生生成较为完整的知识体系。

课例研究反思

通过《鸟》这一课的课例研究，我发现教学的功夫在课下，教师为了达成目标要备学生、备教材，反复用不同的方法去实践，这样才能找到最适合学情的教学方法。通过本课的学习，学生们独立成功地探究出了鸟类是如何适应飞行生活的，这些都足以证明，学生内心有强烈的探究欲望、交流意识、合作需求，只要给他们提供一片天地，他们定会策马奔腾。经过这次课例研究课使我深刻体会到教师一定要创设符合学生内心需要的学习环境，使学生乐于探究，敢于创造，激发学生自主学习的精神，教师只有树立大教育观和学科综合意识，才能适应课改的大潮。

22.

“以小求真”导学法的课例研究

——以思想品德课《承担责任 服务社会》为例

王慧玲①

一、选题背景

（一）选题缘由

当今我国的教育，正在进行一场“毛虫蜕变”式的根本性变革。这场变革被华东师范大学叶澜教授称为当代中国基础教育的“学校转型性变革”，即学校教育在整体形态、内在基质和日常教育实践上实现由“近代型”向“现代型”的转换。根据教育的发展趋势，我国正提倡“有效教学”，所谓“有效教学”是指在有限时间和空间内，采取最适合的教学方式，充分调动起学生的积极性，让他们思维活跃起来，在知识与技能、过程与方法、情感态度价值观三个方面得到和谐发展。

（二）研究意义

由于过去思想品德课堂教学的模式化，导致在课堂教学中出现一些与课改不和谐的现象。

1. 以教师为主体的教学，忽略了学生的主体地位。虽然教师在备课时关注了解决问题的方法和过程，但在教学中，在问题解决过程中，教师“包办代替”的现象仍普遍存在，学生缺少独立探究和主动学习的机会。

2. 现代信息技术与学科教学整合仍处于形式化阶段。教师在备课时考虑最多的是研读课程标准和教材，以及制作教学课件，寻找课外相关知识，但只有少部分教师思考适合学生的教学方法，某些教师还存在把多媒体当作小黑板使用或当放映机使用的现象，这必然导致现代信息技术的使用不能很好地用于学科教学而效率低下。

3. 教学方法陈旧。有些老师上课停留在老一套的教学状态中，从始至终都只靠教师讲述，根本提不起学生的兴趣，也不符合新课程标准的要求。我们急需用新

① 王慧玲，女，重庆人，重庆市第五十七中学校教师，区级骨干教师、政治专委会理事，获市优质课大赛一等奖。

课程的理念审视自己的教学行为，选择好的教学方法，提高学生学习的积极性，真正做到传道、授业、解惑。为了使自己的教学能跟上教改的步伐，我对初中思想品德课堂教学导学法进行探索式研究，构建我校思想品德课教学可持续发展的平台。

（三）研究内容

1.导学法

所谓“导学”是指以学案为载体，以导学为方法，教师的指导为主导，学生的自主学习为主体，师生共同合作完成教学任务的一种教学模式。这是一种新型的教学模式，它旨在通过学生的自主学习，培养学生的自学能力，提高教学效益。这种教学模式一改过去老师单纯地讲，学生被动地听的“满堂灌”的教学模式，充分体现了教师的主导作用和学生的主体作用，使主导作用和主体作用和谐统一，发挥最大效益。

2.“以小求真”

“以小求真”是学生以自己身边的小事为素材，以“以小求真”为目的的导学方法。它通过学生对自己身边小事的收集整理、分析判断、合作互助、讨论交流和教师的启发点拨达成教学目标。这是一种将学生学习真正与实际生活联系起来的教学方法，是一种教师必须对学生学习过程中的情绪状态、思维状态和生成状态进行全程关注和调整的教学方法，也是一种师生共同追求全面和谐发展的教学方法。

3.“以小求真”导学法的基本操作方法

第一步，学生个人收集素材。

第二步，分组合作整理提炼。

第三步，交流分享达成共识。

二、第一次教学实践

（一）教学设计

【教学目标】

本课有“承担关爱集体的责任”“承担对社会的责任”和“做一个负责任的公民”三个主题。第一个主题主要说明个人与集体、个人利益与集体利益血肉相连的关系，引导学生懂得个人利益服从集体利益、局部利益服从整体利益、当前利益服从长远利益。第二个主题从公民的角度，启发学生正确认识个人与国家、民族之间的关系，做到胸怀祖国，放眼天下，志存高远，脚踏实地地服务社会。作为一个公民，应该从一点一滴做起，增强责任意识，提高履行责任的能力。第三个主题结合学生的生活实际进行回归，引导学生在日常活动中“信守承诺，勇担过错”，自觉承担责任，做责任的主人，享受承担责任的快乐。

【教学重难点】

怎样做一个负责任的公民。

【教学过程】

我先引导学生复习知识，让学生学会归纳知识，为分析解决问题奠定基础，然后通过典型例题，让学生提出问题、分析问题、解决问题，在这个过程中，让学生去思考、讨论、感悟，从而使三维目标得到很好的体现。

【设计意图】

本节课的整体思路是围绕主题，突出重点，讲求实效，整体把握三维目标之间的关系，有效地进行思想政治课教学，从整体上把握三维目标之间的关系。知识与技能是基础，课堂要有一定的知识容量，要做到让学生的知识得到丰富与更新，能力得到扩展与提高，情感、态度、价值观得以巩固和提升，只有这样才能提高学生分析问题、解决问题的能力。

（二）教学实录

复习引入：学习政治不能停留在口头、书面上，而要身体力行，达到知行统一，这就要求我们关注社会。这里有几组信息，有爱国篇、公益篇、感恩篇，请同学随机点击，自选题目，共同分析探讨。（目的：考查学生运用所学知识分析、综合解决问题的能力）

1.爱国篇：爱国是人类最崇高的一种感情，是应尽的义务，也是一种光荣。请看文字材料：

故事一：袁隆平是杂交水稻研究领域的开创者和带头人，致力于杂交水稻的研究，先后成功研发出“三系法”杂交水稻，“两系法”杂交水稻，超级杂交稻一期、二期，使水稻产量从平均亩产300千克先后提高到500千克、700千克、800千克。他领导研究的超级杂交稻项目正朝着亩产900千克的第三期目标顺利推进。与此同时，袁隆平提出并实施“种三产四丰产工程”，运用超级杂交稻的技术成果，用3亩（1亩≈667平方米）地产出4亩地粮食，大幅度提高现有水稻单产和总产。中国累计推广种植杂交稻56亿多亩，每年增产的稻谷可以养活7000多万人口，相当于全世界每年新出生人口的总和。杂交水稻还被推广到30多个国家和地区，种植面积达3000多万亩，也是世界上第一个成功地利用水稻杂交优势的科学家。出版中、英文专著6部，发表论文60余篇。

故事二：于敏，核物理学家，国家最高科技奖获得者。原中国工程物理研究院副院长、研究员、高级科学顾问。在中国氢弹原理突破中解决了一系列基础问题，提出了从原理到构形基本完整的设想，起了关键作用。此后长期领导核武器理论研究、设计，解决了大量理论问题。对中国核武器进一步发展到国际先进水平做出了重要贡献。从20世纪70年代起，在倡导、推动若干高科技项目研究中，发挥了重要作用。1982年获国家自然科学奖一等奖。1985年、1987年和1989年三次获国家科技进步奖特等奖。1994年获求是基金杰出科学家奖。1985年荣获"五一劳动奖章"。1987年获"全国劳动模范"称号。2015年获2014年度国家最高科技奖。

提问：(1)他们是怎样承担对国家、社会的责任的？(2)人人尽责对社会的发展有什么重要意义？(3)中学生怎样才能承担起实现中华民族伟大复兴的重任？

2.公益篇：细心的同学会发现，身边的公益活动增加了，公益广告增多了，公民的素质正在提升，下面我们就走进公益篇。

材料一：郑州市二七社区，有个和谐的老院落，叫陇海大院。二七区陇海大院居民高新海，1976年在农村插队时，突患急性横贯性脊髓炎致高位截瘫，胸部以下完全失去知觉。随后，命运的打击接踵而来：1983年，家里的顶梁柱二哥因病去世；1987年，母亲患结肠癌；1997年，大哥患肺病；2005年，父亲患上老年痴呆；2008年，高新海的父母相继去世，留下高新海孤零零一人。当不幸开始笼罩这个家庭的时候，大院里的邻居们就纷纷伸出援助之手，一个自发形成的爱心群体自觉承担起照顾他的义务——洗澡、理发、上车、下床……生病时，大家不分昼夜轮流在床前守候，至今38年从没间断。如今，高新海学会了骑电动三轮车，他用这辆三轮车免费接送社区赶着去办急事的人，谁着急上班，谁赶着去火车站，谁要去医院看病，高新海闻讯会立马赶到。2015年2月27日，"陇海大院"获感动中国2014年度人物。

材料二：2022年北京冬季奥运会正一步一步向我们走来，抓住这一难得的历史机遇，围绕"纯洁的冰雪·激情的约会"口号，我们学校正在以丰富多彩和生动感人的形式，深入开展奥林匹克教育活动，全面提升青少年的文明素养，为北京冬奥会营造良好的社会氛围。

提问：(1)为什么"陇海大院"获得了感动中国2014年度人物？(2)在"纯洁的冰雪·激情的约会"口号下，你准备承担哪些责任？

3.感恩篇：虽然还有丝丝寒意，但毕竟快要春暖花开，可是谁又能忘记年初那场风雪呢？下面请看视频。大雪无情人有情，灾难面前，全国人民众志成城，共抗雪灾，其中就有唐山的这13位农民。

材料：在抗击冰雪灾害的过程中，每天都发生着许多感人的故事。唐山市玉田县东八里铺村13位农民自发组织南下支援灾区，就是其中的一例。大年三十是阖家团圆的时刻，这13位普通的农民却带着干粮，千里迢迢自费包车来到湖南遭受雪灾最严重的郴州市，帮助当地民众抗冰救灾，重建电网。这样，在郴州市抢险救灾第一线便有了一支由13位唐山农民组成的“支援救灾小分队”。他们中年龄最大的62岁，最小的19岁。也许有人会问，这13位农民到底图个啥？图名？他们是地道的农民，名对他们几乎毫无意义。图利？他们冒着风险自费参与抗灾，所带的几万元钱已经所剩无几。“1976年唐山发生大地震时，如果不是全国人民无私支援我们，能有唐山翻天覆地的变化吗？现在湖南遭了灾，我们也应该支援他们！”这是13位唐山农民的心里话，也是他们最朴素的回答。30多年前的大地震，唐山人感受到来自全国的关爱和支援。30多年后的今天，13位唐山农民凭着自己最真挚的感恩情怀，用自己最朴素的方式——敲冰铲雪、帮着运送材料、拉高压线，为抗击南方冰雪灾害贡献绵薄之力。一个国家，一个民族，愈是在危难的时刻，就愈能显示出她的儿女的责任和情感。在13位唐山农民身上，我们更深刻地理解了什么叫“国家兴亡，匹夫有责”。

合作探究，请同学们分析材料，并提出问题：(1)这些农民的哪些品质让我们感动？(2)青少年应怎样做？(3)作为社会的一员，我们怎样以自己的实际行动承担起对国家、社会、个人的责任，做负责任的公民呢？

通过今天的学习，我们不仅学会了分析解决问题，更懂得了什么样的人生才有价值、有意义，那就是承担责任，服务社会。谈谈你的感悟。责任是一种精神，是敬业，是对价值的坚守，是对信念的执着，是对工作的负责，是对社会、他人的负责任。一个有责任感的人，在学习中就有了热情，就能激发潜在的能力。我们将勇于承担责任的意识渗入血液之中，不断地向成功迈步，改变自己的人生，实现自己的人生价值！

(三)分析与反思

这堂课选取的三个材料呈现的内容各有不同，涉及国家、社会、生活等方面，具有典型性、针对性。教学过程中我以材料作为载体，让学生运用所学知识分析讨论，充分发挥学生的主体作用，让学生学会分析，掌握方法，提高能力。在教与学的过程中，既重视了传授知识，也体现了德育情感，让学生理解爱国、热心公益、感恩都是一种责任。整节课中，我国年度感动中国人物的导入、呈现材料的交流探究、最后的共同感悟，都会对学生的心灵有所触动，有助于其形成科学的价值观、人生观。本节课关注社会，探究实践，做到了“巧”选教学资源。在新课程背景下，一切有利于实现课程目标的各种因素，皆有可能成为教学资源，尤其政治学科资源更丰富、更具有时代性，但我们必须巧妙地筛选出适合学生成长需要的内容，认真钻研，精心设计，以实现教材与学生生活、社会热点的“巧”对话。

三、第二次教学实践

（一）修正教学设计与意图

【教学目标】

知道责任的含义和来源，懂得人因不同的身份而负有不同的责任，理解角色、责任与社会和谐的关系。懂得每个人都应该对自己负责，体验负责任的意义，培养社会责任感。理解个人与集体、个人利益与集体利益的关系，感悟热心公益、服务社会的意义，自觉做一个负责任的公民。

【教学重难点】

教学重点：责任的含义和来源；个人利益与集体利益的关系。

教学难点：负责任的意义；自觉做一个负责任的公民。

【教学过程】

1. 学生个人收集素材。新课前一周，让学生根据课程要求收集整理自己身边有关负责任的事例（如家庭、邻里、同学等）。绝大部分的学生都很乐意去完成，然而有一个学生A不愿意去做，其理由是他认为做这样的收集没有意义：现在这个年代谁应该对谁负责呢？后来有同学悄悄告诉我，他生活在单亲家庭里，很小的时候父母离异，他与父亲共同生活。父亲下班后，除了准备饭菜，对他的学习及其他方面从不过问。这个孩子认为父亲对他没有责任心、责任感，受家庭的影响，他的责任意识也比较淡薄。这个学生因为种种原因，没有参与到收集事例的活动中，其他学生都非常认真收集事例、认真准备。

2. 分组合作，整理提炼。经过几天准备，同学们在课前将自己收集到的事例资料交流、整理、提炼，并根据不同专题进行分组合作，将多个相同的典型事例和典型人物进行汇总再创造，形成专题事例（如对社会的责任、对家庭的责任、对他人的责任等）。对家庭负责的专题小组，把学生A纳为他们小组的成员，让他参与小组的活动中去。

【设计意图】

第一节课的材料内容比较多，话题比较大，离学生生活较远，情感上难有共鸣，从而难以化为学生自己的自觉行动。而现在提倡的“有效教学”是要采取最适合的教学方式，充分调动起学生的积极性，让他们思维活跃起来，在知识与技能、过程与方法、情感态度价值观三个方面得到和谐发展。“以小求真”导学法就是以教师的指导为主导，学生的自主学习为主体，师生共同合作完成教学任务。教师对学生学习过程中的情绪状态、思维状态和生成状态进行全程关注和调整，师生共同追求全面和谐发展。

新课改以来，思想品德课教材有了很大的变化，知识表述图文并茂，更贴近学生的生活实际，对教师也提出了更高的要求。怎样以教材为载体结合学生的实际教好思想品德课？怎样才能把政治课上得更加生动、有实效，让学生们在娱乐、活动和探究过程中学会学习，进而将正确的认知转化为做人的能力？怎样让思想品德课不再是对“大家都知道”的道理进行“重复枯燥”的说教？我一直为这些问题所困惑。在教学实践中我不断摸索、尝试、提炼了一个新的教法——“以小求真”导学法，旨在通过教法与学法的变革来达到教书育人的目的。下面就我运用“以小求真”的导学方法尝试教学“承担责任　服务社会”一课。

（二）教学实录

交流分享达成共识。分组交流，师生共享结果，将各小组整理、分析、研讨、提炼、汇总的结果梳理为PPT演示文稿，在课堂上交流分享（每一个小组交流要有一定的时间掌控）。

1.分组交流分析

首先由对家庭负责的小组发言。

同学一：“为了让我学绘画，只要妈妈有时间，一定会陪着我，妈妈用行动表现出对女儿的负责。”

同学二：“我的父母对我的抚养、教育很负责……”

同学三：“自从我的父母离异后，我随父亲生活，而我的妈妈对我从不关心，连抚养费也不给我，我认为我的妈妈是不负责任的人。”

同学四：出示材料2013年度全国孝老爱亲模范：吴林香（女），重庆市忠县马灌镇初级中学学生，照顾生病母亲、弟弟、瘫痪外婆，帮外公做家务。小小年纪，用辛勤的劳作，坚强的微笑面对家中三位亲人。【颁奖词】孝老爱亲，血脉相连。有了这孝悌的天经地义，中华文明就能生生不息，薪火相传。华夏儿女就有了家之亲，国之亲。

思考：(1)从吴林香身上体现了哪些正能量？(2)从自己的生活角度想一想，你能为你的家庭做些什么？

然后由对自己、对他人负责的小组发言。

同学们收集到交通事故的材料，2015年5月3日下午，成都市三环路娇子立交桥附近发生一起打人事件，卢女士在驾车前往三圣乡途中，因行驶变道原因，在娇子立交桥被张某驾车逼停，随后遭到殴打致伤。事件视频在网络上发布后，人们先是对男司机张某下手之狠表示震惊。然而，当张某行车记录仪的视频出来以后，舆论又转而谴责女司机卢某开车太没规矩、太危险。她先是在几秒钟的时间里连续变道两次，直接从张某的车前切了出去，又压着实线下了主路，明显是违章驾驶。

分析三个问题：(1)你如何评价女司机的行为？(2)你赞同男司机的做法吗？请说明理由。(3)我们怎样做才能避免此类事件发生？同学们认为，如果司机能对他人负责、行人能对自己负责，交通事故的发生就会减少。

最后由对社会负责的小组发言。

小组收集到的材料是“老人倒地扶不扶”的社会热点问题：“小学生上前扶起摔倒老太，不料反被敲诈”“一男子因扶摔倒老人被讹，自杀证清白”“女记者躺地五十分钟，却只有一人动手搀扶”等各式新闻。学生调查小组对三种类型的人提第一个问题：如果你看到有一个老人躺在路上了，你会去扶吗？学生一笑嘻嘻地说着：“扶不动！”学生二一脸严肃地回答道：“如果周围有人的话，我可能会。”学生三一脸淡然地飘出了一句话：“清者自清。”就以上的情况来看，将要成为社会主要流动人员的青年和祖国未来的花朵都对这一个问题抱着或围观或惧怕的心理。

在当前中国，“扶还是不扶”已成为社会难题，究竟是要“道德良知”还是会被“讹诈赔钱”？这好像成了是要“传统美德”还是要“自我保护”的两难问题。小组提出第二个问题：那么，我们还能改变现状吗？当然！请举起你的手，从围观群众中“脱颖而出”！大声地向世界展示人间的公正！该出手时就出手，该沉默时就沉默。去平静自己的心，去抚慰他人的心，去温暖雷锋的心！去发扬我们的爱心！

引用春晚的一句话：墙倒了还可以扶起来，人心倒了可就扶不起了。对于“扶不扶”这一事件，我不服！亡羊补牢，为时不晚！当你走在大街上，见到一位老太太倒在地上，看起来急需帮助，由于太多的被讹诈事件让你很受伤，于是你害怕伤不起。小组提出第三个问题：可是善良的你见不得这种事情的发生，怎么办呢？学生讨论。

2.师生研讨提炼

人生活在社会中，与社会存在不可分割的关系，由于人依赖社会才能够生存与发展，因此人必须对社会、对他人、对自己负责。随着年龄的增长，我们的生活空间也不断扩展，“责任”这两个字越来越多地出现在我们的生活中，责任和我们每个人如影随形，每个人都要承担一定的责任，那么什么是责任呢？不同的人在社会中扮演不同的角色，承担的责任也各不相同，人各有其责。联系自己，说一说，感受多重角色，多种责任。比如：

①在家庭，我是__________，我的责任__________。

②在学校，我是__________，我的责任__________。

③在社会，我是__________，我的责任__________。

④在公园，我是__________，我的责任__________。

⑤在商店，我是__________，我的责任__________。

3.师生共享结果

在社会生活中，每个人都具有不同的社会角色。

首先，自己成长为怎样的一个人，自己的责任是首要的。少年时期是人生的学习阶段，自我负责的重要内容之一是完成各方面的学习任务。要掌握学科知识，学会运用，培养分析、概括、理解等多项能力，同时在心理、道德、身体等方面培养锻炼自己，形成良好素质。在成长中努力把自己塑造成为一个全面健康发展的人，就是对自己负责的表现。

其次，每个人的成长中都凝聚着父母、师长、同学、朋友的关心与爱护。爱是双向性的，得到别人的爱，也应该把爱给别人，要关心、爱护和帮助父母、师长、同学、朋友，不要做伤害别人的事情。越是长大，对亲人、朋友、师长越应该多负责任。

第三，个人的成长离不开集体，集体给我们友情、支持与荣誉，自己是集体中的一个成员，对集体是有责任的。

第四，一个美好的社会是由许许多多有社会责任感的人创造的。如果人们都只顾自己，不关心社会，社会不能发展进步，个人也不会有美好前途。个人行为影响社会，良好行为促进社会发展，不良行为损害社会。对社会怀有强烈责任感是一种高尚的品德，为社会努力奉献的人是我们应该学习的榜样。

（三）分析与反思

通过“以小求真”导学法的尝试，突出学生的主动积极参与，使学生亲身参与课堂讨论，真正确立了学生在课堂上的主体地位，给学生提供学习的条件和机会，以学生的思维活动为主体，唤起学生的主体意识，发挥学生的主动精神。学生依据课题要求自主学习、自主探究，确保学生在学习中主体地位的落实，实现学生的最大收益，最大限度地为师生“互动—探究”提供课堂时空，增强教学的民主性和双向交流性，变“课程功能从单纯注重传授知识为体现引导学生学会学习、学会生存、学会做人”。在教学环节中注重学生认知特点，循序渐进，螺旋式上升。设计多项活动让学生参与，收集一些反映社会现实的图片和事例资料在课堂上展示，引起学生的共鸣，用事例强化学生对理论知识的理解，也加深对责任的认识。

四、研究结论

(一)比较两次课的异同

第一节课:

政治学科的时效性对教师提出了严格的要求,我们必须紧跟时代的发展,密切关注社会现状。教师在课堂上运用的教学素材其实是非常多的,一首歌、一首诗、一个社会事件等都是我们教学的素材,所以有时候我们的课堂上会出现素材的简单堆积、形式的五花八门。但是这些素材真的用好了吗? 教学的形式真的能充分达到教学的目的吗? 这是值得政治老师思考的问题。那么如何有效利用丰富的素材呢? 在选用教学素材时要“精”,文字精练、视频简短;要“准”,信息要准确、全面;要“真”,信息要贴近学生的生活实际。

本节课从爱国篇、公益篇、感恩篇三个角度入手,材料的选择精美、精练,它可以使学生了解事件背景,强化的是学生分析解决问题的能力,让学生把学习方法内化,让学生思维进一步发散,对知识进行扩展。但材料内容比较多,话题比较大,离学生生活较远,情感上难有共鸣,从而难以化为学生自己的自觉行动。

第二节课:

本节课从对家庭负责、对自己和他人负责、对社会负责三个角度入手,通过学生对自己身边小事的收集整理、分析判断、合作互助、讨论交流,教师的启发点拨,将学生学习真正与实际生活联系起来,培养学生的自学能力。以教师的指导为主导,学生的自主学习为主体,师生共同合作完成教学任务。教师对学生学习过程中的情绪状态、思维状态和生成状态进行全程关注和调整,师生共同追求全面和谐发展。在教学中我不断思考,如何有效利用丰富的资源;如何把握好敏感话题的“度”,避免假大空和定性式语言;如何避免纯理论化,联系学生身边生活实际,寻找典型事例和社会热点,少说理,多引导,让学生自己去领悟。

通过这节课的“以小求真”导学尝试,使我感受到了改变教学方式的重要性以及得到良好效果的快乐,也看到了学生的那种渴望创新、探索,渴求表现的要求;也让我看到了学生们的巨大潜能,对于我在今后的教学中给予学生更大的发展空间提供了基础。我会以不断实践、不断学习、不断反思来提高自己的教育教学水平,成为一名受学生欢迎的老师和朋友,达到一种“亦师亦友”的境界。

(二)需要说明的问题

在教学实践中由于缺少经验,课前有的学生对素材的整理、提炼、汇总形成典型案例不到位;在课堂上老师对交流的时间掌控不好,使教学目标无法顺利有序地完成;老师对于学生的发言不能及时很好地归纳、分析和加以引导,有些学生的正确看法没有被及时发现并且予以肯定；对于整个课堂流程的驾驭不够，课前部分设计多个角度理解责任，对责任过多强调理论知识……总之，需要改进的地方还有很多。但我在以后的教学中会继续扮演好多重角色：传播者，对信息进行筛选，力求“准确”；引导者，引导学生对问题多角度思考，力求“全面”；组织者，在课堂上“以小求真”，从学生实际生活入手，采取“多形式提问”的方法，让学生把知识回归到实践状态。

课例研究反思

一、研究问题的提出：基于政治教学的实际状况

1.目前课堂变革正由模仿借鉴到自主创新、由规范标准到特色发展。我们作为教育教学的实践者必须要问自己一个问题，在课堂教学过程中，我们的初心是什么，改善学生学习方式是新课改的主要内容之一，就是要改变课程实施过于强调接受学习、死记硬背、机械训练的现状，倡导学生主动参与、乐于探究、勤于动手，培养学生搜集和处理信息的能力、获取新知识的能力、分析和解决问题的能力以及交流与合作的能力，即让课堂灵动起来。

2.秉承学校“问动课堂”的课改研究。学校完善问动课堂理念并在课堂中实践，打造富于动感的课堂，激活课堂师生能动性，发展学生创造性品质，推动教师专业发展，最终形成学校特色课堂。具体体现在课堂教学中“少讲多动，问题驱动”，探究问、教、学联动如何促进课堂动感，强调并优化“问”来寻求达成课堂动感目标，切实提升课堂教学效益。

3.基于政治教师的教学困惑。有学生说，政治课很无聊，因为太简单；有教师自己说，每天上课就是说一些连自己也不相信的“假大空”的话，很无奈；还有人说，政治课对学生走上社会，解决社会问题和生存问题没有任何帮助，甚至有人提出是否应该取消政治课。其实是否取消政治课的问题，就是这门课教给学生什么的问题，也是教育是什么的问题。

二、研究问题的行为改进：立足政治学科的教学特点

教育家雅斯贝尔斯曾把教育分成三个层次：第一种是训练，它与训练动物相似；第二种是教育和纪律；第三种是存在之交流。为什么学生会觉得政治课“假大空”，这跟教师教学的出发点有关系。我个人认为政治教学的目的是让学生了解“是什么、为什么、怎样做”，能全面、理性、辩证地看待问题。课堂教学应该贴近现实生活，与学生的实际生活相联系，一旦脱离学生的实际生活，学生当然难以接受。

第一课的设计思路是从大到小，从社会大环境、大背景入手，学生能有感悟或思考，但这种感悟或思考是一时的，因为它距离学生生活较远，难以落实到学生实

际行动上。第二课的设计思路是从小到大，从学生实际的家庭、学校、社会入手，贴近学生生活，更能引发学生的共鸣。我认为这样更能使学生将责任落实到自己的行动上，先是对自己负责、对家庭负责，才能对社会负责，在这个基础上再去思考对国家的责任这样一个高度。这样层层深入更加符合初中生学习认知的特点。

思想品德课不是单一的教育，它与学校德育活动、心理健康课都有联系，我们在课堂上主要让学生懂得"是什么、为什么"，更重要的"怎样做"还得让学生自己在社会生活中去体验、观察、思考，非一日之功。

三、课例研究的过程中教学改进的效果

(一)提高教师教学力

1.改进教师教学观念，优化课堂教学的意识。通过初中思想品德课堂教学现状的探究，有效改变教师教学观念，提高教师优化课堂教学的意识，针对课堂教学中出现僵化、呆板的现象，研究出切实可行、灵活多样、轻松活泼的课堂教学方法。

2.优化教师教学方法和学生的学习方式，提高课堂教学的时效性。有效优化教师教学方法和改变学生的学习方式，使学生的收获不是单一的，而是多方面、丰富多彩的。教师不仅仅是知识的传授者，更重要的任务是培养学生的自学能力、自学习惯，教会他们怎样学习、怎样思考，提高学生分析问题、解决问题的能力。形成教师高效的课堂教学模式，用心营造一种安全、宽松、愉悦的氛围。能否调动学生的学习主动性和积极性，是教学成功的关键。教学过程的效益，取决于师生双方的积极性和主动性。教师应当发挥指导作用，在培养学生良好的学习品质上下功夫，研究学生自主学习的心理因素和实施手段，课堂信息反馈渠道多元、畅通，从而提高教学效率。

3.提高教师教学科研能力和专业发展。通过研究，提高思想品德教师的教育教学能力，使教师能熟练掌握体现新课标的教学模式，在课堂教学中始终以学生发展为本，注重能力培养。这种"寓教育于课堂、寓研究于平常"的务实性研究态度和方法，有助于教师教研能力的提高和教研氛围的营造。对教师的教育教学、师生关系的构建将有全新的认识，对教师的能力素养提出更高的要求，从而促进教师的专业成长。

(二)提高学生学习力

这有助于学生学习主体性的发挥和学习方式的转变。导学法研究着力凸现学科对学生自主意识和创造性精神的培养，旨在培养学生自主学习、勇于探究的良好习惯，激发学习兴趣，促进学生掌握自主学习的方法，使他们在自学能力、思维品质、创新意识等方面有较大发展。探索科学的学习方式，改进学习环节中的被动局面，提高学生生动活泼、主动学习的积极性。

有助于学生的全面发展、个性发展。知学、好学、乐学的核心是乐学,即学习者对学习怀有浓厚的志趣。学习志趣,已经不只是对学习的一种爱好和兴趣,而是与个人理想和目标相联系的心理稳定性和倾向性,是学习积极性最现实、最活跃的成分。学生自主学习,可以激发学生的学习兴趣,激活学习潜能,使学生在自主探究中增长知识,培养能力,从而实现全面发展、个性发展。在导学中,学生根据教师的设计,认真阅读教材,了解教材内容,然后,根据教师要求完成相关内容,学生可提出自己的观点或见解,师生共同研究学习。这种教学模式一方面满足了中学生思维发展的需要,另一方面又能满足中学生自我意识发展的需要,对学生的自我发展和自我价值的体现有十分积极的作用。

四、撰写过程中的困惑与反思

1.困惑:上课、写教案对教师来说是每天都要做的事情,但是写课后分析,特别是有理论、有深度的形成文字的课后分析,是我的一大难题。其实每节课后都有反思,都有改进,但是这种反思和改进是零碎的、突发的、没有形成文字。

2.反思:养成记笔记的习惯,要有物化意识,上课后有感悟、有启发、有改进,一定要形成文字的东西,哪怕是很零碎的、不成熟的想法,都是自己的第一手资料。

参考文献

[1] 冯恩洪.创造适合学生的教育[M].天津:天津教育出版社,2011,08.

[2] 刘金玉.高效课堂八讲[M].上海:华东师范大学出版社,2010,08.

[3] (美)柯比(W.C.Kirby).学习力[M].金粒编译.海口:南方出版社,2005.

[4] 王发成.教师应该具备什么样的教学力[J].河北教育(综合版),2011,01.

[5] 方明中.提升学生学习力的小组学习策略[J].上海教育科研,2011,02.

[6] 赵慧.有效的课堂教学是提升学生学习力的关键[J].新课程学习(下),2012,06.

[7] 杨振勋.如何培养学生的学习力[J].中国科教创新导刊,2011,18.

23. 陶行知生活教育理论在高中政治哲学教学中运用的课例研究

——以高二哲学《用联系的观点看问题》为例

代豫军[①]

一、选题背景

(一)选题缘由

1.高中哲学教学在内容上脱离学生实际状况

高中哲学教学是高中思想政治教学的重要组成部分。在哲学教学的内容上，大部分老师的哲学教学强调以知识为本位，并没有充分意识到哲学知识和科学知识的区别，同样也把哲学知识当作客观世界的真理，要求学生去记忆和掌握。这样的知识就失去了和学生生活经验的联系，缺乏鲜活的人文气息和生动的感情色彩，在学生眼中处于另外一个世界中的冷冰冰的教条，是异于生活的东西。所以，学生在面对这种内容时，感觉和数理化中的公理、定理无异，背诵和记忆它们的目的仅在于，考试时能提取出来或者由于教师的要求不得不记住这些条目，既感受不到生命的触动，也谈不上能融入学生的内在精神和整体人格之中。

2.高中哲学教学在方式上脱离学生实践

在教育的方式上，我们的哲学教学不是通过指导学生自身的人际交往和现实的生活过程来培养学生的情感，而是把教育置于生活之外，通过纯粹的知识的传授或理性的训练来进行。事实上，无论是哪一种方式，都是强调通过科学的设计和理性的训练，在科学世界中对学生进行理论的模塑，都不能替代学生本人的直接而现实的生活过程。在对教育效果的评价上，衡量学生情感、态度、价值观水平高低和教育成功与否的一个最终标志是看学生书本知识的拥有量，而不是看学生通过哲

① 代豫军，女，重庆人，重庆市求精中学高级教师，渝中区人大代表，渝中区教育科研先进个人，重庆市骨干教师，重庆市教委高校师范毕业生技能大赛评委专家，教育部“一师一优课”评审专家，全国优质课大赛一等奖获得者。

学学习是否能够形成一种生活方式、过上一种健康的生活。我认为这样的哲学课堂是重认知轻体验、重结果轻过程、重理论轻实践的。

(二)研究内容

陶行知生活教育理论主要包括“生活即教育”“社会即学校”和“教学做合一”三个命题。这里主要研究教学生活化,即高中思想政治哲学教学生活化。在高中哲学课堂教学中,希望能从学生的生活经验和已有生活背景出发,联系生活讲哲学,把生活问题哲学化,哲学问题生活化,体现“哲学源于生活,寓于生活,为生活服务”的思想,激发学生的学习兴趣,引导学生紧密结合与自己息息相关的经济、政治、文化、社会生活,经历探究学习的过程,让学生从熟悉的生活情境和感兴趣的事物出发,为学生提供可以观察和操作的机会,使他们有更多的机会从周围的事物中学习和理解哲学,体会到书本中的理论、观点、方法就在他们身边,感受到哲学的趣味和作用,体验到哲学的魅力。

二、第一次教学实践

(一)教学设计及意图

高二哲学《用联系的观点看问题》中“整体和部分的辩证关系”以及由这对关系延伸的“系统和要素的关系”是本节课的知识重难点。在突破“整体和部分的辩证关系”这个重点知识的时候,我从大家都熟悉的历史故事《燕太子丹赠手》出发,引起大家的兴趣,从而厘清整体和部分的区别和联系,以及它们之间的辩证关系。然后为了贴近生活,还举一反三,列举了一些生活的例子,让他们感受生活中的哲学,生活中的整体和部分。

在突破“系统和要素的关系”这个知识时,为了前后呼应,也采用了一个经典的、大家熟悉的历史故事《田忌赛马》,让同学们能直观感受到整体和部分如何才能优化为系统和要素,然后从生活中再举出更多的例子,力求他们能感受生活中的系统和要素。

(二)课堂实录片段

片断一 “整体和部分”的关系

师:大家听说过《燕太子丹赠手》这个故事吗?在故事中燕国太子丹为了取悦荆轲而赏赐其一个会弹琴的美女,只因荆轲说了一句:“但爱其手耳。”太子丹就命人将美女的手砍下来送给了荆轲。请问同学们,你们觉得荆轲看上的就是那双手吗?

生：不是，荆轲之所以喜欢那双手主要是因为美女能用它弹奏出美妙的音乐。

师：对，大家说得很正确。荆轲喜欢的是一双生在美人身上的能弹琴的“好手”，但一旦从美人身上斩断，就不再是原来意义上的手，只能是“名义上的手”了。这就是说整体和部分二者之间有着密切的关系。

（板书）整体和部分的关系

师：首先我们要搞清楚二者之间的区别。大家先从课本中找到“整体”和“部分”的概念分别是什么。

生：整体是指事物的全局和发展的全过程，从数量上看它是一；部分是事物的局部和发展的各个阶段，从数量上看它是多。

（板书）1.整体和部分的区别

第一，定义不同：整体是指事物的全局和发展的全过程，从数量上看它是一；部分是事物的局部和发展的各个阶段，从数量上看它是多。

师：在刚才的故事中我们知道美女的手之所以吸引人就在于它是长在一个美丽的身体上，并且能够弹奏出动人的音乐，那么我们就能知道，在身体和手之间谁是主导，谁是处于被支配的地位呢？

生：整体居于主导地位，部分在事物的存在和发展过程中处于被支配的地位。

（板书）第二，二者的地位和功能不同：整体居于主导地位，整体统帅着部分，具有部分所不具备的功能；部分在事物的存在和发展过程中处于被支配的地位，部分服从和服务于整体。

师：那么，下面大家再思考一下，整体与部分只存在区别，没有什么联系吗？我们就一起来探究一下二者之间存在什么样的联系。桑基鱼塘想必大家都有所了解，我们一起来看一下它的流程图。

（多媒体播放）

从图中我们可以发现桑、蚕、鱼、泥相互依存，相互促进，形成了一个良性循环。那么现在大家思考一下：如果缺少了其中的某个部分，这个循环还能形成良性循环吗？

生：不能，其中的每个部分和整个循环系统之间是不可分割的。

师：对，这就是整体和部分之间的联系。

（板书）2.整体和部分之间的联系：整体和部分是不可分割的。整体是由部分组成的，整体功能的形成离不开部分原有的功能。部分是整体中的部分，部分离开整体就不再具有部分的功能。

师：为了使刚才所讲的内容更加清晰，我将其用一个表格表示了出来，下面请看大屏幕。

(多媒体播放)用联系的观点看问题

		整体	部分
区别	含义	事物的全局和发展的全过程，从数量上看它是一。	事物的局部和发展的各个阶段，从数量上看它是多。
	地位、作用和功能	居于主导地位，整体统率着部分，具有部分所不具备的功能。	在事物的存在和发展过程中处于被支配的地位，部分服从和服务于整体。
联系	二者是相互联系、密不可分的。整体是由部分构成的，整体的功能状态及其变化也会影响到部分。部分的功能及其变化会影响整体的功能。关键部分的功能及其变化甚至对整体的功能起决定作用。		

片段二 “系统和要素”的关系

(多媒体播放)齐国的大将田忌，很喜欢赛马，有一回，他和齐威王约定，要进行一场比赛。他们商量好，把各自的马分成上、中、下三等。比赛的时候，要上马对上马，中马对中马，下马对下马。由于齐威王每个等级的马都比田忌的马强得多，所以比赛了几次，田忌都失败了。

有一次，田忌又失败了，觉得很扫兴，比赛还没有结束，就垂头丧气地离开赛马场，这时，田忌抬头一看，人群中有个人，原来是自己的好朋友孙膑。孙膑招呼田忌过来，拍着他的肩膀说：“我刚才看了赛马，齐威王的马比你的马快不了多少呀。”孙膑还没有说完，田忌瞪了他一眼：“想不到你也来挖苦我！”孙膑说：“我不是挖苦你，我是说你再同他赛一次，我有办法准能让你赢了他。”田忌疑惑地看着孙膑：“你是说另换一匹马来?”孙膑摇摇头说：“连一匹马也不需要更换。”田忌毫无信心地说：“那还不是照样得输！”孙膑胸有成竹地说：“你就按照我的安排办事吧。”齐威王屡战屡胜，正在得意扬扬地夸耀自己马匹的时候，看见田忌陪着孙膑迎面走来，便站起来讥讽地说：“怎么，莫非你还不服气?”田忌说：“当然不服气，咱们再赛一次！”说着，“哗啦”一声，把一大堆银钱倒在桌子上，作为他下的赌钱。齐威王一看，心里暗暗好笑，于是吩咐手下，把前几次赢得的银钱全部抬来，另外又加了一千两黄金，也放在桌子上。齐威王轻蔑地说：“那就开始吧！”一声锣响，比赛开始了。孙膑先以下等马对齐威王的上等马，第一局田忌输了。齐威王站起来说：“想不到赫赫有名的孙膑先生，竟然想出这样拙劣的对策。”孙膑不去理他。接着进行第二场比赛。孙膑拿上等马对齐威王的中等马，获胜了一局。齐威王有点慌乱了。第三局比赛，孙膑拿中等马对齐威王的下等马，又战胜了一局。这下，齐威王目瞪口呆了。比赛的结果是三局两胜，田忌赢了齐威王。还是同样的马匹，由于调换一下比赛的出场顺序，就得到转败为胜的结果。

师：看了上面的故事我们可以得出在做一件事时要着眼于事物的整体性，要尊重系统内部结构的有序性，要注重系统内部结构的优化趋向。这就是整体和部分的方法论要求：掌握系统优化的方法。

系统具有如下两方面的特征。第一，整体性。系统是在要素及其相关性中产生的整体，因而它既是对周围事物发生作用的整体，又是对内高于各个要素并使各个要素从属于自身的整体。第二，有序性和内部结构的优化趋向。系统都是有序的组合，因而具有稳定性。

(三)分析与反思

这堂课下来，我自己觉得很不满意，我本来注意到教学要和学生生活相联系，所以课堂上列举了大量事例，但是这些事例过于繁杂，缺乏提炼，而且离学生的现实生活很远，教学生活化做的只是表面功夫，仅仅是为了验证课本知识，缺乏对课本内容的深度挖掘和探究，这些都影响了学生对知识的深度思考与理解。这样的哲学教学偏重于对马克思主义哲学相关知识的掌握，在教学中较多地关注了知识本身的逻辑顺序，但却导致理论知识与实践的脱节，书本知识与社会生活的隔膜，以致知识与实践之间的张力并不能得以体现。我还按照自己的教育习惯，偏爱传统的讲授法，未能根据具体教学内容和教学目标的需要，引导学生采用多种学习方式。只重视了基础知识的传授，忽视了学生自主能动的学习，轻视了学生学习过程中内心的体验、感悟和学生知识的自我建构以及人生观的培养；因此，难以调动学生学习的兴趣和热情，不能很好地帮助学生解疑释惑，难以和学生形成情感上的共鸣。

三、第二次教学实践

(一)修正教学设计的理论基础

陶行知，中国近代一位著名的教育家。陶行知生活教育理论主要包括“生活即教育”“社会即学校”和“教学做合一”三个命题。对我的课例研究影响最大的就是“生活即教育”和“教学做合一”。我把它称之为“教学生活化”。

陶行知认为：“教育的根本意义是生活之变化。生活无时不变即生活无时不含有教育的意义。因此，我们可以说：‘生活即教育。’”[①]“生活即教育”是陶行知生活教育理论的核心内容，集中体现了陶行知生活教育理论的思想。陶行知认为，生活

① 陶行知，华中师范学院教育科学研究所.陶行知全集·第2卷[M].长沙：湖南教育出版社，1985.

与教育密切相连,教育不能脱离生活,生活也不能脱离教育。生活的内容决定了教育的内容,教育的内容应取决于生活的需要。

“教学做合一”是陶行知生活教育理论的教学方法,它是针对教育中重教过度、轻视实践、一味填鸭的方式提出来的。陶行知认为,“教学做合一”即“教的方法根据学的方法;学的方法根据做的方法。事怎样做便怎样学,怎样学便怎样教。教与学都以做为中心。”①陶行知指出,教师要尊重学生,根据学生学习的特点来选择教导的方法。他用“行是知之始”来说明知识的来源,指出亲身实践得来的知识是一切知识的根本。

基于以上的理论,我想能不能试着改进一下,让哲学教学生活化,通过提供一个真实的情境,让学生自己去思考、去选择、去判断、去解决,让学生自己经历知识的生成过程,提高探究能力,从中领悟马克思主义哲学的基本原理和方法。

(二)修正后的教学实录(片段)

片段一 整体和部分的辩证关系

师:同学们,在今天上课之前,我们先来进行一场拔河比赛,希望同学们能够通过这个活动,来体验如何用联系的观点看问题,学会把握整体与部分的辩证统一。

拔河比赛

活动要求:

全班分为红队和蓝队两个队,每队推选一名队长,由队长挑选8名同学参加拔河比赛,并在2分钟之内安排好8名同学的队形,其他同学则作为本队啦啦队,负责加油助威。

设计意图:

让学生主动参与体验,感悟拔河比赛过程中的整体与部分,从而明白生活中时时处处都有整体与部分。

(拔河比赛在同学们的兴奋和意犹未尽中结束)

师:请获胜队的队长谈一谈:是哪些因素使你们队在比赛中获胜?

生:我们大家很团结、共同配合、一起协作、心往一处想,劲儿往一处使。

教师点评:哦,这是站在整体的角度分析的,你能不能从部分的角度再分析一下?

生:我们队有力气大的同学,我们队长的安排很好,啦啦队的加油很卖力(笑声)。

教师点评:非常不错!这是从部分的角度来说的,其实大家在生活中已经对整

① 陶行知,华中师范学院教育科学研究所.陶行知全集·第2卷[M].长沙:湖南教育出版社,1985.

体和部分有了初步的认识和了解，那哲学上是怎么阐述整体与部分的辩证关系呢？这是我们今天要一起探究的问题。

板书：一、坚持整体与部分的统一

(1)整体与部分的区别

自主学习：请同学们翻看教材第57页，认真阅读最后一个自然段，自主完成两个任务：①通过自主学习，完成表格内容；②思考：拔河比赛是怎样从这三个角度来体现整体和部分的？

	空间和时间	数量	地位、作用、功能
整体	事物的全局和发展的全过程	一	居于主导地位，统帅着部分，具有部分所不具备的功能
部分	事物的局部和发展的各个阶段	多	处于被支配地位，服从和服务于整体

学生完成任务①：

师：我想请几位同学把刚才自主学习的成果展示给大家。你认为应该怎样从空间和时间的角度来定义整体呢？

生：事物的全局和发展的全过程。

师：那你能不能也从这个角度来定义一下什么是部分呢？

生：事物的局部和发展的各个阶段。

师：那么从数量的角度看，整体有几个？

生：一。

师：部分有几个？

生：多。

师：我还想请一位同学来谈一谈整体的地位、作用和功能是什么。

生：居于主导地位，统帅着部分，具有部分所不具备的功能。

师：谁能补充一下部分的地位、功能、作用又是什么？

生：处于被支配地位，服从和服务于整体。

学生完成任务②：

师：现在请同学们再来完成第二个任务：刚才的拔河比赛是怎样从这三个角度体现整体和部分的？我先请同学们来说说从空间和时间方面是怎样体现整体和部分的。

生：拔河队伍是全局，每一个同学是全局的部分。拔河是一个过程，那从老师喊开始，到大家使劲儿拉，到最后分出胜负，这些是过程里的一部分。

师：分析得非常准确，还有哪位同学能为大家谈一谈刚才的拔河过程是怎样体现整体与部分的地位、作用、功能的？

生：整个队是整体，我们要赢，就必须一起使劲儿，整体居于主导地位，统帅着部分，具有部分所不具备的功能。我们每一个人劲儿也必须往一处使，每个人都要服从和服务于整体。

师：同学们都分析得非常准确，我再来采访一下暂时输掉的这一队。你们认为为什么会输？

生：我们这队就是因为最后那个掌舵的摔倒了。（笑声）

师：试着用整体和部分来解释一下。

生：他这个部分一倒下，就影响了我们整个队，结果输了。

师：所以关键部分的功能及其变化甚至对整体的功能起决定作用。通过大家共同的探究，我们可以把大家的讨论成果展示一下。

		整体	部分
区别	含义	事物的全局和发展的全过程，从数量上看它是一。	事物的局部和发展的各个阶段，从数量上看它是多。
	地位、作用和功能	居于主导地位，整体统率着部分，具有部分所不具备的功能。	在事物的存在和发展过程中处于被支配的地位，部分服从和服务于整体。
联系	二者是相互联系、密不可分的。整体是由部分构成的，整体的功能状态及其变化也会影响到部分。部分的功能及其变化会影响整体的功能。关键部分的功能及其变化甚至对整体的功能起决定作用。		

片段二 “系统和要素”的关系

师：刚刚输掉的这一队，想不想努力赢回来？

生：想。（欢呼）

（第二次拔河比赛）

比赛之前，私下给刚才输的那一队传授拔河比赛诀窍：

①全体队员朝一个方向用力，勿分散用力；

②注意个子高矮的排列组合，要保持稳定。

组织进行第二次拔河比赛：

要求：暂时领先的一队，还是按照原队形排列，落后的一队可以参考拔河技巧，重新调整队伍的结构，准备第二次拔河比赛。

奇迹发生了，刚刚输掉的那一队反败为胜！

师：请获胜队的队长谈一谈你们的队伍与上次有什么变化。

生：我们这次明显全体队员朝一个方向用力，没有分散用力。而且我们注意了个子高矮的排列组合，非常有序。关键是最后掌舵的没有摔倒，所以我们赢了。（笑声）

师：由“全体队员朝一个方向用力，没有分散用力”归纳出——整体性；由“注意个子高矮的排列组合，要保持稳定”归纳出——有序性，根据系统的整体性、有序性的目的，便可以归纳出内部结构的优化趋向。这三个特征正是我们区别系统与整体的标志。其实，系统就是整体，是由什么构成的整体呢？

生：诸要素。

师：这些要素之间是什么关系？

生：相互联系和相互作用。

师：因此系统就是由相互联系和相互作用的诸要素构成的统一整体。既然系统具备这三个特征，方法论也应该从这三个特征着手。整体性要求我们要怎么做？

生：要着眼于事物的整体性。

师：有序性要求我们要怎么做？

生：要注意遵循系统内部结构的有序性。

师：内部结构的优化趋向要求我们应该怎么做？

生：要注重系统内部结构的优化趋向。

师：总的来说，做到这三点就是要求我们要用综合的思维方式来认识事物。只有这样，才能达到系统优化的目的，实现整体的功能大于部分功能之和。

（三）分析与反思

改进后的这堂课，我试图按照生活化的教学要求，在教学过程中更多地关注学生的自主活动以及在活动中的体验和感受，把传统的师生授受向体验教学和探究教学转变。通过拔河这样的情感体验，使学生亲身感受这个事件并获得相应的认识情感，而且通过再一次修正之前的拔河经验来感知提升优化系统。这样创设生活化的情境，汲取学生的生活经验，把文本中抽象的词语再现在学生面前，让学生不仅在拔河游戏中学到知识，更激发了学习哲学的兴趣，而且在娱乐中还学会了团结协作，收获颇丰。学生称这是他们上过的印象最深刻、最感兴趣的哲学课。

四、研究结论

(一)比较两次课堂教学异同

<table>
<tr><th>相同点</th><th>不同点</th><th>第一次教学</th><th>第二次教学</th></tr>
<tr><td rowspan="3">1.教学内容相同。两次课堂教学的内容都是理解整体与部分的辩证关系及其指导意义,了解系统的含义以及基本特征,掌握系统优化的方法,初步具有坚持和把握整体与部分辩证关系的能力,初步具有运用系统优化方法认识和解决问题的能力,学会用综合的思维方式认识事物和处理生活、学习中的问题。
2.从学生的实际出发,希望能贴近学生的实际,引起学生共鸣。</td><td>教学目标的拟定</td><td>只重视基础知识的传授,让学生了解掌握“整体与部分、系统与要素”知识就行。</td><td>通过亲身体验拔河的各个环节让学生自己体会整体与部分的区别和辩证关系,从而更深层次地了解系统和要素之间的辩证关系。</td></tr>
<tr><td>教学方法的运用</td><td>1.通过传统的填鸭式的讲授,运用陈旧的例子,讲清了两对哲学概念,忽视了学生自主能动的学习,轻视了学生学习过程中内心的体验、感悟和学生知识的自我建构以及人生观的培养。
2.采用PPT等常规手段,展现大量的所谓生活实例,难以调动学生学习的兴趣和热情,不能很好地帮助学生解疑释惑,难以和学生形成情感上的共鸣。</td><td>1.从学生的生活实际出发,设计了拔河这样一个亲身体验的活动,从拔河的各个过程让学生自己体会整体与部分的区别和辩证关系,了解自己是团队的一员,自己的努力会给团队带来影响,从而更深层次地了解整体与部分之间的辩证关系。
2.通过再一次的拔河,及时调整顺序,优化结构,让输的那一队反败为胜,直观地感受到整体性、有序性、内部结构优化性才是整体上升为系统所必要的条件。</td></tr>
<tr><td>学生的反应</td><td>第一次的教学明显很沉闷,虽然知识理论似乎是传授给学生了,但感觉是填鸭式的,学生是被动接受的,所选的例子脱离学生实际生活,又老又旧,学生不感兴趣,学生很少有思考和表达自己思想的机会。</td><td>第二次教学孩子们通过参加拔河这个活动,主动体验、感悟,将本节课的目标知识进行自我建构,而且过程中主动培养团结合作意识。全程充满笑声,在快乐中学习。</td></tr>
</table>

（二）教学改进后的效果

根据陶行知生活教育理论实施了哲学教学生活化，改进后的教学设计明显感觉同学们的热情高涨了，学习的兴趣又回来了，通过亲身体验拔河运动，把枯燥的哲学概念与生活实践相结合，让学生感觉到哲学离自己的生活并不遥远，生活处处有哲学。知识也不再是冷冰冰的教条，有了鲜活的人文气息和生动的感情色彩，他们在笑声中，在合作中就领悟了整体和部分的关系以及由此升级的整体性、有序性、内部结构优化性的系统和要素的关系。而且通过拔河这种合作活动，让同学们在学习过程中体验、感悟，自觉培养合作、团结的品格，调动学生学习的兴趣和热情。

课例研究的反思

一开始做课例研究的时候，我们心中是很没有底的，因为这是个新事物，也没有多少可以借鉴的东西，但是在教授们的倾心指导下，粗略了解了课例的结构，开始结合自己的教学实践进行课例研究了。一线教师其实有很多上课的课例，有这么多年的教学实践的成果，以前是不知道怎样做，但现在有名师的指导，信心相对足了很多。当然其中肯定有很多不足甚至是不对的地方，但我始终坚信研究就是在实践中不断提升，不断前行的，如果不去做，始终就会是一句空话。

高中思想政治课程标准强调构建以生活为基础，以学科知识为支撑的课程模块。要立足于学生现实的生活经验，着眼于学生的发展需求，把理论观点的阐述寓于社会生活的主题之中，构建学科知识与生活现象、理论逻辑与生活逻辑有机结合的课程模块。但是现实情况却不容乐观，尤其是在哲学的教育教学中，政治教师的教学方式、学生学习的课程内容与生活实际有着较大的差距，课堂教学没有把学生的生活世界和哲学内容有机结合起来，课堂设计没有从学生的生活体验出发，课堂操作未能营造出足够的生活氛围，未能让学生体会到生活感悟。因此课堂难以拨动学生的情感之弦，难以激起学生的有效思维，教学效果难以达到，教学质量难以提高，影响了学生的学习需求和学习兴趣，泯灭了学生学习的生命活力。

我想在自己的课堂上改变这种状况，于是努力学习基础理论，夯实理论基础，进一步学习陶行知的教育理论和马克思主义哲学，马克思主义哲学作为实践的、辩证的唯物主义学说，本身就以关注人的现实生活、社会实践，以改变现实世界，使人类解放和个人自由全面发展而著称，我把二者关于提倡实践，提倡教育生活化理念有机地结合起来。我在近期的课例研究中，想一直围绕一个主题，强调教学生活化。这里，我只是截取了其中哲学的一课的两个片段，希望通过研究，能给广大的一线政治教师一个方向，我们政治课应该尊重学生的主体地位，倡导学生行以求知、学以致用，力求通过实践培养学生的生活力和创造力。如果每一堂课都能把陶行知的生活教育理论运用在教学中，强调教学生活化，将会极大地调动学生学习哲学的积极性。但是这对我们广大的政治教师也提出了更高的要求，要求不能采取填鸭式、满堂灌的教导方式，而要根据不同的教学内容采取多种教导方式，设计生活情境，注重学生体验、感悟、思考，在彼此观点的碰撞中打通学生的思想扭结，让学生愿意接受、乐于接受教师所传达的内容。

希望通过我们的课例研究，越来越多的老师们能把陶行知生活教育理论，强调教学生活化运用在高中政治课教学中，使教学充满生活气息，精心设计教学过程，选择学生熟悉的场景培养情感、态度和价值观，而我们也在这个过程中转变教学思路，创新教学组织策略，提高自己的专业水平，去迎接新课改背景下的教学新挑战。

24.

哲学课培育学生理性精神策略课例研究
——以《实践是认识的基础》为例

陈 艳[①]

一、选题背景

(一)选题缘由

1.素养导向的课堂教学是课程改革的趋势

核心素养的培育是世界教育改革公认的趋势与潮流,也是我国课程改革再出发的新起点,教育部《关于全面深化课程改革落实立德树人根本任务的意见》中明确指出培育学生的核心素养是实现教育立德树人根本任务的重要路径和有力抓手。这就是说,新一轮的课程改革提倡的是以培育学生核心素养为目标的课堂教学。

2.哲学课在培育理性精神上有独特作用

理性精神是《普通高中思想政治课程标准》明确指出的高中政治课要培养学生的主要学科核心素养之一,它指的是坚持马克思主义世界观和方法论,对个人成长、社会进步、国家发展做出理性的价值判断和行为选择。哲学作为一门重要的高中思想政治课,它的本义是爱智慧或追求智慧之意,是一门给人智慧的学问,它主要讲述辩证唯物主义和历史唯物主义的基本观点,在培育学生的理性精神上有着自己独特的作用。

(二)研究意义

1.有利于落实新课改精神,丰富素养培育理论

课堂教学是培养学生核心素养的主渠道,研究学科教学培养核心素养的教学策略是落实新课改精神的必由之路。它将为学科教学进行素养培育提供新思路、新方法。

①陈艳,女,四川隆昌人,教育硕士,中学高级教师,重庆市骨干教师,重庆市第四十二中学教师,重庆市渝中区教育学会政治专委会理事,区“十佳”青年教师,区千名岗位能手。

2.有利于培养一代新人，落实教育立德树人的根本目标

培育青少年的理性精神，有助于他们坚守正确的价值取向，提高辩证思维能力，成为有思想的中国公民，使他们在当代中国广泛而深刻的社会变革中有所作为。

（三）研究内容

哲学课应该怎样来培育学生的理性精神呢？或者说哲学课培育学生理性精神这一核心素养的主要教学策略是什么？

带着这个问题，我以高中哲学课《实践是认识的基础》为教学内容，进行了两次不同的教学设计和教学体验。

二、第一次教学实践

（一）教学设计

【教学目标】

理解《实践是认识的基础》这部分的四个知识点：实践是认识的来源，实践是认识发展的根本动力，实践是认识的最终目的，实践是检验认识正确与否的唯一标准；运用实践的观点分析和解决问题。

【教学重难点】

"实践是认识的来源和动力"是理解实践观点的基础，所以作为教学的重点。而"实践是检验认识正确与否的唯一标准"不好理解，确定为教学难点。

【教学过程】

例证阐述，化抽象为具体—易混易错辨析，理性思辨—理性精神—典例练习，巩固运用，形成综合素养。

【设计意图】

《实践是认识的基础》一课理论性强，只有弄懂了理论，才能理论联系实际，运用理论来分析实际问题、解决问题。学生能运用知识解决问题，就是能力形成、素养提升。

（二）教学实录

教师分别对四个知识点进行了逐一的例证和阐述，尤其是对重难点，还有易混易错点着力进行了论述与辨析，并让学生练习了部分相关典型试题甚至高考题。

教师讲得较累，学生反应平淡，课堂氛围沉闷。虽然学生基本能运用实践决定认识的相关原理来解题，但总觉哲学味不足，学生兴趣不高，思维的火焰没有点燃，对学生的哲学智慧启迪不足。

（三）分析与反思

作为一个较为资深的政治课教师，对于知识点、重点、难点、易混易错点、考点乃至典型试题都是把握得很准的。为什么会出现反应平平的状况呢？

在课后的讨论中，一同伴说："这节课还是与传统设计感觉差不多"。话说得不是很客气，但很客观。一语惊醒梦中人，围绕传统设计与素养导向创新设计的不同这一中心问题，在专家的点拨下，我逐渐从教学目标、教学策略、教学反馈三个方面对素养导向教学应具有的特殊性有了自己明确的想法。

1.在教学目标的定位上，素养是什么？知识等于素养吗？知识和素养的关系是什么？

素养是人在特定情境中综合运用知识、技能和态度解决问题的高级人性能力。知识不等于素养，素养是知识、能力、态度三者的统一。在素养导向的教学中，知识应该是培育素养的手段和载体。

本节课表面上将教学目标定位为素养培育，实际上追求的只是知识点的理解、掌握与运用。认为掌握了知识、能解题就是形成了素养，其实是没有真正了解素养的内涵，没有真正把握素养的要素及其整体性的特征，没有弄清知识与素养的关系究竟是什么。

2.在教学策略的选择和运用上，学科知识要怎样才能转化为素养呢？素养培育的特殊性是什么呢？

带着这个问题我查阅了相关书籍文献。现代教育学、心理学研究的成果表明：素养的培育不是一个单纯的知识传递过程，单纯的认知只是局限于事物信息和事实层面，无法融入学习者的血液。素养的培育是一个修习涵养的过程，这个修习涵养的过程需要为学习者提供适宜的情境、问题或任务，学习者在问题情境中去经历、感悟、探究，与他人进行协作与交流，才有融入学习者血液的知识、能力、态度三者的改变和素养的形成。

本堂课实际上是把目标仅仅定位在学生知识点的掌握，教学策略仅仅是阐释例证、讲题练题，没有创设真实的问题情境让学生探究，学生能运用知识解题了，但实践第一的理性精神却没有真正融入学生血液、成为学生内在素养的一部分。教师心目中仅有"知识"，没有"人"。教师没有真正掌握素养形成的规律。

根据建构主义的相关理论，教学中要将知识转化为学生的素养，必须要让知识"活"起来，以学为主，让学生经历知识的探究过程，在活动中探寻内化，自主建构。

《普通高中思想政治课课程标准》(征求意见稿)已明确建构活动型课程是思想政治课培育核心素养的主要途径。

3.在教学效果的检测上,会解题是不是就意味着素养培育的成功呢?怎样的反馈才能表明素养培育的成功呢?

一方面,核心素养作为人的内在品质和能力,不可直接观测和度量,需要通过各种具体任务的执行,外显其行为表现特征,进而借助这些行为表现推断和评价核心素养发展水平。因此,核心素养培育的效果检测应着眼于完成任务的表现来推断核心素养水平。另一方面,思想政治学科核心素养表现为学生能否运用学科内容应对各种来自复杂社会生活情境的问题和挑战。因此,核心素养培育的效果检测还应着眼于现实情境的创设。

三、第二次教学实践

(一)修正教学设计与意图

【教学目标】

学生能运用实践第一的观点和方法观察和分析问题,在生活中能够做出勇于实践的理性判断和选择,具有勇于实践的勇气和决心。

【教学重难点】

教学重点:引导学生学会对实际生活中的种种难题做出勇于实践的判断和选择。

教学难点:"实践是检验认识正确与否的唯一标准"思考强度大、理论性强。

【教学过程】

创设情境,架设素养培育平台—活动探寻,建构涵养素养—任务挑战,展示反馈素养。

【设计意图】

哲学来源于对生活与实践的追问,所以,启迪哲学智慧主要的教学策略是追问生活。这就需要选用贴近生活的素材创设情境,引发学生的质疑追问感悟。所以,第二次教学我设计的第一个教学环节是问题情境引入,激发学生思考。

活动是培育素养的根本路径。结合教学内容,我把教学的主要环节设计为实践性的操作活动,即实验。通过学生亲历实验,质疑讨论,感悟归纳出哲理。素养培育的效果要通过现实复杂情境中任务的完成来检测,所以我设计了重回开篇问题,解决开篇问题以及追问时政环节。

修正后的教学设计，一改围绕知识点层层阐述理解为线索，而是以素养培育为目标，将完成情境任务作为贯穿课堂始终的活动。

(二)教学实录

1.开篇问题

多媒体课件放映：一条河从城中穿过，甲、乙二人准备从城东到城西去办事，他们来到河边，既没有船也没有桥，看来只有涉水过河了。甲对乙说："不知深浅怎么过?"乙回答道："不过怎么知深浅?" 那么，究竟过不过？学生们顿时议论纷纷。

2.实验与感悟

从新闻报道成都欢乐谷千人可乐喷泉到上海一市民同食可乐、薄荷糖呕吐的生活情境引出实验："可乐+曼妥思=?"。然后学生在喷射的可乐喷泉的快乐体验中，领悟思考如下问题。

(1)你是否得到一些新经验、新知识？是如何得到的？

(2)关于可乐喷泉你还有哪些新疑问？你准备怎么解决？

(3)同时食用可乐和曼妥思，真能致人死亡吗？想证实它该怎么办？

(4)研究这些现象的目的何在？有用吗？

学生分组讨论，代表发言。教师适时板书归纳，追问设疑，提示点拨。

在感悟检验认识的唯一标准这一难点问题时，我设置了"新闻大求真"环节，引发学生质疑："同时食用可乐和曼妥思，真能致人死亡吗？想证实它该怎么办?"在大家议论纷纷之时，我"煽风点火"，抛出网络和专家、权威的一些甚至相互矛盾的说法，极大地引发了大家的求知欲和讨论热情。在学生争论不休时，有人提出只相信实验结果，我趁势追问：为什么？再提示大家联系旧知，围绕它们各自的性质和特征回答，学生的思路逐渐从纷繁复杂的现象走向本质：网络和专家、权威的说法都属于认识，用认识检验认识，最多只是对原有认识的复制。而实验是实践的一种形式，它是联系主、客观的桥梁，只有它，具备把主观和客观联系起来加以比较和对照的特性，才能检验主观认识与客观事物是否相符合，实践才是检验认识真理性的唯一标准。

而在"实践是认识的基础"环节，我则设置了"创意评比"活动，学生们在竞赛氛围的激励下，涌现了"自由喷泉饮料机""油炸可乐球""可乐喷泉推车""新动力喷泉飞机"等许多闪光的创意。

3.运用与反思

在总结感悟出实践和认识的辩证关系原理后，教师引导学生回到"开篇问题"，并思考:怎样才能知深浅?过还是不过?如果是你,过不过?学生讨论发表意见。

教师引导学生品味经典:"摸着石头过河是无路之路的大智慧"。教师点拨:实践固然需要付出,需要勇气,但如果人类没有摸着石头过河的勇气,就永远不会达到成功的彼岸。

学生的反思到此没有停止,教师引导学生课后用哲学智慧追问时政:关于中国首艘航母平台正式交接入列海军,意在培养学生胸怀世界的哲学视野。

课堂以歌德的名言:"光有知识是不够的,还应当运用;光有愿望是不够的,还应当行动"作为共勉结尾,情感升华,水到渠成。

(三)分析与反思

1.哲学课培养学生核心素养策略一:情境依托,追问生活

哲学给予人智慧,哲学教学的最高境界在于启迪人的智慧,提高人的哲学素养。哲学的智慧来源于对生活和实践的追问,因此启迪哲学智慧的策略之一就是还原生活或实践情境,让人在情境中自主探究,在追问中体验领悟。

在第二次教学实践中,我反复在利用这一教学策略:开篇利用生动的动画和两难的问题情境引出主题;接着以新闻报道成都欢乐谷千人可乐喷泉到上海一市民同食可乐、薄荷糖呕吐的生活情境引出四个追问;最后又在"中国首艘航母平台正式交接入列海军"的时政情境中把学生的目光引向世界进行追问。整堂课在多次的"情境依托,追问生活"中逐渐加深了对哲理"实践与认识的辩证关系"的领悟。

2.哲学课培养学生核心素养策略二:活动体验,领悟生活

张岱年说:"所谓体验,谓以身验之,或验之于身。体即身体,验即查验。就身体之所经历而察之,谓之体验。"体验活动具有激活身心的功能,人在活动中的体验是真切的、独特的,且易产生情感共鸣,产生对某种价值的认同、遵循,达到知行合一的境界,乃至主客观作用形成一个人的人格和素养。所以活动体验是素养形成的又一基本方式。

在改进后的教学实践中,追问是活动,思考也是活动;动手实验是活动,讨论交流也是活动;"新闻求真"是活动,"创意比拼"也是活动。活动中,学生素养得以展现和提升。

3.哲学课培养学生核心素养策略三:探问质疑,反思生活

学科即问题,知识即问题。教学是一种探究与创造。李泽厚说:学科不是"客观真理"的化身,而是被不断探究、不断理解的问题。所以,素养教学要打破传统的灌输教学,教师与学生要合作研究学科及生活,把教学变成探问质疑,研究反思生

活。哲学又是指导人们美好生活的艺术，哲学道理只有用于指导生活、反思生活，哲学智慧才能得以升华和凝练。

在课的最后，引导学生探问质疑，反思开篇问题：怎样才能知深浅？过还是不过？如果是你，过不过？把问题引到自身生活，通过反思更能将哲理内化于心。课堂末尾的名言共勉："光有知识是不够的，还应当运用；光有愿望是不够的，还应当行动"，也是用另一种方式引导学生反思生活，努力使其知行合一，升华情感态度价值观，把哲学智慧内化成自身素养。

总之，基于素养培育的哲学课教学往往以情境任务为依托、以活动为主线、以追问生活为策略，具有情境性、问题性、活动性三大特征。把握这三大策略或特征，有利于哲学课堂由传统的知识教学向素养教学转型。

四、研究结论

（一）比较两次课的异同

我们到底为何而教？这是一个方向性的问题，也是一个关键性的问题。教学目标定位不同，决定了教学策略的不同。教学策略是服务于教学目标的。

这两次教学内容完全相同的课，由于教学目标的定位不同，采用了不同的教学策略和教学模式，教学效果也显著不同。

第一次教学目标定位于知识的接受与理解，主要运用了例证法、练习法，总体讲解—接受模式，属传统设计，考点教学，氛围沉闷。

第二次教学目标追求启迪智慧，提高素养。采用问题教学法，主要通过聚焦问题—追问生活—反思生活的教学策略，让学生在追问中启迪思维，在辨析中明晰哲理，在反思中升华情感态度，哲学智慧得到充分启迪。整个课堂思辨色彩浓郁，总体属创新设计，素养教学。

教学效果是教学目标和教学策略的直接产物。教学改进之后的课堂，一扫之前的沉闷，整堂课首尾呼应，层层追问，氛围民主热烈，学生能动性、创造性充分发挥，思辨活跃。学生不但领悟了实践和认识的辩证关系，抽象概括的思维能力和分析问题、解决问题的能力得到了提升，投身实践的热情和敢于实践的勇气也倍增，其哲学智慧在动手实验、动脑质疑辨析、动口交流表达中得到充分启迪，课堂意味悠长，让人久久回味"过与不过"的智慧，为"摸着石头过河的勇气"动容。

（二）需要说明的问题

1.课本所有的知识点是否都需要涉及

本堂课对教材做了自己的处理，并创新利用了生活中的各种教学资源，却留下了将四个知识点逐一诠释的“旧尾巴”，这样的“尾巴”使教学重点不突出，对哲理分析浅尝辄止，感悟浮在表面不能深入。

教学内容的组织与处理，应有利于促进学生素养的培育，服务于素养的整体性、综合性要求。教师要改变过分关注具体知识点的倾向，将具体知识点置于整体内容结构中进行把握，明晰各自的逻辑走向及相互关联，从整体上把握课程内容的结构，做到“破其卷，取其神”，留下空白在重点处深度挖掘，则更利于培养学生的批判思维和创新精神。

2.教学的课件应怎样设计和利用

素养课堂是特别关注生成的课堂。在处理预设和生成的关系上，我在课前做了多种预案处理学生生成，但还是留下了在时间不充裕的情况下硬要走完预设教学流程的旧尾巴，教学时总感觉课件束缚了手脚，教师无法信马由缰，根据课堂生成做大幅度调整。

如能将部分教学资源预留在课件之外，根据课堂生成情况临时利用则更好。

基于素养培育的教学是一个新事物，应该是一个“新”与“旧”不断争锋的过程。在热闹的课堂之后我们应沉静下来，多回头审视自己，在无数次地斩掉自己的“旧尾巴”的阵痛中获得成长和新生。素养课堂一切问题的处理都只有一个标准：有利于学生素养的发展！

课例研究反思

课堂“真问题”的发现与解决

提到课例研究，一开始想到的就是教学案例，脑子里迅速地搜索着自己那些自以为精彩的课堂教学…… 待听了研究团队讲座后，才明白了课例与教学案例的区别和联系，对课例研究似乎也有了一些了解。

真做起课例研究来，确定课例研究的主题似乎就是一个难事，如何找到或者聚焦一个来自教学实践的真问题而不是无病呻吟？感受是老师自己既要不断学习，更要保持思考的习惯，还要善于思考。既不关注，也不思考，就会对问题视而不见。

在课例研究和撰写的过程中，对于我们这些一线的中学教师而言，最大的困惑就在于理论分析！如何才能站在一个理论的高度来设计和改进课例、解决问题，这是我们面对的最大挑战。

我发现，课例研究的过程归根结底就是一个不断发现问题与解决问题的过程，就是一个课题研究的过程。困惑不断有，也乐在其中。课例研究真正的乐趣就在于一个个产生于课堂的“真问题”的解决，让教师听得到自身成长的声音！

参考文献

[1] 普通高中课程标准修订组.普通高中思想政治课程标准（征求意见稿）[S].2016
[2]史宁中.推进基于学科核心素养的教学改革[J].中小学管理，2016（2）
[3]范树成.思想品德课的活动教学[J].德育研究，2007（3）
[4] 张华.基于核心素养的课程与教学改革[R] .杭州：杭州师范大学，2016
[5]黄翔.核心素养与发展的新行动[R].重庆：渝中区教育委员会，2016
[6]龚雄飞.龚雄飞与学本教学[M].北京：北京师范大学出版社，2016
[7]王锦飞.培育核心素养必须处理好的几对关系[J].新课程研究，2016（2）
[8] 柳夕浪，张珊珊.素养教学的三大着力点[J].中小学管理，2015（9）

25. 小组教学对学生体育课堂参与度有效性的课例研究

熊　伟[①]

一、选题背景

(一)选题缘由

1.在学科教学中具有典型性的问题

传统体育课堂普遍存在学生在教师统一的指挥下集体练习,少部分自觉性高的学生能完成教师布置的内容和任务,大部分学生呈现出思想涣散、精力不集中、动作机械僵硬,教师在课堂上不时地强调招呼课堂纪律,强行要求学生完成教学内容。由于学生练习兴趣不高,练习的方法单调枯燥,学习主动参与性差,导致学习效率低,练习效果不好,这一现象是目前中学体育课堂教学中最典型,也是最普遍的问题。针对这一问题,体育教师们都在积极想办法,希望在有限的课堂时间里,让学生们学到更多的知识和技能,获得更长远的发展。

2.通过课例研究能够解决的问题

针对学生在体育课堂上出现兴趣不高,精力涣散,不愿意参与体育活动,导致体育课堂教学效果不佳的现象。本人通过两堂跨越式跳高课,采用不同的教学法,通过实践结果表明,改进了的第二堂课的教学法能够很好地解决以上出现的问题。

① 熊伟,男,重庆人,重庆市鼓楼学校“体育与健康”学科一级教师,体艺科研组组长,渝中区体育学科中心组成员,渝中区体育学科中考指导小组成员,渝中区体育工作先进个人,渝中区百名优秀教师,渝中区骨干教师,渝中区“创先争优”优秀共产党员,渝中区优秀德育工作者,渝中区首届名班主任。

（二）研究内容

1.研究目标

在传统体育课教学模式下，由于教师教法单一，没有充分尊重学生的主体地位和个体差异性，学生学习没有兴趣，练习的主动性差，最终导致课堂教学效果不佳，学生不愿意上体育课。“体育新课程标准的实施旨在让学生掌握知识、技能的综合能力。而传统的教学忽视了学生的个性差异和知识的内在联系。”（选自毛振明《体育教学论》）。新课程标准主要是让学生主动参与，培养学生的自主学习能力，在有限的课堂时间内提高学习效率。中学田径教材是中学体育教材的最重要的组成部分，而跳跃教材又是田径教材的重要部分。跨越式跳高教材内容是初中《体育与健康》中的重要部分。跳高项目的技术性很强，学生只有很好地掌握了该项目的技术重难点，才能在该项目上取得比较满意的结果。因此，对于课堂教学有效性的问题探究就显得非常有必要。

2.研究意义

《全日制义务教育体育课程标准（实验稿）》中指出：“有效的体育教学活动不能单纯地依赖模仿与记忆，动手实践、自主探索与合作交流是学生学习体育的重要方式。”小组合作学习是主动构建知识的有效途径之一，它是对传统接受学习的一种革命，是培养创新精神与实践能力的新教育观在体育教学中的体现，是改变学生学习方式的一种行之有效的方法。因此，本人尝试使用小组合作教学法，通过对同一个教学内容，同一个重难点的两次跨越式跳高课的教学实践，认真对两次课进行分析和评估，学生对重难点技术的掌握程度明显不同。本课教学的重点是“单脚起跳两腿交替依次越过橡皮筋”，难点是“助跑与起跳的协调结合”。第一次课采用的是相对传统的体育课教学法，第二堂课采用的是小组合作教学法。第一次课虽然也有分组教学的环节，但那个分组是形式上的分组，分组没有考虑学生的个体差异，显得很不科学。分组后，各小组没有真正地在小组长的带领下，实现合作探究学习，各小组通过练习应该达到的标准也不明确。所以第一次课的分组只能叫“具其形，而不具其神”。相反，第二次课的分组教学就完全不一样。首先是分组很科学，结合了学生个体差异和能力水平，其次是各小组在小组长的带领下能够自主开展活动，制定相应的标准，其中还有“踢响板”“跨越封锁线”等激趣的环节，整个教学环节以教师为主导，学生为主体，内容由易到难，层层推进。

二、第一次教学实践

(一)第一次跨越式跳高课

【教材内容】

1.跨越式跳高。

2.游戏:搬运弹药。

【课型】

新授课。

【教学目标】

1.通过跨越式跳高起跳和腾空过杆技术的学习,使大部分学生能初步学会跨越式跳高的基本动作。

2.培养学生不怕困难,勇于战胜困难的优秀品质。

3.提高学生跳跃能力,发展其下肢力量、全身协调性以及灵敏性等身体素质。

【教学重点】

单脚起跳双腿交替依次上摆越过橡皮筋。

【教学难点】

助跑与起跳的协调结合。

【教学过程】

一、准备部分

(一)体育委员常规集合整队。

(二)教师宣布本课的内容及要求。

(三)徒手操。(8节)

1.头部运动

2.肩部运动

3.扩胸运动

4.腹背运动

5.踢腿运动

6.腰部运动

7.跳跃运动

8.全身运动

教法与措施

1. 教师用语言激励学生，调动学习积极性。

2. 教师语言简明，精要，学生必须认真听讲。

3. 教师喊口令带领学生一起做徒手操。

学法与要求

1. 学生集合做到“快、静、齐”。

X　X　X　X

X　X　X　X

○　○　○　○

○　○　○　○

　　▲

2. 学生认真听讲，积极思考。

3. 学生跟着教师做徒手操，充分做好热身活动。

活动量

1. 次数：8节，4×8拍。

2. 时间：8分。

教学评价

良好的体育课集合整队常规。

在教师的带领下认真练习，充分做好热身活动。

二、基本部分

（一）跨越式跳高

动作方法：学生离横杆夹角约30°方向直线助跑，用远离横杆的脚单脚起跳，两脚交替依次越过横杆，过杆后着地缓冲落在垫子上。

（二）搬运弹药游戏

游戏方法：教师将学生分成四组练习，男生两组，女生两组。每组排头第一名学生将实心球经头上向后传递给第二名学生，第二名学生接到球后经胯下传给第三名学生，然后依次向后传递，看哪一组最先传完，则为胜利。

教法与措施

1.教师讲解跨越式跳高的基本动作，讲清学生练习过程中的重难点。

2.教师示范跨越式跳高的基本动作。

3.教师将学生分为四组练习，男生两组，女生两组。

4.教师纠正学生练习中的错误动作，并请掌握动作比较好的学生做示范，全体学生再练习。

5.教师提示学生练习中注意安全。

6.教师讲明方法和规则。要求学生在遵守规则的前提下认真练习。

学法与要求

1.学生按教师的分组分别进行练习。

2.掌握动作比较好的学生做示范，全体学生再练习。

3.由学生代表总结本课的重难点以及练习过程中的心得体会。

4.学生按教师的要求参与到游戏中。

活动量

1.次数：3次。

2.时间：29分。

教学评价

学生按教师分组认真进行练习。

学生按游戏规则认真练习。

三、结束部分

(一)放松活动。伴随音乐做简单的舞蹈动作。

(二)集合、总结、提出新的要求。

(三)布置学生归还器材，下课。

教法与措施

1.教师带领学生一起做。

2.教师小结本课情况，做出评价，提出下节课的要求。

3.安排学生归还器材，宣布下课。

学法与要求

1.学生跟随教师一起做放松舞蹈。

2.学生认真听教师小结和评价。

3.养成爱护器材的好习惯。

教学评价

教师、学生在轻松欢快的氛围里做放松练习。

认真倾听。

场地器材

立柱8根、垫子4床、橡皮筋4根、响板6个、标志物12个、录音机1台。

负荷预计

平均心率	110次/分左右
运动负荷	25%左右
心理负荷	中

三、分析

本堂课在跨越式跳高主要环节的教学上，完全以教师为中心，学生完全被动服从教师的安排，教法生硬，练习方法和手段单一、枯燥。虽然教学过程中也是分组教学，但那只是“具其形，不具其神”。整个教学过程没有很好地激发学生的学习兴趣，没有让学生成为学习的主体，让他们主动地、积极地参与到跨越式跳高的练习中。学生很机械地完成教师布置的任务，从而导致教学效果很不理想。

四、第二次教学实践

（一）修正教学设计

针对上述问题，为了使学生能在自身基础上获得更大的发展，就必须大力提高课堂教学的有效性，教师的教学理念和教学行为就一定要从根本上进行转变。第二次跨越式跳高课我主要采取了小组教学法。首先从学生的分组上进行了考虑，针对学生的个体差异性，将身高较高的学生和身高较矮的学生按身高和性别由学生自由组合成六组（原地踢响板环节），在“跨越封锁线环节”学生分为四组，每组选出一名组长。教师在课堂中引导学生练习。为了让学生更好地掌握本课的重难点，用响板和橡皮筋做道具，激发学生的学习兴趣和学习的主动性。用道具响板引导学生练习中积极抬腿，让学生明确自己在练习中抬腿高度的明确标准；用橡皮筋做载体，用游戏“跨越封锁线”引导出本课跨越式跳高的教学内容，创设情境，让学生在活动的体验中学习。教学内容和学生的练习环节由易到难，先是原地练习踢响板，接着助跑上一步踢响板，最后是游戏“跨越封锁线”环节，学生在基本部分的练习环节中，由小组长带领，学生之间互相合作、互相帮助，每一组学生在练习中都有各自明确的标准，及时开展自我评价和小组评价，让他们在快乐、和谐、探究的课堂氛围下，积极主动地参与学习，提高课堂教学的有效性。

（二）第二次跨越式跳高课

【教材内容】

1.跨越式跳高。

2.游戏：小渔网。

【课型】

新授课。

【教学目标】

1.通过教师设置情境、引导和示范，学生主动参与、体验跨越式跳高起跳和腾空过杆技术，使100%的学生能初步学会跨越式跳高的基本动作，20%的学生能较好掌握。

2.调动学生主动参与学习的兴趣，培养其自主学习的能力以及不怕困难，勇于战胜困难的优秀品质。

3.提高学生的跳跃能力，发展其下肢力量、全身协调性以及灵敏性等身体素质。

【教学重点】

单脚起跳双腿交替依次上摆越过橡皮筋。

【教学难点】

助跑与起跳的协调结合。

【教学过程】

一、准备部分

1.体育委员常规集合整队。

2.教师宣布本课的内容及要求。

3.蛇形跑。

4.学生自领自编徒手操。

教法与措施

1.教师用语言激励学生，调动学习积极性。

2.教师语言简明、精要，学生必须认真听讲。

3.教师讲明蛇形跑的线路及要求。

4.教师用语言鼓励学生自领自编徒手操。

学法与要求

1. 学生集合做到“快、静、齐”。

2. 学生认真听讲，积极思考。

3. 学生按要求认真慢跑。

要求：队形成一路纵队，保持间距，不讲话。

4. 学生代表带领学生集体做徒手操。

X　X　X　X

X　X　X　X

○　○　○　○

○　○　○　○

　　▲

活动量

1. 次数：1次，4×8拍。

2. 时间：8分。

教学评价

良好的体育课集合整队常规。

有序、精神面貌好。

自主练习、准备活动充分。

二、基本部分

(一)跨越式跳高

1.练习“踢响板”。

(以右腿先上摆为例)原地右腿先上摆踢到“响板”高度，然后向右侧摆动，左腿依次上摆向右侧摆动。以脚尖触及“响板”。练习者上摆右腿时喊“1”，上摆左腿时喊“2”。

2.上一步起跳，两脚交替“踢响板”(上左腿起跳，右腿先上摆)。

3.跨越“封锁线”游戏规则。

必须远离“封锁线”的脚起跳，按规定的线路和角度助跑。双腿必须依次交替越过。各组同学必须在小组长的控制下，依次有序地练习。

评价：各小组长统计在各组规定高度的“封锁线”下，能正确运用规则规定的动作越过“封锁线”的同学有多少？

高度标准：

个子高的男生组80 cm。

个子低的男生组70 cm。

个子高的女生组65 cm。

个子低的女生组60 cm。

4.小渔网游戏。

(音乐伴奏)

规则：学生自由组合成两组，分别在半个篮球场内，一部分学生手拉手做“渔网”，一部分学生做“鱼”，“鱼”不能跑出篮球场半场，被网住的“鱼”就做“渔网”，直到鱼被网尽。

教法与措施

1.教师讲解练习方法、示范。

2.教师提示学生踢腿时注意安全，控制好前后距离，眼睛要看准，注意力要集中，不要踢到拿“响板”同学的手。以脚尖(勾脚尖)触及“响板”。

3.(1)教师讲清要求并示范，提示注意安全。

(2)教师指导学生定出助跑线路、角度和大致起跳点。提示学生先自行设定“封锁线”的高度，或先一边高，一边低，从高的一边向低的一边跨越，或两边先低，后两边慢慢升高的“封锁线”。最后直到升高到各组规定的“封锁线”高度。要求小组长在各组规定的“封锁线”高度上统计完成情况。要求在小组长的控制下，各组同学依次有序地练习。

(3)教师收集各组统计情况，并做出评价。

(4)教师通过学生以上练习引出本堂课内容“跨越式跳高”。示范1~2次。启发学生结合教师的示范和刚才跨越“封锁线”的练习，说出跨越式跳高的基本动作。

4.教师讲明方法和规则，参与学生的游戏中。

学法与要求

1.学生按身高自然分成六组。每组由学生自定一名小组长，先由一名学生站在标志物1处拿响板，其余学生站在标志物2后，每名学生按先右腿后左腿依次向上触及响板，再向右侧摆动。右腿上摆喊“1”，左腿上摆喊“2”。

2.按要求，做上一步起跳，两脚交替“踢响板”练习，各小组自定响板的高度，(不低于腰带)，并尝试不同高度的练习。

3.(1)学生认真听讲并认真看教师示范，积极思考。

(2)各组学生自己按要求定出助跑线路、角度和大致起跳点，用三个标志物标出。学生按身高自由组合成四个小组，男女同学各两组。每组自定一名小组长。各小组在小组长带领下，迅速布置好场地、器械。在小组长的控制下，学生按要求有序地、积极认真地练习，相互交流、帮助，注意安全。

(3)各小组长认真做好统计。

(4)学生结合“跨越封锁线”练习和教师的示范，积极动脑筋思考，相互交流，在教师的启发下，总结出跨越式跳高的基本动作。

4. 学生愉快地、主动地、按规则参与游戏。

教学评价

1. 按规定的单脚起跳和双腿依次上摆的顺序和摆腿方向。以脚尖(勾脚尖)触及响板。

2. 学生主动学习的兴趣，相互间的交流、合作、帮助。

3. 远离“封锁线”的脚起跳，双腿交替依次上摆越过“封锁线”。

4. 按规则积极参与，反应敏捷。

三、结束部分

(一)放松活动

1. 捏小腿。

2. 拍击大腿。

3. 抖动手臂。

(二)集合、总结、提出新的要求。

(三)布置学生归还器材，下课。

教法与措施

1. 教师带领学生一起做。

2. 教师小结本课情况，做出评价，提出下节课的要求。

3. 安排学生归还器材，宣布下课。

学法与要求

1. 跟随教师一起放松。

2. 学生认真听教师小结和评价。

3. 养成爱护器材的好习惯。

场地器材

立柱8根、垫子4床、橡皮筋4根、响板6个、标志物12个、录音机1台。

负荷预计

平均心率　120次/分左右

运动负荷　30%左右

心理负荷　中

教学评价

心情愉快,气氛和谐,放松肌肉关节。

认真倾听。

三、分析

跨越式跳高教材内容对于学生来说是比较枯燥和单调的。如果要想取得较好的教学效果,就必须先认真分析教材、分析学生的学情,针对学生的实际情况和个体差异制定好适合学生发展的教法和学法。通过各种有效的手段,激发学生的学习兴趣,培养学生的创新思维能力,把被动学习变为主动学习,把“要我学”变为“我要学”。这样,课堂教学的有效性就会大大提高,每一名学生通过自己的体验和尝试,都会在各自的基础上取得进步,获得成功!

四、研究结论

(一)本课例的两次课的教学内容都是跨越式跳高

其主要的教学目标都是让学生掌握跨越式跳高的基本技术,发展学生的下肢力量,培养学生互帮互助、不怕困难,勇于挑战自我的优秀品质。第一次课,教法单一,没有考虑学生的现有基础和个体差异性。虽然有分组教学的环节,但分组后的教与学“只具其形,不具其神”,学生在练习过程中缺乏主动性,练习积极性不高,学生的一切活动都是在教师的统一安排下进行,学生学得很被动。所以整堂课呈现出学生学得烦,学得无趣,教师教得累,教学效果不理想的现象。第二次课,教师遵循《体育与健康》新课程理念的思想,在教法和学法上做了根本性的改变。采用了小组教学法,教学过程和教学方法都紧密围绕小组学习的形式展开,以学生为中心而设计。教学内容由易到难,教法环环相扣,紧密结合学生的实际状况而制定,符合目前学生的身心特点。学生易于接受,乐于接受!因此,极大地调动了学生的学习兴趣和激情,学生主动地参与到练习中,学生之间相互帮助、相互鼓励、相互评价、共同进步!课堂氛围民主、和谐,师生关系融洽,教学的有效性高。

(二)教学改进的效果

通过第二次课教师在教法和学法上的改进,采用了小组教学法,使学生在体育课上出现的“练习缺乏兴趣、练习不主动、学生参与度低、课堂有效性差”的普遍问题得到了根本性的转变。每一名学生通过尝试和体验,都在原有基础上得到了多元化的发展和提高。

（三）教学反思

德国教育家第斯多惠说过："教学艺术的本质不在于传授本领，而在于激励、唤醒、鼓舞。"兴趣是最好的老师，学生的学习兴趣直接影响着学生的学习行为和效果；学生能否通过《体育与健康》课程的学习形成体育爱好和锻炼习惯，兴趣发挥着非常重要的作用。

学校体育是终身体育的基础，运动兴趣和习惯是促进学生自主学习和终身坚持锻炼的前提。兴趣是学习的初始动机，也是有效学习的保证。学生有兴趣浓厚的活动，再苦再累也不能把他们拒之门外；反之，如果学生没有兴趣，再愉快的活动也会让他们觉得乏味。只有激发和保持学生的运动兴趣，才能使学生自觉、主动、积极地进行体育课程的学习和锻炼。传统教育模式或许有利于知识的传授，但不利于学生学习主体作用的发挥和能力的培养。新课程理念下的体育教学，始终从有利于学生主动、全面地发展出发，要求教师在教学活动中要特别注意体现学生在学习活动中的主体地位，以充分发挥学生的学习积极性和学习潜能，提高学生的体育学习能力。

小组合作学习是课堂教学中充分发挥学生主体作用的一种有效方法，也是当前引导学生主动学习的一种重要途径。在小组合作学习的过程中，学生是学习的主体，教师是课堂的组织者、引导者与参与者。教师只有参与到小组合作学习中去，才能及时了解学生合作的效果，讨论的焦点、认知的进度，从而灵活地调整下一个教学环节。教师有计划地向学习小组提出共同的学习任务，指导各小组学生在各自独立学习的基础上，进行小组讨论，相互帮助，共同完成学习任务。小组合作学习，通过创设共同的活动目标，改变学生独自向教师负责的模式，使教师与学生进行合作，学生与学生进行合作，使每一个学生都能积极参与到与他人合作的活动中来。"促进自我教育的教育才是真正的教育，合作学习的过程是各种道德、规范形成的过程。"小组合作学习通过小组成员之间的交流与协作，最大限度地发挥小组成员各自的经验、知识优势和思维特点，突出了学生的主体地位，在体育教学中有效地运用小组合作学习，有利于培养学生的主动参与意识，在激发学生求知欲、强化学习责任感的同时，促成他们亲密融洽的人际关系的建立，为体育课堂注入全新的活力。通过小组教学法的实施，提高了学生在体育课堂上的参与度，学生在体育课堂上练习的有效性得到了很好的保障。

26. 整合数学知识的团花剪纸折纸技法课例研究

蒲小芸[①]

一、选题背景

（一）选题缘由

在小学、初中美术教材里面都安排有体现我国传统手工艺文化的“剪纸”课程，而“团花”又是剪纸发展史上迄今为止找到的最古老的基本纹样，同时也是剪纸艺术中的一种特殊表现形式。

折纸作为剪纸课程中“团花”章节中的首要环节和基本技法，运用不同的折纸方法会产生各种奇妙的团花外形。通过授课者自己的教学方法，以及学生的理解，会在对不同外形团花图案的折法上出现差异，这也是“团花·剪纸”这堂课里面很突出的问题，教师如何在剪纸课中流畅地讲授折纸的原理，如何让学生轻松地理解和掌握折纸的技法，从而更深入地学习剪纸艺术是我们亟待解决的课题和环节。

（二）研究意义

在一次观摩数学老师的课堂展示中，我发现数学的几何元素中比如：轴对称、等腰三角形、平角、中点、中线、分数、角度等内容与折纸的原理非常贴切。于是围绕“剪纸·团花”的折纸技法问题展开了深入研究，我发现对折的方法是学生们最常用的，因为简单，所以双边数外形（四边形、六边形、八边形）的团花每次大多数的学生都可以轻松制作，但是一旦老师要求制作单边数外形的团花时，学生就傻眼了。如何解决这个教学中的难题呢？完全可以通过学科的整合来寻求解决这个问题，正好这也涵盖了初一、初二数学课里面的知识点，把这些知识点灵活地应用在了美

① 蒲小芸，女，重庆人，重庆市实验学校教师，教务主任，重庆市骨干教师，重庆市渝中区教育学会中小学美术教育专业委员会理事。

术课堂上，也就是如何将这些数学元素巧妙地应用在剪纸课中让“团花”开得更美就是这个课例研究的主题，同时也能使授课者开阔教学思路，并且更进一步理解学科的整合原理的重要性和必要性。

（三）研究内容

学科整合是指将两种或者两种以上的学科，融入课程整体中去，改变课程内容和结构，或者变革整个课程体系，创立综合性课程文化。针对教育领域中各学科课程存在的割裂和对立问题，通过多种学科的知识互动、综合能力培养，促进师生合作，实现以人为本的新型课程发展。学科整合涉及课程结构、课程内容、课程资源以及课程实施等各个方面，从而促进课程整体的变革。

美术课中有很多学生动手动脑的课程内容，如绘画、雕塑、设计、手工制作等，而剪纸属于传统手工艺。它是集设计与制作为一体的课程，包括构思、折纸、剪纸三大环节，选取“团花·剪纸”这堂课例来进行研究，就是因为整堂课里面贯穿了数学课程中的几何知识这条暗线，具有探索性与研究性，很好地契合学科的整合应用原理，如何巧妙地运用数学教学中的知识点来帮助学生解决美术制作课“团花·剪纸”里面折纸单边数外形团花的分角问题是本课例的研究内容。

针对这个课例的教学研究采用学科整合的理论知识，并运用于课堂教学中，通过引用数学知识来设计更科学、更易懂的教学语言表达，达到更佳的教学效果。学生的反应成为我研究的重要因素，因为学生的理解能力有差异，数学成绩好的学生对于我的讲解一点就通，但面对数学的学困生又会出现新的问题，对于折纸才弄明白，又加入本来就糊涂的数学知识，他们会感到更加迷茫，如何把复杂的问题简单化就成为我研究的课题，反反复复的教学课堂实践让我摸索出一套让教师讲得明白、学生学得轻松的教学方法，就是把上面提到的（轴对称、等腰三角形、平角、中点、中线、180°、60°、36°、72°等）十几种数学词语简化为几个关键词（轴对称、三分之一、三分之二）进行反复强调讲解，把数学知识作为一种辅助工具、媒介和方法融入美术“剪纸·团花”的课堂教学中，培养学生新的学习观念和综合实践能力，为学生学好其他课程开辟新的思路，并且锻炼了学生思考问题和解决问题的能力。

二、第一次教学实践

（一）教学设计

【学习内容分析】

本课根据人民教育出版社的初中三年级美术教材中的《剪纸》内容来拟定学生

学习的目标，主要介绍剪纸的历史、剪纸的文化、剪纸的制作方法。在教学的设计上，以最常见、最基础的“团花·剪纸”制作出现的常见问题来设计教学内容。

【学生情况分析】

学生已基本掌握了简单的团花剪纸技法，但是对单边形团花剪纸的折剪技法很不熟悉，制作也不够规范，表达不出所想的美丽图案，所以导致课堂参与度不高，也就使得学生失去了学习的兴趣。

【教学目标】

通过本节课的学习，让学生传承我国传统手工艺，发扬我国的传统文化，弘扬爱国主义精神，让学生了解传统手工艺的审美与寓意，学习“剪纸·团花”的剪制技法，在学科整合的理念指导下，引用数学知识补充到“剪纸·团花”这一课的教学中来，从而达到更优质的课堂教学，培养学生新的学习观念和综合实践能力，同时对同一阶段的数学教学也起到了促进作用。

【教学重点】

了解团花知识，学习团花技法。

【教学难点】

将数学上“角”的概念引用到学生学习“剪纸·团花”上面来学习五边形团花的剪制技法。

【教学方法】

引用李秉德教授的第一、二、三类教学方法，教师首先教会学生欣赏与分析我国优秀的传统剪纸手工艺品，引导学生讨论解读传统剪纸作品的审美含义；再进行边讲解、边示范的过程，让学生直接感受剪纸的魅力，学习剪纸的技法；最后学生以实际训练为主亲手实践练习技法。

【教学步骤】

1.了解剪纸的历史、剪纸的文化，认识我国已故的剪纸大师库淑兰以及她的优秀作品。

2.赏析传统优秀的剪纸作品以及基本技法的解读。

3.教师示范并讲解团花的基本技法。

4.重点解读并示范单边形团花的折法、剪法。

5.学生练习团花的剪制方法。

6.教师指导并展示学生作业，发现问题并及时解决问题。

7.学生作业展示，学生介绍自己的作品。

8.教师小结本节课的学习内容，强调难点，布置下节课学习任务。

【时间分配】

教师讲授7分钟；示范并讲解15分钟；学生练习，教师指导13分钟；学生展示3分钟；教师小结2分钟。

（二）教学实录

引入——师：同学们都见过剪纸吗？

生：见过。

师：在哪里见过？

生：过春节时贴的窗花——“福”字，还有结婚时贴的“囍”字。

师：对，常见的就是过春节时候贴的窗花，你们知道剪纸的历史吗？我国最早出现的剪纸是什么时代的？

生：不清楚。

出示课题——《剪纸·团花》

讲授内容——师：我们今天就来学习剪纸的知识，感受剪纸的魅力。剪纸是我国传统的手工艺品，据考察，最早的剪纸在北朝就出现有“团花”剪纸作品，所以我们今天要重点学习的就是“团花”剪纸。剪纸是古老的汉族民间艺术，在我国广大地区过春节都有贴剪纸的传统。我国剪纸的优秀代表人物叫库淑兰（1920年—2004年），陕西咸阳旬邑县赤道乡富村人，是中国民间剪纸艺术杰出的代表人物之一，也是中国民间工艺美术大师，被誉为“剪花娘子”。1996年，她被联合国教科文组织授予“杰出中国民间艺术大师”称号。她老人家的剪纸有如神助，用光、用色精彩绝伦，剪花娘子的造型也屡屡出现在她的作品中。

那么传统剪纸都有什么寓意呢？剪纸的内容是很有讲究的。吉祥图案寓意吉祥辟邪；娃娃、葫芦、莲花等象征多子多福；家禽家畜，瓜果鱼虫是农民熟悉的对象，也是他们表现的主要内容。剪纸作为一种民间艺术，具有很强的地域风格。陕西窗花风格粗朴豪放，单纯简练，河北蔚县和山西广灵剪纸加染色彩，浓厚中透着秀美艳丽。其戏曲人物尤具特色。江苏南京剪纸淳厚，粗中有巧，宜兴剪纸华丽工整，南通剪纸秀丽玲珑。广东佛山剪纸色彩绚丽、手法多变、装饰性强。山东高密剪纸细腻精巧，一丝不苟。

剪纸的制作方法有：剪、刻、撕三种技法。“剪”就是用一把剪刀剪制，通常是用一张纸或者少数几张纸重叠来制作；“刻”就是应用不同的刻刀在垫板上面进行刻制，可以同时刻十张或者几十张纸，又叫刻纸；“撕”纸就不同于上述两种表现方法了，只能够单张纸制作，但难度也是最大的，要求制作者要做到胸有成竹、游刃有余方能完成。

我们学习的剪纸是用剪刀剪制的方法,表现方式有对折剪和单剪两种方式,个体的纹样有:月牙纹、菱形纹、锯齿纹、柳叶纹、螺旋纹、波浪纹。这些纹样就可以组成千变万化的图案。下边我们重点介绍今天我们要学习的“团花剪纸”。

团花剪纸作为剪纸的一种布局格式。呈圆形花样、四面均齐。这种装饰格局在剪纸中尤能显示其优异性,由于纸张可折叠,如对角折叠二次、三次、四次不等,便可剪出四面均齐的团花。我国最早的剪纸实物,就是新疆出土的北朝时期的剪纸,即为团花格式,如“对马团花”“八角形团花”等。可见团花格式是剪纸中最为古老的格式。

演示实录

——“对折,再对折”

师:三角、六角花制作技法。

1.将一张正方形纸对角折叠,再对折一次,找出中心点后展开,恢复到等腰三角形状态。

2.然后以等腰三角形底边中心点为轴心,将等腰三角形折叠成三等份锐角,每个角60°,发现不合再进行调整。

3.剪掉多余的部分,在两个折叠边剪出适形纹样即成。(其实折叠边就是一条中轴线,剪花样就是在做轴对称的图形设计)

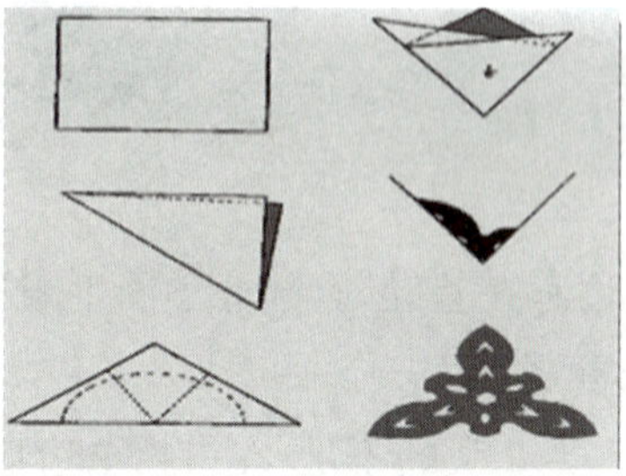

生:老师,那么再对折就可以剪出六角花吗?

(完全正确,到此学生就可以自己将知识举一反三而再前进一步。)

师:四角、八角花制作技法。

1.将一张正方形纸对角折叠一次,再次形成等腰三角形。

2.再对角折叠一次。

3.再对角折叠一次。

4.在折叠边剪出适形纹样。

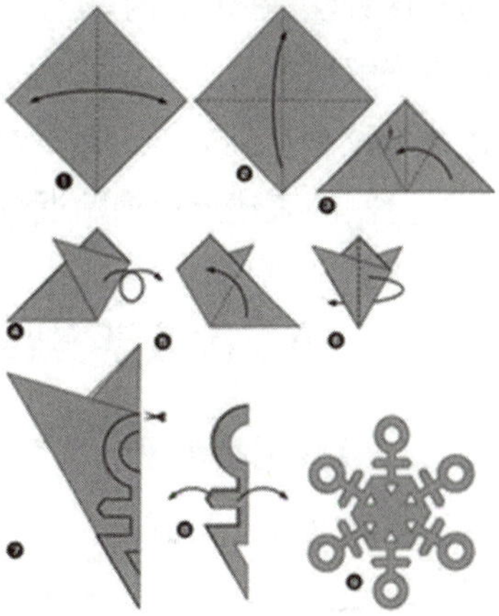

生:老师,那么剪掉一个角就会变成八角,对吗?

(学生此刻已经进入了我的教学模式,值得表扬。)

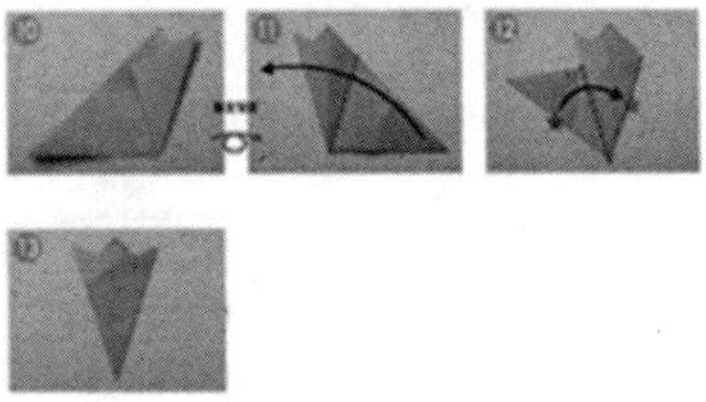

问题环节实录

师：五角花制作技法。

1.将一张正方形纸对角折叠形成等腰三角形，再对折一次，找到中心点后展开，恢复到三角形状态。(和前边三角花制作的折法相同)

2.以三角形底边中心点为轴心，我们把它看成一个平角也就是180°，把它平分为五个角就是36°，来进行折叠。

3.尽量使每一条边重合，如发现不合再进行调整，调整到基本标准的五个锐角三角形。

4.斜剪掉多余的部分，在两边的折叠边剪出适形纹样。

生：(此时学生就蒙了，没有谁可以在没有量角器的情况下用眼睛测量出36°)调整许久也达不到要求。

(三)分析与反思

课后结论：五角花剪法很失败，一堂课下来有的班只有几位学生剪出五角花，有些班几乎没有学生完成五角花。

1.学生情况分析：由于每个班学生的理解程度存在差异，有部分学困生跟不上老师节奏。这也是我下一次课需要解决的一个重要方面。

2.我的不足：在讲授单边形团花外形上没有找到更好的切入点，如何找到有效的授课方法，在短短的40分钟里让学生更高效地掌握这个知识点，并通过这个知识点来解决这个技法是本次课例的难题。因为学科的专业性，对于“角”分割的表述能力没有达到数学老师的精准度，这也是本课例需要要精讲的关键点。如何在“角”分割的表述上更加贴近数学专业是解决这个教学难题的切入点。

三、第二次教学实践

(一)修正教学设计与意图

在教学设计方面：学习的知识点与教学的环节都和第一次授课一样，我大胆地增加了数学上面角与对称的概念，我想这样应该会唤起学生对学过的数学知识在脑海里的再现，学生也很想亲自试一试用理科的知识来解决艺术学科的问题，新奇的教学方法更会提高学生对学习知识的兴趣，从而培养学生从感性思维到理性思维转换的正确方法。

教学目标、重难点、教学方法与教学步骤与第一次课相同，故略。

（二）第二次教学实录

引入——（同前，故略）

出示课题——（同前，故略）

讲授内容——（前半部相同，故略）

——“还有更好的方法吗？”

问题环节实录

师：五角花制作技法。

1.将一张正方形纸对角折叠，再对折一次，找到中心点后展开，恢复到三角形状态。（和前边三角花制作的折法相同）

2.以等腰三角形的底边中心点，形成一个180°的平角，我们将要把这个角分成相同的五个锐角，每个角是36°。

3. 那么我把这5个角分别看成角面的对比。角面的对比，其实也就是把$\frac{2}{5}$的这个角折叠在$\frac{3}{5}$的这个角上面，露出下面的$\frac{1}{5}$角面，再对折$\frac{2}{5}$这个角面，折叠边就成了中线。

4. 最后对折一次，一个标准的36°角就呈现在眼前，五个角的折法就简单化了，如发现有不合就再进行调整。

5.斜剪掉多余的部分，在两个折叠边剪出适形纹样，一个漂亮的五角花就出现了。

学生马上就有了折五角花的冲动，本次课需要调整的次数明显减少，顺利完成作业的学生人数增多。

（三）分析与反思

本次课例教学通过学科整合教学法让学生很快就掌握了所学内容，75%的学生都可以完成五角形团花剪纸，而且产生了不错的课堂效果，进一步激发了学生学习剪纸课程的热情。本课例如果能把老师示范过程的微课视频以及其他剪纸名家高手的剪纸视频在课堂上进行滚动播放应该会有更加理想的效果。

运用学科整合教学手段使老师丰富了课堂的教学方法并增强了教学手段，还提高了课堂教学的实效性，最后达到老师教得轻松、学生学得明白的效果。

四、研究结论

（一）比较两次课的异同

在《剪纸·团花》两次授课比较中，第一次没有引用数学里边的知识，课堂效果不尽人意，老师讲得辛苦，学生学得困难。第二次整合了数学知识，明显有了较好的效果，虽然引用了数学学科里的知识（角、轴对称），但是需要把问题讲明白也不是件容易的事情，可能还是有对数学知识描述不准确的地方以待校正，前面尽管只体现了两次课的片段，但也是我在多次的教学中经过了反复的课堂教学实践才摸索出的教学方法。对于老师授课很适用，而学生学习也会变得轻松许多。

（二）需要说明的问题

在最初的教学中的第一个环节：把长方形的纸变为“正方形”就让我想到了用数学上的方法找窍门——等边。四边相等的长方形那不就是正方形吗，学生做起来既快也省力。然后第二个环节：折纸，正方形对角折叠纸张变为“三角形”又是一个数学名词，直到由这些折叠的三角形剪制以后可以变为三边形、四边形、五边形、六边形……一环接一环，环环相扣，整个制作过程充满了数学的概念，并且引用了数学的这些知识让学生感到更加新奇，激发了学生的探索精神，也让我把知识讲得更清楚，学生学得更明白，启发我将数学的知识整合到这节美术课中，教学实践以后效果非常明显。

所以，有效地引用学科知识的整合原理，通过动手动脑的实践学习对培养学生主动学习美术知识的兴趣起到了事半功倍的效果，同时也启发了教师不仅可以在美术制作课的教学方法上引用学科知识整合的原理，还可以在绘画课与赏析课里面同样引用相关的学科知识进行整合来开展教学的研究，使美术课程的教学设计更加严谨，通过有效的数据和具体的参数来达到课堂教学目的和教学要求，让中学美术课程不再是随性的涂鸦和简单的描摹。

课例研究反思

历时几个月的课例研究收获颇多，小小的知识点展现了知识的多元化。通过这次的课例研究让我明白各个学科之间联系的重要性，更加明白提升教师自身素养的必要性，要教给学生一滴水，老师必须有满桶水，作为一名一线教师并不是单单研究本学科的专业知识，还要有更广博的知识面。

教师的专业知识是在基于对教学现场的领悟、知觉和体验中，不断“重塑”，超越自己。要做好课例研究，对课程教学过程的设计和思考很重要，所以学会撰写一份课例是很有必要的。好的课例是教师教学经验的凝练。我对本次撰写课例的认识如下：

(一)选取典型的课例

从来没有写过课例,在前期准备阶段可以选择一个或几个典型的课例,对其内容、结构进行分析。可以重点领会如下几个方面:如何突出研究的主题和产生的主要问题？如何陈述课例的发生发展过程？如何处理课例的各个组成部分之间的关系？提炼的主题如何与选择的课堂教学情境或内容相关联？通过这样的学习过程,体会课例研究的各个要素。

(二)教学实例的产生过程

可以回想自己头脑中认为精彩的教学片段是如何产生的,包括如下方面:当时有哪些老师也有类似的教学过程？哪些学生在哪个阶段的表现给自己留下了深刻印象？该教学实例产生前后上过几轮课？在不同阶段授课时的心理感受、遇到的问题是怎样的？这些问题的回溯性思考是为了引发当时的经历和感受,目的是抓住精彩教学实例产生的前因后果和重要细节。

(三)拟定课例初稿

如果对于该教学实例的整个前后过程非常清晰,而且当时研究的主题和问题也很清楚,包括它的背景、价值、意义都很清楚,那么可以立即从课例的几个要素着手开始写作。很多情况下,面临的问题是,教学实例觉得很精彩,但对研究过程和主要观点、主题及主要问题感觉一团乱麻,无从下手。在这种情况下,可以首先回想整个教学实例研究过程中印象最深的、最具个性的课堂片段,而这往往是课例中最重要的关键事件。然后回想这个关键课堂片段如何产生的？背景是怎样的？这个关键点之后又发生了什么？是如何处理的？后来得到什么结论？这个办法其实是从最重要的事件入手,追因索果是个比较有效的技巧,也容易着手撰写。

(四)修改课例

写好初稿后,首先可以用课例的几个要素来衡量,看看是否具备课例的基本条件,缺什么补什么,累赘的可以删去。自己感觉基本满意后,首先自己反复研读,然后可以请相关学科的老师阅读,听听他们看后是否读懂了自己想要表达的知识点。因为写课例时有很多潜在的细节,很多时候自己以为都交代清楚了、明白无误,可是没有参与过的人一无所知,就不一定理解。所以听取“局外人”的意见,进行反思、斟酌,甚至重写,也是一个不错的办法。

（五）课例的价值和意义

在课例基本完成后，整体考虑本课例的价值和意义究竟在哪里。这个阶段可以重新考虑修改标题、用比较贴切的主题词汇突出该课例的价值和意义所在。总之，通过这次撰写课例研究的学习对于我的专业成长有着极其重要的意义。在今后的教学工作中给了我极大的推动作用。

27.

体育素养视角下的小学游戏化教学研究

——以《武术手型和步型》为例

李明芳[①]

问题的提出:通过游戏化教学来提升学生体育核心素养的研究。

一、研究背景

为了全面落实党中央提出的"立德树人"的教育根本任务,促进学生体育核心素养在课堂教学中真正能得到落实和发展。

(一)选题缘由

1."核心素养"对学生素质提出了新的要求

1997年12月,国际经济合作与发展组织(Organization for Economic Co-operation and Development,简称OECD)启动了"素养的界定与遴选:理论和概念基础"项目(Definition and Selection of Competencies: Theoretical and Conceptual Foundations,简称DESECO),接着在2003年出版了最终研究报告《核心素养促进成功的生活和健全的社会》(*Key Competencies for a Successful Life and a Well-Function Society*),从"人与工具""人与自己""人与社会"三个方面构建了学生的"核心素养"框架。此后,"核心素养"成为世界各国关注的焦点。我国对"核心素养"的关注较晚,是进入21世纪以后才开始的,但发展较为迅速。

2016年9月13日上午,我国正式发布中国学生发展核心素养研究成果。这项历时三年权威出炉的研究成果,对学生发展核心素养的内涵、表现、落实途径等做了详细阐释,并将成为今后课标修订、课程改革、学生评价等的重要依据。中国学生发展核心素养研究成果以"全面发展的人"为核心,分为三个方面六大素养十八条要点。该项研究成果的发布,对我国基础教育提出了新的要求,同时对学生的素

① 李明芳,女,重庆人,重庆市渝中区解放小学教师,区百佳青年教师。

质也提出了新的要求。体育教学作为培养学生核心素养的重要载体之一，亦需进行相应的调整和改革，以适应培养“全面发展的人”的需要。

2.培养体育核心素养的要求

体育核心素养是指通过体育学科学习，学生所能掌握与形成的自主健身所需要的、全面发展所必备的运动认知能力、健身实践能力和社会适应能力。运动认知能力是指学生对体育健身知识、运动技能和相关健康知识的获得、转化和评价的能力，是自主健身的先决条件；健身实践能力是指学生为了完成设定的体育锻炼任务，联系实际采用的有意参与、强化练习、比赛运用和持续健身的决策能力，是自主健身实现的载体；社会适应能力是指学生在多变的健身环境中，表现出身体、心理和人际交往等方面的调试能力，是自主健身的呈现结果。

3.小学武术教学现状令人担忧

首先，小学武术教材本身较为枯燥，不易激发学生的学习兴趣；其次，小学生对武术还不太了解，因此还未建立对武术的兴趣；第三，武术专业教师在小学教师的比例相当少，即使少数教师会武术，也是处于较低的水平，绝大多数教师基本是对武术教学处于现学现用的状态。通过课例研究尝试如何改变这个现状。

（二）研究意义

通过小学体育学科游戏化培养学生的体育核心素养，美国著名教育家约翰·杜威（John Deway）提出“做中学”（Learning by Doing）的教育方法，主张学生“从做中学”“从经验中学”，认为儿童的身体发展与活动是分不开的。哲学家、美学家席勒也认为：“只有当人充分是人的时候，他才游戏；只有当人游戏的时候，他才是完全的人”。这说明小学体育游戏化教学是非常重要的教学方法和手段。首先，它能较好地激发学生的学习兴趣，吸引学生积极参与练习，提高注意力；其次，可以满足学生身体发展的需要，提高和巩固学生的体育技能，进而有效提高学生的身体素质；第三，培养学生的团队意识和竞争意识，以及同伴之间相互交往的意识和能力。因此，小学体育学科实施游戏化教学，是符合小学生身心发展规律，也是学生乐于接受的教学方式，对培养学生的体育素养有着极其重要的研究意义。

小学武术教学游戏化，是指运用游戏的形式，结合武术内容所进行的教与学的方法和过程。针对小学低年级学生身心特点、认知程度以及兴趣特点，把教材上的内容游戏化，以吸引学生的注意力，激发学生积极参与学习，促进学生更好地学习武术的基本功。因此，教材如何游戏化具有极其重要的研究意义。

(三)研究内容

本研究选取《武术的手型和步型》为例,在中国学生体育素养相关研究成果的指导下,采用课例的研究形式,探索小学武术游戏化教学,并从运动认知能力、健身实践能力、社会适应能力等素养上着手,让学生乐学、会学,不断提高学生的体育素养,为自主健身奠定基础。

二、第一次教学实践

(一)教学设计

以体育核心素养的理念为指导,全面发展学生自主健身所必备的运动认知能力、健身实践能力、社会适应能力。充分发挥教师的主导作用和学生的主体作用,通过小器材沙包的多种游戏化学练结合,给学生提供一个有趣的、真实的、直观的、可操作的武术教学课,为学生学好武术基本功奠定基础。同时用简便易行的评价方法激发学生对武术的兴趣,培养学生积极向上、努力进取的精神。

【教学目标】

1.使80%的学生能通过游戏化教学来掌握武术的三种基本手型和两种基本步型,培养学生学会学习。

2.全面发展学生身体的灵敏性、协调性和力量等素质。

3.激发学生对武术的兴趣,培养学生的规范意识和良好的运动习惯。

4.培养学生良好的社会适应能力。

【教学重难点】

重点:正确掌握基本步型。

难点:马步两脚平行开立,大腿蹲平,上体保持挺胸塌腰;弓步后腿蹬直,前腿膝盖要在前脚正脚背上,上体保持挺胸塌腰。

【教学过程】

1.准备部分:课堂常规——呈体操队形师生随音乐同做武术徒手操。

2.基本部分:复习手型(配口诀)—弓步、马步—游戏:快速翻转。

3.结束部分:随音乐放松、小结、点评,收还器材。

【设计意图】

根据教材的特点,充分利用沙包,设置各类小游戏,让学生在游戏情境中体验活动的快乐,重视学生的身心需求和情感体验,发展学生的灵敏、柔韧、速度等素质,增强团队意识和合作能力。

(二)教学实录

1.准备部分:课堂常规——在音乐的伴奏下以四列横队师生同做武术操。

2.基本部分:复习手型和步型(借鉴俞向阳名师的口诀:冲拳不过肩,掌指齐眉尖,勾顶稍过肩,拳似流星锤,掌是一扇门,勾手像鹰嘴等来增添教材的趣味性,激发学生的学习兴趣。石头剪刀布是学生非常喜欢的游戏,在这个游戏的基础上,进一步改进游戏规则和方法,自然过渡到本节课学习的主要内容弓步、马步的动作,与此同时教师提出弓步和马步的评价标准,借小沙包辅助弓步和马步的练习:如在相同的时间内,比谁的沙包不掉。通过学生自评、互评促进学生掌握弓步和马步的动作要领。当学生掌握要领之后,进行自主练习。最后以"快速翻转"的游戏来提高学生的身体素质,在游戏中培养学生遵守游戏规则的意识,以及发展快速启动的灵敏素质。

3.结束部分:在轻柔的音乐伴奏下放松学生的身心。最后教师通过引导学生参与点评,促进学生复习巩固武术的基本功,提示学生通过自己所学到的方法和技能,回家练习,并激励学生试着带动自己的小伙伴一起练习。

(三)分析与反思

第一次课在二(4)班上了以后,发现教学设计和学生的学习习惯均存在问题,不利于体育素养的落实。

首先,游戏的设计存在不合理的现象,不能很好地吸引学生的注意力;对于四列横队的设计,在本课例中有碍于学生观察老师的示范,以及同伴之间的相互学习和纠正。

其次,对学生的规范没有提出具体的要求:如有部分学生在课堂上把沙包当玩具,更有甚者,用沙包砸人等不良现象。这对培养学生体育素养的健康行为带来了负面影响。这样既影响了课堂组织纪律,又影响了学生掌握知识和运动技能,同时在玩耍的过程中还存在安全隐患。

三、第二次教学实践

本着不断完善和提升学生体育素养的目的,必须对本课例进行改进、完善,最终让学生达到对《武术手型和步型》的会说、会做、会用的教学目标。为学生掌握武术的运动方法和技能,养成健康文明的行为习惯和生活方式的体育素养奠定基础。鉴于此,对本次教学设计做了如下的调整:

1.把游戏"石头剪刀布"做了调整;增添了萝卜蹲游戏;由四列横队变为正方形队形,便于同学之间的相互学习和督促,也便于教师的观察和及时提醒。还增添挂图进一步激发学生的学习兴趣。

2.课前先让学生玩沙包，把玩沙包的兴奋点提前。设置情境教学如：把沙包比作学生的宝贝，制订沙包评价标准，如比一比谁的沙包最干净、最完整等。

3.在游戏“快速翻转”的设计中，由于距离太近存在安全隐患。通过适当调整距离来消除安全隐患，同时还可增加练习密度和强度。

4.为了激趣，特别又增设了一个游戏：金鸡独立。方法：将沙包放在头顶上，单脚站立，让学生体验成功的喜悦。

(一)修正教学设计与意图

教学设计：充分利用沙包，通过多种游戏，体现武术精气神，使学练更有趣、更实效。复习手型(配口诀)；用游戏“石头剪刀布”来复习拳掌勾；用沙包作为冲拳、推掌的目标进行练习。用“萝卜蹲”游戏过渡到马步和弓步的教学内容中(优秀学生示范，教师引导点评)；再通过观察挂图来纠正和巩固练习，然后是游戏：金鸡独立，快速翻转，最后放松、小结。

1.教学目标：90%的学生能掌握手型和步型的动作要领。

2.设计意图：教学方法由讲授法改为启发式；队形由四列横队改为正方形。同时加强了沙包的管理和规范应用；对游戏的距离进行了调整，重在加强安全。增加了金鸡独立游戏，让学生的学习更有趣，并能迁移到生活中去。

(二)教学实录

1.准备部分：课前几分钟老师带着二(3)班的学生进行自主玩沙包，并提示学生下课时比谁的沙包保持得干净、完整。开课以语言激励学生：同学们想成为武术高手吗？

生：想。

师：那好，我们就先练好武术基本功的手型和步型等语言导入本课。——配乐武术徒手操，要求动作有力度。

师：同学们，我们用拳掌勾的方式做“石头剪刀布”的游戏，愿意吗？

生：愿意。

师：规则是掌胜拳；拳胜勾；勾胜掌。现在请相邻两个同学一组进行游戏，在3分钟之内比谁胜的次数多。

教师巡视指导，点评。

师：同学们，刚才的游戏非常认真。想达到一招制敌吗？

生：想。

师：好，那就要做到冲拳、推掌既要有力又要精准，才能达到一招制敌的效果。

启发学生利用沙包。现在请用我们手中的沙包作冲拳、推掌的标志，两人一组进行冲拳、推掌的精准练习，注意自己和同伴的安危。

设计意图：为进一步挖掘激趣的方法和手段，充分利用小沙包来激发学生的练习兴趣，使学生在练习中有真实的目标，激发学生更有冲劲，鼓励学生说出所学动作的名称。

2.基本部分：在接下来学习弓步和马步中，以沙包的颜色进行分类做“萝卜蹲”的游戏引入。教师引导学生积极思考：如何利用沙包来帮助我们掌握弓步和马步的动作要领。

生：将沙包放在头上、腿上、手臂上等。

学生在练习的过程中，教师巡视指导，并及时点评、鼓励；同时采用竞赛的方式：在相同的时间内比谁的沙包保持得最久。来达到突破“挺胸立腰、大腿如水平”的教学重难点。

沙包辅助的评价方法：①在相同的时间内沙包一次不掉的为A等；②掉一次为B等；③掉两次为C等。促进学生掌握动作要领。最后游戏有了合适的距离，使学生练习的积极性更高。整个课堂贯穿于游戏中，学生的注意力被牢牢地抓住，真正达到了美国著名教育家约翰·杜威提出的：“从做中学”“从经验中学”。在学中乐，在乐中学，让学生乐在其中。

设计意图：为了更好地培养学生的创新思维能力，教师精心设计，引导学生练习、创新、掌握动作方法和技能，促进体能的提升。进一步巩固和提高动作质量，学生分组观察挂图进行练习，相互纠正。

检测：各小组展示，教师点评。

3.结束部分：为了激趣，特别又增设“金鸡独立”游戏：即将沙包放在头顶上，单脚站立，让学生体验成功的喜悦。再次充分利用沙包做“快速翻转”的游戏来进一步发展学生的灵敏度、协调性，增强体能，激发学生的练习热情，最终达到良好的教学效果。

（三）分析与反思

通过第二堂课的行为规范和一系列的改进，使上一节课存在的问题得到解决，使核心素养的培养取得更佳的效果。美国教育学家夏恩说：“为人师者，若不能首先控制学生的注意力与学习兴趣而以教之，等于锤击冷铁。”特别是低年级的学生，有效注意力能激发学生学习武术的内在动机，体会到体育成功的乐趣。因此激发学生的学习兴趣是必不可少的教学方法。而武术游戏化教学更认为：“小学低年级的游戏化教学方法是发展学生个性，培养能力的一个好方法。”因此，在武术《手型和步型》游戏化教学中对培养学生体育核心素养所必备的三个方面的素养能达到很好的教学效果，具体体现如下：

1.运动认知能力

运动认知能力是指学生对体育健身知识、运动技能和相关健康知识的获得、转化和评价的能力，是自主健身的先决条件。因此通过武术游戏化的教学能够让学生“会说”拳、掌、勾和弓步、马步等的动作名称，在练的过程中会评价拳掌勾和弓步、马步的动作要领；由此激发学生了解武术、喜欢武术、参与武术，为自主健身的形成做好必要的铺垫。

2.健身实践能力

健身实践能力是指学生为了完成设定的体育锻炼任务，联系实际采用的有意参与，强化练习，比赛运用和持续健身的决策能力，是自主健身实现的载体。因此在教学中让学生“会做”这是至关重要的，而且要规范、安全地做，才会为自主健身的形成奠定良好的基础。在会做的基础上促进学生会用，如在小组中的创编和家人一起锻炼，让兴趣和能力得到延伸，以形成一种持久的锻炼习惯。

3.社会适应能力

社会适应能力是指学生在多变的健身环境中，表现出身体、心理和人际交往等方面的调试能力，是自主健身的呈现结果。在第一节课“快速翻转”的游戏中，学生的激情非常高。但由于有的学生所表现出来的是不遵守规则：把自己的沙包拿在手里，不让同伴翻转；更有甚者，为了保护自己的沙包，而用武力把同伴推倒等一些不良品格，这些不良心理和交往行为都与体育素养所提倡的社会适应能力格格不入，经改进后学生得到较好的纠正和培养。

四、研究结论

（一）比较两次课的异同

相同之处：以游戏贯穿整堂课，激发学习兴趣，吸引学生参与练习。同时巧用小器材——沙包（做到了一物多用、一物巧用、一用到底），进行辅助练习，使学生真正达到在玩中学，在学中玩。

不同之处：

	教学目标	教学法	队形	器材：沙包	游戏安全	游戏改进
第一次课	80%的学生能掌握手型和步型的动作要领。	1.讲授法 2.示范法 3.游戏法 4.评价法	△ XXXXX XXXXX XXXXX XXXXX XXXXX	规范要求不够明确、具体。使学生将沙包当玩具玩，甚至捣乱。	游戏的距离设置较近，同伴之间容易发生碰撞。	用脚做“石头剪刀布”游戏，学生只注重输赢，不利于重难点的突破。
第二次课	90%的学生能掌握手型和步型的动作要领。	1.启发式教学 2.出示挂图 3.口诀法 4.游戏法 5.评价法	△	1.情境导入。 2.用沙包作冲拳、推掌的练习。 3.制订评价标准。	适当调宽两组之间的距离。	以拳掌勾做“石头剪刀布”的游戏，改变枯燥无味的练习方式；增添了“萝卜蹲”和“金鸡独立”游戏，以激发学生的学习兴趣。

（二）需要说明的问题

随着体育核心素养时代的到来，学校体育教育的意义绝不仅限于学生时代，应为自主健身所必须具备的品格奠定坚实的基础，发挥终身效益。皮亚杰认为：“教育的宗旨不在于把尽可能多的东西教给学生，取得尽可能多的成果，而是首先教会怎样学习，学习发展自己以及离校后继续发展。”由于小学生的自我管理能力差，在学习知识、技能的过程中要培养学生的自我管理能力，如积极参与、认真听讲等的好习惯，这些都是培养学生体育核心素养的关键能力之一。

1.小学体育游戏化教学应遵循的原则

杨雪芹认为：“游戏化教学在体育教学中运用的目的和意义就在于能带给学生快乐、信心，提高学生学习的主动性和积极性，使学生充分体验到体育的乐趣和价值，从而建立积极、主动、热情的体育态度和广泛的体育兴趣。”因此，为更好地激发学生的兴趣，是非常有必要进行修正的，在不断修正的过程中应遵守以下原则。

教育性原则，武术是中国的传统体育项目，也是中华民族的瑰宝。习近平总书记提出：“中华优秀传统文化是中华民族的突出优势……”因此，在小学生武术教学中要培养学生的爱国热情；培养学生爱体育、爱武术；培养学生坚持不懈、坚韧不屈、刻苦努力的优良品质。

趣味性原则，小学低段的学生注意力更易被分散，因此在教学中必须遵循趣味性原则，针对小学生的身心特点，选择适当的教材内容和教学方法以游戏化来激发学生的学习兴趣，进行有的放矢地运用，让学生乐于参与活动。

多元性原则，核心素养是关于学生知识、技能、情感、态度、价值观等多方面要求的综合表现。所以在教材中应渗透多元性原则，以逐步培养学生的自主健身意识。

2.教学改进后取得了显著的成效

在体育素养视角相关研究成果的指导下，通过游戏化教学来提升学生体育素养的研究：重在激发学生对武术的兴趣，使学生学习武术《手型和步型》的积极性更高了。主要表现在全体学生都能说出所学动作的名称；90%的学生能做出弓步、马步的标准动作，还能完成展示；体会到成功的喜悦；能规范使用沙包进行辅助练习；安全意识与自我保护能力有所增强；基本学会了调节和管理自己的情绪；同伴之间积极交往，能与老师有效互动。通过观察学生课间玩耍的方式和了解学生课余活动发现，学生乐意把课堂上学到的游戏和评价方式用于活动中，并能相互遵守游戏规则。武术《手型和步型》正是学生掌握适合自主健身的运动项目之一，也为落实体育核心素养奠定了基础。

3.总结反思

武术基本功教学属于无趣教材，易使学生产生练而生畏和枯燥无味的情绪。因此，本次武术《手型和步型》课例的研究从经验中进行反思和提炼，不断改进教学设计、教学方法、组织形式等来激发学生的学习兴趣，使教学效果显著。总之，在小学低年级武术教学中采用游戏化教学，让学生在游戏中培养学生的运动认知能力；在玩中学会动作技能；在练习中适应和调整与同伴之间的友好关系，为掌握和形成自主健身所必需的品格和关键能力奠定基础。这正是体育核心素养指导下的小学武术游戏化教学所要达到的目的，让学生掌握适合自身的运动方法和技能，养成自主健身的意识。

课例研究反思

研究团队诠释的课例研究是一种在职教师的专业发展机制；一种教师将理论与实践沟通的方式。这为我们一线教师的专业发展指明了方向，是行之有效的方法。

课例研究指以一节课的全程或片段进行分析。是一次又一次的备课、一次又一次的课堂教学跟进。找到成功之处或是不足之处，或者对课堂教学实践活动中特定教学问题的深刻反思，寻找解决问题的方法和技巧的过程，如体育教学中动作技术、组织形式、目标、场地器材的安排布置、教学中的安全问题、运动量与强度的科学调控等。通过有针对性的研究和实践，使教师成为课堂教学的行动研究者，以促进教师的理性思考和实践优化，不断丰富、提升研讨的途径与方法，对提升课例研讨效果具有重要作用，促进了教师内化课标理念、深入钻研教材、处理教材的备课能力，有效地提高了体育教师的科研能力。下面就自己对课例研究的感悟进行反思小结：

一、明白了课例研究的概念、目标、改进教学的方向

课例研究对于我们一线的老师来说曾经有过，但没有深入地分析，对课中存在的问题，没有计划、行动、观察和反思的全过程，只是粗浅的、点滴的进行改进，因此，对目标和教学方向的改进不全面，也不深入。通过课例研究明白了怎样一步步提升自己和教学质量，为形成学生的体育核心素养尽一点微薄之力。

二、激发了自己的研究意识

对于一线的老师来说，研究一直是一件很困难的事。但通过研究团队的讲解和指导，引导我们走出困境，明白了课例研究就是紧紧围绕在平时教学中对发现问题、提出问题和解决问题进行深入、全面的分析和探讨，真正达到解决问题的目的。

三、提升了课堂教学质量

由于是一次又一次的备课、一次又一次的课堂教学跟进，完善了课中存在的问题，有效地提升了课堂教学质量。在今后的教学中我将一如既往地坚持，真正为培养学生的体育素养而做出不懈的努力。

总之，课例研究能有效促进教师素养的全面提升，为学生自主健身的意识和能力在体育课堂上得到落实、发展，教师需多进行实质性的研究。

参考文献

[1]于素梅.学生体育学科核心素养及其培育[J].中国学校体育，2016(7)

[2]丁传伟，邱丽玲.小学武术游戏化教学方法与效果的研究[J].体育教学，2016(9)

28. 在会计教学中采用行动导向教学法培养学生的职业核心能力

——《错账更正方法》课例研究

卢　全[①]

一、选题背景

(一)选题缘由

在中国当前的现实国情下,职业教育被赋予了更加重要的职责与使命。对于寻机"转弯"的经济结构、依然严峻的就业形势、亟待加速的教育改革这几项紧迫任务,人们期待职业教育能够成为解决问题的有效途径,加快培养高素质技能型人才已成为职业教育刻不容缓的历史使命。中职会计专业的培养目标是培养具有良好的会计职业道德,熟悉相关法律、法规,具备会计岗位工作所需的基础理论知识及较高会计职业技术能力,毕业后能够较快地从事各种会计核算工作,直至担任主管会计的初、中级应用型专门人才。企业除了要求劳动者具备一定的专业操作技能外,还要求劳动者具有一定的再学习能力和自主自觉意识,具有创新能力,知道如何学习、如何与团队合作、如何分析问题和解决问题,即具有职业核心能力。由此可以看出职业核心能力现在已经成为企业选人用人的基本标准,职业核心能力的培养越来越受到重视。而传统的中职会计教学是以教师为中心,以教科书为依据,偏重于教育会计专业知识,教会学生理论知识,忽视了教会学生如何应用这些知识,忽视了职业核心能力的培养。在这种模式下,教师教得费力,学生学得枯燥,对学生职业核心能力的培养效果不明显,学生走出校门发现所学的课本知识并不能在实践中直接运用,这不得不让我们对传统会计模式究竟教会了学生什么产生疑问。事实上,只要运用行动导向的教学方法,强化实践教学环节,就可以有效地培养学生的职业核心能力。本课例研究试图通过在会计教学中采用行动导向教学法

① 卢全,女,重庆人,重庆市渝中职业教育中心教师,高级讲师,会计师,国家职业技能鉴定考评员,重庆市骨干教师,重庆市教师教育专家资源库成员。

的教学实践，通过行为的引导使学生的脑、手共同参与学习，在学习活动中提高学习兴趣，培养创新思维和协作等职业核心能力。

（二）研究意义

通过本课例的研究，在会计教学中采用行动导向教学法的教学实践，比较传统教学方法和行动导向教学方法的不同，比较行动导向教学法中不同方法的教学效果，进一步丰富行动导向教学法本身在设计、实践、考核等方面的理论内容；通过行动导向教学法的教学实践，提高学生学习兴趣，将自主学习意识灌输到学生的脑海中，甚至血液里，培养学生创新思维、团结协作能力等职业核心能力，从知识、技能、德育等多方面培养学生成为企业需要的技能型人才；通过研究，进行总结以探讨如何在专业知识学习的同时培养学生的职业核心能力。

（三）研究内容

本课例研究以现代教育学与心理学理论为指导，采用德国职业教育普遍采用的教学方法——行动导向教学法，积极探求一种改变会计教学教师“教”得费力，学生“学”得枯燥现状的有效方法，促进学生职业核心能力的培养。

职业核心能力，指的是人们职业生涯中除岗位专业能力之外的基本能力，它适用于各种职业，适应岗位的不断变换，是伴随人终身的可持续发展能力。1998年，我国劳动和社会保障部把职业核心能力分为八项：与人交流能力、数字应用能力、信息处理能力、与人合作能力、解决问题能力、自我学习能力、创新革新能力、外语应用能力。

行动导向教学法又称实践导向教学法、行为导向教学法等，其代表了当今世界上的一种先进的职业教学理念。由于这种教学方法对于培养人的全面素质和综合能力方面起着十分重要和有效的作用，所以日益被世界各国职教界与劳动界的专家所推崇。这种教学方法是对传统的教育理念的根本变革，其目标是培养学生的关键能力，让学生在活动中培养兴趣，积极主动地学习，让学生学会学习。行动导向教学法是一种能力本位的教学法，更确切地说，是一种培养学习者将来具备自我判断能力和责任行为的方法。行动导向教学法以学习行为的理论依据为基础，寻求学习的最佳效果，它所追求的教学目标以学生的行为表现为标志，教学思想是以能力培养为本位，在教学活动中，“教”与“学”地位平等，有利于培养学生的创造性思维和职业核心能力。其主要内容包括：大脑风暴法、卡片展示法、情境教学法、案例教学法、任务教学法、项目教学法、引导文教学法等。

本课例研究确定《错账更正方法》一课作为研究内容，中职会计专业课程《基础会计》是一门实践性较强的课程，而“错账更正方法”是其中较难掌握的方法，也是会计实务操作中的重点内容，对于错账的更正方法，在教材中都有很明确的阐述，主要介绍了画线更正法、补充登记法、红字更正法的适用范围和具体操作方法，但本部分内容在教材上过于抽象，如果照本宣科，学生容易混淆这几种错账更正方法，特别在实践操作过程中更不知如何下手，为了培养学生的职业核心能力，提高学生的实务操作技能，引入行动导向教学法，并使其成为一种行之有效的教学方法。

二、第一次教学实践

（一）教学设计

【教学目标】

1.认知目标：理解每种错账更正方法的适用范围，掌握每种错账更正方法的具体操作方法。

2.能力目标：培养学生的动手能力，同时有助于学生形成熟练、准确、规范的操作习惯；学会“发现错账→分析错账类型→选择适当的方法→更正错账”的能力，培养学生发现问题→分析问题→解决问题→对比归纳的能力。

3.情感目标：培养学生认真的学习态度，使学生养成严谨、细致、规范的职业习惯；使学生在师生互动、沟通交流的学习气氛中获得成功的喜悦和乐趣。

【教学重难点】

教学重点：每种错账更正方法的适用范围；每种错账更正方法的具体操作方法。

教学难点：根据错账类型，选择正确的更正方法并规范地更正。

【教学过程】

第一步：引导学生回忆旧知识，为下一步的学习做定向准备。

第二步：创设教学情境引出课题。通过观看教师所演示的案例一：广州市佳美服装有限公司记账员小王在过账时，误将“796.30元”写成“976.30元”。引导学生小组讨论错误类型及应如何更正，产生组内统一意见，并派代表发言。根据小组发言，引出课题。

第三步：学生通过老师给出的有错误的凭证、账簿查找错账、小组讨论，归纳查找错账的方法，通过对各种方法的比较分析等自主学习，教会学生分析问题、解决问题的方法，提高学生的自主学习能力。

第四步：自主探究，案例教学。根据课前布置的任务检查学生的完成情况。观看教师所演示的三个案例，通过学生观察、教师引导，分析讲解案例，比较归纳掌握每种错账更正方法的适用范围。通过点拨引导，学生思考并得出各种错账更正方法的处理。

第五步：课堂巩固练习。布置实务题，采用讲练结合的方式，增加师生互动沟通，让学生在做中学，自己做自己讲，相互评价，提高积极性。通过“讨论→演示并举例→巩固练习”步骤，符合知识的形成过程，加深学生的记忆。

第六步：归纳小结。回顾知识，引导学生归纳总结，完成三种错账更正方法的适用范围及具体操作方法归纳表。

【设计意图】

本课选自高等教育出版社的中等职业教育国家规划教材《基础会计》，“错账更正法”是第五章《会计账簿》中第四节的内容，主要介绍了查找错账的方法和画线更正法、补充登记法、红字更正法三种错账更正方法的适用范围及具体操作方法。在教学安排上，“错账更正法”上承“账簿登记方法”“对账”等知识，下接“编制财务报表”的内容，因此它既是本章的重点、难点和必须攻破的中心环节，也是会计实务操作中必须掌握的方法。这个班的学生已基本掌握了填制凭证和登记账簿的操作技能，已基本理解对账内容，但是对会计账务处理、记账凭证的填写以及账簿的登记还不够熟练规范，其专业思维能力及解决实际问题的能力有待提高。大部分学生的学习较认真，一般都愿意动手操作，但是学生课堂参与的积极性不够，尤其不善于语言表达和小组合作。基于“教学应激发学生的学习积极性，向学生提供充分动脑思考分析和发言的机会，帮助他们在自主探索和合作交流的过程中真正理解和掌握基本的会计知识与技能及处理方法。学生是学习的主人，教师是课堂的组织者、引导者与合作者”的理念，围绕本节课的目标，本节课采用了行动导向教学法中的案例教学法、情境教学法，通过讲授、引导发现、演示、比较归纳、练习的方法，使抽象的知识尽可能通俗易懂；再安排恰当的课堂练习，让学生分析、探究、巩固，进一步加深理解，自觉运用。使学生在学习的过程中，学会思考，学会发现，找到学习的乐趣，由生疑到探究，由探究到结论，积极合作，参与知识形成的全过程，形成自主分析解决问题的学习能力、创新能力，培养学生团结协作等职业核心能力。

(二)教学实录(节选)

片段一(回顾旧知识)

师：上节课我们学习了记账与对账，回顾一下，什么是对账？对账的内容有哪些？目的是什么？

生：对账就是核对账目，是指对账簿、账户记录所进行的核对工作。

生：通过对账，应做到账证相符、账账相符、账实相符。

生：对账的内容一般包括账证核对、账账核对、账实核对几个方面。

片段二(创设教学情境引出课题)

多媒体展示案例1:广州市佳美服装有限公司记账员小王在过账时,误将"796.30元"写成"976.30元"。

师:案例1有错误吗?

生:有错误。

师:那是什么类型的错误?

学生踊跃回答错误类型:凭证无误,过账时笔误,误将"796.30元"写成"976.30元"。

各组提出的解决方法:

方法一:直接在账上改。

方法二:用退字灵、涂改液,用橡皮擦,用小刀刮的方法;

方法三:更换账页。

师:同学们,你们提出的解决方法对不对呢?老师现在不做判断,请同学们带着这个问题进入下面的学习。

片段三(查找错账,归纳查找错账的方法)

教师展示凭证和账簿,引导学生按照记账顺序,从编制凭证→登记账簿→结算余额,进行逐笔检查。引导学生分析、讨论。

生:用顺查法检查很花时间,能不能用逆查法呢?

师:顺查法主要用于期末对账簿进行全面核对和不规则错误的查找。

生:如果是重记,用什么方法检查?

师:用差数法可以检查,漏记也用该方法查找。

生:除2法适合什么原因的错误?

师:该方法主要用于查找借贷方向记错而引起的错误,如果是数字错位或邻位数字颠倒的话,用除9法查找。

分析、讨论;总结出查找错账的方法。

全面检查

方法一:顺查法;方法二:逆查法。

局部检查

方法一:差数法;方法二:尾数法;方法三:除2法;方法四:除9法。

片段四(案例教学,探究错账更正方法)

师:根据课前布置的任务(请同学们带着以下问题自学教材或上网查找),错账更正方法的各种方法分别应在什么情况下使用?

学生集体回答或个别回答问题。

师:那刚才你们提出的用退字灵、小刀刮这些修改错账的方法对不对呢?

生：不对。

生：根据有关会计制度的规定，出现错误的凭证不能随意涂改、刮擦和挖补，应按照规定的方法更正。

师：错账更正的方法有哪些？

生：错账更正的方法有画线更正法、红字更正法、补充登记法。

师：接下来我们就来具体学习每种更正方法。

教师用多媒体展示案例2：广州市佳美服装有限公司记账员小王在记账时，将“三个月”误写成了“四个月”。

师：这是属于哪种类型的错误？该怎样更正呢？

学生分小组讨论案例，更正错账，小组发言人回答，展示学习成果。

生：案例2的错误属于记账凭证没错，只是账簿错。

生：更正方法是第一步将错误的全部数字和文字正中划一道红线表示注销。第二步在其上面写上正确的数字和文字。第三步由经办人在更正处签章。

教师继续用多媒体展示案例3和案例4，学生分小组讨论案例，更正错账，小组发言人回答，展示学习成果。

（三）分析与反思

本次课采用了行动导向教学法的情境教学法和案例教学法，通过多媒体辅助教学，进一步揭示凭证与账簿之间的关系，并由此创设问题情境，让学生动脑、动眼，培养了学生观察问题、发现问题的能力。然后，让学生带着问题自学，通过小组讨论的形式自主探究新知，在具体讲授三种错账更正方法时，贯彻行动导向教学法，通过案例的展示，引导学生掌握各种方法的操作要领，结合口头、笔头的练习，使学生积极主动地参与到知识形成的全过程中，深入理解各种方法，增强学生的判别能力和实际操作能力。再通过对各种方法的比较分析，加以总结，教会学生分析问题、解决问题的方法，提高学生自主学习的能力。通过理论与实践的教与练，突出强调学生动手能力的训练，让学生踏上社会能尽快适应企业的需要。与传统的讲授法相比，这一次授课教学效果明显提高，也对学生核心就业技能的培养起到了一定的作用，但是也存在一些问题，一是教师指导痕迹过重，教师讲得过多，学生动手不够；二是部分学生在分组训练中任务不明确，不动脑也不动手，看着别的同学做，没能将他们的积极性调动起来；三是忽略了对学生的评价；四是学生获得的技能、知识从职业整体工作的角度看，仍然存在相互割裂，如更正了记账凭证却不知道及时登记入账，登记了日记账又没登记总账等。因而要使学生对整个工作过程有一个完整的把握，并能把通过任务教学获得的技能、知识整合成一个整体，还需要设计一个相对大型的、完整的工作任务来展开教学。

三、第二次教学实践

(一)修正教学设计与意图

【教学目标】

1.认知目标:理解每种错账更正方法的适用范围;掌握每种错账更正方法的具体操作方法。

2.能力目标:对项目任务的理解、分析、表达能力;项目任务的计划能力;项目任务的执行能力;对项目任务结果的展示、分析、评价能力;对工作环境的熟悉能力;按照规范操作的能力;按照安全要求操作的能力;主要工具的使用能力;在完成任务过程中自我学习和持续发展的能力;与人竞争协作的能力。

3.情感目标:培养学生认真的学习态度,使学生养成严谨、细致、规范的职业习惯;使学生在师生互动、沟通交流的学习气氛中获得成功的喜悦和乐趣。

【教学重难点】

教学重点:每种错账更正方法的适用范围,每种错账更正方法的具体操作方法。

教学难点:根据错账类型,选择正确的更正方法并规范地更正。

【教学过程】

1.教学准备

教师:了解、熟悉教学对象;编制行动导向教学教案、学材;根据学情将学生分成6组,每组5人,并提出相应要求,指导并监督实施;提前发放学材。

学生:根据教师相应要求,利用书店、网络等多种渠道收集资料,准备材料及工具,阅读学材,进行自主学习和探究。

2.教学组织流程图

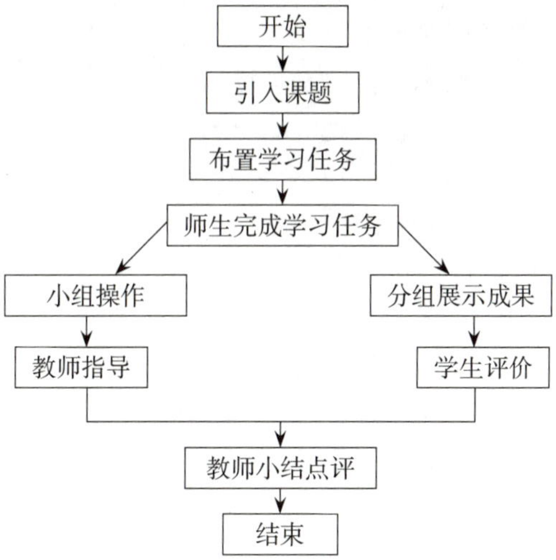

3.教学过程

教学环节	学习(工作)任务	教师活动	学生活动	设计意图
创设场景，引出课题 (2分钟)	1.多媒体展示案例：广州市佳美服装有限公司记账员小王在过账时，误将796.30元写成976.30元。 2.引导学生小组讨论错误类型及应如何更正，产生组内统一意见，并派代表发言。 3.根据小组发言，引出课题。由此创设问题情境。在学生归纳出错误类型及罗列出所想到的更正方法的基础上，教师分析其不足，并说明错账更正不能随意，应针对不同的错误类型采用正规的更正方法，随即引出新课。	展示案例，引导学生讨论，从而引出课题。	踊跃回答错误类型：凭证无误，过账时笔误，误将796.30元写成976.30元。 各组提出的方法。 方法一：直接在账上改； 方法二：用退字灵、涂改液，用橡皮擦，用小刀刮的方法； 方法三：更换账页。	通过观看教师所演示的案例，让学生依据已学知识，动脑、动眼，培养学生观察问题、发现问题、解决问题的能力。
交流与探究 (7分钟)	1.学生在小组中交流自主学习情况。 2.小组成员相互检查是否按规定完成了学习任务。 3.通过小组交流讨论，将本组对学材中引导问题的答案(①按规定有哪些错账更正方法？②各种方法分别应在什么情况下使用？即每种方法的适用范围。③每种方法应如何操作?)填写在卡片上并在白板上张贴。此时教师不做任何解答。	布置张贴板，引导学生填卡片。	小组讨论，填写卡片。 粘贴卡片。	根据建构主义知识观、学习观，让学生通过自主学习、小组学习对学习信息进行主动选择、加工和处理，引发自身认知结构的重组，并为后续学习(团队学习和动手制作)埋下伏笔。

续表

教学环节	学习(工作)任务	教师活动	学生活动	设计意图
布置学习任务(3分钟)	1.展示材料,任务内容。 (1)查找错账。 (2)更正错账。 2.教师提出任务要求: (1)各组在组长的带领下,根据组员各自的特点进行角色分配,推选出陈述员、自评员、互评员、信息员,各角色各司其职(角色职责见附件一)。 (2)制作现场按5S管理要求进行管理。 (3)组长将本组在完成任务过程中遇到的疑难问题写在卡片上粘贴于白板的问题张贴区。 (4)各小组完成任务后,策划本组学习成果展示方案,要求形式新颖,并能够与真实的工作情境相结合。 (5)完成任务书要求的内容。(见附件三)	布置任务,对各组组长及成员提出相关要求。	明确任务;分配任务。	让学生学会倾听、正确领会老师下达的学习任务。培养学生探询知识的自觉性和主动性。
师生共同完成学习任务(35分钟)	学生分小组按照明确任务、获取信息、制订计划、做出决定、实施计划、检查控制、评定反馈6个完整的工作环节完成任务。	发放材料,包括各种凭证和账簿巡视,引导,记录学生的任务操作情况,指导、监督各组完成学习任务。	明确任务;拟订工作计划;讨论计划并决策;准备材料;动手完成任务;将学习过程中遇到的疑问填写在卡片上并粘贴在白板上问题张贴区;策划展示方案;完成任务书;模拟演示。	通过完成任务,创设有利于学生建构知识意义的情境,通过与他人的协作、交流,利用必要的信息,动手实施等活动,使学生对知识意义的建构更为有效,进一步完成知识的自我构建;让学生经历完整的工作过程,从而提高其动手能力,实现学习目标。

续表

教学环节	学习(工作)任务	教师活动	学生活动	设计意图
成果展示与评价(27分钟)	1.各组陈述员依次上台展示成果。 2.自评员阐述本小组自评结果并给出自评成绩。 3.对应小组的互评员阐述本小组互评结果并给出互评成绩。 4.教师点评：包括对操作过程、学习成果以及展示过程的点评，对学生知识目标达成情况给予评价；对学生自评、互评的点评。	发放学习质量评价表，主持各组学习成果的展示活动，记录各组展示的情况，点评。	展示成果，观摩，自评，互评。	开展相互观摩学习，巩固本节课学习的新知识，师生共同检测本节课知识目标达成情况；同时渗透德育和职业教育，进一步达到培养学生核心职业能力的目标。
总结及综合评价(15分钟)	1. 教师引导学生对所学知识进行归纳、比较并用图表的形式表示。 2. 学生通过分组讨论后，对本组张贴区内的粘贴小条进行调整，对先前知识意义理解不准确、不完善的内容进行自我修正和完善。 3. 师生共同完成本次课学生的学习评价(学习质量评价表见附件二)。	归纳总结，强调学习重点，移动卡片，填写学习质量评价表。	根据教师引导，以图表的形式总结三种错账更正方法的适用范围和操作要领(在黑板上展示)。 分组讨论。 移动卡片。 填写学习质量评价表。	通过师生互动，促进学生对先前已建构的新知识进行修订和完善，进一步完成自我知识的构建。

续表

教学环节	学习(工作)任务	教师活动	学生活动	设计意图
布置作业(1分钟)	1. 通过学习成果展示的观摩、教师的总结与课后对自己前面的凭证、账簿登记进行检查,对于错误,进行更正,让学生养成持续改进的好习惯。 2. 分层次作业(学生根据自身情况,自主选择): A类:教材配套练习题。 B类:教师编制的提高练习题:以银行存款5000元购入管理部门的办公用品。 会计分录: 借:销售费用　500 贷:银行存款　500 并据以登账。 这一题中既有科目的错误又有金额错误,是例题中没有出现的,要求学生灵活运用所学知识解决问题。	布置作业。	记录作业。	加强知识的巩固,检验学生的学习结果,培养学生爱观察、勤动脑及良好的职业习惯;为进一步学习下一步知识埋下伏笔。

【板书设计】

黑板

错账更正方法

一、查找错账方法
(一)差数法
(二)尾数法
(三)除2法
(四)除9法
二、错账更正方法
(一)画线更正法
(二)红字更正法
(三)补充登记法
下列表格由学生根据所学知识归纳补充完成：

<table>
<tr><th colspan="2">错误原因</th><th>方法名称</th><th>操作方法</th></tr>
<tr><td colspan="2">记账凭证对，登账错误</td><td></td><td></td></tr>
<tr><td rowspan="4">记账凭证错误，导致记账错误</td><td>凭证中金额少记</td><td></td><td></td></tr>
<tr><td>凭证中金额多记</td><td></td><td></td></tr>
<tr><td>凭证中科目错误</td><td></td><td></td></tr>
<tr><td>凭证中方向错误</td><td></td><td></td></tr>
</table>

移动白板

项目成果展示区	问题张贴区
一组　二组　三组　四组　五组　六组	

附件一：角色职责

角色职责

陈述员：陈述本组任务完成过程，展示本组项目成果（更正后的凭证及账簿）、团队合作等。

自评员：评价本组各成员学习过程的情况、本组学习的总体结果。

互评员：深入到被评价小组的学习过程中，了解其学习、操作情况；汇总本组对被评价小组成果及展示活动的意见；对被评价小组进行评价。

信息员：观察其他组操作情况、收集对本组有用的信息。

附件二：学习质量评价表

学习质量评价表

类别	项目	内容	小组自评	小组互评	教师评价
专业能力	自主学习	按学材要求完成课前自主学习，并回答。 1.按规定有哪些错账更正方法？ 2.各种方法分别应在什么情况下使用？即每种方法的适用范围。 3.每种方法应如何操作？			
	合作学习	按分工认真完成学习任务，并履行学习活动中的相关职责。			
	学习产品	在规定的时间内完成项目任务，能正确查找错账，使用更正方法正确，项目成果（更正后的凭证及账簿）整洁美观。			
方法能力与社会能力	分工合作与履职情况	组长分工合理，每个组员都能明确自己的职责，组员之间配合默契。			
	纪律与卫生	遵守课堂纪律，各小组学习环境与工作场地卫生保持良好。			
	安全及5S	安全操作、基本符合5S管理的要求。			
	礼仪	着装整齐清洁，仪容仪表规范，精神状态饱满，问候、回答问题及作品展示使用普通话，自然、大方、礼貌。			
教师对学生自评、互评的评价					

附件三：任务书

任务书

任务：根据下列资料查找错账并更正。

2012年7月末，广州市佳美服装有限公司进行账证核对、账账核对、账实核对。

1.应付账款总账与其所属的南海纺织公司明细账核对。

2.记账凭证与餐费发票核对。

3.记账凭证与租赁发票核对。

凭证、账簿(略)

要求：

1.各组在组长的带领下，根据组员各自的特点进行角色分配，推选出陈述员、自评员、互评员，各角色各司其职(角色职责附后)。

2.制作现场按5S管理要求进行管理。

3.组长将本组在制作过程中遇到的疑难问题写在卡片上粘贴于白板的问题张贴区。

4.各小组完成制作后，策划本组学习成果展示方案，要求形式新颖，并能够与真实的工作情境相结合。

5.填写下列表格。

项目名称	
工作步骤	
工作总结	

6.设计意图。

根据第一次教学存在的问题(从职业整体工作的角度看学生获得的技能、知识存在相互割裂，学生积极性没有完全调动起来，忽略了对学生的评价等)，本次教学我决定修正教学设计，在行动导向教学法的情境教学法和案例教学法的基础上，引入项目教学法，设计一个相对大型的、完整的工作任务来展开教学，让学生通过一个完整的项目来实现知识、技能之间的联结，发展完整的职业核心能力。项目教学法最显著的特点是以项目为主线、教师为主导、学生为主体，改变了以往“教师讲，学生听”被动的教学模式，创造了学生主动参与、自主协作、探索创新的新型教学模式。它强调：学生的学习过程必须和一个具体的项目任务或问题相结合，以此来激发学生的学习兴趣和动机；创设真实的工作情境，激发学生的好奇心和创造力，培养学生分析和解决实际问题的能力，从而完成项目目标和任务；项目教学法由学生与教师共同参与，学生的活动由教师全程指导，有利于学生集中精力练习技能。项目教学是师生通过共同实施一个完整的项目工作进行的教学活动，是行为导向和“一体化”教学理念的体现。同时，本次教学改进评价方式，采取过程评价与结果评价相结合、小组互评与教师评价相结合的方式，以做到公平、合理，从而激发学生学习兴趣。

（二）教学实录（节选）

片段一（布置学习任务）

师：这是广州市佳美服装有限公司2012年7月末的部分总账、明细账和凭证，今天你们的任务是查找错账，更正错账（老师展示任务书，提出要求）……明白了吗？

生齐答：明白了！

片段二（师生共同完成学习任务）

教师发放材料到各学习小组（包括各种凭证和账簿），学生分小组按照明确任务、获取信息、制订计划、做出决定、实施计划、检查控制、评定反馈六个完整的工作环节完成任务。在完成任务的过程中教师适当引导。

生：红字凭证是不是全部的内容都用红笔？

师：对。这位同学提出来的问题很好！大家在完成任务的过程中就应该多动脑筋，多思考。

师：同学们，这张红字凭证的日期、字号应该怎么填写？

（学生议论）

生：日期是更正当天，凭证字号是按类顺序编号。而这张凭证的摘要可以写“冲销付字×号凭证错误记录”。

（学生操作，进行更正处理，完成任务书，并将学习过程中遇到的疑问填写在卡片上，并粘贴在白板上的问题张贴区。）

片段三（成果展示与评价）

各组陈述员依次上台展示成果，将做好的凭证和账簿粘贴在移动白板上。

生：2012年7月末，广州市佳美服装有限公司进行账证核对、账账核对、账实核对，经核对都有错误。请同学们看，第一笔应付账款总账与其所属的南海纺织公司明细账逐笔核对后，证实只是总账登记笔误，应采用画线更正法更正应付账款总账记录；第二笔……

（自评员阐述本小组自评结果并给出自评成绩。）

（对应小组的互评员阐述本小组互评结果并给出互评成绩。）

师：大家在完成任务时都存在一个问题，红字更正法更正凭证共有多少张？它的作用是什么？

生：两张。

生：一张。

师：认为填制一张更正凭证的同学是对的。

师：因为这笔错账仅仅是多记金额，这时我们只要把多记的金额冲销就可以了。请同学们说说你们是怎么做的。

生（甲）：填制一张红字凭证，日期为更正当天，摘要为“更正20××年×月×日付字×号凭证”，借方科目和贷方科目不变，金额为50000元。

生（乙）：他说的红字凭证金额不对，应是50000减5000，即45000元。

生（甲）：对呀，应把多的金额冲掉。

师：同学们，综合两位同学的做法，这一笔错账更正处理完全正确了。

……

片段四（总结及综合评价）

师：让我们来归纳一下红字更正法主要用于哪种情况下的错账。

（第三组的同学抢到发言资格，并在黑板上进行归纳，补充完善板书。）

生：两种情况，记账凭证科目不对。

生：还有记账凭证中金额多记了。

师：是的。用错科目和多记金额两种错账应采用红字更正法；同学们要注意的是，无论是两种中的哪一种错账，前提是记账凭证和会计账簿记录都有错误。否则，应采用画线更正法。

（接着进行归纳，以图表的形式总结三种错账更正方法的适用范围和操作要领，学生在黑板上展示。第一组和第三组总结了三种错账更正方法的特点；第二组和第六组归纳了错账更正过程中容易做错的几种情况；第四组强调了“不做假账，不做错账”的重要性；第五组认为项目教学法学习基础会计很好，他们很投入，真正学到了知识，学会了技能……）

（学生分组讨论，对本组张贴区内的粘贴小条进行调整，对先前知识意义理解不准确、不完善的内容进行自我修正和完善，完成学习质量评价表。）

（三）分析与反思

根据建构主义的学习理论，学习过程不是简单的信息输入、存储和提取，而是学生根据自己的经验背景，对学习信息进行主动的选择、加工和处理，是新旧知识经验之间的相互作用过程，是原有经验的概念转变。基于此种理论，本节课采用了行动导向教学法中的项目教学法，提前向学生发放学材，由浅入深、层层递进地引导学生进行新知的自主学习；在课堂教学中，以项目为载体，充分体现“做中学，学中做”，让学生通过自主学习、小组合作学习和团队学习等方式完成知识的自我建构。在整个教学过程中，教师起组织者、指导者、帮助者和促进者的作用，利用情境、协作、会话等学习环境要素，充分发挥学生的主动性、积极性和创新精神，解决了第一次课堂教学中出现的问题，最终达到使学生有效地实现对当前所学知识的意义建构和职业核心能力培养的目的。

四、研究结论

（一）比较两次课堂教学异同

1.第二次课堂教学在教学方法上做了改进

第二次课堂教学除了应用了行动导向教学法的情境教学法、案例教学法外，重点采用了项目式教学模式，使课堂教学结构在质上得到了改善，学生在项目中明确任务、获取信息→制订计划→做出决定→实施计划→检查控制→评定反馈，学生通过这样一个完整的项目来实现了知识、技能之间的联结，增强了学生信息处理、解决问题、沟通交流、团队合作、创新等职业核心能力培养。在改进后的课堂中学生自行负责地、全身心投入地实施“查找错账，更正错账”项目，为了完成项目，学生充分利用已有的知识和经验，进行独立思考、合作学习，在验证间接经验的同时，更多地获取直接经验。通过教学改进，学生对错账更正方法当堂掌握的程度大大提高，教学质量得到了保证，学生良好的学习品质逐步养成，由被动的“要我学”转到“我要学”。

2.第二次课堂教学最大限度地调动了学生参与学习的积极性

第二次课堂教学从学生参与状态看，学生学习积极性高，课堂气氛活跃；从学生参与广度看，人人参与学习，没有被遗忘的角落；从学生参与方式看，有独立学习，有同桌互议，有小组探究，有全班讨论，符合学生的年龄特点和心理需要。在项目操作中，每一个需要学生动眼、动脑、动手、动口的环节，我都千方百计调动全体学生参与，尽量避免被少数几个人包揽。学生能自己学会的，我绝不越俎代庖，学生自主学习，畅所欲言，学习热情高涨。

3.第二次课堂教学在评价方式上做出了改进

第二次课堂教学评价方式变原有的终结性评价为形成性评价，师生双方共为评价的主体，评价的内容涵盖了本节课的全部学习目标，评价的结果为形成性成绩的组成部分。采取小组自评、小组互评、教师评价的方式，将过程评价与结果评价相结合、小组互评与教师评价相结合，做到了公平、合理，从而激发学生学习兴趣。

4.第二次课堂教学创设了学习环境

第二次课堂教学以学习小组为单位，根据学习需要把座位编排成六个“圆形”（将学生分成六组），遵循“兼顾个体差异，能力互补”的原则，灵活组建，使学生在合作时展开争议，相互影响带动，同时也使学生在小组活动中优势互补，从多个视角、多种层面扩大信息量，丰富思维，有利于新型的师生互动，达到师生共同提高的目的。

5.两次课堂的相同点

从第一次课堂采用的行动导向教学法的案例教学法、情境教学法，到第二次课堂采用的行动导向教学法的项目教学法，行动导向教学法始终贯穿教学全过程。运用行动导向教学法，留给学生尝试新的行为方式的实践空间，整个学习过程以学生自主和合作学习为主，教师更多地以“师傅”“导演”身份出现，让学生在完成学习任务的同时，感悟职业角色内涵、体验职业岗位的情感；通过迁移应用建立理论与实践的联系，形成一定的职业认同感等。不仅培养了学生的责任意识和团队精神，更激发了学生的学习兴趣，培养了学生与人交流、自主思考、解决问题的职业核心能力。会计专业教育不可能做到把一名经验丰富的职业会计师和财务总监具有的所有知识和技能都传授给学生，而应该教会他们具有为获得保持职业资格所需要的学习能力。通过教学改进，运用行动导向教学法，教会学生如何学习，并为其终身学习打下基础。学生只有具备了获取知识的能力，才能适应内容不断变化的工作，接受实践的检验，才能适应当今社会经济、科技文化快速变化和多样化发展的需要。

（二）需要说明的问题

加强职业核心能力培养是当代国际职业教育与人力资源开发的主流趋势，是国家倡导的能力本位的有效载体，是提高中等职业教育质量的重要途径，也是增强中职毕业生就业竞争力的关键措施。要让全社会都认识到，开发职业核心能力就是要使学生成为适应社会经济发展需要的人才。通过课例研究实践，我们检测了在会计教学中运用行为导向教学法对核心能力的培养是有效的。职业核心能力必须依靠每一次教学来培养，选择行动导向的教学法，做好教学过程设计，以实现技能、知识一体化，教、学、做一体化，将专业能力、方法能力、社会能力、个人能力集成于学生“能力的实训过程”中。行动导向教学法最好要有配套的学习环境，但由于会计专业实践的特殊性，许多公司考虑到商业机密和资金安全问题，一般不愿意让不相关的人员接触自己的账簿等财务信息，会计专业的学生很难接触到真正的账本。这就要求教师既要有较高的教学水平，又要有丰富的实践经验，能够模拟企业经济业务活动，模拟真实的原始单据和流程，让学生真正“在行动中学习”。这对于目前大多数教师而言，无疑又是一个挑战。作为我们一线的教育工作者唯有迎难而上，通过课例研究等方法学习、锻炼，不断提高自身素质，在重视专门技能培训的基础上拓展到重视职业核心能力的养成，深化改革我们中职教育的教学内容和方法，构建就业导向下能力本位的教学模式，为培养适应社会经济发展需要的人才而努力。

课例研究的反思

回顾整个研究过程，我感触颇深。我在平时的教学工作中也有听课、评课、修改教学设计、再上课的过程，但是没有深入地对课例进行研究，缺乏理论的指导。听了西南大学研究团队中专家们的讲解之后，我开始重新审视自己曾认为很骄傲的课例，发现自己曾有很多严重的不足之处而不自知，明白了今后的课例研究该如何做起：课例是课堂教学的实录，是关于一堂课的教与学的案例；课例研究是以教师的教学实践为基础，通过对一节课或其中若干教学事件的描述和分析，在互助与反思中提高教学水平的教研活动。本次研究实践，备课研讨、修改教案、观课评课、反思、实践、再反思，通过一次次试讲，我发现了许多平时竟然忽略掉的问题，与老师们共同研讨，集思广益，使教学设计更加完善。一路走来，我的教学思路更加清晰了，教学方法更为简洁明了了，课堂的有效性明显提高了。课例研究对我来说是一种磨砺，尝试更多经验的积累，是全面提高自己教学素养的一个机会。雅斯贝尔斯说：“教育就是一朵云推动另一朵云，一棵树摇动另一棵树，一个灵魂唤醒另一个灵魂。”教育是如此，课例研究也是如此。一次磨砺，一次进步，这是课例研究带给我最大的感受。在今后的教学工作中，我要不断完善自己，大胆地在课堂中去实践，勤思考，善总结，改进自己的常态教学，让自己向更优秀的方向迈进。

29.

运用任务驱动教学法提高中职《旅游地理》教学有效性的实践研究

——以《青藏高原旅游区概述》为例

赵　娅[①]

一、选题背景

(一)选题缘由

1.青藏高原旅游区旅游业的快速发展对旅游从业者的专业知识和能力提出了更高的要求。青藏高原旅游区主要包括西藏自治区和青海省，据报道，2016年，西藏自治区全年接待游客2 315万人次，青海省共接待游客2 900万人次，本区实现旅游收入近600亿元。重庆地处西南地区，毗邻青藏高原旅游区，近年来到青藏旅游区出游的人数呈现逐年上升的态势。中职旅游专业学生主要面向旅行社、星级酒店等旅游企业就业，通过学习《中国旅游地理》课程第十六章“青藏高原旅游区”，其目的在于“了解青藏高原旅游区地理环境和旅游资源；掌握本区重要的旅游城市和风景名胜区的旅游资源特点；掌握本区主要游览地概况及旅游线路；能够阅读青藏高原旅游区旅游图”。可见，中职旅游专业学生掌握有关青藏高原旅游区的旅游地理知识和培养运用旅游地理知识解决职业中的问题的能力十分重要。

2.我国旅游业的发展对旅游从业者的职业素质提出了更高的要求。世界旅游组织曾提出“高质量的服务，高质量的员工，高质量的旅游”的口号表明，高速、持续发展的旅游业在呼唤高素质的旅游从业人员。旅游从业人员的素质要求包括“较高的政治觉悟和良好的旅游职业道德、较好的文化修养、必要的服务常识和服务技能、较强的识别能力和活动能力、良好的心理素质和健康的体魄”，除此之外，我认为培养旅游专业学生学习的能力、语言表达能力和协作能力对提高旅游从业人员素质和提供优质旅游服务非常重要。《中国旅游地理》是中职旅游专业的基础理论

① 赵娅，女，重庆人，重庆渝中高级职业学校教师，高级讲师，全国导游陪同员，重庆市骨干教师。

学科，如何在学科教学中培养学生自主学习、合作学习及运用专业知识处理工作中实际问题的能力、提高学生口语表达能力，是旅游专业教师应思考的重要问题。

3.中职学生学习现状与旅游业对从业人员的要求还有较大差距。近年来，中央和地方政府对于职业教育愈发重视，投入大量人力物力进行扶植，以期为我国的产业升级提供更多的掌握熟练技术的劳动者，但是目前面临的一个不容乐观的形势是中职学校学生学习状况不佳，主要表现在以下几个方面：一是普遍存在学习目标不明确，对于所学的专业及未来的工作岗位认识不足，部分学生只是因为未能升入普通高中、迫于家长的压力随便找个中职学校就读，往往对学习有关的专业知识和技能漠不关心，厌学、逃学现象突出；二是学生的文化基础薄弱，客观上影响了中职学习效果，在大学扩招、普通高中降低"门槛"背景下，进入中职学校的学生绝大多数是未能升入普通高中的初中毕业生（含通过补考合格），他们中很大部分往往是小学及初中阶段的学困生，而中职学习内容虽然不"深"，但具有广度和实践性，特别是要求学生能运用专业知识解决实际问题，对中职学生而言具有挑战性；三是学生缺乏良好的学习习惯，不能充分利用课堂和课余时间进行学习，不愿"记"，不愿"算"，不愿"操作"；四是《中国旅游地理》是中职旅游服务与管理专业的必修专业基础课，是一门综合性强、多学科交叉的学科，知识点多，而学生往往认为理论课枯燥，缺乏学习的自觉性。

针对中职学生学习现状，作为一名中职专业课教师，我认为应在课堂教学中践行"能力本位、学生中心、就业导向"的职业教育理念，运用任务驱动教学法，激发学生的学习积极性，注重职业能力的培养，以培养适合行业企业需求的技能型人才。

（二）研究意义

1. 中职《中国旅游地理》教学内容包括总概和分区两大部分，总概主要介绍我国地理环境及旅游资源概况，分区是将全国分为八大旅游区，逐一介绍各旅游区的地理环境、旅游资源特征及主要的旅游城市、旅游景区。青藏高原旅游区是八大旅游区中的一个旅游区，探索运用任务驱动教学法提高青藏高原旅游区教学的有效性，可为其他旅游区的教学提供方法借鉴。

2. 积极探索运用任务驱动教学法提高中职《中国旅游地理》教学有效性，可为其他基础理论课教学提供有益的方法借鉴，改变教师难教、学生不愿意学、教学效果不佳的状况。

（三）研究内容

本课例研究运用任务驱动教学法激发学生的学习积极性，激励学生主动、合作学习，共同完成“岗位任务”，以提高教学的有效性。所谓“任务驱动”就是在学习信息技术的过程中，学生在教师的帮助下，紧紧围绕一个共同的任务活动中心，在强烈的问题动机的驱动下，通过对学习资源的积极主动应用，进行自主探索和互动协作的学习，并在完成既定任务的同时，产生一种学习实践活动的愿望。“任务驱动教学法”是一种建立在建构主义教学理论基础上的教学法。它要求“任务”的目标性和教学情境的创建，使学生带着真实的任务在探索中学习；它将以往以传授知识为主的传统教学理念，转变为以解决问题、完成任务为主的多维互动式的教学理念；它将再现式教学转变为探究式学习，使学生处于积极的学习状态，每一位学生都能根据自己对当前问题的理解，运用共有的知识和自己特有的经验提出方案、解决问题。本文以《青藏高原旅游区概述》为例，探索如何在教学中践行“能力本位、学生中心、就业导向”的职业教育理念，运用任务驱动教学法，激发学生的学习积极性，注重职业能力的培养，为其他旅游区的学习提供方法借鉴，以期提高专业理论课程教学的有效性。

二、第一次教学实践

（一）教学设计

【教学目标】

1.知识目标：①了解青藏高原地形地貌、水体、气候类型、地热资源等旅游地理环境；②了解青藏高原旅游区旅游资源整体分布及旅游交通状况；③掌握本区旅游资源特征。

2.能力目标：①通过学习本区地形图、旅游资源分布示意图等，培养学生的地图识图能力；②通过分析本区旅游地理环境，归纳旅游资源特征，培养学生分析归纳的能力。

3.情感、态度与价值观：通过了解本区的旅游资源，培养学生热爱祖国大好河山的情感。

【教学重难点】

教学重点是青藏高原旅游区的旅游地理环境；教学难点是青藏高原旅游区旅游资源的特征。

【教学环节】

本课教学设计为四个环节：

环节一:激趣导入新课

↓

环节二:导学新知:青藏高原旅游区的地理环境

↓

环节三:学生讨论,感悟新知:本区旅游资源的特征

↓

环节四:新课小结,布置完成练习册

【设计意图】

围绕本节课的教学目标,我做了四个环节的教学设计:一是为激发学生的学习兴趣,借助现代信息技术,通过播放相关音乐、图片创设青藏高原审美情境,激趣导入新课,营造和谐愉悦的学习氛围;二是通过展示布达拉宫、青海湖、纳木错等景点的图片,增强旅游地理教学的直观性;三是注重培养学生借助地图学习地理知识的习惯,有利于学生掌握读图、识图的方法;四是有意识地引导学生通过分析本区旅游地理环境,讨论归纳本区旅游资源的特征,凸显本学科主要研究内容是研究人类旅游活动与地理环境的相互关系。

(二)教学实录

(环节一:激趣导入新课)教师配合音乐展示一组青藏高原的风景点的图片(配乐:李娜的《青藏高原》)。

师:同学们,让我们听着美妙的音乐观看一组图片,请问,图片展示的是哪些旅游景点?

生:布达拉宫、大雪山、青海湖、喇嘛庙。

师:这些景点属于我国哪一个旅游区呢?

学生齐答:青藏高原旅游区。

师:今天,让我们一起走进青藏高原,学习青藏高原旅游区的概述,了解本区旅游地理环境,掌握本区旅游资源特征。

(环节二:导学新知:青藏高原旅游区的地理环境)

一、青藏高原旅游区的地理环境(板书)

1.本区所辖的省级行政区(板书)

师:首先,我们要明确青藏高原旅游区的行政范围,请看书第一段,回答:本区所辖的省级行政区?

学生齐答:青海省和西藏自治区。

师:请哪位同学在中国行政区划图上指出这两个行政区。

学生3人举手。

师：请高跃同学。

高跃走上讲台，在地图上指出了青海省和西藏自治区。

师：很好，这位同学指图很规范，是沿着省界指出两省的位置。

师：地理上的青藏高原，除青海省和西藏自治区外还包括四川省的西部、云南省西北部横断山脉，以及甘肃省、新疆维吾尔自治区的边缘山地。

教师展示中国地形图，提问：本区主要有哪些地貌类型？

学生回答：高原。

2.广阔的高原地貌（板书）

师：是的，青藏高原是世界上海拔最高的高原，平均海拔在4000米以上，有“世界屋脊”的美誉，而且本区还有世界最高峰，大家知道是哪里吗？它的海拔是多少米？

生：珠穆朗玛峰，8844米。

教师一边指图一边讲述：对，珠穆朗玛峰被誉为“世界第三极”，位于青藏高原南部中尼边境。除此之外，藏南的雅鲁藏布江大峡谷被誉为“世界第一大峡谷”。请同学们在本区旅游资源分布图上勾画雅鲁藏布江大峡谷。

学生在本区旅游资源分布图上勾画雅鲁藏布江大峡谷。教师巡视学生勾画情况。提醒3位未动笔学生跟上学习。

教师展示藏族服装图片，提问：藏族同胞的服装为什么和我们不一样？

生1：高原气候寒冷。

生2：早晚冷，中午热，温差大。

师：是的，藏族服装是为适应青藏高原气候而制成的，请大家齐读第3段“青藏高原地势高，气候复杂多变……”，并在书上勾画出青藏高原气候特征。

学生齐读：青藏高原地势高，气候复杂多变，地区差异大，昼夜温差大，气温较低，降水稀少，太阳辐射强，日照时间长，空气稀薄，形成独特的高原气候。

3.独特的高原气候（板书）

师：在这样高寒、缺氧、高太阳辐射的气候条件下，一年中旅游的最佳季节是什么时候呢？

学生保持沉默。

师：本区每年的3~10月，特别是7、8月，相对暖和，空气含氧度最高，是旅游的最佳季节。

师：如果我们要去西藏自治区的拉萨旅游，可以选择哪些交通方式呢？

生：飞机、火车、汽车。

师：西藏地区长期以来因为交通闭塞，成为人们心中的神秘之地，2006年7月青藏铁路全线开通以前，我们到西藏只有通过飞机和汽车，飞机的运载量小，而进藏公路只有川藏、青藏、滇藏、新藏，路况容易受天气影响，汽车行程时间长，据统计到2005年，到西藏旅游总计50余万人次，而2007年，到西藏旅游突破100万人次。这说明青藏铁路的修建，促进了该地旅游业的蓬勃发展。

4.快速发展的交通(板书)

教师展示拉萨羊八井热气田的图片，提问：这是哪种类型的旅游资源？

学生对地热旅游资源了解甚少，沉默，不能回答。

师：青藏高原旅游区有丰富的地热资源，成为难得一见的自然奇观。地热旅游资源的类型有：沸泉、间歇喷泉、热水湖等。图片展示的是拉萨羊八井热气田。

5.地热资源丰富(板书)

教师展示本区主要河流图，让学生读出有哪些主要的河流。

生：长江、黄河、澜沧江、怒江、雅鲁藏布江等。

教师展示湖泊的图片，讲述：本区是我国湖泊最多的地区，约占全国湖泊面积的三分之一。请看：这是我国最大的咸水湖——青海湖，位于本区青海省；这是我国第二大咸水湖、世界海拔最高的湖——纳木错，海拔4718米，位于西藏自治区的中部，是西藏三大圣湖之一；这是世界海拔最高的淡水湖——玛旁雍错，位于西藏阿里地区，也是西藏三大圣湖之一。

学生观看图片，在书上勾画知识点。

6.高原湖泊众多(板书)

教师展示大昭寺、塔尔寺及喇嘛诵经的图片，提问：图片展示的是何种宗教？

生：喇嘛教、藏传佛教。

师：是的，本区盛行的藏传佛教也称“喇嘛教”。本区独特的寺庙、宫殿建筑和宗教艺术品，以及当地与宗教相关的少数民族习俗、传统节日都是极具吸引力的旅游资源。

师：以上我们学习了青藏高原旅游区独特的自然地理环境和人文环境，独特的旅游地理环境孕育了怎样的旅游资源呢？

(环节三：学生讨论，感悟新知。本区旅游资源的特征)

二、本区旅游资源特征(板书)

师：请大家看青藏高原旅游区旅游资源分布图，分别列举本区的自然旅游资源和人文旅游资源。

生1：自然旅游资源有：青海湖、雅鲁藏布江大峡谷、纳木错、可可西里等。

生2：人文旅游资源有：布达拉宫、罗布林卡、大昭寺、塔尔寺、东关清真大寺等。

师：本区的人文旅游资源除了以上著名宫殿、寺庙以外，请不要忽略不能在地图上标注的藏民族风俗及传统节日。

师：在我们了解了本区旅游地理环境和主要的旅游资源后，同学们能否归纳出本区旅游资源的特征？同学们可以分组讨论一下。

学生以小组为单位，开展讨论。

1小组代表张霞：本区旅游资源的特征有高原湖泊众多；地热资源丰富；藏族风俗文化。

2小组代表李瀚文：本区旅游资源的特征有高原自然风光、湖泊众多和藏族风俗、节日。

3小组代表郭文涛：本区旅游资源特征是由于独特的地理位置、变化多样的地貌特征和自然风光，以及多个少数民族历史文化，构成了丰富多样的旅游资源体系。

4小组代表林晓丽：我们认为本区旅游资源的特征包括独特的雪域高原自然风光、众多的高原湖泊、丰富的地热资源和藏族文化。

师：刚才各组的同学代表都陈述了小组讨论的结果，大家觉得哪个小组的发言最准确呢？

3小组学生：我们，我们是引用书上的原话。

师：教材的原话无疑具有权威性，但是，怎样独特的地理位置？主要的地貌类型具体指什么类型？自然风光独特在哪里？我们经过学习能否用自己的语言表达？我想这才是我们学习的最大收获。

4小组学生：我们的答案好，我们总结全面，还是用自己的话说得具体。

师：是的，我希望以后在学习中，都能像4组的同学一样，不拘泥于书本，敢于表达自己的思想。

（环节四：新课小结，布置作业）

结语：通过本节课学习，我们了解了青藏高原旅游区地理环境的独特性和旅游资源的特征，下节课，我们将深入学习本区主要的旅游景点，请大家提前做好预习。

教师布置课后作业：《练习册》青藏高原旅游区概述部分。

（三）分析与反思

本节课教师按照课前教学设计，用藏族民歌和风景图片将学生的注意力导入青藏高原旅游区，有意识地展示相关旅游景点图片，增强了学习的直观性，在教学中通过让学生读地图、指地图、勾画景点位置等，注重培养学生正确使用地图的能力。但不足之处也较明显，一是从学生的有意注意的保持而言，上课20分钟后，全班25人中有3人表现为趴着休息、看其他书籍、走神等状态，教师不得不走到这几位同学身边提醒他们；二是围绕“青藏高原旅游区旅游资源的特征”这一难点，教师试图让学生通过讨论的形式，从旅游地理环境分析本区旅游资源的特征，但发现讨论有些流于形式，学生直接从教材中找到答案，据为己有，省掉了自主分析、归纳思考环节，个别学生对讨论表现为漠不关心，根本不思考、不发言；三是在第二节课时，教师选取了作业中部分基础知识闭卷检测，及格率为80%，优秀率仅为32%。

像《中国旅游地理》这样的专业理论课程，对学生而言学习难度并不大，只是知识点较琐碎，学习多偏重于基础知识的记忆，为什么学习效果不理想呢？教师通过课后访谈学生，发现学生主要有这几种想法：一是部分学生认为该学科不是主要的专业课，不需要认真学习；二是少数学生文化基础薄弱，长期在学习上遭受挫折而自暴自弃；三是部分学生认为所学习的知识点都在教材上明明白白写着，等到考试前背一背就行，平时不用专心听讲，更不用课后复习。针对学生的实际学情，教师认为当务之急是激发学生的学习动机，优化教学素材和教学方法，发挥学生学习的主观能动性，以提高教学的有效性。

三、第二次教学实践

（一）修正教学设计与意图

【教学目标】

1.知识目标：①了解青藏高原地形地貌、水体、气候类型、地热资源等旅游地理环境；②了解青藏高原旅游区旅游资源整体分布及旅游交通状况；③掌握本区旅游资源特征。

2.能力目标：①学生通过围绕两个学习任务，自主探究学习，培养信息收集、整理的能力和解决问题的能力；②通过小组成员在学习的过程中自行分配任务，培养了团队协作的意识；③通过小组代表展示学习成果，锻炼了学生的口语表达能力。

3.情感、态度及价值观目标：①学生感悟青藏高原旅游资源的特色，有利于激发学生热爱祖国壮丽山河的爱国之情；②开展以小组完成学习任务的竞赛，有利于激发学生的集体荣誉感。

【教学重难点】

教学重点是青藏高原旅游区的旅游地理环境；教学难点是青藏高原旅游区旅游资源的特征。

【教学环节】

创设情境，导入新课
↓
明确本课的两个学习任务
↓
学习小组自主合作学习
↓
展示学习成果（任务1）
↓
小组间互评、教师点评
↓
展示学习成果（任务2）
↓
小组间互评、教师点评
↓
拓展提升

【设计意图】

根据“就业导向、学生中心、能力本位”的职业教育理念，我将教学设计做了如下修改。

1.将教学内容转化为典型的“职业任务”，体现中职学校教学内容与行业企业岗位标准相对接的原则。就“青藏高原旅游区独特的地理环境”相关知识，我设计任务一：今年暑假，我校教师将组团去青藏高原旅游区游玩，为帮助老师们顺利旅游，请你们拟定一份《行前温馨提示》。就“青藏高原旅游资源特征”，我设计任务二：请为教师们推荐青藏高原不得不去的旅游景点。这样将教学内容转化为具体的专业任务，有利于学生明确学习本节知识将运用到工作实际，激发学生学习的主动性，增强学生学习专业知识解决工作实际问题的积极性。

2.现代职业要求从业者具备团队意识和团队合作的能力，联系学情和工作实际，以“小组合作学习—展示小组学习成果—评价小组学习成果”的模式组织教学。中职学生文化基础较薄弱，学习能力参差不齐，学习动机不强，小组合作学习时学生间平等交流、思维活跃、各抒己见，可以起到同伴引领、相互帮助、共同进步等作用，还有利于学生团结协作意识的培养。

3.将学习环境转化为“工作场景”，体现中职教学过程与工作过程相对接的原则。联系行业要求，培养学生职业能力，“景点推荐”是旅行社从业人员的基本专业要求，该任务要求学生不仅要知道“旅游景点资源的特色”，还要用准确流畅的语言进行介绍，起到宣传的作用。这一教学设计，体现了专业基础课程为核心专业素质服务的思想，从而体现了中职学习教学过程和工作生产实际相对接的原则。

4.为激发学生积极参与小组合作学习，在评价环节，学生互评后，评选出最佳学习小组，对最佳学习小组的组员予以平时成绩加分，这样有利于激发学生学习积极性，有利于学生个人成就感和集体荣誉感的培养。

（二）第二次教学实录

创设情境，导入新课。教师配合音乐展示一组青藏高原的旅游景点的图片（配乐：李娜的《青藏高原》）。

师：同学们，让我们听着美妙的音乐观看一组图片。请问图片展示的是哪些旅游景点。

生：布达拉宫、大雪山、青海湖、喇嘛庙。

师：这些景点属于我国哪一个旅游区呢？

学生齐答：青藏高原旅游区。

师：今年暑假，我校部分教师将自行组团到青藏高原旅游区旅游，让我们为教师们的出游出谋划策，好吗？

教师展示本节课学习任务。

任务1：为暑期教师到青藏旅游区出游拟定一份《行前温馨提示》。

任务2：请为教师们推荐不得不去的青藏高原旅游景点。同学们以小组为单位，自主学习，大家集思广益共同完成学习任务。我们将评选出的最佳作品分享到教师群，供教师们参考。自主学习时间10分钟。

小组合作学习环节。

学生以小组为单位自主学习，教师到各个小组，观察小组成员学习状况，伺机指导。10分钟后，小组完成学习任务。

师：刚才，各个小组都很认真地学习思考，下面我们来验收一下小组学习成果。首先请第一小组的同学发言。

展示小组学习成果环节（任务1）。

第一小组学生代表：

我们拟定的《行前温馨提示》包括以下几个方面：一是本区属于高原气候，早晚温差大，应带上足够的防寒衣物，以及便于旅行的鞋；二是高原空气稀薄，应保证出游前身体健康，可携带相关的药品以及感冒药等旅行常备药品；三是高原上旅游应量力而行，行程安排不要太满。

第二小组学生代表：

老师、同学们，大家好！我们共同拟定的《行前温馨提示》包括：一是本区属于高原气候，即使在暑期早晚气温也较低，应带上防寒的服装，如冲锋衣、薄羽绒服等；二是高原紫外线强烈，应带上太阳镜、防晒霜、太阳帽等；三是因为空气稀薄，可带点预防高原反应的药品；四是建议老师们去的时候坐火车，返程可乘飞机，这样可以逐步适应高原气候。

教师及时点拨：第二组的同学发言前，注意了向大家问好，这体现了旅游人员的礼貌意识，值得肯定。

第三小组学生代表：

大家好！我组拟定的《行前温馨提示》包括：一是注意交通方式的选择，建议去程坐火车返程乘飞机；二是注意避免高原反应，行前保持身体健康，刚上高原时切忌跑跳等剧烈运动，行程安排劳逸结合，可自备相关的药品及治疗感冒、胃肠道疾病的常备药品；三是因为高原气候，带上防寒服、雨伞、墨镜、太阳帽、防晒霜等物品；四是因为本区少数民族多，应尊重少数民族风俗，如藏族同胞献哈达时，应起身并双手合十等。

第四小组学生代表：

老师、同学们，大家好！我组拟定的《行前温馨提示》除了第三小组汇报的内容以外，还有以下几点：一是本区藏族同胞信仰藏传佛教，要尊重他们的信仰，不得随意进入寺庙参观，且不得在寺庙里吸烟、照相等；二是购买旅游纪念品时，不得购买野生动物毛皮、野牦牛头骨等，购买这些物品意味着支持盗猎行为。

师：刚才，各组都分享了你们为教师们暑假的青藏高原旅游拟定的行前温馨提示，请问同学们在拟定行前提示时，主要考虑了哪些因素？

生1：青藏高原海拔高，高原气候与重庆差异大。

生2：海拔高，空气稀薄，容易产生高原反应，有生命危险。

生3：民族风俗与宗教信仰。

学习评价环节（任务1）

师：那你们认为刚才哪个小组的发言比较全面呢？

生：第四小组。

师：是的，第四组的行前提示比较全面，那还有需要补充的内容吗？

学生沉默。

师：第四小组的同学想到了旅游购物的提醒，提醒我们不能购买野生动物制品，那我们可以购买哪些特产呢？如：当地特有的藏红花、虫草、牦牛肉干等。教师还建议，课后大家可以收集有关藏族民俗禁忌，补充到《行前温馨提示》中。

展示小组学习成果环节(任务2)。

师:关于任务2,向教师们推荐青藏高原不得不去的景点,让我们来听一下各组的发言。

第一小组代表:

老师、同学们,大家好!我们推荐的不得不去的景点是布达拉宫。布达拉宫在西藏拉萨,是我国三大宫殿建筑群,藏族古建筑艺术的精华。布达拉宫始建于公元7世纪,是藏王松赞干布为远嫁西藏的唐朝文成公主而建。在拉萨海拔3 700多米的红山上依山而建,现占地36万平方米,建筑面积13万平方米,布达拉宫主体建筑为白宫和红宫。白宫,是达赖喇嘛的冬宫,也曾是原西藏地方政府的办事机构所在地,高7层。位于第四层中央的东大殿,是布达拉宫白宫最大的殿堂,面积717平方米,这里是达赖喇嘛坐床、亲政大典等重大宗教和政治活动的场所。红宫,主要是达赖喇嘛的灵塔殿和各类佛殿,共有8座存放各世达赖喇嘛法体的灵塔,其中以五世达赖喇嘛灵塔为最大,面积725平方米,内壁满绘壁画。1300余年来,布达拉宫大量收藏和保存了极为丰富的历史文物。有壁画、佛塔、塑像、唐卡、贝叶经和明清两代皇帝封赐达赖喇嘛的金册、金印、玉印以及大量的金银品、瓷器、珐琅、玉器、锦缎品及工艺品,这些文物绚丽多彩、题材丰富。布达拉宫不仅是藏传佛教圣地,也成为雪域高原的标志性建筑,以及宝贵的世界文化遗产之一,谢谢!

第二小组代表:

大家好!我们推荐的是青海湖。青海湖位于青藏高原的东北部,位于青海省东北部的大通山、日月山、青海南山之间,三面环山,风景壮丽,是我国最大的咸水湖,古称西湖。景区以高原湖泊为主体,兼有草原、雪山、沙漠等景观。湖中有海心山、三块石、鸟岛、海西山、沙岛五个形态各异的岛屿,其中以鸟岛最为著名。湖面海拔为3 196米,东西长约105千米,南北宽约63千米,面积4 456平方千米,有50条短河从三山的四面八方汇入。青海湖湖水含氧量少,含盐量较大,浮游生物稀少,透明度达8~9米以上,所以显得格外蓝,青海湖藏语的意思是“青色的湖”。湖区充满生机,到处可见牦牛、黄牛漫步,羊群吃草,构成“风吹草低见牛羊”牧歌式的图景。湖区有三大奇观,一是渔场,二是鸟岛,三是每年七八月时湖畔油菜花盛开,为青海湖镶嵌了一道瑰丽的金边。谢谢!

第三小组代表:

大家好!我们推荐的景点是纳木错。纳木错,藏语意为“天湖”,是西藏三大圣湖之一,湖面海拔4 718米,东西长70多千米,南北宽30多千米,面积1 920平方千米,是西藏自治区最大的湖泊,中国第二大咸水湖,也是世界上海拔最高的大湖。位于当雄县城西北方约60千米的山区,在西藏人的心目中具有非常神圣的地位,每逢藏历羊年，朝圣者不远千里来参加纳木错盛大的转湖节。纳木错南面有终年积雪的念青唐古拉山，北侧和西侧有高原丘陵，广阔的湖滨，草原绕湖四周，水草丰美。湖水含盐量高，流域范围内野生动物资源丰富，有野牛、山羊等。湖中多野禽，产细鳞鱼和无鳞鱼。湖水清澈，与四周雪山相映，风景秀丽。纳木错生态旅游景区内主要景点有：迎宾石（夫妻石）、合掌石、善恶洞等。谢谢！

第四小组代表：

老师、同学们，大家好！我们推荐的景点是塔尔寺。塔尔寺为国家AAAAA级旅游景区，位于青海省西宁市西南25千米处的湟中区。塔尔寺创建于明洪武十年（1377年），得名于大金瓦寺内为纪念黄教创始人宗喀巴而建的大银塔。塔尔寺是中国西北地区藏传佛教的活动中心，在中国及东南亚享有盛名，历代中央政府都十分推崇塔尔寺的宗教地位。明朝对寺内上层宗教人物多次封授名号，清康熙皇帝赐有“净上津梁”匾额，乾隆皇帝赐“梵宗寺”称号，并为大金瓦寺赐有“梵教法幢”匾额。三世达赖、四世达赖、五世达赖、七世达赖、十三世达赖、十四世达赖及六世班禅、九世班禅和十世班禅，都曾在塔尔寺进行过宗教活动。酥油花、壁画和堆绣被誉为“塔尔寺艺术三绝”，每年农历四、六月在塔尔寺都会举行“晒大佛”，即请出放置一年的巨大佛像（唐卡）在露天展示，一方面从保护的角度，防霉变和虫咬，更重要的是纪念释迦牟尼诞生、成道、涅槃和弥勒出世及宗喀巴诞生、涅槃，通过晒佛让信徒们瞻仰佛像，沐浴佛恩。游客们也可借参观晒佛会了解藏传佛教文化，谢谢！

学习评价环节（任务2）

师：四个学习小组都推荐了“青藏旅游区不得不去的旅游景点”，大家认为哪个小组推荐的景点最好呢？

第一组学生：我们推荐的布达拉宫是我国现存最大的三大宫殿建筑群之一，是世界文化遗产。

第二组学生：我组推荐的青海湖是我国最大的咸水湖，暑假期间还可以欣赏到湖畔油菜花盛开的美景。

第三组学生：我组推荐的纳木错是藏族三大圣湖之一，是我国海拔最高的咸水湖。

第四组学生：我组推荐的塔尔寺是著名的藏传佛教寺院，是黄教创始人宗喀巴的诞生地。

师：各组同学推荐的景点都各具特色，老师要表扬大家的是在推荐旅游景点时，能准确讲述景点的位置、旅游资源类型、旅游资源特色。请问，经过各组的学习，本区旅游资源有何特色？

生：高原风光独特，冰川、雪山和星罗棋布的高原湖泊。

生：藏族传统习俗和宗教文化引人入胜。

生：地热资源丰富，如拉萨的羊八井热气田等。

师：今天，大家通过小组自主学习完成了两个学习任务，老师建议，课后大家将《青藏高原旅游区出行温馨提示》和《青藏旅游区不得不去的旅游景点》汇集，由老师分享到我校教师群，供老师们参考借鉴，谢谢大家！

（三）分析与反思

改进后的第二次课主要运用了任务驱动教学法，依据教学目标和职业岗位要求，按照“教师创设学习任务—学生互助学习—合作完成任务—展示小组学习成果—评价反馈”五步组织教学。在合作学习中充分发挥了学生的主体性地位，学生主动自学教材、上网查阅资料、交流讨论、完成学习任务。优秀小组的评选激励学生积极参与小组学习，在小组合作学习中，组员自行分派任务，为完成小组任务积极思考、发言，培养了团结协作的精神。在完成推荐青藏高原旅游区不得不看的风景任务中，强化了学生口头表达能力的训练。从课堂教学过程学生的参与度而言，均能积极参与小组学习，学生普遍倾向通过网络自主收集信息，通过交流分享整理资料，集思广益撰写《行前温馨提示》和推荐《青藏旅游区不得不去的旅游景点》；从学习效果而言，景点推荐较好地训练了学生的口语表达能力，教师在接下来的课前选取了部分基础知识闭卷检测，及格率提高到100%，优秀率提高到60%。可见，用任务驱动教学法激励学生自主合作学习，有利于提高教学的有效性。正如建构主义认为，知识不是通过教师传授得到，而是学习者在一定的情境下，借助其他人（包括教师和学习伙伴）的帮助，利用必要的学习资料，通过意义建构的方式而获得。由于学习是在一定的情境下，借助其他人的帮助即通过人际间的协作活动而实现的意义建构过程，因此建构主义学习理论认为“情境”“协作”“会话”和“意义建构”是学习环境中的四大要素或四大属性。第二次课教师通过“创设了两个职业任务”模拟了“职场情境”；学生在小组合作学习中经过“协作”“对话”，在完成任务的过程中实现“意义建构”。

“任务驱动教学法”的特点是“学生主体、能力本位、以完成任务为主线”，不再把教师掌握的知识和技能传递给学生作为追求的目标，教师不是教学的主体，学生才是自主学习的主体，教师成为学生学习过程中的引导者、鼓励者和监督者。

四、研究结论

（一）比较两次课堂教学的异同

1. 两次课堂教学的导入方式相同，都是运用了情境导入法，激发学生的学习兴趣，有效地将学生的注意导向青藏高原旅游区的学习。

2.两次课堂教学的差异在于学习任务、教学方法和评价方式、师生在教学中的地位及教学效果的不同。

	学习任务	教学方法	评价方式	师生地位	教学有效性
第一次课	1.了解本区旅游地理环境；2.理解本区旅游资源特征；3.掌握利用地图辅助学习的方法。	直观教学法、问答法、讨论法。	完成作业《练习册》相关章节，主要检测知识的记忆。	重点关注教师的教，体现教师的主导地位。	侧重于知识传授：学生知道了本区旅游地理环境及本区旅游资源特征的相关知识，实践了识读地图的方法。
第二次课	立足行业岗位要求创设学习任务：1.拟定一份《行前温馨提示》；2.推荐《不得不去的青藏高原旅游景点》。体现了“职业教育教学内容与行业岗位标准相对接”的理念。	任务驱动教学法、竞赛法。	改革传统的试题评价方式，通过小组间互评和教师点评评选优胜小组及将学习成果分享到教师群供教师借鉴的方式，激励学生的学习积极性。	重点关注学生的学，通过学生自主合作学习、交流展示及相互评价，体现学生在学习中的主体地位。教师起到教学活动的策划者、组织者的作用。	侧重于能力培养：学生在小组合作探究完成任务的过程中激发了学习积极性，体会到了自主学习的乐趣，提高了围绕任务、查找信息、完成任务的能力；在力争被评为优胜小组的过程中，激发了集体荣誉感。

（二）需要说明的问题

为提高教学的有效性，任务驱动教学法的运用应注意解决好几个方面的问题。

1.为提高教师创设的学习任务的有效性，学习任务应是源于职业岗位要求或实际工作中的典型任务，这体现了中职教学内容与工作岗位要求相对接的理念。

2.为提高小组合作学习的有效性，教师应采取措施激发全组成员积极参与小组学习，如在“展示小组学习成果”环节，改变传统小组推荐代表汇报学习成果为随机抽号汇报学习成果，避免少数学生抱有侥幸心理逃避小组学习。

3.改革评价方式，传统的中职专业理论课通常采用学期末笔试考试的形式，应合理分配平时成绩和期末考试成绩的比例，将小组合作学习解决任务纳入平时成绩考核。

课例研究反思

回想开展课例研究至今，可谓收获颇多。最初以为课例研究只是记录一节课从初次设计到优化设计后的上课实践的过程，但聆听了于波教授《课例研究——搭建理论与实践的桥梁》的讲座之后，我才明白，课例研究的过程其实是反思教学实践，选择某一突出的教学问题，以典型的课例经过设计—实践—优化设计—再实践—对比分析—形成结论的过程。

对我而言，课例研究的过程就是在做中学的过程。首先是聚焦典型问题，必须选择教学实践中急需解决的问题进行研究，这样的研究才有意义，而不是为完成论文撰写而任意选择课例；第二就是反思第一次教学设计及教学实践，进一步优化教学设计，并进行第二次授课，只有切切实实地做了，才有教学体验，才会有改进的感悟。第三是用教育学、心理学的理论来说明优化后的教学设计及实践的合理性。对于一线教师而言，教学实践经验相对丰富而教育理论较为薄弱，这也促进了我主动学习教育学的相关理论，实现了从理论指导实践，也真切感知了“课例研究——搭建理论与实践的桥梁”。在撰写论文的过程中，得到了于波教授及其团队其他教师的倾心指导，在此，致以真诚的感谢和敬意！